Berliner Stadtrecht.

Ein Handbuch des Verwaltungsrechts der Stadt Berlin

von

P. Wölbling,
Magistratsrat.

Berlin 1911.
J. Guttentag, Verlagsbuchhandlung,
G. m. b. H.

Vorwort.

Im Jahre 1900 regte der Oberbürgermeister der Stadt Berlin eine Sammlung der für die städtischen Behörden geltenden wichtigeren Verwaltungsbestimmungen an, die in dem folgenden Jahr unter dem Titel „Berliner Gemeinderecht" erschien. Diese Sammlung umfaßt bisher elf Bände und ist, obwohl nicht abgeschlossen, infolge der raschen Fortentwicklung des bestehenden Rechts schon zum großen Teile veraltet.

Diese Fortentwicklung steht in engem Zusammenhang mit der Veranstaltung der genannten Sammlung: Schon ihre Vorbereitung veranlaßte viele städtische Verwaltungen, ihren Geschäftsgang einer Prüfung zu unterziehen. Durch die Publikation selbst lernten dann die einzelnen Verwaltungsstellen die bei anderen Abteilungen herrschenden Verwaltungsvorschriften erst genauer kennen. So gelangten sie dazu, ihre eigenen Regulative, Instruktionen, Geschäftsordnungen und allgemeinen Verfügungen zu verbessern und Fehlendes zu ergänzen. In einzelnen Abteilungen wurde der Geschäftsgang seit der Herausgabe der amtlichen Sammlung einer umfassenden Neuregelung unterworfen.

So ist der Gedanke eines Berliner Gemeinderechts äußerst fruchtbringend gewesen und die weitere Ausgestaltung der Sammlung wird nach und nach noch einen erheblich größeren Nutzen zeitigen: Sie wird eine Neuordnung der Berliner Verwaltung und ihres Rechts nach vollkommen einheitlichen Gesichtspunkten ermöglichen.

Will die städtische Verwaltung nicht in Rückstand kommen, so muß sie auf eine natürliche Fortentwicklung ihrer öffentlichen Einrichtungen bedacht sein. Hierzu bedarf eine Gemeinde, die das Selbstverwaltungsrecht besitzt, der dauernden Unterstützung ihrer gesamten Bürgerschaft. Ohne eine eingehende Kenntnis des geltenden Verwaltungsrechts ist aber eine solche Mitarbeit nicht möglich.

Diese Kenntnis allen denen zu vermitteln, die ein Interesse an der städtischen Verwaltung haben, dazu soll das vorliegende Buch dienen, das wir hiermit der Öffentlichkeit übergeben. Das Buch bringt in gedrängter Form nicht nur die von den Gemeindebehörden erlassenen Bestimmungen, sondern auch die geltenden gesetzlichen Vorschriften, auf denen sich Verfassung und Verwaltung der Stadt Berlin aufbaut. Eine kurze geschichtliche Einleitung sucht das Bestehende aus der Vergangenheit zu erklären.

Ferner wird ein Überblick über die örtlichen Reichs- und Staatsbehörden dem Leser nicht unwillkommen sein. Möge das Buch, das übrigens unabhängig von der erwähnten amtlichen Sammlung auf selbständiger Grundlage aufgebaut ist, auch den Beamten der Berliner Verwaltung, allen ehrenamtlich beschäftigten Personen, wie denen von Nutzen sein, die sich auf eine Tätigkeit in der Berliner Verwaltung vorbereiten wollen.

Inhalt.

A. Einleitung.

B. Allgemeiner Teil.

Grundlagen der Verfassung und Verwaltung.

C. Besonderer Teil.

Die einzelnen Zweige der Berliner Verwaltung.

Erster Abschnitt.

Zweiter Abschnitt.

Dritter Abschnitt.

Fünfter Abschnitt.

Sechster Abschnitt.

Abkürzungen.

A. a. O. = Am angeführten Orte.
A.L.R. = Pr. allgemeines Landrecht.
Ausf.Ges. = Ausführungsgesetz.
Ausf.Anweisung = Ausführungsanweisung.
Centralbl. = Centralblatt für das Deutsche Reich.
Bd. = Band.
E.G. = Einführungsgesetz.
Einl.Bd. = Einleitungsband des Berliner
Enteign.Ges. = Enteignungsgesetz vom 24. Juni 1872.
Entsch. oder E. = Entscheidung.
G. = Gesetz.
G.Bl. = Gemeindeblatt der Haupt- und Residenzstadt Berlin.
Gem.Recht oder Gemeinderecht = Berliner Gemeinderecht, bisweilen auch nur mit römischen Zahlen (Bezeichnung des Bandes angeführt).
G.G. = Gewerbegericht.
G.G.G. = Gewerbegerichtsgesetz.
G.O. = Gewerbeordnung.
Inval.Vers.G. = Invalidenversicherungsgesetz.
K.G. = Kaufmannsgericht.
K.G.G. = Kaufmannsgerichtsgesetz.
L.G.O. = Landgemeindeordnung.
Ledermann = Ledermann, Kommentar zur Städteordnung.
M.Bl. = Ministerialblatt für die innere Verwaltung.
Min.Erlaß = Ministerialerlaß.
O.St. = Ortsstatut.
O.V.G. = Oberverwaltungsgericht.
R.G. = Reichsgericht.
R.G.Bl. = Reichsgesetzblatt.
St.O. = Städteordnung für die sechs östlichen Provinzen vom 30. Mai 1853.
Unfallvers.Ges. = Unfallversicherungsgesetz.
Zuständ.Ges. = Gesetz über die Zuständigkeit der Verwaltungs- und Verwaltungsgerichtsbehörden.

A. Einleitung.

Erster Titel.

Gegenstand der Darstellung.

Während den deutschen Städten in früherer Zeit eine weitgehende Autonomie, d. h. die selbständige Befugnis zur Aufstellung von Rechtssätzen auf allen Rechtsgebieten zustand, bleibt das Recht der Gesetzgebung heutzutage fast ausschließlich dem Staat und dem Deutschen Reiche vorbehalten. Den Gemeinden, insbesondere den Städten, ist zur selbständigen Ausbildung fast nur noch das Recht ihrer eigenen Verwaltung geblieben. Dieser Aufgabe genügen sie durch die Schaffung von Ortsstatuten, die Fassung von Beschlüssen der Gemeindeorgane und den Erlaß von Verfügungen ihrer Behörden.

Darum ist die Aufgabe der Städte dem Recht gegenüber keine geringere geworden. Im Gegenteil, die Verwaltung hat an Umfang und Intensität so zugenommen, daß das städtische Verwaltungsrecht zu einem großen und selbständigen Rechtsgebiet angewachsen ist, dessen Darstellung sowohl für die Rechtswissenschaft, wie für die Verwaltung und für alle an ihr teilnehmenden Bürger von größter Wichtigkeit geworden ist [1]).

Das gilt zumal von dem Verwaltungsrecht der Stadt Berlin, dem Berliner Stadtrecht, das sich nicht auf das Weichbild der Zweimillionenstadt beschränkt, sondern hinausgreift in die Umgebung, auf deren Gebiet die Berliner Verwaltung wichtige Aufgaben zu erfüllen hat. Ich erwähne nur die Verkehrswege, die großen außerhalb des Stadtgebietes liegenden Betriebe und Anstalten und die wichtigen Befugnisse in denjenigen Gemeinden und Gutsbezirken, deren Grund

---

[1]) S. Leidig, Preußisches Stadtrecht, Berlin 1891, vgl. auch Preuß, Die Entwicklung des deutschen Städtewesens Bd. I S. 377—379.

und Boden ganz oder fast im ganzen Umfange Eigentum der Stadtgemeinde Berlin ist.

Die Grundlage des Verwaltungsrechts der Stadt Berlin bildet die Städteordnung für die sechs östlichen Provinzen vom 30. Mai 1853. Diese Grundlage findet ihre Ergänzung und Abänderung in einer Reihe von Gesetzen, die um diese Zeit und später ergangen sind, von denen wir hier nur folgende hervorheben wollen:

1. das Gesetz über die Polizeiverwaltung vom 11. März 1850,
2. das Gesetz über Verpflichtung der Gemeinden zum Ersatz des bei öffentlichen Aufläufen verursachten Schadens vom 11. März 1850,
3. das Reichsgesetz über die Freizügigkeit vom 1. Nov. 1867,
4. die Reichsgewerbeordnung vom 21. Juni 1869 nebst vielen Novellen,
5. das Gesetz über den Unterstützungswohnsitz vom 6. Juni 1876,
6. die Reichsmilitärgesetze,
7. das Gesetz vom 2. Juli 1875 betr. die Anlegung von Straßen und Plätzen in Städten und ländlichen Ortschaften,
8. das Gesetz über die allgemeine Landesverwaltung vom 30. Juni 1883,
9. das Gesetz betr. die Zuständigkeit der Verwaltungsgerichtsbehörden vom 1. August 1883,
10. die Reichs-Arbeiterversicherungsgesetze:
    Krankenversicherungsgesetz vom 10. April 1892,
    Gewerbe-Unfallversicherungsgegesetz vom 30. Juni 1900,
    Unfallversicherungsgesetz für Land- und Forstwirtschaft vom 30. Juni 1900,
    Bauunfallversicherungsgesetz vom 30. Juni 1900,
    Invalidenversicherungsgesetz vom 13. Juli 1899,
11. das Kommunalabgabengesetz vom 14. Juli 1893,
12. das Gesetz betr. die Anstellung und Versorgung der Kommunalbeamten vom 30. Juli 1899,
13. das Gesetz betr. die Bildung der Wählerabteilungen bei Gemeindewahlen vom 30. Juni 1900,
14. das Gesetz betr. die Unterhaltung der öffentlichen Volksschulen vom 28. Juli 1906,
15. das Gesetz über das Diensteinkommen der Lehrer und Lehrerinnen an den öffentlichen Volksschulen v. 26. Mai 1909.

Auf diesen und anderen Gesetzen baut sich das Verwaltungsrecht der Stadtgemeinde Berlin auf. Durch die Gesetze ist die Ausbildung des Berliner Gemeindeverwaltungsrechts zum Teil angeregt, zum Teil eingeengt worden. Bald wurden durch die Gesetzgebung der Gemeinde neue Aufgaben gestellt, bald Zweige der städtischen Verwaltung auf staatliche Organe übertragen oder staatlichen Organen untergeordnet.

Die Städteordnung bildet im Zusammenhange mit den in Betracht kommenden Bestimmungen der angeführten Gesetze und den organischen Gemeindebeschlüssen die Stadtverfassung. Sie gehört daher dem Staatsrecht an. Sie befaßt sich aber auch mit der Verfassung und der Tätigkeit der Verwaltungsorgane der Stadt. Die Grundlagen der Stadtverfassung müssen daher kurz zur Darstellung gebracht werden, um das Verwaltungsrecht in seinen Einzelheiten zu verstehen. Da die Stadtgemeinde einen Teil des Staates bildet und seiner Aufsicht untersteht, muß in einem Gemeindeverwaltungsrecht auch das Recht der Kommunalaufsicht behandelt werden. Bei dem Ineinandergreifen der Stadtverwaltung mit der örtlichen Staats- und Reichsverwaltung wird in einem Anhang ein kurzer Überblick über die örtlichen Staats- und Reichsbehörden gegeben werden.

Zweiter Titel.

Geschichtliche Entwicklung der Berliner Stadtverwaltung[1].

Bei der Entwicklung der städtischen Verwaltung können wir sechs Stufen unterscheiden:

1. die älteste Zeit bis zum Übergang der Markgrafschaft Brandenburg auf die Hohenzollern (1415),
2. die Zeit der hohenzollernschen Kurfürsten (1415—1701),
3. die Zeit der preußischen Könige bis 1808,
4. die Zeit seit Einführung der Städteordnung (1808—1853),
5. die Zeit seit Erlaß der neuen Städteordnung von 1853 bis 1866,

[1]) Vgl. Clauswitz, Die Städteordnung von 1808 und die Stadt Berlin, Berlin 1908.

6. Berlin als Reichshaupt- und Weltstadt, d. h. von 1866 bis jetzt.

1. In der ersten Periode hatte die Stadt Berlin die Selbständigkeit der mittelalterlichen Städte und als solche gehörte sie zu Zeiten der Hansa als nicht unwichtige Handelsstadt an.

2. Diese Selbständigkeit erfuhr unter den hohenzollernschen Kurfürsten, besonders Friedrich II. und unter dem großen Kurfürsten eine wesentliche Einschränkung. Als Hauptstadt des brandenburgisch-preußischen Staates stand sie direkt unter dem Einfluß des Staatsoberhauptes.

3. Dieser nahm erheblich zu unter den Königen. Seit Friedrich Wilhelm I. wurden die Städte, insbesondere die Hauptstadt, lediglich als ein Verwaltungsgebiet des Staates angesehen. Jedes Gemeindeleben erlosch. Der Magistrat stand unter Leitung eines königlichen Beamten und seine selbständigen Befugnisse bestanden eigentlich nur noch in der Verwaltung des Kämmereivermögens.

Nach dem Allgemeinen Landrecht (Teil II Titel 8) hatten die Stadtgemeinden die Rechte privilegierter Korporationen (§ 108). Das Kämmereivermögen, zu dem alles gehören sollte, was zur Bestreitung der gemeinschaftlichen Lasten und Ausgaben bestimmt war, stand unter der Verwaltung des Magistrats, das Bürgervermögen dagegen nur unter seiner Aufsicht (§§ 138, 139, 159 bis 161). Die Verwaltung der städtischen Angelegenheiten sollte im übrigen durch den Magistrat und Repräsentanten erfolgen. Der Magistrat ergänzte sich selbst, doch stand der Regierung das Recht der Bestätigung zu. Der jedesmalige königliche Polizeidirektor war zugleich Stadtpräsident und Vorsitzender des Magistrats. Der Umfang der städtischen Verwaltungsangelegenheiten war aber ein enger, indem wichtige Teile der heutigen städtischen Angelegenheiten direkt vom Staat verwaltet wurden. Dahin gehörte in Berlin die gesamte Polizeiverwaltung [1]), wozu die Straßenerleuchtung und -reinigung, das Feuerlöschwesen, die Bau- und Marktpolizei gerechnet wurden, ferner das Armenwesen. Gemeindeelementarschulen gab es nicht. Das Schulwesen beruhte zum größten Teil auf privater und kirchlicher Fürsorge. Eine Armenschule unterhielt die Königliche Armendirektion. Dahingegen unterhielt der Magistrat einige höhere

[1]) Reglement vom 21. Februar 1747; Clauswitz a. a. O. S. 24—26.

Schulen. Auf die Kirche hatte er nur so weit Einfluß, als ein Patronatsrecht bestand. Einen wesentlichen Teil seiner Verwaltung bildete dagegen die Aufsicht über die Zünfte, welche das gesamte Gewerbe beherrschten. Auch das Einquartierungswesen lag dem Magistrat ob. In der Gerichtsbarkeit war ihm nur das Vormundschaftswesen geblieben. Vollkommen von der Verwaltung des Magistrats ausgeschlossen waren die sogenannten eximierten Personen.

Das Jahr 1806 brachte mit der französischen Besatzung vorübergehend eine neue Verwaltung, welche aus 60 gewählten Bürgern unter Leitung eines Comité administratif von 7 Mitgliedern bestehen sollte. Die Polizei wurde durch eine Bürgergarde von 1000 Mann ausgeübt, eine Einrichtung, welche auch nach dem Abzug der Franzosen noch längere Zeit weiterbestand.

4. In diesem Zustand befand sich die städtische Verwaltung in Berlin, als der Freiherr vom Stein im Jahre 1808 zum zweiten Male an die Spitze der preußischen Verwaltung trat. Sein Gedanke war es, durch Freimachung aller Kräfte den niedergedrückten und verarmten Staat wiederaufzurichten. Aus diesem Grunde wollte er den Städten die Selbstverwaltung ihrer Angelegenheiten übertragen, in deren Rahmen die Kräfte der Bürger für den öffentlichen Dienst gewonnen werden sollten.

So entstand die Städteordnung vom 18. November 1808, welche im Frühjahr 1809 in Berlin eingeführt wurde. Die Grundgedanken der Steinschen Städteordnung beherrschen noch heute die städtische Verfassung. Es sind dies folgende:

1. Die von den Bürgern gewählten Stadtverordneten beschließen über alle Gemeindeangelegenheiten.
2. Dagegen steht die Verwaltung dem von den Stadtverordneten gewählten Magistrate zu.
3. Die Regierung bestätigt die Wahlen der Magistratsmitglieder und übt die Aufsicht über die städtische Verwaltung aus.
4. Die Polizei ist Staatssache, sie kann aber dem Magistrat als Staatsangelegenheit überlassen werden.
5. Die Stadt kann mit Genehmigung des Staates Ortsstatute erlassen.

Die Staatsaufsicht wurde in der folgenden Zeit bald durch den Oberpräsidenten, bald durch den Minister des Innern unmittelbar, schließlich seit 1828 durch die Regierung zu Potsdam ausgeübt. Die Polizei wurde einem Königlichen Präsidenten unterstellt[1]). Ihm unterstanden eine Anzahl Gendarmen und die erst 1848 durch die Schutzmannschaft ersetzte Bürgergarde, die Straßenreinigung und -beleuchtung, das Feuer- und Nachtwachwesen. Die Kosten hatte aber die Stadt, abgesehen von einem durch Kabinettsorder vom 31. Dezember 1838 festgesetzten Staatszuschuß, zu bestreiten. Das Armenwesen wurde erst durch Kabinettsorder vom 3. Mai 1819 der städtischen Armendirektion übertragen, die Charité blieb aber Staatsanstalt. 1817 wurde die städtische Servisdeputation eingesetzt und auf Grund des Ministerialerlasses vom 20. Juni 1811 eine städtische Schulkommission, der neben Magistratsmitgliedern und Stadtverordneten Geistliche und die Schuldirektoren angehörten. Die Kommission hatte die Verwaltung der inneren und äußeren Angelegenheiten sämtlicher städtischer Schulen und die Aufsicht über Parochial- und Privatschulen. Mit der Errichtung städtischer Elementarschulen wurde die Schulkommission durch Ministerialerlaß vom 26. April 1829 aufgehoben und ihre Geschäfte einer städtischen Schuldeputation übertragen, der neben Magistratsmitgliedern und Stadtverordneten zwei Superintendenten und einige Bürgerdeputierte angehörten. Die Gymnasien und die Gewerbeschulen wurden von ihrer Aufsicht ausgeschlossen. Die Unterhaltung der vor 1820 innerhalb der Ringmauer angelegten Straßen lag dem Fiskus ob. Bei den übrigen, insbesondere bei den Straßen außerhalb der Ringmauer, hatte die Stadtgemeinde die Kosten zu tragen. Die Beleuchtung wurde der Stadt am 1. Januar 1847 mit der damals erfolgenden Errichtung einer städtischen Gasanstalt überlassen.

Die revidierte Städteordnung vom 17. März 1831 ist in Berlin niemals eingeführt worden. Am 11. März 1850 wurde eine Gemeindeordnung erlassen, welche sowohl Städte wie Landgemeinden umfaßte und in mancher Beziehung die Rechte der Gemeindevertretung zugunsten des Gemeindevorstandes einschränkte, auch die Staatsaufsicht vermehrte. Eine Erweiterung zugunsten der Gemeinden hatte dagegen das Recht zum Erlaß von Ortsstatuten erfahren.

---

[1]) Kabinettsorder vom 25. März 1809, durch welche Gruner zum Polizeipräsidenten ernannt wurde. Clauswitz a.a.O. S. 97, 102, 110.

5. Die Städteordnung vom 30. Mai 1853.

Die Gemeindeordnung von 1850 wurde bald durch die Städteordnung vom 30. Mai 1853 für die sechs östlichen Provinzen ersetzt, welche noch heute in Geltung ist[1]).

Die Grundsätze dieser Städteordnung sind im wesentlichen dieselben, wie die der Steinschen Ordnung, jedoch sind diejenigen Änderungen im allgemeinen beibehalten worden, welche die Gemeindeordnung von 1851 und z. T. auch die Städteordnung von 1831 gebracht hatten. Es gehören dazu die erweiterte Befugnis zum Erlaß von Ortsstatuten, die Wiederherstellung des Bürgerrechts, das Dreiklassensystem, die Herabsetzung der Zahl der Grundbesitzer von $^2/_3$ auf $^1/_2$ der Stadtverordneten, die Zulässigkeit der Auflösung der Stadtverordnetenversammlung, die kommissarische Verwaltung von Magistratsstellen, die Wählbarkeit des früher vom König zu ernennenden Bürgermeisters, die Genehmigung bei Grundstücksveräußerungen, das Gemeindesteuerrecht, die Befugnis der Stadtverordneten, sich mit Zustimmung des Magistrats eine Geschäftsordnung zu geben, die Beschränkung der Verhandlungen der Stadtverordneten auf Gemeindeangelegenheiten, die Unterstellung aller Deputationen unter den Magistrat. Ein Teil dieser Neuerungen, wie z. B. das Dreiklassensystem, war in Berlin übrigens schon durch Verordnung eingeführt.

Eine bedeutsame Entwicklung nahm die städtische Verwaltung in Berlin durch Einführung der Wasserleitung, die zunächst einer Gesellschaft übertragen (1856), dann von der städtischen Verwaltung selbst übernommen wurde. Ebenso bedeutsam waren die Erweiterung des Weichbildes und Aufstellung eines Bebauungsplanes im Jahre 1862, welcher im wesentlichen noch heute maßgebend ist (Bebauungsplan vom 26. Juli 1862).

Was das Recht der städtischen Verwaltung betrifft, so wurde es fortan nicht mehr durch Erneuerung der Städteordnung fortgebildet[2]), sondern durch andere Gesetze, die teilweise das städtische

[1]) Kommentare von Kappelmann Berlin 1901, Kotze Neusalz 1905, Krüger Berlin 1903, Ledermann Berlin 1901, Plagge-Schulze Berlin 1901, Oertel Liegnitz 1905.

[2]) Zum letzten Male hat die Regierung dem Landtage im Jahre 1876 einen Entwurf für eine allgemeine Städteordnung der ganzen Monarchie vorgelegt, der aber nicht zur Erledigung kam. Vgl. hierzu Preuß, Die Entwicklung des deutschen Städtewesens, Bd. 1, 1906, S. 355 ff.

Verwaltungsrecht nur nebenher berühren, teilweise dafür bestimmt sind, einzelne Zweige der städtischen Verwaltung oder der Gemeindeverwaltung überhaupt neu zu regeln. Bei dieser Gesetzgebung ist der scharfe Unterschied von Stadt- und Landgemeinde immer mehr verblaßt, so daß man also eine Rückkehr zu dem nur kurze Zeit in Geltung gewesenen Prinzip der Gemeindeordnung von 1851 erlebt hat, ein Fingerzeig dafür, daß dieses Prinzip schließlich zur allgemeinen Geltung gelangen wird. Das wäre im Interesse der Vereinfachung unserer Gesetzgebung und Verwaltung zu wünschen, was nicht ausschließt, daß bei einer solchen Regelung die besonderen Bedürfnisse der landwirtschaftlichen Gemeinden berücksichtigt werden[1]). Das erste Gesetz, welches in die Gemeindeverwaltung erheblich eingreift, ist das Gesetz über die Polizeiverwaltung vom 11. März 1850, neben welchem das Gesetz betr. die Verpflichtung der Gemeinden zum Ersatz des bei öffentlichen Aufläufen verursachten Schadens vom selben Tage erwähnt sei. Das Disziplinargesetz vom 21. Juli 1852 bezieht sich auch auf die Gemeindebeamten[2]), während das Gesetz über die Zuständigkeit der Verwaltungsbehörden vom 1. August 1883 den Verwaltungsgerichten die Entscheidung in Disziplinarsachen und über streitige Pensionsansprüche überträgt. Das Gesetz vom 30. Juli 1899 regelt die Anstellung und Besoldung der Gemeindebeamten. Durch das Gesetz vom 7. Mai 1853, betr. die Bildung der Ersten Kammer und die dazu gehörige Verordnung vom 12. Oktober 1854 erlangte Berlin das Recht zur Präsentation eines Herrenhausmitgliedes.

Die Verwaltung des Armenwesens wurde festgelegt durch die Reichsgesetze über die Freizügigkeit vom 1. November 1867, über den Erwerb der Reichs- und Staatsangehörigkeit vom 1. Juni 1870 und über den Unterstützungswohnsitz vom $\frac{\text{6. VI. 1870}}{\text{12. III. 1894}}$ (preuß. Ausführungsgesetz vom $\frac{\text{8. III. 1871}}{\text{11. VII. 1891}}$). Für das Sanitätswesen ist wichtig das Gesetz vom 18. März 1868 über die Errichtung öffentlicher Schlachthäuser. Die Gewerbeverfassung erfuhr eine gründliche Umgestaltung durch die Gewerbeordnung vom 21. Juni 1869 nebst ihren zahlreichen bis auf die neueste Zeit sich erstreckenden Novellen.

[1]) Vgl. Wölbling „Selbstverwaltung“ in der Zeitung „Der Tag“ vom 16. November 1909 (Nr. 269).

[2]) P. von Rheinhaben, Die preußischen Disziplinargesetze, Berlin 1904.

An sie reihen sich die Gesetze über die Arbeiterversicherung und die Gewerbe- und Kaufmannsgerichte. Vom 2. Juli 1875 datiert das Gesetz betr. die Anlegung und Veränderung von Straßen und Plätzen, für dessen Ausführung das Enteignungsgesetz vom 11. Juni 1874 wichtig ist.

Wesentlich eingreifend in die Gemeindeverwaltung sind dann die Gesetze über die Verwaltungsgerichtsbarkeit vom 3. Juli 1875, betr. die Zuständigkeit der Verwaltungsbehörden vom 1. August 1883 und über die allgemeine Landesverwaltung vom 30. Juli 1883, ferner die Landgemeindeordnung vom 3. Juli 1891, die Kreisordnung vom $\frac{\text{13. XII. 1872}}{\text{19. III. 1881}}$, die Provinzialordnung vom $\frac{\text{29. VI. 1875}}{\text{22. III. 1881}}$. Alle diese Gesetze geben Berlin eine Ausnahmestellung, desgleichen das Gesetz betr. die Kleinbahnen vom 28. Juli 1872, das das Gemeindesteuerrecht regelnde Gesetz vom 14. Juli 1893.

Während in den früheren Perioden die Entwicklung des städtischen Verwaltungsrechts, besonders in der Hauptstadt Berlin, sich nicht ohne maßgebende Mitwirkung des Staates bei allen wichtigen und allgemeinen Fragen vollzog, setzt in der letzten Periode eine Selbstschöpfung des Gemeinderechts mit gegen die neueste Zeit zunehmender Lebhaftigkeit ein. Der gewaltig anwachsende Umfang der Verwaltung erfordert allgemeine Regeln, und diese werden in Ortsstatuten, Gemeindebeschlüssen und allgemeinen Anweisungen des Magistrats, des Oberbürgermeisters oder der Deputationen und anderer Verwaltungsbehörden festgelegt.

Eine Sammlung derartiger Bestimmungen hat der Magistrat unter dem Titel „Berliner Gemeinderecht" (elf Bände umfassend) herausgegeben.

B. Allgemeiner Teil.

Grundlagen der Verfassung und Verwaltung.

Erster Titel.

Vorbemerkung.

Art. 105 der Preußischen Verfassung verordnet, daß die Vertretung und Verwaltung der Gemeinden durch besonderes Gesetz bestimmt werden soll. Die darauf ergangene Städteordnung für die sechs östlichen Provinzen vom 30. Mai 1853 regelt auch für Berlin den räumlichen (§ 2) und den persönlichen Geltungsbereich der städtischen Verfassung (§§ 3—8), die Zusammensetzung und Tätigkeit des Magistrats und der Stadtverordneten (§§ 12—63). Während für die Übernahme unbesoldeter Ämter die Städteordnung noch im wesentlichen maßgebend ist (§§ 5, 74f.), findet die Anstellung, Besoldung und Pensionierung der übrigen Beamten jetzt hauptsächlich nach dem Gesetz vom 20. Juli 1899 über die Anstellung und Versorgung der Kommunalbeamten statt. Auch für die Aufstellung des Gemeindehaushalts ist die Städteordnung noch entscheidend; dagegen werden die städtischen Abgaben, Beiträge, Gebühren und Steuern nach dem Kommunalabgabengesetz vom 14. Juli 1893 berechnet.

Zweiter Titel.

Räumliches Geltungsgebiet für das Berliner Verwaltungsrecht[1]).

Nach § 2 der Städteordnung bilden den städtischen Gemeindebezirk alle diejenigen Grundstücke, welche demselben bei Einführung

[1]) Vgl. die im Auftrage des Magistrats vom Magistratsrat Hamburger herausgegebene Denkschrift über die Beziehungen zwischen Berlin und seinen Nachbarorten. Berlin 1903.

der Städteordnung angehört haben. Dieses Gebiet erfuhr durch die Allerhöchste Kabinettsorder vom 28. Juni 1860 durch Hinzufügung von Teilen der Nachbargemeinden Alt-Schöneberg, Tempelhof, der Hasenheide, der Lützower Feldmark, des Exerzierplatzes vor dem Brandenburger Tor, des Tiergartens, der Tegeler Forst, Alt- und Neu-Moabit, Wedding, des Luisenbades und des Terrains der ehemaligen Pulvermühlen eine wesentliche Ausdehnung.

Unerheblich erweitert wurde das Weichbild auf Grund der Kabinettsorder vom 30. Mai 1878, ferner im Jahre 1881 und 1891, wodurch das Gesamtgebiet auf 6310 ha anwuchs. Von dem Gemeindebezirk ausgenommen ist der vom Berliner Gemeindebezirk vollständig umfaßte Schloßbezirk, welcher einen selbständigen Gutsbezirk darstellt. Das Weichbild der Stadt Berlin deckt sich nicht mit den Bezirken für die staatliche Verwaltung Berlins. Zunächst gehört zum Bezirk des Königlichen Polizeipräsidiums zu Berlin ein Teil der Berliner Vororte. Die Einrichtung beruht auf der durch §§ 1 und 2 des Gesetzes vom 12. Juni 1889 vom Minister des Innern erteilten Ermächtigung, unter Zustimmung des Provinzialrates der Provinz Brandenburg die orts- und landespolizeiliche Zuständigkeit des Berliner Polizeipräsidenten auf die Stadt Charlottenburg und die Kreise Teltow und Niederbarnim oder Teile derselben zu erstrecken. Durch das Gesetz vom 15. Juni 1900 wurden die Stadtkreise Berlin, Charlottenburg, Schöneberg und Rixdorf zu dem Landespolizeibezirk Berlin vereinigt. Ein Gesetz vom 16. September 1899 teilt Berlin und seine Umgebung in drei Landgerichtsbezirke und eine Anzahl Amtsgerichtsbezirke ein, die über die Gemeindegrenze hinausgehen. Ebenso steht es mit dem Oberpostdirektionsbezirk Berlin.

Die Verwaltung der Stadt Berlin erstreckt sich aber ferner auf benachbarte Gebiete, sei es, daß diese ganz im Eigentum und unter Verwaltung des Berliner Magistrats stehen, wie die Rieselgüter, oder daß einzelne Anstalten und Einrichtungen auf fremdem Gemeindegebiet liegen oder dort betrieben werden, z. B. Irrenanstalten, Erholungsheime, Gas- oder Wasserwerke.

Die Rieselgüter umfaßten im Jahre 1907 eine Fläche von ca. 15 736 ha, die ausschließlich außerhalb des Berliner Weichbildes liegt. Ihre Verwaltung beschränkt sich nicht auf die, aus dem Zweck dieser Güter sich ergebenden Einrichtungen, sondern der Gemeinde liegt als Gutsbesitzerin auch die örtliche, öffentliche, staatliche und kommunale Verwaltung dieser Gutsbezirke ob, sowie die Erfüllung der von der Gutsherrschaft zu übernehmenden kirchlichen Pflichten. Ein großer städtischer Park, der Treptower Park, umfaßt den größten Teil des Gebiets der benachbarten Landgemeinde Treptow, woraus sich nahe Beziehungen zur Verwaltung dieser Gemeinde ergeben.

Abgesehen von den Rieselfeldern und dem Treptower Park besitzt die Stadtgemeinde Berlin auf fremdem Gebiete Grundstücke im Gesamtbetrage von ca. 1500 ha[1]). Davon ist ein Teil nicht bestimmten Gemeindezwecken zugewiesen, auf anderen befinden sich die verschiedensten städtischen Anstalten: Gas- und Wasserwerke, Krankenhäuser, Irrenanstalten, Heilstätten, Einrichtungen der Kanalisation, Müllabladestätten, Geleise der Straßenbahnen usw.

Diese Anstalten und Einrichtungen sind zum Teil auf Grund von Verträgen mit der Stadt Berlin auch Zwecken der Nachbargemeinden gewidmet, indem die Stadt Berlin diesen Gas und Wasser liefert, die Abwässer in ihre Kanalisation aufnimmt, den Verkehr mit Berlin und innerhalb dieser Gemeinden durch Berliner Straßenbahnen oder Straßen ordnet.

Die aus dieser Gestaltung sich ergebenden Beziehungen zu den Nachbargemeinden und Ortschaften regeln sich zum Teil nach der Landgemeindeordnung und anderen Gesetzen, die für die Stadtgemeinde als Gutsbesitzerin gewisse Rechte und Pflichten in bezug auf die Verwaltung dieser Ortschaften aufstellen, zum Teil durch Verträge und auf Grund dieser Verträge erlassene Polizeiverordnungen, so im Falle der Ausdehnung der Rohrpost der Stadt Berlin auf Nachbargemeinden.

Soweit gemeinsam kommunale Angelegenheiten gemeinschaftlich von benachbarten Kommunalverbänden besorgt werden, besteht ein sogenannter Zweckverband. Das Recht dieser Zweckverbände ist gesetzlich festgelegt, soweit an ihnen nur Landgemeinden oder Landgemeinden und Städte zugleich beteiligt sind, und zwar im vierten Titel der Landgemeindeordnung vom 3. Juli 1891. Danach kann

---

[1]) Ein Verzeichnis sämtlicher im Eigentum der Stadtgemeinde Berlin befindlichen, außerhalb des Weichbildes belegenen Grundstücke ist der Denkschrift von Hamburger als Anhang II beigegeben.

die Stadtgemeinde mit benachbarten Landgemeinden oder Gutsbezirken durch Beschluß des Bezirksausschusses [1]) verbunden werden (§§ 128, 13). Wenn ein Einverständnis der Beteiligten nicht zu erzielen ist, kann, sofern das öffentliche Interesse dies erheischt, die Bildung eines solchen Verbandes durch den Oberpräsidenten erfolgen, nachdem die Zustimmung der Beteiligten durch den Bezirks- bzw. Kreisausschuß ersetzt worden ist. Dieses Verfahren findet auf die Fälle der Veränderung der Verbände in ihrer Zusammensetzung sowie der Auflösung derselben sinngemäße Anwendung. Mit Königlicher Genehmigung können den Verbänden die Rechte einer öffentlichen Korporation beigelegt werden (§ 129). Die Verbände können die Ausführung der in ihrem gemeinsamen Interesse liegenden Maßnahmen und Veranstaltungen auf gemeinsame Kosten beschließen (§ 131). Kommt ein Statut durch freie Vereinbarung der Beteiligten nicht zustande, so ist es nach Anhörung der Beteiligten durch den Bezirksausschuß festzusetzen. Die Verbindung mehrerer Städte zu einem Zweckverbande ist gesetzlich nicht geregelt[2]). Sie kann daher nur im Wege freier Vereinbarung geschehen.

Für die künftige Änderung des Gebietes der städtischen Verwaltung sind folgende Rechtssätze maßgebend:

Grundstücke, welche bisher noch keinem Gemeinde- oder selbständigen Gutsbezirk angehört haben, können nach Vernehmung der Beteiligten durch Erlaß des Oberpräsidenten[3]) mit dem Stadtbezirk vereinigt werden. Die Vereinigung eines ländlichen Gemeinde- oder selbständigen Gutsbezirks mit der Stadtgemeinde kann nur unter Zustimmung der Vertretungen der beteiligten Gemeinden sowie des beteiligten Gutsbesitzers nach Anhörung des Kreistages mit Genehmigung des Königs erfolgen. Die Abtrennung einzelner Grundstücke von einem Stadtbezirk und deren Vereinigung mit einem angrenzenden Gemeinde- oder selbständigen Gutsbezirke sowie die Abtrennung einzelner bisher zu einer anderen Gemeinde oder einem selbständigen Gute gehörenden Grundstücke und ihre Vereinigung mit dem angrenzenden Stadtbezirk Berlin kann nach Anhörung des Kreistages durch Erlaß des Oberpräsidenten vorgenommen werden, wenn außer den Vertretungen der beteiligten Gemeinden und den

---

[1]) D. h. den der Stadtgemeinde übergeordneten Bezirksausschuß.

[2]) Ein Gesetz befindet sich aber in Vorbereitung.

[3]) § 2 der Städteordnung, Z.G. § 8, L.V.G. § 43 Abs. 3.

beteiligten Gutsbesitzern auch die Eigentümer jener Grundstücke darin willigen. In Ermangelung der Einwilligung aller Beteiligten kann eine solche Veränderung nur im Falle eines öffentlichen Bedürfnisses mit Genehmigung des Königs nach Vernehmung der Beteiligten und nach Anhörung des Kreistages stattfinden.

Die Auseinandersetzung der Beteiligten und Festsetzung streitiger Grenzen erfolgt in Berlin durch Beschluß des Oberpräsidenten, der durch Klage beim Oberverwaltungsgericht angefochten werden kann (Z.G. §§ 8 und 21).

Da Berlin zugleich einen Stadtkreis bildet, so kommt für die Änderung seiner Grenzen auch § 3 der Kreisordnung in Frage.

Dritter Titel.

Persönlicher Geltungsbereich des städtischen Verwaltungsrechts.

Alle Einwohner des Stadtbezirks mit Ausnahme der servisberechtigten Militärpersonen gehören zum Stadtbezirk und sind daher dem städtischen Verwaltungsrecht unterworfen (§ 3 St.O.). Von den Einwohnern zu unterscheiden sind die Bürger, indem sie berechtigt sind, an den städtischen Wahlen teilzunehmen, in die Stadtverordnetenversammlung gewählt zu werden und berechtigt und verpflichtet sind, unbesoldete städtische Ämter anzunehmen (§§ 5—7 St.O., § 10 Z.G. Nr. 1, §§ 11 u. 21, L.V.G. § 63)[1]. An den Wahlen teilzunehmen sind auch gewisse höchstbesteuerte Personen berechtigt (§ 8), auch kann der Magistrat im Einverständnis mit der Stadtverordnetenversammlung verdienten Männern das mit Verpflichtungen nicht verbundene Ehrenbürgerrecht verleihen.

Die persönlichen Beziehungen der Einwohner und Gemeindemitglieder in denjenigen Gemeinden, in welchen die Stadt Berlin aus öffentlich-rechtlichen Gründen Gemeindeobrigkeit ist, regeln sich nach der Landgemeindeordnung vom 3. Juli 1891. Soweit im übrigen die städtische Verwaltung auf fremden Gemeindegebieten tätig ist, werden die Rechtsbeziehungen einzelner Personen im allgemeinen nur Privatrechte sein.

Als Einwohner werden diejenigen betrachtet, welche in dem Stadt-

[1]) Über Verlust des Bürgerrechts vgl. § 7 St.O., R.St.G.B. §§ 33—36, R.St.P.O. §§ 196 f.

bezirk nach den Bestimmungen der Gesetze ihren Wohnsitz haben (§ 3 St.O.). Wohnsitz ist der Ort, an welchem man sich niederläßt in der Absicht, ihn zum Mittelpunkte seiner gesamten Lebensverhältnisse zu machen[1]). Nach § 1 des Gesetzes über die Freizügigkeit vom 1. November 1867 steht jedem Reichsangehörigen das Recht zu, sich seinen Wohnsitz frei zu wählen, doch kann die Gemeinde — außer bestraften Personen, die nach § 3 des Gesetzes vom 1. November 1867 und § 2 des Gesetzes vom 31. Dezember 1842 Aufenthaltsbeschränkungen unterliegen — neu Anziehende abweisen, wenn sie sich oder ihren nicht arbeitsfähigen Angehörigen den notdürftigen Lebensunterhalt nicht zu beschaffen vermögen.

Wer, ohne im Stadtbezirke zu wohnen, daselbst Grundbesitz hat oder ein stehendes Gewerbe betreibt (Forense), ist verpflichtet, an den Lasten teilzunehmen, welche auf den Grundbesitz, das Gewerbe oder das daraus fließende Einkommen gelegt sind.

Die Geistlichen, Kirchendiener und Elementarschullehrer bleiben von den direkten persönlichen Gemeindeabgaben hinsichtlich ihres Diensteinkommens insoweit befreit, als ihnen diese Befreiung zur Zeit der Verkündung der Gemeindeordnung vom 11. März 1850 zustand.

Wegen der Besteuerung der Beamten (Staats- und Gemeindebeamten) hinsichtlich ihres Diensteinkommens kommt jetzt das Gesetz vom Juni 1909 in Betracht. Für die vor Inkrafttreten dieses Gesetzes angestellten Beamten gilt § 41 des Kommunalabgabengesetzes vom 14. Juli 1893. Danach wird das Diensteinkommen dieser Beamten zur Hälfte zu Einkommen- und Aufwandssteuern herangezogen.

Das Bürgerrecht erwirbt jeder selbständige Preuße, wenn er seit einem Jahre

1. Einwohner des Stadtbezirks ist und zur Stadtgemeinde gehört,
2. keine Armenunterstützung aus öffentlichen Mitteln empfangen,
3. die ihn betreffenden Gemeindeabgaben gezahlt hat und außerdem
4. entweder

[1]) Vgl. B.Ges. über die Beseitigung der Doppelbesteuerung vom 13. Mai 1870, Landgemeindeordnung § 7, Städteordnung für Hessen-Nassau § 3. Über Erwerb und Verlust des Wohnsitzes s. § 7 B.G.B.

a) ein Wohnhaus im Stadtbezirk besitzt,

b) ein stehendes Gewerbe selbständig als Haupterwerbsquelle und in Städten von mehr als 10000 Einwohnern mit wenigstens zwei Gehilfen selbständig betreibt oder

c) zur Staatseinkommensteuer oder zu einem fingierten Normalsteuersatze von mindestens 4 Mark veranlagt ist, oder ein Einkommen von mehr als 660 Mark hat.

Die Stadtverordnetenversammlung beschließt auf Beschwerden und Einsprüche, betreffend den Besitz oder Verlust des Bürgerrechts, insbesondere des Rechts zur Teilnahme an den Wahlen sowie des Rechts zur Bekleidung einer den Besitz des Bürgerrechts voraussetzenden Stelle in der Gemeindeverwaltung oder Gemeindevertretung, die Verpflichtung zum Erwerb oder zur Verleihung des Bürgerrechts. Der Beschluß der Stadtverordneten bedarf keiner Genehmigung oder Bestätigung von seiten des Gemeindevorstandes oder der Aufsichtsbehörde. Gegen den Beschluß findet die Klage im Verwaltungsstreitverfahren statt (§§ 10 und 11 des Zuständigkeitsgesetzes).

Verlegt ein Bürger seinen Wohnsitz nach Berlin, so kann ihm das Bürgerrecht, wenn sonst die Erfordernisse zur Erlangung desselben vorhanden sind, von dem Magistrat im Einverständnisse mit den Stadtverordneten schon vor Ablauf eines Jahres verliehen werden.

Der Magistrat ist im Einverständnis mit den Stadtverordneten befugt, Männern, welche sich um die Stadt verdient gemacht haben, ohne Rücksicht auf die sonstigen Erfordernisse für den Erwerb des Bürgerrechts, das Ehrenbürgerrecht zu erteilen, wodurch keine besonderen Verpflichtungen entstehen (§ 6 St.O.)[1].

Wer seit mehr als einem Jahre mehr als einer der drei höchstbesteuerten Einwohner sowohl an direkten Staats- als Gemeindeabgaben entrichtet, ist, auch ohne im Stadtbezirk zu wohnen oder sich daselbst aufzuhalten, berechtigt, an den Wahlen teilzunehmen, falls bei ihm die übrigen Erfordernisse vorhanden sind; dasselbe Recht haben in solchem Maße besteuerte juristische Personen.

Wer infolge rechtskräftigen Erkenntnisses der bürgerlichen Ehrenrechte verlustig gegangen ist (§ 12 St.G.B.), verliert dadurch auch das Bürgerrecht (§ 7 St.O.).

---

[1]) Von der gesetzlichen Kommunalsteuerpflicht befreit das Ehrenbürgerrecht nicht.

Das städtische Verwaltungsrecht ist nicht beschränkt auf Einwohner und Bürger der Stadt. Ihm unterliegen in gewissen Beziehungen auch Personen, die sich lediglich, ohne eine Wohnung zu haben, in Berlin aufhalten. In Betracht kommt hier zunächst das Gesetz betr. den Unterstützungswohnsitz, demzufolge jede Person vorbehaltlich des Rückgriffs auf andere Verpflichtete zunächst in der Gemeinde zu unterstützen ist, in welcher sie hilfsbedürftig geworden ist. Lediglich aus dem Aufenthalt ergibt sich auch unter Umständen eine Steuerpflicht. Der Gewerbe- und Grundsteuer ferner sind diejenigen Personen unterworfen, welche in Berlin ein stehendes Gewerbe betreiben oder Grundstücke besitzen, ohne Rücksicht auf ihren Wohnort. Zur Zahlung der Umsatzsteuer ist jeder Vertragsteil bei einem Veräußerungsgeschäft über ein Berliner Grundstück verpflichtet, gleichviel, wo der Vertrag geschlossen wird.

Vierter Titel.

Rechtsstellung und Zusammensetzung des Magistrats und der Stadtverordnetenversammlung.

a) Rechtsstellung der beiden obersten Gemeindekörperschaften.

1. Magistrat und Stadtverordnetenversammlung werden oft „die Gemeindebehörden" genannt. Die Stadtverordnetenversammlung hat aber nicht die Eigenschaft einer Behörde. Magistrat und Stadtverordnete sind aber die beiden obersten Körperschaften oder Organe der städtischen Verwaltung.

Die Stadtverordnetenversammlung ist die Vertreterin der Bürgerschaft, der Magistrat ist der Vertreter der Stadtgemeinde in öffentlich-rechtlicher wie in privatrechtlicher Hinsicht. Aber auch die Stadtverordnetenversammlung wird als Gemeindevertretung, das heißt als Vertretung der Bürger gegenüber dem Magistrat bezeichnet. Nur ausnahmsweise ist die Stadtverordnetenversammlung Vertreterin der Stadt, nämlich wenn der Magistrat gegen sie im Verwaltungsstreitverfahren klagt. Da es den Stadtverordneten an Organen für die Ausführung ihres rechtlichen Willens fehlt, so muß ihnen ein Anwalt zur Vertretung in einem solchen Streitverfahren durch den Bezirksausschuß bestellt werden (§ 36 St.O., Zust.G. § 21). Der Magistrat zu Berlin wird wiederum durch den Ersten Bürgermeister vertreten, bei der Übernahme von Verpflichtungen bedarf es aber einer von dem Ersten und dem Zweiten Bürgermeister zugleich unterzeichneten Urkunde[1]). Das Erfordernis zweier Unterschriften besteht nicht bei Urkunden, durch welche Rechte aufgegeben werden, z. B. bei Entsagungen, auch nicht bei Quittungen. Die Vertretungsbefugnis des Magistrats ist Dritten gegenüber unabhängig von der Zustimmung der Stadtverordneten. Sie kann auch nicht durch Verfügungen der vorgesetzten Behörden beschränkt werden[2]).

Magistrat und Stadtverordnetenversammlung erscheinen gemeinsam insofern als oberste Gewalt der Stadtgemeinde, als die innerhalb des gesetzlichen Rahmens gefaßten übereinstimmenden Beschlüsse neben den Gesetzen die Grundlage der städtischen Verwaltung bilden. Auf Gemeindebeschlüssen beruhen auch die Ortsstatute, die über alle den Stadtgemeinden eigentümlichen Verhältnisse allgemein verbindliche selbständige Rechtssätze aufstellen können. Die Ortsstatute kann man gewissermaßen als Gesetze der Stadtgemeinde bezeichnen. Der Erlaß von Ortsstatuten ist ein Ausfluß der Autonomie der

[1]) Im Falle der Verhinderung einer dieser beiden Personen tritt der Stellvertreter ein. Bei dem Geschäftsumfang der Berliner Verwaltung wäre eine Nachprüfung, ob im einzelnen Falle der Erste oder Zweite Bürgermeister verhindert war, unmöglich. Es wird deshalb in der Praxis für ausreichend erachtet, wenn zwei Magistratsmitglieder die Urkunde unterzeichnet haben. Die Verhinderung der zunächst in Frage kommenden Personen wird dann vermutet. Häufig tritt das Bedürfnis hervor, durch dem Magistrat untergeordnete Behörden und Beamte Verpflichtungen für die Stadtgemeinde zu übernehmen. Der Magistrat kann für solche Fälle seine Vertretungsbefugnis für den einzelnen Fall oder allgemein auf ihm untergeordnete Behörden oder Deputationen übertragen. Die Deputationen gelten zur Führung der laufenden Geschäfte und zur Vertretung der Stadt bei diesen ermächtigt. Streitig ist, ob die Formvorschrift des § 56[8] St.O. für verpflichtende Urkunden sich auch auf die von Deputationen abgeschlossenen Rechtsgeschäfte bezieht. Ledermann steht auf dem Standpunkt, daß für die verpflichtenden Urkunden der Deputationen eine Unterschrift genügt, zumal in den Deputationen oft nur ein Magistratsmitglied vorhanden ist und bei der Vertretung der Stadtgemeinde nach außen Stadtverordnete nicht in Frage kommen könnten. Fraglich ist, ob die Deputationen auch außerhalb der laufenden Geschäfte liegende Verträge selbständig eingehen können. Durch die Grundsteuerordnung vom 20. April 1907 sind den Steuerdeputationen in bezug auf diese Steuer die im Kommunalabgabengesetz dem Gemeindevorstand zugewiesenen Befugnisse übertragen. Die Stellung der Schuldeputation (für die Volksschulen) ist durch das Gesetz betr. die Übergabe der öffentlichen Volksschulen vom 28. Juli 1906 geregelt.

[2]) Ledermann, St.O. Anm. zu § 56[8] Nr. 1 S. 321.

Stadt, d. h. der gewissen organisierten Verbänden neben dem Staate zustehenden Befugnis, innerhalb des von ihnen beherrschten Kreises und im Rahmen der Staatsgesetze zur Regelung ihrer besonderen Verhältnisse verbindliche Rechtsnormen aufzustellen [1]).

2. Die Stadtverordnetenversammlung hat über alle Gemeindeangelegenheiten zu beschließen (§ 95 St.O.). Ihre Beschlüsse bedürfen aber, wenn sie solche Angelegenheiten betreffen, welche durch das Gesetz dem Magistrat zur Ausführung überwiesen sind, dessen Zustimmung. Die Stadtverordnetenversammlung darf ihre Beschlüsse, abgesehen von wenigen Ausnahmen [2]), nicht zur Ausführung bringen. Unabhängig von dem Magistrat kann daher die Stadtverordnetenversammlung rechtserhebliche Beschlüsse im allgemeinen nur fassen, sofern ihre Wirkung eine negative ist, d. h. wenn irgend eine Maßregel unterbleiben soll. Demnach hat also die Stadtverordnetenversammlung dem Magistrat gegenüber ein gewisses Vetorecht. Dieses ist aber ausgeschlossen, soweit die Gesetze oder bereits bestehende Gemeindebeschlüsse dem Magistrat eine Angelegenheit zur selbständigen Erledigung überweisen. Das gilt insbesondere von den laufenden Verwaltungsgeschäften (§ 56 St.O.). Die Stadtverordnetenversammlung wählt ferner die Magistratsmitglieder und die unbesoldeten Gemeindebeamten [3]), auch die in die gemeinsamen Verwaltungsdeputationen, -kommissionen und Kuratorien zu entsendenden Stadtverordneten. Schließlich kontrolliert die Stadtverordnetenversammlung — nicht der einzelne Stadtverordnete — die Verwaltung. Sie kann sich von der Ausführung

---

[1]) Kinne, Die Autonomie der Kommunalverbände S. 18.

[2]) Diese Ausnahmen sind:

a) Handhabung der Geschäftsordnung (M.R. 17. Juli 1860 M.Bl. 170);

b) Beschwerden über den Magistrat (M.R. 10. Januar 1892 V. M.Bl. 5);

c) Anträge auf Entscheidung des Bezirksausschusses bei Meinungsverschiedenheit mit dem Magistrat;

d) in Streitfällen der §§ 7^{b} Abs. 2, 20 Abs. 4, 27 Abs. 3 und 77. Die Ernennung eines Vertreters zur Wahrnehmung der Rechte der St.V. (Z.G. § 21);

e) Klage gegen Zwangsetatisierung (§ 78 N. 3).

[3]) Die Eigenschaft als unbesoldete Gemeindebeamte erlangen sie mit dem Augenblick der Mitteilung ihrer Wahl durch den Magistrat.

ihrer Beschlüsse und Verwendung der Einnahmen Überzeugung verschaffen, auch durch Akteneinsicht.

3. Der **Magistrat** ist einmal das allein ausführende Organ (§ 56 St.O.). Das gilt von der Ausführung der Gesetze, Verordnungen und Verfügungen vorgesetzter Behörden und von den Beschlüssen der Stadtverordnetenversammlung oder den übereinstimmenden Beschlüssen der „Gemeindebehörden", d. h. der Stadtverordneten und des Magistrats selbst und seinen eigenen Beschlüssen. Die Beschlüsse der Stadtverordneten hat er regelmäßig nur auszuführen, soweit er ihnen zustimmt[1]). Durch die Ausführung übernimmt er folglich zugleich auch die Verantwortung für die Beschlüsse. Als ausführendes Organ leitet und beaufsichtigt er die ganze Gemeindeverwaltung, insbesondere auch die Vermögensverwaltung.

Er stellt auch die besoldeten Beamten an.

Neben seiner Tätigkeit als ausführendes Organ ist er aber zugleich beschließende Behörde, sei es nun, daß es sich um seine erforderliche Zustimmung zu der Ausführung bedürfenden Beschlüssen der Stadtverordneten handelt, sei es, daß ihm durch Gesetz oder Gemeindebeschluß die alleinige Beschlußfassung übertragen ist, so z. B. hinsichtlich der Anstellung der Gemeindebeamten[2]). Als Ortsobrigkeit kann der Magistrat Anordnungen erlassen und sie im Wege des Verwaltungszwangsverfahrens durchsetzen[3]).

b) Zusammensetzung der Stadtverordnetenversammlung und des Magistrats.

---

[1]) Ausnahmen, in denen Beschlüsse der Stadtverordneten vom Magistrat auszuführen sind, ohne daß es seiner Zustimmung bedarf: bei Aufnahme eines Wählers in die Wählerliste oder Streichung aus derselben, Verhängung von Ordnungsstrafen, Heranziehung zu höheren Steuern auf Grund von § 74 St.O., Wahl von besoldeten und unbesoldeten Gemeindebeamten oder Deputationsmitgliedern, vgl. Ledermann St.O. § 36 Anm. 1. Natürlich kann der Magistrat auch solche Beschlüsse beanstanden. Uber die Beanstandung vgl. Ledermann, St.O. § 56² Anm. 3.

[2]) Die Stadtverordneten sind lediglich unverbindlich wegen ihrer Bedenken gegen die Anstellung anzuhören, doch ist diese von der Bewilligung der nötigen Mittel durch die Stadtverordneten abhängig.

[3]) § 68 St.O., § 90 Komm.Abg.Ges., Veränderung betr. das Verwaltungsverfahren vom 15. November 1899 (G.S. S. 545), Ausführungsanweisung dazu vom 28. November 1899, R.G. vom 17. Mai 1898 betr. Änderung der Z.P.O. und pr. Ausf.Ges. dazu vom 22. September 1899.

1. Die Stadtverordnetenversammlung besteht in Berlin aus 144 Mitgliedern. Sie werden gemäß §§ 13—28 der Städteordnung durch die stimmfähigen Bürger gewählt.

Nach der Geschäftsordnung vom $\frac{3.\ \text{II.}\ 1876}{8.\ \text{XII.}\ 1994}$ besteht der Vorstand der Stadtverordnetenversammlung aus einem Vorsteher und einem Stellvertreter (§ 1), welche in der ersten öffentlichen Sitzung nach Neujahr auf Jahresfrist gewählt werden. Bei gleichzeitiger Behinderung oder beim Ausscheiden beider Vorstandsmitglieder übernimmt der an Jahren älteste Stadtverordnete die Geschäfte (§ 3). Der Vorsteher beruft zu den Sitzungen, leitet die Verhandlungen und handhabt die Ordnung in denselben. Ihm liegt die Vertretung der Versammlung ob. Er hat beratende Stimme in allen Ausschüssen (§ 5). Mit Ausnahme von Erinnerungsschreiben an den Magistrat und Verfügungen über die etatsmäßigen Ausgaben der Stadtverordneten darf er keine Angelegenheit derselben ohne ihren Beschluß erledigen (§ 6). Doch unterstehen ihm die Beamten der Versammlung. Zur Unterstützung des Vorstehers werden drei Beisitzer und drei Stellvertreter derselben gewählt (§§ 7, 8). Die Geschäfte des Schriftführers und Protokollführers werden von dem als Gemeindebeamten angestellten Bureauvorsteher der Versammlung versehen.

Der Magistrat besteht aus 34 Mitgliedern, von denen der Bürgermeister (Oberbürgermeister), der Beigeordnete (Bürgermeister) und 15 Mitglieder besoldet, die übrigen unbesoldet sind. Zu den besoldeten Mitgliedern, welche den Titel Stadtrat führen, gehört der Kämmerer, der Syndikus, zwei Stadtschulräte und zwei Stadtbauräte. Die Wahl erfolgt nach § 32 der Städteordnung durch Stimmzettel. Für die Vorbereitung der Wahl gelten §§ 16—22 und 26 der Geschäftsordnung für die Stadtverordneten vom $\frac{3.\ \text{II.}\ 1876}{8.\ \text{XII.}\ 1894}$. Die Wahl des Bürgermeisters unterliegt der Bestätigung durch den König, die des Beigeordneten und der übrigen Magistratsmitglieder der Bestätigung durch den Oberpräsidenten[1]). Die kommissarische Verwaltung einer Magistratsstelle auf Kosten

[1]) Die Versagung bedarf nicht der Zustimmung des Bezirksausschusses. Die Beschwerde des Magistrats gegen die Versagung geht an den Minister des Innern (Zust.Ges. § 2 und 3).

der Stadt kann im Falle des Nichtzustandekommens einer bestätigten Wahl durch Verordnung des Oberpräsidenten erfolgen.

c) Unterbehörden des Magistrats.

Die Haupttätigkeit des Magistrats liegt bei dem Umfang der Berliner Verwaltung in weit höherem Maße, als die bestehenden gesetzlichen Bestimmungen und Verordnungen es vermuten lassen, auf allgemeinem Gebiete. Neben der Teilnahme an der Fassung von Gemeindebeschlüssen und dem Erlaß allgemeiner Verwaltungsregeln befaßt der Magistrat sich nur mit solchen Details, die nach ausdrücklichen und für Berlin meist nicht mehr zeitgemäßen Bestimmungen, um rechtsgültig zu sein, notwendig vom Magistrat beschlossen werden müssen, wozu allerdings einige meist ganz untergeordnete Angelegenheiten kommen, die aus historischen Gründen, man kann sagen rein zufällig in seiner Hand verblieben sind. Der Grund dafür wird meist darin liegen, daß sie sich nicht ohne weiteres dem Geschäftskreis einer Unterbehörde einreihen, während sie anderseits zu unbedeutend sind, um für sie eine besondere Behörde zu bilden oder auch nur eine besondere Anordnung zu treffen, um sie einer der bestehenden Behörden zu überweisen. Teils sind einzelne Geschäftszweige noch nicht so weit angewachsen, um eine besondere Behörde zu bilden, was aber für die Zukunft zu erwarten ist.

Die eigentliche Verwaltung liegt fast ausschließlich in Händen von Unterbehörden des Magistrats, die im wesentlichen einander gleichgeordnet unter den Namen Deputationen, Kuratorien, Kommissionen (Kommissare) und Anstalten bestehen.

Diese Behörden sind an sich nur Organe des Magistrats und seinen Verfügungen unbedingt unterworfen. Es kommt jedoch vor, daß sie auch gewisse selbständige Rechte haben, so z. B. die Baudeputation, die zufolge Gemeindebeschluß über die der Stadtverordnetenversammlung zu machenden Vorlagen stets vorher zu hören ist. Anderen, wie z. B. der Schuldeputation sind staatliche Funktionen übertragen worden, bei deren Ausübung sie nicht an die Anweisungen des Magistrats gebunden sind.

Die Deputationen können nach dem Gesetz (§ 59 St.O.) lediglich Magistratsdeputationen sein, die lediglich durch den Oberbürgermeister zusammengesetzt werden. Derartige Depntationen bestehen aber zur Zeit nicht. Vielmehr sind sämtliche Deputationen gemischte, d. h. aus Magistratsmitgliedern und Stadtverordneten oder anderen stimmfähigen Mitgliedern, vielfach auch aus anderen städtischen Beamten zusammengesetzt. Hier erfolgt die Ernennung der Magistratsmitglieder und der anderen städtischen Beamten durch den Oberbürgermeister, während die Stadtverordneten und stimmfähigen Bürger von der Stadtverordnetenversammlung gewählt werden. Zufolge des Ortsstatuts vom $\frac{10.}{15.}$ März 1892 und $\frac{28. IV.}{3. V.}$ 1902 § 5 und des Gemeindebeschlusses vom 19. März 1902[1]) ist der Magistrat berechtigt, den auf Grund von § 59 der Stadtordnung gebildeten Deputationen als Mitglieder mit Stimmrecht in den von ihnen bearbeiteten Sachen Magistratsräte[1]) oder Magistratsassessoren zuzuordnen, vom Vorsitz sind sie jedoch ausgeschlossen. Dieser steht stets einem Magistratsmitgliede zu. In vielen Fällen ist die Zahl der zuzuordnenden Magistratsräte und -Assessoren ein für allemal durch allgemeine Bestimmungen geregelt.

Die Schuldeputation, welche lediglich die Gemeindeelementarschulen[2]) verwaltet, setzt sich zusammen aus 4 Stadträten, außer den beiden Stadtschulräten, 12 Stadtverordneten, 12 des Erziehungs- und Volksschulwesens kundigen Personen, einem evangelischen, einem katholischen und einem jüdischen Geistlichen, ferner einem mit beratender Stimme abgeordneten Magistratsassessor und einem Schularzt, gleichfalls mit beratender Stimme. Die Geschäftsordnung der Deputationen ist geregelt durch die Geschäftsordnung für die Sitzungen der Verwaltungsdeputation des Magistrats, Beschluß des Magistrats vom 10. Februar 1876. Für die Geschäftsführung der Schuldeputation ist die vom Magistrat unter dem 29. Februar 1908 mit Genehmigung der Provinzialschulkollegien erlassene Geschäftsordnung maßgebend.

Kuratorien sind Verwaltungsbehörden, die mit der rechtlichen Vertretung und Beaufsichtigung gewisser städtischer Anstalten und Einrichtungen betraut sind. Sie erscheinen teils als dem Magistrat untergeordnete Körperschaften, teils als Unterbehörden zweiten Grades, welche einer Deputation untergeordnet sind. Hier haben wir es nur mit der ersten Art von Kuratorien zu tun. Allgemeine Vorschriften für ihre Zusammensetzung und ihre Geschäftsführung bestehen nicht.

---

[1]) Berl.Gem.R., Einl.-Band (S. 173—178).

[2]) Auch städtische Taubstummenschulen (Gemeindebeschluß vom $\frac{18. IX.}{5. XII.}$ 1907).

Auch die Kommissionen und Kommissare können Unterbehörden ersten, zweiten und weiteren Grades sein. Sie haben die Erledigung einzelner vorübergehender oder dauernder Zwecke zur Aufgabe. Über die Zusammensetzung der Kommissionen gibt es keine allgemeinen Bestimmungen. Es handelt sich hier natürlich nur um Kommissionen des Magistrats. Die Kommissionen der Stadtverordnetenversammlung sind keine Verwaltungskommissionen. Die Verwaltungskommissionen ersten Grades, d. h. die unmittelbar unter dem Magistrat stehenden, werden teils nur aus Magistratsmitgliedern zusammengesetzt, z. B. die Rathauskommission, die städtische Zentrale Buch, die Kommission für Requisitionssachen[1]), für Zwangsvollstreckungssachen. Teils sind sie aus Magistratsmitgliedern und anderen Gemeindebeamten zusammengesetzt, z. B. die Abteilung des Magistrats für Invalidenversicherung. Der Magistratskommissar für Invalidenversicherung wird durch Magistratsräte bzw. Assessoren vertreten. Die Prüfungskommissionen für Magistratssekretäre und Bureauassistenten sind aus Magistratsmitgliedern und Bureaubeamten zusammengesetzt. Gemischte, d. h. aus Magistratsmitgliedern und Stadtverordneten zusammengesetzte Kommissionen ersten Grades bestehen zurzeit nicht, doch ist ihre Einrichtung zulässig. Dem Magistrat unmittelbar unterstellt sind die Bezirksvorsteher (St.O. § 60), welche von den Stadtverordneten aus den stimmfähigen Bürgern auf 6 Jahre gewählt und vom Magistrat bestätigt werden. Ihre Aufgaben ergeben sich aus der Instruktion für Bezirksvorsteher (Magistratsbeschluß vom 15. März 1897)[2]).

Die Anstalten des Magistrats, zu denen auch die städtischen Werke zu rechnen sind, unterstehen nicht dem Magistrat unmittelbar, sondern den ihnen übergeordneten Deputationen, Kuratorien, Kommissionen und Kommissaren.

---

[1]) Nur ein Kommissar. Zu erwähnen ist noch der Magistratskommissar für Desinfektionsangelegenheiten.

[2]) Erwähnt seien hier die Ausschüsse des Gewerbe- und Kaufmannsgerichts zur Vorbereitung oder Abgabe von Gutachten, sowie zur Vorbereitung von Anträgen an Behörden, Vertretungen von Kommunalverbänden und an die gesetzgebenden Körperschaften der Bundesstaaten und des Reichs in gewerblichen oder solchen Fragen, welche das kaufmännische Dienst- oder Lehrverhältnis betreffen. Diese Ausschüsse beruhen auf den Reichsgesetzen über die Gewerbe- und Kaufmannsgerichte. Sie sind keine Organe der Stadtverwaltung, sondern lediglich Organe der staatlichen, mit der Gemeindeverwaltung verbundenen Sondergerichte.

Sie erscheinen in Berlin also nur als Unterbehörden zweiten Grades. An ihrer Spitze stehen meist Direktoren oder Direktorinnen. Zum Teil unterliegen diese Anstalten nicht der freien Verfügung des Magistrats, wie die höheren und die Gemeindeschulen. Bei den zuerst genannten hat der Magistrat nur die äußeren Angelegenheiten zu verwalten.

Bei den Behörden niederen, zweiten, dritten, vierten Grades ist die Unterordnung unter die vorgesetzten Behörden nicht immer eine gleichartige. So sind die Armenkommissionen teils Armenkreisen, teils besonderen Armenämtern unterstellt, die wiederum unter der Armendirektion stehende Behörden zweiten Grades sind. Unterbehörden zweiten Grades sind vorhanden außerdem bei der Stiftungs-, Waisen-, Bau-, Sanitäts-, Schul-, Bibliotheks-, Park-, Militär-, Markthallen-, Viehhof- und Steuerverwaltung und bei der Verwaltung der städtischen Werke. Diese Werke unterstehen wieder besonderen Deputationen.

d) Dem Magistrat angegliederte Behörden.

Zum Teil sind den Unterbehörden selbständige staatliche Funktionen übertragen. Dadurch kommen diese Behörden, soweit solche Funktionen in Frage kommen, in eine Nebenstellung zum Magistrat, während sie im allgemeinen untergeordnete Behörden bleiben.

In weiterem Maße besteht eine Angliederung hinsichtlich des Gewerbe- und Kaufmannsgerichts, deren Einrichtung auf den Ortsstatuten vom $\frac{6.\ \mathrm{VI.}}{25.\ \mathrm{VII.}}$ 1902 mit Nachtrag vom $\frac{15.\ \mathrm{V.}}{4.\ \mathrm{VI.}}$ 1908 und vom $\frac{31.\ \mathrm{I.}}{9.\ \mathrm{III.}}$ 1905 beruht. Diese Gerichte sind staatliche Behörden zwecks Entscheidung von gewerblichen Streitigkeiten, hauptsächlich zwischen Gewerbetreibenden oder Kaufleuten einerseits und ihren Angestellten andererseits, auch zur Herbeiführung einer Einigung im Falle allgemeiner Streitigkeiten (Lohnkämpfe) zwischen Arbeitgebern und Arbeitern. Ihre Einrichtung erfolgt aber auf Grund eines Ortsstatuts, auch liegt dem Magistrat die Ernennung der Beamten, von denen die Vorsitzenden der Bestätigung des Oberpräsidenten bedürfen, die Leitung der Wahl der Beisitzer und die Tragung der Kosten ob. In ihren Entscheidungen sind die Gerichte, wie die übrigen Gerichte, unabhängig. Rechtsmittel sind nur bei den übergeordneten Gerichten zulässig.

Die Standesämter unterstehen der Dienstaufsicht der Staatsverwaltung und ihre Eintragungen unterliegen der gerichtlichen Kontrolle. Die Ernennung der Standesbeamten erfolgt aber durch den Magistrat mit Genehmigung der höheren Verwaltungsbehörde. Die Kosten der Standesämter trägt die Stadtgemeinde[1]).

Die Schiedsmänner, deren Aufgabe in der Herbeiführung gütlicher Beseitigung von Prozessen, insbesondere Privatklageprozessen wegen Beleidigung, besteht, werden von den Stadtverordneten auf drei Jahre gewählt und vom Landgerichtspräsidenten bestätigt. Sie unterstehen der Aufsicht des Landgerichtspräsidenten.

Lediglich oder fast nur an der Besetzung der leitenden Stelle ist der Magistrat beteiligt bei der Betriebskrankenkasse der Stadtgemeinde, der Landesversicherungsanstalt Berlin, beim Berliner Pfandbriefamt und bei der Sterbekasse für die Berliner Gemeindebeamten und deren Ehefrauen.

Gegenüber einzelnen Kirchen übt der Magistrat das Patronat mit seinen Rechten und Pflichten aus.

Bei einzelnen Verwaltungszweigen ist die Beteiligung der Stadtgemeinde nur eine finanzielle, z. B. bei der Polizeiverwaltung mit Ausnahme der der Stadt bzw. dem Oberbürgermeister übertragenen Straßenbau-, Bewässerungs-, Entwässerungs- und Schulpolizei.

Fünfter Titel.

Überblick über die Geschäfte der Stadtverordneten.

Die Geschäfte der Stadtverordnetenversammlung sind durch §§ 35—55 der Städteordnung und durch die mit Zustimmung des Magistrats auf Grund des § 48 der Städteordnung erlassene Geschäftsordnung für die Stadtverordneten zu Berlin vom $\frac{3. \text{XII}. 1876}{8. \text{XII}. 1894}$ geregelt. Dieser schließt sich eine Geschäftsordnung für die Ausschüsse der Stadtverordnetenversammlung an. Die Stadtverordnetenversammlung kann nur beschließen, wenn mehr als die Hälfte der Mitglieder zugegen ist. Eine Ausnahme hiervon findet nur statt, wenn die Stadtverordneten, zum zweiten Male über denselben Gegenstand zusammenberufen, dennoch nicht in genügender Zahl erschienen sind. Bei der zweiten Zusammenberufung muß auf diese

---

[1]) R.G. vom 6. Februar 1875 § 4.

Bestimmung verwiesen sein. Die Beschlüsse werden nach Stimmenmehrheit gefaßt. Bei Stimmengleichheit entscheidet die Stimme des Vorsitzenden (§§ 42, 43 St.O.). Die Abstimmung ist, abgesehen von Wahlen (§§ 32, 38 St.O.), öffentlich. An Versammlungen über Rechte und Pflichten der Stadtgemeinde darf derjenige nicht teilnehmen, dessen Interesse mit dem der Gemeinde im Widerspruch steht. Die erste Beratung der Magistratsvorlagen soll frühestens zwei Tage nach Aushändigung ihres Abdruckes an die Mitglieder stattfinden und beschränkt sich auf eine allgemeine Erörterung. Die zweite (Detail-) Beratung darf bei Widerspruch von 15 Mitgliedern nicht in derselben Sitzung erfolgen. Am Schluß der Beratung wird über die Vorlage im ganzen abgestimmt. Nur zur Kenntnisnahme vom Magistrat mitgeteilte Vorlagen unterliegen lediglich einmaliger Beratung (§ 15). Alle von der Versammlung ausgehenden selbständigen, d. h. nicht im Laufe der Beratung gestellten Anträge müssen von mindestens fünf Mitgliedern unterzeichnet sein (§ 16). Zur Vorberatung bestimmter Kategorien von Gegenständen sowie für einzelne Gegenstände kann die Versammlung besondere Ausschüsse bestellen, die durch fünf durch das Los bestimmte Abteilungen der Versammlung von möglichst gleicher Zahl gewählt werden. Es bestehen ständige Ausschüsse für die Begutachtung der Anstellung und Pensionierung von besoldeten Gemeindebeamten, für die Wahl unbesoldeter Gemeindebeamter, für Petitionen, für Rechnungssachen, zur Vorprüfung der Wahlen der Stadtverordneten.

Vorlagen wegen Anstellung und Pensionierung von Gemeindebeamten, gegen welche der Ausschuß nichts zu erinnern hat, gelangen durch Auslegung und deren Ankündigung (§ 24), Wahlen unbesoldeter Gemeindebeamter, falls bis zum Schluß der Sitzung Widerspruch nicht erhoben wird, durch Auslegung der Vorschläge des Ausschusses (§ 25) zur Erledigung. Ebenso Naturalisationsgesuche (§ 28). Ähnlich wird mit Petitionen verfahren, die der Ausschuß für ungeeignet zur Beratung in der Versammlung ansieht (§ 31).

Anfragen an den Magistrat außerhalb der Tagesordnung bedürfen der Unterschrift von fünf Mitgliedern, die sofortige Besprechung ist von einem Antrag von 15 Mitgliedern abhängig. Die ordentlichen Sitzungen der Stadtverordneten finden an einem bei Jahresbeginn für das ganze Jahr dazu bestimmten Tage — seit langer Zeit Donnerstags — statt, außerordentliche Versammlungen auf Antrag von einem Viertel der Mitglieder, des Vorstehers oder des Magistrats (§ 35). Die Tagesordnung bestimmt der Vorsteher. Geheime Sitzungen werden abgehalten auf Antrag des Vorstehers, des Magistrats oder von 10 Mitgliedern. Vor der Abstimmung ist die Frage zu verlesen (§ 53)[1]. Dem Vorsteher soll nach der Geschäftsordnung die Handhabung der Polizei im Sitzungssaal und den Nebenräumen zustehen (§ 59). Er kann die Mitglieder zur Ordnung rufen (§ 57) und wegen Unruhe die Sitzung aussetzen, aufheben oder unterbrechen (§ 58).

Nach der Geschäftsordnung für die Ausschüsse wählen sich diese einen Vorsitzenden, einen Schriftführer und deren Vertreter (§ 1). Sie stimmen mit absoluter Stimmenmehrheit ab (§ 8). Abänderungsanträge der Ausschüsse werden gedruckt allen Stadtverordneten zugestellt (§ 13).

Zur Besorgung der laufenden Bureaugeschäfte der Stadtverordnetenversammlung ist ein mit Gemeindebeamten besetztes Bureau mit einem Bureaudirektor an der Spitze gebildet. Das Bureau ist dem Stadtverordnetenvorsteher unterstellt, hat aber im übrigen den Charakter einer Unterbehörde des Magistrats.

Die Beschlüsse der Stadtverordnetenversammlung, auch diejenigen, welche ihm durch Gesetz zur Ausführung nicht überwiesen sind, müssen dem Magistrat mitgeteilt werden (§ 47 St.O.). Die Stadtverordneten beschließen über die Benutzung des Gemeindevermögens. Das zur Bestreitung der Lasten und Ausgaben der Stadt bestimmte Vermögen (Kämmereivermögen) kann durch eine Gemeinheitsteilung niemals in Privatvermögen der Gemeindeglieder verwandelt werden. Ebensowenig darf Gemeindeglieder- (Bürger-) Vermögen durch Gemeinheitsteilung in Privatvermögen einzelner Einwohner verwandelt werden (Deklaration zum Allgemeinen Landrecht vom 26. Juli 1847, Gesetzsammlung Seite 327). Über das Vermögen, welches nicht der Gemeinde als solcher gehört, kann die Stadtverordnetenversammlung nur insofern beschließen, als sie dazu durch den Willen der Beteiligten oder sonstige Rechtstitel berufen ist. In Ansehung

---

[1]) Jedes Mitglied kann seine abweichende Abstimmung schriftlich motiviert dem Bureau übergeben.

der Verwendung des Vermögens der Stiftungen bewendet es bei den stiftungsmäßigen Bestimmungen. Hinsichtlich solcher Stiftungen aber, die keine selbständige Rechtspersönlichkeit darstellen, vielmehr nur Sondervermögen der Stadtgemeinde bilden, hat die Stadtverordnetenversammlung in der Regel zu beschließen.

Die Stadtverordnetenversammlung kontrolliert die Gemeindeverwaltung (§ 37 St.O.), aber nicht die Verwaltung anderer, insbesondere von Staatsangelegenheiten durch den Magistrat. Dem einzelnen Stadtverordneten steht kein Kontrollrecht zu. Die Stadtverordnetenversammlung ist berechtigt, sich von der Ausführung ihrer Beschlüsse und der Verwaltung der Gemeindeeinnahmen Überzeugung zu verschaffen. Sie kann zu diesem Zweck von dem Magistrat die Einsicht der Akten verlangen und Ausschüsse aus ihrer Mitte ernennen, zu welchen der Bürgermeister ein Mitglied des Magistrats abzuordnen befugt ist.

Die Stadtverordnetenversammlung ist weder eine juristische Person noch eine Verwaltungsbehörde (Oertel, St.O. S. 164. Ledermann St.O. Anm. 1 zu § 35 S. 125). Die Stadtverordneten sind als solche keine Beamte, sie werden es aber, soweit sie zu Mitgliedern von Verwaltungsdeputationen, Kuratorien oder Kommissionen berufen werden.

Sechster Titel.

Die Geschäfte des Magistrats.

1. Der Magistrat ist kollegialische Beschluß- und Verwaltungsbehörde der Stadt. Seine Mitglieder haben gleiches Stimmrecht. Die Leitung des Magistrats steht dem Ersten Bürgermeister, in seiner Vertretung dem Beigeordneten (Bürgermeister) zu.

Als beschließende Behörde hat der Magistrat folgende Funktionen:

1. Die Mitwirkung bei der Fassung von Gemeindebeschlüssen und folglich bei dem Erlaß von Ortsstatuten.
2. Die Fassung von allgemeinen Beschlüssen in solchen Angelegenheiten, welche dem Magistrat durch Gesetz allein überwiesen sind.
3. Die Fassung von Beschlüssen in den dem Magistrat durch die vorgesetzten Behörden allgemein oder in besonderen Fällen übertragenen Angelegenheiten.
4. Die obere Leitung und Beaufsichtigung der gesamten Ver-

waltung und der ihm unterstellten Gemeindebehörden und Beamten, Erteilung von Dienstvorschriften[1]).

5. Die Aufsicht über gewisse Korporationen.
6. Die Anstellung von Gemeindebeamten, Leitern und Lehrern der höheren und Gemeindeschulen, Wahl der Vorsitzenden des Gewerbe- und Kaufmannsgerichts, der Landesversicherungsanstalt Berlin[2]).
7. Alle nicht einer besonderen Deputation, Kommission oder dgl. überwiesenen Geschäfte[3]).
8. Die Ausübung der kirchlichen Patronats- und Ehrenrechte.

Das Geschäftsverfahren des Magistrats regelt sich, abgesehen von den Gesetzen, nach der Ministerialinstruktion für die Stadtmagisträte vom 25. Mai 1835 und nach dem mit königlicher Autorisation vom Minister des Innern bestätigten, durch die Regierung zu Potsdam unter dem 14. Juli 1834 erlassenen Regulativ über das Geschäftsverfahren für den Magistrat in Berlin[4]). Hierzu ist unter dem 7. April 1869 durch den Magistrat zu Berlin ein Nachtrag erlassen worden[5]) und ebenfalls durch den Magistrat unter dem 20. Februar 1876 eine Geschäftsordnung für die Sitzungen der Verwaltungsdeputationen des Magistrats[6]).

Dieses von der Regierung erlassene Regulativ geht als Spezialverordnung der Ministerialinstruktion vor. Dies hat keine Bedenken, weil das Regulativ, wie erwähnt, mit besonderer königlicher Autorisation vom Minister bestätigt worden ist.

Nur ein Teil der Verwaltungsgeschäfte wird im Magistrat vorgetragen.

2. Der Oberbürgermeister verteilt die Geschäfte, ernennt die Dezernenten und in wichtigen Fällen die Kodezernenten und zwar für Sachen, die einen bestimmten Geschäftsgang haben, ein für allemal.

Alle bloß einleitenden und vorbereitenden Verfügungen, alle

---

[1]) Regulativ über das Geschäftsverfahren für den Magistrat in Berlin vom 14. Juli 1834, erlassen von der Regierung in Potsdam und kraft königlicher Autorisation vom Minister des Innern am 18. Juli 1834 bestätigt, § I a und Nachtrag vom 7. April 1869 zu 1 und § 1 d und e.

[2]) AaO. § 1 zu b und c.

[3]) Nachtrag zu 1. Beispiele.

[4]) Berliner Gemeinderecht, Einleitungsband S. 67 f.

[5]) Abgedruckt oben S. 89 f

[6]) Ebenda S. 95.

Sachen, die ihren gewiesenen Gang haben, alle unerheblichen Gegenstände oder solche, bei denen die Entscheidung auf unzweifelhaften und ausdrücklichen Bestimmungen beruht, werden ohne Vortrag erledigt. Dieser steht überhaupt nur dem Dezernenten zu, doch können andere Mitglieder den Vortrag anregen. In sehr schleunigen Fällen kann der Oberbürgermeister die dringendsten Verfügungen auf Vortrag des Dezernenten, vorbehaltlich der Beschlußfassung des Magistrats, erlassen (§ 71).

Jedem Magistratsmitglied soll ein möglichst bestimmter, abgegrenzter Wirkungskreis zugeteilt werden, den es möglichst frei und selbständig zu bearbeiten hat, dabei hat es die ihm unterstellten Beamten anzuleiten und zu beobachten (§ 16). Neben dem Dezernenten können Kodezernenten ernannt werden, welche etwaige sachliche Meinungsverschiedenheiten durch Vortrag im Kollegium auszutragen haben (§ 12).

Ein besonderer Geschäftskreis ist dem Oberbürgermeister und in seiner Stellvertretung dem Bürgermeister, dem Kämmerer, dem Syndikus, den Stadtschul- und Bauräten angewiesen.

Der Oberbürgermeister ist der unmittelbare Vorgesetzte der Mitglieder des Magistrats und seiner Unterbeamten und der mittelbare Vorgesetzte der übrigen Beamten (§ 18). Er hat die Leitung und Beaufsichtigung des Geschäftsganges aller städtischen Behörden [1]). Beschwerden über den Oberbürgermeister können nur bei der Staatsaufsichtsbehörde, nicht beim Magistrat angebracht werden (§ 18 [11]). Beschwerden über die Mitglieder des Magistrats und die Unterbeamten, d. h. alle übrigen Beamten gehören zunächst vor den Oberbürgermeister. Er kann in schleunigen Fällen die vorläufige Entbindung eines Beamten von seinen Geschäften verfügen (§ 18 [8]). Er bewilligt Beurlaubungen.

Schließlich steht dem Oberbürgermeister die städtische Polizeiverwaltung zu [2]).

3. Der **Bürgermeister** ist zur Unterstützung und Stellvertretung des Oberbürgermeisters berufen (§ 19), er darf jedoch nur in

---

[1]) Als Organe für die Ermittlung und Meldung wichtiger Vorgänge auf öffentlichen Straßen bedient sich der Oberbürgermeister des Direktors und der Oberaufseher der Straßenreinigung, (§ 18 der Dienstinstruktion für die Oberaufsicht der Straßenreinigung, Berliner Gemeinderecht Bd. 9, S. 15.)

[2]) Abgesehen von der Schulpolizei.

eiligen Fällen etwas an der bisherigen Ordnung und den vom Oberbürgermeister getroffenen Einrichtungen ändern. Abgesehen von diesen besonderen Aufgaben ist er das erste, aber im allgemeinen den übrigen Magistratsmitgliedern gleichgestellte Mitglied des Magistrats.

4. Der Kämmerer ist nach ausdrücklicher Bestimmung (§ 20) nicht der Rendant der Kämmerei- oder irgendeiner anderen Gemeindekasse, sondern „Kassen- und Rechnungsrat" des Magistrats. Er führt als solcher die Aufsicht über alle Gemeindekassen und ist Mitkurator derselben, sowie des Magistratsdepositoriums. Er führt die Aufsicht über das ganze Kassen- und Rechnungswesen und bearbeitet in der Regel die Etats, die Rechnungsrevisionen und die Generalien in Kassen- und Rechnungssachen, auch erhält er die anderen Dezernenten übertragenen zur Mitzeichnung. Er muß die Konzepte und Reinschriften sämtlicher Kassen- und Rechnungsorders mitzeichnen[1]). Er hat die unmittelbare Aufsicht über die Kassenbeamten.

---

[1]) Behufs Entlastung des Kämmerers bestimmt ein Magistratsbeschluß vom 27. Oktober 1908 folgendes:

1. Die von den einzelnen Deputationen, Kuratorien usw. zu erlassenden Kassenanweisungen auf die ihnen etatsmäßig zur Verfügung gestellten Fonds erfolgen vom 1. November bis auf weiteres regelmäßig ohne Mitzeichnung des Kämmerers.

2. Anweisungen unter der Firma des Magistrats, Anweisungen aufs Vorschußkonto, zu Umbuchungen, Etatsüberschreitungen, außeretatsmäßige Anweisungen, welche Stundungen, Erlasse, Niederschlagungen betreffen, Anweisungen, welche schlechthin oder ihrem Betrage nach im freien Ermessen der Verwaltung stehen, und solche Anweisungen, bei welchen die Haftung eines städtischen Angestellten in Frage steht, bedürfen im Konzept der Mitzeichnung des Kämmerers.

Den Verwaltungen bleibt ferner vorbehalten, den Kämmerer in allen Fällen um seine Mitzeichnung zu ersuchen, in denen ihnen diese erwünscht erscheint.

Dem Kämmerer bleibt vorbehalten, diejenigen Verwaltungsstellen zu bezeichnen, deren Kassenanweisungen er mitzuzeichnen wünscht.

3. Den Vorsitzenden derjenigen Verwaltungsstellen, welchen juristische Hilfskräfte zur Verfügung stehen, wird anheim gegeben, den betreffenden Magistratsrat oder -Assessor zur Mitzeimnung der Kassenanweisungen heranzuziehen.

4. Die Anordnungen zu 1 und 3 betreffen lediglich Kassenanweisungen. Für die Beteiligung des Kämmerers an sonstigen Geschäften gelten die bestehenden Vorschriften.

5. Zum 1. Mai 1909 erwarten wir von den Deputationen, Kuratorien usw., sowie der Stadthauptkasse Bericht darüber, welche Mängel etwa bei Durchführung dieser Verfügung hervorgetreten sind.

5. Die Stellung des Stadtsyndikus — seit einiger Zeit besteht wieder nur eine derartige Stelle — entspricht nicht mehr den Vorschriften des Regulativs und des dazu beschlossenen Nachtrages. Der Syndikus soll als Rechtskonsulent des Magistrats dienen. Da die besoldeten Magistratsmitglieder, abgesehen von den technischen Mitgliedern, regelmäßig Juristen sind, hat die Stellung des Syndikus ihre eigentliche Natur im wesentlichen verloren.

6. Die Aufgaben der Stadtschul- und Stadtbauräte ergeben sich im allgemeinen aus dem Namen. Ihre besonderen Aufgaben sind bei den einzelnen Verwaltungsstellen zu behandeln[1]).

Siebenter Titel.

Rechtsstellung der Stadtgemeinde.

1. Im Allgemeinen.

Nach § 9 St.O. sind die Stadtgemeinden Korporationen, denen die Selbstverwaltung ihrer Angelegenheiten zusteht[2]).

Die Rechtsstelluug ist eine öffentlich-rechtliche und eine privatrechtliche.

Als öffentlich-rechtliche Korporation ist die Stadtgemeinde Trägerin öffentlicher Rechte und Verpflichtungen sowohl gegenüber dem Staat und anderen Korporationen des öffentlichen Rechtes wie gegenüber einzelnen Personen, insbesondere ihren Einwohnern. Ihre öffentlich-rechtlichen Aufgaben beschränken sich nicht auf Gemeindeangelegenheiten, d. h. solche Angelegenheiten, die sie im Interesse ihrer Einwohner zu besorgen haben, sondern die Gemeinden haben auch Aufgaben zu erfüllen, die lediglich im Interesse des Gesamtstaates liegen, ohne ein Sonderinteresse der Gemeinde. Bei Erledigung dieser rein staatlichen Angelegenheiten ist die Gemeinde vollständig an die Weisungen der übergeordneten staatlichen Behörden gebunden. Sie untersteht aber auch der Staatsaufsicht bei Erledigung ihrer eigenen Angelegenheiten; in besonders vorgesehenen Fällen ist sie sogar auch bei Besorgung von kommunalen Angelegenheiten an die Genehmigung des Staates gebunden, z. B. §§ 11, 50 St.O.

Abgesehen von der Beaufsichtigung und den erwähnten einzelnen Fällen der Genehmigung, hat die Gemeinde aber ihre eigenen An-

---

[1]) C. Besonderer Teil.

[2]) Vgl. Leidig, Preußisches Stadtrecht, 1891, S. 32—38.

gelegenheiten innerhalb der gesetzlichen Schranken selbst zu verwalten, d. h. nach Maßgabe der Beschlüsse der Gemeindekörperschaften, des Magistrats und der Stadtverordneten.

Die privatrechtliche Stellung der Gemeinde als Korporation des öffentlichen Rechts ist durch § 25 II 6, § 108 II 8 A.L.R. und § 89 B.G.B. geregelt. Danach können die Gemeinden Privatrechte erwerben und private Verpflichtungen eingehen, klagen und verklagt werden. Die Ausübung ihrer Rechte erfolgt durch den Magistrat und seine Beamten als Vertreter der Stadtgemeinde. Nach §§ 89, 35 B.G.B. ist die Stadtgemeinde für den Schaden verantwortlich, den der Magistrat oder ein Mitglied des Magistrats oder ein sonst verfassungsmäßig berufener Vertreter der Gemeinde durch eine in Ausübung der ihm zustehenden Verrichtungen begangene, zum Schadenersatze verpflichtende Handlung einem Dritten zufügt [1]. Soweit jedoch die Handlungen der Beamten in Ausübung der ihnen anvertrauten öffentlichen Gewalt, also bei Ausübung von Hoheitsrechten der Gemeinde, vorgenommen wurden, haftet die Stadt nicht für den Schaden (Art. 77 E.G. zum B.G.B. [2]).

2. Rechtsstellung der städtischen Werke und besonderen Anstalten.

Unter städtischen Werken versteht man solche selbständige Veranstaltungen der Gemeinde, die nicht lediglich ein bestimmtes notwendiges Bedürfnis der Gemeindeverwaltung bezwecken, sondern darüber hinaus auf die Erzielung von Einnahmen hinarbeiten. Diese Anstalten sind in Berlin stets gesondert von dem sonstigen Kämmereivermögen verwaltet worden, obwohl sie einen Teil des Kämmereivermögens darstellen, nur die Überschüsse werden der Kämmerei zugeführt. Selbständige juristische Personen sind die Werke nicht. Zu den städtischen Werken rechnet man in Berlin die Gas-, Wasser- und Kanalisationswerke, denen die Rieselfelder angeschlossen sind. Die Verwaltung der Werke ist eine von der übrigen Stadtverwaltung getrennte. Sie wird durch je eine gemischte Deputation geführt. Da ihre Aufgabe auch auf Erzielung von Überschüssen gerichtet ist, so ge-

---

[1]) Vgl. Ledermann St.O. § 9 S. 43 Anm. Ib. Vgl. § 831 BGB.

[2]) Tritt die Gemeinde als Prozeßpartei wegen eines Rechtsverhältnisses auf, das Bezug hat auf die Gemeindeglieder als solche, so wirkt das Erkenntnis für und wider diese Gemeindeglieder.

hören sie zu den gewerblichen Veranstaltungen der Gemeinde[1]). Es findet daher auf sie § 3 des Kommunalabgabengesetzes Anwendung, wonach gewerbliche Unternehmungen der Gemeinden grundsätzlich so zu verwalten sind, daß durch die Einnahmen mindestens die gesamten durch die Unternehmung der Gemeinde erwachsenden Ausgaben einschließlich der Verzinsung und der Tilgung des Anlagekapitals gedeckt werden. Eine Ausnahme ist nur zulässig, sofern die Unternehmung zugleich einem öffentlichen Interesse dient, welches andernfalls nicht zu befriedigen ist. Dies ist bei den städtischen Werken der Fall. Gemäß § 4 des Kommunalabgabengesetzes werden für die Benutzung der Einrichtung der städtischen Werke besondere Gebühren erhoben, deren Höhe und Erhebung durch besondere Gebührenordnungen geregelt ist[2]). Die Gebührenordnungen bedürfen der staatlichen Genehmigung, soweit eine Verpflichtung zur Benutzung der Anstalt für die Gemeindeangehörigen oder für einzelne Klassen derselben besteht oder soweit die Genannten auf die Benutzung der Anstalten angewiesen sind (§§ 4—7 Kommunalabgabengesetzes). Das ist u. a. der Fall bei der städtischen Kanalisation.

Die städtischen Werke gehören zu den Betriebsverwaltungen im Sinne des Gesetzes betr. die Anstellung und Versorgung der Kommunalbeamten § 8 Abs. 2. Dies ist ausdrücklich durch Ortsstatut vom $\frac{\text{10. III.}}{\text{23. VII.}}$ 1908 bestimmt[3]). Demgemäß gelten sämtliche Beamte der Werke wie der übrigen Betriebsverwaltungen als auf Kündigung angestellt, sofern nicht in der Anstellungsurkunde etwas anderes bemerkt ist. Die Einziehung der Gas-, Wasser-, Kanalisationsgebühren (und auch der Markthallenstandgelder) erfolgt durch eine gemeinsame Abteilung der Kämmerei: die Werkeinziehungsabteilung.

---

[1]) Auch die städtischen Kleinbahnunternehmungen sind hierzu zu rechnen.

[2]) Siehe C. Besonderer Teil, 3. Abschnitt, 3. Titel, e) § 2.

[3]) Zu den Betriebsverwaltungen gehören nach diesem Ortsstatut: die Gaswerke einschließlich der Straßenbeleuchtung, die Wasserwerke, Markthallen, Kanalisationswerke, Rieselgüter, Badeanstalten, der Vieh- und Schlachthof einschließlich der Fleischschau, die Straßenreinigung einschließlich der Abladeplätze, die Desinfektionsanstalten, die Park- und Gartenverwaltung, die Friedhöfe, das Märkische Provinzialmuseum, die Volksbibliotheken und Lesehallen, die Hafenanlagen und Ratswagen.

Achter Titel.

Rechtsbildung.

1. Das städtische Verwaltungsrecht beruht einmal auf der Reichs- und Landesgesetzgebung und wird daher mit diesen fortgebildet. Als Reichsgesetze kommen insbesondere die Gesetze betr. die Gewerbe- und Kaufmannsgerichte, die Gewerbeordnung, die Arbeiterversicherungsgesetze, das Gesetz betr. den Unterstützungswohnsitz u. a. in Frage, von Landesgesetzen die Städteordnung, das Kommunalabgaben- und Beamtengesetz, das Gesetz über die allgemeine Landesverwaltung und das Gesetz über die Zuständigkeit der Verwaltungsbehörden.

Die Gesetze erhalten ihre Ergänzung durch staatliche Verordnungen, die innerhalb des Rahmens der Gesetze mit verbindlicher Kraft von den der Stadt vorgesetzten Behörden erlassen werden können.

Dazu kommen die Orts-Polizeiverordnungen, die vom Polizeipräsidenten zu Berlin nach Anhörung des Magistrats bei sicherheitspolizeilichen Verordnungen, bei anderen Polizeiverordnungen mit Zustimmung des Magistrats erlassen werden. Soweit der Stadtgemeinde die Verwaltung einzelner Zweige der Polizei überlassen ist, werden die lediglich diese Zweige betreffenden Polizeiverordnungen an Stelle des Polizeipräsidenten vom Oberbürgermeister erlassen. Bei Gegenständen der landwirtschaftlichen Polizei, die in Berlin wohl kaum mehr in Frage kommt, ist auch die Zustimmung der Stadtverordneten erforderlich. Die Zustimmung des Magistrats kann durch den Bezirksausschuß ergänzt werden. Dem Magistrat ist es unbenommen, die Stadtverordneten vor seiner Entschließung anzuhören, was in Berlin wohl regelmäßig geschieht.

2. Die autonome Fortbildung des städtischen Verwaltungsrechtes erfolgt in erster Linie durch Ortsstatute. Diese Autonomie beruht auf § 11 der Städteordnung, sowie auf zahlreichen Bestimmungen einzelner Reichs- und Landesgesetze[1]).

---

[1]) Pr. Ges. betr. Fluchtliniengesetz v. 2. Juli 1875, betr. Errichtung öffentl. Schlachthäuser v. $\frac{\text{13. III. 1868}}{\text{9. III. 1881}}$, Kommunalabgabengesetz v. 14. Juli 1893, Ausf.-Ges. z. B.G.B. v. 30. Juli 1899 Art. 78 § 4, Ges. v. 20. Juni 1900 betr. Bildung von Wählerabteilungen, z. B. Gewerbeordnung §§ 23, 33, 34, 105b, 119a, 120, 120a, 142; R.Ges. über die Gewerbegerichte und Kaufmannsgerichte; R.G. betr. Kriegsleistungen v. 13. Juni 1873, Krankenvers.Ges. v. 10. April 1892,

Autonomie ist die gewissen organisierten öffentlichen Verbänden innerhalb des Staates zustehende Befugnis, auf dem ihnen zur Regelung ihrer Angelegenheiten überlassenen Gebiete und im Rahmen der Staatsgesetze zur Regelung ihrer besonderen Verhältnisse verbindliche Rechtsnormen aufzustellen[1]). Nach § 9 St.O. ist die Befugnis zum Erlaß von Ortsstatuten gegeben 1. über solche Angelegenheiten der Stadtgemeinden sowie über solche Rechte und Pflichten ihrer Mitglieder, hinsichtlich deren die Städteordnung Verschiedenheiten gestattet oder keine ausdrücklichen Bestimmungen enthält, 2. über sonstige eigentümliche Verhältnisse und Einrichtungen, insbesondere hinsichtlich der den gewerblichen Genossenschaften bei Einteilung der stimmfähigen Bürger und bei Bildung der Wahlversammlungen und der städtischen Vertretung zu gewährenden angemessenen Berücksichtigung.

Die Ortsstatute beruhen auf Gemeindebeschluß, der, um als Ortsstatut zu gelten, der Genehmigung des Oberpräsidenten bedarf. Gegen die Versagung der Genehmigung ist Beschwerde beim Minister des Innern zulässig (L.V.G. § 43). Die Aufhebung von Ortsstatuten erfolgt

a) durch Gesetz,

b) durch Gemeindebeschluß mit Genehmigung des Oberpräsidenten,

c) durch jüngere entgegenstehende Observanzen[2]).

Die Stadtgemeinde Berlin hat in umfangreicher Weise von dem Recht zum Erlaß von Ortsstatuten Gebrauch gemacht.

3. Als weitere Rechtsquelle kommen die Gemeindebeschlüsse in Frage. Diese sind behufs Abänderung oder Fortbildung des Verwaltungsrechts notwendig, soweit bereits ein gültiger Gemeindebeschluß vorliegt, welcher einen Teil der Verwaltung regelt. Doch kann der Magistrat nicht die ihm gesetzlich zustehenden Rechte durch Mitwirkung bei einem Gemeindebeschluß — auch nicht durch Ortsstatut — aufgeben. Wenn die Stadtverordnetenversammlung aber, abgesehen von diesem Falle, beschließt, daß etwas nicht geschehen soll, so kann dieser Beschluß nicht einseitig vom Magistrat ab-

---

Unfallvers.Ges. f. Land- u. Forstwirtschaft v. 30. Juni 1900, Inval.Vers.Ges. v. 13. Juli 1899.

[1]) Ähnlich Kinne, Autonomie der Kommunalverbände in Preußen S. 18, vgl. Ledermann St.O. Anm. 1 zu § 11. Leidig, Stadtrecht, 1891, S. 188—190.

[2]) O.V.G. E. v. 22. Mai 1886, Bd. 13, S. 290.

geändert werden. Doch ist immer der Weg der Ergänzung des Magistratsbeschlusses durch den Bezirksausschuß gegeben. (Z.G. § 17.)

„Die Gemeinde kann alles für ihre Aufgabe erklären, was die Förderung der Gesamtheit (ihrer Einwohner), der materiellen Interessen und der geistigen Entwicklung des einzelnen zum Gegenstande hat. Sie kann die erforderlichen Einrichtungen treffen und unterhalten (O.V.G. 19, 176; 12, 150/159). Hierbei besteht nur die Grenze, daß es sich stets nur um die örtlichen Interessen handeln muß, daß immer nur die Verhältnisse der örtlichen Gesamtheit in Betracht kommen (O.V.G. 13, 106)[1]." Die Stadt darf aber im Wege der Autonomie niemals in die Privatwirtschaft der Einwohner eingreifen, z. B. mittels Anschlußzwanges an die Kanalisation oder an Gas- oder elektrische Leitungen[2]). Ebensowenig darf die städtische Autonomie in die Polizei eingreifen (O.V.G. 9. Januar 1894, Nr. 2, 1405. Bei Kinne 139)[3]). Ein nicht den gesetzlichen Anforderungen entsprechendes Ortsstatut wird nicht durch staatliche Genehmigung gültig.

4. Soweit dem Magistrat die Erledigung gewisser Angelegenheiten durch Gesetz allein überwiesen ist, hat nur er über diese Angelegenheiten zu beschließen. Er kann dieses Recht nicht zugunsten der Stadtverordneten aufgeben oder einschränken, auch nicht durch Ortsstatut. Das ist der Fall nach § 56 der Städteordnung bei der Ausführung der Gesetze und Verordnungen der vorgesetzten Behörden, der Ausführung der Beschlüsse der Stadtverordneten, mit denen er einverstanden ist, oder hinsichtlich deren sein Einverständnis staatlich ergänzt worden ist, der Verwaltung der Gemeindeanstalten, der Einkünfte, des Eigentums der Stadt, der Wahrung der Rechte der Stadt, der Anstellung und Beaufsichtigung der Gemeindebeamten,

---

[1]) Kinne, Autonomie 133; vgl. dagegen Kappelmann Schriften des Vereins für Sozialpolitik Bd. 117 S. 25.

[2]) Das schließt nicht die zwangsweise Beteiligung an den Kosten solcher Unternehmungen aus, z. B. auf Grund von § 9 des Kommunalabgabengesetzes, dagegen kann der Anschlußzwang durch Polizeiverordnung verfügt werden.

[3]) Zulässig ist die Autonomie z. B. in bezug auf den Eintritt in den Stadtverband, die Organe der Stadtverwaltung, die Verwaltung selbst, in bezug auf Sparkassen, Straßen, Marktstandsgeld, in bezug auf die in der Gewerbeordnung und den Arbeiterversicherungsgesetzen aufgeführten Fälle der gewerblichen Verwaltung, auf die Gewerbe- und Kaufmannsgerichte, auf Gemeindeabgaben und -leistungen und auf Leistungen für die bewaffnete Macht.

der Verwaltung der Urkunden und Akten, der Vertretung der Stadt und der Einforderung der Abgaben und Naturaldienste.

Auch hier gilt das bei dem Erlaß von Ortsstatuten über die Wirksamkeit entgegenstehender Beschlüsse der Stadtverordneten Gesagte. Wenn die Zustimmung der Stadtverordneten in Fällen eingeholt wird, in denen ihre Mitwirkung nicht erforderlich ist, so hat dies in sofern eine rechtliche Bedeutung, als dadurch das Kontrollrecht der Stadtverordneten beeinflußt wird. Die Stadtverordneten können eine Maßnahme nicht rügen, der sie zugestimmt haben, sie wären denn bei der Zustimmung in einem Irrtum gewesen. Einer besonderen Erörterung bedarf der Fall der Mitwirkung der Staatsbehörden bei der Fortbildung des Rechts durch die Stadtgemeinde. Zunächst bedürfen die Beschlüsse der Gemeindebehörden in vielen Fällen der Genehmigung oder Bestätigung durch die Kommunalaufsichts- oder andere Staatsbehörden, in mehreren Fällen der königlichen Genehmigung oder Bestätigung, z. B. bei der Wahl des Oberbürgermeisters und der Festsetzung der Baufluchtlinien. Während die königliche Entschließung dem freien Ermessen unterliegt und in keiner Weise angefochten werden kann, bedarf die Versagung der vorgeschriebenen Genehmigung oder Bestätigung durch Staatsverwaltungsbehörden in der Regel der Zustimmung der zuständigen Beschlußbehörde, also des Bezirksausschusses. Diese fällt aber weg, soweit in Berlin der Oberpräsident, das Provinzialschulkollegium oder Ministerien an Stelle des Regierungspräsidenten bei der Genehmigung oder Bestätigung getreten sind. Es bleibt daher, soweit der Oberpräsident in Frage kommt, gegen einen ablehnenden Bescheid, soweit die Beschwerde überhaupt zulässig ist, nur diese und zwar die zuständige Ministerialinstanz übrig.

5. Die Staatsbehörde kann in die Willensbildung der Gemeinde ferner insofern eingreifen, als sie durch den Gemeindevorstand gemäß §§ 15, 21 Z.G. Beschlüsse der Gemeindevertretung oder des kollegialischen Gemeindevorstandes mit aufschiebender Wirkung nach Angabe der Gründe beanstanden lassen[1]). Für den Fall, daß die Stadtgemeinde es unterläßt oder sich weigert, die ihr gesetzlich obliegenden, von der Behörde innerhalb der Grenzen ihrer Zuständigkeit festgestellten Leistungen auf den Haushaltsetat zu bringen oder

[1]) Ledermann, St.O. § 77, S. 470—472. Leidig, Stadtrecht, S. 500.

außerordentlich zu genehmigen, verfügt der Oberpräsident unter Anführung der Gründe die Eintragung in den Etat oder die Feststellung der außerordentlichen Ausgabe[1]). Gegen die Verfügung des Oberpräsidenten steht der Gemeinde die Klage beim Oberverwaltungsgericht zu.

6. Die Beschlüsse des Magistrats können sowohl allgemeiner Natur sein, Dienstanweisungen, Reglements, Geschäftsordnungen der allgemeinen städtischen Verwaltung oder einzelner Zweige enthalten oder sich auf Sonderfälle beziehen. In diesen Fällen wird es sich oft lediglich um Verfügungen handeln, die vom zuständigen Dezernenten und dem Magistratsdirigenten gezeichnet werden.

7. Für ihre besonderen Verwaltungsgebiete können auch die Unterbehörden des Magistrats allgemeine Anordnungen treffen und dadurch das Verwaltungsrecht fortbilden. Für die Regel hat sich aber der Magistrat zu Berlin die Genehmigung derartiger allgemeiner Anordnungen vorbehalten, wodurch auch allein eine Bindung aller städtischen Behörden an derartige Regulative bewirkt werden kann.

8. Schließlich erfolgt die Fortbildung des städtischen Verwaltungsrechts durch Übung und durch den Gerichtsgebrauch, insbesondere durch die Entscheidungen des Oberverwaltungsgerichts. Einer Fortbildung durch die Wissenschaft entbehrt das Berliner Verwaltungsrecht bisher, doch ist dies für die Zukunft zu erwarten, zumal jetzt auch an den Universitäten mit dem Vortrag der Lehre des Kommunalrechts begonnen wird.

Neunter Titel.

Berlins Ausnahmestellung in der Staatsverwaltung.

Während die Gemeinden im allgemeinen den Kreisen in Ansehung der staatlichen und Kommunalverwaltung untergeordnete örtliche Verbände darstellen, und demgemäß den Regierungen und Provinzen unterstehen, bildet Berlin selbst einen Stadtkreis, der weder einem Regierungsbezirk noch einer Provinz unterstellt ist. Dadurch ergab sich die Notwendigkeit, die Geschäfte, welche sonst von den für die Provinzen, Regierungsbezirke und Kreise bestehenden Behörden besorgt werden, entweder auf die Stadtgemeinde oder auf andere, seien es schon bestehende oder neuzubildende Behörden zu übertragen. Auch die Bezirke der für Berlin zuständigen Reichs-

[1]) Ledermann, St.O. § 78, S. 472—481.

und Staatsbehörden, insbesondere auch der Gerichte, die sich sonst im allgemeinen mit den Grenzen der staatlichen und kommunalen Verwaltungsbehörden zu decken pflegen, sind in Berlin abweichend geregelt[1]). Daraus ergibt sich eine große Zahl zum Teil noch nicht geklärter besonderer Rechtsfragen für die Verwaltung der Stadtgemeinde Berlin. Die Bezirke der in Berlin bestehenden untersten Behörden, Post, Polizei, Gerichte, erstrecken sich zum Teil über das Berliner Stadtgebiet hinaus und auch die Stadt Berlin erstreckt ihre Verwaltung zum Teil auf das Gebiet anderer Gemeinden.

Berlin bildet einen eigenen Stadtkreis, und infolgedessen gehen die Rechte der kommunalen Kreisverwaltung auf die Gemeindebehörden über. An Stelle des Kreisausschusses als beschließende und verwaltungsgerichtliche Behörde tritt der Stadtausschuß. Eine Regierung besteht für Berlin nicht. Die den Regierungen zugewiesenen Geschäfte werden zum Teil vom Polizeipräsidenten, insbesondere der ersten Abteilung des Polizeipräsidiums, von der Ministerialbaukommission, von der Direktion für die Verwaltung der direkten Steuern, in einzelnen Fällen vom Oberpräsidenten und durch die Ressortminister besorgt, wozu unter Umständen das für Berlin das besondere Erfordernis der königlichen Genehmigung tritt[2]).

Ein Bezirksausschuß besteht dagegen auch für die Stadt Berlin. Der Vorsitzende desselben wird vom König ernannt. Die Befugnisse dieses Bezirksausschusses sind abweichend von denen der übrigen Bezirksausschüsse geordnet, indem er hauptsächlich auf Verwaltungsstreitsachen beschränkt ist, während die im Beschlußverfahren zu erledigenden Angelegenheiten meist dem Oberpräsidenten zugeteilt sind.

Einer Provinz ist Berlin weder in staatlicher noch in kommunaler Hinsicht untergeordnet. Die staatlichen Geschäfte, die sonst der Provinz zugeteilt sind, werden von dem Oberpräsidenten der Provinz Brandenburg verwaltet, dem zugleich eine Reihe von Geschäften der Regierung, des Bezirksausschusses und des Provinzialrates übertragen worden ist. Das Provinzialschulkollegium, das Medizinalkollegium, die Generalkommission, die Direktion der Rentenbank und

---

[1]) Berliner Gemeinderecht Einl. Band S. 124—151; vgl. Dove, Schriften des Verein f. Sozialpolitik Bd. 117 S. 141 f.

[2]) Bei Festsetzung von Fluchtlinien § 10 des Gesetzes vom 2. Juli 1875 und Anlegung von Kleinbahnen § 39 des Gesetzes vom 28. Juli 1892.

die Provinzialsteuerdirektion (für indirekte Steuern) der Provinz Brandenburg gelten zugleich für die Stadt Berlin.

Trotzdem Berlin eine Provinz nicht darstellt[1]), wird die Stadt in verschiedener Hinsicht den Provinzialverbänden, und werden die Gemeindebehörden den Behörden der Provinzialverbände gleichgestellt: als Landarmenverband (Gesetz vom 31. Dezember 1842), in bezug auf die Fürsorgeerziehung (Gesetz vom 2. Juli 1900, § 14), als Träger der Entschädigungspflicht auf Grund des Viehseuchengesetzes vom 12. März 1881 (§ 12), ferner die Entschädigung für an Milzbrand gefallene Tiere (Gesetz vom 22. April 1892), als subsidiärer Schuldner der Verpflichtungen der Invalidenversicherungsanstalt Berlin (§ 127 Invalidenversicherungsgesetz vom 19. Juli 1899), als Wahlkörper für die zu wählenden Mitglieder des Bezirksausschusses (§ 43 Landesverwaltungsgesetz), der Berufungskommission auf Grund des § 41 Einkommensteuergesetzes vom 14. Juni 1891 und des Steuerausschusses der Gewerbesteuerklasse I (§ 10 Gewerbesteuergesetz vom 24. Juni 1891).

Die Staatsaufsicht über die Berliner Gemeindeverwaltung wird in erster Instanz durch den Oberpräsidenten, in zweiter Instanz durch den Minister des Innern geführt.

Der Provinzialrat wird durch den Minister des Innern (als Beschwerdeinstanz bei versagter Genehmigung von Ortsstatuten, insbesondere auf Grund der §§ 12, 15 Straßenfluchtengesetz vom 2. Juli 1875, der Genehmigung bedürfenden Gemeindebeschlüssen, bei Eingemeindungen und Gebietsabtrennungen), durch den Minister für Handel und Gewerbe bei Ortsstatuten über gewerbliche und Markthallenangelegenheiten, Kehrbezirke der Schornsteinfeger (§ 142 G.O., §§ 122, 128, 130, 132, 161 Zuständigkeitsgesetz, §§ 43, 121 Landesverwaltungsgesetz), durch den Kultusminister bei Festsetzung erhöhter Leistungen für Volksschulen (Gesetz vom 25. Mai 1887, 28. Juli 1906), durch den Oberpräsidenten bei Festsetzung der Zeit, Zahl und Dauer der Vieh- und Krammärkte, Ergänzung der Zustimmung zur Benutzung öffentlicher Wege durch Kleinbahnen, Genehmigung der Errichtung von Sparkassen, Änderung ihrer Statuten und Auflösung derselben, bei Versagung der Genehmigung kommunaler Pfandleihan-

---

[1]) Vgl. Meyer, Staatsrecht, 2. Aufl., S. 326, 331. Zelle, Handbuch des geltenden öffentlichen und bürgerlichen Rechts 288—289.

stalten, Ausdehnung der Bestimmungen des Gesetzes vom 21. Juni 1846 auf andere als Eisenbahnarbeiter (§§ 52, 127, 144 Forstgesetz, § 43 Landesverwaltungsgesetz, §§ 6 und 7 des Kleinbahngesetzes vom 28. Juli 1892, § 20 des Pfandleihgesetzes vom 17. März 1881, § 77 des Kommunalabgabengesetzes vom 1. Juli 1893); in den Fällen des §§ 5, 6 und 36 des Gesetzes betr. die Unterhaltung der öffentlichen Volksschulen vom 28. Juli 1906.

An Stelle des Regierungspräsidenten tritt der Oberpräsident und der Polizeipräsident. Es seien hier nur die hauptsächlichsten Fälle mitgeteilt.

Der Oberpräsident ist Beschwerdeinstanz bei ortspolizeilichen Verfügungen (§ 127 Landesverwaltungsgesetz). Er hat die Vorentscheidung über Konflikte bei gerichtlicher Verfolgung von Gemeindebeamten (Gesetz vom 23. Februar 1854), er nimmt die Anmeldungen der Erstattungsansprüche gegen unbekannte Armenverbände entgegen (§ 34 des Unterstützungswohnsitzgesetzes vom $\frac{\text{1. VI. 1870}}{\text{12. III. 1894}}$), er entscheidet in Innungsangelegenheiten (Titel VI der Gewerbeordnung), er beaufsichtigt die Handwerkskammer und die gesamte Gemeindeverwaltung (§ 7 Zuständigkeitsgesetz, §§ 56, 76 St.O.), er bestätigt die Wahlen der Magistratsmitglieder, ordnet die kommissarische Verwaltung von Magistratsstellen an, nimmt den Haushaltsetat entgegen, verfügt Zwangsetatisierungen, Ordnungsstrafen gegen Magistratsmitglieder und sonstige Gemeindebeamten, beaufsichtigt die Sparkassen, übt die Aufsicht über das Gewerbe- und Kaufmannsgericht aus und bestätigt die Vorsitzenden dieser Gerichte.

Der Oberpräsident tritt bei verschiedenen Angelegenheiten der Arbeiterversicherung an Stelle des Regierungspräsidenten (Ausf.-Anweisg. v. 14. Juli 1844 zum Gesetz v. $\frac{\text{7. IV. 1876}}{\text{1. VI. 1884}}$, Ausf.-Anweisg. v. 10. Juli 1892 zum Krankenversicherungsgesetz vom $\frac{\text{15. VI. 1883}}{\text{10. IV. 1892}}$), §§ 12, 105 Gewerbeunfallversicherungsgesetz vom 5. Juli 1900, Bauunfallversicherungsgesetz v. 30. Juni 1900 §§ 9, 39, Invalidenversicherungsgesetz v. 13. Juli 1899).

Der Polizeipräsident ist an Stelle des Regierungspräsidenten bzw. der Regierung getreten als höhere Verwaltungsbehörde gemäß dem Gesetz v. 1. Juni 1870 über den Erwerb und Verlust der Staatsangehörigkeit, in Kirchenangelegenheiten, in Kleinbahnangelegenheiten

(§§ 3, 43, 44 des Kleinbahngesetzes v. 28. Juli 1892), bei Beaufsichtigung von Privatversicherungen (§§ 2, 3 Gesetz v. 12. Mai 1901), bei Konzessionierung von Versicherungsunternehmern und Auswanderungsagenten (Gesetz vom 17. Mai 1853 und R.G. vom 9. Juni 1897), in Innungsangelegenheiten (Tit. VI der Gewerbeordnung), bei Regelung der Beschäftigungszeit in gewerblichen Betrieben (G.O. §§ 105f, 139), Kinderschutzgesetz (§ 19), in Unfallversicherungssachen (Gesetz vom 5. Juli 1900, Bauunfallversicherungsgesetz vom 30. Juni 1900, Unfallversicherungsgesetz für Land- und Forstwirtschaft vom 30. Juni 1900).

Der Bezirksausschuß wird in den folgenden Fällen durch das Oberverwaltungsgericht, die Minister des Innern und der öffentlichen Arbeiten, den Oberpräsidenten und den Polizeipräsidenten ersetzt.

1. Das Oberverwaltungsgericht entscheidet an Stelle des Bezirksausschusses bei Streit um die Grenzen des Stadtbezirks, über die Auseinandersetzung bei Änderung der Grenzen und bei Beanstandung von Beschlüssen der Stadtverordneten oder des Magistrats.

2. Der Minister der öffentlichen Arbeiten beschließt an Stelle des Bezirksausschusses bei Ergänzung der Zustimmung des Gemeindevorstandes zur Festsetzung von Fluchtlinien, über Einwendungen der Interessenten gegen Bebauungspläne und Festsetzung von Fluchtlinien, an denen mehrere Gemeinden beteiligt sind, der Minister des Innern bestätigt Ortsstatute auf Grund von §§ 12, 15, 18 des Gesetzes vom 2. Juli 1875 (§ 146 Z.G.).

3. Der Oberpräsident genehmigt Ortsstatute über gewerbliche Angelegenheiten (§ 142 G.O., § 43 L.V.G., Gesetz vom 27. Juli 1900 (Gesetze vom $\frac{\text{30. VI. 1890}}{\text{29. IX. 1901}}$ und 6. Juli 1905, betr. Errichtung von Gewerbe- und Kaufmannsgerichten, G.O. §§ 33, 34, 105b, 119a, 120), er entscheidet in Versicherungssachen (§ 2 Krankenversicherungsgesetz vom $\frac{\text{15. VI. 1883}}{\text{10. IV. 1892}}$ und Gesetz vom 30. Juni 1900, 25. Mai 1903), bei der Genehmigung von Ortsstatuten betr. Einquartierungen (§ 7 B.G. vom 25. Mai 1868 und R.G. vom 13. Februar 1875, Z.G. § 50), betr. Zahl der Stadtverordneten und Magistratsmitglieder, betr. Berichtigung und Auslegung der Listen der stimmfähigen Bürger, betr. Zusammensetzung von Deputationen, Bildung von Wählerabteilungen (§§ 5, 12, 13, 19, 20,

21, 29, 59 und 70 St.O.), betr. Qualifikation der Betriebsverwaltungen (§ 8 Kommunalbeamtengesetz v. 30. Juli 1899), bei Abweichungen von der lebenslänglichen Anstellung (§ 9 eod.), bei der Genehmigung von Steuerordnungen (§ 77 Kommunalabgabengesetz), von Beschlüssen über Errichtung öffentlicher Schlachthäuser, einer Freibank, der Veräußerung von Grundstücken und Anleihen, der Gehälter der Magistratsmitglieder, besonders Festsetzung der Pensionen, Witwen- und Waisengelder (§ 131 Zuständigkeitsgesetz, St.O. §§ 50, 51, 64, Kommunalbeamtengesetz § 15); bei der Ergänzung des Einverständnisses bei Anforderung erhöhter Leistungen für eine Volksschule gemäß Gesetz vom 26. Mai 1887, bei Festsetzung angemessener Besoldungen für Gemeindebeamte (Kommunalbeamtengesetz § 11, St.O. § 64), bei Vereinigung von Landgemeinden oder Gutsbezirken mit der Stadt (St.O. § 2), bei Entscheidung von Meinungsverschiedenheiten zwischen Magistrat und Stadtverordneten und bei Beanstandung eines Beschlusses des Magistrats durch dessen Vorsitzenden (St.O. §§ 36, 57), bei Anordnung von Ersatzwahlen für die Stadtverordnetenversammlung (St.O. § 21), über ständige Gehaltsansprüche der Kommunalbeamten (§ 7 Kommunalbeamtengesetz), bei der Beschlußfassung an Stelle einer aufgelösten Stadtverordnetenversammlung.

4. Der Polizeipräsident tritt an die Stelle des Bezirksausschusses bei verschiedenen gewerblichen Angelegenheiten, nämlich bei Genehmigung von Innungsstatuten, Erteilung von Wandergewerbescheinen, Genehmigung der Verzeichnisse der Druckbildwerke, deren Feilbieten im Umherziehen zulässig ist, Konzession von Privatkranken-, Entbindungs- und Irrenanstalten, sowie Schauspielunternehmungen (§§ 30, 32, 53, 55, 84, 85 G.O., §§ 115, 117, 124, 141, 161 Zuständigkeitsgesetz).

Die erste Abteilung des Polizeipräsidiums ist zuständig in Enteignungsangelegenheiten nach §§ 3—5, 14, 21, 29, 32—38 und 53 Enteign.Gesetz vom 11. Juni 1874 und § 150 Zuständigkeitsgesetz.

Für den Instanzenzug in Angelegenheiten der Berliner Gemeindeverwaltung ergeben sich aus dem vorstehenden folgende Besonderheiten:

Das Oberverwaltungsgericht bzw. die Minister entscheiden unmittelbar über Beschlüsse des Magistrats oder der Stadtverordneten oder über gemeinsame Beschlüsse beider Gemeindebehörden: bei

Anträgen auf Eingemeindungen oder Abtrennungen vom Stadtgebiete (Minister des Innern), bei Streitigkeiten über die Grenze des Weichbildes und bei der Auseinandersetzung zwischen den Beteiligten, bei Änderungen der Grenzen des Stadtgebietes und bei Klagen gegen die Beanstandungen von Beschlüssen des Magistrats oder der Stadtverordneten (Oberverwaltungsgericht).

Der Oberpräsident entscheidet über die Genehmigung von Ortsstatuten, auch Steuerordnungen und sonstigen Gemeindebeschlüssen, die der Genehmigung bedürfen, und über die Ergänzung der fehlenden Zustimmung der Gemeindebehörden.

Zehnter Titel.

Beamtenrecht der Stadt Berlin.

a) Allgemeine Grundlagen. Rechtliche Bestimmungen[1]). Einer der am meisten entwickelten Zweige des Berliner Verwaltungsrechts ist das Beamtenrecht, von welchem wegen des erheblichen Umfanges

[1]) Die für die Rechtsverhältnisse der Berliner Gemeindebeamten und der Beamten an Anstalten, die die Gemeinde unterhält, maßgebenden Bestimmungen sind hauptsächlich folgende: Die Städteordnung (§§ 566, 64), das Gesetz betr. die Anstellung und Versorgung der Kommunalbeamten vom 30. Juli 1899 (§§ 1—17, 23, 24f.), das Gesetz betr. die Verwaltung der den Gemeinden und öffentlichen Anstalten gehörigen Holzungen vom 14. August 1876, Ministerialerlaß vom 4. Februar 1870 betr. das Verfahren bei Besetzung von Gemeindeforstbeamtenstellen, das Gesetz betr. die Besetzung der Subaltern- und Unterbeamtenstellen in der Verwaltung der Kommunalverbände mit Militäranwärtern vom 21. Juli 1892, Gesetz über das Diensteinkommen der Lehrer und Lehrerinnen an den öffentlichen Volksschulen vom 26. Mai 1909, Preuß. Verfassung Art. 23, 24, Gesetz über die Polizeiverwaltung vom 11. 3. 1850 § 4, Das Disziplinargesetz vom 21. Juli 1852, Ministerialreskript vom 25. März 1840, Ministerialblatt 173, vom 23. September 1823 betr. Ratszimmer- u. -maurermeister, Gesetz betr. die Konflikte bei gerichtlichen Verfolgungen wegen Amts- und- Diensthandlungen vom 13. Februar 1854, Verordnung, betr. die Festsetzung und der Ersatz der in anderen Verwaltungen vorkommenden Defekte, vom 24. Januar 1844, Ministerialinstruktion betr. den Geschäftsgang bei der städtischen Verwaltung vom 25. Mai 1835 (§§ 3b, o, 25).

Besondere Bestimmungen für Berlin: Regulativ über das Geschäftsverfahren für den Magistrat zu Berlin vom 14. Juli 1834 (§ 1b, c, d, e, 24, 26, [1, 2]), Nachtrag vom 7. April 1869, Geschäftsordnung für die Stadtverordneten von Berlin vom 28. Dezember 1894 (§§ 24—27).

Instruktion für die Bezirksvorsteher der Kgl. Haupt- und Residenzstadt

nur ein Auszug gegeben werden kann. Hier ergibt sich durch die Vorschriften der Städteordnung, des Disziplinargesetzes, des Disziplinarverfahrens und des Kommunalbeamtengesetzes die Notwendigkeit einer eingehenden rechtlichen Regelung der Beamtenverhältnisse, und zwar muß diese teilweise durch Ortsstatute, besonders bei den zugelassenen Ausnahmen von den gesetzlichen Bestimmungen, teilweise durch Gemeindebeschlüsse erfolgen, namentlich soweit die Regelung mit Kosten verbunden ist. Abgesehen von diesen Fällen bleibt auch die allgemeine Ordnung der Gemeindebeamtenverhältnisse — mit Ausnahme

---

Berlin vom 15. März 1897. Berliner Gemeinderecht (Einl.Bd. S. 155), dazu Magistratsverfügung vom 5. Februar 1904, ebenda S. 169. Beschluß des Magistrats betr. Grundsätze für die Berücksichtigung fremder Dienstzeit bei der Pensionierung und Reliktenversorgung von besoldeten Magistratsmitgliedern vom 31. Oktober 1901 (Pensionierung, ebenda S. 172), Ortsstatut vom $\frac{10.}{14.}$ März 1908, u. 28. April 1902 betr. die Anstellung der Kommunalbeamten (ebend. S. 173—177), Ortsstatut betr. die Magistratsassessoren vom 10. März 1892, dazu Gemeindebeschluß vom 19. März 1902 (ebenda S. 178), Ortsstatut vom $\frac{10.\ III.}{14.\ V.}$ 1908 und 4. Juni 1902 betr. die Hinterbliebenenversorgung der Kommunalbeamten (ebenda S. 179—184), Ortsstatut betr. die Hinterbliebenenversorgung der Direktoren, Rektoren, der angestellten Lehrer und Beamten sämtlicher städtischen Schulen sowie aller pensionsfähig im Dienste der Stadt und den städtischen Betrieben angestellten Personen (mit Ausnahme der Kommunalbeamten), vom $\frac{10.\ III.}{14.\ V.}$ 1908 und 9. Mai 1901, Magistratsbeschluß vom 20. Januar 1902, betr. das den Hinterbliebenen der ohne Pensionsberechtigung im Dienste der Stadt dauernd beschäftigten Personen zu bewilligende Witwen- und Waisengeld nach Beschluß des Magistrats vom 6. Juni 1902 (S. 185—196), Gemeindebeschluß vom $\frac{21.\ III.}{10.\ IV.}$ 1902, betr. die Gewährung von Pensionen an Beamte nach zehnjähriger Dienstzeit im Falle der Kündigung. Gemeindebeschluß betr. die Anrechnung von Dienst- und Beschäftigungszeit auf das Beamtendienstalter bei Feststellung des Diensteinkommens vom $\frac{5.\ II.}{12.\ III.}$ 1903 (S. 198—200), Statut der Elisabeth-Stiftung für Witwen und Waisen unbesoldeter Kommunalbeamten (einschließlich der Stadtverordneten) vom 6. Mai 1861 (S. 201—205), Statut der v. Forkenbeck-Stiftung vom 4. November 1891 nebst Nachtrag vom 27. November 1898 (S. 207/8), Bestimmungen, betr. die Beamten und Hilfsarbeiter im städtischen Bureau- u. Kassendienst vom 24. März 1903 (S. 209—218), Urlaubsordnung vom 15. Mai 1909 (Magistratsbeschluß), betr. den Urlaub der besoldeten Gemeindebeamten.

der der Magistratsmitglieder selbst — dem Magistrat überlassen[1]). Die Rechte, Pflichten und Anstellungsverhältnisse der Magistratsmitglieder ergeben sich aus den genannten Gesetzen. Für die Anstellung und Versorgung der besoldeten städtischen Beamten, abgesehen von den Magistratsmitgliedern, ist jetzt allein das Gesetz, betr. die Anstellung und Versorgung der Kommunalbeamten, vom 30. Juli 1899[2]) als Grundlage maßgebend, während es betreffs der Anstellung, Besoldung und Pensionierung der Mitglieder des Magistrats bei den bestehenden Bestimmungen (Städteordnung Titel 6) mit der Änderung verbleibt, daß die Pension vom vollendeten zwölften Dienstjahre ab bis zum vierundzwanzigsten Dienstjahre jährlich um $^{1}/_{60}$ steigt.

Eine allgemeine Regelung der Dienstverhältnisse der unbesoldeten Gemeindebeamten fehlt. Geordnet ist nur die Begehung der 25 jährigen Dienstjubiläen und die Beteiligung der Gemeindebehörden bei Leichenbegängnissen[3]). Für die Bezirksvorsteher ist die Instruktion des Magistrats vom 15. März 1897 ergangen[4]). Danach sind die Bezirksvorsteher Organe des Magistrats und verpflichtet, seinen Anordnungen Folge zu leisten, namentlich ihn in den örtlichen Geschäften des Bezirks zu unterstützen (§ 60 St.O.). Sie genießen während der Amtsdauer den gesetzlichen Schutz als Abgeordnete der Obrigkeit, sind der Disziplin des Magistrats unterworfen und können zur Erfüllung ihrer Amtspflichten im Wege der administrativen Exekutive nach den Vorschriften der Gesetze angehalten werden (§ 1). Als Organ des Magistrats ist der Bezirksvorsteher nur diesem untergeordnet. Er ist gehalten, alle die Kommunalverwaltung angehenden Aufträge desselben, sowie seiner Deputationen und Kommissionen (soll heißen ersten Grades), ingleichen Aufträge derjenigen königlichen Behörden, welchen der Magistrat seine Unterstützung im allgemeinen Interesse zugesagt hat, prompt

---

[1]) Einen Fall, in welchem ein Gemeindebeamter nicht durch den Magistrat angestellt ist, erwähnt O.V.G. XXI, 30.

[2]) Kommentar von Ledermann 1899.

[3]) Ministerieller Hinweis vom 12. Mai und 15. September 1903 betr. die Anstellung der Magistratsmitglieder durch Aushändigung einer Anstellungsurkunde, Beschluß der Stadtverordneten vom 21. März 1878, Verfassung des Magistrats vom 22. November 1888, Beschluß desselben vom 25. September 1884, Regulativ des Magistrats vom 21. Januar 1880. (Einl.Bd. S. 243—249).

[4]) Einl Bd. S. 155f.

und regelmäßig zur Ausführung zu bringen (§ 2). Die besondere Wirksamkeit des Bezirksvorstehers erstreckt sich auf den Bezirk, dem er vorsteht. Er hat von allem, was im Bezirk vorgeht, Kenntnis zu nehmen und nötigenfalls zu berichten, er kann Unterschriften beglaubigen, er hat Ermittlungen in Niederlassungs-, Schankkonzessions- und Steuerangelegenheiten vorzunehmen und ist Mitglied der Armen- und Schulkommission seines Bezirks.

Die Bürgerdeputierten sind stimmfähige Bürger, welche stimmberechtigte Mitglieder einzelner Deputationen, Kommissionen und Kuratorien ersten und zweiten Grades sind.

Die besonderen Rechte und Pflichten der übrigen unbesoldeten Gemeindebeamten sind bei den einzelnen Verwaltungen zu erörtern, denen sie angehören.

Hinsichtlich der besoldeten Gemeindebeamten sind folgende Ortsstatute ergangen[1]), die sich zum Teil auch auf besoldete Magistratsmitglieder beziehen: O.St., betr. die Anstellung der Kommunalbeamten, vom $\frac{10.\ \text{III.}}{14.\ \text{V.}}$ 1908, O.St., betreffend die Magistratsassessoren, vom $\frac{10.}{15.}$ März 1892 nebst Gemeindebeschluß vom 19. März 1902, § 1 des O.St., betr. Fürsorge für die Witwen und Waisen der besoldeten Kommunalbeamten und Lehrer, vom $\frac{5.\ \text{V.}}{5.\ \text{VI.}}$ 1890 und § 5 Abs. 2 und 3 und § 6 Abs. 2 des O.St. betr. die Hinterbliebenenversorgung der Kommunalbeamten vom $\frac{14.}{23.}$ Juni 1902, O.St. betr. die Hinterbliebenenversorgung der Kommunalbeamten, v. $\frac{10.\ \text{III. und } 14.\ \text{V.}}{23.\ \text{VII.}}$ 1908, O.St. betr. die Hinterbliebenenversorgung der Direktoren und Rektoren, sowie der angestellten Lehrer und Lehrerinnen der städtischen Schulen (mit Ausnahme der Kommunalbeamten), vom $\frac{10.\ \text{III. und } 14.\ \text{V.}}{23.\ \text{VII.}}$ 1908.

Allgemein geregelt ist auch der Urlaub der besoldeten Gemeindeunterbeamten durch die Urlaubsordnung (Magistratsbeschluß) vom

[1]) Gesetzliche Vorschriften über die Person, Fähigkeiten und Fertigkeiten des Gemeindebeamten gibt es nicht, mit Ausnahme der Gemeindeforstbeamten; s. Gesetz betr. die Verwaltung der den Gemeinden und öffentlichen Anstalten gehörigen Holzungen vom 14. August 1876, dazu Ledermann, St.O. S. 207 Anm. 11. Derartige Bestimmungen können aber durch die Stadtgemeinde getroffen werden.

15. Mai 1909, durch welche aber den Beamten ein privatrechtlicher Anspruch auf Urlaub nicht gewährt wird[1]). Erholungsurlaub von normaler Dauer oder von längerer Dauer, sowie Urlaub zu militärischen Dienstleistungen wird vom Abteilungsvorsitzenden oder Dezernenten erteilt, bei Magistratsräten-, Magistratsassessoren und juristischen Hilfsarbeitern vom Oberbürgermeister. Voraussetzung für die Gewährung des Erholungsurlaubs ist kostenfreie Vertretung. Denjenigen, welche aus Anlaß militärischer Dienstleistungen den städtischen Dienst länger als 14 Tage versäumen, wird die 14 Tage überschreitende Zeit auf den Erholungsurlaub desselben Jahres in Anrechnung gebracht. Bei Einziehung zu militärischen Dienstleistungen beziehen die Gemeindebeamten nach § 66 des Reichsmilitärgesetzes vom 2. Mai 1874 ihr Diensteinkommen fort, bei freiwilligen militärischen Dienstleistungen bleibt die Weitergewährung des Diensteinkommens der Beschlußfassung der Gemeindebehörden, bei Übungen dem Oberbürgermeister überlassen. Bei Erkrankung von voraussichtlich kurzer Dauer ist dem zunächst Vorgesetzten Anzeige zu machen. Dienstunfähigkeit von längerer Dauer als eine Woche ist ärztlich zu bescheinigen. Die Gemeindebeamten verlieren in Krankheitsfällen den Genuß ihrer Besoldung nicht. Bei mehr als sechsmonatiger Krankheit muß die Pensionierung ins Auge gefaßt werden.

Den privatrechtlich länger als drei Jahre beschäftigten Personen können bei Krankheiten die Dienstbezüge auf drei Monate, ausnahmsweise auf weitere drei Monate belassen werden, den noch nicht drei Jahre beschäftigten Hilfsarbeitern auf vier bis sechs Wochen[2]). Der Oberbürgermeister ist ermächtigt, in besonderen Fällen abweichend von der Urlaubsordnung Urlaub zu gewähren.

b) Arten der Gemeindebeamten.

Die Gemeindebeamten zerfallen in besoldete und unbesoldete Beamte und ferner solche, die zwar kein festes Gehalt beziehen, aber doch eine Vergütung für ihre Tätigkeit erhalten, indem ihnen Gebühren für diese zustehen.

---

[1]) Unberührt durch die Urlaubsordnung bleiben die auf Urlaub bezüglichen Bestimmungen in den Geschäfts- und Dienstanweisungen für die Direktoren der städtischen Werke und Irrenanstalten, der Direktoren, Rektoren, Lehrer und Lehrerinnen an städtischen Schulen.

[2]) Krankenkassenbezüge werden auf die Dienstbezüge in Anrechnung gebracht.

Eine allgemeine Regelung der Rechtsverhältnisse der unbesoldeten Beamten fehlt, doch wird man für die unbesoldeten Unterbeamten die oben angeführten Bestimmungen für die Bezirksvorsteher analog anzuwenden haben mit der Maßgabe natürlich, daß die Beamten bei Abstimmungen unabhängig sind, d. h. nur nach ihrem Gewissen und unter Beobachtung der Gesetze und ihrer Anstellungsbedingungen abzustimmen haben. Eine gewisse Modifikation muß für die Stadtverordneten gelten. Die Rechte der unbesoldeten Magistratsmitglieder sind durch die Städteordnung und durch die Ministerialinstruktion für die Stadtmagistrate bzw. das Regulativ über das Geschäftsverfahren für den Magistrat zu Berlin geregelt.

Es sind hauptsächlich folgende Klassen von *unbesoldeten Berliner Beamten* zu unterscheiden:

1. Unbesoldete Magistratsmitglieder mit dem Titel Stadtrat
   a) als Mitglieder des Magistrats,
   b) als Vorsitzende und Mitglieder der Deputationen und anderer Unterbehörden, auch als Kommissare des Magistrats und Mitglieder des Stadtausschusses;
2. Stadtverordnete in der Eigenschaft
   a) als stimmberechtigte Mitglieder der Deputationen und anderer Unterbehörden,
   b) als beauftragte Beamte der Unterbehörden, z. B. Kreisvorsteher der Armendirektion, als Bezirksdezernenten, als Schulinspizienten;
3. Bürgerdeputierte, d. h. stimmfähige Bürger,
   a) als Mitglieder von Deputationen und anderen Unterbehörden,
   b) als Beauftragte dieser Behörden, Armenkreisvorsteher:
4. des Erziehungs- und Schulwesens kundige Personen als stimmfähige Mitglieder und Beauftragte der Schuldeputation, auch weibliche;
5. Sonstige stimmfähige Bürger
   a) als Bezirksvorsteher,
   b) als Vorsitzende und Mitglieder der Armendirektion,
   c) als Vorsitzende und Mitglieder der Schul- und Armenkommissionen und Waisenräte, als Vorsitzende der Armen- und Schulkommissionsvorsteher-Versammlung,

d) als Schulinspizienten, Schulhauskuratoren, Schulvorstandsmitglieder,

e) als Abschätzungsverordnete und Mitglieder der Kommissionen für die Abschätzung des Mietswertes der Wohnungen;

6. Einwohner

männliche, bei der Armen-, Waisen-, Schul- und Steuerverwaltung,

weibliche als Waisenpflegerinnen,
als Armenpflegerinnen;

7. Gewerbetreibende und Arbeiter bzw. Kaufleute und Handlungsgehilfen

a) als Beisitzer beim Gewerbegericht,

b) als Beisitzer beim Kaufmannsgericht,

c) als Mitglieder der Ausschüsse dieser Gerichte [1]).

β) Besoldete Gemeindebeamte.

Vorbemerkung: Die besoldeten Gemeindebeamten zerfallen einmal in besoldete Magistratsmitglieder und Gemeindeunterbeamte. Die Gemeindebeamten sind solche mit höheren, eine wissenschaftliche Vorbildung voraussetzenden Dienstleistungen, höhere Gemeindebeamte. Dann folgen die mittleren Beamten, Bureaubeamte (gewisse Klassen von technischen Beamten, Aufsichtsbeamten und dgl.) und schließlich die Unterbeamten im engeren Sinne, lediglich mit mechanischen Dienstleistungen betraute Beamte (Kanzlisten, Boten, Diener, Stadtsergeanten usw.). Zu unterscheiden sind ferner die Gemeindebeamten im engeren Sinne und die Beamten der städtischen Betriebsverwaltungen, deren Rechtsverhältnisse im Gemeindebeamtengesetz besonders geregelt sind. Schließlich sind noch die auf Probe, gegen Kündigung und lebenslänglich angestellten Beamten zu unterscheiden. Außer den Beamten beschäftigt die Stadtgemeinde gegen Privatdienstvertrag angestellte Personen.

Die Arten der besoldeten Gemeindebeamten sind folgende:

1. Der Oberbürgermeister. Seine Stellung ist schon vorher erörtert (S. 30, 31).
2. Die besoldeten Magistratsmitglieder, darunter der Bürgermeister als Stellvertreter des Oberbürgermeisters, im übrigen den Magistratsmitgliedern, deren Titel allgemein

---

[1]) Diese sind zugleich Beisitzer.

Stadtrat ist, gleichgeordnet. Ferner die bereits besprochenen Stellen des Kämmerers, der Stadtschul- und Stadtbauräte und des Syndikus. Diese sind auch den übrigen Magistratsmitgliedern gleichgeordnet.

3. Die dienstlich unmittelbar dem Magistrat unterstellten höheren Gemeindebeamten, höheren Administrationsbeamten, Magistratsräte und -Assessoren, juristischen Hilfsarbeiter als Mitglieder von Deputationen, Kommissionen, Kuratorien, als Vorsitzende beim Gewerbe- und Kaufmannsgericht [1]), bei der Betriebskrankenkasse und bei den Armenämtern, als Vertreter des Oberbürgermeisters, als Dezernenten, als juristische Hilfsarbeiter, der Archivar, höhere technische Beamte, Magistratsbauräte, Bauinspektoren, Baumeister, Techniker, der Stadtbibliothekar, der Heizungsingenieur, Gartendirektoren, Direktoren der städtischen Fach- und Fortbildungsschulen, desgl. Dirigenten und Lehrer derselben, Direktoren der Krankenhäuser usw. und Ärzte. Die höheren Beamten der technischen Werke, juristischen und technischen Direktoren, juristische Dezernenten, Ingenieure und Techniker, die höheren Beamten der städtischen Feuersozietät, Verwaltungsdirektoren [2]).

4. Die Bureaubeamten. Es sind zu unterscheiden: a) der Bureaudirektor, b) die Bureauvorsteher, teils Oberstadtsekretäre, teils Magistratssekretäre, c) Magistratssekretäre, d) Magistratsbureauassistenten, e) Magistratsbureaudiätare, f) Magistratsbureauanwärter.

Die Verhältnisse dieser Beamten regeln sich durch die oben [3]) angeführten gesetzlichen und anderen Bestimmungen, außerdem durch die Bestimmungen, betr. die Beamten und Hilfsarbeiter im Bureau- und Kassendienst der städtischen Verwaltung zu Berlin [4]).

Zum Magistratssekretär kann nur ernannt werden, wer a) das 24. Lebensjahr vollendet hat, b) die aktive militärische Dienstzeit

---

[1]) Über die Rechtsstellung des Vorsitzenden des Gewerbe- und Kaufmannsgerichts vgl. v. Schulz, Kommentar zum Gewerbegerichtsgesetz § 12. Derselbe Kommentar zum Kaufmannsgerichtsgesetz § 11, auch Seite 116.

[2]) Eine annähernd vollständige Aufzählung enthält die Urlaubsordnung.

[3]) S. 46 Anm. 1.

[4]) Magistratsbeschluß vom 24. März 1903, Gemeinderecht Einl.-Bd. S. 209–218.

erfüllt hat oder davon im Frieden befreit ist, c) die Sekretärprüfung bestanden hat (§ 2)[1]. Die Oberstadtsekretäre gehen aus den Kreisen der Magistratssekretäre hervor.

Die Diätare sind entweder Zivil- oder Militäranwärter[2]. Sie sind bis zur Ablegung der Sekretärprüfung oder Ernennung zum Bureauassistenten oder geprüften Bureauanwärter Beamte im Vorbereitungsdienste im Sinne von §§ 1 und 2 des Gesetzes vom 30. Juli 1889. Ihre Anstellung erfolgt nach Maßgabe des Ortsstatuts vom 28. April 1902.

Als Zivilanwärter werden Referendare, Gerichtsschreibereianwärter oder gleichmäßig vorgebildete Personen oder Personen mit dem Zeugnis für die Prima eines Gymnasiums[3]) oder einer Oberrealschule angenommen. Die Bureauassistenten werden aus der Zahl der Bureauanwärter oder solcher Personen entnommen, die die Sekretärprüfung zwar nicht bestanden, aber doch für die Assistentenlaufbahn für geeignet befunden worden sind (§ 5).

Die Bureauhilfsarbeiter werden zu vorübergehenden Dienstleistungen angenommen.

5. Die Unterbeamten. Auch die lediglich mit mechanischen Dienstleistungen betrauten Unterbeamten sind lebenslänglich anzustellen, soweit nicht durch Ortsstatut gemäß § 9 des Kommunalbeamtengesetzes eine Ausnahme zugelassen ist. Die Anstellung braucht aber nicht mit der Beamtenqualität verbunden zu sein, sondern kann auf Grund von Dienstverträgen erfolgen.

Pflichten der städtischen Beamten.

Die Rechte und Pflichten des Oberbürgermeisters und der Magistratsmitglieder sind bereits bei der Erörterung der Aufgaben

---

[1]) Bestimmungen betr. die Beamten im Bureau- und Kassendienst der städtischen Verwaltung zu Berlin vom 24. März 1903 §§ 2—6 a. a. O. Gem.-Recht, Einl.-Bd. S. 209—211.

[2]) Vgl. Militärpensionsgesetz vom $\frac{27.\ \text{VI}.\ 1871}{22.\ \text{V}.\ 1893}$, dazu Grundsätze des Bundesrats vom 25. Juli 1899. Zentralblatt für d. D. R. 1899 S. 268. Preuß. Gesetz, betr. die Besetzung der Subaltern- und Unterbeamtenstellen der Kommunalverbände mit Militäranwärtern, vom 21. Juli 1894 nebst Ausführungsanweisung vom 30. September 1892 (M.Bl. S. 285) und vom 1. Dezember 1899 (M.Bl. S. 235). Ledermann St.O. S. 282 f.

[3]) Oder einer gleichgestellten Anstalt.

des Magistrats behandelt worden. Der Oberbürgermeister ist Aufsichtsinstanz für sämtliche städtische Beamten, welche seinen und den Anweisungen des Magistrats und der ihnen übergeordneten Deputationen oder anderen Verwaltungsstellen Folge zu leisten verbunden sind. Ausgenommen sind die Leiter und Lehrer höherer und elementarer Schulen, soweit sie nicht Gemeindebeamte sind[1]) (also bei den Fach- und Fortbildungsschulen). Eine Sonderstellung nehmen ferner die richterlichen Beamten, d. h. die Vorsitzenden der Gewerbe- und Kaufmannsgerichte ein, die in der Ausübung der richterlichen Gewalt sowie auch bei der Rechtsprechung unabhängig sind (§ 1 des Gerichtsverfassungsgesetzes vom 27. Januar 1877, §§ 11, 21).

Die Unterbeamten sollen mit einer Dienstanweisung versehen werden und können in der Regel nur in der Eigenschaft, in der sie angestellt sind, beschäftigt werden. Sie sind aber gehalten, auf Anordnung des Oberbürgermeisters zur Aushilfe interimistisch auch andere Arbeiten zu übernehmen und müssen sich, wenn sie nicht mehr für geeignet befunden werden sollten, auch anderen für sie passenderen Geschäften unterziehen (Regulativ für das Geschäftsverfahren § 24).

Bei der Aufsicht über die Beamten ist der Magistrat nicht an eine Mitwirkung der Stadtverordneten gebunden. Die Beamten sind zur treuen und gewissenhaften Erfüllung ihrer Amtspflichten, zur Amtsverschwiegenheit, zum Wohnen am Amtssitze — der nicht immer Berlin ist — und zu einem ihrer Stellung würdigen Verhalten innerhalb und außerhalb des Dienstes verpflichtet. Sie dürfen Nebenämter, die mit einer Besoldung versehen sind, nur mit Genehmigung des Magistrats übernehmen[2]). Für die Bureaubeamten ist die Bureauordnung vom 28. Oktober 1874[3]) maßgebend.

Nach §§ 376, 408 Zivilprozeßordnung, §§ 53, 76 Strafprozeßordnung hängt die Pflicht und das Recht zur Aussage von

---

[1]) Die Volksschullehrer unterstehen aber der Schuldeputation.

[2]) Das gilt auch für Nebenämter in der Berliner Gemeindeverwaltung.

[3]) Nach der Bureauordnung liegt in jedem Bureau und in jeder Kasse dem Vorsteher oder Rendanten die Leitung der Geschäfte nach den allgemeinen und besonderen Bestimmungen, sowie die Aufrechthaltung der Ordnung und des Anstands der Beamten ob. Der Vorsteher verteilt und beaufsichtigt die Arbeiten. sofern sie nicht von der Behörde oder dem Dezernenten einem Beamten aufgetragen werden. Er soll auf Innehaltung der Dienststunden sehen. Bei vorübergehendem Andrang der Geschäfte kann er die Dienstzeit verlängern.

der Genehmigung der vorgesetzten Dienstbehörde, d. h. des Oberbürgermeisters, ab. Dieser selbst bedarf einer Genehmigung, und zwar der des Oberpräsidenten, nur, wenn es sich um Gegenstände der Staatsverwaltung handelt, über die er sich äußern soll.

Das Lehrpersonal.

Das Lehrpersonal sowohl an den Volksschulen wie an den höheren Schulen hat eine besondere, von den Gemeindebeamten abweichende Stellung. Außerdem kommt das Lehrpersonal der Fach- und Fortbildungsschulen, der Blinden- und Taubstummenschulen in Frage, deren Rechtsstellung wiederum von der der übrigen Lehrer abweicht, während die Anstellungs- und Dienstverhältnisse der Volksschullehrer staatlich geregelt sind, ist die Stellung der Lehrer an Fach- und Fortbildungsschulen der Gemeinde zur Regelung überlassen ist, abgesehen davon, daß die Lehrer an den zuletzt genannten Schulen der polizeilichen Bescheinigung bedürfen, daß sie die Qualifikation zur Erteilung von Unterricht besitzen.

Nach der feststehenden Rechtsprechung der höchsten Gerichtshöfe sind die preußischen Lehrer an höheren Unterrichtsanstalten nicht Gemeindebeamte, gleichwohl werden sie in verschiedenen höchstrichterlichen Entscheidungen [1]) als mittelbare Staatsbeamte bezeichnet, während sie nach den übereinstimmenden Gutachten von Labandt und Zorn [2]) nur als Staatsbeamte angesehen werden können.

Die Rektoren, Lehrer und Lehrerinnen an öffentlichen Volksschulen werden nach §§ 58, 59 des Schulunterhaltungsgesetzes vom 28. Juli 1906 durch die Schulaufsichtsbehörde — also das Provinzialschulkollegium — nach Wahl durch den Magistrat, von welchem wiederum die Schuldeputation zu hören ist, angestellt. Auch sie gelten, obwohl sie als Gemeindebeamte nicht angesehen werden, als mittelbare Staatsbeamte.

Die Anstellungsverhältnisse der Lehrpersonen an höheren Lehranstalten sind geordnet durch die Besoldungsordnung für die Lehrpersonen an den hiesigen höheren Lehranstalten vom 22. September 1909 (Gemeindeblatt Nr. 27 von 1909), die der Volksschullehrer durch das Volksschulunterhaltungsgesetz vom 28. Juli 1906 und das Gesetz

---

[1]) Neuerdings in einer Entscheidung des Kammergerichts vom Juni 1910 in Sachen 11 U. 2914. 10.

[2]) Preußisches Verwaltungsblatt XXXI S. 583—543.

über das Diensteinkommen der Lehrer und Lehrerinnen an den öffentlichen Volksschulen vom 26. Juni 1909 sowie die Besoldungsordnung für die Lehrer und Lehrerinnen an den Gemeindeschulen der Stadt Berlin (Stadtverordnetenbeschluß vom 29. Juni 1909 Gem. Bl. S. 294/5, vom 30. September 1909 Gem. Bl. S. 395 und vom 18. November 1909 Gem. Bl. 512), die der Lehrer an Fach- und Fortbildungsschulen durch die im Gemeinderecht Einl.-Band S. 169—190 abgedruckten Grundsätze für die Verwaltung des Fortbildungsschulwesens.

Durch Dienstvertrag angestellte Personen.

Außer den Beamten sind zahlreiche Personen auf Privatdienstvertrag angestellt. Die Anstellung durch Privatdienstvertrag wird als unzulässig angesehen, soweit die Angestellten obrigkeitliche Funktionen auszuüben haben, d. h. solche Funktionen, welche organisch in die Verfassung des Staates eingreifen und Zwecke zu erfüllen haben, die in unmittelbarer Beziehung zu den Aufgaben des Staates stehen. Dagegen können mechanische, künstlerische, wissenschaftliche[1]) und technische Dienstleistungen auch Personen auf Grund eines Dienstvertrages übertragen werden. Deren Rechtsverhältnisse sind daher nach §§ 611—630 B.G.B. zu beurteilen, soweit nicht durch Gemeindebeschlüsse eine besondere Regelung erfolgt ist. Allgemein geordnet sind bei diesen Angestellten nur die Gewährung von Urlaub durch §§ 13, 14 der Urlaubsordnung, die Hinterbliebenenversorgung der pensionsfähig im Dienste der Stadt oder ihrer Betriebsverwaltungen angestellten Personen durch das Ortsstatut vom $\frac{14.}{23.}$ Juni 1902 und die Bewilligung von Ruhegeld und Hinterbliebenenversorgung für die ohne Pensionsberechtigung im Dienste der Stadt dauernd beschäftigten Personen durch Gemeindebeschluß vom 9. Mai 1901.

Elfter Titel.

Zur Rechtsstellung der städtischen Verwaltungsbehörden.

Die eigentliche städtische Verwaltung, d. h. die Erledigung der regelmäßigen Geschäfte, liegt in Berlin ganz überwiegend in den Händen von zahlreichen Unterbehörden des Magistrats, denen

[1]) Soweit nicht für die Lehrer besondere Vorschriften bestehen.

wiederum vielfach andere Stellen und Abteilungen untergeordnet sind. Nur bei wenigen allgemeinen, z. T. formellen Geschäften hat sich der Magistrat selbst die Erledigung vorbehalten, wofür bisweilen lediglich historische Gründe maßgebend waren, d. h. diese Geschäfte sind bisher einer besonderen Verwaltungsstelle nicht überwiesen worden und werden daher weiter unmittelbar vom Magistrat verwaltet.

Für die Erledigung seiner generellen Geschäfte bedarf nun aber der Magistrat auch einer besonderen Organisation. Diese ergibt sich zum Teil aus der bereits besprochenen Überweisung bestimmter Geschäfte an die eine Sonderstellung einnehmenden Mitglieder des Magistrats. Die Gliederung der vom Magistrat unmittelbar gehandhabten Verwaltungsgeschäfte ergibt sich im übrigen aus der Verteilung der einzelnen Geschäfte auf die ihnen unmittelbar unterstellten Bureaus.

Der **Magistrat** ist **Ortsobrigkeit** und **gesetzlicher Vertreter** der Gemeinde in öffentlicher und privatrechtlicher Hinsicht. Er nimmt ferner an der **Willensbildung der Gemeinde** teil, indem dieser Wille entweder durch Beschlüsse des Magistrats oder durch gemeinsame Beschlüsse des Magistrats und der Stadtverordneten zustande kommt. Der Magistrat ist die **oberste Verwaltungsbehörde** der Stadt, deren Tätigkeit aber der selbständigen Aufsicht des Oberbürgermeisters und der Kontrolle durch die Stadtverordnetenversammlung[1]) unterliegt. Dem Magistrat sind sämtliche anderen Behörden der Stadtgemeinde untergeordnet, jedoch mit der Maßgabe, daß sie bei Ausübung staatlicher Funktionen an die Anweisungen der vorgesetzten staatlichen Behörden gebunden sind. Nicht jede von der Gemeinde unterhaltene Behörde ist Gemeindebehörde, auch nicht dann, wenn der Gemeinde, insbesondere dem Magistrat die Ämterbesetzung ganz oder teilweise obliegt, das gilt von der Landesversicherungsanstalt, dem Gewerbe- und Kaufmannsgericht, den Standesämtern, dem Stadtausschuß, der Feuerwehr, den höheren Schulen. Andere Behörden sind wiederum Gemeindebehörden, haben aber staatliche Funktionen nach den Weisungen der Staatsbehörden auszuüben, z. B. die Steuerdeputation, die städtische Polizeiverwaltung, die Schuldeputation[2]) und die ihr nachgeordneten Organe.

Andere zu der Gemeinde in mehr oder minder engen Beziehungen

---

[1]) Nicht durch einzelne Stadtverordnete.

[2]) Welche die Angelegenheiten der Volksschulen bearbeitet, nicht die der höheren Schulen.

stehende Behörden und Institute sind das Gewerbe- und Kaufmannsgericht, die Landesversicherungsanstalt, das Berliner Pfandbriefamt, die Betriebskrankenkassen der Stadt und viele vom Magistrat oder einer anderen städtischen Stelle verwaltete Stiftungen. Die Rechtsstellung dieser Behörden und Einrichtungen ergibt sich aus den einzelnen Abschnitten des besonderen Teils.

Zur staatlichen Verwaltung der Ortspolizei[1]) leistet die Gemeinde sachliche Beiträge, ohne daß dadurch die Polizeiverwaltung eine kommunale wird oder irgendwie unter den Einfluß der Gemeinde käme, abgesehen von dem Recht der Gemeindebehörden zur Mitwirkung beim Erlaß von Ortspolizeiverordnungen.

Eine Reihe von öffentlichen Angelegenheiten, welche zum Wohle der Einwohner dienen und deren Erledigung zum Gegenstand der Gemeindeverwaltung gemacht werden könnte, werden von privaten Vereinen besorgt, welche dabei teils durch Geldmittel der Gemeinde unterstützt werden, teils ihre Tätigkeit in Verbindung mit den Gemeindebehörden, teils in deren ausdrücklichem Auftrage ausüben. Die Tätigkeit dieser Vereine wird durch alle diese Umstände keine solche, die als Ausübung der Gemeindeverwaltung anzusehen wäre. Die Beamten der genannten Vereine üben keine öffentlich-rechtlichen Funktionen aus, ihre Tätigkeit kann nur privatrechtlich als eine auftragmäßig im Namen der Stadt erfolgende angesehen werden. Der Widerstand gegen die Beamten dieser Vereine ist, auch wenn sie im Auftrage der Gemeinde handeln, regelmäßig nicht als Widerstand gegen die Staatsgewalt aufzufassen.

Wenn die Gemeinde öffentliche Verwaltungsaufgaben durch private Unternehmer ausführen läßt, z. B. bei der Straßenreinigung das Fahren der Sprengwagen und Reinigungsmaschinen, das Abfahren von Schnee und Straßenschmutz, so liegt lediglich ein privater Dienst- oder Werkvertrag vor.

Zwölfter Titel.

Allgemeine Grundsätze der Verwaltung und Gliederung der allgemeinen Verwaltung.

Wenn nun die Verwaltung auch im allgemeinen Unterbehörden anvertraut ist, so ist doch mit dem Grundsatz einer weitgehenden

[1]) Im Gegensatz zur städtischen Polizeiverwaltung, die sich auf Straßenbau-, Ent- und Bewässerungs- und Schulpolizei beschränkt.

Zentralisierung der Verwaltung nicht gebrochen worden. Auch die Unterbehörden, Deputationen, Kommissionen und Anstalten sind fast ausschließlich Zentralbehörden. Eine Ausnahme bilden hauptsächlich die Bezirksvorsteher. Auch das Gewerbe- und Kaufmannsgericht ist, wie das Gesetz es auch nicht anders zuläßt, zentralisiert, nicht, wie jetzt die staatlichen Gerichte, für einzelne Stadtbezirke geteilt. Örtliche Behörden finden wir bei der Bau-, Werks-, Armen-, Waisen-, Sanitäts- und Schulverwaltung.

Die Deputationen pflegen auch diejenigen Magistratssachen zu bearbeiten, die in ihr Gebiet fallen, dergestalt, daß die Verfügungen unter Firma des Magistrats ausgefertigt, von dem Dezernenten und dann vom Oberbürgermeister gezeichnet werden [1]).

Unmittelbar dem Magistrat verblieben ist die Personalverwaltung, für welche eine Personalkommission und zwei Prüfungskommissionen bestehen, während die Bureauangelegenheiten der Beamten durch das Generalbureau, und hinsichtlich der unbesoldeten Beamten — abgesehen von den Magistratsmitgliedern — vom Vereinigten Bureau bearbeitet werden. Im übrigen bestehen für die allgemeine Verwaltung lediglich besondere Bureaus; das Generalbureau, das Zentralbureau, das Vereinigte Bureau, das Bureau für Wahlangelegenheiten. Spezielle Angelegenheiten werden von dem Bureau für Kirchen und höhere Schulen, dem städtischen Hypothekenamt, dem Elektrotechnischen Bureau verwaltet.

Die verschiedenen mit Finanz- und Kassenangelegenheiten betrauten, dem Magistrat bzw. dem Kämmerer unmittelbar unterstellten Unterbehörden sind im besonderen Teil bei der Finanzverwaltung zu behandeln. Es sind dies die Stadthauptkasse, die Kämmereieinziehungsabteilung, die Werkseinziehungsabteilung, die Hauptstiftungskasse und das Magistratsdepositorium und -asservatorium.

Anmerkung: Die Geschäfte der genannten Bureaus, abgesehen von den im speziellen Teil zu behandelnden, umfassen folgende Angelegenheiten:

Das Generalbureau bearbeitet die Sachen, welche der unmittelbaren Entscheidung durch den Oberbürgermeister unterliegen, insbesondere die Personalien der Magistratsmitglieder und der besoldeten städtischen Beamten — abgesehen von denen der Lehrer — und zwar Anstellung, Besoldung, Beurlaubung, Entlassung, Witwen- und Waisenpensionen, Bewilligung laufender Unterstützungen und Erziehungsgelder an frühere Beamte, Lehrer und deren Hinterbliebene,

[1]) Dieser Grundsatz ist u. a. in der Instruktion für die ehemalige Forst- und Ökonomiedeputation vom 11. Dezember 1833, Einleitung, ausgesprochen.

Angelegenheiten der Sterbekasse der Berliner Gemeindebeamten und deren Ehefrauen, Prüfung und Feststellung der Reisekosten und Tagegelder für sämtliche städtische Beamte. Verfassungsangelegenheiten, Justizsachen, Repräsentationen des Magistrats und des Oberbürgermeisters.

Das Zentralbureau besorgt die Expedition aller Briefe und die Verteilung der eingehenden Briefschaften an die betreffenden Verwaltungsstellen, die Zustellungen, Aktenversendungen, Beschaffung von Büchern, Zeitschriften und dergleichen.

Das Vereinigte Bureau bearbeitet die Personalien der unbesoldeten Gemeindebeamten und Schiedsmänner, die Angelegenheiten der Standesämter, den Erlaß von Polizeiverordnungen und Kosten der Ortspolizei und der Feuerwehr, die Aufsicht über das Pfandbriefamt und die Berliner Schützengilde, herrenlose Erbschaften, Konkurse, Ausstellungen, gemeinnützige, Kunst- und wissenschaftliche Angelegenheiten, die Ausführung des Viehseuchengesetzes und des Gesetzes, betr. die Entschädigung für die an Milzbrand gefallenen Tiere, den Ersatz der bei öffentlichen Tumulten und Aufläufen entstandenen Schäden, die Drucklegung des Gemeindeblattes, der Verwaltungsberichte und der Personalnachweisung, den Verkauf von Drucksachen.

Dem Magistrat ist ferner unmittelbar unterstellt: das städtische Nachrichtenamt, das Archiv, die Magistratsbibliothek und das Gemeindeblatt der Stadt Berlin.

Das Nachrichtenamt hat zur Aufgabe, nach Wunsch der einzelnen Verwaltungsstellen die Presse über wichtige Vorgänge der inneren Verwaltung in einer den amtlichen Ursprung erkennbar machenden Form zu unterrichten. Es gibt insbesondere als Beiblatt des Gemeindeblattes kurze Nachrichten und Erklärungen heraus und unterrichtet die Verwaltungsstellen über die sie betreffenden Preßäußerungen.

Das Archiv verwahrt die von der Stadt geschlossenen Verträge und andere Urkunden, sowie das für die Geschichte der Stadt wichtige Aktenmaterial und erteilt Auskunft darüber.

Die Magistratsbibliothek hat die für die städtische Verwaltung wichtige Literatur zu beschaffen und sammelt die Literatur zur Geschichte der Stadt Berlin, der Mark Brandenburg und des Städtewesens.

Das Gemeindeblatt dient für Bekanntmachungen der Gemeindeverwaltung.

Dreizehnter Titel.

Staatliche Funktionen der städtischen Verwaltung und Staatsaufsicht.

1. Allgemeines.

Aufgabe der Gemeinden, insbesondere der Stadtgemeinden, ist die besondere Förderung des Wohles ihrer Einwohner, soweit dieses nicht bereits vom Staate gefördert wird. Der Staat hat dagegen zur Aufgabe die Erledigung derjenigen Angelegenheiten, welche alle Staatsbewohner gemeinsam betreffen. Vermöge seiner nach innen unbegrenzten Souveränität kann der Staat auch besondere Angelegenheiten der Einwohner einer Gemeinde für Staatssache erklären. Gemeindeangelegenheiten sind demnach diejenigen besonderen Angelegenheiten, die sich lediglich auf die Einwohner einer Gemeinde beziehen, soweit sie der Staat nicht der Gemeindeverwaltung entzogen hat. Die Gemeindeverwaltung hat nun aber nach Vorschrift der Gesetze auch Angelegenheiten zu besorgen, an denen nicht nur ihre Einwohner interessiert sind, sondern die die gesamte Bevölkerung des Staates oder größerer Teile desselben angehen. Dies sind Staatsangelegenheiten. Sie verlieren diese ihre Eigenschaft nicht dadurch, daß sie von der Gemeindeverwaltung besorgt werden. Man hat hierbei zu unterscheiden, ob diese Angelegenheiten durch Gesetz allgemein den Gemeinden übertragen wurden oder lediglich der Stadtgemeinde Berlin in besonderen Fällen, oder ob sie durch eine Maßregel der Staatsverwaltung oder durch fortgesetzte Verwaltungspraxis der Gemeinde übertragen werden.

Die Ausübung der in dieser Beziehung der Stadtgemeinde übertragenen Rechte und Pflichten hängt nicht lediglich von den Beschlüssen der Gemeindebehörden ab, sondern die Gemeinde ist bei Ausübung staatlicher Befugnisse an die allgemeinen und für den besonderen Fall getroffenen Anordnungen der übergeordneten Staatsbehörden gebunden. Diese Anordnungen ergehen bisweilen nicht an den Magistrat, sondern unmittelbar an die nachgeordnete Behörde. Bisweilen ist auch lediglich die Unterbehörde mit staatlichen Aufgaben betraut und nicht der Magistrat[1]).

In seiner Eigenschaft als Ortsobrigkeit wird der Magistrat als Staatsbehörde angesehen[2]). Bereits die Instruktion für die Stadtmagisträte unterscheidet zwischen den eigentlichen Kommunalangelegenheiten des Magistrats und denjenigen Angelegenheiten,

---

[1]) Z. B. die Schuldeputation, die Steuerdeputation.

[2]) Ledermann, St.O. § 10 Anm. 3 S. 46; Jebens Preuß. Verwaltungs-Blatt XXII S. 234. Diese geltende Auffassung geht davon aus, daß die obrigkeitlichen Befugnisse der Gemeinde vom Staat verliehen wurden. Historisch wird sich diese Anschauung nicht in allen Fällen erweisen lassen, besonders nicht bei allen Gemeinden. Je nachdem der Einfluß der Gemeinden im Laufe der Zeiten steigt und fällt, wird auch die Rechtsansicht über die ursprüngliche oder abgeleitete Entstehung ihrer Gewalt schwanken.

die dem Magistrat von den Staatsbehörden fortlaufend oder vorübergehend übertragen werden. Nur auf die zuerstgenannten Kommunalangelegenheiten bezieht sich die Instruktion, während für die Staatsangelegenheiten zunächst die besonderen Vorschriften der Staatsbehörde gelten sollen. Soweit diese aber den Bestimmungen der Instruktion nicht entgegenstehen, kann auch bei Staatsangelegenheiten danach verfahren werden. Soweit der Magistrat als Staatsbehörde tätig wird, unterliegt er weder der Kontrolle noch der Mitwirkung der Stadtverordnetenversammlung. Dasselbe gilt auch von den Unterbehörden des Magistrats, z. B. der Schul- und Steuerdeputation, soweit sie staatliche Funktionen ausüben, von der städtischen Polizeiverwaltung, dem Gewerbe- und Kaufmannsgericht, dem Stadtausschuß, den Standesämtern, der Feuerwehr. Das Fehlen des Rechts zur Kontrolle oder Mitwirkung schließt aber eine Erörterung der Einrichtungen der gesamten Behörden und ihrer staatlichen Tätigkeit nicht aus, weil die Berliner Bürgerschaft ein besonderes Interesse an der Wirksamkeit dieser Behörden hat und eine Erörterung dieser Dinge somit Gemeindeangelegenheit sein kann.

Andrerseits steht der Staatsverwaltung auch bei reinen Kommunalangelegenheiten eine Mitwirkung zu. Einmal allgemein insofern, als der Staat die Aufsicht über die Gemeindeverwaltung hat, und dann in besonderen Fällen, in welchen die Beschlüsse der Gemeindebehörden, insbesondere die von ihnen vorgenommenen Wahlen von Beamten, der Bestätigung oder der Genehmigung der Staatsbehörde zu ihrer Wirksamkeit bedürfen. Die Aufsicht des Staates erstreckt sich auf die Beobachtung der Gesetze und Verordnungen, sowie auf eine Prüfung der Zweckmäßigkeit der von der städtischen Verwaltung getroffenen Maßregeln, die sie beanstanden und ev. durch Zwangsetatisierung abändern kann (§§ 77, 78 St.O., §§ 15, 21 Z.G.).

Beschlüsse der Stadtverordneten oder des Magistrats, welche deren Befugnisse überschreiten oder die Gesetze verletzen, hat im ersten Falle der Magistrat, im anderen Falle der Oberbürgermeister eintretendenfalls auf Anweisung der Aufsichtsbehörde mit aufschiebender Wirkung unter Angabe der Gründe zu beanstanden. Gegen die Beanstandung steht den Stadtverordneten oder dem Magistrat die Klage im Verwaltungsstreitverfahren zu. Diese Beanstandung bezieht sich nur auf Gemeindeangelegenheiten, da im übrigen die Staatsverwaltung selbständig die zu beanstandende Verfügung ändern oder aufheben kann. Die Stadtverordneten oder der Magistrat können zur Wahrnehmung ihrer Rechte im Streitverfahren einen besonderen Vertreter bestellen[1]).

Erwähnt sei schließlich noch die Bestellung eines Kommissars zur Verwaltung einer Magistratsstelle, wenn keine Wahl zustande kommt (§ 33 St.O.), welche genehmigt wird.

2. Der **Bestätigung** durch die Staatsbehörde unterliegen eine **Reihe von Wahlen** solcher Beamten, die von der Gemeinde (Magistrat oder Stadtverordneten oder einer anderen Verwaltungsstelle des Magistrats, z. B. Schuldeputation) zu wählen und, soweit sie zu den besoldeten Beamten gehören, zu besolden sind, mögen sie im einzelnen Falle als Gemeindebeamte, als Staatsbeamte oder als mittelbare Staatsbeamte angesehen werden, wie die Lehrer[2]). Zu diesen Kategorien gehören 1. die Magistratsmitglieder, von denen der Oberbürgermeister der Bestätigung durch den König, die übrigen der Bestätigung durch den Oberpräsidenten bedürfen, 2. die Vorsitzenden des Gewerbe- und Kaufmannsgerichts, soweit sie nicht aus der Zahl der bereits bestätigten Magistratsmitglieder gewählt werden oder Leiter und Lehrer an öffentlichen Schulen sind. Die Anstellung der Volksschullehrer und Leiter öffentlicher Volksschulen ist jetzt durch §§ 59, 60 und 61 des Volksschulverwaltungsgesetzes geregelt. Danach werden die Lehrer und Lehrerinnen an den öffentlichen Volksschulen vom Magistrat aus der Zahl der Befähigten gewählt und zwar auf Vorschlag der Schuldeputation. Die Stellen, deren Inhabern Leitungsbefugnisse zustehen, also die Rektorenstellen, sind mit solchen Lehrern zu besetzen, welche den besonderen, auf Gesetz oder rechtsgültigen Verwaltungsverordnungen beruhenden Voraussetzungen entsprechen.

Auch die Wahl der Lehrer und Direktoren an höheren städtischen Lehranstalten erfolgt durch den Magistrat, die Berufung jedoch

---

[1]) Über die Beanstandung von Beschlüssen der Stadtverordneten vgl. Ledermann St.O. § 56 Nr. 2, S. 222—227.

[2]) Der Begriff der mittelbaren Staatsbeamten wird von Zorn und Laband in dem Gutachten Preuß.Verw.Bl. XXXI. 537 f. als gleichbedeutend mit Gemeindebeamten angesehen, wenigstens soweit überhaupt die Gemeinde in Betracht kommt.

durch die Staatsbehörde und zwar das Provinzialschulkollegium, bzw. durch den König.

Der Bestätigung durch den Oberpräsidenten bedarf die Anstellung derjenigen städtischen Polizeibeamten, welche mit der Ausübung polizeilichen Zwanges betraut sind (§ 4 des Gesetzes betr. die Ortspolizeiverwaltung vom 11. März 1850). Die Ernennung der Standesbeamten — welche als Gemeindebeamte anzustellen sind — erfolgt durch den Magistrat unter Genehmigung der höheren Verwaltungsbehörde, d. h. des Oberpräsidenten (§ 4 des Gesetzes vom $\frac{6.\ \mathrm{II}.\ 1875}{1898}$.)

3. Der Genehmigung der Staatsbehörden bedarf es u. a. in folgenden Fällen:

1. Die Gemeindebeschlüsse, durch welche Ortsstatute geschaffen werden sollen, müssen durch den Oberpräsidenten genehmigt werden (§ 11 St.O.).

Derselben Genehmigung bedarf es nach § 50 St.O.:

a) Zur Veräußerung von Grundstücken und ihnen gleichstehende Gerechtigkeiten;
b) zur Veräußerung oder wesentlichen Veränderung von Sachen, welche einen besonderen wissenschaftlichen, historischen oder Kunstwert haben;
c) zu Anleihen[1]), durch welche die Gemeinde mit einem Schuldenbestande belastet wird oder der bereits vorhandene vergrößert wird;
d) zu Veränderungen im Genusse von Gemeindenutzungen (Wald, Heide, Torfstich u. dgl.).

2. Steuerordnungen und Beschlüsse, durch welche gewisse Normalsätze der Kommunalabgaben überschritten werden (Kommunalabgabengesetz §§ 18, 37, 40).

3. Schenkungen oder Zuwendungen von Todes wegen, deren Wert 5000 Mark übersteigt, bedürfen der Genehmigung des Königs (Art. 6 Ausf.Ges. zum B.G.B.).

4. Die Festsetzung von Straßen, Baufluchtlinien und Bebauungsplänen bedarf der Zustimmung der Ortspolizei und in Berlin auch

---

[1]) Vgl. Ledermann, Städteordnung § 175 f., als Anleihen werden nur solche Darlehen verstanden, welche zur Bestreitung außerordentlicher umfangreicher Ausgaben dienen und allmählich und planmäßig getilgt werden sollen.

der Königlichen Genehmigung (§§ 1, 5, 10 Gesetz betr. die Anlegung und Veränderung von Straßen und Plätzen vom 2. Juli 1875).

4. Teilnahme der Stadtverwaltung an der allgemeinen Staatsverwaltung.

a) Die Teilnahme der Stadtverwaltung an der Staatsverwaltung ist eine verschiedene nach dem Ursprung, nach der Art, nach dem Umfange der Mitwirkung und nach dem Gemeindeorgan, welchem die Ausübung der Verwaltung übertragen ist.

Der Ursprung kann einmal im Gesetze liegen, wie bei der Einrichtung der Gewerbe- und Kaufmannsgerichte und der sonstigen Beteiligung an der Justizverwaltung, bei der Wahl der bei dieser beschäftigten Beamten[1]), der Teilnahme an der Verwaltung der Volksschulen[2]), der Teilnahme an der Militärverwaltung[3]), der Veranlagung und Einziehung staatlicher Steuern[4]), bei der Einrichtung und Besetzung der Standesämter, der Teilnahme am Erlaß von Polizeiverordnungen, der Ernennung der Vorstandsbeamten der Landesversicherungsanstalt Berlin[5]).

In anderen Fällen beruht die Mitwirkung nur auf Verwaltungsanordnungen, sei es auf einer königlichen Verordnung, wie bei der Übertragung einzelner Zweige der Ortspolizei wie der Straßenbau-, Bewässerungs- und Entwässerungspolizei[6]), der Schulpolizei oder Anordnung einer Verwaltungsbehörde wie bei der Teilnahme an der Schulaufsicht über die Volksschulen[7]) und der sachlichen Verwaltung und Anstellung des Lehr- und Beamten-

---

[1]) Gewerbegerichtsgesetz §§ 1, 12, Kaufmannsgerichtsgesetz §§ 1, 7, 11. Aufstellung der Urlisten der Schöffen und Geschworenen §§ 36—38, 85 Gerichtsverfassungsgesetz. Einrichtung des Schiedsmannswesens, Schiedsmannsordnung vom 29. März 1879.

[2]) Gesetz betr. die Unterhaltung der öffentl. Volksschulen vom 28. Juli 1906.

[3]) Z. B. Gesetz betr. die Quartierleistung für die bewaffnete Macht während des Friedenszustandes vom 25. Juni 1868, Gesetz betr. die Unterstützung von Familien in den Dienst eingetretener Mannschaften vom 28. Februar 1888.

[4]) Gesetz wegen Aufhebung direkter Staatssteuern vom 14. Juli 1893. § 16 der königlichen Verordnung vom 22. Januar 1894.

[5]) Invalidenversicherungsgesetz v. $\frac{13.}{19.}$ Juli 1899 §§ 65, 70, 74.

[6]) Kabinetsordre vom 28. Dezember 1875.

[7]) Dritte Ausführungsanweisung zum Schulunterhaltungsgesetz vom 6. November 1907.

personals an den höheren Schulen, deren Angelegenheiten im allgemeinen ausschließlich als Staatssache gelten[1]).

Was die Art der Mitwirkung anbetrifft, so ist in einzelnen Fällen ein bestimmter Zweig der Staatsverwaltung der Gemeinde vollständig zur Ausübung übertragen worden, so liegt es bei den der Stadt Berlin zur Ausübung übertragenen Zweigen der örtlichen Polizeiverwaltung. Bei diesem Zweige liegt der Stadtgemeinde nicht nur die Tragung der sachlichen Aufwendung und die Anstellung und Besoldung der Beamten, sondern auch die fortlaufende Verwaltung und der Erlaß von Polizeiverordnungen, nicht allein die Mitwirkung bei dem Erlaß derselben, ob[2]). Bei den übrigen Zweigen der Ortspolizeiverwaltung liegt der Stadtgemeinde nur die Tragung der Kosten[3]) und die Mitwirkung beim Erlaß von Polizeiverordnungen[4]) ob — abgesehen von gewissen polizeilichen Funktionen der Armendirektion. Besonders geregelt ist die Ausübung des Feuerlöschwesens. Die Leitung des Feuerlöschwesens ist Sache der staatlichen Ortspolizei. Die sachlichen und persönlichen Kosten werden zwischen der Stadtgemeinde und der Berliner Feuersozietät geteilt, zu den personellen Kosten werden Beiträge aus einem unter Verwaltung des Polizeipräsidenten stehenden Strafgelderfonds geleistet. Die Anstellung des Personals ist Staatssache. Die Pensionierung und Hinterbliebenenversorgung ist aber durch Ortsstatut vom $\frac{\text{14. XII. 1902}}{\text{29. I. 1903}}$ geregelt. Die Pensionierung erfolgt auf Vorschlag des Polizeipräsidenten durch die Gemeindebehörden (§ 12 a. a. O.). Vollständig übertragen sind der Stadt gewisse Zweige der örtlichen Militärverwaltung, nämlich die Führung der Stammrollen und die Verteilung der Militärlasten auf die Einwohner[5]). In anderen

---

1) Verfassungsurkunde § 21; die höheren Schulen haben nach § 54 A.L.R. II. 12. Korporationsrechte.

2) Eine Mitwirkung des königlichen Polizeipräsidenten ist dann geboten, wenn die Polizeiverordnung auch in andere Zweige der Polizeiverwaltung eingreift, die nicht der Stadt übertragen werden.

3) Gesetz vom 24. April 1892 betr. die Kosten königlicher Polizeiverwaltungen und Stadtgemeinden.

4) Gesetz über die Polizeiverordnung vom 11. März 1850 §§ 5—16, §§ 142—145 L.V.G.

5) Reichsmilitärgesetz vom 2. Mai 1874 §§ 31 und 70, R.G. betr. die Quartierleistungen im Frieden vom 25. Juni 1868, R.G. über die Natural-

Fällen, z. B. bei dem Ersatzgeschäft, wirkt die Stadt Berlin nur mit, in dem sie die bürgerlichen Mitglieder der Ersatz- und Oberersatzkommission wählt[1]). Die Mitwirkung bei der Justizverwaltung beschränkt sich auf die Aufstellung der Urlisten der Schöffen und Geschworenen, die Einrichtung der Schiedsmannsbezirke, Wahl der Schiedsmänner und Tragung der Kosten des Schiedsmannswesens, die Ernennung der Waisenräte und Mitwirkung derselben bei der Vormundschaftsverwaltung. Bei der Verwaltung der Schulen liegt der Stadtgemeinde die äußere Verwaltung ob und zwar bei höheren Schulen nur soweit, wie sie von der Stadt unterhalten werden. Zu den äußern Angelegenheiten gehören die Tragung der Kosten, Errichtung und Unterhaltung der Gebäude, Beschaffung der Lehrmittel, Anstellung und Versorgung der Lehrer und ihrer Hinterbliebenen. Ferner ist die Stadtgemeinde an der Aufsicht der Volksschulen nach Maßgabe des Volksschulunterhaltungsgesetzes und der bis zum Erlaß desselben bestandenen Übung beteiligt.

Auf die äußeren Angelegenheiten und die Anstellung der besoldeten Beamten beschränkt ist die Mitwirkung bei dem Gewerbe- und Kaufmannsgericht. Die Tätigkeit dieser Gerichte ist lediglich eine staatliche. Die Rechtsprechung ist nach dem Gerichtsverfassungsgesetz eine unabhängige und unterliegt nur der Nachprüfung durch die übergeordneten Gerichte[2]). Auch das Einigungswesen ist lediglich staatliche Funktion. Die Wahl der Beisitzer der Sondergerichte erfolgt durch die ortsansässigen gewerblichen Arbeitgeber und Arbeiter.

Was die Steuerverwaltung anbetrifft, so liegt die Ordnung und Erhebung der Gemeindesteuern der Stadt als Gemeindesache ob. Sie ist dabei an die Gesetze und in den gesetzlich vorgeschriebenen Fällen an die Genehmigung des Staats gebunden. Die Gemeinde ist aber auch gesetzlich zur Mitwirkung bei der Veranlagung und Erhebung der Staatssteuern verbunden[3]). Nach § 31 Einkommensteuergesetz vom 24. Juli 1891 geht der Veranlagung eine Voreinschätzung durch besondere Kommissionen voraus, welche aus dem Gemeindevorstand als Vorsitzenden und aus einer von der Regierung

leistungen an die bewaffnete Macht im Frieden vom 13. Februar 1875, R.G. über die Kriegsleistungen vom 13. Juni 1873.

[1]) Reichsmilitärgesetz v. 2. Mai 1874 § 30.

[2]) §§ 1, 13 Gerichtsverfassungsgesetzes.

[3]) Vgl. §§ 15, 11, 13 Gesetz vom 14. Juli 1893 wegen Aufhebung direkter Staatssteuern.

zu bestimmenden Zahl von Mitgliedern besteht. Die Mitglieder werden unter Berücksichtigung der verschiedenen Arten des Einkommens, teils von der Regierung ernannt, teils von den Stadtverordneten gewählt. Desgleichen ist ein Teil der Mitglieder der Veranlagungskommission, da Berlin einen Stadtkreis bildet, von den Stadtverordneten zu wählen (§ 34). Da eine besondere Kommission für die Veranlagung der Staatseinkommensteuer in Berlin vorhanden, so liegt dem Oberbürgermeister der Vorsitz in der Veranlagungskommission nicht ob. Der Vorsitzende der Veranlagungskommission kann von den Gemeindebehörden Mitwirkung bei Ermittelung der Besitz-, Vermögens- und Einkommen verhältnisse der Steuerpflichtigen verlangen (§ 35). Die Geschäftsordnung der Voreinschätzungs- und Veranlagungskommissionen sind durch §§ 50f. des Gesetzes vom 24. Juni 1891 geregelt. Es können auch Unterkommissionen gewählt werden, wovon man in Berlin Gebrauch gemacht hat. Erwähnt sei auch die Verpflichtung der Gemeinden zur Einziehung der Handels-, Landwirtschafts- und Handwerkskammerbeiträge (Gesetz vom 24. Februar 1870, 30. Juni 1894 und Gewerbeordnung §§ 103, 103a—g).

Was den Umfang der Mitwirkung bei Staatsverwaltungsgeschäften anbetrifft, so ergibt sich derselbe zum Teil aus dem Vorhergesagten. Soweit der Gemeinde die Ausübung eines Teils der Staatsverwaltung selbständig obliegt, hat sie gewöhnlich auch die Kosten zu tragen. In einzelnen Fällen liegen ihr aber lediglich die Kosten und sonstige sachliche Leistungen ob, in anderen Fällen erfolgt dagegen nur die Wahl von besoldeten oder unbesoldeten Beamten durch die Organe der Stadtgemeinde. Der Fall, daß der Stadtgemeinde die Ausübung der Verwaltungsrechte und Pflichten einschließlich der Kostentragung obliegt, liegt bei der städtischen Polizeiverwaltung vor. Ähnlich ist es bei den Standesämtern. Bei den Schulen ist die Trennung von äußeren und inneren Schulangelegenheiten getroffen und dabei sind nur die äußeren Angelegenheiten der Gemeinde vollständig übertragen worden. Vollständig liegt auch die Erledigung der Wahlgeschäfte zu den Reichs- und Landtagswahlen der Gemeinde ob (§ 16 R.G. vom 31. Mai 1869 und Reglement vom 28. Mai 1870 [1]).

[1]) Die Kosten der Druckformulare für die Ermittelung der Wahlergebnisse fallen bei den Reichstagswahlen dem Bundesrate zur Last.

Schließlich ist die Ausübung der Staatsverwaltung einzelnen Gemeindeorganen übertragen worden dergestalt, daß die Gemeinde nicht in der Lage ist, sie anderen Organen zu übertragen. So ist die Handhabung der Ortspolizei, soweit sie nicht königlichen Behörden übertragen worden ist, durch § 62 St.O. dem Bürgermeister, d. h. in Berlin dem Oberbürgermeister überwiesen[1]). Ebenda werden ihm alle örtlichen Geschäfte der Kreis-, Bezirks-, Provinzial- und allgemeinen Staatsverwaltung übertragen, sofern nicht andere Behörden dafür bestimmt sind. Mit der Führung der Standesregister kann die Gemeinde dagegen besondere Beamte betrauen. Die Ausübung der Volksschulaufsicht — soweit sie nicht der Staatsverwaltung übertragen ist — erfolgt lediglich durch die Schuldeputation, nicht durch den Magistrat oder eine beliebige andere Gemeindebehörde.

Vierzehnter Titel.

Ausübung der örtlichen Verwaltung in Nachbarorten.

Die Berliner Gemeindeverwaltung greift in die örtliche Verwaltung einer Reihe von Nachbarorten oder in der Nähe belegenen Orte ein. Diese Beziehungen beruhen z. T. auf gesetzlicher Vorschrift, z. T. sind sie durch öffentlich-rechtliche Verträge begründet. Zum Teil liegen auch privatrechtliche, auf dem Eigentum der Stadtgemeinde beruhende Beziehungen vor.

Das wichtigste Recht ist das auf dem Eigentum der Stadt gehöriger Güter, die einen selbständigen Gutsbezirk bilden, beruhende Recht der Ortsobrigkeit und Verwaltung in diesen Orten, hauptsächlich Rieselgütern. Der Besitzer eines selbständigen Gutsbezirks ist nach § 122 Landgemeindeordnung für die sieben östlichen Provinzen vom 3. Juli 1891 zu den Pflichten und Leistungen, welche den Gemeinden für den Bereich ihres Gemeindebezirks im öffentlichen Interesse gesetzlich obliegen, mit den hinsichtlich einzelner dieser Leistungen aus den Gesetzen folgenden Maßgaben verbunden. Auf Beschwerden

[1]) Die Straßenbaupolizei ist zwar der Gemeinde übertragen worden, doch mit der Maßgabe, daß sie vom Oberbürgermeister auszuüben ist. Dieser kann sich durch ein Magistratsmitglied vertreten lassen. Desgleichen ist er mit der Ausübung der Schulpolizei betraut. Die Vertretung bei Ausübung dieses Zweiges der Polizei ist aber nicht an die Magistratsmitgliedschaft gebunden.

und Einsprüche, betr. die Heranziehung der Grundbesitzer und Einwohner des Bezirkes zu dessen Lasten, entscheidet der Gutsvorsteher. Als Eigentümerin hat die Stadtgemeinde die nach §§ 90, 91 der Landgemeindeordnung den Gemeindevorstehern obliegenden obrigkeitlichen Befugnisse und Pflichten durch einen vom Landrat zu bestätigenden Gutsvorsteherstellvertreter auszuüben, der vom Landrat oder Amtsvorsteher vereidigt wird. Zu den Kreissteuern, Kriegsleistungen und Armenlasten können die Einwohner eines Gutsbezirkes herangezogen werden (Kreisordnung vom $\frac{18.\ \text{XII.}\ 1877}{19.\ \text{III.}\ 1881}$, Gesetz betr. den Unterstützungswohnsitz § 8, Zuständigkeitsgesetz §§ 40, 44 [1], Reichsgesetz betr. die Naturalleistung für die bewaffnete Macht im Frieden vom 13. Februar 1875). Bei der Vorbereitung der Veranlagung zur Staatseinkommensteuer liegen dem Gutsvorsteher oder Stellvertreter die Pflichten des Gemeindevorstehers ob. Die Stadt hat als Gutsbesitzerin auch die öffentlichen Volksschulen zu errichten und zu unterhalten, doch kann eine Unterverteilung der Schullasten auf solche steuerpflichtige, im Gutsbezirke wohnhafte Personen erfolgen, die nicht in einem Lohn- oder Dienstverhältnis zum Gutsbesitzer stehen (§§ 1, 8 Gesetz betr. Unterhaltung der öffentlichen Volksschulen vom 28. Juli 1906). Die Feststellung des Schulhaushalts erfolgt durch den Gutsvorsteher, oder wenn neben dem Gutsbesitzer andere Einwohner zur Schule herangezogen werden, durch eine zu diesem Zwecke zu bildende Gutsvertretung (§ 46). In Gutsbezirken, die einen eigenen Schulverband bilden, ist ein Schulverband zu bilden, dessen Mitglieder vom Gutsvorsteher ernannt werden [1]).

Nach § 1 des Statuts betr. die Bildung einer Gemeindevertretung der Landgemeinde Treptow vom 6. März 1876, in deren Gebiet die Stadtgemeinde einen hauptsächlich zu Parkzwecken benutzten Grundbesitz von über 400 ha ihr Eigen nennt, gehört zu dieser Vertretung ein Deputierter des Magistrats, solange sich der Grundbesitz nicht auf weniger als ein Fünftel des damaligen Besitzes verringert hat. In dem ehemaligen Kämmereidorfe Boxhagen-Rummelsburg hat die Stadt Berlin nach dem Vertrage vom 25. Februar 1889 das Recht, in allen vorhandenen und noch anzulegenden Straßen die für

[1]) Vgl. auch § 48 Schulunterhaltungsgesetz.

das Radialsystem XII der städtischen Kanalisation erforderlichen Druckrohre nach Belieben anzulegen.

Mit einer Reihe von Gemeinden, welche ihre Gebiete oder Teile derselben der Berliner Entwässerung oder Wasserzuleitung angeschlossen haben, hat die Stadtgemeinde Verträge geschlossen, durch welche der Magistrat den Anschluß gewisser Gebiete an die Berliner Kanalisation gegen Zahlung gewisser einmaliger und laufender Vergütungen gestattet.

Gleichzeitig hat der Oberbürgermeister als Inhaber der örtlichen Straßenbaupolizei mit den Ortspolizeiverwaltungen Verträge geschlossen, durch welche das Geschäftsverfahren bei Erledigung der mit der Kanalisation in den fremden Gemeindegebieten verbundenen polizeilichen Angelegenheiten geregelt wird. Erwähnt sei noch, daß Berlin mit seinen Nachbarorten vielfach örtliche Reichs- und Staatsbehörden gemeinsam hat, deren Bezirke sonst mit denen der politischen Gemeinden zusammenfallen. So erstrecken sich die Bezirke einzelner Postämter auch auf Teile der Nachbargemeinden. Mit verschiedenen Nachbargemeinden bildet Berlin auf Grund des Gesetzes vom 19. Juni 1889 einen gemeinschaftlichen Polizeibezirk. Auch die Gerichtsbezirke decken sich nicht mit den Grenzen der politischen Gemeinden (vgl. Gesetz betr. die Gemeindeorganisation Berlins vom 16. Juni 1899).

Das örtliche staatliche und kommunale Verwaltungsrecht in den erwähnten Gemeinden ist für die Berliner Gemeindeverwaltung auch dann wichtig, wenn die Stadtgemeinde Berlin bei der Emanation dieses Rechts nicht beteiligt ist.

Fünfzehnter Titel.

Unterstützung der städtischen Verwaltung durch private Personen, Vereine und Unternehmungen.

1. Grundsätzlich werden die Verwaltungsaufgaben der Stadtgemeinde durch ihre eigenen Organe ausgeführt. Daran wird wesentlich nichts geändert, wenn die Ausführung einer bestimmten Verwaltungsmaßregel einer außerhalb der Verwaltung stehenden Privatperson oder einer privaten Gesellschaft durch ein privates Rechtsgeschäft entgeltlich oder unentgeltlich übertragen wird.

Dazu ist die Stadtgemeinde zum Teil nach dem bestehenden Recht genötigt. So muß die Vertretung in Prozessen, soweit

Anwaltszwang vorgeschrieben ist, durch einen Rechtsanwalt erfolgen, dem lediglich ein privatrechtlicher Auftrag erteilt werden kann. Um aber eine gewisse Einheitlichkeit bei der Vertretung der Stadtgemeinde zu garantieren, hat der Magistrat eine Anzahl Rechtsanwälte bestimmt, welcher die Prozeßvertretung in den erforderlichen Fällen zu übertragen ist. Ebenso werden unter Umständen Notare, Ärzte[1]) und Techniker u. a. in Anspruch genommen. Technische Leistungen werden in weitgehendem Maße und zwar überwiegend privaten Unternehmern durch Dienst- oder Werkvertrag übertragen. Auch hier besteht eine gewisse Regelung für die abzuschließenden Verträge. So ist das Submissionswesen allgemein für die Übertragung von Bauausführungen geregelt.

Die Straßenreinigung überträgt die Bespannung ihrer Maschinen und Wagen an private Unternehmer, ebenso die Abfuhr von Straßenkehricht und Schnee. Die allgemeinen Grundsätze für die Vergebung dieser Leistungen sind in den Bedingungen für das Unternehmen der Kehricht- einschließlich Schneeabfuhr von den Straßen[2]), in den Bedingungen für die Bespannung, Bedienung und Unterhaltung der städtischen Straßenkehrmaschinen[3]), in den Bedingungen für die Submission auf Bespannung, Bedienung und Unterhaltung der städtischen Besprengungsfahrzeuge[4]).

In allen diesen Fällen handelt es sich immer um Einzelverträge für den speziellen Fall ohne allgemeine Bedeutung für den dauernden Gang der Verwaltung.

In anderen Fällen sind aber ganze Zweige der städtischen Verwaltung dauernd privaten Personen, Vereinen oder Unternehmungen zur Besorgung übertragen worden. Der Grund ist zum Teil der, daß gewisse private Einrichtungen eher bestanden, als die Stadtgemeinde daranging, die von ihnen besorgten Aufgaben in den Kreis der städtischen Verwaltungsaufgaben zu ziehen, und daß man glaubte, die Erledigung dieser Aufgaben besser oder preiswerter durch Private ausführen zu können.

---

[1]) Z. B. Schul- und Armenärzte und Vertrauensärzte. Die mit diesem abzuschließenden Dienstverträge sind allgemein geregelt. Hinsichtlich der Schulärzte durch die Dienstanweisung vom 3. September 1909.

[2]) Gemeinderecht IX S. 51 f.

[3]) Ebenda S. 64 f.

[4]) Ebenda S. 72.

So bestehen auf dem Gebiete der Beleuchtung dauernde Verträge mit zwei Gesellschaften, der Imperial Continental Gas Association und den Berliner Elektrizitätswerken, welcher letzteren auch die Versorgung städtischer Bahnen mit Kraft übertragen worden ist. Das Vertragsverhältnis mit der Gasassociation bezieht sich jetzt nur noch auf einen verhältnismäßig kleinen Teil der Stadt und beruht auf einem Vertrage des Ministers des Innern und der Polizei vom 21. April 1825, durch welchen die Gesellschaft das Recht erhalten hat, Leitungsröhren in den Straßen zu legen. Dieser Vertrag war im Jahre 1846 abgelaufen. Die Gesellschaft hatte aber mit anderen Gemeinden, von denen Teile nach Berlin eingemeindet wurden, so mit Alt-Schöneberg, sich das Recht erwirkt, für ewige Zeiten Röhren in die Straßen dieser Gemeinde zu legen. Infolgedessen war die Stadt Berlin nach der Eingemeindung zu einer Verständigung mit der Gas Association (sog. Englischen Gasanstalt) genötigt, die durch verschiedene Verträge erfolgte[1]), zuletzt durch den die vorhergehenden aufhebenden Vertrag vom 13. März 1901. Durch diesen verpflichtet sich die Gesellschaft u. a., bestimmte Gaspreise einzuhalten und eine jährliche Rente an die Stadt zu zahlen, während die Stadtgemeinde die Verlegung von Röhren in bestimmten Straßen zugesteht. Durch Vertrag mit der Aktiengesellschaft Berliner Elektrizitätswerke vom $\frac{14.\,\mathrm{III.}}{1.\,\mathrm{IV.}}$ 1899 gestattet Berlin den Werken, im Berliner Gebiet unter Benutzung der Straßen Leitungen zu legen, ohne der Gesellschaft ein ausschließliches Recht einzuräumen, auch stellt die Stadt den Werken in Aussicht, daß sie in der Regel ihre Zustimmung zum elektrischen Bahnbetrieb von der Entnahme der Elektrizität von den Werken abhängig machen wird. Dagegen verpflichtet sich die Gesellschaft zur Lieferung der Elektrizität an Private, an die Stadt und an die Bahnen unter bestimmten Bedingungen, auch ist die Stadt am Gewinn beteiligt.

Ein großer, wenn nicht der größte Teil der Verkehrsaufgaben wird durch die Große Berliner Straßenbahn, zum kleineren Teil durch die Gesellschaft für Hoch- und Untergrundbahnen und einige andere Gesellschaften besorgt. Mit diesen Gesellschaften sind Verträge geschlossen worden, auf Grund deren die Stadtgemeinde der staatlichen Genehmigung der von den Gesellschaften betriebenen

[1]) Abgedruckt Gemeinderecht Bd. IV S. 205—230.

Verkehrsunternehmungen zugestimmt hat. Durch die Verträge hat sich die Stadtgemeinde das Recht auf eine jährliche Rente und den dereinstigen Erwerb der Bahnanlagen gesichert[1]). Hinsichtlich einer Bahn kommt noch hinzu, daß die Stadtgemeinde die Mehrzahl der Aktien besitzt.

Polizeiliche Aufgaben werden besorgt durch den Deutschen Tierschutzverein und die Wach- und Schließgesellschaft der Berliner Grundbesitzer. Dem Tierschutzverein ist durch Vertrag mit dem Königlichen Polizeipräsidium vom 3. März 1899 die Ausübung des Hundefanges übertragen. Sie geschieht außer aus sanitären und ordnungspolizeilichen Gründen auch zwecks Durchführung der Gemeindesteuer, welche auf das Halten von Hunden gelegt ist.

Auf dem Gebiete der Schulangelegenheiten werden die sogenannten Kindergärten und Bewahranstalten für Kinder von privaten Vereinen unterhalten und damit ein öffentliches Interesse befriedigt, für welches sonst die Gemeinde sorgen müßte. Durch Verfügung des Schulkollegiums der Provinz Brandenburg vom 1. Juli 1830 hat dieses sich damit einverstanden erklärt, daß für die Zwecke der Kindergärten die Tätigkeit freiwilliger Vereine in Anspruch genommen wird. Durch Verfügung des Provinzialschulkollegiums vom 11. Dezember 1860 war der Schuldeputation die Aufsicht und Konzession der Kindergärten unterstellt worden. Nunmehr hat aber das Provinzialschulkollegium diese Angelegenheiten wieder selbst übernommen.

Bei der Armenpflege bedient sich die Gemeindeverwaltung in weitgehendstem Maße der Mithilfe von Armenpflege- und ähnlichen Vereinen und Anstalten, es seien hier der Verein gegen Verarmung und Bettelei, der Verein für Fürsorge für entlassene Strafgefangene, die Armenspeisungsanstalt erwähnt. Dazu kommen zahlreiche Stiftungen[2]), die teils unter Verwaltung der Stadtgemeinde

---

[1]) Solche Verträge bestehen mit der Firma Siemens & Halske, den südlichen Vorortbahnen, dem Berliner Dampfstraßenbahnkonsortium, mit der Aktiengesellschaft Kontinentale Gesellschaft für den Bau von Untergrundbahnen, mit der Berlin-Charlottenburger Straßenbahn und mit der Großen Berliner Straßenbahn.

[2]) Ein Auskunftsbuch über „Die Wohlfahrtseinrichtungen Berlins und seiner Vororte" wird herausgegeben von der Auskunftsstelle der Deutschen Gesellschaft für ethische Kultur (Verlag Julius Springer, Berlin).

teils unter Leitung von Beamten der städtischen Verwaltung stehen [1]). Eine wichtige Aufgabe der gewerblichen Verwaltung erfüllt der von der Stadt laufend unterstützte mit Korporationsrechten versehene Zentralverein für Arbeitsnachweis.

Eine Reihe von Vereinen bezweckt die Beförderung von Interessen der besoldeten oder unbesoldeten städtischen Beamten, z. B. die Sterbekasse der Berliner Gemeindebeamten und deren Ehefrauen. Bei dieser Gelegenheit sei auch die Elisabethstiftung für Witwen und Waisen unbesoldeter Gemeindebeamten einschließlich der Stadtverordneten, auch der Schiedsmänner erwähnt. Die nicht in einem Beamtenverhältnisse zur Stadt stehenden Armenärzte haben sich zum Verein Berliner Armenärzte zusammengeschlossen.

---

[1]) Erwähnt sei der Gesindebelohnungs- und Unterstützungsfonds, dessen Rechtsverhältnisse durch das allerhöchst vollzogene Statut vom 30. Mai 1864 geregelt sind.

C. Besonderer Teil.

Die einzelnen Verwaltungszweige.

Erster Abschnitt.

Übersicht.

Die Gliederung der Berliner Verwaltung ist nicht leicht zu übersehen. Die Spitze der Verwaltung, der Magistrat, befaßt sich, wie wir gesehen haben, keineswegs nur mit allgemeinen Geschäften. Die zweite Reihe der unmittelbar unter dem Magistrat stehenden Behörden entbehrt einer gleichmäßigen Benennung. Die von ihnen bearbeiteten Gebiete sind auch durchaus nicht gleichwertig. Es fehlt eine Zusammenfassung der sachlich zusammengehörigen Verwaltungsgegenstände in der Hand einer Behörde. So ist die Gesundheitspflege einer Reihe von Deputationen anvertraut, die Geschäftskreise von ganz verschiedenem Umfang haben. Ebenso bestehen eine Reihe von gleichgeordneten Behörden für das Unterrichtswesen. Neben Behörden, die große Gebiete des Armenwesens, das gesamte Steuerwesen, das Tiefbau- oder Hochbauwesen umfassen, gibt es eine Deputation, die nur die Beschaffung von Schreibmaterialien zur Aufgabe hat, offenbar eine Anomalie aus der Zeit kleinerer Verhältnisse, aber keineswegs ein allein dastehender Fall. Über die Beschaffung von Büchern hat dagegen das unter einem einzigen Dezernenten stehende Zentralbureau zu entscheiden. Die unsachliche Verteilung der Verwaltungsgeschäfte hat z. T. ihren Grund in allgemeinen von dem Willen der Gemeindebehörden unabhängigen rechtlichen und staatlichen Verwaltungsbestimmungen. In manchen Fällen ist es der Gemeindebehörde gleichwohl gelungen, die Verwaltungseinrichtungen den sachlichen Anforderungen entsprechend zu treffen, während in anderen Fällen, ohne daß ein erhebliches Hindernis entgegenstand, Behörden geschaffen wurden, obwohl bereits bestehende Verwaltungsorgane deren Geschäfte übernehmen konnten.

Um einen Überblick über die Verwaltung zu bekommen und um das Recht derselben zur Darstellung zu bringen, kann man der bunten Reihenfolge der einzelnen Behörden nicht folgen, sondern man muß die einzelnen Verwaltungen sachlich nach größeren Gesichtspunkten zusammenfassen.

Auf diese Weise ergeben sich sieben verschiedene Gruppen der Verwaltungsaufgaben, unter denen die einzelnen Verwaltungszweige nachstehend in je einem besonderen Abschnitt behandelt werden sollen.

Die Gruppen sind nach ihrer Wichtigkeit und nach dem Zusammenhang der einzelnen Zweige geordnet folgende:

I. Kulturaufgaben: Kirche, Schule, Kunst, Wissenschaft und Volksbelehrung.

II. Finanzen: Vermögensverwaltung, Grundeigentum, Steuern und Abgaben.

III. Technik und Gewerbe: Bauwesen, Gas, Ent- und Bewässerung, Elektrizität, Straßen und Wasserläufe, Verkehr, Straßen- u. dgl. Bahnen; gewerbliche Angelegenheiten, Arbeiterfürsorge, Marktwesen.

IV. Wohlfahrt: Gesundheit-, Armen- und Waisenpflege, Fürsorgeerziehung, Stiftungen, Kreditgewährung und Versicherungen.

V. Militärverwaltung.

VI. Polizei: Polizeiverordnungen, Kosten, Straßenbau-, Ent- und Bewässerungs- und Schulpolizei, Armenatteste, Feuerwehr, Gewerbepolizei. Mitwirkung bei polizeilichen Aufgaben.

VII. Gerichtsbarkeit: Sondergerichte, Einigungswesen, Schiedsmänner, Waisenräte, Stadtausschuß.

Rein städtische Aufgaben umfassen von diesen sieben Gruppen nur die zu II, III und IV, Finanzen, Technik und Wohlfahrt. Auf diesen Gebieten kann die Gemeinde, abgesehen von den Vorschriften der Gesetze und der für die gesamte Gemeindetätigkeit bestehenden Staatsaufsicht, frei schalten und walten. Reine Staatsangelegenheiten umfassen dagegen die Gruppen V, VI und VII, die Gerichtsbarkeit und die Polizei. Dabei beschränkt sich bei der Gerichtsbarkeit, mag es sich um die Gerichtsbarkeit im engeren Sinne handeln wie bei den Gewerbe- und Kaufmannsgerichten oder um die Verwaltungsgerichtsbarkeit, wie bei dem Stadtausschuß der Einfluß des Staates abgesehen von der vorgeschriebenen Genehmigung bei der Besetzung der Richterstellen, auf die Beaufsichtigung des Geschäftsganges, da die Gerichte nur dem Gesetze verantwortlich sind. Bei der Polizei dagegen handeln die städtischen Beamten nur als Beauftragte der vorgesetzten staatlichen Verwaltungsbehörden, also des Oberpräsidenten und des Ministers. Sie sind daher in polizeilichen Angelegenheiten stets an die Weisungen dieser Staatsbehörden gebunden.

Bei der Militärverwaltung, Gruppe V, ist es ähnlich.

In der Mitte zwischen den Gruppen zu II, III, IV einerseits und V, VI, VII andererseits steht die Gruppe zu I, Kulturaufgaben. Von diesen sind die Fürsorgeerziehung, Wissenschaft, Volksbelehrung und Kunst, soweit diese Zweige überhaupt von der Gemeinde ausgeübt werden, reine Gemeindeangelegenheiten, es sei denn, daß die Erhaltung von Kunstwerken noch der besonderen Fürsorge staatlicher Organe unterstellt ist. Die Stellung zur Kirche ist, nachdem das Reichsgericht die allgemeine Verpflichtung der Stadtgemeinde Berlin zur Bestreitung der Kosten neu zu erbauender Kirchen verneint hat[1]), im wesentlichen nur eine patronatsrechtliche, d. h. soweit der Magistrat Patron gewisser Kirchen ist. Bei den Schulen steht der Gemeinde als solcher im allgemeinen nur die Verwaltung der äußeren Angelegenheiten zu, d. h. die Deckung der Kosten, die Beschaffung und Unterhaltung der Schulgrundstücke und Gebäude. Bei der Anstellung und Besoldung der Lehrer und Leiter sind die Gemeinden an die staatlichen Verwaltungsvorschriften gebunden.

Lediglich der Staatsbehörde überlassen sind die inneren Angelegenheiten der höheren Schulen. Bei den Elementarschulen ist der Schuldeputation neben den Kreisschulinspektoren ein Aufsichtsrecht eingeräumt, welches sich auf die inneren Angelegenheiten bezieht. Diese Einwirkung auf die inneren Angelegenheiten erfolgt lediglich im Auftrage des Staates. Bei seiner Ausübung ist daher die Schuldeputation an die Anweisungen der Staatsbehörde gebunden. Während bei der Ausübung der rein staatlichen oder auch nur z. T. staatlichen Angelegenheiten im allgemeinen die Einheitlichkeit in der Art gewahrt ist, daß die Erledigung der größeren Verwaltungszweige in die Hand je einer einzigen Behörde gelegt und sogar teilweise darüber hinaus eine Zusammenfassung verschiedener Zweige vor-

[1]) R.G. vom 13. Juni 1904, Entscheidung des Kammergerichts vom 13. März 1903.

genommen worden ist, wie z. B. beim Gewerbe- und Kaufmannsgericht[1]), können wir eine Zersplitterung der Behörden namentlich bei den rein kommunalen Angelegenheiten beobachten, besonders bei der technischen Verwaltung und der Wohlfahrtspflege. Besonders bei dieser sind Deputationen für ganz eng begrenzte Unterabteilungen der Verwaltung geschaffen worden, z. B. für die Blinden-, Taubstummen-, Irren-, Epileptikerpflege u. a. m.

Zweiter Abschnitt.

Kulturaufgaben.

Erster Titel.

Überblick über die verschiedenen Kulturaufgaben.

Die Pflege der Kulturaufgaben im Interesse ihrer Einwohner, d. h. die Pflege des geistigen und sittlichen Wohles der Einwohner gehört an sich zu den Gemeindeaufgaben. Eine Grenze findet die Betätigung der Gemeinden auf diesem Gebiete nur insofern, als der Staat sich einzelne Zweige der Kulturaufgaben in rechtsgültiger Weise vorbehalten hat oder soweit die Betätigung auf diesem Gebiete in die dem Staate vorbehaltene allgemeine Politik eingreift. Auch Kirchen- und Schulangelegenheiten können Gemeindeangelegenheiten sein. Bei der Kirche steht der in Berlin gegebene Umstand, daß verschiedene Konfessionen vorhanden sind, der Behandlung von Kirchenangelegenheiten als Gemeindeangelegenheit nicht entgegen, auch nicht der Berücksichtigung einer einzelnen Konfession. Sowohl auf dem Gebiete der Kirche, wie der Schule hat der Staat aber erhebliche Vorbehalte gemacht, die bei den betreffenden Abschnitten zu behandeln sind. Den Hauptteil der von der Berliner Gemeindeverwaltung behandelten Kulturaufgaben machen die Schulangelegenheiten aus und unter diesen wieder in erster Linie die Elementar-(Volks-)schulen. Die übrigen Kulturaufgaben — abgesehen von den kirchlichen — haben erst in neuester Zeit eine besondere Beachtung seitens der Gemeindeverwaltung gefunden, insbesondere ist die Einsetzung einer Kunstdeputation erst neuesten Datums erfolgt, während

---

[1]) Eine Einrichtung, die sich sehr bewährt hat und sowohl zu Kostenersparnis wie Beschleunigung des Geschäftsganges geführt hat.

die Berücksichtigung künstlerischer Interessen bis dahin ausschließlich von anderen Verwaltungszweigen z. B. der Baudeputation, auch wohl der Parkdeputation nebenher erfolgte. Eine besondere Verwaltungsstelle für die Pflege der Wissenschaften besteht überhaupt nicht. Soweit diese in Frage kommt, ist das Vereinigte Bureau unter einem eigens dafür bestellten Dezernenten mit der Erledigung dieser Angelegenheiten betraut. Dieser Dezernent ist zugleich mit der Bearbeitung von Kunstangelegenheiten betraut. Wissenschaftliche Aufgaben werden von der Deputation für Statistik, vom städtischen Archiv, vom Märkischen Provinzialmuseum und von den städtischen Bibliotheken erledigt. Die Volksbelehrung erfolgt durch die Stadtbibliothek, Volksbibliotheken und Lesehallen, welche einem gemeinsamen Kuratorium unterstellt sind.

Die kirchlichen Angelegenheiten werden teils vom Magistrat im Bureau für Kirchen und höhere Schulen, teils von der Kanalisations- und teils von der Grundeigentumsdeputation bearbeitet.

Für die Schulangelegenheiten bestehen die Deputation für die äußeren Angelegenheiten der höheren Schulen, die Schuldeputation, die Deputation für die städtischen Fach- und Fortbildungsschulen [1]) und das Kuratorium für die technische Mittelschule. Die Blindenschule untersteht der Deputation für die städtische Blindenpflege. Außerdem werden Schulsachen unmittelbar vom Magistrat und unter diesem durch das Bureau für Kirchen und höhere Schulen und durch das Generalbureau bearbeitet.

An einer besonderen Zentrale für die gesamte Kulturpflege fehlt es, diese bildet also lediglich der Magistrat, und auch in seinem Schoße besteht keine Vereinigung der Kulturaufgaben in der Hand eines Dezernenten. Dies ist naturgemäß dadurch ausgeschlossen, daß verschiedene Unterbehörden, insbesondere Deputationen mit der Bearbeitung der Kulturangelegenheiten betraut sind. Die als Vorsitzende und Dezernenten in den Deputationen fungierenden Magistratsmitglieder haben sonach auch den Vortrag im Magistrat.

Einheitliche Rechtsgrundsätze für die Bearbeitung der Kulturaufgaben haben sich bisher nicht herausgebildet. Soweit sonach eine Verständigung mehrerer an einer der hier in Rede stehenden

[1]) Die gewerblichen Schulen unterstanden früher der Gewerbedeputation die Fortbildungsschulen der Schuldeputation.

Aufgaben beteiligter Verwaltungsstellen nicht zu erreichen ist, muß der Magistrat von Fall zu Fall entscheiden.

Zweiter Titel.

Die einzelnen Kulturaufgaben.

1. Kirchliche Angelegenheiten.

Nach der Verfassung (Art. 14) wird die christliche Religion bei denjenigen Einrichtungen des Staates, welche mit der Religionsausübung im Zusammenhange stehen, unbeschadet der im Art. 12 gewährleisteten Religionsfreiheit zugrunde gelegt. Die Städteordnung § 21 bestimmt, daß bei dem der jedesmaligen regelmäßigen Ergänzungswahl der Stadtverordnetenversammlung vorhergehenden wöchentlichen Hauptgottesdienst auf die Wichtigkeit dieser Handlung hinzuweisen ist, doch ist das Unterbleiben dieses Hinweises ohne Einfluß auf die Gültigkeit der Wahl (§ 27 St.O.). Besondere Beziehungen bestehen zwischen der evangelischen Landeskirche und der Gemeindeverwaltung, da die überwiegende Mehrzahl der Einwohner Berlins evangelisch ist. Nach der Verfassung und dem Reichsgesetz vom 3. Juli 1869 ist aber die Zugehörigkeit zu irgendeiner christlichen oder nichtchristlichen Konfession ohne Einfluß für die Besetzung der Ämter, doch sind Geistliche und Kirchendiener nach §§ 17 und 30 St.O. nicht wählbar zu Mitgliedern des Magistrats und der Stadtverordnetenversammlung [1]). Für die Zusammensetzung der Schuldeputation ist aber bestimmt (§ 44 Schulunterhaltungsgesetz), daß ein evangelischer, ein katholischer und ein jüdischer Geistlicher als Mitglieder dieser Deputation hinzuzuziehen sind [2]).

Die Kurbrandenburgische Visitations- und Konsistorialordnung vom Jahre 1573 bestimmte, daß bei Stadtkirchen die Baulast, soweit sie dem Patron nicht obliegt, der politischen Gemeinde im Falle der Bedürftigkeit der Kirchengemeinde zur Last falle. Auf Grund

---

[1]) Sie sind auch befreit von direkten persönlichen Gemeindeabgaben hinsichtlich ihres Diensteinkommens und Gemeindebediensten (§ 10 St.O., §§ 1³, 10 Kommunalabgabengesetz).

[2]) Vgl. zur Rechtsfrage (G. Kaufmann), Beiträge zur Frage, inwieweit aus der Kurbrandenburgischen Visitationsordnung von 1573 eine Kirchenbaulast herzuleiten ist, Berlin 1899—1901; die Kirchenbaulast nach märkischem Provinzialrecht, herausgegeben vom Magistrat Berlin 1899—1902.

dieser Ordnung wurde die Stadtgemeinde mehrfach rechtskräftig zur Bestreitung der Kosten neuer Kirchenbauten verurteilt. Durch Erkenntnis des Kammergerichts vom 13. März 1903, bestätigt durch Urteil des Reichsgerichts vom 13. Juni 1904 ist aber die Klage mehrerer Kirchengemeinden mit der Begründung, daß die Konsistorialordnung von 1573 keine rechtliche, sondern nur eine moralische Verpflichtung begründet, daß ein die politische Gemeinde verpflichtendes Gewohnheitsrecht nicht nachgewiesen sei, rechtskräftig abgewiesen worden. Darauf ist die Kirche nicht wieder mit Ansprüchen an die politische Gemeinde auf Grund der Ordnung von 1573 herangetreten [1]).

Sonach beschränkt sich jetzt der Einfluß der Stadtgemeinde auf die bestehenden Patronatsrechte [2]) gegenüber einer Reihe evangelischer Kirchen [3]), die von dem Magistrat ausgeübt werden. Ihm steht die Wahl der Geistlichen und die Ernennung eines Kirchenältesten zu (§§ 327, 587 A.L.R. II. 11, §§ 6, 23, 34, 35 der Kirchengemeinde- und Synodalordnung). Bei St. Nikolai und St. Petri ist aber der Magistrat nach einem Erkenntnis des Oberkirchenrats verpflichtet, dem vom Könige ernannten Probst die Berufung zu erteilen. Andererseits ist die Stadtgemeinde als Patron verpflichtet, das Kirchengebäude zu erhalten und zur Errichtung eines neuen in der Parochie mitzuwirken, soweit die Mittel der Kirche nicht ausreichen.

Die Kirchenangelegenheiten im allgemeinen werden im Bureau des Magistrats für Kirchen- und Schulangelegenheiten bearbeitet, desgleichen die Patronatsangelegenheiten der Berliner Kirchen, die Prüfung und Feststellung des Haushaltsetats, Prüfung der Jahresrechnungen und die Angelegenheiten der der Stadt gehörigen Kirchen-

[1]) Vgl. Note 2 auf S. 81.

[2]) Patronat ist das Recht der Beaufsichtigung und Pflicht der Erhaltung und Verteidigung der Kirche.

[3]) Es sind dies in Berlin: St. Andreas-, Dorotheenstadt-, Friedrichswerder-, St. Georgen-, Jerusalem-, Kloster-, Luisenstadt-, St. Marien-, St. Martin-, Neue Kirche, St. Nikolai-, St. Petri-, St. Thomaskirche; ferner die Kirchen zu Stralau, Reinickendorf, ausgeübt durch die Grundeigentumsdeputation, und die Kirchen zu Osdorf-Hermsdorf, Großbeeren, Kleinbeeren, Diedersdorf, Gütergotz, Ruhlsdorf, Falkenberg, Malchow, Wartenberg, Hellersdorf-Eiche, Blankenberg, Blankenfelde, Rosenthal, Buch und Carow durch die Deputation für die städtischen Kanalisationswerke und Rieselfelder ausgeübt.

grundstücke. Die Patronate in Rummelsburg und Reinickendorf werden durch die Grundeigentumsdeputation und die der Kirchen auf den Rieselgütern durch die Deputation für die Kanalisation und Rieselgüter bearbeitet.

2. Schulen.

a) Allgemeines. Wir haben zu unterscheiden den Elementar- (Volksschul-)unterricht, der, abgesehen von einzelnen Privatschulen, in den Gemeinde-Knaben- und Mädchenschulen und in den Vorschulen der höheren, teils städtischen, teils staatlichen Knaben- und Mädchenschulen erteilt wird. Ein besonderer Schulunterricht mit ähnlichen Zielen, wie denen der Elementarschulen wird für Taubstumme und Blinde erteilt.

An die Volksschulen schließen sich Fortbildungsschulen an, während mit den höheren Schulen sog. Fortbildungsanstalten verbunden sind. Eine besondere Fortbildungsschule besteht für Blinde. Daneben bestehen gewerbliche Schulen, Fachschulen, welche bezwecken, Lehrlinge und Gehilfen des Gewerbestandes die ihrem Beruf entsprechende zeichnerische, wissenschaftliche und kunstgewerbliche Ausbildung zu geben. Im Entstehen ist eine städtische technische Mittelschule begriffen.

An städtischen höheren Schulen bestehen Gymnasien, Realgymnasium und eine Oberrealschule für Knaben, ferner eine städtische Studienanstalt für Mädchen, Vollanstalten, ferner sechsklassige Realschulen und städtische höhere Mädchenschulen. Sogenannte Reformanstalten bestehen nicht. Daneben bestehen höhere staatliche sowie höhere und mittlere private Schulen für Knaben und Mädchen.

Einen besonderen Teil der Schulverwaltung bildet das Turnwesen.

In die Verwaltung dieser Angelegenheiten teilen sich neben dem Magistrat, wie bereits gesagt, eine ganze Reihe von Behörden. Zwei Stadtschulräte werden von den Stadtverordneten als Magistratsmitglieder gewählt. Dem Magistrat selbst sind vorbehalten die Wahl der Direktoren, darunter ein Direktor für das gesamte Fortbildungsschulwesen, Dirigenten, Rektoren, Lehrer und Lehrerinnen, die Gründung neuer Schulen, die Angelegenheiten der bei den einzelnen Anstalten bestehenden Stiftungen, Lehrer-, Witwen- und Schülerunterstützungskassen, auch die Mariannen-Stiftung für die bessere Erziehung armer aber befähigter Knaben. Die Vorbereitung liegt in der Hand des unter dem Stadtschulrat für die Angelegenheiten der höheren Schulen als Dezernenten stehenden Bureaus für Kirchen und höhere Schulen.

Die äußeren Angelegenheiten der höheren Schulen einschließlich der Vorbereitung der Wahlen der Direktoren, Lehrer, Lehrerinnen und Schuldiener verwaltet die Deputation für die äußeren Angelegenheiten der städtischen höheren Lehranstalten.

Die Angelegenheiten der Gemeindeelementarschulen (Volksschulen), einschließlich der städtischen Taubstummenschule, verwaltet die auf Grund von § 43 des Gesetzes betr. die Unterhaltung der öffentlichen Volksschulen vom 28. Juli 1906 gebildete städtische Schuldeputation.

Die Fach- und Fortbildungsschulen sind der durch Beschluß der Gemeindebehörden gebildeten gemischten Deputation für die städtischen Fach- und Fortbildungsschulen unterstellt, während sie früher teils der Schuldeputation, teils der Gewerbedeputation unterstanden.

Das Kuratorium der neu zu errichtenden technischen Mittelschule, bestehend aus Magistratsmitgliedern, Stadtverordneten und Bürgerdeputierten, ist mit der Angelegenheit dieser Schule betraut.

Die Blindenschule und die Fortbildungsschule für Blinde unterstehen der Deputation für die städtische Blindenpflege.

Die Privatschulen, welche früher widerruflich vom Staat der Aufsicht der Schuldeputation unterstellt waren, werden jetzt unmittelbar vom Provinzialschulkollegium beaufsichtigt, ebenso die Bewahranstalten für Kinder, Kindergärten und ihre Einrichtungen.

Das gesamte städtische Schulwesen untersteht dem Kultusminister und unter ihm dem Provinzialschulkollegium für die Provinz Brandenburg, von dem auch die Blindenschulen ressortieren (§ 56 A.L.R. II 12). Die gewerblichen Fachschulen unterstehen dem Ministerium für Handel und Gewerbe.

b) Die städtischen höheren Lehranstalten.

Die höheren Schulen für Knaben und Mädchen bezwecken die Erzielung einer wissenschaftlichen Vorbildung, dabei steht bei den Gymnasien das Lateinische und Griechische im Vordergrund, während bei den Realgymnasien unter stärkerer Betonung des Lateinischen die neueren Sprachen und Naturwissenschaften in höherem Maße gepflegt werden. Die Oberrealschulen, deren Berlin nur eine besitzt, lassen die älteren Sprachen ganz weg und verfolgen höhere Ziele hinsichtlich der neuen Sprachen und der Naturwissenschaften[1]). Alle drei Anstalten bereiten durch einen neunjährigen Kursus das Studium an Universitäten und technischen Hochschulen vor. Daneben bestehen in Berlin Realschulen mit sechsjährigem Kursus, welche mit dem Ziele der Erlangung des Zeugnisses für den einjährigen Militärdienst die Schüler lediglich für das wirtschaftliche Leben vorbereiten.

Für Mädchen besteht eine städtische Studienanstalt und höhere Mädchenschulen.

Das höhere Mädchenschulwesen ist jetzt durch den Allerhöchsten Erlaß vom 15. August 1908 und durch die Verfügung des Kultusministers vom 18. August 1908[2]) geregelt. Danach sind höhere Mädchenschulen diejenigen Schulen, die zehn aufsteigende Klassen, einschließlich der Vorschule, umfassen und in denen mindestens die Hälfte der Stunden in den wissenschaftlichen Fächern der Mittel- und Oberstufe von akademisch gebildeten Lehrern und Lehrerinnen erteilt werden. Die Zahl der Schülerinnen in der Klasse einer höheren Mädchenschule soll in der Regel 40 nicht übersteigen.

Die Studienanstalt für Mädchen hat die Aufgabe, die Weiterbildung der Mädchen so zu fördern, daß die Schülerinnen in einer Reifeprüfung eine Bildung nachweisen, welche der durch die neunklassigen höheren Schulen für die männliche Jugend vermittelten gleichwertig ist. Sie gliedert sich in drei Zweige, die den drei bestehenden Arten der höheren Schulen entsprechen.

Voraussetzung für den Besuch der Studienanstalt ist erfolgreicher Besuch der Klasse III bei Oberrealschulkursen und der Klasse IV bei realgymnasialen und gymnasialen Kursen. Die Studienanstalt hat das Recht der Entlassungsprüfung.

Die höheren Lehranstalten sind gemäß § 23 Preuß. Verfass.-Urk. §§ 1, 2 A.L.R. II 12 (vgl. § 1 Ges. v. 11. März 1872) Veranstaltungen des Staates, die unter staatlicher Leitung und Beaufsichtigung stehen. Sofern die Gemeinde derartige Anstalten mit staatlicher Genehmigung errichtet und auf ihre Kosten unterhält, hat sie die Rechte des Schulpatrons, welche lediglich in der Verwaltung der äußeren Angelegenheiten der Schulen und einem

[1]) Über die Ziele der höheren Schulen vgl. Allerhöchsten Erlaß vom 26. November 1900.

[2]) Die Ausführungsbestimmungen zu dem Erlasse vom 18. August 1908 sind im Verlage von J. B. Cotta Nachfolger, Berlin 1908, erschienen.

Vorschlagsrecht bei Ernennung der Leiter und Lehrer bestehen (§§ 54—66, 18, 19 Titel 12, §§ 170ff., 193ff. Titel 11 A.L.R. II).

Die Lehrer und Direktoren im höheren Schulfache werden auf Grund einer staatlichen Prüfung durch den Magistrat gewählt und durch das Provinzialschulkollegium bestätigt, die Direktoren aber durch den König. Lehrer und Direktoren haben Rechte und Pflichten der Staatsbeamten, sie sind nicht Gemeindebeamte[1]). Hinsichtlich ihres Diensteinkommes sind die Lehrer an städtischen höheren Schulen denen an staatlichen höheren Schulen gleichgestellt.

Die Deputation für die äußeren Angelegenheiten der städtischen höheren Lehranstalten verwaltet besonders die Grundstücke, Gebäude, das Vermögen und die Stiftungen der städtischen höheren Lehranstalten, einschließlich der sog. höheren Mädchenschulen, die Erhebung, Stundung, den Erlaß und die Ermäßigung von Schulgeld, die Verleihung von Freischulstellen, die Verwaltung der für Unterrichtsmittel, Bibliotheken, Hausgeräte, Heizung, Erleuchtung, Wasserverbrauch, für Abgaben, Lasten und sonstige Ausgaben im städtischen Haushalt ausgeworfenen Fonds, die Unterhaltung der Gebäude, Vorbereitung der Wahlen der Direktoren, Lehrer, Lehrerinnen und Schuldiener.

Die Turnhallen der städtischen höheren Lehranstalten sind der Deputation für das städtische Turn- und Badewesen unterstellt, deren Bureaugeschäfte, soweit sie das Turnwesen betreffen, vom Magistratsbureau für Kirchen und höhere Schulen besorgt werden. Die Turnhallen der Volksschulen werden von besonderen Turnwarten, die der Realschulen und höheren Mädchenschulen von den Direktoren dieser Anstalten verwaltet.

---

[1]) Gutachten von Laband und Zorn über die staatsrechtliche Stellung der Direktoren und Oberlehrer an den preußischen höheren Lehranstalten, abgedruckt im Preußischen Verwaltungsblatt XXXI. S. 537—543. Desgl. Entscheidung des Kammergerichts vom 14. Juni 1910 in Sachen II. U. 2914, 10, welche die Oberlehrer an einer von einer Gemeinde unterhaltenen höheren Lehranstalt weder zu den Kommunalbeamten noch zu den höheren Staatsbeamten rechnet. Die Gehälter der städtischen Lehrpersonen an höheren Lehranstalten sind in Berlin durch die Besoldungsordnung vom 22. September 1909 geregelt. Es werden unterschieden: Direktoren an Vollanstalten, an Realschulen und höheren Mädchenschulen, Oberlehrer, Oberlehrerinnen, Vorschul-, Zeichen-, Gesang- und Turnlehrer, ordentliche Lehrer an Realschulen und höheren Mädchenschulen, ordentliche Lehrerinnen und Zeichenlehrerinnen.

c) Die Volksschulen (Gemeindeschulen).

Art. 25 der Verfassung bestimmt: Die Mittel zur Einrichtung, Unterhaltung und Erweiterung der öffentlichen Volksschulen werden von den Gemeinden und im Falle des nachgewiesenen Unvermögens ergänzungsweise vom Staat aufgebracht. In Ausführung dieser Bestimmung verordnet § 1 des Gesetzes betr. die Unterhaltung der öffentlichen Volksschulen vom 28. Juli 1906: Die Errichtung und Unterhaltung der öffentlichen Volksschulen liegt vorbehaltlich der besonderen Bestimmungen dieses Gesetzes, insbesondere der darin geordneten Beteiligung des Staates an der Aufbringung der Kosten, den bürgerlichen Gemeinden und selbständigen Gutsbezirken ob. Die Gemeinde Berlin bildet hiernach einen eigenen Schulverband. Die Volksschullast umfaßt die sächlichen und persönlichen Ausgaben. Volksschulen sind diejenigen Schulen, zu deren Besuch und zu deren Unterhaltung eine gesetzliche Verpflichtung besteht. Aufgabe der Volksschule[1]) ist die religiöse, sittliche und vaterländische Bildung der Jugend durch Erziehung und Unterricht, sowie ihre Unterweisung in den für das bürgerliche Leben nötigen allgemeinen Kenntnissen und Fertigkeiten. Als Aufgabe der Berliner Volksschule wird in der Dienstanweisung für die Rektoren der Gemeindeschulen vom 29. April 1895 § 1 bezeichnet: lebendige Gottesfurcht in die Herzen der Kinder zu pflanzen, den Sinn für das Gute, Edle und Wohlanständige in ihnen zu wecken, ihre geistigen und leiblichen Kräfte zu entwickeln und ihnen die Kenntnisse und Fertigkeiten mitzuteilen, welche jedem gesunden Gliede unseres Volkes unentbehrlich sind[2]). Alle Einwohner haben ihre nicht anderweit unterrichteten Kinder vom zurückgelegten sechsten Lebensjahre an bis zur Erlangung der erforderlichen Bildung in die öffentliche Volksschule zu schicken. Die öffentlichen Volksschulen sind in der Regel so einzurichten, daß der Unterricht evangelischen Kindern durch evangelische Lehrkräfte, katholischen Kindern durch katholische Lehrkräfte erteilt wird (§ 33 des Gesetzes vom 28. Juli 1906).

---

[1]) Im Allgem. Landrecht II 12 § 12 als gemeine Schulen bezeichnet, die dem ersten Unterricht der Jugend gewidmet sind. Vgl. § 1 des Gesetzes vom 26. Mai 1887.

[2]) Ebenso Dienstanweisung für die Lehrer und Lehrerinnen für die Gemeindeschulen in Berlin v. $\frac{16. \text{ VI. } 1909}{15. \text{ VII. } 1909}$.

Den Gemeinden bleibt nach den Bestimmungen der Gemeindeverfassungsgesetze und des Volksschulunterhaltungsgesetzes die Feststellung des Schulhaushalts, die Bewilligung der für die Schule erforderlichen Mittel, die Verwaltung des Schulvermögens, die vermögensrechtliche Vertretung nach außen und die Anstellung der Beamten (abgesehen von den Lehrern) vorbehalten. Im übrigen[1] wird für die Verwaltung der der Gemeinde zustehenden Angelegenheiten der Volksschule eine Stadtschuldeputation gebildet, welche Organ des Gemeindevorstandes (also Magistrats) und als solches verpflichtet ist, seinen Anordnungen Folge zu leisten. Die Schuldeputation übt zugleich die der Gemeinde und deren Organen vorbehaltene Teilnahme an der Schulaufsicht aus. Sie handelt dabei als Organ der Schulaufsichtsbehörde und ist verpflichtet, insoweit deren Anordnungen Folge zu leisten. Beschwerden über die Geschäftsführung der Schuldeputation in bezug auf die inneren Angelegenheiten der Schule gehen an die Schulaufsichtsbehörde, also an das Provinzialschulkollegium der Provinz Brandenburg.

Das der Schuldeputation nach Maßgabe der Instruktion vom 26. Juni 1811 § 11 (Ausführungsanweisung III v. 6. November 1907, Z.Bl. S. 865) und Gesetz vom 11. März 1872 zugestandene Recht der Aufsicht erstreckt sich dahin, daß sie auf genaue Befolgung der Gesetze und Anordnungen des Staates in Ansehung des ihnen untergebenen Schulwesens halten, auf die zweckmäßigste und den Lokalverhältnissen angemessenste Art sie auszuführen suchen, darauf sehen, daß das Personal derer, die am Schulwesen arbeiten, seine Pflicht tue, endlich, daß sie regelmäßigen und ordentlichen Schulbesuch sämtlicher schulpflichtigen Kinder des Ortes zu bewirken und zu befördern suchen. Die staatliche Kreisschulaufsicht wird durch den Stadtschulrat für das Volksschulwesen und durch eine Anzahl Stadtschulinspektoren (zurzeit 13 an Zahl) ausgeübt. Die staatliche Kreisschulaufsicht ist durch die Dienstanweisung des Provinzialschulkollegiums für die staatliche Kreisschulaufsicht zu Berlin vom 1. Mai 1908 geregelt. Danach wird die staatliche Kreisschulaufsicht in

[1]) Also soweit die kommunalen Schulangelegenheiten nicht dem Magistrat und der Stadtverordnetenversammlung überlassen sind. Auch diese Angelegenheiten, insbesondere Wahl, Anstellung, Pensionierung und Hinterbliebenenversorgung der Lehrer werden im Bureau der Schuldeputation bearbeitet, ebenso die Schulpolizei.

Berlin durch den Stadtschulrat kraft besonderen Auftrages und die Stadtschulinspektoren in ihrer Eigenschaft als staatliche Kreisschulinspektoren ausgeübt. Der Stadtschulrat als staatlicher Aufsichtsbeamter und die Kreisschulinspektoren sind dem Provinzialschulkollegium unterstellt. Der Stadtschulrat ist das Organ der Aufsichtsbehörde in denjenigen Angelegenheiten, die den Bezirk Berlin angehen, sowie auch in solchen, die sich über einen einzelnen Kreis hinaus erstrecken. Er hat die Pflicht, für eine einheitliche Praxis der Kreisschulinspektoren insoweit zu sorgen, als das Gesamtinteresse eine solche erfordert. Die Kreisschulinspektoren haben die besonderen Angelegenheiten ihrer Kreise gemäß den ihnen seitens des Stadtschulrats erteilten generellen Weisungen selbständig zu verwalten und zu beaufsichtigen. Zum Geschäftsbereiche des Stadtschulrates gehören demgemäß bei den Gemeindeschulen insbesondere die allgemeinen Angelegenheiten des Lehrplanes, des Unterrichtsbetriebes, des Schulbesuches und der Schulzucht; ferner die Aufsicht über die Befriedigung des Unterrichtsbedürfnisses durch Gründung, Ausstattung und Unterhaltung von Schulen, sowie Anstellung und Besoldung von Lehrkräften seitens der städtischen Behörden. Die beim Stadtschulrat durchlaufenden schriftlichen Berichte der Kreisschulinspektoren hat er nach Kenntnisnahme, nötigenfalls mit seinem Gutachten, der Schuldeputation vorzulegen, welche dieselben dem Provinzialschulkollegium einzureichen hat. Bei Beurlaubung von Schulinspektoren und Regelung ihrer Vertretung vertritt er die Aufsichtsbehörde. Außerdem kann der Stadtschulrat besondere Aufträge vom Provinzialschulkollegium erhalten.

Außer den gesetzlichen Befugnissen sind der Schuldeputation unter Mitwirkung der Kreisschulinspektion folgende staatliche Befugnisse übertragen worden[1]):

Die Zurückstellung schulpflichtig gewordener und die vorzeitige Entlassung noch schulpflichtiger Kinder;

die Beurlaubung von Lehrkräften bis zu sechs Monaten und die Regelung ihrer Vertretung, die Errichtung neuer Schulen, Klassen und Lehrstellen im Rahmen des Etats;

die Erteilung der Erlaubnis zur Übernahme von Nebenämtern Nebenbeschäftigungen und Vormundschaften seitens der Lehrkräfte;

[1]) Dritte Anweisung zur Ausführung des Gesetzes betr. die öffentlichen Volksschulen vom 28. Juli 1906.

die Feststellung der Schulbezirke;

die Verteilung der Lehrkräfte auf die einzelnen Schulen;

die vorzeitige Aufnahme nicht schulpflichtiger Kinder und die Zurückhaltung von Schulkindern über die Beendigung des gesetzlichen Schulpflichtalters bzw. des üblichen Entlassungstermins, soweit dies nach den Gesetzen zulässig ist.

Der Schuldeputation ist der Oberturnwart und eine Inspizientin für Handarbeitsunterricht untergeordnet.

Die Aufgaben der Stadtschulinspektoren, welche zugleich mit den Funktionen der staatlichen Kreisschulinspektion betraut sind, sind durch die durch den Minister der geistlichen usw. Angelegenheiten bestätigte Vorschriften des Berliner Magistrats vom 12. Januar 1877 geregelt. Danach werden die Stadtschulinspektoren durch den Magistrat nach Anhörung der Schuldeputation gewählt. Ihre Anstellung wird aber erst gültig, wenn das Provinzialschulkollegium diesen den Auftrag zur Schulaufsicht erteilt hat.

Zum Geschäftskreis der Stadtschulinspektoren als Kreisschulinspektoren (§ 8 der Dienstanweisung) gehören:

a) die Überwachung des inneren Schulbetriebes, des Schulbesuchs und der Schulzucht; b) die Überwachung der amtlichen und außeramtlichen Führung der Lehrkräfte; c) die staatliche Aufsicht in allen Fällen, wo zugleich eine Zuständigkeit der städtischen Behörden begründet ist, Hinwirkung auf Zuweisung der erforderlichen Lehrkräfte, Prüfung und Genehmigung der Lehr- und Stundentabelle, Beschäftigung der ihnen zugewiesenen nicht festangestellter Kräfte, Pensionierung und Beurlaubung von Lehrpersonen, Hinwirkung auf Bereitstellung von Lehrmitteln u. dgl., Revision der Schulen.

Die Schuldeputation setzt sich gemäß §§ 43, 44 des Gesetzes vom 28. Juli 1906 und dem von dem Provinzialschulkollegium bestätigten Gemeindebeschluß vom $\frac{18.\ XI.}{5.\ XII.}$ 1907 zusammen aus sechs Magistratsmitgliedern, zwölf Stadtverordneten, zwölf des Erziehungs- und Volksschulwesens kundigen Personen[1]), je einem — dem Dienstrange nach vorgehenden oder ältesten — evangelischen, katholischen und

[1]) Diese werden zufolge Magistratsbeschlusses vom 29. Februar 1908 durch die vom Oberbürgermeister ernannten und durch die von den Stadtverordneten gewählten, vom Provinzialschulkollegium bestätigten Mitglieder gewählt.

jüdischen Geistlichen. Schließlich sind ein Schularzt und ein Magistratsassessor — welcher zugleich Vertreter des Oberbürgermeisters bei Ausübung der Schulpolizei ist — der Deputation zugeordnet. Ein Mitglied der Schuldeputation, das seine Pflichten verletzt oder sich des Amtes unwürdig zeigt, kann durch Verfügung der Schulaufsichtsbehörde ausgeschlossen werden. Außer den gesetzlichen Aufgaben sind der Schuldeputation überwiesen die Aufgaben, die vom Magistrat zu wählenden Lehrer vorzuschlagen, sowie die Verwaltung der städtischen Taubstummenschule. Der Deputation untersteht schließlich das städtische Schulmuseum, mit dem eine Bibliothek verbunden ist.

Zwecks Verwaltung der Volksschulangelegenheiten ist die Stadt in (zurzeit 26) Schulinspektionsbezirke eingeteilt, an deren Spitze ein — unbesoldeter — Inspizient steht. Dieser ist Hauskurator der zu seinem Kreise gehörigen Volksschulen und wirkt mit bei der Einschulung, Umschulung, vorzeitigen Schulentlassung und Bildung der Schulkommissionen.

Über die Geschäftsführung der Schuldeputation ist durch den vom Provinzialschulkollegium genehmigten Beschluß des Magistrats vom 29. Februar 1908 folgendes bestimmt:

Der vom Oberbürgermeister ernannte Vorsitzende, in dessen Vertretung das älteste Magistratsmitglied in der Deputation, verteilt die Geschäfte, leitet die Verhandlungen und stellt die Tagesordnung der Sitzungen auf. Beschlüsse von prinzipieller Bedeutung sind in ein Beschlußbuch einzutragen. Die Mitglieder sind zur Amtsverschwiegenheit in den vom Vorsitzenden bezeichneten Fällen verpflichtet. Beschlüsse, welche die Befugnis der Deputation überschreiten, gesetz- oder rechtswidrig sind, das Staatswohl oder das Gemeindeinteresse verletzen, hat der Vorsitzende zu beanstanden und die Entscheidung der vorgesetzten Behörde einzuholen.

Jedem Schulinspektionsbezirk gehören mehrere Schulkommissionen an, und diesen sind mehrere Gemeindeschulen unterstellt. Die bestehenden Schulkommissionen sind gemäß § 44 Volksschulunterhaltungsgesetzes durch Gemeindebeschluß vom $\frac{18. XI.}{5. XII.}$ 1907 beibehalten worden. Ihre Mitglieder werden von den Stadtverordneten aus der Zahl der Bürger ihres Bezirks gewählt und vom Magistrat bestätigt. Der Vorsitzende wird von der Kommission gewählt und von der Schuldeputation bestätigt. Außerdem gehören die Rektoren des Bezirks den Schulkommissionen an. Die Schulkommissionen sind Organe der Schuldeputation. Ihre Aufgaben sind durch die Instruktion für die Schulkommissionen vom 30. November 1874 geregelt[1]). Sie haben alle örtlichen Geschäfte der Schuldeputation zu bearbeiten. Den Kommissionen liegt besonders ob (§ 16):

I. die Aufstellung und Führung des Verzeichnisses der in ihren Bezirken wohnenden schulpflichtigen Kinder,

II. die Einschulungen,

III. die Kontrolle des Schulbesuchs,

IV. die Bewilligung von Lehrmitteln[2]).

Die in § 1 der Instruktion für die Schulkommissionen erwähnten Schulvorstände bestehen nicht mehr.

Die Einschulung ist geregelt durch die Vorschriften für das Verfahren bei der Einschulung von Kindern in evangelische und katholische Schulen. Danach sind eheliche Kinder vorbehaltlich der Übereinkunft der Eltern in der Religion des Vaters, uneheliche in der Religion der Mutter zu unterrichten, doch steht dem Kinde nach zurückgelegtem 14. Jahre die Wahl der Religionspartei frei.

Die Schulkommissionsvorsteher versammeln sich zum Zwecke der einheitlichen und gedeihlichen Ausübung der Geschäftsführung der Kommissionen in der Regel vierteljährlich einmal. Die Geschäfte dieser Versammlungen werden von einem von der Vorsteherversammlung gewählten Vorstande (vgl. Geschäftsordnung der Schulkommissionsvorsteher vom 4. Januar 1871) verwaltet.

Die Stadtschulinspektoren sind der Schuldeputation und insbesondere dem Stadtschulrat unterstellt. Der Schulinspektor hat die Ausführung der allgemeinen Bestimmungen über den Unterricht und die Disziplin, sowie die Obliegenheiten der Lehrer zu vermitteln und zu überwachen, er hat die Lektions- und Stundenpläne zu revidieren und die Lehrer mit seinem Rat zu unterstützen, die Anträge der Rektoren und Beschwerden der Eltern mit seinem Urteil zu versehen und muß jede Klasse alljährlich revidieren. Die Schulinspektoren treten unter dem Vorsitz des Stadtschulrats periodisch zu Konferenzen zusammen, in denen die Revisionsbefunde vorgetragen und die zur Verbesserung der Schulen erforderlichen Maßregeln beraten

[1]) Eine neue Instruktion wird z. Z. ausgearbeitet.

[2]) Vgl. Bestimmungen über die Gewährung von Lehrmitteln an Schulkinder unbemittelter Eltern (Magistratsbeschluß vom 26 März 1891).

werden. Die Schulinspektoren halten ferner die zur pädagogischen und wissenschaftlichen Fortbildung der Lehrer und Lehrerinnen erforderlichen Konferenzen ab.

Der verantwortliche Leiter der Gemeindeschule ist der **Rektor**. Er untersteht dem Kreisschulinspektor, ist zugleich Organ der Schuldeputation (Dienstanweisung für die Rektoren der Gemeindeschulen in Berlin vom $\frac{29.\ \text{IV}.\ 1875}{9.\ \text{V}.\ 1895}$ § 2[1]) und hat in dieser Eigenschaft in allen Angelegenheiten, welche die Einschulung, Umschulung, Schulkontrolle und Hausverwaltung betreffen, die Weisungen desjenigen Mitgliedes der Schuldeputation zu befolgen, welchem die Vertretung der Deputation übertragen ist. In Angelegenheiten des Unterrichts, der Disziplin und der amtlichen Verhältnisse der Lehrer ist er dem Kreisschulinspektor unterstellt.

Der Rektor hat am Anfange jeden Halbjahres die Lehrer- und Stundentabelle und am Schlusse jeden Kalenderjahres der Schuldeputation einen Jahresbericht einzureichen. Er ist der Vorgesetzte der Lehrpersonen seiner Schule, er muß deren Tätigkeit überwachen, die Lehrer beraten und sie auf Mißgriffe aufmerksam machen, bei Pflichtwidrigkeiten durch Warnungen und Vorstellung auf die Lehrer einwirken und nötigenfalls dem Kreisschulinspektor Bericht erstatten. Er leitet die **Lehrerkonferenzen**, sorgt für die Vertretung der Lehrer, die bei Verhinderung bis höchstens auf eine Woche ohne Heranziehung fremder Kräfte erfolgen soll. Er kann Urlaub bis zu drei Tagen erteilen. Er nimmt die Kinder auf und weist sie einer Klasse zu. Die Versetzungen erfolgen durch Mehrheitsbeschluß des Rektors und der die betreffenden Schüler unterrichtenden Lehrer. Er überwacht Ordnung und Zucht der Schulkinder, soll auch auf sie im Interesse des öffentlichen Wohles und der guten Sitten einzuwirken suchen, sie vor Beschädigung öffentlicher Anlagen und Denkmäler verwarnen und bei Zuwiderhandlungen bestrafen.

Für das Schulhaus, dessen Reinigung und Lüftung sorgt der Rektor nach den Anweisungen des **Hauskurators**.

Der **Schuldiener** hat die Reinigung, erforderlichenfalls noch die Heizung, das Öffnen und Schließen der Schulräume, das Läuten

[1]) Gemeinderecht VI S. 9—18. Eine neue von der Schuldeputation beschlossene Dienstanweisung liegt dem Provinzialschulkollegium zur Erteilung der Genehmigung vor. Die neue Dienstanweisung schließt sich im wesentlichen der alten an.

der Glocke, das Lüften, das Schließen der Spülhähne und Hydranten, bei Schneefall das Reinigen der Bürgersteige, das Aufstellen der Turngeräte, den Transport der Akten zu besorgen. Beschädigungen hat er dem Hauskurator zu melden. Sein nächster Vorgesetzter ist der Rektor, bei Doppelschulen die Rektoren, im übrigen der Hauskurator als Vertreter der Schuldeputation.

Für jedes Schulgrundstück wird von der Schuldeputation ein Hauskurator bestellt, dessen Rechte und Pflichten sich aus den Vorschriften für die Verwaltung der Gemeindeschulhäuser vom 5. April 1882 ergeben.

Schulärzte.

Zur Prüfung und Überwachung des Gesundheitszustandes der Schulkinder in den Gemeindeschulen sind Schulärzte auf Grund privatrechtlicher Dienstverträge ohne den Charakter von Gemeindebeamten angestellt. Ihre Aufgaben sind durch die Dienstanweisung für die Schulärzte vom 3. April 1903 [1]) festgesetzt. Der Schularzt hat die Schulkinder bei ihrer Einschulung auf ihre Schulfähigkeit zu untersuchen. Über die Kinder, welche schulfähig aber nicht völlig gesund sind, hat der Schularzt einen Überwachungsschein auszustellen, der vom Klassenlehrer aufzubewahren ist. Insbesondere sind die für den Nebenunterricht und Stotterunterricht vorgeschlagenen Kinder zu untersuchen. Im Auftrag der Schulkommission hat der Schularzt vom Unterricht wegen Krankheit ferngebliebene Kinder zu untersuchen, auch auf Verlangen der Schuldeputation Gutachten über den Gesundheitszustand einzelner Kinder, über das Vorhandensein ansteckender Krankheiten und über gesundheitsgefährdende Einrichtungen des Schulhauses und der Geräte abzugeben. Er hat die Schule mindestens zweimal halbjährlich zu besuchen und vorhandene hygienische Mißstände der Schuldeputation anzuzeigen.

Die Volksschulbeamten.

1. An der Spitze des Volksschulwesens steht der Stadtschulrat, welcher Magistratsmitglied und zugleich mit der staatlichen Schulaufsicht betrautes Organ des Provinzialschulkollegiums ist. Er hat die Eigenschaft eines staatlichen Kreisschulinspektors, hat aber, wie aus dem Vorhergesagten zu ersehen ist, zugleich eine die übrigen Schulinspektoren überragende Stellung. Seine Funktionen als Organ

---

[1]) Gemeinderecht Bd. 6 S. 61.

der staatlichen Schulaufsichtsbehörde sind durch die vom Provinzialschulkollegium erlassene Dienstanweisung vom 1. Mai 1908 geregelt.

2. Die Stadtschulinspektoren. Sie sind auf Lebenszeit angestellte Gemeindebeamte und als solche der Schuldeputation, insbesondere dem Stadtschulrat untergeordnet. Ihre Funktionen als Gemeindebeamte sind durch die Instruktion für die städtischen Schulinspektoren vom 12. Januar 1877 geregelt[1]). Zugleich sind sie staatliche Kreisschulinspektoren mit den aus der oben angeführten Dienstanweisung für staatliche Kreisschulaufsicht in Berlin vom 1. Mai 1908 ersichtlichen Funktionen.

3. Die Inspizientin für den Handarbeitsunterricht an Gemeindeschulen ist der Schuldeputation unterstellt und lediglich Gemeindebeamtin. Sie hat die Weisungen des Stadtschulrats für das Volksschulwesen zu befolgen und dient den Stadtschulinspektoren als Sachverständige. Sie hat den Handarbeitsunterricht zu beaufsichtigen und Vorschläge zu einer Verbesserung zu machen.

4. Die Schulinspizienten,

5. die Schulkommissionsvorsteher und

6. die gewählten Mitglieder der Schulkommission, sind unbesoldete Gemeindebeamte und der Schuldeputation unterstellt.

7. Das Lehrpersonal.

a) Beim Lehrpersonal sind zu unterscheiden, die Rektoren als Leiter der Volksschulen, die Lehrer und Lehrerinnen[2]).

Die Anstellung der Rektoren, Lehrer und Lehrerinnen ist jetzt geregelt durch §§ 59—61 des Volksschulunterhaltungsgesetzes und zwar gehört Berlin zu denjenigen Gemeinden, die nach § 61 ihre früheren weitergehenden Befugnisse bei der Berufung der Lehrkräfte einschließlich der Rektoren behalten haben. Die Wahl erfolgt danach auf Vorschlag der Schuldeputation durch den Magistrat. Die

---

[1]) Gemeinderecht VI, S. 5—7.

[2]) Zu erwähnen sind noch die Hospitantinnen. Die Lehrerinnen, welche sich mit der Unterrichtsweise in den Gemeindeschulen betraut machen wollen, können als Hospitantinnen mit widerruflicher Erlaubnis der Schuldeputation gemäß den Vorschriften für Hospitantinnen an den Gemeindeschulen vom 18. Oktober 1879 zugelassen werden. Die Hospitantinnen können sich in Anwesenheit des Lehrers im Unterricht üben. Unerwartete Vertretungen können den Hospitantinnen vom Rektor über einen Tag dauernd nur mit Genehmigung des Schulinspektors übertragen werden.

Vokationsurkunden werden aber durch das Provinzialschulkollegium ausgestellt.

Die Lehrpersonen haben die Rechte und Pflichten der Staatsbeamten. Man bezeichnet sie gewöhnlich mit dem rechtlich nicht ganz klaren Begriff der „mittelbaren Staatsbeamten“. Die Disziplinargewalt über die Lehrpersonen steht dem staatlichen Kreisschulinspektor zu. Beurlaubungen über die Dauer von 14 Tagen, Erlaubnis zur Übernahme von Nebenämtern, Nebenbeschäftigungen und Vormundschaften, Verteilung der Lehrkräfte auf die einzelnen Schulen erfolgt durch die Schuldeputation unter Mitwirkung der Kreisschulinspektoren. Die Besoldung erfolgt durch die Gemeinde nach Maßgabe des Gesetzes über das Diensteinkommen der Lehrer und Lehrerinnen an öffentlichen Volksschulen vom 26. Mai 1909. Die Lehrpersonen sollen die Erreichung der Zwecke der Volksschulen durch eigenes vorbildliches Verhalten und durch gewissenhafte, treue Erfüllung ihrer Obliegenheiten nach bestem Wissen und Können zu erfüllen bemüht sein (§ 1 der Dienstanweisung für die Lehrer und Lehrerinnen der Gemeindeschulen in Berlin vom $\frac{16.\ VI.}{15.\ VII.}$ 1909). Die Lehrerinnen haben 26, die Lehrer 32 Pflichtstunden. Sie haben außerdem ein Ordinariat, Vertretungsstunden, Inspektionen zu übernehmen, an den Schulferienkonferenzen teilzunehmen und Ausflüge und Ausführungen zu gewissen Bildungsstätten zu unternehmen. Sie sollen auf Zucht und Ordnung halten und im Verkehr mit den Schülern Ernst und Liebe walten lassen. Der Lehrer soll die häuslichen Verhältnisse seiner Schüler kennen und mit den Eltern Fühlung nehmen. Ohne behördliche Genehmigung, die bei der Schuldeputation zu beantragen ist, darf er kein Nebenamt annehmen, noch ein Gewerbe betreiben. Er muß in Berlin wohnen und sich die Versetzung von einer Gemeindeschule Berlins zu einer anderen der Stadt gefallen lassen. Mit der Verheiratung einer Lehrerin hört ihre Anstellung auf.

d) Fach- und Fortbildungsschulen.

Die Stadtgemeinde unterhält Schulen für solche Personen, welche eine Volksschule oder sonstige Schulen nicht mehr besuchen und zwar teils vollständig aus eigenen Mitteln, teils nur mit städtischer Unterstützung. Es sind zu unterscheiden Schulen, welche die allgemeine Bildung bezwecken, Fortbildungsschulen, und solche, die für einen bestimmten gewerblichen Beruf vorbilden, Fachschulen[1]).

Nach dem auf Grund von §§ 120, 142, 150 G.O. erlassenen Ortsstatut für die Pflichtfortbildungsschule zu Berlin v. $\frac{2.\ XII.\ 1904}{20.\ I.\ 1905}$ unterliegen alle reichsangehörigen männlichen Arbeiter (Lehrlinge, Gesellen, Gehilfen usw.), welche in einem gewerblichen oder kaufmännischen Betriebe im Weichbilde von Berlin beschäftigt werden, sobald sie nicht mehr volksschulpflichtig sind, bis zum Schlusse des Schulhalbjahres, in welchem sie das 17. Lebensjahr vollendet haben, der Verpflichtung, die von der Stadt Berlin eingerichtete Fortbildungsschule zu besuchen. Der Unterricht erstreckt sich auf Deutsch, Rechnen und Zeichnen unter möglichster Berücksichtigung der beruflichen Ausbildung und soll im Jahresdurchschnitt sechs Stunden wöchentlich nicht überschreiten. Ausgenommen von der Verpflichtung sind Gehilfen und Lehrlinge in Apotheken, Angestellte bei der Fischerei, Schifferei, Rechtsanwalts- und Notariatspraxis, von Auswanderungs-, Versicherungs-, Eisenbahn-, Reichs- oder Staatsunternehmungen.

Zu befreien sind die, welche eine gleichwertige Innungs- oder andere Fach- oder Fortbildungsschule regelmäßig besuchen, ferner die das Zeugnis für die Befähigung zum einjährig-freiwilligen Militärdienst besitzen oder sich sonst eine entsprechende Bildung angeeignet haben, ferner mit schweren körperlichen oder geistigen Gebrechen behaftete Personen. Schulgeld wird in der Pflichtfortbildungsschule nicht erhoben.

Der Pflichtfortbildungsschule gleichgestellt sind: Die kaufmännische Fachschule der Korporation der Kaufmannschaft von Berlin, die Fachschule für Buchdrucker, die Fach- und Fortbildungsschule der Fleischerinnung, die Lehrlingsschule der Aktiengesellschaft Ludwig Löwe & Co. Zwecks Verwaltung des Pflichtfortbildungsschul- und Fachschulwesens ist die Stadt in zehn Pflichtfortbildungsschulkreise eingeteilt, welche je einem Direktor unterstellt sind.

Außer diesen Anstalten unterhält die Stadt Fortbildungsanstalten, welche je nach Bedürfnis im Anschluß an die städtischen höheren Unterrichtsanstalten errichtet und dem Direktor der betreffenden Unterrichtsanstalt unterstellt werden. Ferner Wahl-

---

[1]) Grundsätze für die Verwaltung des Fortbildungs-Schulwesens der Stadt Berlin. Gemeinderecht VI S. 169—190.

fortbildungsschulen für Jünglinge und Mädchen. Diese Schulen werden vom Dirigenten geleitet. Der Unterricht umfaßt u. a. Deutsch, Rechnen, Algebra, Zeichnen, Buchführung, Französisch, Englisch, Stenographie, Schönschreiben, Schreibmaschine, Wechselkunde, Handelslehre, Gesetzeskunde, Geometrie, Trigonometrie, Physik, Chemie und Modellieren. Außerdem gibt es Fortbildungsschulen, die von Vereinen, Korporationen und Kuratorien geleitet werden und schließlich gewerbliche Fachschulen, deren Besuch nicht von dem Besuch der Pflichtschule befreit, und schließlich gewerbliche Unterrichtsanstalten, die weitergehende Ziele verfolgen, wie die Baugewerbe-, die Handwerkerschulen, die Fachschule für Maschinenbauer, die Berliner Technikerschule und die Fachschule für Maurer, Zimmerer und Dachdecker.

Das gesamte Fach- und Fortbildungsschulwesen ist der durch Gemeindebeschluß vom 12. April 1905 gebildeten gemischten Deputation für die städtischen Fach- und Fortbildungsschulen unterstellt[1]). Die schultechnische Leitung des Fach- und Fortbildungsschulwesens und die Aufsicht über die Anstalten ist einem der Deputation unterstellten Direktor übertragen. Die beamteten Lehrer an gewerblichen Fortbildungsschulen sind mittelbare Staatsbeamte.

Als Aufgabe der Fortbildungsanstalten ist aufgestellt, solchen im praktischen Berufe stehenden Personen zu dienen, die die einer Mittelschule entsprechende Ausbildung erwerben, befestigen oder ergänzen wollen. Sie unterrichten hauptsächlich im deutschen Stil, kaufmännischen Rechnen, in der Buchführung, im Französischen und Englischen. Die Fortbildungsschulen bezwecken die Schulbildung der Jünglinge, welche aus der Volksschule in einen praktischen Beruf eingetreten sind, zu sichern und durch solche Übungen und Unterweisungen zu ergänzen, die sowohl ihre berufsmäßige, als ihre sittliche Tüchtigkeit fördern, und ferner solche Personen in den Elementen zu unterrichten, welche die Mängel der Schulbildung ergänzen wollen[2]). Die Ziele der Fachschulen sind im einzelnen verschieden-

[1]) Mit Ausnahme der Fortbildungsschule für Blinde, die der Schuldeputation untersteht.

[2]) Das Schulgeld für jede Wochenstunde an den Fortbildungsanstalten beträgt 1,25 M. Der Unterricht in der Pflichtfortbildungsschule ist frei, desgleichen bei den einigen Fächern der Wahlfortbildungsschule, während bei anderen Fächern ein mäßiges Schulgeld erhoben wird. Ebenso verschiedenartig ist die Schulgeldfrage bei den Fachschulen geregelt.

artig. Der städtische Gewerbesaal gibt jungen Maschinenbauern und Angehörigen verwandter Berufe die ihrem Beruf entsprechende zeichnerische wissenschaftliche Ausbildung und Gelegenheit, ihre Werkstattspraxis zu vervollständigen. Weitergehende Ziele als die übrigen Fachschulen verfolgen die Baugewerks-, Weber-, Tischler-, Handwerkerschulen und die Fachschulen der Maschinenbauer, Maurer, Zimmerer und Dachdecker.

e) Kunst, Wissenschaft und Volksbelehrung.

Die Pflege der Kunst und Wissenschaft greift in verschiedene Verwaltungszweige ein. Die Kunst kommt vornehmlich zum Ausdruck in der Architektur, sei es bei der Errichtung der Verwaltungs-, Schul- und anderen städtischen Gebäude an sich oder bei ihrer äußeren und inneren Ausschmückung, bei der Anlage von Straßen und Plätzen, Parks und Gärten. Es kommen sonach vornehmlich in Frage die Hoch- und Tiefbaudeputation und die Parkdeputation. Speziell mit künstlerischen Aufgaben betraut sind die gemischte Deputation für die innere Ausschmückung des Rathauses (26 Mitglieder) und die aus fünf Magistratsmitgliedern und zehn Stadtverordneten gebildete städtische Kunstdeputation[1]). Die Aufgabe der Kunstdeputation ist es, die Stadt mit Werken der monumentalen Baukunst, Bildnerei und Malerei auszustatten. Auch ist die Deputation vor der Annahme etwaiger Schenkungen von Kunstwerken an die Stadt zu hören. Die Kunstdeputation ist in der Lage, die Pflege der Kunst bei allen Verwaltungsstellen zu fördern und einheitliche Grundsätze, auch eine gleichmäßige Berücksichtigung der einzelnen Stadtteile herbeizuführen. Die Verwaltung der Kunstdenkmäler, insbesondere ihre Reinhaltung, liegt der Tiefbaudeputation ob[2]).

Für die Pflege der Wissenschaft fehlt es an einer derartigen

---

[1]) Der Kunstdeputation ist durch Beschluß der Stadtverordneten vom 8. Juni 1893 ein Fonds zur Verfügung gestellt. Nach Gemeindebeschluß vom $\frac{\text{14. I.}}{\text{29. XII.}}$ 1898 darf die Kunstdeputation selbständig über diesen Betrag, lediglich zu reinen Kunstzwecken, verfügen. Dagegen muß die Mitwirkung der sonst zuständigen Verwaltungsstellen, nötigenfalls der Stadtverordneten, eingeholt werden, wenn auch andere Zwecke, z. B. die bildnerische Verkörperung bestimmter Personen, verfolgt werden (Gemeinderecht, Einl. 267 f.).

[2]) Magistratsbeschluß vom 8. Juli 1898 (Gemeinderecht, Einl. S. 269).

besonderen Zentralstelle, so daß diese lediglich der Magistrat darstellt. Die Pflege der Wissenschaft kommt in Frage bei der Verwaltung der höheren Schulen, und zwar mit Rücksicht auf die der Stadtverwaltung in Sachen der höheren Schulen gesteckten Grenzen, einmal bei der Auswahl der Direktoren und Lehrer und dann bei Gewährung der nötigen Mittel für die Pflege der Wissenschaft in den Schulen (Schulbibliotheken, naturwissenschaftliche Sammlungen und Laboratorien u. dgl.), schließlich aber nicht zum wenigsten bei Errichtung neuer Schulen und der Wahl des Lehrplanes für diese, welche allerdings von der Zustimmung des Provinzialschulkollegiums abhängt.

Wissenschaftliche Aufgaben werden ferner im Dienste praktischer Aufgaben verfolgt bei der Fortbildung des Rechts in einzelnen Verwaltungszweigen, erwähnt sei hier auch die Tätigkeit des Gewerbe- und Kaufmannsgerichts als gutachtliche Behörden auf dem Gebiete des gewerblichen Rechts[1]). Eine in hervorragender Weise wissenschaftliche Aufgabe liegt dem Archivar der Stadt Berlin ob, eines unmittelbar unter dem Magistrat stehenden Beamten, ferner der Magistratsbibliothek[2]), welche das wissenschaftliche Rüstzeug für die städtische Verwaltung zu liefern hat, während die einzelnen Zweige besondere Bibliotheken besitzen, deren Bücherbeschaffung einem Dezernenten des Magistrats und dem Zentralbureau obliegt.

Die Magistratsbibliothek sammelt auch die für die Stadt Berlin, die Mark Brandenburg, den preußischen Staat und das Städtewesen wichtige Literatur. Historischen, geologischen und entwicklungsgeschichtlichen Aufgaben dient das von einer aus Magistratsmitgliedern und Stadtverordneten gebildeten Direktion geleitete Märkische Provinzialmuseum. Der Direktion steht ein wissenschaftlicher Beirat zur Seite, dessen Mitglieder ihre Funktionen ehrenamtlich ausüben, während die praktische Verwaltung von einem als Gemeindebeamten angestellten Kustos und einem wissenschaftlichen Museumsassistenten geführt wird. In hervorragendem Maße wissenschaftlichen Zwecken dient das Statistische Amt der Stadt Berlin, an dessen Spitze ein wissenschaftlicher Direktor steht, welcher

---

[1]) § 75 Gewerbegerichtsgesetz und § 18 Kaufmannsgerichtsgesetz.

[2]) Dienstinstruktion für Archiv und Magistratsbibliothek vom 3. September 1909.

von einem wissenschaftlichen Direktorialassistenten unterstützt und vertreten wird. Unter diesen arbeiten wissenschaftliche und Bureauangestellte.

Zwischen dem Magistrat und dem Statistischen Amt steht die Deputation für Statistik, bestehend aus drei Magistratsmitgliedern, fünf Stadtverordneten und einem juristischen Dezernenten.

Die Aufgaben des Statistischen Amtes bestehen im einzelnen in der Herstellung der Statistik der Stadt Berlin für die Anforderungen der städtischen Verwaltung, der öffentlichen Gesundheit, des wirtschaftlichen und des sozialen Lebens, Ausführung der von Reich und Staat angeordneten statistischen Erhebungen und Erweiterung derselben im Interesse der Berliner Statistik, wissenschaftliche Bearbeitung und Veröffentlichung der Ergebnisse, Nachrichten über die Bewegung der Berliner Bevölkerung, Teilnahme an der Behandlung und Bearbeitung der statistischen Materialien in den einzelnen Verwaltungszweigen, Beschaffung von Material für die Berliner Statistik von anderen Behörden, Instituten, Vereinen und Privaten, Herausgabe des Statistischen Jahrbuchs nebst einem Jahrbuchauszug, der Berichte über die allgemeinen Volkszählungen und einer Reihe periodischer Veröffentlichungen.

In umfangreichem Maße dienen auch die städtischen Krankenanstalten wissenschaftlichen Zwecken. Sie stehen nämlich unter Leitung wissenschaftlich hervorragender Ärzte und liefern insbesondere ein reiches statistisches Material. Zahlreiche Volontärärzte suchen Belehrung in den Berliner Krankenhäusern[1]). Teilweise wissenschaftliche Aufgaben liegen auch dem einer besonderen Deputation unterstehenden städtischen Untersuchungsamt für hygienische und gewerbliche Zwecke ob. Eine Reihe von Stiftungen, die im Magistratsbureau für Kirchen

[1]) Vgl. Bestimmungen für die Abhaltung von Kursen und Vorlesungen in den städtischen Krankenhäusern, Magistratsbeschluß vom 3. Dezember 1907 und Gemeindebeschluß vom $\frac{9.}{24.}$ September 1903, betr. die Zulassung von Medizinalpraktikanten, S. 21 f., 47 f. Bd. X des Gemeinderechts. Erwähnt sei auch die ärztliche Abteilung der Landesversicherungsanstalt Berlin und das statistische Amt derselben und die von derselben ressortierende Tuberkulinstation Lichtenberg. Vgl. auch Vertrag zwischen dem Fiskus und Berlin über die Angliederung des Institutes für Infektionskrankheiten an das Rudolf-Virchow-Krankenhaus vom $\frac{7.\ IX.\ 1896}{12.\ XI.\ 1890}$ S. 115.

und höhere Schulen bearbeitet werden, dienen der Ermöglichung des Studiums an der Universität und an anderen wissenschaftlichen, technischen oder Kunsthochschulen.

Erwähnt seien schließlich noch die wissenschaftlichen und künstlerischen Publikationen der städtischen Verwaltung; ferner die Unterstützung der von dem Verein „Berlin-Treptow Sternwarte, Eingetragener Verein" unterhaltenen Sternwarte (vgl. Vertrag vom Januar 1908. Vorlage für Stadtverordnete Nr. 4 1908).

In höherem Maße als die Pflege der Wissenschaft im eigentlichen Sinne, welche in Berlin ganz überwiegend Staatssache geblieben ist, hat die Stadtverwaltung die Verbreitung allgemeiner Bildung in den weiteren Kreisen des Volkes zu ihrer Aufgabe gemacht. Diesen Zwecken dienen die Stadtbibliothek, die städtischen Volksbibliotheken und die städtischen Lesehallen, welche dem aus fünf Magistratsmitgliedern und zehn Stadtverordneten bestehenden, dem Magistrat unmittelbar nachgeordneten Kuratorium der Stadtbibliothek und der städtischen Volksbibliotheken und Lesehallen unterstehen.

Dritter Abschnitt.

Finanzen und Abgaben.

Erster Titel.

Allgemeines. Gemeindevermögen.

Die Stadtgemeinde ist eine Korporation, sie kann daher Träger von Vermögensrechten und -verpflichtungen sein (§ 9 St.O., § 25 A.L.R. II. 6, § 108 II. 8, B.G.B. § 89)[1]. Gemeindevermögen ist die Gesamtheit der im Eigentum der Stadtgemeinde stehenden Sachen und der ihr zustehenden Rechte. Das Gemeindevermögen zerfällt in das Verwaltungsvermögen, das zwar im Eigentum der Stadt steht, aber ihrer Nutzung entzogen ist, soweit und solange es öffentlichen Zwecken dient[2]; ferner in das Kämmerei-

[1]) Wegen Annahme von Schenkungen und Zuwendungen von Todes wegen Art. 6 des Ausführungsgesetzes z. B.G.B.

[2]) §§ 2—5 A.L.R. I 8, auch § 37 A.L.R. II 7 §§ 18, 19 A.L.R. II 12, Dernburg, Preuß. Privatrecht (4. Aufl.) I § 67 S. 145f.

vermögen, welches alle nutzbaren Sachen und Rechte der Stadt umfaßt und welches dazu dient, die Ausgaben der Stadt zu bestreiten, und schließlich das Bürger- oder Gemeindegliedervermögen, an dem die Stadtgemeinde zwar das Eigentum hat, dessen Nutzungen aber nur den Einwohnern als solchen zustehen. Außer dem Gemeindevermögen stehen in der Verwaltung der Stadt noch besondere, ihr nicht gehörende Vermögensmassen: das nicht der Gemeinde gehörige Stiftungsvermögen[1]), Korporationsvermögen (z. B. das den Innungen oder öffentlichen Genossenschaften gehörige Vermögen), das einem Teile der Gemeindemitglieder privatrechtlich gehörige Interessentenvermögen.

Schließlich befinden sich fremde Vermögensmassen als Depots in Verwahrung der Stadtgemeinde.

Besonders zu erwähnen ist das jetzt auf Grund des Kommunalabgabengesetzes vom 14. Juli 1893 geregelte Recht zur Erhebung von Abgaben, sei es in Geld, sei es in Naturaldiensten. Die Gemeindeabgaben zerfallen in Gebühren, Beiträge und Steuern.

Dem aktiven Vermögen stehen die **Schulden** der Stadtgemeinde gegenüber. Diese sind teils öffentlich-rechtliche, teils privatrechtliche. Die öffentlich-rechtlichen Verpflichtungen bestehen sowohl dem Staate und einzelnen staatlichen oder kommunalen Verbänden gegenüber, wie einzelnen Privatpersonen. Dem Staat bzw. dem Deutschen Reich gegenüber ist die Gemeinde nur auf ihre Kosten zu militärischen Leistungen in Krieg und Frieden, zur Mitwirkung bei Durchführung der Reichsarbeiterversicherung[2]), zur Mitwirkung bei Veranlagung und zur Erhebung der Steuern[3]) verpflichtet. Eine öffentlich-rechtliche, privatrechtlich nicht einklagbare Pflicht ist die Armenpflege. Ebenfalls öffentlich-rechtlich, aber mit gewissen Einschränkungen im Wege einer bürgerlichen Klage beitreibbar ist das Recht der Beamten

---

[1]) Davon ist das von der Gemeinde für gewisse Zwecke bestimmte, gestiftete Vermögen zu unterscheiden, welches gleichwohl Eigentum der Stadtgemeinde bleibt. Auch von dritten Personen kann der Stadtgemeinde eine Vermögensmasse mit dem Auflage einer bestimmten stiftungsgemäßen Verwendung übereignet werden.

[2]) Reichsgesetze über die Leistungen an die bewaffnete Macht im Kriege vom 13. Juni 1873, dazu Kaiserl. Verordnung vom 1. April 1876 § , an die bewaffnete Macht im Frieden vom $\frac{25.\ VI.\ 1868}{21.\ VI.\ 1887}$ und vom 24. Mai 1898 §

[3]) Preuß. Gesetz vom 14. Juli 1893 § 16.

auf die Zahlung des fälligen Gehalts [1]). In dieser Hinsicht besteht auch eine öffentlich-rechtliche, nur von der Aufsichtsbehörde erzwingbare Pflicht zur angemessenen Besoldung der Gemeindebeamten [2]). Privatrechtliche Schulden bestehen einmal auf Grund aller privatrechtlichen Geschäfte (Kauf, Tausch, Miete u. dgl.), aus unerlaubten Handlungen, sei es der Gemeinde oder ihrer Angestellten und schließlich auf Grund sogenannter Anleihen, d. h. im Wege des Darlehns erfolgende Geldaufnahmen, welche die Stadt eingeht zur Bestreitung außerordentlicher umfangreicher Ausgaben und mit der Absicht, die Schuld nicht alsbald, sondern allmählich und im Wege planmäßiger Tilgung abzutragen [3]).

Zweiter Titel.

Verwaltung des Gemeindevermögens. Behörden.

Die Verwaltung des Gemeindevermögens ist in Berlin nicht in der Weise geordnet, daß die Einteilung der Arten des Gemeinde- und des Sondervermögens zum Ausdruck käme.

Die gesamte Vermögensverwaltung ist vereinigt im Magistrat, während die gesetzliche Mitwirkung der Stadtverordneten sich auf das Gemeindevermögen im engeren Sinne bezieht (§§ 35, 49 St.O.) [4]). Die Beschlußfassung der Stadtverordnetenversammlung über die Benutzung des Gemeindevermögens beschränkt sich nicht nur auf die Festlegung allgemeiner Grundsätze. Sie ist vielmehr eine eigentliche Verwaltungstätigkeit, was insbesondere bei der in Berlin alljährlich erfolgenden Etatsaufstellung zum Ausdruck kommt. Die Ausführung der Beschlüsse der Stadtverordneten in Vermögensangelegenheiten ist von der Zustimmung des Magistrats abhängig, wozu in den gesetzlich (§ 50 St.O.) vorgeschriebenen Fällen das Erfordernis der Genehmigung der Aufsichtsbehörde kommt [5]).

Über alle Ausgaben, Einnahmen und Dienste, welche sich im

---

[1]) Kommunalbeamtengesetz vom 30. Juli 1899.

[2]) Kommunalbeamtengesetz vom 30. Juli 1899 § 11 und Städteordnung § 78.

[3]) Ledermann, St.O. § 50 Anm. 5 S. 175/176.

[4]) Ledermann St.O. § 49 Anm. II S. 162. Oertel St.O. (2. Aufl.) § 49 Anm. I S. 204.

[5]) Das Gemeindevermögen Berlins betrug nach dem Grund- und Lagerbuch im Jahre 1908 an Aktiven 850886919 M, an Passiven 418301040 M

voraus bestimmen lassen, ist gemäß § 66 St.O. jährlich ein Haushaltsetat aufzustellen [1]).

Für die Aufstellung des Etats gelten in Berlin folgende Grundsätze [2]):

Bei der Veranschlagung sollen die wirklichen Einnahmen und Ausgaben möglichst genau ermittelt werden. Für die Einstellung entscheidet der Fälligkeitstermin. Es ist festzustellen, ob die Verwaltung unter den alten Verhältnissen weiterzuführen ist oder ob Veränderungen der bestehenden oder neue Einrichtungen in Aussicht zu nehmen sind. Insbesondere sind neue Gesetze, Verordnungen, Statuten, Gemeindebeschlüsse und Verfügungen in Rücksicht auf die Etatsbelastung zu prüfen. Die mit der Aufstellung der Etatsentwürfe der einzelnen Verwaltungsstellen betrauten Beamten sollen über alle Vorgänge der betreffenden Verwaltung unterrichtet sein. Die Notwendigkeit von Nachforderungen ist möglichst zu vermeiden, es sollen aber auch nicht zu hohe Summen gefordert werden. Anleiheforderungen, die möglichst zu vermeiden sind, sollen ausführlich begründet werden, ebenso Änderungen und Neuerungen gegenüber dem früheren Etat. Die Begründungen sollen kurz und gemeinverständlich, aber nicht zu allgemein gehalten werden. Ansätze für einmalige außerordentliche Einnahmen und Ausgaben sind unter Beifügung der Unterlagen für die Ermittlung ihrer Höhe ausführlich zu begründen. Die Etats sind so zu gestalten, daß sie auch dem mit der Verwaltung weniger Vertrauten verständlich sind und ihm ein klares und vollständiges Bild von den Einnahmen und Ausgaben der Verwaltung geben. In der Regel umfaßt jeder Etat einen Verwaltungszweig. Gewisse Einnahmen oder Ausgaben werden aber in besonderen, für den ganzen Stadthaushalt bestehenden Etats festgesetzt, z. B.: Personalbesoldungen, Ausgaben für bauliche Instandhaltung von Gebäuden, für Park-, Garten- und Baum-

---

[1]) Vgl. der Gemeindehaushalt der Großstädte Preußens, Erlanger Doktordissertation von E. von Duncker, Weimar 1906, ferner Schoplick, Kommunalhaushaushalt, Preuß. Verwaltungsblatt XXIX, Nr. 23 u. 30, Ledermann St.O. S. 448 f.

[2]) Festgesetzt durch die Bestimmungen über die Aufstellung von Etatsentwürfen. Magistratsbeschluß vom 13. August 1872 und Nachtrag dazu vom 6. September 1894. Alljährlich werden im Gemeindeblatt besondere Ergänzungen und Änderungen der allgemeinen Vorschriften für die Etatsaufstellung durch den Magistrat veröffentlicht.

anlagen. Eingeteilt sind die Etats nach laufenden und außerordentlichen Einnahmen und Ausgaben und diese sind wieder in Abteilungen, Abschnitte, Titel, Positionen und Unterpositionen zerlegt. Im Etatsentwurf sind für die einzelnen Positionen die Isteinnahmen und Ausgaben des abgelaufenen Rechnungsjahres anzugeben. Die Etatsentwürfe sind, nachdem sie von den Verwaltungsstellen beraten und genehmigt sind, mit der Bescheinigung der kalkulatorischen Richtigkeit versehen dem Magistrat einzureichen. Zur Vermeidung von Etatsüberschreitungen ist eine Etatskontrolle eingeführt (Verfügung des Magistrats vom 4. Mai 1888). Auf jeder Order, Rechnung oder Quittung ist die nach dem Etat verfügbare Summe und die Summe, über welche bereits verfügt ist, zu vermerken. Die Kasse hat jede Order zurückzuweisen, welche diesen Vermerk nicht enthält. Gewisse Ausgaben sind jedoch von der Etatskontrolle ausgeschlossen, z. B. Zulagen auf Grund des Normalbesoldungsetats und andere durch den Etat genau festgestellte personelle Kosten[1]).

---

[1]) Bezeichnung des Spezialetats.

Kapitel I.

Grundeigentum und Berechtigungen.

Abteilung 1. Grundstücke in der Stadt.
" 2. Grundstücke außerhalb der Stadt und Kalksteinbruch Rüdersdorf.
" 3. Abschnitt A. Dotationen, Renten und Abgaben.
" B. Wagegerechtigkeit.
" C. Herrenlose Erbschaften.
" D. Fundsachen.
" E. Gebühren für Aufnahme der Feuerversicherungstaxen und Ausfertigung von Duplikaten der Versicherungsscheine sowie zur Ausstellung von Mietertragsattesten.

Kapitel II.

Städtische Werke.

Abteilung 1. Gaswerke.
" 2. Wasserwerke.
" 3. Kanalisationswerke und Güter Berlins.
" 4. Abschnitt A. Viehmarkt.
" B. Schlachthof.
" C. Fleischbeschau auf dem Schlachthof.
" 5. Beschau für das von außerhalb eingeführte Fleisch.
" 6. Fleischvernichtungsanstalt Rüdnitz.

Abteilung 7. Markthallen.
" 8. Abschnitt A. Hafen am Urban.
" B. Lagerhalle am Humboldthafen.
" C. Verwaltung des zur Anlegung eines Westhafens angekauften Geländes.
" 9. Straßenbahnen.
" 10. Kassenverwaltung der städtischen Werke.

Kapitel III.

Steuern.

Abteilung 1. Einkommensteuer.
" 2. Gemeindegrundsteuer.
" 3. Abschnitt A. Gewerbesteuer.
" B. Warenhaussteuer.
" 4. " A. Betriebssteuer.
" B. Braumalzsteuer.
" C. Wanderlagersteuer.
" 5. Hundesteuer.
" 6. Umsatzsteuer.
" 7. Wertzuwachssteuer.

Kapitel IV.

Unterricht.

Abteilung 1. Gymnasien, Realgymnasien und Oberrealschulen, Studienanstalt für Mädchen.
" 2. Realschulen.
" 3. Höhere Mädchenschulen.
" 4. Turnhallen der höheren Lehranstalten.
" 5. Verschiedene Einrichtungen für die städtischen höheren Lehranstalten.
" 6. Gemeindeschulen.
" 7. Taubstummenschule.
" 8. Blindenanstalt nebst Betrieb der Beschäftigungsanstalt.
" 9. Wahlfortbildungsunterricht.
" 10. Pflichtfortbildungsunterricht.
" 11. Gewerblicher Unterricht.
" 12. Technische Mittelschule.

Kapitel V.

Armenwesen.

Abteilung 1. Offene Armenpflege.
" 2. Hospitäter:
Abschnitt A. Friedrich-Wilhelms-Hospital für Männer und Siechenanstalt in der Fröbelstraße.
" B. Friedrich-Wilhelms-Hospital für Frauen in der Palisadenstraße
" C. Hospital in Buch.

Abteilung 3. Waisenpflege.
" 4. Fürsorgeerziehung.
" 5. Arbeitshaus in Rummelsburg und Arbeitshospital in Reinickendorf.
" 6. Abschnitt A. Obdach.
" B. Desinfektionsanstalt 2.
" C. Hilfsstation für Geschlechtskranke.
" D. Obdachhospital.
" E. Nachlaßverwaltung.

Kapitel VI.

Kranken- und Gesundheitspflege.

Abteilung 1. Krankenhäuser:
Abschnitt A. Krankenhaus im Friedrichshain.
" B. Krankenhaus in Moabit.
" C. Krankenhaus am Urban.
" D. Krankenhaus in der Gitschiner Straße.
" E. Kaiser- und Kaiserin-Friedrich-Kinderkrankenhaus.
" F. Rudolf-Virchow-Krankenhaus.
" 2. Irrenanstalten und Anstalt für Epileptische:
Abschnitt A. Irren- und Idiotenanstalt Dalldorf.
" B. Irrenanstalt Herzberge.
" C. Irrenanstalt Buch.
" D. Anstalt für Epileptische Wuhlgarten.
" E. Neubau der VI. Irrenanstalt.
" 3. Badeanstalten.
" 4. Öffentliche Desinfektionsanstalt.
" 5. Heimstätten.
" 6. Verschiedene Einrichtungen für die öffentliche Gesundheitspflege.
" 7. Untersuchungsamt.
" 8. Zentrale Buch.

Kapitel VII.

Polizei, Gerichte, Standesämter u. Militärwesen.

Abteilung 1. Abschnitt A. Polizeikosten im allgemeinen (Ortspolizei).
" B. Feuerlöschwesen.
" 2. Gewerbe- und Kaufmannsgericht.
" 3. Standesämter.
" 4. Abschnitt A. Verwaltung des Ordonnanzhauses.
" B. Sublevationskasse.
" C. Vorspannverwaltung.
" D. Sonstige Militärzwecke.

Kapitel VIII.

Beleuchtung, Straßenreinigung, Park- und Friedhofsverwaltung.

Abteilung 1. Öffentliche Beleuchtung.
" 2. Abschnitt A. Straßenreinigung und Besprengung.

Im Schoße des Magistrats sind folgende Zentralstellen für die Finanzverwaltung vorhanden:

1. der Oberbürgermeister, welchem die selbständige Revision der städtischen Kassen obliegt[1]);

2. der Kämmerer, welcher einen großen Teil des städtischen Vermögens selbst verwaltet und im übrigen bei allen die Veränderung des städtischen Vermögens betreffenden Fragen zur Mit-

---

Abteilung 2. Abschnitt B. Abladewesen.
　　　　　　　　　„　　C. Bedürfnisanstalten.
　„　　3. Park- und Gartenverwaltung.
　„　　4. Gemeindefriedhöfe.

Kapitel IX.

Bauwesen.

Abteilung 1. Hochbau.
　„　　2. Straßen- und Brückenbau.

Kapitel X.

Museum und Bibliotheken.

Abteilung 1. Märkisches Provinzialmuseum.
　„　　2. Stadtbibliothek, Volksbibliothek und Lesehallen.

Kapitel XI.

Verwaltungskosten.

Abteilung 1. Gehälter der Magistratsmitglieder.
　„　　2. Personalbesoldungsetat.
　„　　3. Ruhegehälter, Witwengehälter und Unterstützungen.
　„　　4. Statistisches Amt.
　„　　5. Verwaltung der Bureaudienstgebäude und der außerhalb derselben belegenen Bureaus.
　„　　6. Geschäftsbedürfnisse und Prozeßkosten.

Kapitel XII.

Kapital- und Schuldenverwaltung.

Abteilung 1. Abschnitt A. Kapitalien.
　　　　　　　　　„　　B. Anleihen.
　　　　　　　　　„　　C. Hypotheken.

Kapitel XIII.

Verschiedene Einnahmen und Ausgaben.

Abteilung 1. Beiträge und Unterstützungen an Vereine.
　„　　2. Sonstiges (Kunstfonds, Repräsentationsfonds, Dispositionsquantum, Unterstützungen auf Verfügung des Magistrats, Überschuß).

[1]) § 20 der Instruktion für die Stadtmagistrate.

wirkung berufen ist. Den übrigen Verwaltungsstellen steht eine von dem Kämmerer unabhängige Verfügung — soweit überhaupt — nur innerhalb der Grenzen des Etats zu. Dem Kämmerer unterstehen als Zentralstellen das Finanz- und Rechnungsbureau, die Stadthauptkasse, die Werkeinziehungsabteilung, das städtische Hypothekenamt, das Magistratsdepositorium und Asservatorium, während der Kämmerer bei der Hauptstiftungskasse nur Mitkurator neben einem zweiten Magistratsmitgliede ist[1]);

3. die aus sechs Magistratsmitgliedern, darunter der Kämmerer, und zehn Stadtverordneten zusammengesetzte Finanzdeputation, deren Befugnis nur eine beratende ist.

Die Grundeigentumsdeputation führt außer dem Grundstücksinventarium das städtische Grund- und Lagerbuch. Sie ist auch die Zentrale für die Einreichung der jährlich von allen Verwaltungsstellen einzusendenden Vermögensübersichten.

Neben dem Magistrate hat die Steuerdeputation insoweit eine gewisse selbständige Stellung, als sie mit der Erledigung staatlicher Angelegenheiten, insbesondere der Einziehung der direkten Staatssteuern betraut ist.

Die Stiftungsdeputation bearbeitet alle neuen wohltätigen Zuwendungen an die Stadtgemeinde und alle städtischen Stiftungen, soweit die Verwaltung vom Testator oder Geschenkgeber nicht ausdrücklich anderen Stellen übertragen ist.

Neben diesen Zentralstellen sind einzelne Verwaltungsbehörden mit der Bearbeitung besonderer Teile des städtischen Vermögens betraut.

Zunächst hat im allgemeinen[2]) jede Behörde das ihren Verwaltungszwecken dienende Verwaltungsvermögen zu verwalten. Dahin gehören die Verwaltungsgebäude nebst Inventar und Zubehör, doch

---

[1]) Der Kämmerer ist Mitglied der Rathauskommission, des Kuratoriums der Stadtsparkasse, hinsichtlich dessen dem Magistrat und den Stadtverordneten nur wie beim Pfandbriefamt die Aufsicht obliegt. Der Kämmerer gehört schließlich der Steuerdeputation, aber nicht der Stiftungsdeputation an, jedoch dem Kuratorium für die hypothekarische Beleihung von Grundstücken einiger Stiftungsfonds. Die bei einzelnen Verwaltungen, z. B. der Armendirektion, dem Gewerbe- und Kaufmannsgericht bestehenden Kassen sind nur Abteilungen der Stadthauptkasse.

[2]) Zur Vermeidung von Eigentumsverdunkelungen bei städtischen Grundstücken ist durch Magistratsverfügung vom 2. August 1893 bestimmt, daß alle widerrechtlichen Gebrauchs- und Nutzungsrechte bei allen Verwaltungsstellen in

steht die bauliche Unterhaltung der Hochbaudeputation und die Unterhaltung der Gartenanlagen der Parkdeputation zu. Die bestehenden besonderen Kassen gelten nur als Abteilungen der Stadthauptkasse und unterstehen daher auch der unmittelbaren Aufsicht des Kämmerers. Auch der Kommission für Zwangsvollstreckungssachen gehört der Kämmerer nicht an.

An besonderen Verwaltungsbehörden für umfangreiche Zweige des Gemeindevermögens bestehen folgende:

a) die Grundeigentumsdeputation für die Verwaltung der städtischen Grundstücke, welche nicht besonderen Verwaltungszwecken dienen;

b) die Tiefbaudeputation für die Verwaltung, den An- und Verkauf des Straßenlandes und Pflastermaterials;

c) die Deputationen für die Gas-, Wasser- und Kanalisationswerke einschließlich der Rieselfelder, für die Markthallen, sowie das Kuratorium des städtischen Vieh- und Schlachthofes (städtische Betriebsverwaltungen)[1]);

d) das Kuratorium der städtischen Sparkasse;

e) die aus drei Stadträten, neun Stadtverordneten und einem Bürgerdeputierten bestehende Deputation zur Beschaffung von Brennmaterialien, welche die Brenn- und Heizmaterialien — mit Ausnahme von Koks — für sämtliche städtischen Verwaltungen, Schulen, Anstalten und Institute zu liefern hat, und

f) die aus zwei Magistratsmitgliedern, drei Stadtverordneten, einem Bürgerdeputierten und einem Magistratsassessor bestehende Deputation für die Beschaffung von Schreibmaterialien.

Dritter Titel.

Die einzelnen wichtigeren Zweige der Vermögensverwaltung.

a) Die Kämmerei.

Die Kämmerei ist bureaukratisch dem Kämmerer unterstellt, welcher seinerseits nur dem Magistrat untergeordnet ist, aber mit

---

eine stets auf dem laufenden zu erhaltende Liste einzutragen sind, daß nach Möglichkeit die Eintragung im Grundbuch zu bewirken, in anderen Fällen eine angemessene Anerkennungsgebühr zu erheben ist, zu welcher bei Gestattung besonderer Gebrauchsvorrichtungen die Stellung einer Kaution für die Beschädigung städtischen Eigentums, für dereinstige Beseitigung der Anlage und Wiederherstellung des früheren Zustandes zu erfordern ist.

[1]) Vgl. Ledermann, Kommunalbeamtengesetz Anm. 5 zu § 8 S. 66f; derselbe, St.O. § 56 Nr. 6 Anm. 27 S. 278f. O.V.G. XXIX S. 47.

der Maßgabe, daß er für die ordnungsmäßige Kassenführung selbständig verantwortlich bleibt.

Der Kämmerer zeichnet alle Kassenorders mit, ausgenommen die im Magistratsbeschluß vom 27. Oktober 1908 (abgedruckt S. 32 Anm. 1) bezeichneten. Dieselben werden von den einzelnen zuständigen Verwaltungsstellen entworfen und von dem Dezernenten und Vorsitzenden der betreffenden Verwaltungsabteilung unterzeichnet[1]). Er ist unmittelbarer Vorgesetzter der Stadthauptkasse, der Einziehungsabteilungen, der Magistratsdepositorien und Asservatorien. Die Revision der Stadthauptkasse — ebenso wie der Hauptstiftungskasse — wird durch besondere aus der Mitte des Magistrats und der Stadtverordneten gewählte Revisoren besorgt.

Die Stadthauptkasse bewirkt alle Einnahmen und leistet alle Zahlungen, welche auf Grund des Stadthaushaltetats und der Etats der städtischen Werke erfolgen. Soweit die Kassengeschäfte nicht besonderen Kassen, z. B. der Hauptstiftungskasse übertragen worden sind (Geschäftsordnung für die Stadthauptkasse vom 28. September 1888)[2]). Die Werkseinziehungsabteilung zieht die Gas-, Wasser-, Kanalisationsgebühren und Marktstandsgelder ein.

[1]) Kassenanweisungen des Gewerbe- und Kaufmannsgerichts sind nur von einem Vorsitzenden, nicht etwa vom ersten Vorsitzenden und dem betr. Kammervorsitzenden zu zeichnen.

[2]) Insbesondere bestehen die Geschäfte der Stadthauptkasse:

a) in der Erhebung der Einnahmen und Zahlung der Ausgaben, welche durch den Stadthaushaltetat oder die Spezialetats festgesetzt sind, sowie aller besonderen städtischen Fonds und Konten, deren Verwaltung der Kasse übertragen ist;

b) in der Aufbewahrung des baren Geldes, der Wechsel und der beim Depositenkonto vereinnahmten Effekten, sowie der Belege und Kassenbücher;

c) in der Führung der Kassenbücher, Register, Kontrollen und Anfertigung der Abschlüsse, Berichte, Zusammenstellung und Nachweisung;

d) in der Aufstellung der Jahresrechnung, der Neubaurechnung, der Beantwortung von Erneuerungen;

e) in sonstigen besonders übertragenen Geld, Kassen- und Rechnungsgeschäften.

Die Stadthauptkasse steht mit den Steuerannahmestellen, dem Kosteneinziehuunsbureau und der Vorschußkasse der städtischen Anstalten, als ihrer Zweigkassen in Abrechnungsverkehr.

Die Orders der Verwaltungsabteilung hat sie nur innerhalb der Grenzen der Spezialetats oder besonderer Gemeindebeschlüsse zu befolgen (§ 1 der Geschäftsordnung). Der Oberbürgermeister hat die Oberaufsicht, der Kämmerer die

Spezialaufsicht, ein Magistratsmitglied fungiert als Kassenkurator. Das Personal der Kasse besteht aus dem Rendanten, den Kassierern, Buchhaltern, Diätaren, Hilfsarbeitern, Supernumeraren und Kassendienern. Die Kasse ist in Zahlstellen und Buchhaltereien eingeteilt. Der Kassenrendant ist der Vorgesetzte des Kassenpersonals. Manuale, Journale und Kassenbücher dürfen ohne Genehmigung des Kämmerers nicht aus dem Kassenlokal entfernt werden. Die Kassenbeamten dürfen Gelder für dritte Personen von der Kasse nicht erheben. Bei jeder Abwesenheit über Tagesschluß hinaus hat der Rendant seinen Vertreter, dem ersten Buchhalter, sämtliche Kassen- und Tresorschlüssel zu übergeben (§ 6). Der Rendant darf niemals Kassierergeschäfte wahrnehmen. Die Kassierer dürfen Zahlung nur auf Grund einer vom Buchhalter unter der Firma der Stadthauptkasse ausgestellten, von demselben mit unterschriebenen, mit der Nummer des Einnahmejournals versehenen Quittung annehmen. Die Einnahmen müssen durch den Etat oder durch Einnahmeorder überwiesen sein (§ 13). Über andere Einnahmen ist ein Lieferschein anzufertigen. Zahlungen können in Reichsmünzen, Reichskassenscheinen, Reichsbanknoten, auch in städtischen Anleihezinsscheinen erfolgen, welche letztere sofort bei der Zinsscheineinlösungsstelle in Bargeld einzuwechseln sind (§ 15). Postanweisungen und Postscheine werden der Stadthauptkasse durch das Zentralbureau zugestellt (§ 16). Alle Einzahlungen für Rechnung anderer Behörden, Kassen oder Personen, oder bei denen die Zugehörigkeit zu einer bestimmten, von der Hauptkasse geführten Spezialverwaltung noch zweifelhaft ist, ferner alle gerichtlichen und außergerichtlichen Abzüge von Gehältern und Pensionen, An- und Verkäufe von Effekten für Spezialverwaltungen und Nebenfonds — aber nicht Kautionen für die Ausführungen von Lieferungen und Leistungen — werden als Depositen beim Depositenkonto vereinnahmt (§ 19).

Bis Jahresabschluß nicht eingegangene Einnahmen sind als Reste in den Manualen für das folgende Jahr einzutragen (§ 20).

Zu jeder Ausgabe von Geldern und Effekten ist die Ermächtigung des Magistrats oder der zuständigen Verwaltungsabteilung erforderlich. Staatliche und städtische Steuern, Feuerkassenbeiträge für städtische, nicht zu den städtischen Werken gehörigen Grundstücke, und dafür entstehende Kosten für Reinigung der Schornsteine, Gas, Wasser, Koks, und nach erstmaliger Anweisung zur Hebung gelangende Kanalisationsgebühren sind ohne besondere Order gegen Quittung an den Steuererheber oder Einziehungsbeamten zu zahlen (§ 22). Jede Zahlung muß mit der Quittung des Empfängers oder den Posteinlieferungsschein und mit den sonstigen Justifikatorien belegt werden, welche nach besonderer Vorschrift oder nach der Kassenorder erforderlich sind (§ 23). Es darf nur gegen Quittung des in der Order bezeichneten Empfangsberechtigten, nicht aber auf Grund einer Vollmacht, Zession, Erbbescheinigung gezahlt werden. Im Falle eines Arrestes, einer Pfändung und Überweisung im Zwangsverfahren darf weder an den Schuldner noch an den Gläubiger vor Einholung besonderer Ermächtigung der zuständigen Verwaltung gezahlt werden (§ 25). Abschlagsvorschußzahlungen sind in der Schlußorder speziell angegeben.

Vorschußweise sind teils auf besondere Anweisung, teils ohne eine solche zu zahlen Betriebsvorschüsse, eiserne Vorschüsse der Armendirektion, nicht

Die Kämmereieinziehungsabteilung[1]) zieht Erstattungen auf Unterstützungen, insbesondere durch Pflege in den Krankenhäusern,

endgültig feststehende Gerichtskosten, Insertionskosten, Arbeitslohn, Kosten der Stellvertretung von Lehrern, Kosten der Regelung von Bürgersteigen, Vorschüsse an technische Beamte, rückständige Steuern von Beamten, Kosten von Brennmaterialien. Nicht verbrauchte Etatsmittel sind regelmäßig — abgesehen von außerordentlichen Ausgaben, Neu- und Umbauten, Neu- und Umgestaltungen u. dgl. in Abgang zu stellen (§ 28). Die Buchhalter haben beständig darauf zu achten, daß die bewilligten Mittel nicht überschritten werden. Ohne schriftliche Ermächtigung des Magistrats darf die Stadthauptkasse niemals über die zur Verfügung gestellten Summen hinaus Zahlung leisten (§ 29) und muß alsbald Anzeige erstatten, wenn die bewilligten Mittel voraussichtlich nicht reichen. An jedem Tage wird der Bestand durch die Kassierer festgestellt und mit den Kassenbureau- und Buchhaltereirapporten verglichen (§ 34). Das Haupt-, Einnahme- und Ausgabebuch wird vom ersten Buchhalter geführt, allwöchentlich summiert und zu jeder ordentlichen und außerordentlichen Revision abgeschlossen (§ 39). Es sind Tages-, Wochen-, Monats- und Jahresabschlüsse (bis 15. Mai) aufzustellen (§§ 43—47). Regelmäßige Kassenrevisionen werden am letzten Geschäftstage jeden Monats durch die zu Revisoren ernannten Magistratsmitglieder unter Zuziehung der städtischen Rechnungsrevisoren, außerordentliche durch den Oberbürgermeister, besondere Deputierte und durch den Kämmerer mindestens einmal im Jahre vorgenommen (§ 49). Alljährlich hat die Stadthauptkasse Rechnung zu legen (§§ 51—53). Über jede städtische Anleihe ist ein Anleiheschuldbuch, eine Verlosungstabelle, ein Zinsbogenanweisungsmemorial, ein Zinsbogenanweisungsjournal zu führen (§§ 58—61). Spätestens am 15. Juli jeden Jahrs reicht die Stadthauptkasse eine Anzeige über die Tilgung, die darüber hinaus gezahlten und für das folgende Jahr restierten Tilgungen ein (§ 62).

[1]) Geschäftsordnung für die Einziehungsabteilung der Stadthauptkasse vom 8. Juni 1873. Die Einziehungsabteilung hat sämtliche Einnahmen bis auf den zurückzuhaltenden Betriebsfonds täglich an das Depositenkonto der Stadthauptkasse abzuliefern. Sparkassenbücher, Schuldverschreibungen sowie Effekten aller Art müssen von der betreffenden Verwaltungsstelle unmittelbar an das Depositenkonto der Stadthauptkasse abgeführt werden. Die Kämmereieinziehungsabteilung ressortiert vom Magistrat. Es sind aber auch die Verwaltungsstellen in deren Bereich die Einziehung fälliger Aufträge an die Abteilung berechtigt. Das Personal der Abteilung besteht aus dem Vorsteher, dem Kassierer, dem Kontrolleur, dem Buchhalter, dem Registrator und Kanzleibeamten, dem Kassendiener und den neben den sonstigen Dienstgeschäften mit der Einziehung betrauten Stadtsergeanten. Sämtliche Einnahmen und Ausgaben werden vom Kassierer und Kontrolleur gebucht. Die in der Geschäftsordnung für die Stadthauptkassen vom 21. September 1888 gegebenen Vorschriften der Dienstobliegenheiten des Kassenpersonals gelten, soweit nicht anderes bestimmt ist, auch für die Einziehungsabteilung. Der Vorsteher ist für die Einhaltung der bestehenden Vor-

für Desinfektionen, Gelder aus Erbschaften verpflegter Personen, Gerichtskosten, Ordnungsstrafen, Mietsreste, Gebühren der Untersuchungsämter und für Grabstellen ein.

Das städtische Hypothekenamt bearbeitet alle Hypothekensachen der Gemeinde[1]).

Das Magistratsdepositorium und Asservatorium verwahrt die der Stadt oder Instituten, Stiftungen, Verwaltungen gehörigen Wertpapiere oder in Wertpapieren gestellte Kautionen und Hypothekendokumente, Feuerversicherungspolicen, Amtsketten, Druckmaterialien für die städtischen Anleihepapiere sowie Gold- und Silbersachen, die von den städtischen Krankenanstalten eingeliefert werden.

Für die Kämmereiverwaltung dient als Grundsatz, daß die Nutzungen des Gemeindevermögens nur für Gemeindezwecke verwendet werden und Steuern wie § 2 des Kommunalabgabengesetzes nur erhoben werden dürfen, als die sonstigen Einnahmen aus dem Gemeindevermögen zur Deckung der Gemeindeausgaben nicht ausreichen.

Zur Bestreitung außerordentlicher und umfangreicher Geldbedürfnisse dürfen Anleihen nur im Wege des Darlehns mit der Bestimmung planmäßiger Tilgung aufgenommen werden. Diese Anleihen bedürfen nach § 50 St.O. der Genehmigung. Die von der Staatsregierung für die Genehmigung aufgestellten Grundsätze sind daher maßgebend für die Entschließungen der Gemeinden über die Aufnahme von Anleihen. Sollen die Anleihen durch Ausgabe von Inhaberpapieren aufgenommen werden, so bedarf es gemäß

---

schriften und für die sachgemäße Geschäftsverteilung verantwortlich. Die Stadtsergeanten bewirken die Einziehung auf Grund der ihnen mittels Nachweises übergebenen Quittungen, sowie die Ablieferung der eingezogenen Geldbeträge und der unbeitreiblich gebliebenen Quittungen. Zum Solleinkommen stehende Beträge können nur auf Grund schriftlicher Verfügung abgesetzt werden, die, wenn es sich um den Erlaß oder die Niederschlagung von mehr als 10 Mark handelt, der Mitzeichnung des Vorsitzenden der betreffenden Verwaltungsabteilung bedarf. Beim Ausbleiben von Entscheidungen ist der zuständigen Verwaltungsstelle Anzeige zu machen (§ 8).

[1]) Von dem städtischen Hypothekenamt ist das kollegialisch beschließende Kuratorium für die hypothekarische Beleihung von Grundstücken aus Stiftungsfonds zu unterscheiden. Demselben gehören außer dem Kämmerer als Vorsitzender ein Magistratsmitglied und vier Stadtverordnete an.

§ 795 B.G.B. der staatlichen Genehmigung, die in Preußen durch die Minister des Innern und der Finanzen nach vorher eingeholter königlicher Ermächtigung erteilt wird (Min.-Erlaß v. 16. Juli 1900, Min.-Bl. S. 224). Die Genehmigung soll nach den Min.-Erlassen vom 15. März 1890 (Min.-Bl. S. 70) und 1. Juni 1891 nur nachgesucht werden, wenn es sich um außerordentliche Ausgaben zu gemeinnützigen, nicht bloß der Gegenwart, sondern auch der ferneren Zukunft zugute kommenden Zwecken handelt. Unzulässig ist eine Anleihe für Zwecke, die erst später des Näheren bestimmt werden sollen, für die Unterhaltung bestehender Anlagen, oder die Neuherstellung von Anlagen, die in kurzen Zwischenräumen von neuem erforderlich werden und daher mit den Mitteln des ordentlichen Haushalts bestritten werden sollen, wie z. B. Schulbauten, Unterhaltung gepflasterter Straßen, Umpflasterungen. Für solche sich regelmäßig wiederholenden Aufwendungen, insbesondere auch für den Erwerb von Grundstücken, sollen Fonds angesammelt werden. Die Tilgungsquote soll mindestens 1 % für Anleihen zu gewinnbringenden Zwecken, mindestens $1 \frac{1}{4}$ % unter Zuwachs der Zinsen des getilgten Betrages und der Betriebsüberschüsse, bei Anleihen zu Straßenbauten und ähnlichen Zwecken $2 \frac{1}{2}$, zu Kanalisationszwecken $2 \frac{1}{2}$ % betragen (Min.-Erlaß vom 23. August 1907).

Bei einer Anleihe zur Tilgung älterer Darlehne sollen die Tilgungstermine des älteren Darlehns innegehalten werden. Die Tilgung soll bis zur Abnutzung der betreffenden Anlage erfolgt sein. Die Lasten der Verzinsung und Tilgung von Anleihen für Unternehmungen im vorwiegenden Interesse einzelner Klassen, z. B. Beleuchtungswerke, Schlachthäuser, Markthallen, Badeanstalten, Begräbniseinrichtungen, Wasserleitungen, Entwässerungen sind vorzugsweise auf die Schultern der Begünstigten, etwa durch Erhebung von Beiträgen und Gebühren zu legen. Bei Erbauung von Theatern, Konzerthallen, Ratskellergebäuden u. dgl. muß die Verzinsung und Tilgung durch die Erträge oder durch die besondere Leistungsfähigkeit der Gemeinde ohne besondere Inanspruchnahme der Steuerzahler nachgewiesen sein (Zirkular v. 6. August 1892, Min.-Bl. Nr. 10, 1892). Die vorstehenden Gesichtspunkte gelten auch für Anleihen ohne die Ausgabe von Inhaberpapieren.

Zur Abweichung von den in einem Privilegium angegebenen Verwendungszwecken bedarf es der Königlichen Genehmigung.

Durch die Eingehung von Verpflichtungen mit Rücksicht auf eine erst noch zu genehmigende Anleihe darf der Genehmigung nicht vorgegriffen werden.

b) Die Grundeigentumsdeputation.

Die Grundeigentumsdeputation, hervorgegangen aus der früheren Forst- und Ökonomiedeputation[1]), setzt sich aus sechs Magistratsmitgliedern, zehn Stadtverordneten und den vom Magistrat zugewiesenen Magistratsräten und Assessoren (z. B. zwei Magistratsräten) zusammen. Sie verwaltet die städtischen Grundstücke, welche nicht besonderen Verwaltungszwecken dienen, auch die Ratswage und Feuerwachtgrundstücke, bei denen die Feuersozietät die Hälfte des Mietswerts, bei den älteren Grundstücken die Bau- und Unterhaltungskosten zu erstatten hat. Sie vermietet und verpachtet die städtischen Grundstücke, Seen, Eisnutzungen, Jagden[2]) und Fischereien. Sie vertritt die Stadt bei der Verwaltung der Kalksteinbrüche in Rüdersdorf. Sie verwaltet die Schlächter- und Bäckerscharrenzinssachen. Sie besorgt die Grundbuchregulierung und Katasterangelegenheiten aller städtischen Grundstücke und kontrolliert die im Grundbuch für die Stadt eingetragenen Berechtigungen, besorgt die Angelegenheiten der von der Stadt in ihrer Eigenschaft als Grundbesitzerin zu zahlenden Steuern. Sie erledigt die An- und Verkäufe von Grundstücken mit Ausnahme der in den Bereich der Kanalisations- und Tiefbaudeputation fallenden Erwerbungen und Veräußerungen. Sie stellt alle fünf Jahre ein Verzeichnis des Wertes der städtischen Grundstücke auf[3]) und führt das Grund- und Lagerbuch[4]). Die

---

[1]) Eingerichtet durch Stadtverordnetenbeschluß vom 28. Dezember 1832, in die Grundeigentumsdeputation umgewandelt durch Magistratsbeschluß vom 11. November 1874. Die Verwaltungsmaßregeln und Dienstvorschriften sind gesammelt uud 1901 zum Abdruck gelangt.

[2]) Vgl. hierüber Ledermann, St.O. § 49 IV b S. 166.

[3]) Ihre Stellung als Zentralstelle für die jährliche Vermögensübersicht ist bereits oben (S. 110) erwähnt.

[4]) Das Grund- und Lagerbuch enthält eine Übersicht des Gesamtvermögens der Stadtgemeinde. Es wird alljährlich den Stadtverordneten bei der Rechnungsabnahme vorgelegt und beruht auf den alljährlich von den einzelnen Verwaltungen eingereichten Vermögensübersichten und den Angaben der städtischen Kassen. Die Übersichten enthalten I. Aktiva: Grundbesitz, ausstehende Kapitalien, bare Kassenbestände, Werte der Natural-, Material- und Betriebsbestände und Vorräte, Werte des Mobiliarinventariums, der Bibliotheken, Apparate und Sammlungen. II. Passiva: Ausstehende Schulden, Ausgabereste.

freiwillige Veräußerung von Grundstücken darf nach § 51 St.O. nur im Wege der Lizitation auf Grund einer Taxe erfolgen. Sie bedarf nach § 50 St.O., ebenso wie die von Gerechtsamen, die den Grundstücken gleichstehen [1]), der Genehmigung des Oberpräsidenten [2]). Bei den Verkäufen sollen als allgemeine Bedingungen beobachtet werden, daß der vierte Teil des Kaufgeldes bar gezahlt und der Rest zur ersten Stelle hypothekarisch eingetragen und 3 Jahre gestundet wird. Zehn Prozent des Kaufpreises sind beim Vertragsschluß als Sicherheit zu hinterlegen. Zur Beaufsichtigung der der Stadt gehörigen Holzlagerplätze und Ackerländereien, welche von der Grundstücksdeputation verwaltet werden, sind Grundstücksaufseher bestellt, deren Dienstpflichten durch Magistratsbeschluß vom 16. November 1894 geregelt sind. Durch Gemeindebeschluß vom 21. September 1893 (Gemeindeblatt 1893 S. 372) ist ein von der Hauptstiftungskasse verwalteter Grundstückserwerbsfonds eingerichtet worden. In diesen fließen alle für veräußerte, der Stadtgemeinde gehörige Grundstücke eingehenden Kaufgelder einschließlich der Hypothekenkapitalien, welche auf den verkauften Grundstücken als Kaufgelderreste eingetragen werden, abgesehen von Grundstücken der städtischen Werke und selbständig verwalteten Anstalten. Die baren Bestände sind zinsbar, aber jederzeit verfügbar anzulegen. Aus dem Fonds sollen die für Gemeindezwecke oder zur Ergänzung des städtischen Grundbesitzes zu erwerbenden Grundstücke bezahlt werden.

c) Die Vermögensverwaltung der städtischen Werke.

1. Städtische Werke im allgemeinen.

Umfangreiches städtisches Eigentum liegt in den sogenannten städtischen Werken, d. h. derjenigen Gemeindeanstalten, welche eine selbständige Verwaltung besitzen und nach Art von gewerblichen Anstalten, z. T. mit dem Zweck auf Erwerb, d. h. Vermehrung des

---

Daneben wird ein Grundstücksinventarium geführt, welches die sämtlichen Grundstücke nach Größe, Bezeichnung, Benutzung, Verwaltungsstation mit den zugehörigen Rechten und Verbindlichkeiten, Kaufpreisen, Schätzungen in der eingetretenen Veränderung enthält. Schließlich besteht noch ein historisches Lager- oder Grundbuch mit Angabe historischer Daten und Aktenmaterial.

[1]) Solche Gerechtsame s. bei Ledermann, St.O. § 50 3 B S. 174.

[2]) Zur Beurkundung von Grundstücksveräußerungsverträgen, also auch Lizitationsprotokollen, sind Gemeindebeamte durch den Oberbürgermeister als Urkundspersonen bestellt (vgl. § 313 B.G.B. Art. 127 E. z. B.G.B. Art. 27 Preuß A. z. B.G.B)

städtischen Vermögens, verwaltet werden. Der Zweck, einen Erwerb zu erzielen, wird besonders von den Gas- und Wasserwerken und den Rieselfeldern verfolgt.

Obwohl dieses Vermögen zum Gemeindevermögen im engeren Sinne gehört und rechtlich irgendeine Besonderheit gegenüber dem sonstigen Gemeindevermögen nicht besteht, wird wenigstens buchmäßig dieses Vermögen von dem übrigen Gemeindevermögen getrennt gehalten, insbesondere alljährlich ein besonderer Etat der städtischen Werke aufgestellt. Dieses Verfahren findet seine gesetzliche Stütze in § 3 des Kommunalabgabengesetzes, wonach gewerbliche Unternehmungen der Gemeinden so zu verwalten sind, daß durch die Einnahmen mindestens die gesamten durch die Unternehmung erwachsenden Ausgaben aufgebracht werden. Eine Ausnahme ist zwar zulässig, wenn die Unternehmung zugleich einem öffentlichen Interesse dient, welches andernfalls nicht befriedigt wird. Nach § 4 a. a. O. sind die Gebühren so zu bemessen, daß die Verwaltungs- und Unterhaltungskosten, einschließlich der Ausgaben für die Unterhaltung und Tilgung des aufgewendeten Kapitals gedeckt werden.

2. An Vermögen der städtischen Werke kommen einmal die Grundstücke, Gebäude, Maschinen und Leitungen der Gas-, Wasser- und Kanalisationswerke, des Vieh- und Schlachthofs und der Markthallen, dann aber die Rieselgüter mit Gebäuden und Inventar in Betracht.

Die Verwaltung der Gas-, Wasser- und Kanalisationswerke ist im wesentlichen technischer Natur und daher in Kapitel III, die des Vieh- und Schlachthofes und der Markthallen gehört zu den Aufgaben der Gesundheitspflege und der Gewerbeverwaltung und ist daher unter Kapitel IV zu behandeln. An dieser Stelle ist nur die vermögensrechtliche Seite und dabei in erster Linie die Frage der Gebühren zu erörtern.

3. Die für die Anlagen dieser Anstalten nötigen Grundstücke stehen im Gemeindeeigentum, doch ist die Durchführung dieses Grundsatzes bei den Röhrenleitungen nicht möglich. Nach Möglichkeit werden diese Leitungen aber auch in städtische Grundstücke gelegt, ev. für diesen Zweck Grundstücke erworben. Soweit die Leitungen in fremden Grundstücken liegen, sichert sich die Stadt Berlin möglichst den ungehinderten Zugang zu den Leitungen. Besondere Komplikationen entstehen, wenn solche Leitungen durch

fremdes Gemeindegebiet gelegt werden müssen. Die Rechtsverhältnisse sind in diesem Falle durch Verträge mit dem Fiskus oder der Gemeinde geregelt, durch deren Gebiet die Röhren gehen[1]).

4. Die Leistungen der städtischen Werke an die Einwohner erfolgen teils auf Grund privatrechtlicher Verträge, teils gegen Entrichtung von Gebühren. Das erste ist der Fall bei den Gas- und Wasserwerken, das zweite bei den Kanalisationswerken, den Markthallen und dem Vieh- und Schlachthof. Die Leistungen der Werke an benachbarte Gemeinden erfolgen auf Grund von Verträgen gegen Zahlung von Pauschalsummen[2]).

5. Einen selbständigen Teil der städtischen Vermögensverwaltung bildet die Bewirtschaftung der Rieselgüter. Diese unterstehen der Kanalisationsdeputation, welche die Güter für Rieselzwecke aptiert und dräniert[3]). Sie bearbeitet den Grunderwerb für Rieselzwecke und die Veräußerung von Rieselländereien. An der Spitze der landwirtschaftlichen Verwaltung steht der landwirtschaftliche Direktor. Ihm sind die sämtlichen Güter[4]) unterstellt. Diese sind zu fünf Komplexen zusammengefaßt, an deren Spitze Administratoren stehen. Diesen sind Obergärtner, Rechnungsführer und für die einzelnen Güter Inspektoren untergeordnet, nach Bedürfnis auch Gutsschreiber. Aufgabe der Rieselgüterverwaltung ist es, die Güter landwirtschaftlich nutzbringend auszunutzen.

d) Straßen, Plätze und Parks.

1. Die öffentlichen Straßen und Plätze sowie die Park- und Gartenanlagen stehen im allgemeinen im Eigentum der Stadt; soweit dies nicht der Fall ist, kann die Stadt auf Grund des Fluchtliniengesetzes vom 2. Juli 1875 oder auf Grund des Enteignungsgesetzes vom 11. Juni 1874 nach eingeholter königlicher Ermächtigung das Eigentum erwerben. Insbesondere stehen Bürgersteige bei älteren Straßen mitunter nicht im Eigentum der Stadt-

---

[1]) Gemeinderecht V, S. 19—82.

[2]) Ebenda u. S. 164—181.

[3]) Die Bearbeitung der die Rieselgüter betreffenden Steuerangelegenheiten liegt der Grundeigentumsdeputation mit der Maßgabe ob, daß die Verfügungen und Anträge der Kanalisationsdeputation zur Mitzeichnung durch den Vorsitzenden und Dezernenten vorgelegt werden (Gemeinderecht V, S. 9 u. 10).

[4]) Nach dem Bestande des Jahres 1907 fünf Güterkomplexe mit einer Gesamtfläche von 15964 ha.

gemeinde. Derselben steht dann nur eine Wegegerechtigkeit an dem Straßenland zu.

2. Die Verwaltung, der Erwerb und die Veräußerung des Straßenlandes steht der Tiefbaudeputation[1]) zu. Für diese Zwecke ist ein besonderer zur Verfügung der Deputation stehender Fonds gebildet. Der Erlös aus dem Verkauf von Straßenland fließt diesem Fonds zu[2]).

3. Die Deputation für die städtische Park- und Gartenverwaltung[3]) (fünf Magistratsmitglieder und zehn Stadtverordnete) verwaltet die Grundstücke der Park- und Gartenanlagen, Baumschulen, Pflanzgärten, einschließlich der mit den Anlagen verbundenen Verpachtungen und Vermietungen.

Vierter Titel.

Abgaben (Gebühren, Beiträge, Steuern).

1. Allgemeines.

Den breitesten Raum in den Einnahmen der Stadt nehmen die Abgaben, insbesondere die Steuern ein, deren Erhebung und z. T. auch Verwendung im großen und ganzen durch das Kommunalabgabengesetz vom $\frac{\text{14. VII. 1893}}{\text{30. VI. 1895}}$ geregelt ist[4]). Dieses Gesetz unterscheidet zwischen Geldabgaben und Naturaldiensten. Die Geldabgaben zerfallen in Gebühren, Beiträge und Steuern. Gebühren sind besondere Vergütungen, die die Gemeinde für die Benutzung der von ihr im öffentlichen Interesse unterhaltenen Veranstaltungen (Anlagen, Anstalten und Einrichtungen) erhebt (§ 4). Nach den Vorteilen zu bemessende Beiträge kann die Gemeinde behufs Deckung der Kosten für Herstellung und Unterhaltung von Veranstaltungen, welche durch das öffentliche Interesse erfordert werden, von denjenigen Grundeigentümern, Gewerbetreibenden, denen hierdurch besondere wirtschaftliche Vorteile erwachsen, erheben. Steuern sind nach gleichmäßigen Grundsätzen zwangsweise von den Einwohnern, Grundeigentümern und Gewerbetreibenden innerhalb des Gemeindebezirks (direkte Steuer), oder von denjenigen, die innerhalb

[1]) Geschäftsanweisung der Tiefbaudeputation vom 28. Juni 1909.

[2]) Gemeindebeschluß vom 21. September 1893 Gemeindeblatt 1893 S. 372.

[3]) Vgl. S. 149.

[4]) Kommentare von Adickes, Nöll, Oertel.

des Gemeindebezirks einen Rechts- oder Verkehrsakt vornehmen (indirekte Steuern), zu entrichtende Geldabgaben.

Naturaldienste sind Dienstleistungen der Einwohner, Hand- und Spanndienste im Interesse der Gemeinde.

Während besondere Grundsätze für die Erhebung von Beiträgen bisher nicht aufgestellt sind, hat die Erhebung von Gebühren und Steuern eine eingehende Regelung durch das besondere Verwaltungsrecht der Berliner Stadtgemeinde gefunden.

2. Gebühren.

§ 1. Allgemeines.

Gebühren werden hauptsächlich für die Benutzung der städtischen Werke, ferner für den Besuch der höheren, Fach- und Fortbildungsschulen, auch für den Besuch der Volksschulen durch Auswärtige, Benutzung der Desinfektions-, Kranken- und Heilanstalten, Badeanstalten, Kirchhöfe, der Bibliotheken, des Vermessungsbureaus, der Plankammer, des Untersuchungsamts für hygienische und gewerbliche Zwecke, der Ratswagen, für Zwangsvollstreckungen, für die Tätigkeit des Gewerbe- und Kaufmannsgerichts — nicht aber für das einigungsamtliche Verfahren — für die Tätigkeit des Stadtausschusses erhoben[1]. Die Gebühren für die Sondergerichte und den Stadtausschuß werden nicht auf Grund des Kommunalabgabengesetzes, sondern auf Grund der Gesetze über die Gewerbe- und Kaufmannsgerichte und, soweit der Stadtausschuß in Frage kommt, auf Grund des Gesetzes über die allgemeine Landesverwaltung vom 30. Juli 1883 §§ 102—109 erfordert. Die Gebühren der städtischen Werke, einschließlich der Marktstandsgelder werden durch die Werkseinziehungsabteilung, die der Krankenanstalten, Badeanstalten, des Untersuchungsamtes und der Friedhöfe durch die Einziehungsabteilung der Kämmerei, die Erstattung von Krankenhausverpflegungsgebühren außerhalb der Armenpflege von dem der Armendirektion unterstellten Kosteneinziehungsbureau eingezogen. Schulgeld, Gerichts- und Bibliotheksgebühren werden durch diese Anstalten unmittelbar eingezogen.

Die zwangsweise Beitreibung nicht freiwillig gezahlter Gebühren erfolgt aber ausschließlich durch die aus einem Magistratsmitglied bestehende Kommission für Zwangsvollstreckungssachen. Die zwangsweise Einziehung der Gebühren der städtischen Werke geschieht aber

---

[1]) Gebühren der städtischen Polizeiverwaltung.

auch durch die Werkseinziehungsabteilung. Doch regelt und beaufsichtigt die Zwangsvollstreckungskommission auch hier das Verfahren.

§ 2. Einzelheiten.

Im einzelnen gilt für die Gebühren folgendes:

Die Kanalisationsgebühr ist durch Ordnung vom $\frac{4.\ II.}{23.\ III.}$ 1908 geregelt. Sie wird von jedem zum Anschluß an die Kanalisation angeschlossenen Grundstück mit dem ersten Tage des auf die Herstellung des ersten Hausanschlusses folgenden Monats und zwar nach Maßgabe des Nutzungswertes, und bei Grundstücken, die einen Nutzungswert nicht haben, nach dem Wasserbrauch im letztverflossenen Kalenderjahrs erhoben. Für Grundstücke, welche eigene maschinelle Wasserversorgungsanlagen haben oder auf welchen sich gewerbliche oder industrielle Betriebe, Fabriken, Brauereien, Hotels, Warenhäuser, Badeanstalten, Bahnhofsanlagen, Anlagen der Reichspost befinden, aus welchen der Kanalisation Abwässer zufließen, sind bei 10000 cbm übersteigenden Abwässern im Jahre Zusatzgebühren in Höhe von im Allgemeinen 50 Mark pro cbm zu zahlen.

Zur Regelung der Gebühren ist Eigentümer persönlich verpflichtet. Mehrere Miteigentümer haften als Gesamtschuldner (§ 28). Gegen die Heranziehung zu den Kanalisationsgebühren steht dem Herangezogenen der Einspruch beim Magistrat binnen vier Wochen, und gegen dessen Beschluß die Klage im Verwaltungsstreitverfahren beim Bezirksausschuß und schließlich die Revision zu. Durch Einspruch und Klage wird die Verpflichtung zur Zahlung nicht aufgehalten (§ 30).

Was die Krankenhausgebühren anbetrifft, so sind die Kur- und Verpflegungskosten für arme Kranke, welche für die Erstattungspflicht der Armenverbände maßgebend sind, durch Ministerialbericht vom 2. Juli 1876 festgesetzt[1]). Die Gebühren für nichtarme Kranke sind durch Bekanntmachung des Magistrats vom 12. Mai 1909 geregelt (Gemeindebericht vom 21. Mai 1909).

Die Gebühren für die Badeanstalten sind geregelt durch die beiden Tarife für die städtischen Flußbade- und Schwimmanstalten und für die Benutzung der Volksbadeanstalten[2]).

[1]) Gesetz betr. den Unterstützungswohnsitz vom $\frac{6.\ IV.\ 1870}{12.\ III.\ 1894}$ Gemeinderecht X, S. 230, 231.

[2]) Gemeinderecht VI, S. 252—253. Für die Erteilung von Schwimmunterricht wird Honorar erhoben.

Die Gebühren für den Schulbesuch werden unter dem Namen von Schulgeld erhoben. Dies ist für Volksschulen grundsätzlich, d. h. für Einwohner abgeschafft durch Gemeindebeschluß vom 22. Dezember 1869[1]); für die Kinder aus der Umgebung des Berliner Weichbildes wird ein monatliches Schulgeld erhoben[2]) (Schulunterhaltungsgesetz vom 28. Juli 1906 § 6). Für den Unterricht an den Fortbildungsschulen für Jünglinge wird ein nach der Zahl der wöchentlichen Stunden berechnetes, im voraus halbjährlich zu entrichtendes Schulgeld erhoben. Bei den Fortbildungsschulen für Mädchen ist das Schulgeld monatlich zu entrichten[3]). Freistellen können bis zu zehn Prozent der Schüler gewährt werden. Der Unterricht an den Fortbildungsschulen für Taubstumme und Blinde ist unentgeltlich. Für Fachschulen besteht keine allgemeine Regelung.

Für die Benutzung der Markthallen besteht die von der Direktion der städtischen Markthallen aufgestellte Markthallenordnung nebst Tarif vom 1. März 1903 (Gemeinderecht VI, S. 127—135). Danach ist ein nach dem Flächeninhalt berechnetes Standgeld zu zahlen, welches von der Direktion unter Ausschluß jedes Einspruchs festgestellt und im voraus zu entrichten ist. Für die Benutzung der Anschlußgleise der Hoch- und Ringbahn sind ein für allemal festgesetzte Gebühren zu zahlen.

Den auf Grund des Ministerialerlasses vom 11. Juli 1902 zugelassenen städtischen Verkaufsvermittlern werden Räume für Kontor- und Verkaufszwecke auf Grund eines formularmäßig feststehenden schriftlichen Vertrages überlassen (Gemeinderecht IX, S. 137 und 144).

Die Bezahlung von Gebühren für die Untersuchung des in den Berliner Schlachthäusern zur Untersuchung gelangenden Viehes, des in Berlin von außerhalb eingeführten frischen Fleisches und des trichinenschaupflichtigen Fleisches ist geregelt durch die vom Oberpräsidenten genehmigten Regulative vom $\frac{7.\ \mathrm{XII}.\ 1898}{14.\ \mathrm{I}.\ 1899}$ und $\frac{17.\ \mathrm{II}.\ 1894}{29.\ \mathrm{IX}.\ 1894}$,

---

1) Gemeinderecht VI, S. 115. Die Schulgeldfreiheit ist ausgedehnt auf Beamte und Angestellte an außerhalb des Weichbildes belegenen städtischen Anstalten, auf auswärts Berlins wohnende Gemeindelehrer und städtische Beamte.

2) Stadtverordnetenbeschluß vom 26. März 1874, Gemeinderecht VI, S. 125, vom 22. Februar 1883 und 24. März 1887, und S. 129.

3) Grundsätze für das Fortbildungsschulwesen, Gemeinderecht VI, S. 169 bis 190, Gemeindeblatt 1909 S. 95.

sowie den Beschluß der Stadtverordneten vom 9. März 1905 (staatlich genehmigt) [1]).

Die Viehmarktgebühren sind durch § 6 der Polizeiordnung vom 4. Oktober 1900 [2]) geregelt.

3. Steuern.

§ 1. Allgemeines.

Nach dem Kommunalabgabengesetz kann die Gemeinde sowohl indirekte wie direkte Steuern erheben. Indirekte Steuern können aber nur erhoben werden, soweit nicht Reichsgesetze entgegenstehen die einen großen Teil der denkbaren Steuern dieser Art für das Reich mit Beschlag belegen, Steuern auf den Verbrauch von Fleisch, Getreide, Mehl, Backwerk, Kartoffeln und Brennstoffen dürfen nicht eingeführt oder in ihren Sätzen erhöht werden [3]) (§ 14 Kommunalabgabengesetz). Solche Steuern bestehen in Berlin nicht [4]).

Die direkten Steuern sind von allen der Besteuerung unterworfenen Pflichtigen nach festen und gleichmäßigen Grundsätzen durch Zuschlag zu den staatlich allgemeinen Steuern oder auf Grund der staatlichen Genehmigung bedürfende Steuerordnungen vom Grundbesitz und Gewerbebetrieb (Realsteuern), sowie vom Einkommen der Steuerpflichtigen zu erheben (§§ 20, 23, 25, 26, 29, 30, 36, 37, 77 Kommunalabgabengesetz). Die Doppelbesteuerung ist verboten (§ 47). Die vom Staate veranlagten Realsteuern sind in der Regel mindestens zu dem gleichen und höchstens zu einem um die Hälfte höheren Satze zu erheben (§ 54).

An indirekten Steuern sind in Berlin eingeführt: die Hundesteuer (Ordnung vom 3. Juli 1908), die Umsatzsteuer und Wertzuwachssteuer beim Erwerb von Grundstücken (Ordnungen vom $\frac{4.}{5.}$ März 1910), die Warenhaussteuer (auf Grund des Gesetzes vom 18. Juni 1900 und der Ausführungsanweisung vom 26. September 1900). Die Gewerbe- und Einkommensteuern werden in Zuschlägen zu den staatlich veranlagten Steuern und die Grundsteuern nach Maßgabe des gemeinen Wertes erhoben (Ordnung vom 20. April 1907).

---

[1]) Gemeinderecht IX, S. 191—221.

[2]) Gemeinderecht IX, S. 237.

[3]) Eine Ausnahme besteht bei Wild und Geflügel.

[4]) Miets- und Wohnungssteuern, die in Berlin nicht bestehen, dürfen nicht neu eingeführt werden.

§ 2. Steuerverwaltung.

Zur Bearbeitung sämtlicher städtischer Steuerangelegenheiten ist durch Gemeindebeschluß vom $\frac{24.\ \mathrm{XI}.\ 1894}{13.\ \mathrm{XII}.\ 1894}$ in Gemäßheit des § 61 des Kommunalabgabengesetzes[1]) eine aus 6 Magistratsmitgliedern, 22 Stadtverordneten und 6 Bürgerdeputierten bestehende Steuerdeputation gebildet worden, auf welche die Bestimmungen des § 59 der St.O. Anwendung finden[2]). Ihr ist die Befugnis beigelegt worden, die Stadtgemeinde und den Magistrat bei Führung von Prozessen vor Gerichten und Verwaltungsgerichtsbehörden zu vertreten (§ 1 der Geschäftsordnung vom $\frac{16.\ \mathrm{XI}.}{13.\mathrm{XII}.}$ 1894). Aus den Mitgliedern der Steuerdeputation wird a) ein Steuerausschuß für die Veranlagung zur Gemeindeeinkommensteuer, b) ein Steuerausschuß für die Veranlagung aller anderen direkten Gemeindesteuern gebildet, aus je 2 Magistratsmitgliedern, 8 Stadtverordneten und 4 Bürgerdeputierten. Die Vorsitzenden bestimmt der Vorsitzende der Steuerdeputation.

Die Steuerdeputation ist Organ des Magistrats, sie hat aber zugleich selbständig staatliche Steuerangelegenheiten zu bearbeiten. Durch die Verordnung vom 22. Januar 1894 ist den Gemeinden und selbständigen Gutsbezirken die Verpflichtung auferlegt, in ihren Bezirken die Einzelerhebung der sämtlichen direkten Staatssteuern, der Domänen-, Rentenbank- und Grundsteuerentschädigungsrenten, sowie die Abführung der erhobenen Beträge an die zuständigen Staatskassen ohne Vergütung zu bewirken. Desgleichen hat die Steuerdeputation bei der Veranlagung der Staatseinkommensteuer auf Grund des Einkommensteuergesetzes vom 24. Juni 1891 und der Ausführungsanweisung vom 6. Juli 1900 mitzuwirken. Die näheren Bestimmungen enthält die Verfügung des Finanzministers vom 4. Juni 1898[3]).

---

[1]) Derselbe bestimmt, daß die Veranlagung der Kommunalsteuern durch den Gemeindevorstand oder einen besonderen Steuerausschuß erfolgt.

[2]) Ferner bearbeitet die Steuerdeputation die Kanalisationsgebühren und Sublevationsbeiträge und die nach dem Gesetze vom 22. April 1892 betr. Entschädigungen für die an Seuchen gefallenen Tiere zu erhebenden Abgaben. Die Sublevationssteuer wird zur Deckung der Kosten der Unterbringung von Truppen auf Grund des Ortsstatuts vom 24. Januar 1895 erhoben. S. Gemeinderecht 2 S. 1 und Bericht über die Gemeindeverwaltung von Berlin 1901—1905 S. 80/81. S. auch C, siebenten Abschnitt dieses Buches.

[3]) Gemeinderecht III, S 199.

Der Steuerdeputation liegt die Veranlagung der Staats- und Gemeindeeinkommensteuer von der Aufnahme des Personenstandes an bis zur Einziehung, Durchführung der Zwangsvollstreckung und etwaiger Prozesse ob, soweit es sich um Einkommen bis 3000 Mark handelt. Bei höheren Einkommen erfolgt die Veranlagung durch die Staatsbehörde, doch hat auch hier die Steuerdeputation die Erhebungskataster festzustellen und die Steuern einzuziehen. Die Deputation bearbeitet auch die Bildung der Voreinschätzungskommission und die Wahl der Mitglieder der Veranlagungs- und Berufungskommissionen. Die Einschätzung und Veranlagung der Gewerbe-, Warenhaus- und Betriebssteuer erfolgt durch die Königl. Direktion der Verwaltung der direkten Steuern in Berlin, auch entscheidet die Staatsbehörde über die Rechtsmittel gegen die veranlagten Steuern. Alle an die Veranlagung sich anschließenden Arbeiten und die auf Erlaß und Ermäßigung gerichteten Gesuche, auf welche die Gemeindebehörden zu entscheiden haben, kommen in der Steuerdeputation zur Erledigung (Abs. 1)[1].

Da der Steuerdeputation die Beitreibung sämtlicher Steuern obliegt, so untersteht ihr auch die Kontrolle der städtischen Pfandkammer, deren Einrichtung und Verwaltung durch Vertrag vom 25. März 1901[2]) einer privaten Firma übertragen ist.

Schließlich hat die Steuerdeputation auch über Stundung und Niederschlagung unbeitreiblicher Forderungen zu entscheiden.

Die eingezogenen Steuern werden an die Stadthauptkasse abgeführt, doch liegt der Steuerdeputation die Abrechnung mit der Königl. Steuerdirektion und der Staatskasse ob[3]). Die Steuerdirektion bedient sich des Reichsbankgiroverkehrs.

Die Steuerdeputation zerfällt in drei Abteilungen mit entsprechenden Bureaus, von denen die erste die allgemeinen An-

---

[1]) Als Nebengeschäfte liegen der Steuerdeputation noch ob: die Einziehung der Kostenbeiträge für die Handwerkskammer, der Viehseuchenabgabe, der städtischen Anerkennungsgebühren, der Gebühren für Feuersicherheitswachen, der Rentenbankrenten und der Wandergewerbesteuern.

Nach der Grundsteuerordnung vom 20. April 1907 stehen der Steuerdeputation in bezug auf diese Steuer die im Kommunalabgabengesetz dem Gemeindevorstand zugewiesenen Befugnisse zu.

[2]) Gemeinderecht III, S. 273f.

[3]) Die Steuereinziehung erfolgt auch durch Vermittlung der Bank des Berliner Kassenvereins.

gelegenheiten und die Realsteuern, die zweite die Einkommensteuersachen und die dritte die Einziehung bearbeitet.

Der dritten Abteilung unterstehen 23 auf die örtlichen Bezirke verteilte Annahmestellen und 395 Steuererheber, welche den einzelnen Annahmestellen zugewiesen sind. Ihre Dienstpflichten sind durch die Geschäftsanweisung des Magistrats vom 10. März 1900 [1]) geregelt. Sie gehören zu den nichtrichterlichen in mittelbarem Staatsdienste stehenden Beamten und unterliegen den Bestimmungen des Gesetzes vom 21. Juli 1852 und 9. April 1879 betr. die Dienstvergehen der nichtrichterlichen Beamten. Sie werden vereidet und sind zur Amtsverschwiegenheit verpflichtet. Neben der Steuererhebung sind sie mit der Verteilung und Einziehung der Hunde-, Pferde- und Viehbestands- und Personenstandsaufnahmellisten, Ermittlung der Militärquartiere und Auszahlung der Quartiervergütungen beauftragt. Sie fungieren auch als Vollstreckungsbeamte und haben als solche die Geschäftsanweisung für die Vollziehungsbeamten des Magistrats zu Berlin vom 3. März 1900 [2]) zu beachten. Die Steuerdeputation Abt. III bildet die gemäß § 4 der Verordnung vom 15. November 1899 betr. das Verwaltungszwangsverfahren und Art. 9 bis 11 der Ausführungsanweisung vom 28. November 1899 zuständige Verwaltungsbehörde (Dienstanweisung für die Beamten der Steuerkasse vom 2. Dezember 1909).

§ 3. Die einzelnen Steuern.

1. Die Hundesteuer (Hundesteuerordnung vom 3. Juli 1908 [3]) ist für jeden Hund, welcher im Gemeindebezirk von Berlin gehalten wird und ein Alter von zwei Monaten erreicht hat, zu entrichten (§ 1), und zwar von allen sich in Berlin aufhaltenden Tierhaltern [4]). Der Haushaltungsvorstand haftet als Selbstschuldner für die Steuer, wenn ein dem Hausstande angehöriges Familienmitglied einen Hund hält. Zugelaufene Hunde müssen versteuert werden, wenn sie nicht binnen einer Woche dem Eigentümer des Hundes oder dem von der Polizeibehörde mit der Aufnahme herrenloser Hunde betrauten

[1]) Gemeinderecht III S. 121 f.

[2]) Gemeinderecht III S. 217 f.

[3]) An Stelle der Ordnung vom 19. Januar 1905 (Gemeinderecht III S. 20 f.).

[4]) Nicht bloß Eigentümern; unter „Halter“ ist der tatsächliche Besitzer zu verstehen; auch von Militärpersonen.

Institute übergeben werden. Persönlich befreit sind die Vertreter fremder Staaten.

Steuerfrei sind Wach- und Zughunde, Hunde der Nachtwächter und in ihrem Wahrnehmungs- oder Bewegungsvermögen beschränkten Personen. Gewerbsmäßig für Schaustellungen oder für polizeiliche und wissenschaftliche Zwecke gehaltene Hunde sind, z. T. nur auf Antrag, von der Steuer frei.

Ohne Antrag befreit ist auch der vierte und weitere als Handelsgegenstand dienende Hund (§ 10).

Die nach polizeilicher Vorschrift den Hunden für den Aufenthalt auf der Straße oder an öffentlichen Orten anzulegenden Marken sind bei der Steuerzahlung auszuhändigen. Im Falle der Steuerfreiheit wird ein Freischein gewährt. Die Aufnahme der Hunde zwecks Veranlagung erfolgt bei Beginn jedes Steuerhalbjahres durch Hauslisten. Später in den Besitz eines Hundes gelangende oder mit einem solchen zuziehende Personen haben den Hund binnen einer Woche zu melden. Wer sich durch Verheimlichung eines Hundes oder durch wissentlich unrichtige Angaben der Steuer zu entziehen sucht oder sonst den Vorschriften der Steuerordnung zuwiderhandelt, wird, wenn nicht eine höhere Strafe verwirkt wird, mit einer Ordnungsstrafe bis zu 30 Mark bestraft. Das Polizeipräsidium hat über die Ausübung des Hundefanges mit dem Deutschen Tierschutzverein den Vertrag vom 5. März 1899 abgeschlossen[1]), nach welchem dieser durch einen Fangbeamten alle im Berliner Polizeibezirk auf Straßen und Plätzen entgegen §§ 63—65 des Straßenpolizeireglements vom 7. April 1867 oder ohne Steuer- oder Freimarke oder sonstigen jeweilig geltenden Bestimmungen des Hunderegulativs zuwider angetroffenen Hunde aufzugreifen hat. Für die Fangbeamten gilt die Dienstanweisung vom 5. März 1899[2]).

2. Umsatzsteuer.

Nach der Umsatzsteuerordnung vom $\frac{4.}{5.}$ März 1910 unterliegt der Erwerb des Eigentums oder Miteigentums an einem im Stadtbezirke belegenen Grundstücke, des Erbbaurechts oder den Grundstücken gleichgestellter Rechte der Umsatzsteuer, und zwar in Höhe von einem Prozent bei bebauten, zwei Prozent bei unbebauten Grundstücken (§ 5).

[1]) Gemeinderecht III S. 31 f.

[2]) Gemeinderecht III S. 37—42.

Die Umsatzsteuer gelangt auch zur Erhebung, wenn Grundeigentum in das Vermögen einer Gesellschaft oder eines Vereins oder von einer Gesellschaft oder einem Verein auf einen bisherigen Gesellschafter — auch ohne Auflassung — übergeht, wenn der Erwerb durch Übertragung des Vermögens einer Gesellschaft, Umwandlung einer solchen oder einer Genossenschaft erfolgt, bei Veränderung des Personenstandes oder der Vermögensbeteiligung bei einer Gesellschaft mit beschränkter Haftung, Kommanditgesellschaft, Genossenschaft, eingetragenen Genossenschaft, eingetragenem Verein oder offener Handelsgesellschaft. Befreit sind Erwerbungen von Todes wegen oder Schenkungen im Sinne des Reichserbschaftssteuergesetzes, Enteignungen für den Fiskus des Deutschen Reichs oder Preußens, Eigentumsübertragungen an Abkömmlinge, Auseinandersetzungen unter Miterben oder zwischen gütergemeinschaftlichen Ehegatten und deren Erben, Rückübereignung im Wege der Wandlung eines Rechtsgeschäfts (§ 462 B.G.B.). Aus Billigkeitsgründen kann der Realgläubiger, der ein Grundstück bei der Zwangsversteigerung ersteht, von der Steuer befreit werden. Ferner sind gemeinnützige Gesellschaften, welche die Beschaffung billiger Wohnungen für Unbemittelte bezwecken, hinsichtlich der diesem Zwecke dienenden Grundstücke von der Steuer befreit. Die Veranlagung erfolgt durch schriftlichen Bescheid der Steuerdeputation. Gegen die Veranlagung ist Einspruch binnen vier Wochen bei der Steuerdeputation und gegen deren Beschluß binnen zwei Wochen Verwaltungsklage zulässig.

3. Wertzuwachssteuer.

Auf Grund der Wertzuwachssteuerordnung vom $\frac{4.}{5.}$ März 1910 wird bei jedem Eigentumswechsel von Grundstücken sowie in den bei der Umsatzsteuer dem Eigentumswechsel gleichstehenden Fällen eine Wertzuwachssteuer vom bisherigen Eigentümer erhoben, in Höhe von 1 bis 9 Prozent (§ 3), je nach Höhe des Wertzuwachses. Als Wertzuwachs gilt der Betrag, um den der Veräußerungserlös den Anschaffungswert übersteigt. Bei Berechnung des Anschaffungswertes werden zum Erwerbspreis die Kosten des Erwerbs, Ausgaben für dauernde Verbesserungen, einschließlich der Straßenbaukosten, der Betrag, mit dem der Veräußerer beim Erwerb in der Zwangsversteigerung ausgefallen ist, hinzugerechnet. Der Erwerbspreis eines veräußerten Trennstücks wird unter Verteilung des Erwerbspreises des ganzen Grundstücks nach Maßgabe des gemeinen Wertes der Parzelle zur Zeit der Erwerbung berechnet. Die Befreiungen von der Steuer sind im wesentlichen dieselben wie bei der Umsatzsteuer. Die besondere Befreiung der gemeinnützigen Gesellschaften fällt aber weg. Die Veranlagung und die Rechtsmittel gegen diese sind ebenso geregelt wie bei der Umsatzsteuer.

4. Die Grundwertsteuer.

Von allen im Gemeindebezirk belegenen Grundstücken, soweit sie nicht nach § 24 des Kommunalabgabengesetzes befreit sind, wird nach der Grundsteuerordnung vom 20. Juli 1907 eine Grundsteuer erhoben, welche nach dem gemeinen Werte der Grundstücke berechnet wird [1]). Die Feststellung des gemeinen Wertes erfolgt alljährlich durch den auf Grund des Gemeindebeschlusses vom $\frac{16.\ XI.}{13.\ XII.}$ 1894 gebildeten Steuerausschuß für Realsteuern. Die Steuererhebung für Neubauten beginnt mit dem Ablauf des Baujahres (§ 5). Der Steuersatz wird alljährlich durch Gemeindebeschluß festgestellt (§ 6). Die Veranlagung erfolgt schriftlich durch die Steuerdeputation. Die Rechtsmittel sind ebenso geregelt wie bei der Umsatzsteuer. Jeder nicht in Berlin wohnende Eigentümer hat der Steuerdeputation einen hier wohnenden Stellvertreter für die seinen Grundbesitz betreffenden Angelegenheiten schriftlich zu bezeichnen. Zuwiderhandlungen gegen die Verpflichtungen der Eigentümer in bezug auf die Steuerveranlagung werden mit Geldstrafen bis zu 30 Mark bedroht, sofern nicht nach dem Gesetze eine höhere Strafe verwirkt ist.

Für die Grundsteuer haftet der Eigentümer, mehrere Miteigentümer haften als Gesamtschuldner. Beim Eigentumswechsel haftet der bisherige Eigentümer bis zum Ablauf des Vierteljahres, in welchem der Wechsel erfolgte. Die Erhebung der Steuer erfolgt in Vierteljahrsraten, die Steuerraten sind an die von der Steuerdeputation bezeichnete Kasse zu entrichten, sofern die Erhebung nicht durch Steuererheber bewirkt wird.

Die nach dem Kommunalabgabengesetz dem Gemeindevorstand zugewiesenen Befugnisse werden durch die Steuerdeputation ausgeübt.

---

[1]) Bisher wurde die Steuer nach dem Nutzertrag erhoben. Grundsätze aus Oberverwaltungsgerichtsentscheidungen s. Bericht über die Gemeindeverwaltung der Stadt Berlin 1901—1905 II S. 79—81.

5. Gewerbesteuer.

Die Gewerbesteuer wird durch Zuschläge zu den staatlich veranlagten Sätzen erhoben.

6. Einkommensteuer.

Auch die Einkommensteuer wird lediglich durch Zuschläge zur Staatseinkommensteuer erhoben, welche alljährlich durch Gemeindebeschluß festgesetzt werden. Ist das gemeindeeinkommensteuerpflichtige Einkommen ganz oder z. T. zur Staatseinkommensteuer nicht veranlagt, so ist die dem Zuschlag zugrunde zu legende Steuer — abgesehen von dem Einkommen aus fiskalischen Domänen und Forsten, Staatseisenbahnen und Privateisenbahnen[1]) — nach den für die Veranlagung der Staatseinkommensteuer geltenden Vorschriften zu ermitteln (§ 36 Kommunalabgabengesetz). Der Einkommensteuer sind unterworfen (§ 30 ebenda):

1. die Personen welche in der Gemeinde einen Wohnsitz haben hinsichtlich ihres gesamten Einkommens;
2. außerdem die Personen, welche in der Gemeinde Einkommen aus Grundvermögen, Handels- oder gewerblichen Anlagen, auch Bergwerken ziehen;
3. Aktiengesellschaften, Kommanditgesellschaften auf Aktien, Berggewerkschaften, eingetragene Genossenschaften mit nicht auf die Mitglieder beschränktem Geschäftsbetrieb und juristische Personen mit gleichem Einkommen wie zu 2;
4. der Fiskus hinsichtlich seines Einkommens aus Eisenbahnen oder sonstigen Gewerbebetrieben, Domänen und Forsten.

Zur Vermeidung der Doppelbesteuerung wird das gemeindesteuerpflichtige Einkommen auf die verschiedenen in Betracht kommenden Gemeinden gemäß §§ 47—51 des Kommunalabgabengesetzes vom $\frac{\text{14. VII. 1893}}{\text{30. VII. 1895}}$ verteilt[2]).

Die Veranlagung zur Gemeindeeinkommensteuer erfolgt durch den Steuerausschuß II. Derselbe ist berechtigt, sich bei der Erledigung

---

[1]) Für welche §§ 44—46 Kommunalabgabengesetz gilt.

[2]) Grundsätze, die sich bei der Berliner Steuerverwaltung in bezug auf die Veranlagung und Verteilung der Einkommensteuer herausgebildet haben sind im Gemeinderecht Bd. III, S. 42—57, abgedruckt. Grundsätze, Entscheidungen des Oberverwaltungsgerichts betr. die Einkommensteuer sind zu finden im Bericht über die Gemeindeverwaltung der Stadt Berlin 1901—1905 Teil II S. 77—79.

der Schätzungsgeschäfte und bei der Ermittlung der steuerpflichtigen Einkommensquellen der auf Grund des Einkommensteuergesetzes gebildeten Voreinschätzungskommission zu bedienen. Neuanziehende werden, auch wenn sie in der Gemeinde keinen Wohnsitz haben, gleich den übrigen Einwohnern der Stadt zur Einkommensteuer herangezogen, sofern ihr Aufenthalt die Dauer von drei Monaten übersteigt. Der in Berlin wohnende Steuerpflichtige wird stets mindestens mit einem vollen Viertel seines Einkommens in Berlin zur Steuer herangezogen. Ebenso wird bei Personen mit mehrfachem Wohnsitz und außerhalb Berlins bezogenem Einkommen aus Grundbesitz, Handels-, Gewerbe- und ähnlichen Betrieben verfahren. Das Ergebnis der Veranlagung wird jedem Steuerpflichtigen durch eine besondere, zugleich eine Belehrung über das Rechtsmittel des Einspruchs enthaltende Zuschrift bekannt gemacht. Die Steuer ist an die von der Steuerbehörde zu bezeichnende Kasse zu bezahlen. Es bleibt jedoch vorbehalten, die Erhebung durch Steuererheber bewirken zu lassen[1]). Die Gemeindeeinkommensteuer ist in denselben Fristen fällig, welche für die Hebung der Staatseinkommensteuer gelten, d. h. in der ersten Hälfte des zweiten Monats eines jeden Vierteljahres mit dem vierten Teile des Jahresbetrages[2]).

Vierter Abschnitt.

Technik und Gewerbe.

Erster Titel.

Allgemeines, technische Beamte.

1. An die Finanzverwaltung schließt sich die technische Verwaltung an. Auch sie ist nicht eigentlich Selbstzweck, sondern Mittel zur Erzielung anderer Verwaltungszwecke. Sie greift daher auch in fast alle Verwaltungszweige, ähnlich wie die Finanzverwaltung, ein und erlangt dadurch eine erhöhte Bedeutung. Sie schließt sich auch insofern an die Finanzverwaltung an, als auch sie im Gegensatz zu anderen Verwaltungszweigen, die Aufwendungen erfordern,

---

[1]) Auch Zahlung im Giroverkehr ist zulässig.

[2]) Gemeindebeschluß vom 13. Juni 1901 (Gemeinderecht III S. 72—73).

ohne wesentliche Vermögenswerte zu schaffen, solche Werte schafft oder erhält. Die Übernahme technischer Aufgaben durch die Verwaltung, ein in der heutigen Zeit, deren Richtung man mit dem wissenschaftlichen Namen des Sozialismus bezeichnet, immer mehr erstrebtes Ziel, geht vielfach gerade darauf aus, Vermögenswerte für die Gesamtheit zu schaffen oder doch wenigstens Ausgaben zu ersparen.

Die technische Verwaltung nimmt ihren Ausgangspunkt bei der Bauverwaltung. Sie allein ist im Magistrat offiziell durch zwei Stadtbauräte vertreten. Der Bauverwaltung schließt sich an der Bau und Betrieb von Straßen, Brücken und Straßenbahnen, deren Unterhaltung und Reinigung, die Regelung des Verkehrs und die Ausschmückung und Gesunderhaltung der Straßen und Plätze durch die Park- und Gartenverwaltung. Eng damit verbunden ist die Ent- und Bewässerung und Beleuchtung mit Gas und Elektrizität. Die bessere Ausnutzung der für diese Zwecke geschaffenen Anstalten (städtischen Werke) läßt es ratsam erscheinen, sie auch den Privaten nutzbar zu machen, ein Zweig der technischen Verwaltung, der schon bei der Finanzverwaltung[1]) berührt wurde. Die städtischen Werke, welche die Ent- und Bewässerung, sowie die Beleuchtung zu besorgen haben, werden nach Art von Gewerbebetrieben verwaltet. Zwei der städtischen Werke, nämlich die Vieh- und Schlachthofverwaltung und die Markthallenverwaltung, fallen überwiegend in das Gebiet der Gewerbeverwaltung. Somit kommen wir zum Gebiet der Gewerbeverwaltung, welche die privaten technischen Betriebe, Gewerbebetriebe im Sinne der Gewerbeordnung, sowie den Handel, das kaufmännische Gewerbe umfaßt. Der Handel hat wesentlich die Aufgabe, der Technik das Rohmaterial zu liefern und die allein und unter Zuhilfenahme der Technik gewonnenen Erzeugnisse zum Absatz zu bringen. Deshalb werden die gewerblichen Angelegenheiten in demselben Abschnitt wie die Technik behandelt.

Wie wir schon gesehen haben, liegt auch die technische Verwaltung, abgesehen vom Magistrat, nicht in einer Hand. Allerdings bilden die beiden Stadtbauräte, und zwar jeder für sich, eine gewisse Zentrale, indem der Stadtbaurat des Hochbauwesens außer der Hochbaudeputation auch der Parkdeputation und der Deputation für die Feuersozietät und der Tiefbaurat zugleich als Mitglied

---

[1]) Seite 119 f.

der Kanalisations- und Verkehrsdeputation angehört[1]). Früher waren die beiden Bauräte auch noch in anderen Deputationen vertreten. Der wachsende Umfang der technischen Verwaltung hat aber eine Einschränkung der Tätigkeitsgebiete der Stadtbauräte und z. T. die Schaffung besonderer Bauämter bei einzelnen städtischen Verwaltungen, z. B. den Kanalisations- und Wasserwerken, erforderlich gemacht. Während die Elektrizitätsangelegenheiten durch das unmittelbar dem Magistrat unterstellte Elektrotechnische Bureau bearbeitet werden, bestehen für die technische Verwaltung mehrere Deputationen: die Hochbau-, Tiefbau-, Park-, Verkehrs- und Straßenreinigungsdeputation und die Deputationen für die Gas-, Wasser- und Kanalisationswerke. Die unter einer besonderen Deputation stehende Feuersozietät kommt nur insofern in Betracht, als die der Feuersozietät unterstellten Ratsmaurer- und Ratszimmermeister auch als Sachverständige des Polizeipräsidiums bei der Errichtung und Abnahme von Bauten fungieren.

2. Eine selbständige Behandlung erfordert die Stellung der zahlreichen technischen Beamten. Als solche kommen außer Bautechnikern, Elektriker, Chemiker, Landmesser, Zeichner, Gärtner und, wenn man diese hierher rechnen will, auch Landwirte in Betracht. Den Bautechnikern gegenüber nehmen die Stadtbauräte als unmittelbare Vorgesetzte eine besondere Stellung ein. Sie sind die technischen Räte im Magistratskollegium und alleinige technische Dezernenten der Hoch- und Tiefbaudeputation. Sämtliche technische Beamte dieser Deputationen sind ihnen unterstellt. Der Stadtbaurat für Tiefbau wird durch einen Magistratsbaurat ständig vertreten. Eine besondere Qualifikation ist für die Stadtbauräte nicht vorgeschrieben, doch ist von jeher die Befähigung für die höheren staatlichen Baubeamten Voraussetzung für die Wahl zum Stadtbaurat in Berlin gewesen.

Die Bautechniker zerfallen in Magistratsbauräte[2]), Stadtbauinspektoren und Stadtbaumeister, sämtlich lebenslänglich angestellte Baubeamte, welche die Befähigung für die höhere staatliche Bauverwaltung besitzen müssen, ferner Regierungsbaumeister, die als Hilfs-

---

[1]) Die beiden Stadtbauräte gehören auch der Kunstdeputation, der Stadtbaurat für Hochbau auch der Kommission für die Ausschmückung des Rathauses an.

[2]) Die Stadtbauinspektoren erhalten nach sechsjähriger Anstellung als solche die Bezeichnung Magistratsbauräte.

arbeiter beschäftigt werden. Ihnen folgen Architekten, Stadtbauingenieure, Stadtbauassistenten, Techniker erster und zweiter Klasse und schließlich Hilfsarbeiter. Ein Baubeamter steht als Direktor an der Spitze der Straßenreinigung. Bautechniker sind beschäftigt bei der städtischen Feuersozietät, der städtischen Polizeiverwaltung, der Verkehrsdeputation und bei der Vieh- und Schlachthofverwaltung.

Der Hochbauverwaltung gehören auch Heizungsingenieure an, die einem Heizungsingenieur unterstellt sind.

Der Tiefbauverwaltung sind Landmesser zugeordnet, von dem je einer an der Spitze des städtischen Vermessungsamtes und der Plankammer der Tiefbaudeputation steht.

Der Vorsteher des unmittelbar dem Magistrat unterstellten elektrotechnischen Bureaus ist Gemeindebeamter und führt die Bezeichnung Stadtelektriker. Ihm sind Ingenieure und Techniker unterstellt.

Im Gartenbau wird ein städtischer Gartendirektor beschäftigt als Leiter der gesamten Gartenbauverwaltung. Ihm unterstehen eine Anzahl Obergärtner als Leiter der einzelnen Parkreviere, von denen einer, der die Verwaltung des Treptower Parks leitet, die Bezeichnung Garteninspektor führt.

Zahlreich sind die technischen Beamten der städtischen Werke.

In den leitenden technischen Stellen der Werke befinden sich Baubeamte. Dieselben haben die gesamte Leitung unter der Bezeichnung Direktor bei den Wasser- und Kanalisationswerken. Bei den Gaswerken ist der technische Direktor dem juristischen Direktor nebengeordnet. Das gesamte technische Personal ist den Direktoren unterstellt. Sie können Beamte vom Dienst suspendieren, zur Entlassung ist aber nur die Direktion befugt, bei nicht als Beamte angestellten Personen kann die Entlassung durch die Direktoren erfolgen. Das Recht der Direktoren, die ihnen unterstellten Beamten zu beurlauben, richtet sich jetzt nur noch nach der Urlaubsordnung vom 15. Mai 1909 (§ 1).

Die Beamten der städtischen Betriebsverwaltungen[1]) haben nicht die Eigenschaft der übrigen Kommunalbeamten. Sie brauchen nicht auf Lebenszeit angestellt zu werden (§ 8 Kommunalbeamtengesetz). Soweit sie aber nicht durch Privatdienstvertrag angenommen werden, sind sie Kommunalbeamte und können in diesem Falle nur durch Aushändigung einer Anstellungsurkunde angestellt werden.

[1]) S Ledermann, Komm. z. Kommunalbeamtengesetz, Berlin 1899, § 8 Anm. 5 S. 66 f.

Die einzelnen Arten der technischen Werksbeamten sind unter den die Werke betreffenden Abschnitten aufgeführt.

Zu erwähnen sind noch die chemischen Beamten, welche im städtischen Untersuchungsamt, im chemischen Laboratorium und der Versuchsanstalt der Gaswerke beschäftigt werden.

Bei der Schulverwaltung waren bereits die technischen Schulen behandelt worden. Es braucht daher hier nur darauf verwiesen zu werden[1]).

Zweiter Titel.

Hochbau.

a) Der Geschäftskreis der Hochbaudeputation umfaßt die Vorbereitung und Ausführung von Neu- und Umbauten und größeren Ausbesserungsarbeiten im Hochbau mit Ausnahme der Hochbauten der Gas-, Wasser- und Kanalisationswerke, welche selbständige Bauämter erhalten haben[2]). Die Deputation hat auch die Anschlüsse der städtischen, d. h. im Gemeindebesitz befindlichen Grundstücke an die Kanalisation zu bewirken.

Die Hochbaudeputation ist aus der allgemeinen Baudeputation gebildet worden, die in die beiden selbständigen Abteilungen für Hoch- und Tiefbau zerfiel. Nur wenige Angelegenheiten waren beiden Abteilungen gemeinsam, so die Aufstellung von Straßenfluchtlinien. Durch Beschluß vom $\frac{1.}{13.}$ April 1905 wurde das Plenum der Baudeputation aufgelöst und seit dieser Zeit sind die Hoch- und Tiefbaudeputationen vollkommen selbständig.

Die Hochbaudeputation[3]) setzt sich zusammen aus vier Magistratsmitgliedern, darunter dem Stadtbaurat für Hochbau und acht Stadtverordneten, sowie einem Magistratsrat. Der Vorsitzende der Hochbaudeputation ernennt je einen der acht Stadtverordneten zum Vertrauensmann für örtlich bestimmte Gebiete des Weichbildes und des außerhalb liegenden städtischen Besitzes.

---

[1]) S. 97. Dahin gehören die technische Mittelschule (S. 84) und die Baugewerksschule.

[2]) Bei den Gaswerken ist dies das dem technischen Direktor unterstehende technische Zentralbureau, dem ein Architekt als Leiter der Rohbauten zugeteilt ist, bei den Kanalisationswerken und Rieselfeldern die unter einem Abteilungsarchitekten stehende Hochbauabteilung, bei den Wasserwerken das von einem technischen Oberdirigenten geleitete und dem Direktor der Wasserwerke unterstellte Bureau der städtischen Wasserwerke.

[3]) Geschäftsanweisung der Hochbaudeputation vom 28. Juni 1909.

Für die Stellung der Hochbaudeputation zum Magistrat sind die §§ 26 ff. der Instruktion für die Stadtmagistrate vom 25. Mai 1855 maßgebend. Der Hochbaudeputation liegt die Verwaltung und Beaufsichtigung des gesamten städtischen Hochbauwesens ob, soweit diese nicht besonderen oder neu zu errichtenden andern Verwaltungsstellen überwiesen sind.

Der Leiter des gesamten Hochbauwesens der Deputation ist der Stadtbaurat für Hochbau. Er ist ausschließlich Dezernent in rein technischen Fragen, wie es die Verwaltungsdezernenten in rein verwaltungsrechtlichen Fragen sind. Ihm ist ein technisches Bureau, ein Revisionsbureau und ein Bureau für heiztechnische und maschinelle Anlagen unterstellt. Jede an ein Bauamt oder einen technischen Beamten gerichtete Verfügung technischer Art bedarf seiner Mitzeichnung. Er veranlaßt die alljährlichen Baubereisungen. Er darf auf den Baustellen Anordnungen zur sofortigen Ausführung treffen und in dringenden Fällen die Fortsetzung des Baues verhindern. Gegen seine Anordnungen kann der Leiter des Bauamts Entscheidung der Deputation erwirken.

Das technische Bureau besorgt unter Oberleitung des Stadtbauamtes die Ausarbeitung der großen Entwürfe, Bau- und Werkszeichnungen, die nicht einem Bauamt übertragen worden sind, nebst Kostenanschlägen. Das Revisionsbureau prüft die Kostenanschläge, Taxen, Verdingungsverhandlungen, Vertragsentwürfe, Rechnungen und Abrechnungen, führt statistische Tabellen und bearbeitet die Kirchenbauangelegenheiten. Das Bureau für Heiz- und maschinelle Anlagen steht unter einem Baurat oder Bauinspektor. Zur Besorgung der örtlichen Baugeschäfte ist die Stadt in Stadtbauämter eingeteilt, denen nach Möglichkeit örtlich abgegrenzte Teile des Stadtgebietes oder auswärtige städtische Bezirke überwiesen sind. Für die Aufsicht über die städtischen Gebäude sind von den zuständigen Verwaltungsstellen Hauskuratoren und Hausverwalter bestellt, welche alle besonderen Bedürfnisse so rechtzeitig ermitteln, daß sie bei den Baubereisungen festgestellt werden können. Die Leiter des Bauamtes sind verpflichtet, den Baubereisungen beizuwohnen. Die Verwaltungsstellen sind für Einhaltung des Etats verantwortlich[1]). Sie haben zur Ausführung

[1]) Nur in Fällen dringender Gefahr dürfen die Verwaltungsstellen im Etat nicht vorgesehene Arbeiten unter Zuziehung der Vertrauensmänner der Baudeputation und des Leiters des Bauamts sofort ausführen lassen, haben aber die Geldbewilligung schleunigst nachzusuchen.

der Reparaturen die Bauämter unter Mitzeichnung des Stadtbaurats aufzufordern. Einzelnen Verwaltungsstellen kann die Ausführung der Reparaturen ohne Mitwirkung der Bauämter übertragen werden. Unwesentliche, die Einrichtung des Bauwerks nicht ändernde Reparaturen bis zu 300 Mark sind durch die Hauskuratoren ohne Mitwirkung der Bauämter auszuführen. Die Rechnungen sind vom Hauskurator oder Hausverwalter auf die Notwendigkeit und richtige Ausführung zu prüfen und zu bescheinigen. Die Kassenanweisungen werden vom Stadtbaurat mitgezeichnet. Beschwerden über die Bauämter gehen an die Hochbaudeputation.

An der Spitze jedes Bauamts steht je ein Magistratsbaurat oder Stadtbauinspektor, der der Deputation und dem Stadtbaurat insbesondere unmittelbar untergeben ist.

Projekte für größere Reparaturen und kleinere Umbauten werden durch die Verwaltungsstellen unter Mitzeichnung des Baurats den Bauämtern in Auftrag gegeben und dann dem Magistrat zur Beschlußfassung überreicht. Für Neu- und größere Erweiterungsbauten wird von der Verwaltungsstelle unter Zuziehung des Stadtbaurats das Bauprogramm entworfen und dem Magistrat übersandt, der dann der Baudeputation den Auftrag zur Ausarbeitung des Vorentwurfs nebst Kostenanschlag erteilt. Nach Prüfung durch die Hochbaudeputation und die Verwaltungsstelle und Genehmigung des Vorentwurfs durch den Magistrat, bei größeren Bauten auch durch die Stadtverordneten, wird der Entwurf und Kostenanschlag ausgearbeitet. Nach Prüfung durch die zuständigen Stellen beantragt der Magistrat bei der Stadtverordnetenversammlung die Geldbewilligung. Freihändig dürfen Arbeiten und Lieferungen zum Gesamtwert bis 3000 Mark, abgesehen von ein für allemal mit Rücksicht auf die Art der Leistungen feststehenden Ausnahmen, vergeben werden. Alle übrigen werden durch beschränkte oder öffentliche Ausschreibung vergeben, wenn die Hochbaudeputation nicht anders beschließt[1]). Die

[1]) Nach den allgemeinen Bietungsbedingungen sind die Angebote unter Benutzung der vorgeschriebenen Formulare, unterschrieb.n, verschlossen und gebührenfrei einzusenden. Den Vorschriften nicht entsprechende Angebote haben keinen Anspruch auf Berücksichtigung. Die Abgabe eines Angebotes soll zur Anerkennung der der Verdingung zugrunde gelegten allgemeinen und besonderen Bedingungen verpflichten. Die Bewerber bleiben seit Eröffnung des Gebots vier Wochen lang gebunden. Sie haben Zutritt zu den Eröffnungsverhand-

Kassenanweisungen werden vom Stadtbaurat und Deputationsvorsitzenden, gebotenenfalls auch vom Kämmerer gezeichnet. Die Bauabnahme erfolgt durch eine gemischte Kommission des Magistrats und der Stadtverordneten (§ 14).

Die Vorsteher der Hochbauämter (s. Geschäftsanweisung vom 28. Juni 1909 § 2) unterstehen der Hochbaudeputation und dem Stadtbaurat. Sie wohnen den Sitzungen der Hochbaudeputation mit beratender Stimme bei. Sie können von andern Deputationen unter Mitzeichnung des Stadtbaurats zu Arbeiten hochbautechnischer Natur herangezogen werden. Die Vorsteher werden durch Stadtbaumeister, Regierungsbaumeister, Stadtbauassistenten, Architekten, Techniker, Bureauassistenten, Bureauhilfsarbeiter usw., deren nächste Vorgesetzte sie sind, unterstützt. Sie haben die ihnen überwiesenen

---

lungen. Unternehmer, welche die in allgemeinen Tarifverträgen über Lohnhöhe, Arbeitszeit und Arbeitsbedingungen vereinbarten Festsetzungen nicht einhalten, sind von der Übernahme städtischer Arbeiten und Lieferungen ausgeschlossen. Der Zuschlag ist demjenigen der drei Mindestfordernden zu erteilen, dessen Angebot das annehmbarste ist. Ist kein Angebot annehmbar, so erfolgt die Ablehnung aller. Der Zuschlag ist bindend, wenn er innerhalb der Zuschlagsfrist schriftlich erteilt ist. Innerhalb 14 Tagen nach Erteilung des Zuschlags hat der Unternehmer Sicherheit zu stellen, andernfalls kann die Verwaltung zurücktreten und Schadenersatz fordern. Aus den allgemeinen Vertragsbedingungen für Arbeiten und Lieferungen für die Bauverwaltung sei folgendes hervorgehoben: Art und Umfang der Leistungen wird durch Anschläge und Zeichnungen bestimmt. Abänderungen der Entwürfe bleiben der Verwaltung vorbehalten. Die Vergütung wird nach den wirklichen Leistungen und den vereinbarten Einheitssätzen berechnet. Von dem Unternehmer können Mehrleistungen bis zu zehn Prozent verlangt werden, wegen Minderleistungen bis zu zehn Prozent steht ihm kein Schadenersatz zu. Es dürfen nur tüchtige Arbeiter verwendet werden. Der Unternehmer muß über seine Verträge mit Handwerkern oder Arbeitern Auskunft erteilen. Bei säumiger Zahlung kann die Verwaltung die Arbeiter und Handwerker unmittelbar befriedigen. Die Zeitlohnlisten sind dem Bauleitenden täglich vorzulegen. Bei Meinungsverschiedenheiten über Materialien entscheidet auf Verlangen des Unternehmers das städtische Untersuchungsamt oder das Königliche Materialprüfungsamt endgültig, bei Meinungsverschiedenheiten zwischen Unternehmer und Bauleitung das Stadtbauamt und bei sonstigen Rechtsstreitigkeiten aus dem Vertrage ein nach der Zivilprozeßordnung zusammengesetztes Schiedsgericht, auf Verlangen des Magistrats auch das ordentliche Gericht. Wenn das Guthaben des Unternehmers mit Arrest belegt oder gepfändet wird, so kann die Stadt zurücktreten. Für jede Säumnis kann eine Vertragsstrafe bis ein Prozent der Vertragssumme gefordert werden. Auf Verlangen ist Sicherheit bis zu fünf Prozent der Vertragssumme zu stellen.

Bauausführungen selbständig ins Werk zu setzen und zu leiten. Die bautechnischen Arbeiten sind, soweit besondere Vorschriften fehlen, nach den staatlichen Vorschriften anzufertigen. Sie haben bei der Ausführung von Hochbauten die Anweisung vom $\frac{9.\ \text{VII}.\ 1896}{27.\ \text{VIII}.\ 1902}$ zu beobachten. Alle Arbeiten sollen möglichst nach Akkordsätzen, nicht im Zeitlohn ausgeführt werden[1]). Die Vorsteher haben die Baurechnungen schnellstens zu erledigen, die Abrechnungen zu revidieren und den Rechnungsbetrag festzustellen.

Dritter Titel.

Tiefbaudeputation.

1. Allgemeines. Organisation der Tiefbaudeputation.

In rechtlicher Beziehung bedeutungsvoller ist die Tiefbaudeputation. Der Geschäftskreis derselben zerfällt in zwei Gruppen:

a) im wesentlichen rein technische Aufgaben, nämlich die Bauausführung und Unterhaltung von Straßen, Brücken nebst Zubehör, Wasserläufen, Unterhaltung der zu Tiefbauarbeiten erforderlichen Gebäude und die Verwaltung der Steinlagerplätze, Bau und Unterhaltung von Brunnen, soweit sie nicht den Wasserwerken unterstehen, Unterhaltung der Springbrunnen und öffentlicher Denkmäler, Bau der Bedürfnisanstalten, sowie die Vermessung der Stadt;

b) vorwiegend juristische Angelegenheiten: Feststellung der Weichbildgrenzen, Aufstellung der Fluchtlinienpläne und Durchführung derselben, insbesondere durch Erwerb des nötigen Straßenlandes, Verfügung über das Straßenland sowie die Bauten über und unter der Oberfläche desselben, sämtliche Angelegenheiten der Unfallversicherung bei Regiebauten der Stadt auf Grund von § 6 Abs. 3 des Bauunfallversicherungsgesetzes vom 30. Juni 1900 mit Ausschluß der Straßenreinigungsarbeiten und der Eisenbahnbauten.

Die Tiefbaudeputation, wie die Hochbaudeputation ist aus einer Abteilung der Baudeputation hervorgegangen (§ 1 der aufgehobenen Instruktion für die Stadtbauverwaltung vom Juni 1873

---

[1]) Wegen des Begriffs von Zeitlohn und Akkordlohn und zugleich auch wegen in der vorstehenden Anmerkung erwähnten Tarifverträge, wird auf Wölbling, Der Akkordvertrag und der Tarifvertrag, Berlin, J. Guttentag, 1908, auch Wölbling, Grundsätze des Akkordvertrages, Berlin, J. Guttentag, 1909, verwiesen.

und Gemeindebeschluß vom $\frac{1.}{13.}$ April 1905). Die Deputation besteht aus 4 Magistratsmitgliedern, 10 Stadtverordneten und den vom Magistrat zugeordneten Magistratsräten und Magistratsassessoren. Für die Stellung der Deputation zum Magistrat sollen die §§ 26 ff. der Instruktion für die Stadtmagisträte vom 25. Mai 1835 maßgebend sein[1]).

Ihre Zuständigkeit und Geschäftsführung ist jetzt durch die Geschäftsanweisung vom 28. Juni 1909 geregelt.

Der technische Dezernent ist der Stadtbaurat für Tiefbau, die Stadtverordneten sind als Vertrauensmänner für örtliche Bezirke und als Mitglieder des Ausschusses für die Steindepots, die übrigen Mitglieder als Verwaltungsdezernenten tätig[2]). Dem Stadtbaurat ist das technische Bureau unterstellt, welches in drei je einem Stadtbauinspektor unterstellte Abteilungen zerfällt, und zwar:

Abteilung 1. Für Straßenbau, Aufstellung von Fluchtlinienplänen und Straßenbahnwesen[3]) und Abgabe von Gutachten über Grundstückswerte;

Abteilung 2. für Wasser, Hafenbau und Unterpflasterbahnen;

Abteilung 3. für Brückenbau.

Die Geschäftsverteilung zwischen den Abteilungen regelt der Stadtbaurat.

Der Tiefbaudeputation ist zur Bearbeitung des Planmaterials, Prüfung der eingehenden Baugesuche auf Innehaltung der Fluchtlinien, Baubeschränkungen, Auslegung von Fluchtlinienplänen, Vermessungen, Grenzabsteckungen, Planaufnahmen ein Vermessungsamt unterstellt, welches unter der Leitung eines Vermessungsinspektors steht und in zwei Abteilungen zerfällt[4]).

---

[1]) Vgl. §§ 25—36 des Regulativs für den Magistrat von Berlin vom $\frac{14.}{18.}$ Juni 1834. Gemeinderecht, Einleitungsband S. 85—89.

[2]) Zurzeit zugleich Vorsitzender.

[3]) Zugleich mit der Bearbeitung der Dezernatsgeschäfte des Stadtbauamts in Kanalisationssachen betraut.

[4]) Bestimmungen über die Einrichtung des Vermessungswesens bei Ausführung der Neuvermessung und Kartierung der Stadt Berlin und Beschluß der Baudeputation vom 6. März 1877, Geschäftsordnung für das städtische Vermessungsamt, Beschluß des Magistrats vom 25. Februar 1886, Geschäftsordnung für die Kasse des städtischen Vermessungsamts vom 25. März 1899, Gebührentarif für das städtische Vermessungsamt vom 12. Februar 1907.

2. Die technischen Aufgaben der Tiefbaudeputation.

Der Stadtbaurat hat die oberste Leitung und Aufsicht über sämtliche technischen Arbeiten und ist der Vorgesetzte aller bei der Deputation beschäftigten technischen Beamten, Landmesser und Techniker. Jede an ein Bauamt oder einen technischen Beamten oder Techniker ergehende Verfügung bedarf seiner Mitzeichnung, soweit sie technische Arbeiten betrifft. Er kann auf der Baustelle Anordnungen zur sofortigen Ausführung treffen und in dringenden Fällen die Fortsetzung des Baues hindern. Der Leiter des Bauamtes hat, wenn er dem Stadtbaurat gegenüber bei seiner abweichenden Meinung verharren will, der Deputation davon Anzeige zu machen. Einer der Abteilungsvorsteher des technischen Bureaus wird vom Magistrat zum ständigen Vertreter des Stadtbaurats ernannt. Er hat im Vertretungsfall volles Stimmrecht in der Deputation. In der Stadtverordnetenversammlung kann er als Kommissar des Magistrats erscheinen.

Die Bearbeitung der örtlichen Tiefbauangelegenheiten liegt den sechs der Baudeputation unterstellten und von Magistratsbauräten oder Stadtbauinspektoren bureaukratisch geleiteten Stadtbauämtern ob, denen je ein (mehrere Standesamtsbezirke umfassender) örtlicher Geschäftskreis zugewiesen ist.

Die Magistratsbauräte und Bauinspektoren wohnen den Sitzungen bei und. haben in den Angelegenheiten, in denen sie zum Berichterstatter bestellt sind, Stimmrecht.

Für jedes Bauamt werden ein Verwaltungsdezernent und zwei Vertrauensmänner ernannt. Die Anhörung eines Vertrauensmannes ist erforderlich bei Vergebung und Überwachung von Arbeiten und Lieferungen, bei Überwachung des Zustandes der Straßen und Prüfung der Rechnungen.

Alle Arbeiten bis zum Werte von 3000 Mark können freihändig vergeben werden, alle übrigen sind im Wege der beschränkten oder öffentlichen Ausschreibung zu vergeben, falls nicht in besonderen Fällen Bestimmungen über freihändige Vergebung getroffen sind. Die Geschäftsführung der Bauämter ist im wesentlichen ebenso geordnet wie bei den Hochbauämtern (Geschäftsanweisung für die Vorsteher der Tiefbauämter vom 28. Juni 1909).

Die Ausführung der Bauarbeiten erfolgt gewöhnlich durch Unternehmer im Wege des Privatvertrages, der in der Regel als Werkvertrag, bisweilen aber auch als Dienstvertrag anzusehen ist. Für diese Verträge bestehen allgemeine Bedingungen[1]).

[1]) Für die Freilegung einer Straße von Gebäuden kommen in Betracht die Bedingungen für den Verkauf und Abbruch von Baulichkeiten. Die Gebote sind schriftlich und in versiegeltem Umschlag abzugeben. Vor der Eröffnung der Angebote hat der Bieter Sicherheit für den Kaufpreis und Stellung der Erfüllungssicherheit durch Hinterlegung zu leisten. Erfüllungssicherheit ist von demjenigen zu leisten, der den Zuschlag erhält. Eingehend ist die technische Ausführung des Abbruchs geregelt. Tierquälerei ist bei der Abfuhr zu vermeiden. Wert- und Kunstgegenstände oder Sachen von archäologischem Wert gehen nicht in das Eigentum des Unternehmers über, durch ihre Auffindung soll weder dem Käufer noch dem Finder ein Anspruch auf Finderlohn erwachsen (?). Tod oder Zahlungsunfähigkeit des Käufers begründen ein Rücktrittsrecht für die Stadt. Die Fuhrleistungen sind durch die allgemeinen Bedingungen vom September 1897 geregelt. Statt der allgemeinen Bedingungen für die Genehmigung von Straßenherstellungen durch Unternehmer gelten die Bestimmungen des Ortsstatuts vom 25. Juni 1906. Vor Beginn der Arbeit ist das Straßenland der Stadt unentgeltlich pfand-, lasten- und kostenfrei aufzulassen und freizulegen. Die Regelung ist in ganzer Straßenbreite einschließlich der Bürgersteige zu bewirken. Vor Beginn der Arbeiten ist die Genehmigung des zuständigen Bauamtes einzuholen. Besondere Vorschriften bestehen für die Aufschüttungen, welche die Straßenbaupolizei durch Aufgrabungen zu kontrollieren sich vorbehält. Die Bürgersteige sind nach Vorschrift der Baupolizeiverordnung vom 30. November 1907 herzustellen. Die Entwässerungs- und Beleuchtungsanlagen werden durch die städtischen Werke hergestellt. Arbeiten und Lieferungen dürfen nur an solche Unternehmer übertragen werden, welche für gleiche Arbeiten durch die Tiefbauverwaltung herangezogen werden. Die Genehmigung erlischt dann, wenn nicht innerhalb Jahresfrist von ihr Gebrauch gemacht wird. Der Unternehmer trägt die Kosten der Beaufsichtigung der Bauausführung durch die Stadt. Mit der Abnahme gehen sämtliche auf und unter den Straßen ausgeführten Anlagen in das Eigentum der Stadt über. Die Unterhaltung der Straßen und dieser Anlagen — aber außer den Bürgersteigen — geht mit der Abnahme auf die Stadt über, doch hat der Unternehmer die bauausführenden Firmen zur unentgeltlichen Unterhaltung des Pflasters, der Unterbettung und der Materialien, der Erstattung der Kosten infolge von Bodensenkungen, der Reinigung und Besprengung der Stadtgemeinde gegenüber zu verpflichten für die Dauer von vier Jahren seit Ablauf des Baujahres. Zur Sicherheit für die Vertragspflichten hat der Unternehmer ein Restgeld zu stellen. Besondere Bedingungen bestehen für die Neu- und Umpflasterungen mit fester Unterbettung und mit Kiesunterbettung (vom 10. September 1903), für Asphaltpflasterungen (vom 27. März 1903), für Holzpflaster (ohne Datum), für die Ausführung von Bürgersteigregulierungen (vom 23. Februar 1903), für Instandhaltung und Vervollständigung des Straßenpflasters (vom 23. Juni 1905).

Die Einlegung von Rohr- und Kabelleitungen in den Körper der öffent-

Aus den Mitgliedern der Tiefbaudeputation wird ein Ausschuß für die Steinlagerplätze gebildet, welcher die Geschäftsführung zu beaufsichtigen und den Stadtbaurat bei Beschaffung neuer Steine und Festsetzung der Verkaufspreise für alte Steine zu beraten hat. Die Plätze werden durch einen Depotverwalter unter Aufsicht eines Bureauvorstehers verwaltet. Aus den dort beschäftigten Arbeitern wird auf Grund eines Beschlusses der Tiefbaudeputation ein Arbeiterausschuß gebildet, der Wünsche und Beschwerden der Arbeiter vorzubringen und Gutachten über Fragen abzugeben hat, die das Wohl der Arbeiter betreffen.

3. Die verwaltungsrechtlichen Aufgaben.

Die verwaltungsrechtlichen Aufgaben der Tiefbaudeputation betreffen:

a) die Feststellung der Grenzen des städtischen Gemeindebezirks (Weichbildes) und ihre Veränderung (§ 2 St.O., Z.G. §§ 8 und 9, L.G.O. §§ 2—4);

b) die Aufstellung und Durchführung des Bebauungsplanes oder einzelner Fluchtlinien, Erwerb und Erhaltung des Eigentums und anderer Rechte an öffentlichen Straßen oder Straßenland innerhalb und außerhalb des Weichbildes (Gesetz betr. Anlegung und Veränderung von Straßen und Plätzen in Städten usw. vom 2. Juli 1875, Enteignungsgesetz vom 11. Juni 1874, Gesetze betr. Heranziehung von Interessenten zum Wegebau vom 7. Juli 1891 und 11. Juli 1891, Kommunalabgabengesetz § 9, A.L.R. § 81, 82 I 8 [betr. Bürgersteige], Gesetz gegen die Verunstaltung von Ortschaften und landschaftlich hervorragenden Gegenden vom 15. Juli 1907 [1]), Kleinbahngesetz vom 28. Juli 1892, Gesetz betr.

---

lichen Straßen ist durch die gemeinsam von der Tiefbaudeputation mit der örtlichen Straßenbaupolizeiverwaltung aufgestellten allgemeinen Bedingungen vom $\frac{11.\ IX.\ 1903}{9.\ X.\ 1908}$, sowie durch die von denselben Behörden aufgestellten allgemeinen Bedingungen zu Konsensen für die Verlegung von Lichtkabeln durch die Berliner Elektrizitätswerke vom 3. Juni 1890, und für die Verlegung von Kabelröhren behufs Unterbringung von Fernsprechkabeln durch die Kaiserliche Oberpostdirektion vom 3. Juni 1890 geregelt.

[1]) Auf Grund des Gesetzes ist das Ortsstatut zum Schutze der Stadt Berlin gegen Verunstaltung vom 24. Juni 1909 erlassen worden. Danach ist die baupolizeiliche Genehmigung bei Bauten und baulichen Anlagen an gewissen Straßen und Plätzen zu versagen, wenn dadurch die Eigenart des Orts- und

das Pfandrecht an Privateisenbahnen und Kleinbahnen und die Zwangsvollstreckung in dieselben §§ 6, 42, Bauunfallversicherungsgesetz vom 20. Juni 1900);

Die Feststellung des Weichbildes wurde bereits zu Beginn des allgemeinen Teils behandelt. Es braucht deshalb hier nur darauf hingewiesen zu werden[1]);

c) die Anlegung und Unterhaltung der Straßen.

Man unterscheidet öffentliche Straßen, welche dem öffentlichen Verkehr dienen, und Privatstraßen. Die öffentlichen Straßen zerfallen in Staats-, Provinzial-, Kreis- und Gemeindestraßen. Durch Vertrag vom 11., 30. und 31. Dezember 1875 (Gemeindeblatt 1876 S. 32 und 33) hat der Fiskus gegen eine jährliche inzwischen abgelöste Rente die sämtlichen innerhalb des Weichbildes belegenen, dem öffentlichen Verkehr dienenden Brücken, Straßen, Wege, Plätze und Promenaden nebst Zubehör der Stadtgemeinde zum Eigentum abgetreten, mit Ausnahme von Lustgarten, Opernplatz, Königsplatz nebst zwei Rasenplätzen, der Alsenstraße und der öffentlichen Denkmäler und Kunstwerke[2]). Zur Anlage und Unterhaltung der öffentlichen Wege im Weichbild ist die Stadtgemeinde verpflichtet. Die Stadtgemeinde kann daher der Anlage von Privatstraßen[3]) widersprechen, bei welchen die Entwicklung eines öffentlichen Verkehrs und daher die Umwandlung in öffentliche Straßen zu befürchten ist.

Eine allgemeine gesetzliche Regelung des Wegerechts fehlt. In Betracht kommen nur die Bestimmungen des ersten Abschnitts des 15. Titels Teil 1 Allg. Landrechts und für die Kur- und Neumark

---

Straßenbildes beeinträchtigt würde, ferner in der Umgebung gewisse Bauten, wenn dadurch ihre Eigenart oder ihr Eindruck beeinträchtigt würde. Unter denselben Voraussetzungen sind Änderungen an gewissen Bauwerken zu versagen. Vor Erteilung oder Versagung der Baugenehmigung ist der Magistrat, ein sachverständiger Beirat, bestehend aus je einem Mitglied der Akademie der Künste, des Bauwesens, des Berliner Architektenvereins, der Vereinigung Berliner Architekten und der Stadtbaurat für Hochbau zu hören. Die Anbringung von Reklameschildern, Inschriften und Abbildungen bedarf bei den genannten Straßen, Plätzen und Gebäuden der polizeilichen Genehmigung.

[1]) Allgemeiner Teil S. 10—14.

[2]) Aus dem Umstande, daß eine Straße eine öffentliche ist, folgt noch nicht, daß sie im Eigentume der Stadt steht; das Eigentum kann auch einem Privaten zustehen.

[3]) Vgl. hierzu O.V.G. vom 1. April 1890, Entsch. XIX. 367 ff.

das Edikt vom 18. April 1792 und die Verordnung vom 15. Juni 1803[1]).

Nach dem Fluchtliniengesetz vom 2. Juli 1875[2]) § 1 sind für die Anlegung von Straßen und Plätzen innerhalb des Weichbildes Straßen- und Baufluchtlinien vom Magistrat im Einverständnis mit dem Stadtbaurat dem öffentlichen Bedürfnis entsprechend unter Zustimmung des Polizeipräsidenten und der örtlichen Straßenbaupolizei, in Berlin mit Genehmigung des Königs festzusetzen. Die Ortspolizeibehörde kann die Festlegung von Fluchtlinien verlangen, wenn die von ihr wahrzunehmenden polizeilichen Rücksichten die Festsetzung fordern. Die Straßenfluchtlinien bilden regelmäßig auch die Baufluchtlinien, doch können zwecks Anlage von Vorgärten[3]), welche durch das Polizeipräsidium in gewissen Straßen hauptsächlich aus sanitären Gründen vorgeschrieben sind, besondere Baufluchtlinien festgesetzt werden. Die Festsetzung von Fluchtlinien kann für einzelne Straßen und Straßenteile oder nach dem voraussichtlichen Bedürfnis der näheren Zukunft durch Aufstellen von Bebauungsplänen für größere Grundflächen erfolgen. Die meisten Straßen Berlins waren schon vor Erlaß des Gesetzes festgelegt, insbesondere durch den Bebauungsplan vom Jahre 1862. Nach dem Fluchtliniengesetz kann bereits mit der der Festsetzung vorausgehenden Offenlegung (§ 8) den betroffenen Grundstücken oder Grundstücksteilen servitutarisch die Beschränkung auferlegt werden, daß Neubauten, Um- und Ausbauten über die Fluchtlinie hinaus versagt werden. Die früheren Bebauungspläne haben aber im wesentlichen nur die Bedeutung von Projekten, an die die Gemeinden den Privateigentümern gegenüber nicht gebunden sind. Bei diesen tritt die Beschränkung des Grundeigentums erst mit dem Augenblicke ein, in welchem dem Eigentümer der Wille der Gemeinde zur Durchführung der Fluchtlinie mitgeteilt wird, d. h. mit der Versagung eines beantragten Baues. Nach Ortsstatut I vom 11. Januar 1910, welches an Stelle des Ortsstatuts vom 8. Oktober 1875 getreten ist, dürfen an Straßen, die nicht für den öffentlichen Verkehr und Anbau gemäß den polizeilichen Bestimmungen fertiggestellt sind, Wohngebäude mit einem Ausgang nach diesen Straßen nicht errichtet werden.

---

[1]) Abgedruckt bei Koch, Allg. Landrecht Bd. 4 Tit. 15 § 15.

[2]) Kommentar v. Strauß u. Torney (früher Friedrichs), 5. Aufl., 1905.

[3]) Polizeiverordnung vom 27. Oktober 1855 über die Anlage von Vorgärten.

Nach dem ferneren Ortsstatut II vom $\frac{25.\ \mathrm{VI.}}{20.\ \mathrm{IX.}}$ 1906 (an Stelle des früheren vom $\frac{7.}{19.}$ März 1877) sind nach Anlegung einer neuen Straße die Anlieger, falls sie an der Straße bauen[1]), verpflichtet, die Kosten der Freilegung, ersten Einrichtung, Pflasterung, Entwässerung und Beleuchtungsvorrichtungen zu ersetzen. Die Verteilung der Kosten erfolgt nach der Länge der Straßenfronten. Unternehmer, welche eine neue Straße anlegen wollen, haben, abgesehen von der polizeilichen Genehmigung, die Genehmigung des Magistrats nachzuholen und müssen die gesamten Kosten tragen. Die Genehmigung kann bei bebauungsplanmäßigen Straßen nur aus Gründen des Verkehrs oder sonstigen öffentlichen Interessen versagt werden. Die Unternehmer müssen fünf Jahre die Straße auf ihre Kosten erhalten, auch die Kosten etwaiger Bodensenkungen tragen (§ 15). Den Anliegern bereits vorhandener Straßen, an denen Gebäude noch nicht errichtet sind, liegen dieselben Verpflichtungen ob wie den Anliegern neuer Straßen (§ 16)[2]).

Nach der Polizeiverordnung der örtlichen Straßenbaupolizei vom 12. September 1879 ist eine Straße anbaufertig, wenn folgende Bedingungen erfüllt sind:

1. Die Straßenflächen müssen der Stadt übereignet sein.

2. Die Straße muß in Plan, Höhenlage, Breite und Einteilung dem Bebauungsplan entsprechen.

3. Der Damm muß mit vorgeschriebenem Pflaster befestigt oder asphaltiert sein.

4. Sie muß mit genügender Entwässerungsanlage versehen,

5. an eine regulierte Straße durch Kreuzdamm anzuschließen sein,

6. die Bürgersteige müssen nach den Vorschriften der Baupolizeiverordnung vom 21. April 1853 und der Verordnung vom 17. Januar 1873 befestigt werden.

Vor Erlaß der Polizeiverordnung vorhandene Straßen müssen

---

[1]) Ausnahme bei Errichtung von Schuppen u. dgl. (§ 2), bei gemeinnützigen Bauten (§ 8). Teilweiser Nachlaß der Kostenerstattung aus Billigkeitsgründen (§ 10).

[2]) Die Einziehung der Kosten von Straßenanlagen gründete sich bei Erlaß des jetzt aufgehobenen Ortsstatuts vom 7. September 1877 auf Kabinettsorder vom 31. Dezember 1838.

vollständig befestigt, mit unterirdischen Entwässerungskanälen oder Rinnsteinen versehen sein.

Nach der Polizeiverordnung vom 17. Januar 1873 ist jeder Grundbesitzer zur Herstellung und Unterhaltung der Bürgersteige verpflichtet.

Eine Entschädigungspflicht der Gemeinde tritt bei Aufstellung von Fluchtlinien auf Grund des Gesetzes von 1875 erst ein, wenn die Straßenflächen

a) auf Verlangen der Gemeinde für den öffentlichen Verkehr abgetreten,

b) von Gebäuden freigelegt werden

c) oder zu einem einer bereits an einer anderen anbaufähigen Straße an einer festgestellten Baufluchtlinie belegenen Grundstücke gehören.

Die Anlieger haben ein Privatrecht auf einen Zugang zur Straße.

Die Enteignung erfolgt nach Maßgabe des Gesetzes vom 11. Juni 1874[1]) gegen volle Entschädigung. Bei einer nicht auf Grund des Fluchtliniengesetzes von 1875 festgesetzten Fluchtlinie bedarf es der besonderen Verleihung des Enteignungsrechts durch Königliche Verordnung.

Auf Grund von § 9 des Kommunalabgabengesetzes bestimmt der Gemeindebeschluß vom 16. April 1902: Zu den Kosten für die Herstellung von Straßenverbreiterungen, Anlegung von Plätzen und, sofern dadurch ein neuer Verkehrsweg geschaffen wird, für die Herstellung von Brücken, Straßenüber- und -unterführungen einschließlich der hierzu erforderlichen Anrampungen und Zugangswege haben diejenigen Grundeigentümer, denen hierdurch besondere wirtschaftliche Vorteile erwachsen, Beiträge zu leisten, die nach diesen Vorteilen zu bemessen sind. Die Verpflichtung tritt nur auf besonderen Gemeindebeschluß ein, wenn die Veranstaltung im öffentlichen Interesse erfolgt und die Aufbringung der Kosten auf Grund des Fluchtliniengesetzes vom 2. Juli 1875 nicht möglich ist.

Vierter Titel.

Park- und Gartenbauverwaltung.

Durch Gemeindebeschluß vom 15. Juni 1870 ist die aus sechs Magistratsmitgliedern, zehn Stadtverordneten und vier Bürger-

[1]) Kommentar von Eger, 2. Aufl., 1902.

deputierten zusammengesetzte Parkdeputation gebildet worden, der durch Magistratsbeschluß ein Magistratsrat als Mitglied zugeteilt ist.

Die Aufgabe der Deputation besteht in der Anlegung und Verwaltung der städtischen Park- und Gartenanlagen, Baumschulen und Anzuchtgärten für Pflanzen zum botanischen Unterricht, der Schmuckplätze und Anpflanzungen bei städtischen Kranken- und Badeanstalten, Schulen, Turn- und Begräbnisplätzen, sowie der Besorgung der mit der Verwaltung der Anlagen verbundenen Vermietungen und Verpachtungen.

Die Bureaugeschäfte der Parkdeputation werden im Bureau der Grundeigentumsdeputation besorgt.

Die obere Leitung der Gartenbauverwaltung im beschränkten Sinne liegt dem der Deputation unterstellten Gartendirektor ob. Diesem sind ein Garteninspektor und vier Obergärtner unterstellt, welchen die Verwaltung je eines an die großen städtischen Parks sich anschließenden Parkreviers unterstellt ist. Im Anschluß an diese Parks ist die Stadt in vier Reviere geteilt, denen einige auf benachbartem Gemeindegebiete belegene Straßen hinzugefügt sind. Das fünfte Revier bildet der ganz außerhalb des Berliner Gemeindegebiets belegene Treptower Park[1]).

Fünfter Titel.

Straßenreinigung.

a) Allgemeines, Geschichtliches.

Die Straßenreinigung erfolgt teils im Interesse der Erhaltung und des Aussehens der Straßen und teils aus gesundheitlichen Rücksichten. Aus diesem Grunde gehört sie auch der allgemeinen Wohlfahrtspflege an. Sie ist aber auf alle Fälle ein Teil der Straßenverwaltung, die im allgemeinen der Tiefbaudeputation und somit einem technischen Verwaltungszweige obliegt. Sie wird aber in Berlin von einer besonderen Deputation verwaltet.

Durch die Königl. Kabinettsorder vom 27. September 1875[2]) ist die bis dahin von der staatlichen Polizei besorgte Straßenreinigung

---

[1]) Die städtischen Rieselgüter haben eine besondere, nicht der Parkdeputation unterstellte Gartenverwaltung. S. S. 120.

[2]) Gemeinderecht IX S. 3. Über die Entwicklung des Straßenreinigungswesens vgl. Clauswitz aaO. S. 4, 32, 119, 162, 176—178, 250.

einschließlich der polizeilichen Reinigung der Stadtgemeinde unbeschadet der dem Polizeipräsidium zustehenden Aufsicht zur eigenen Verwaltung überlassen worden. Diese Verwaltung wurde einer besonderen Deputation unter dem Namen: „Städtische Deputation für das Straßenreinigungswesen" übertragen[1]). Dieselbe besteht aus vier Magistratsmitgliedern und neun Stadtverordneten. Außerdem ist ihr als Mitglied ein Magistratsrat überwiesen. Die Deputation besitzt ein besonderes Verwaltungsbureau[2]).

b) Beamte der Straßenreinigung.

Die Ausführung der Straßenreinigung und Besprengung der Straßen ist einem technischen Direktor übertragen, welcher von einem Subdirektor unterstützt wird. Maßnahmen, die eine vorübergehende oder außerordentliche Vermehrung der Arbeitsmittel oder Arbeitskräfte erfordern, bedürfen der Genehmigung der Deputation oder ihres Vorsitzenden. Er wohnt den Sitzungen der Deputation, aber ohne Stimmrecht, in der Regel bei. Der Direktor untersteht der Leitung und Aufsicht der Deputation. Seine Pflichten und Rechte ergeben sich aus der Instruktion für den Direktor der städtischen Straßenreinigung, Magistratsbeschluß vom 25. März 1876[3]). Der Direktor ist der Vorgesetzte aller bei der Straßenreinigung beschäftigten Personen, der Arbeiter, Aufseher, Kutscher, Schirrmeister, Oberaufseher, Depotverwalter und Techniker. Dieselben sind seinen amtlichen Anordnungen unbedingt Folge zu leisten verpflichtet (§ 6). Der Direktor ist befugt, als Disziplinarstrafen gegen die Angestellten der Straßenreinigung Mahnungen, Rügen und schriftliche Verweise eintreten zu lassen, über welche die Deputation auf Beschwerde endgültig entscheidet (§ 8). Er ist berechtigt, Arbeiter, Vorarbeiter und Kutscher unter den von der Deputation und im Etat festgesetzten Bedingungen anzunehmen, im Notfalle auch Hilfsarbeiter. Die Entlassung der vereidigten Angestellten, namentlich der Aufseher,

---

[1]) Die Straßenreinigung liegt der Gemeinde unabhängig von der Wegebaulast ob. Germershausen, Wegerecht Bd. I § 3 Nr. 4. Die Frage, ob die Nichterfüllung der durch Ortsstatut den Straßenanliegern auferlegten Pflicht mit Strafe bedroht werden kann, ist vom Oberverwaltungsgericht verneint, vom Kammergericht bejaht worden. Vgl. Schalhorn, Kommunalarchiv I S. 401 f.

[2]) Die Deputation verwaltet auch die städtischen Abladeplätze. Ferner sind ihr die auf Kosten der Krankenhausdeputation unterhaltenen Rettungsgeräte von Wasserläufen unterstellt.

[3]) Gemeinderecht IX S. 15.

Schirrmeister, Techniker, Oberaufseher und Depotverwalter, kann nur mit Zustimmung der Deputation erfolgen. Die Oberaufseher haben den Direktor bei der Kontrolle des äußeren Dienstes in einem bestimmten Bezirk zu unterstützen. Ihnen sind die Abteilungsbureaus zur Revision unterstellt. Bei plötzlich eintretendem Bedürfnis können sie Hilfsarbeiter einstellen (§ 13)[1].

Den Oberaufsehern sind die Aufseher unterstellt, denen ein bestimmter Unterbezirk überwiesen ist, und ihnen sind die Vorarbeiter und Arbeiter untergeordnet. Der Aufseher hat aber nicht das Recht, Arbeiter anzunehmen oder zu entlassen. In dringenden Fällen kann er sie aber vorbehaltlich sofortiger Einholung höherer Entscheidung vom Dienste suspendieren. Die Rechte und Pflichten der Aufseher ergeben sich aus der Dienstinstruktion für die Aufseher vom 26. Februar 1880[2]). Die Rechtsverhältnisse der Arbeiter beruhen auf der Arbeitsordnung für die im Betriebe der städtischen Straßenreinigung bediensteten Arbeiter vom 24. Dezember 1902[3]). Die Arbeitsordnung hat nicht die Bedeutung einer Arbeitsordnung im Sinne der §§ 134 a ff. der Gewerbeordnung. Sie tritt daher nur wie eine andere Vertragsbestimmung gegenüber den Arbeitern in Wirksamkeit, also durch Willenseinigung, nicht durch bloße Veröffentlichung durch Anschlag[4]). Die Arbeiter erhalten außerdem alle 14 Tage gezahlten Lohn[5]), freie Dienstkleidung und nach zehnjähriger Dienstzeit ein Ruhegeld.

c) Ausführung der Straßenreinigung.

Für die Aufgaben der Straßenreinigung sind die Bestimmungen der §§ 98—129 der Straßenordnung vom 31. Dezember 1899,

---

[1]) Eine außerhalb der Straßenreinigung liegende eigentümliche Aufgabe der Oberaufseher ist es, von allen außerordentlichen Erscheinungen oder auffallenden Ereignissen auf öffentlicher Straße, welche die städtische Verwaltung irgendwie berühren, dem Direktor sofort Meldung zu machen, damit dieser die Mitteilnng nötigenfalls an den Oberbürgermeister weitergeben kann (§ 18).

Die Oberaufseher und Aufseher dienen auch als Organe der örtlichen Straßenbaupolizei, d. h. des Oberbürgermeisters in Angelegenheiten, welche Straßen, Plätze und Brücken betreffen.

[2]) Gemeinderecht IX S. 23—43.

[3]) Ebenda S. 43 f.

[4]) Dem widerspricht Nr. 10 der Ordnung.

[5]) In Krankheitsfällen auf sechs Wochen unter Abzug des Krankengeldes. Bei Betriebsunfällen tritt die Stadt an die Stelle der Unfallversicherung.

die Polizeiverordnung vom 26. Juni 1893 über die Einrichtung von Müll- und Abladeplätzen, vom 2. August 1898 über die Müllabfuhr, die für die Umgebung von Berlin erlassene Polizeiverordnung des Regierungspräsidenten zu Potsdam vom 15. Februar 1900 betr. die Abfuhr und das Abladen von Müll sowie die Berliner Polizeiverordnung vom 18. Mai 1900 betr. das Abladen und die Lagerung von aus auswärtigen Gemeindebezirken herrührendem Müll und Abfall maßgebend[1]). Unter Berücksichtigung der polizeilichen Anforderungen und der Bedürfnisse der Straßenreinigung sind die Einzelheiten des Straßenreinigungsdienstes in der Dienstinstruktion für die Aufseher vom 26. Februar 1880 zusammengestellt. Sie umfassen die Reinhaltung der Straßen, einschließlich der Bürgersteige, der sog. Gullys (Senkgruben) der Kanalisation, die Besprengung der Straßen, das Passierbarmachen derselben bei Frostwetter und Schneefall und die Abfuhr des Schnees und Kehrichts[2]). Die Beseitigung von Schnee und Eis von den Bürgersteigen und die Beseitigung der Winterglätte liegt nach § 127 der Polizeiverordnung vom 31. Dezember 1899 den anliegenden Grundeigentümern ob, sie haben auch, wenn infolge außergewöhnlicher Witterungsverhältnisse die Mittel der öffentlichen Straßenreinigungsanstalt nicht ausreichen, die Reinigung der Straßen auf polizeiliches Erfordern zu bewirken[3]). Nach § 14 der Dienstinstruktion für die Aufseher hat die Straßenreinigungsverwaltung auf Ersuchen der Polizei im Wege der Zwangsvollstreckung die Ausräumung, Desinfektion von Abtritten und Senkgruben, die Entfernung auf der Straße stehengebliebener Wagen, die Beseitigung von Baumaterial und anderer Verkehrshindernisse zu bewirken.

---

[1]) Gemeinderecht IX S. 81—89.

[2]) Die Bedingungen für die Übernahme der Kehricht- und Schneeabfuhr sowie die Bespannung der Sprengwagen und Kehrmaschinen sind im Gemeinderecht IX S. 51—89 abgedruckt.

[3]) Die Pflicht der Straßenbahngesellschaften zur Reinigung und Besprengung der Straßen, insbesondere der Gleisflächen, ergibt sich aus den mit ihnen abgeschlossenen Verträgen s. Gemeinderecht I S. 93, 113, 133, 140, 145, 149, 157, 176, 191. Bei elektrischen Betrieben haben die Straßenbahngesellschaften seit 1902 nur noch ein Entgelt für das Reinigen der Schienenrillen zu zahlen. Bericht der Gemeindeverwaltung Berlin 1901—1905 I S. 128. Mit einzelnen Bahnunternehmungen ist ausbedungen, auf Verlangen des Magistrats zur Nachtzeit Straßenkehricht, Müll, Küchenabfälle u. dgl. zu befördern, a. a. O. S. 116, 141.

Sechster Titel.

Verkehr.

a) Allgemeines. Verkehrsdeputation. Zuständigkeit.

Zur Verwaltung und Beaufsichtigung aller den öffentlichen Verkehr in der Stadt Berlin[1]) betreffenden Gemeindeangelegenheiten und zur Verwaltung der von der Gemeinde betriebenen Straßenbahnen besteht gemäß den auf Antrag des Magistrats gefaßten Beschlüssen der Stadtverordneten vom 3. Dezember 1896, 18. Oktober 1900 und 3. Januar 1901 eine gemischte Deputation aus fünf Magistratsmitgliedern und zehn Stadtverordneten, der ein Magistratsrat als Mitglied mit Stimmrecht zugeteilt ist und an deren Sitzungen die etwaigen Leiter städtischer Straßenbahnen und ihre Vertreter mit beratender Stimme teilnehmen[2]). Die Verkehrsdeputation ist zuständig für alle Angelegenheiten des öffentlichen Verkehrs, insbesondere für alle Verkehrsunternehmungen (Omnibusse, Straßen-, Hoch- und Untergrundbahnen, Dampfschiffslinien), für Anträge auf Herstellung und Betrieb neuer Verkehrsunternehmungen, insbesondere die Wahrnehmung der Rechte der Stadtgemeinde nach dem Gesetz vom 28. Juli 1892 und für alle Lösch- und Ladeangelegenheiten. Der Deputation ist das Recht der Prozeßführung und Vertretung der Stadtgemeinde auch gegenüber Behörden, sowie bei dem Erwerb und der Veräußerung von Grundstücken eingeräumt worden.

b) Verkehrsunternehmungen.

1. Die Verkehrsunternehmungen im allgemeinen.

Die in der Gemeinde befindlichen öffentlichen Straßen und Plätze, sowie öffentlichen Wasserstraßen sind für den Verkehr bestimmt und dürfen daher von den öffentlichen Verkehrsunternehmungen zu Verkehrszwecken benutzt werden, selbstverständlich auch von städtischen Verkehrsmitteln. Die Benutzung darf, und zwar auch von der Stadt gehörigen Verkehrsunternehmungen nur innerhalb der Grenzen

---

[1]) Die die Stadt Berlin betreffenden Verkehrsangelegenheiten in benachbarten Gemeindebezirken sind, soweit es sich um den Straßenbahn- und Postverkehr handelt, in der mehrerwähnten Denkschrift von Hamburger S. 40—49, 71—94 erörtert. Dazu kommen noch Wege und Straßen, die die Stadtgemeinde ganz oder teilweise auf fremden Grund und Boden unterhält. Bei Aufstellung von Bebauungsplänen sind die Verkehrsbedürfnisse der Stadtgemeinde mit zu berücksichtigen.

[2]) Gemeinderecht I S. 88—90.

erfolgen, die dem Verkehr bei Benutzung der öffentlichen Straßen und Wasserläufe gesetzt sind. Insbesondere darf das Eigentumsrecht der Gemeinde nicht weiter, als es durch das Wegerecht [1]) geschieht, beeinträchtigt werden. Soweit dies erforderlich ist, soweit zwecks Ausübung der Verkehrsunternehmung eine Veränderung des Wegekörpers oder des Straßengrundstücks notwendig ist, durch Einlegen von Schienengeleisen, Bau von Hochbahnen oder Tunnels ist die Genehmigung der Gemeinde als Eigentümerin des Wegelandes und Wegeunterhaltungspflichtige nötig. Das ist für Kleinbahnen im Gesetz über Kleinbahnen und Privatanschlußbahnen vom 28. Juli 1892 ausdrücklich vorgeschrieben (§ 6), doch kann die Genehmigung durch Beschluß des Bezirksausschusses ergänzt werden.

Zur Genehmigung eines öffentlichen Verkehrsunternehmens an sich ist die Polizeibehörde zuständig, für Berlin der Polizeipräsident und im Einvernehmen mit der vom Minister der öffentlichen Arbeiten bezeichneten Eisenbahnbehörde, falls auch außerhalb des Weichbildes belegene Gemeinden in Frage kommen, die vom Minister der öffentlichen Arbeiten im Einvernehmen mit dem Minister des Innern bezeichnete Behörde (§ 3).

Abgesehen von den aus dem Eigentum und der Wegeunterhaltungspflicht folgenden Rechten ergibt sich für die Stadtgemeinde aus dem Recht und der Pflicht, für das Wohl der Gemeindebürger zu sorgen, die Aufgabe zur Regelung des Verkehrs nicht nur durch Anlage von Straßen, sondern auch durch Beförderung oder selbständige Einrichtung von Verkehrsinstituten, insbesondere Straßen-, Hoch- und Untergrundbahnen, Omnibuslinien, auch Dampferlinien.

Die städtische Verwaltung hatte dieser Aufgabe bisher durch den Abschluß von Verträgen mit derartigen Verkehrsunternehmungen, insbesondere Kleinbahnunternehmungen genügt, in denen vornehmlich als Gegenleistung für die außergewöhnliche Benutzung von Straßenland die Befriedigung des städtischen Verkehrsbedürfnisses unter der Stadtgemeinde geeignet erscheinenden Bedingungen ausbedungen war. Nach dem vom Magistrat beantragten Beschluß der Stadtverordneten vom 18. Oktober 1900 [2]) sollen künftig neue Straßenbahnlinien

[1]) Die sogenannte öffentliche Wegerechtsservitut.

[2]) Gemeinderecht I, 88—90.

grundsätzlich für Rechnung der Stadtgemeinde gebaut und betrieben werden.

2. Kleinbahnen.

α) Nichtstädtische Kleinbahnen.

Die Beziehungen zu den nicht städtischen Kleinbahnen sind abgesehen von den gesetzlichen Bestimmungen durch eine Anzahl Verträge geregelt[1]). Dabei sind folgende Grundsätze beobachtet:

Die Stadtgemeinde erteilt ihre Zustimmung zur Benutzung des Straßenlandes, erlaubt auch die Benutzung anderer städtischer Grundstücke[2]) und zwar auf eine bestimmte Dauer[3]).

Als Gegenleistung zahlt die Unternehmerin eine Quote der jährlichen Bruttoeinnahme an die Stadtgemeinde, auch ist die Stadtgemeinde nach Ablauf der Genehmigungszeit, in einzelnen Fällen auch vor demselben berechtigt, die Bahn nebst Inventar unter bestimmten Bedingungen zu erwerben[4]), bei Ablauf der Genehmigungsdauer gewöhnlich unentgeltlich. Die Bahn hat das an den Straßen herzustellen und zu ändern, was sich infolge der Bahnanlage als notwendig erweist[5]). Festgesetzt sind gewöhnlich ferner das Betriebssystem[6]), Fahrplan und Fahrpreis[7]), ferner die Fürsorge für das Bahnpersonal[8]), die Rechtsverhältnisse bei Schadenersatzansprüchen,

---

[1]) Über die Form dieser Verträge s. Ledermann St.O. § 56 Nr. 3 Anm. B, S. 244.

[2]) Gemeinderecht I, S. 1 § 1, S. 102 § 1, S. 132 § 1, S. 136 § 1, S. 148 § 1, S. 153 § 1, S. 161, S. 181.

[3]) Bei der El. Hoch- und Untergrundbahn von Siemens & Halske, 90 Jahre, sonst im allgemeinen bis zum 31. Dezember 1919, bei dem Berliner Schlesischen Bahnhof-Stralau-Treptow bis 31. Dezember 1935, a. a. O. I, S. 92, S. 100 § 2, S. 132 § 2, S. 137 § 2, S. 148 § 2, S. 153 § 2, S. 161, 182, vgl. Hamburger, Denkschrift S. 94.

[4]) Wegen des jährlichen Entgeltes (gewöhnlich 8 % der Bruttoeinnahme und ein Gewinnanteil) Gemeinderecht I, 92 § 5, S. 105 § 7, S. 132 § 7, S. 137 § 7, S. 144 § 7, S. 149 § 7, S. 167 § 11, S. 185 § 11.

Wegen des Erwerbs und der näheren Bedingungen der Bahn a. a. O. I, S. 94 § 9, S. 117 § 31, S. 135 § 31, S. 142 § 31, S. 146 § 31, S. 151 §§ 30, 31, S. 158 §§ 31, 31 a, S. 179 § 36, S. 194 § 36.

[5]) S. 93 § 6, S. 107 f. §§ 10—18, S. 132 §§ 11—17, S. 139 f. §§ 10—17, S. 144 § 11 f., S. 149 § 11 f., S. 155 § 11 f.

[6]) S. 106 § 3, S. 137 § 13, S. 153 § 3, S. 165 § 6, S. 184 § 6.

[7]) S. 94 § 8, S. 116 § 28, S. 134 § 28, S. 141 § 28, S. 146 § 28, S. 146 § 28, S. 151 § 28, S. 158 § 28, S. 193 § 33.

[8]) S. 135 § 35, S. 143 § 35, S. 147 §§ 35, 160.

sei es der Bahngesellschaft, sei es Dritter gegen die Stadtgemeinde[1]). Die Gesellschaft darf ihre Vertragsrechte nur mit Genehmigung des Magistrats auf dritte Personen übertragen[2]) und muß für die Erfüllung ihrer Pflichten Sicherheit leisten[3]). Vorgeschrieben ist auch im allgemeinen die Entnahme der elektrischen Betriebskraft aus den Berliner Elektrizitätswerken, einem Privatunternehmen, an dessen Gewinn die Stadtgemeinde beteiligt ist[4]). In einzelnen Fällen ist die Beförderung von Straßenkehricht und dgl., sowie von Leichen zur Nachtzeit ausbedungen[5]).

Der bei weitem größte Teil der Berliner Straßenbahnen wird von der Großen Berliner Straßenbahn-Aktien-Gesellschaft betrieben. Dieser ist vom Polizeipräsidenten die Genehmigung zur Fortsetzung ihres Betriebes bis zum Jahre 1949 erteilt worden[6]), während die Genehmigung des Magistrats als Vertreter der wegebaupflichtigen Stadtgemeinde nur bis zum 31. Dezember 1919 dauert[7]).

β) Städtische Kleinbahnen.

Bei den als städtische zu bezeichnenden Kleinbahnen ist zu unterscheiden zwischen dem einen Falle, in welchem die Stadtgemeinde lediglich die bei weitem größte Mehrheit der Aktien einer Bahngesellschaft erworben hat und bei der die Stadt nur die Stellung eines Aktionärs hat[8]) und denjenigen Kleinbahnen, welche für Rechnung der Gemeinde hergestellt und betrieben werden. Nach dem Beschlusse vom 18. Oktober 1900[9]) handelt es sich hier zunächst nur um Straßenbahnen. Die Gemeinde hat aber auch beschlossen,

---

[1]) S. 99 § 14, S. 114 §§ 23, 24, S. 133 § 23, S. 145 § 23, S. 157 § 23, S. 192 § 28.

[2]) S. 100 § 17, S. 118 § 33, S. 142 § 32, S. 147 § 32, S. 151, S. 194, S. 160, S. 180 § 32.

[3]) S. 100 § 18, S. 135 § 33, S. 142 § 33, S. 147 § 33, S. 160, S. 180 § 38, S. 195 § 38.

[4]) S. 104 § 4, S. 132 § 4, S. 137 § 4, S. 144 § 4, S. 166 § 7, S. 184 § 7.

[5]) S. 116 § 26, S. 141 § 26, S. 158 § 26.

[6]) Gemeinderecht S. 199 f.

[7]) Verwiesen sei schließlich auf die mit der Gesellschaft für elektrische Hoch- und Untergrundbahnen in Berlin über die Fortführung der Hoch- und Untergrundbahn bis zum Ringbahnhof Schönhauser Allee im Jahre 1906 abgeschlossenen Verträge, abgedruckt im Bericht der Gemeindeverwaltung Berlin 1901 bis 1905 II S. 250—267.

[8]) Gemeinderecht I, S. 90.

[9]) Ebenda I, S. 89, 90.

Hoch- und Untergrundbahnen herzustellen und zu betreiben, die nicht an die Straßenoberfläche gebunden sind. Die Verwaltung aller dieser Bahnen ist eine städtische Betriebsverwaltung im Sinne des Kommunalabgabengesetzes.

Sowohl den zuerst genannten Straßenbahnen, wie den in städtischer Regie erbauten gegenüber wird die Stadt durch die Verkehrsdeputation vertreten, die sonach nicht nur — wie das bei den übrigen Betriebsverwaltungen, insbesondere den städtischen Werken der Fall ist — die von der Stadtverwaltung in gewisser Beziehung gesonderte Betriebsverwaltung besorgt, sondern auch die auf den Verkehr bezüglichen Gemeindeangelegenheiten im engeren Sinne.

Die Grundsätze für die Verwaltung der eigenen Straßenbahnen sind in dem Gemeindebeschluß vom 18. Oktober 1900 niedergelegt[1]) und sind folgende:

Die beim Bau und Betriebe der städtischen Straßenbahnen zu beschäftigenden Personen werden, und zwar sofern sie nicht etwa aus ihrer bisherigen Tätigkeit in der städtischen Verwaltung die Beamteneigenschaft besitzen oder nach dem Gesetze erhalten müssen, auf Grund eines Privatdienstvertrages von der Deputation angenommen und entlassen und mit den erforderlichen Dienstanweisungen versehen. Dasselbe gilt für den oder die Leiter der Betriebe mit der Maßgabe, daß sie vom Magistrat nach Anhörung der Stadtverordneten angenommen werden.

Wieweit den Angestellten der städtischen Straßenbahn Pensionen zu gewähren sind, insbesondere die Einrichtung einer Pensionskasse nach den Grundsätzen des § 39 a des mit der Großen Berliner Straßenbahn und Neuen Berliner Pferdebahn-Gesellschaft abgeschlossenen Vertrages vom $\frac{\text{2. VII. 1897}}{\text{19. I. 1898}}$ bleibt der Beschlußfassung der Gemeindebehörden vorbehalten.

Die Deputation ist befugt, über die Annahme der von den zuständigen Staatsbehörden bei Erteilung der staatlichen Genehmigung gestellten Bedingungen innerhalb der von den Gemeindebehörden bewilligten Mittel zu beschließen.

Sie hat die Befugnis, die speziellen Bauentwürfe zu genehmigen, deren Ausführung anzuordnen und die fertiggestellten Bauten abzunehmen.

---

[1]) Gemeinderecht I, S. 88—90.

Sie ist berechtigt zum Abschluß von Verträgen aller Art, welche Bau und Betrieb der städtischen Straßenbahnen mit sich bringen, auch wenn sich ihre Wirkung über das laufende Etatsjahr erstreckt.

Sie ist zuständig zur Feststellung der Fahrpläne. Für jede ununterbrochene Fahrt ist ein Einzelpreis von 10 Pfennig zu erheben. Es sind Abonnements, Schüler- und Arbeiterfahrkarten einzuführen, deren Preise nur der Beschlußfassung der Deputation unterliegen. Die Deputation ist berechtigt, einzelne ihrer Befugnisse ständig oder vorübergehend an Unterkommissionen oder die Leiter der städtischen Straßenbahn zu übertragen.

Von dieser Befugnis hat die Deputation Gebrauch gemacht, indem sie aus ihrer Mitte einen Verkehrsausschuß gebildet hat.

Der Deputation sind außer ihren Verwaltungsbureaus ein Betriebsbureau der städtischen Straßenbahnen unterstellt, welches dem Leiter der städtischen Straßenbahnen zugeteilt ist. Das Projektierungsbureau für die Entwürfe der hafenstädtischen Untergrundbahnen ist mit dem Bureau der Tiefbaudeputation vereinigt.

c) Lösch- und Ladewesen.

Durch Gemeindebeschluß vom 15. April 1898 hat die Stadtgemeinde es als freiwillige Aufgabe übernommen, bei der Befriedigung der Bedürfnisse des durch die Schiffahrt auf den Berliner öffentlichen Wasserläufen sich entwickelnden sogenannten Lokoverkehrs durch Einrichtung von Ladegelegenheiten (insbesondere Häfen) mitzuwirken, jedoch unter der Voraussetzung, daß für die Stadtgemeinde die Erhebung von Abgaben für die Benutzung öffentlicher ihr gehöriger Ladestellen und deren Einrichtungen in der Höhe erreicht wird, daß durch dieselben die Verzinsung und Amortisation des Anlagekapitals, sowie die Betriebskosten gedeckt werden[1]).

Derartige Einrichtungen sind der unter einem Hafenmeister stehende Hafen am Urban und die unter einem Lagerverwalter stehende Lagerstelle am Humboldhafen.

Siebenter Titel.

Die städtischen Werke.

a) Allgemeines.

Die städtischen Werke sind städtische Betriebsverwaltungen im Sinne des Kommunalbeamtengesetzes § 8. Sie gehören zu den im

[1]) Gemeinderecht I, S. 202.

öffentlichen Interesse unterhaltenen Veranstaltungen im Sinne des § 4 des Kommunalabgabengesetzes, für deren Benutzung Gebühren erhoben werden können Sie sind z. T. — d. h. die Gas- und Wasserwerke — gewerbliche Unternehmungen der Gemeinde, die aber zugleich, und zwar vorwiegend, einem öffentlichen Interesse dienen. Es wäre deshalb eine Ausnahme von der Vorschrift des § 3 des Kommunalabgabengesetzes zulässig, wonach derartige Unternehmungen grundsätzlich so zu verwalten sind, daß die Einnahmen mindestens die gesamten durch die Unternehmung der Gemeinde erwachsenden Ausgaben, einschließlich der Verzinsung und der Tilgung des Anlagekapitals decken müssen. Gleichwohl sollen die Berliner Werke möglichst nutzbringend für das Gemeindevermögen verwaltet werden.

Die finanzielle Seite der Verwaltung der städtischen Werke, nämlich der Gas-, Wasser- und Kanalisationswerke, ist bereits bei der Vermögensverwaltung erörtert worden. Jedes Werk steht unter einer besonderen gemischten Deputation, die sich bei den Gaswerken aus 3 Magistratsmitgliedern, 6 Stadtverordneten und 2 Bügerdeputierten[1]), bei den Wasserwerken aus 3 Magistratsmitgliedern, 5 Stadtverordneten und 2 Bürgerdeputierten[2]), bei den Kanalisationswerken aus 5 Magistratsmitgliedern, 10 Stadtverordneten, 1 Bürgerdeputierten und 1 Magistratsassessor[3]) zusammensetzt.

Aufgabe der Deputationen ist die Verwaltung und der Betrieb der ihnen unterstellten Werke. Zu den besonderen Geschäften, die von den Deputationen unmittelbar zu erledigen sind, gehören nur: die Festsetzung der Tarife (bei den Gas- und Wasserwerken)[4]), die Änderung des Rohrnetzes[5]), etwaige Änderungen des Betriebes[6]), die Aufstellung der Etatsentwürfe, Prüfung der Jahresabschlüsse,

---

[1]) Geschäftsanweisung für die Deputation der städtischen Gaswerke vom 22. Juni 1894 Gemeinderecht IV S. 231—233.

[2]) Geschäftsanweisung für die Deputation der städtischen Wasserwerke vom 22. Juni 1894 Gemeinderecht V S. 147.

[3]) Beschluß der Stadtverordneten vom 5. April 1877, Gemeindebeschluß vom $\frac{1.}{13.}$ Februar 1896, Gemeinderecht V S. 6—9.

[4]) Gemeinderecht IV S. 232, V S. 147.

[5]) Nicht bei den Kanalisationswerken.

[6]) IV 232, V 148.

Erstattung jährlicher Verwaltungsberichte[1]), die Anstellung des pensionsberechtigten Personals mit Ausnahme der Arbeiter[2]) und der Direktoren, Entscheidung über Beschwerden über den Direktor. Die Deputationen können die Direktoren vom Amte suspendieren. Die Kassenanweisungen werden von den Deputationen erlassen.

Die technische Leitung der Werke unter Aufsicht der Deputation ist einem Direktor, bei den Gaswerken einer Direktion, bestehend aus einem juristischen und einem technischen Direktor, übertragen, deren Befugnisse sich aus den vom Magistrat erlassenen Geschäftsanweisungen ergeben[3]). Die landwirtschaftliche Verwaltung der Rieselfelder ist einem besonderen landwirtschaftlichen Direktor unterstellt. Sämtliche Beamte der Werke — wozu aber nicht das Personal des Bureaus der Deputation gehört — sind dem Direktor unterstellt. Diese können innerhalb der Grenzen des Etats Arbeitskräfte auf Zeit und Kündigung ohne Pensionsberechtigung einstellen und entlassen[4]). Doch muß die Direktion der Gaswerke die Einstellung von technischem und Bureaupersonal bei der Deputation beantragen. Die Direktion hat sich in den Grenzen des Etats und der einschlägigen Gemeindebeschlüsse zu halten. Die technischen Direktoren bei den Gas- und Wasserwerken haben die Aufgabe, die nötigen Neubauten und Reparaturen stets rechtzeitig zu beantragen und unter Berücksichtigung der Fortschritte der Wissenschaft und Technik für die möglichste Verbesserung der Werke Sorge zu tragen[5]). Die Korrespondenz der Direktoren oder Direktionen erfolgt unter ihrem

---

[1]) IV 242, V 11 und 148.

[2]) IV 242, V 12 und 148. Der Umfang dieser Befugnis ist bei den einzelnen Deputationen verschieden geregelt. Bei den Gas- und Wasserwerken ist der Deputation auch ausdrücklich das Recht der Entlassung eingeräumt.

[3]) Für die Gaswerke vom 29. Januar 1901, IV S. 232—238, Wasserwerke vom 22. Juni 1894, V S. 144—153, Kanalisationswerke vom 23. Juli 1897, V S. 15—18.

Der Direktor der Kanalisationswerke hat dem technischen Dezernenten der Deputation (Stadtbaurat) jederzeit Auskunft über die schwebenden Projekte und in Ausführung begriffenen Bauten zu erteilen. Der Stadtbaurat kann die Bauten in dringenden Fällen sistieren.

[4]) V S. 16 § 6, 151 § 8, IV S. 236 § 8.

[5]) IV S. 235 § 6, V S. 149 § 2. Zwecks Verhütung des Zurückfließens unreiner Flüssigkeiten in die Reinwasserleitung ist die Polizeiverordnung vom 14. Juni 1902 ergangen. IV S. 142. Dazu Bekanntmachung vom selben Tage S. 143.

besonderen Namen. Die Rechtsverhältnisse der Arbeiter der städtischen Betriebsverwaltung sind durch von den Direktionen erlassene Arbeitsordnungen, die Bestimmungen über die Einrichtung von Arbeiterausschüssen, auch durch den Gemeindebeschluß über die Bewilligung von Ruhegeld und Hinterbliebenenversorgung für die im Dienste der Stadt dauernd beschäftigten Personen vom 20. Januar 1902 geregelt[1]).

b) Die einzelnen Werke.

1. Kanalisation.

Nach § 1 der Polizeiverordnung vom 4. Mai 1908 ist jedes bebaute Grundstück an einer mit unterirdischer Entwässerungsanlage versehenen Straße an das Straßenrohr anzuschließen. Nach der Ordnung vom $\frac{4.\ \mathrm{II.}}{23.\ \mathrm{III.}}$ 1908 betr. den Anschluß an die Kanalisation und Erhebung der Kanalisationsgebühr ist der Anschluß an die Straßenleitungen vom Magistrat auszuführen, während die übrigen Einrichtungen zur Abführung der Abwässer der Eigentümer herzustellen hat (§ 1). An der vom Magistrat hergestellten Einrichtung darf der Eigentümer keine Änderungen vornehmen. Die an die Kanalisation angeschlossenen Grundstücke müssen an die städtische Wasserleitung angeschlossen oder mit eigener Bewässerungseinrichtung versehen werden (§ 4)[2]).

Die Aufgaben der Kanalisationsdeputation zerfallen in zwei Teile: 1. die Einrichtung der Kanalisation, 2. die landwirtschaftliche Verwaltung der Rieselfelder, welche bereits im dritten Abschnitt des besonderen Teils Titel 3 unter c, behandelt wurde[3]).

Zu 1. Die Einrichtung der Kanalisation umfaßt den Erwerb und die Veräußerung von Grundstücken[4]), den Bau der Straßenleitungen, den Betrieb der Kanalisationswerke, Pumpstationen, die Aptierung der Rieselfelder, Verteilung der Abwässer auf dieselben und Regelung der Vorflut, schließlich die Überwachung der Stadtpanke, eines kleinen nicht schiffbaren Nebenflusses der Spree, die

[1]) IV S. 303, 306, V S. 84 und 160, Einleitungsband S. 189—198.

[2]) V S. 1f.

[3]) Von jedem an die Kanalisation angeschlossenen Grundstück ist eine Gebühr zu erheben (§§ 6—20) vgl. S. 123.

[4]) Magistratsbeschluß vom 20. Juli 1882 (IV S. 9 und 10). Stempelfreiheit beim Erwerb, ebenda S. 83—84.

Fürsorge für die hygienischen Einrichtungen der Rieselfelder[1]), die Messung des Grundwasserstandes.

Die Berliner Kanalisation ist auf die Gebiete verschiedener Nachbargemeinden ausgedehnt[2]).

2. Wasserwerke.

Der Direktor der Wasserwerke hat dafür zu sorgen, daß das für den öffentlichen Dienst (zum Feuerlöschen, zur Straßenreinigung und Besprengung) sowie für die Privatabnehmer erforderliche Wasser stets in genügender Menge geliefert wird (§ 3 der Geschäftsanweisung für den Direktor, Gemeinderecht IV S. 150). An Private wird Wasser nur geliefert, sofern sie Grundstückseigentümer sind. Die Wasserentnahme ist durch die von der Deputation mit Genehmigung des Magistrats erlassene Geschäftsordnung, betreffend die Entnahme von Wasser aus den städtischen Werken vom $\frac{20.\ \text{XII.}\ 1902}{9.\ \text{I.}\ 1903}$ geregelt. Die Einrichtung der Wasserlieferung und die Entgegennahme der Bestellungen liegt dem Direktor ob. Die Deputation ist ermächtigt, bei Nichtbeachtung der Geschäftsordnung, insbesondere Nichtbezahlung der den Eigentümer treffenden Kosten, die Wasserleitung abzuschneiden (§ 9 der Geschäftsordnung V S. 156).

Für die Arbeiten der Wasserwerke sind durch Deputationsbeschluß[3]) Arbeiterausschüsse eingesetzt, die unter Vorsitz des Leiters jedes einzelnen Betriebs tagen und von dem Direktor oder der Deputation, falls sie sich zur Erfüllung der ihnen gestellten Aufgaben nicht geeignet erweisen, aufgelöst werden können. Es sind alsdann Neuwahlen anzuordnen.

Neben dem Verwaltungsbureau der Deputation besteht ein dem Direktor unterstelltes, von einem Oberingenieur geleitetes Betriebsbureau, ferner ein technisches Bureau, ein Telegraphenbureau zur Übermittlung eiliger Nachrichten im Betriebe, namentlich bei Rohr-

---

[1]) Geschäftsordnung der Deputation für der städtischen Kanalisationswerke und Rieselfelder § 4, Gemeinderecht IV S. 12. Die Mitglieder der Deputation dürfen alle Anstalten und Bauplätze besichtigen (§ 6).

[2]) Teile von Charlottenburg (Gemeinderecht V, S. 19—33), Schöneberg (33—41), Lichtenberg (41—48), Boxhagen-Rummelsburg (49—57), Stralau (57—63), Tempelhof (63—70), Mariendorf (70—73), Niederschönhausen (74—81). Außerdem sind einzelne außerhalb des Weichbildes liegende Grundstücke angeschlossen, Verzeichnis a. a. O. V 82.

[3]) Vom 28. März 1900 V S. 163.

brüchen. Die sämtlich außerhalb des Gemeindebezirks liegenden Wasserhebewerke sind je einem Bezirksdirigenten unterstellt. Außerdem besteht eine unter einem Vorsteher stehende Werkstatt und ein unter einem Oberdirigenten stehendes Bauamt.

3. Gaswerke.

Die Gasversorgung Berlins war durch Vertrag des Ministers des Innern und der Polizei vom 21. April 1825[1]) auf 21 Jahre einer privaten Gesellschaft, der Imperial-Continental-Gas-Association übertragen worden. Durch Königliche Ordre vom 25. August 1894 war darauf der Stadt Berlin für die Dauer von 50 Jahren seit 1. Januar 1847 das Privileg der Versorgung der Stadt mit Gas erteilt worden[2]), jedoch vorbehaltlich der noch bestehenden Vertragsrechte der Imperial-Continental-Gas-Association. Die Gesellschaft hatte nun ferner Gaslieferungsverträge mit der Gemeinde Schöneberg abgeschlossen, von welcher Teile nach Berlin eingemeindet wurden. Die aus diesen Rechtsverhältnissen entstandenen Streitfragen zwischen der Gesellschaft und der Stadt Berlin sind durch Vertrag vom 30. Mai 1881 (Gemeinderecht IV S. 211 f.)[3]) geregelt worden und zwar dahin, daß der Gesellschaft die Versorgung eines Teils der Stadt gegen eine an die Stadt zu zahlende Rente belassen wurde.

Soweit die Imperial-Gas-Association nicht in Frage kommt, haben die städtischen Gaswerke die Stadt mit Gas zu versorgen. Das ist der bei weitem überwiegende Teil der Stadt. Denselben liegt auch die Verwaltung der gesamten öffentlichen Beleuchtung ob[4]).

Gemeinsame Angelegenheiten der Direktoren sind alle diejenigen, welche der Entscheidung der Deputation unterliegen. Dem Verwaltungsdirektor liegt die Buch- und Kassenführung des Vertriebs des Gases und der Nebenprodukte[5]), soweit nicht für größere Posten die Deputation selbst zuständig ist, ob. Der technische Direktor hat außer der Leitung des technischen Betriebes und der Überwachung des Rohrnetzes die öffentliche Beleuchtung zu besorgen.

---

[1]) Gemeinderecht IV S. 29.

[2]) Ebenda S. 1 f.

[3]) Die in Bezug auf die Rechtsverhältnisse der Gesellschaft zur Stadt ergangenen gerichtlichen Entscheidungen sind abgedruckt Bd. IV S. 42—217.

[4]) Das Kuratorium für das städtische Beleuchtungswesen besteht nicht mehr.

[5]) Allgemeine Verkaufsbedingungen Gemeinderecht IV S. 329—335.

Den Direktoren sind ein Verwaltungsbeamter und ein Techniker als Vertreter und zur Unterstützung mit dem Titel Subdirektor zur Seite gestellt.

Die Bureaugeschäfte der Deputation und der Direktion werden durch ein Zentralbureau und die technischen Geschäfte durch ein technisches Zentralbureau unter dem Assistenten des technischen Subdirektors bearbeitet. Die Gasanstalten, in denen das Gas bereitet wird, das Zentralmagazin, das Röhrensystem, die öffentliche Beleuchtung und die Privatbeleuchtung stehen unter je einem der Direktion unterstellten Dirigenten. Unmittelbar der Direktion unterstellt ist ferner das mit einer Versuchsanstalt verbundene Chemische Laboratorium.

Die Rechte und Pflichten der Dirigenten ergeben sich aus den teils von dem früheren Kuratorium, teils von dem Verwaltungsdirektor oder der Direktion erlassenen Dienstinstruktionen [1]).

Dem Dirigenten der öffentlichen und Privatbeleuchtung ist ein Beleuchtungsinspektor zur Aufsicht über die öffentliche Beleuchtung durch Gas- und Petroleumlaternen unterstellt [2]), dem wieder Oberkontrolleure und Kontrolleure für einzelne Teile des Stadtgebietes untergeordnet sind [3]). Die Bedienung der Laternen erfolgt durch Laternenwärter, welche durch Privatdienstvertrag angenommen werden [4]).

Zur Einrichtung der Privatbeleuchtung ist die Stadt in Revierinspektionen eingeteilt (z. Z. 36), die je einem, dem Dirigenten der öffentlichen und Privatbeleuchtungen und seinen Vertretern untergeordneten Revierinspektor unterstehen. Ihre Aufgaben ergeben sich aus der Dienstanweisung für Revierinspektoren vom 15. Mai 1889, erlassen vom Verwaltungsdirektor [5]).

Für die Revierinspektionen der städtischen Gaswerke ist ein Arbeiterausschuß durch Beschluß der Deputation vom 13. August 1900 eingesetzt [6]), dessen Mitglieder durch die Arbeiter der Revierinspektionen aus ihrer Mitte gewählt werden. Ebenso bestehen Arbeiterausschüsse der Laternenwärter und der Arbeiter im Röhrensystem. Die Rechts-

---

[1]) Gemeinderecht IV S. 238—259.

[2]) Dienstinstruktion vom 26. Juli 1887. IV 259—269.

[3]) Dienstinstruktion ebenda S. 270—289.

[4]) Dienstanweisung ebenda S. 581—594.

[5]) S. 297—303.

[6]) IV S. 503—306.

verhältnisse der in den städtischen Gasanstalten beschäftigten Arbeiter sind durch die von der Direktion erlassene Arbeitsordnung vom 17. Oktober 1900[1]) geregelt.

Die Abgabe von Gas an Private ist von der Deputation durch Beschluß vom $\frac{1.\ VII.\ 1893}{21.\ II.\ 1909}$ und vom 3. November 1902 geregelt[2]). Danach wird die Rohrleitung bis zum Gasmesser und die Aufstellung des Gasmessers von den Gaswerken besorgt. Der Gasmesser wird zu einem jährlichen Mietspreise dem Konsumenten vorgehalten. Der Preis des Gases wird durch die Gemeindebehörde festgestellt. Die Bedingungen sind seitens der Stadt mit dreimonatlicher Frist kündbar.

4. Elektrische Beleuchtung.

Die elektrische Beleuchtung wird nicht durch eine besondere Gemeindeanstalt besorgt. Sie ist vielmehr nur durch einen zwischen der Stadtgemeinde und der Aktiengesellschaft Berliner Elektrizitätswerke geschlossenen Vertrag vom 14. März 1899[3]) geregelt. Danach gestattet die Gemeinde der Gesellschaft, in den Straßen Elektrizitätsanlagen anzulegen. Das Quantum der zu produzierenden Elektrizität ist limitiert. Als Entgelt zahlt die Gesellschaft eine jährliche nach dem Bruttogewinn zu berechnende Rente und einen Teil des Reingewinns (§§ 25 und 26), auch ist die Gemeinde berechtigt, die Anlagen, Werke und Berechtigungen der Gesellschaft im Jahre 1915 zum Buch- oder Taxwert zu übernehmen. Der Magistrat ist berechtigt, in allen Straßen und städtischen Gebäuden elektrische Beleuchtung einzuführen, die von der Gesellschaft zu bewirken ist. Sie verpflichtet sich auch, an Private, Behörden und elektrische Bahnen die nötige Elektrizität nach einem Tarifpreise zu liefern (§§ 11 und 12), während der Magistrat zugesagt hat, den Unternehmern elektrischer Bahnen in der Regel die Zustimmung zum Betrieb nur gegen Entnahme der Elektrizität von der Gesellschaft zu erteilen. Die technischen Angelegenheiten der städtischen Verwaltung werden von dem unmittelbar dem Magistrat unterstellten, von dem Stadtelektriker geleiteten elektrotechnischen Bureau bearbeitet.

---

[1]) IV 306–312.

[2]) IV 412–419.

[3]) IV 319–397.

Achter Titel.

Gewerbeangelegenheiten.

a) Allgemeines.

Die gewerblichen Angelegenheiten[1]) ihrer Einwohner gehören zu denjenigen Angelegenheiten, deren Selbstverwaltung der Gemeinde nach § 10 St.O. innerhalb der gesetzlichen Schranken obliegt, d. h. soweit nicht gesetzlich, insbesondere durch die Reichsverfassung[2]), anderen Behörden die Regelung der Gewerbeangelegenheiten übertragen ist. Andrerseits sind der Gemeinde gesetzlich, insbesondere durch die Reichsgewerbeordnung und die Reichsversicherungsgesetze — auch durch die in anderem Zusammenhange zu behandelnden Gesetze über die Gewerbe- und Kaufmannsgerichte[3]) — gewisse gewerbliche Angelegenheiten überwiesen worden, auch steht der Gemeinde insofern eine Mitwirkung zu, als gewisse gewerbepolizeiliche Angelegenheiten der Ortspolizei übertragen sind und als sie bei Erlaß von gewerbepolizeilichen Verordnungen der Ortspolizei mitzuwirken hat. Auch als Gegenstand der Besteuerung kommt das Gewerbe für die Gemeinde in Frage, wie bereits unter „Steuerverwaltung" erörtert wurde. Schließlich ist noch zu erwähnen, daß nach § 5 St.O. der selbständige Betrieb eines stehenden Gewerbes als Haupterwerbsquelle mit wenigstens zwei Gehilfen für den Erwerb des Bürgerrechts in Frage kommt.

b) Behörden.

1. Gewerbedeputation. Durch Gemeindebeschluß vom 25. September 1879[4]) ist eine aus 5 Magistratsmitgliedern, 8 Stadtverordneten und 10 stimmfähigen Bürgern — jetzt 6 Magistratsmitgliedern, 10 Stadtverordneten und 10 stimmfähigen Bürgern — zusammengesetzte Deputation, der 4 Magistratsräte bzw. Assessoren als Mitglieder beigeordnet sind, gebildet worden, welcher alle Gewerbeangelegenheiten städtischer Zuständigkeit und Mitwirkung, einschließlich der Gemeindekrankenversicherung sowie der Geschäfte der

---

[1]) Unter Gewerbe versteht man die in Gewinnabsicht auf die Bearbeitung von Erzeugnissen gerichtete selbständige festgesetzte Tätigkeit.

[2]) Reichsverfassung Art. 4 weist dem Reiche die Gesetzgebung über Handel und Gewerbe, einschließlich Versicherungsbankwesen zu.

[3]) Untere Gerichtsbarkeit.

[4]) Gemeinderecht VII S. 1—10.

unteren Verwaltungsbehörde aus dem Unfallversicherungsgesetz vom $\frac{30.\ VI.}{5.\ VII.}$ 1900 obliegen.

2. Dem Vorsitzenden der Gewerbedeputation als Magistratskommissar ist die Aufsicht über die Orts-, Betriebs- und Innungskrankenkassen mit dem gesamten gewerblichen Hilfskassenwesen zur Bearbeitung übertragen worden[1]). Als besondere Angelegenheiten sind der Deputation noch überwiesen gewisse Aufgaben der Gemeinde bei der gesetzlichen Kranken- und Unfallversicherung, ferner Begutachtung der beim Stadtausschuß gestellten Anträge auf Erteilung der Schankkonzession, Äußerung über Anträge auf Anstellung gerichtlicher Sachverständiger, Bearbeitung der Naturalisations- und Aufnahmeangelegenheiten[2]) und schließlich die Bearbeitung einiger gewerblicher Stiftungen[3]) [4]).

3. Abteilung und Kommissar für Invalidenversicherung. Die den unteren Verwaltungsbehörden durch das Reichs-Invalidenversicherungsgesetz vom 13. Juli 1899 überwiesenen Geschäfte werden von der aus zwei Stadträten und vier Magistratsräten bzw. Assessoren bestehenden Abteilung für Invalidenversicherung und einem als Magistratskommissar bestellten Magistratsmitglied, welcher durch die oben genannten Magistratsräte bzw. Assessoren vertreten wird, bearbeitet[5]).

4. Markthallendeputation und Kuratorium des Vieh- und Schlachthofes. Zu den gewerblichen Angelegenheiten gehört auch das Marktwesen. Für die Verwaltung der städtischen Markthallen und des Vieh- und Schlachthofs, mit welcher die Fleischbeschau verbunden ist, sind aber besondere Behörden bestellt, und zwar die aus 3 Magistratsmitgliedern und 10 Stadtverordneten bestehende Markthallendeputation

---

[1]) Nicht aber Angelegenheiten des Gewerbe- und Kaufmannsgerichts.

[2]) § 8 des Reichsgesetzes über die Erwerbung und den Verlust der Reichs- und Staatsangehörigkeit vom 1. Juni 1870.

[3]) Gemeinderecht VII S. 175—196.

[4]) Die Verwaltung der gewerblichen Fachschulen ist auf die Deputation für die Fach- und Fortbildungsschulen übergegangen. Siehe S. 98.

[5]) Trägerin der Versicherung ist die Landesversicherungsanstalt Berlin, deren Vorstandsmitglieder vom Magistrat ernannt werden, auch hat dieser die Gehälter vorbehaltlich der Erstattung durch die Versicherungsanstalt zu tragen. Im übrigen ist die Verwaltung der Versicherungsanstalt von der städtischen Verwaltung unabhängig.

und das aus 3 Magistratsmitgliedern, 6 Stadtverordneten, 2 Bürgerdeputierten und 1 Magistratsrat bestehende Kuratorium des städt. Vieh- und Schlachthofes.

5. Magistrat. Erwähnt sei noch, daß die Stadt eine Anzahl Ratswagen unterhält, die der unmittelbaren Verwaltung des Magistrats unterstehen.

6. Die Tiefbaudeputation und deren Vorsitzender als Vertreter des Oberbürgermeisters. Sie nimmt die aus § 6 Abs. 3 des Bauunfallversicherungsgesetzes vom 30. Juni 1900 sich ergebenden Angelegenheiten bei Regiebauten der Stadtgemeinde wahr.

c) Einzelheiten.

Nach der Gewerbeordnung ist die Gewerbedeputation als Vertreterin der Ortsobrigkeit zuständig

1. zur Mitwirkung bei der Regelung des Hausierhandels (§ 42b G.O.),

2. zur Mitwirkung bei der Feststellung polizeilicher Taxen für Gewerbetreibende (G.O. §§ 72—80), vgl. Zust.Ges. § 125 Abs. 2,

3. zur Aufsicht über die Innungen (§§ 81—104 G.O.),

4. zur Beaufsichtigung des Lehrlingswesens (§§ 126a—128 G.O.),

5. zur Mitwirkung bei der Verwaltung gewerblicher Hilfskassen gemäß § 140 G.O.,

6. zur Vorbereitung der ortsstatutarischen Regelung der Sonntagsruhe im Handelsgewerbe (§ 105b), der Aushändigung der Arbeitsbücher (§ 107), der Ergänzung der Zustimmung des gesetzlichen Vertreters bei Beantragung von Arbeitsbüchern § 108 G.O. (auch bei Aushändigung von Arbeitsbüchern auf Grund von § 11 des Gesetzes betr. Kinderarbeit in gewerblichen Betrieben), der Lohnzahlung (§ 119a), des Zwanges zum Besuch von Fortbildungsschulen (§ 120),

7. zur Mitwirkung bei der Errichtung von Handwerkskammern und der Wahl ihrer Mitglieder sowie die Wiedereinziehung der von der Gemeinde zu tragenden Kosten derselben.

d) Arbeiterversicherung.

Die Angelegenheiten, welche die Arbeiterversicherung betreffen, sind folgende:

1. Die Aufsicht über die Orts-, Betriebs- und Baukrankenkassen. Sie wird durch den durch Beschluß des Magistrats vom 11. Januar

1895 als Kommissar des Magistrats bestellten Vorsitzenden der Gewerbedeputation ausgeübt[1]).

2. Die Aufsicht über die Innungskrankenkassen übt die Gewerbedeputation aus.

3. Durch Ortsstatut vom $\frac{7.}{14.}$ Oktober 1901[2]) ist die Krankenversicherungspflicht gemäß § 1 des Krankenversicherungsgesetzes vom $\frac{\text{15. VI. 1883}}{\text{10. IV. 1892}}$ und R.G. vom 30. Juni 1900 Art. I Nr. II auf die selbständigen Gewerbetreibenden erstreckt worden, welche in eigenen Betriebsstätten im Auftrage und für Rechnung anderer Gewerbetreibender mit der Herstellung oder Bearbeitung gewerblicher Erzeugnisse beschäftigt werden (Hausgewerbetreibende), und zwar auch für den Fall, daß sie Roh- und Hilfsstoffe selbst beschaffen. Ausgenommen sind die Gewerbetreibenden, welche auf Grund des Gewerbesteuergesetzes vom 24. Juni 1891 zur Gewerbesteuer veranlagt sind. Durch Ortsstatut vom $\frac{\text{31. XII. 1898}}{\text{16. I. 1899}}$ ist die Krankenversicherungspflicht auf sämtliche in Kommunalbetrieben und im Kommunaldienste gegen Gehalt und Lohn beschäftigten Personen, sofern der Jahresverdienst 2000 Mark nicht übersteigt oder ein Anspruch auf Fortzahlung des Gehaltes oder Lohnes bei Krankheit besteht, ausgedehnt werden.

Die Verwaltung der Gemeindekrankenversicherung liegt der Gewerbedeputation ob. Dieselbe ist geregelt durch das vom Magistrat erlassene Regulativ für die Gemeindekrankenversicherung vom 22. Februar 1893 (Gemeinderecht VII S. 77—87, vgl. § 1 und 2 des Krankenversicherungsgesetzes vom $\frac{\text{15. VI. 1883}}{\text{10. IV. 1892}}$ bzw. 25. Mai 1903). Sie umfaßt alle versicherungspflichtigen Personen, welche nicht einer Orts-, Betriebs-, Bau-, Innungs- oder Knappschaftskrankenkasse angehören. Ferner bestehen Krankenkassen für die Arbeiter der städtischen Straßenreinigung (Statut vom $\frac{\text{18. X.}}{\text{27. XII}}$ 1892), der städtischen Parkdeputation (Statut vom $\frac{\text{30. X.}}{\text{23. XII.}}$ 1903), die Betriebskrankenkasse der Stadtgemeinde Berlin für alle in den Betrieben

---

[1]) Gemeinderecht VII S. 89.

[2]) Gemeinderecht VII S. 89—91. Siehe dazu Verfügung des Magistratskommissars vom 23. Dezember 1902, ebenda S. 92—93.

und im Dienste der Stadtgemeinde Berlin beschäftigten versicherungspflichtigen — und nicht in Hilfs- oder anderen Gemeindekrankenkassen versicherten — Personen. Diese Kassen sind selbständig rechtsfähig. Ihre Organe sind die Generalversammlungen. Den Vorständen gehören Vertreter der Stadtgemeinde und der Versicherten an. Den Vorsitzenden des Vorstands und seinen Stellvertreter ernennt der Magistrat; die Oberaufsicht über die drei Kassen führt der Oberpräsident.

Behufs Gewährung freier ärztlicher Hilfe, Verabreichung von Arznei und Heilmitteln und Fürsorge für Rekonvaleszenten bilden eine Anzahl Berliner Krankenkassen den Gewerkskrankenverein, dem vom 18. Juni 1893 durch Erlaß des Ministers für Handel und Gewerbe die Rechte eines auf Grund von § 46 des Krankenversicherungsgesetzes errichteten Verbandes beigelegt sind. Aufsichtsbehörde ist der Magistrat, ohne dessen Zustimmung das Verbandsstatut nicht geändert werden darf.

4. Die Ausübung der den Gemeindebehörden auf Grund des Reichsgesetzes vom $\frac{\text{7. IV. 1876}}{\text{1. VI. 1884}}$ in Bezug auf freie Hilfskassen zugewiesenen Geschäfte erfolgt durch die Gewerbedeputation.

5. Die Wahrnehmung der nach dem Unfallversicherungsgesetze vom 30. Juni 1900 in der Fassung vom 5. Juli 1900 der unteren Verwaltungsbehörde obliegenden Geschäfte[1]) (Gewerbeunfallversicherungsgesetz §§ 6, 14, 25, 26, 35, 36, 61, 70, 87, 95, 104, 105, 116, 119, 121, 133).

Nach § 6 Nr. 3 des Unfallversicherungsgesetzes für Bauten erfolgt die Versicherung von Arbeitern, welche in andern als Eisenbahnbetrieben bei Regiebauten der Stadt tätig sind, auf deren Kosten. Diese Angelegenheiten werden aber, wie bereits erwähnt (S. 141), von der Tiefbaudeputation bearbeitet.

c) Das Marktwesen und die Fleischüberwachung.

---

[1]) Auf Grund der Gemeindebeschlüsse vom $\frac{\text{16. XII. 1897}}{\text{9. XII. 1898}}$ u. $\frac{\text{27. VII. 1900}}{\text{6. XII. 1900}}$ (Gemeinderecht VII S. 160—166) wird den im Betriebe oder im Dienste der Stadt verunglückten Personen, sowie ihr Jahresarbeitsverdienst 3000 Mark nicht übersteigt, eine Rente in dem aus dem Unfallversicherungsgesetz sich ergebenden Umfange gewährt. Die Auszahlungen erfolgen von dem Bureau der Betriebskrankenkasse. Ausführungsverfügung des Magistrats vom 23. Februar 1899, ebenda S. 161—164.

1. Allgemeines.

Nach § 64 der Reichsgewerbeordnung steht der Besuch der Messen, Jahr- und Wochenmärkte sowie der Kauf und Verkauf auf denselben jedermann ohne das Erfordernis der Legitimation, welches für den Gewerbebetrieb im Umherziehen durch § 55 der Gewerbeordnung vorgeschrieben ist, zu. Beschränkungen des Marktverkehrs der Ausländer bleiben dem Bundesrate vorbehalten. Der öffentliche Wochenmarktverkehr in den Markthallen steht dem Marktverkehr gleich, sofern denselben die Eigenschaft eines Marktplatzes durch die zuständige Verwaltungsbehörde mit Zustimmung der Stadtgemeinde beigelegt ist. Die Zahl, Zeit und Dauer der Messen, Jahrmärkte und Wochenmärkte wird von der zuständigen Verwaltungsbehörde festgesetzt (§ 65 Gewerbeordnung).

Gegenstände des Wochenmarktverkehrs sind:

1. rohe Naturerzeugnisse unter Ausschluß größeren Viehs,

2. Fabrikate, deren Erzeugnisse mit der Land- und Forstwirtschaft, dem Garten- und Obstbau oder der Fischerei in unmittelbarer Verbindung stehen, oder zu der Nebenbeschäftigungen der Landleute der Gegend gehören, oder durch Tagelöhnerarbeit bewirkt werden, mit Ausnahme der geistigen Getränke,

3. frische Lebensmittel aller Art.

Die zuständige Verwaltungsbehörde ist auf Antrag der Gemeindebehörde befugt, zu bestimmen, welche Gegenstände außerdem nach Ortsgewohnheit und Bedürfnis in ihrem Bezirke überhaupt oder an gewissen Orten zu Wochenmarktartikeln gehören[1]).

Die Berliner Jahr- und Weihnachtsmärkte sind durch die Polizeiverordnungen vom 12. Juni 1863 und 28. Oktober 1875 geregelt. Danach wird in Berlin in jedem Vierteljahr ein Jahrmarkt abgehalten. Gegenstände des Jahrmarktverkehrs sind außer den Wochenmarktsartikeln Südfrüchte und ausländische Gewürze, ingleichen Fabrikate aller Art. Das Aufstellen von Glücks- und Würfelbuden ist nicht gestattet, ebensowenig der Verkauf von geistigen Getränken aus Buden, Wagen oder sonstigen Verkaufseinrichtungen. Außer Pfefferkuchenwaren dürfen Waren zum Genuß auf der Stelle

---

[1]) Eine große Zahl derartiger Gegenstände hat der Bezirksausschuß durch Beschluß vom 28 September und 20. November 1888 (Gemeinderecht XI S. 120 u. 121) zu Gegenständen des Wochenmarktverkehrs bestimmt (vgl. Wochenmarktordnung vom 9. Februar 1848. Polizeiverordnung für Berlin 4. Aufl. Bd. 2).

nicht verkauft werden. Niemand darf ohne polizeiliche Erlaubnis eine Verkaufsstelle einnehmen. Der Weihnachtsmarkt beginnt am 11. Dezember und endet am 28. Dezember. Pfefferküchler, Pfefferkuchenhändler, Verkäufer von Obst, Nüssen, Weihnachtsbäumen, Spielzeug u. dgl. können Verkaufsvorrichtungen auch außerhalb des Marktbezirks auf geeigneten Plätzen mit Genehmigung der Marktpolizei aufstellen.

Wollmärkte finden jährlich an vier Tagen im Juni statt[1]).

2. Die städtischen Markthallen.

Die Wochenmärkte sind durch die städtischen Markthallen ersetzt. Der Marktverkehr in denselben ist durch die Polizeiverordnung vom 14. März 1906[2]) zur Regelung des Marktverkehrs in den Markthallen, durch die Polizeiverordnung vom 10. März 1893[3]), betr. die Regelung des Wagenverkehrs in den Markthallen, durch die Markthallenordnung vom 1. März 1903, erlassen von der Direktion der städtischen Markthallen, geregelt. Die städtischen Markthallen sind täglich zu Marktzwecken für jedermann geöffnet, für Verkäufer, Händler, Vermittler, Mieter von Geschäftsräumen indessen nur gegen Nachweis der Zahlung der von der städtischen Verwaltung festgestellten Gebühren und Standmieten. In den Verkaufsständen der Markthallen und in den sonstigen verfügbaren bedeckten Räumen der letzteren ist der Handel mit Gegenständen des Marktverkehrs gestattet. Jeder Gewerbebetrieb im Umhergehen ist in den Hallen verboten. Marktträger bedürfen einer von der Direktion ausgestellten Legitimationskarte. Das Mitbringen von rohen Tierfellen in die Halle ist verboten, ebenso das Rupfen und Ausnehmen von Federvieh. Die Verteilung der Räume erfolgt durch die Direktion. Den Anordnungen der vom Magistrat zur Beaufsichtigung des Markthallenverkehrs und zur Regelung des Wagenverkehrs angestellten Beamten ist ebenso unbedingt Folge zu leisten, wie denjenigen der Exekutivbeamten der Marktpolizei. Den Beamten des Polizeipräsidiums steht jederzeit der Zutritt zu den Markthallen in allen ihren Teilen zu. Die Notierung der Marktpreise zum Zwecke des Marktberichts erfolgt durch die Marktpolizei und die Markthallenverwaltung gemeinschaftlich. Übertretung der Polizeiverordnung zur

---

[1]) Gemeinderecht IX S. 103—105.

[2]) Ebenda S. 118—124.

[3]) Ebenda S. 125—127.

Regelung des Markt- und Wagenverkehrs unterliegen einer Geldstrafe bis zu 300 Mark.

Das Standgeld für die Stände, Keller usw. wird nach der Fläche durch die Direktion festgestellt und kann im Wege des Monatsabonnements erfolgen. Die versäumte rechtzeitige Zahlung des Standgeldes zieht den Verlust des Anrechts auf den Stand nach sich. Nicht benutzte Stände können nochmals vergeben werden. Den Inhabern von Verkaufsständen für Süßwasserfische wird Wasser gegen bestimmte Gebühren geliefert. Besondere Vorschriften bestehen für die Benutzung von Kühlräumen. Der Aufenthalt in den Hallen ist den Käufern nach Schluß der Kaufzeit nicht gestattet. Jeder Inhaber eines Verkaufsstandes soll nach der Marktordnung mit der Übernahme eines solchen die Verpflichtung eingehen, die Marktordnung ohne Weigerung zu befolgen und dafür zu haften, daß dieselbe auch durch die für ihn tätigen Personen befolgt wird[1]).

Besonders geregelt ist die Verkaufsvermittlung durch städtische Verkaufsvermittler. Sie haben sich durch Vertrag bestimmten Bedingungen zu unterwerfen. Der Umfang ihrer Befugnisse und Verpflichtungen richtet sich danach nach den Vorschriften des Ministerialerlasses vom 11. Juli 1902 über den Umfang der Befugnisse und Verpflichtungen und den Geschäftsbetrieb der Versteigerer in öffentlichen Markthallen. Sie dürfen nicht auf eigene Rechnung Handel mit Marktwaren treiben, müssen eine Kaution stellen, jederzeit wahrheitsgetreue Auskunft über ihre Geschäftsführung geben und den Verkauf schleunigst bewirken. Sie dürfen die ihnen zum Verkauf übergebenen Lebensmittel im Rahmen des Großhandels versteigern.

Die Verwaltung der Markthallen ist einer gemischten Deputation aus fünf Magistratsmitgliedern und zehn Stadtverordneten übertragen (vgl. Beschluß der Stadtverordneten vom 21. Dezember 1893 Gemeinderecht IX S. 117). Die Deputation hat die Gebühren für die Benutzung der Stände, Lieferung von Wasser, die Vermietung der mit den Markthallen verbundenen Räume vorzunehmen und die oberen Beamten anzunehmen nach Anhörung des Direktors und mit Genehmigung des Magistrats. Die laufende Verwaltung wird von dem der Deputation unterstellten Direktor geführt. Der Direktor

[1]) Zur rechtlichen Wirksamkeit dieser Bestimmung ist die Bekanntgabe und Unterwerfung unter die Ordnung bei Vergebung der Stände erforderlich.

stellt die unteren Beamten mit Genehmigung des Deputationsvorsitzenden an. Die Zulassung der Verkaufsvermittler erfolgt mit Genehmigung des Magistrats und nach Anhörung des Direktors.

Dem Direktor sind ein Oberinspektor, Inspektoren, Markthallenverwalter, Oberaufseher, Aufseher und Pförtner unterstellt. Ihre Pflichten ergeben sich aus den Dienstanweisungen vom 31. Oktober 1903.

Die Inspektoren und Markthallenverwalter müssen während bestimmter Dienststunden in den Hallen anwesend sein. Die Vergebung der Stände erfolgt durch den Markthallenverwalter. Er führt die Kataster, Lohnlisten und Inventarienkontrolle.

3. Fleischüberwachung.

(Vieh- und Schlachthof, Fleischschau, Entschädigung für Seuchenverluste).

§ 1. Allgemeines.

Regelung und Überwachung der Fleischversorgung.

Die ausreichende Versorgung der Einwohner mit gesunder Fleischnahrung und die Abwendung von Gefahren mit der Beschaffung des Fleisches ist eine Aufgabe, die die Stadt nach der Städteordnung zur Gemeindeaufgabe machen kann und im Bedarfsfalle machen muß. Es gehören dazu positive Aufgaben, nämlich die Beschaffung des geeigneten Schlachtviehs. Dieser Aufgabe genügt die Stadtgemeinde durch die Einrichtung eines Viehhofes, der der Erleichterung des Viehhandels dient und somit zugleich eine Beförderung des Gewerbes darstellt. Auf der anderen Seite werden Maßnahmen gegen Gesundheitsgefahren erstrebt durch die Einrichtung eines Schlachthofes nebst der Einführung resp. Untersuchung der lebenden Tiere und des Fleisches und Beseitigung der durch krankes Vieh und verdorbenes Fleisch entstehenden Gefahren. Beide Aufgaben berühren sich eng mit der Polizei, und zwar der Gewerbe- und Marktpolizei, der Gesundheits- und Veterinärpolizei. Die zu den angegebenen Zwecken zu ergreifenden Maßregeln sind teilweise durch besondere Gesetze, insbesondere Reichsgesetze geregelt [1]).

Es kommen hier in Betracht: die Reichsgewerbeordnung (besonders § 35, §§ 64—71 [2]), das Reichsgesetz betr. den Ver-

[1]) Gemeinderecht VII S. 147—158.

[2]) Nach § 70 der Gewerbeordnung können Erweiterungen des Spezialmarktverkehrs, wozu der Viehmarkt gehört, mit Zustimmung der Gemeindebehörde von der zuständigen Behörde und dem Polizeipräsidenten angeordnet werden.

kehr mit Nahrungs- und Genußmitteln und Gebrauchsgegenständen vom 14. Mai 1879, die Reichsgesetze zur Bekämpfung von Viehseuchen vom 7. April 1869, 23. Juni 1880, 1. Mai 1894 und preußischen Ausführungsgesetze dazu vom 12. März 1884 und 18. Juni 1894 und Reichsgesetze vom 23. Juni 1880 und 22. April 1892 betr. die Entschädigung der an Milzbrand gefallenen Tiere, ferner das Reichsgesetz vom 3. Juni 1900 betr. die Fleischüberwachung. Ferner sind ergangen die preußischen Gesetze betr. die Errichtung öffentlicher ausschließlich zu benutzender Schlachthäuser vom 18. März 1868 und 9. März 1881.

In Ausführung der angeführten Gesetze hat die Stadtgemeinde einen Zentralviehhof eingerichtet und zugleich durch Gemeindebeschluß vom 15./16. Juni 1882, genehmigt vom Oberpräsidenten am 16. Juni 1882 (Gemeinderecht Bd. IX S. 191/192), den Schlachtzwang eingeführt dergestalt, daß innerhalb des Gemeindebezirks das Schlachten sämtlicher Gattungen von Vieh, das Entleeren und Reinigen der Eingeweide des Schlachtviehs, das Enthäuten derselben — jedoch mit Ausnahme des Enthäutens der Kälber — nur in dem öffentlichen Schlachthause auf dem Zentralviehhofe vorgenommen werden darf. Alles in den öffentlichen Schlachthof gelangende Schlachtvieh ist zur Feststellung seines Gesundheitszustandes sowohl vor als nach dem Schlachten einer Untersuchung durch Sachverständige zu unterwerfen. Diejenigen Personen, welche in Berlin das Schlächtergewerbe oder den Handel mit frischem Fleisch als stehendes Gewerbe betreiben, dürfen das Fleisch von Schlachtvieh, welches nicht in dem öffentlichen Schlachthause, sondern in einer anderen innerhalb eines Umkreises von acht Kilometern von den Grenzen des Gemeindebezirks gelegenen Schlachtstätte geschlachtet wurde, innerhalb des Gemeindebezirks nicht feilbieten.

Behörden und Anstalten.

Der Vieh- und Schlachthof ist einem Kuratorium unterstellt. Zu dem Viehhof gehören der Seuchenhof, die Desinfektionsanstalt für die zur Entladung gelangenden Viehtransportwagen, der Polizeischlachthof, das Kühlhaus, die Fabrik für Peptonfutter, die Talgschmelze, die Freibank nebst Koch- und Sterilisierungsanstalt, die Dampfwäscherei und Badeanstalt, die Darmschleimerei, Häutesalzerei und Trockenanstalt. Ferner unterstehen dem Kuratorium die städtische Fleischvernichtungs- und Verwertungsanstalt in Rüdnitz bei Bernau i. M., welche an die Stelle der Abdeckerei getreten ist, und die städtische Fleischbeschau auf dem Schlachthof, sowie die Untersuchungsstationen für das von außerhalb eingeführte frische Fleisch.

Das Kuratorium besteht aus 3 Magistratsmitgliedern, 6 Stadtverordneten und 2 Bürgerdeputierten, außerdem gehören ihm zwei Magistratsräte bzw. -assessoren an. Das Kuratorium hat ein besonderes Bureau. Die laufende Verwaltung des Vieh- und Schlachthofes führt ein Direktor, den ein Assistent unterstützt. Dem Vieh- und Schlachthof steht je ein Inspektor mit mehreren Assistenten vor. Dem Direktor untersteht auch die Fleischvernichtungsanstalt in Rüdnitz. Die städtische Fleischbeschau leitet ein Direktor, unter demselben stehen Obertierärzte, Tierärzte, Abteilungsvorsteher im Trichinenschauamt und Kontrollrevisoren.

Die Ausführung des Viehseuchengesetzes und des Gesetzes betr. die Entschädigung der an Milzbrand gefallenen Tiere wird unmittelbar vom Magistrat aus bearbeitet. Die Bureaugeschäfte besorgt das Vereinigte Bureau.

§ 2. Vieh- und Schlachthof.

aa) Viehhof.

Der Viehhof, ein umfriedetes geschlossenes Grundstück mit den erforderlichen Ställen und Verkaufshallen, dient hauptsächlich zur Abhaltung der wöchentlich zweimal stattfindenden Märkte. Der Marktverkehr ist durch die Polizeiverordnung vom 4. Oktober 1900 und durch die Polizeiverordnungen vom 13. Februar 1875, betr. den Transport der Tiere[1]), und vom 25. Juli 1896, betr. den Viehabtrieb vom städtischen Viehhof[2]), geregelt. Der Zutritt zu den Verkaufshallen ist während der Marktzeit (angezeigt durch Glockenzeichen und Marktflagge) jedermann, mit Ausnahme von Kindern ohne Begleitung, gestattet. Personen, die die öffentliche Ordnung oder den Handel stören, können vom Viehhof verwiesen werden und dürfen an demselben Tage den Viehhof — abgesehen von gewissen Zugangsstraßen zu den Eisenbahnstationen — nicht wieder betreten. Hausierern ist der Geschäftsbetrieb auf dem Viehhof untersagt. Obertreiber, Treiber, denen die Berechtigung zum Geschäftsbetrieb

[1]) Gemeinderecht IX, S. 232—243 und 243—244. Sammlung der Polizeiverordnungen für Berlin Bd. II (4. Aufl.) S. 244—252.

[2]) Sammlung der Polizeiverordnungen für Berlin Bd. II S. 253.

untersagt ist, dürfen während der Zeit der Untersagung den Viehhof nicht betreten. Das Polizeipräsidium behält sich vor, die Untersuchung aller ankommenden Tiere anzuordnen. Das Marktpersonal weist die Ställe und Buchten an. Ausländisches Vieh darf nur mit polizeilicher Genehmigung und nur in die zu seiner Aufnahme bestimmten Räume eingestellt werden. Kranke Tiere sind der Oberveterinärpolizei zu melden und in besondere Stallungen unterzubringen[1]). Einführung von Fellen und Handel mit denselben ist verboten (§ 4a). Futter und Streu liefert ausschließlich die Viehhofverwaltung (§ 5). Für das den Kommissionären zum Verkauf übergebene Vieh wird das tarifmäßige Marktstandgeld durch Vermittlung des Kommissionärs eingezogen. In allen anderen Fällen wird es gegen Quittung an die Hauptkasse der Viehhofverwaltung gezahlt. Das Standgeld ist für alle lebend aufgetriebenen Tiere zu zahlen (§ 6). Das Aus- und Einladen, Treiben, Einstallen, Ein- und Ausbinden, Füttern, Streuen der Tiere darf nur durch die Obertreiber (Viehexpedienten) und deren Gehilfen bewirkt werden, die von der Direktion zu diesem Geschäftsbetrieb zugelassen und legitimiert sind. Die Gebühren sind mit den Obertreibern zu vereinbaren. In Streitfällen entscheidet die Direktion auf Grund eines Maximaltarifs (§ 7). Die Viehkommissionäre müssen der Marktpreiskommission, der Marktpolizei und den Marktbeamten auf Befragen die vereinbarten und gezahlten Preise angeben. Die zur Schlachtung bestimmten Tiere werden unter Aufsicht der Veterinärpolizei zugeführt. Unverkauft gebliebene Tiere (Überständer) werden in besonderen Isolierställen untergebracht. Die für die Ausfuhr bestimmten über vier Monate alten Rinder sind der Veterinärpolizei zur Untersuchung zuzuführen und werden von dieser gezeichnet (§ 11). Alle kranken und krankheitsverdächtigen Tiere dürfen in der Regel nur in den polizeilichen Schlachthäusern des Vieh- oder Seuchenhofes geschlachtet werden (Polizeiverordnung v. 9. März 1904). Zuwiderhandlungen gegen die Viehmarktordnung werden mit Geldstrafe bis zu 30 Mark oder Haft geahndet. Durch die Polizeiverordnung vom 13. Februar 1875 ist insbesondere die schonende

---

[1]) Für die ansteckend kranken Tiere muß der Besitzer die Desinfektionskosten tragen (§§ 823 ff. B.G.B., § 65 R.G. $\frac{\text{23. VI. 1880}}{\text{1. V. 1894}}$).

Behandlung der Tiere beim Transport unter gleicher Strafandrohung vorgeschrieben.

bb) Der Schlachthof.

Der Verkehr auf dem Schlachthof ist durch die Polizeiverordnung vom 4. Oktober 1900 geregelt. Danach besteht der Schlachthof aus zwei umfriedigten, geschlossenen Grundstücken. Der Schlachtbetrieb beschränkt sich auf bestimmte Tagesstunden. Der Zutritt ist, abgesehen von besonderer Erlaubnis der Inspektion des Schlachthofes, nur solchen Personen gestattet, die dort seiner Bestimmung gemäß Geschäfte zu verrichten haben. Fleisch, das nicht den Stempel der Berliner Fleischbeschau trägt, darf in den Schlachthof nicht eingeführt werden (§ 1). Den Anordnungen der Polizei, Veterinärpolizei, der städtischen Vieh- und Schlachthofverwaltung und Fleischbeschau ist unbedingt Folge zu leisten (§ 2). Die auf dem Viehmarkt gekauften Tiere müssen noch am Markttage oder dem folgenden Tage zum Schlachthof gebracht werden (§ 3). Für jedes einzuführende Tier ist dem Kontrolleur ein Schlachtschein, d. h. eine Quittung über die tarifmäßige Schlacht- und Untersuchungsgebühr, vorzuzeigen (§ 5). Die Ställe, Schlachtplätze und Schlachtkammern werden den Schlächtern von der Schlachthofinspektion angewiesen (§ 8). Das Töten der Tiere muß in gewerbsüblicher Weise auf das schonendste geschehen (§ 12). Das Blut ist, soweit es von den Schlächtern nicht selbst benutzt wird, dem Pächter der städtischen Albuminfabrik gegen den mit ihm vereinbarten Preis zu überlassen (§ 13). Ohne veterinärpolizeiliche Erlaubnis darf Vieh vom Schlachthof nicht entfernt werden (§ 14). Von der Fleischbeschau endgültig beanstandete Tiere oder Teile von Tieren, verendete Tiere oder ungeborene Kälber sind der Veterinärpolizei zur Verfügung zu stellen, welche dieselben der Fleischvernichtungsanstalt oder den Anstalten zur Verwertung bedingt tauglichen Fleisches überweist (§ 15). Die Abdeckerei bzw. Fleischvernichtungsanstalt hat dem Eigentümer eine amtlich festgesetzte Entschädigung zu zahlen (§ 15).

Die Viehhofsverwaltung kann Lohn- oder Stückschlächter zulassen, welche einen Tarif einzureichen haben[1]).

[1]) Das Schlachten von Pferden, Eseln, Maultieren und Mauleseln ist durch Polizeiverordnung vom 19. Juli 1899 (Sammlung der Polizeiverordnungen für Berlin Bd. III, 4. Aufl. S. 286 f.) geordnet und erfolgt in der Zentralroßschlächterei, welche unter Oberleitung des Departementstierarztes dem daselbst amtierenden Kreistierarzt untersteht.

§ 3. Fleischbeschau.

Die Fleischbeschau ist geregelt durch die vom Oberpräsidenten genehmigten Regulative v. 7. Dezember 1898 u. 29. September 1894, sowie die Vorschriften über die Untersuchung des trichinenschaupflichtigen Fleisches, genehmigt von den Stadtverordneten am 9. März 1905 (Gemeinderecht IX S. 219—221).

Die Untersuchung des in die öffentlichen Schlachthäuser auf dem städtischen Schlachthof gelangenden Viehs vor und nach dem Schlachten zwecks Feststellung des Gesundheitszustandes erfolgt durch vom Magistrat bestellte Sachverständige, nämlich den Direktor der städtischen Fleischbeschau, die Obertierärzte und Tierärzte. Durch dieselben Sachverständigen erfolgt die Untersuchung alles nicht in den öffentlichen Schlachthäusern des Schlachthofes ausgeschlachteten Fleisches von Rindern, Kälbern, Hammeln, Ziegen und Schweinen in den dafür bestimmten und dem Kuratorium des Vieh- und Schlachthofs unterstellten Untersuchungsstationen. Vor der Untersuchung darf das Fleisch im Gemeindebezirk nicht feilgeboten werden. Die Sachverständigen werden auf Widerruf durch den Magistrat angenommen, nachdem das Kgl. Polizeipräsidium erklärt hat, daß gegen ihre Beschäftigung nichts einzuwenden sei. Der Widerruf muß erfolgen, wenn das Polizeipräsidium seine Zustimmung zurücknimmt. Das Kuratorium führt die Oberaufsicht über die Sachverständigen und die Untersuchungsstationen. Der Direktor ist der Vorgesetzte aller Sachverständigen. Ihm ist die Leitung und Beaufsichtigung des ganzen Fleischbeschauverfahrens übertragen und alle Sachverständigen und Angestellten haben seinen Anordnungen Folge zu leisten. Dieselben Funktionen stehen seinem Vertreter im Falle der Vertretung zu.

Die Untersuchung der lebenden Tiere wird ausschließlich durch Tierärzte bewirkt, ebenso die der geschlachteten Tiere. Bei Schweinen findet eine mikroskopische Untersuchung durch Probeentnehmer und Trichinenschauer statt.

Die Untersuchung der Schlachttiere vor dem Schlachten hat in der Regel stattzufinden, wenn die Tiere in den stets unverschlossenen Ställen des Schlachthofes sich befinden. Der Tierarzt kann ein Tier vorbehaltlich der Entscheidung des Obertierarztes von der Schlachtung ausschließen. Der Obertierarzt überweist die nicht endgültig für schlachtbar befundenen Tiere der Polizeibehörde. Mit ansteckenden Krankheiten (Seuchen) behaftete Tiere sind von den anderen Tieren abzusondern. Die Untersuchung der geschlachteten Rinder, Kälber, Ziegen und Schafe findet möglichst bald nach der Schlachtung statt. Bevor das geschlachtete Tier untersucht, als gesund bezeichnet und abgestempelt ist, darf es weder zerlegt, noch weggeschafft, noch feilgehalten, verkauft oder sonst in Verkehr gebracht werden.

Auch die endgültig beanstandeten geschlachteten Tiere oder Teile derselben werden der Polizei überwiesen. Schlachttiere, welche auf den Schlachthof gebracht worden sind, dürfen, außer auf Anordnung der Polizeibehörde, von demselben nicht fortgebracht werden. Für die Untersuchung des Schlachtviehs vor und nach der Schlachtung ist von denjenigen, welche schlachten lassen, bei Überführung der Tiere nach einem Schlachthof eine Gebühr zu entrichten, welche im Wege des Verwaltungszwangsverfahrens beigetrieben werden kann[1]). Der Gebührentarif wird durch Gemeindebeschluß auf mindestens ein Jahr festgesetzt[2]). Die Untersuchung der Schweine findet unmittelbar nach der Schlachtung statt. Von denselben werden sofort Proben entnommen und im Trichinenschauamte von Trichinenschauern untersucht. Wenn der Trichinenschauer mit dem Abteilungsvorsteher übereinstimmend Trichinen feststellt, so hat der Oberarzt das Fleisch zurückzuweisen, anderenfalls hat er den Befund zunächst zu prüfen und dann zu entscheiden.

Jede Untersuchungsstation für das von auswärts eingeführte Fleisch steht unter einem Tierarzt. Als Trichinenschauer dürfen nur unbescholtene zuverlässige Personen mit normaler Sehkraft — auch Frauen — angestellt werden, nachdem sie die vorgeschriebene Prüfung vor dem königlichen Departementstierarzt zu Berlin abgelegt (Vorschriften des Polizeipräsidenten zu Berlin vom 7. Oktober 1903)[3])

---

[1]) Regulativ über die Untersuchung des Schlachtviehs v. 7. Dezember 1898 § 35, Gemeinderecht IX, S. 205.

[2]) Die Untersuchung getöteter Wildschweine ist durch Polizeiverordnung v. 11. November 1891, Sammlung der Polizeiverordnungen für Berlin, Bd. II (4. Aufl.) S. 284—285, die Untersuchung von ausländischem Speck und Schinken durch Polizeiverordnung v. 10. August 1894, ebenda S. 285—286, geregelt. Die Untersuchung von Pferden, Eseln, Maultieren, Mauleseln durch Polizeiverordnung v. 12. Juli 1889, ebenda S. 286—293.

[3]) Gemeinderecht IX, S. 222—225. Approbierte Ärzte und Tierärzte gelten ohne besondere Prüfung zur Ausübung der Trichinenschau für befähigt. Personen,

und darauf den Ausweis über ihre Befähigung zur Trichinenschau erhalten haben. Die Anstellung erfolgt widerruflich durch das Kuratorium des Vieh- und Schlachthofs. Die als Trichinenschauer tätigen Personen haben sich alle drei Jahre, die Inhaber eines Befähigungsnachweises, die in der Zwischenzeit als Trichinenschauer nicht tätig waren, alle zwei Jahre einer Nachprüfung zu unterziehen. Die Trichinenschauer haben die als Anlage der Polizeiverordnung vom 7. Oktober 1903 beigegebene Dienstanweisung[1]) zu beobachten.

§ 4. Freibank.

Auf Grund von §§ 7—11 des Gesetzes vom 28. Juni 1902 betreffend die Ausführung des Schlachtviehfleischbeschaugesetzes vom 3. Juni 1900 ist für den Gemeindebezirk Berlin eine Freibank errichtet worden[2]). Auf der Freibank gelangt alles minderwertige oder nach Brauchbarmachung bedingt tauglich befundene Fleisch in Berlin geschlachteter Rinder, Kälber, Schafe und Ziegen, sowie das durch die Untersuchungsstation vom Verkehr ausgeschlossene Fleisch und die zur Trichinenschau benutzten Fleischproben durch behördlich beauftragte Personen zum Verkauf. An andern Orten minderwertig befundenes Fleisch darf nur auf Ersuchen der auswärtigen Polizeibehörde mit Genehmigung des Magistrats nach Untersuchung in den Untersuchungsstationen der Freibank zum Verkauf überwiesen werden. Der Betrieb der Freibank ist durch Mietvertrag mit Zustimmung des Polizeipräsidenten einem Unternehmer übertragen worden (Gemeinderecht IX S. 253—260).

§ 5. Entschädigung für die zwecks Abwehr von Viehseuchen getöteten Tiere.

Ist durch die in § 12 des Gesetzes vom 12. März 1881 vorgeschriebene Untersuchung der auf polizeiliche Anordnung getöteten oder nach dieser Anordnung an der Seuche gefallenen Tiere bei Pferden, Eseln, Maultieren oder Mauleseln ein Fall von Rotzkrankheit (Wurmkrankheit) oder beim Rindvieh ein Fall der Lungen-

welche ohne Approbation sich mit Tierheilkunde beschäftigen oder welche das Fleischer-, Hausschlächter- oder Abdeckereigewerbe oder Fleisch- oder Viehhandel betreiben, dürfen als Trichinenschauer nicht angestellt werden.

[1]) Gemeinderecht IX, S. 226—227.

[2]) Freibankordnung für den Gemeindebezirk Berlin v. 25. März 1903, genehmigt durch den Oberpräsidenten v. 8. April 1903 mit dem Vorbehalt der Abänderung durch etwaige ministerielle Ausführungsbestimmungen, Gemeinderecht IX, S. 250—253.

seuche festgestellt, so wird für die damit behafteten Tiere eine Entschädigung nach Maßgabe des Reglements I zur Ausführung des genannten Gesetzes vom $\frac{14.\ \text{VIII.}}{4.\ \text{IX.}}$ 1902[1]) gezahlt und zwar bei Pferden, Eseln, Mauleseln, Maultieren bis zu drei Viertel, bei Rindvieh bis zu vier Fünftel des gemeinen Wertes. Auf die Ersatzsumme werden Entschädigungen auf Grund privater Versicherung bis zu drei Viertel bzw. vier Fünftel, sowie der Wert der dem Besitzer zur Verfügung bleibenden Teile des Tieres angerechnet. Zur Bestreitung der Entschädigung wird alljährlich eine Abgabe von dem Besitzer der betreffenden Tiere, welche in Berlin ihren gewöhnlichen Standort haben, erhoben. Auf Grund des Artikel I Ziff. 4 des Gesetzes vom 22. April 1892 betreffend die Entschädigung der an Milzbrand gefallenen Tiere und gemäß dem Reglement II zur Ausführung dieses Gesetzes vom $\frac{14.\ \text{VIII.}}{4.\ \text{IX.}}$ 1902[2]) wird bei gefallenen oder getöteten Pferden, Eseln, Mauleseln, Maultieren oder Rindviehstücken, welche mit dieser Krankheit behaftet sind, eine Entschädigung von drei Viertel des gemeinen Wertes unter Ansetzung von drei Viertel privatrechtlicher Versicherungssummen von der Stadtgemeinde gezahlt. Die Entschädigung fällt fort bei fahrlässiger Vernachlässigung der vorgeschriebenen Vorsichtsmaßregeln zur Bekämpfung der Seuche durch den Besitzer des Tieres oder im Falle der Kenntnis der Krankheit beim Erwerb des Tieres, sowie bei vorsätzlicher oder fahrlässiger Schlachtung an Milzbrand erkrankter oder krankheitsverdächtiger Tiere oder Vornahme einer blutigen Operation an den rotzerkrankten Tieren oder Öffnung ihres Kadavers durch eine andere Person als einen approbierten Tierarzt (§§ 3 u. 4 des Reglements II).

Fünfter Abschnitt.
Wohlfahrtspflege.

Erster Titel.

Allgemeines.

a) Die Pflege der Wohlfahrt der Einwohner ist eine allgemeine Gemeindeaufgabe, deren Förderung teils durch die Gesetze, teils

---

[1]) Gemeinderecht IX, S. 261—263.

[2]) Gemeinderecht IX, S. 265—268.

durch die freie Entschließung der Gemeinden bestimmt wird. Die Gesetze pflegen in der Regel nur das Mindestmaß der Leistungen der Gemeinde zu bestimmen, während es darüber hinaus im allgemeinen der freien Entschließung der Gemeinden überlassen ist, das Mindestmaß zu erhöhen.

Im weiteren Sinne ist der Zweck der Gemeindeverwaltung, soweit dieselbe nicht durch den Staat festgelegt und daher von der Gemeinde ohne Prüfung des Zweckes auszuführen ist, die Förderung des Wohles ihrer Einwohner. Während aber bei anderen Zweigen der Verwaltung, z. B. der Schul-, Bau-, Verkehrs- und Militärverwaltung, noch andere Zwecke hauptsächlich oder nebenher in Frage kommen, überwiegt bei der Wohlfahrtspflege im engeren Sinne, die wir in diesem Kapitel lediglich zu behandeln haben, die Fürsorge für das Wohl des einzelnen Einwohners, wobei diese Fürsorge nicht ausschließlich auf Einwohner beschränkt zu sein braucht, sondern sich auf vorübergehend Aufhaltsame, auf frühere Einwohner, auf außerhalb wohnende Grundbesitzer und Gewerbetreibende erstrecken kann. Diese Fürsorge für Auswärtige ist aber nur eine unvermeidbare Ausnahme.

Wenn die Wohlfahrtspflege im engeren Sinne die Fürsorge für einzelne im Auge hat, so sind dadurch weitergehende allgemeine Zwecke nicht ausgeschlossen, sondern sie werden, wie bei jeder Tätigkeit des Staates und seiner Teile, auch bei der Gemeindetätigkeit in der Regel gegeben sein. Nur ist es nicht Aufgabe der mit der Wohlfahrt im engeren Sinne betrauten Organe, diese höheren Ziele unmittelbar zu fördern, sondern *ihre* Aufgabe ist auf die Beförderung des Wohles der einzelnen Hilfsbedürftigen gerichtet, woraus sich dann von selbst die Erreichung höherer Zwecke ergibt. So wird durch die Armenpflege und Gesundheitspflege das wirtschaftliche und körperliche Niveau des Volkes gehoben und damit seine Entwicklung zwecks Erreichung allgemeiner Kulturaufgaben der Nation gefördert. Aber daraus dürfen die mit der Wohlfahrt im engeren Sinne betrauten Behörden kein Recht und auch keine Pflicht zur Erweiterung ihrer Ziele und ihres Tätigkeitskreises herleiten.

b) Die von der Stadt Berlin ausgeübte Wohlfahrtspflege zerfällt nun in *zwei große Gruppen*: in die Fürsorge für die *wirtschaftliche Existenz* der Einwohner und die Fürsorge für ihre *Gesundheit*.

Die erste Aufgabe besteht in der Armen- und Waisenpflege,

der Fürsorgeerziehung, der Unterstützung solcher Personen, welche zwar der Unterstützung bedürfen, aber nicht der Armenpflege zur Last fallen, der Versicherung gegen Feuersgefahr, der Fürsorge für die Erhaltung und Schaffung von Privatvermögen durch die Sparkasse und das Pfandbriefamt, während die wirtschaftliche Stärkung Minderbemittelter durch Versicherung gegen Krankheit, Unfälle und Invalidität sich auf gewisse Volkskreise und im wesentlichen auf das reichsgesetzlich vorgeschriebene Maß, d. h. vorwiegend auf gewerbliche Angestellte beschränkt und daher bereits bei der Gewerbeverwaltung behandelt wurde. Allerdings spielt die Versicherungsgesetzgebung auch in die Armenpflege hinein, indem die Versicherten häufig hilfsbedürftig im Sinne der Armenpflege werden und daher die ihnen zustehenden Ansprüche gegen die Versicherung der Armenverwaltung zum Ersatz für ihre Aufwendungen zufallen.

Die Fürsorge für die Gesundheit ist zum Teil eine allgemeine, indem alle städtischen Veranstaltungen so eingerichtet werden, daß dadurch die Gesundheit nicht leidet oder gefährdet wird. Das gilt von Straßen und Plätzen, Parks, von Schulbauten und gewerblichen Anlagen, insbesondere kommen in diesem Sinne die Straßenreinigung, Kanalisation und Wasserleitung in Frage, welche schon in dem die technische Verwaltung behandelnden Kapitel erledigt wurden.

Außerdem unterhält die Stadt Veranstaltungen, die lediglich die Pflege der Gesundheit bezwecken und folgende Zweige der Verwaltung umfassen:

Die Fürsorge für kranke und gebrechliche Personen durch Kranken- und Siechenanstalten, Heimstätten für Genesende, Anstalten für Irre, Epileptiker, Säuglinge, Blinde[1]) und Taubstumme, Fürsorge für die Gesundheit der Schüler, Hebammen, Badeanstalten, Fürsorge für Verunglückte, die Untersuchung von Nahrungs- und Genußmitteln, bakteriologische Untersuchungen, Erstattung von Gutachten über hygienische Fragen durch das städtische Untersuchungsamt, Wohnungsfürsorge, Bestattungswesen und Beseitigung ansteckender Stoffe durch die Abdeckerei und Desinfektionsanstalten. Auch das Vieh- und Schlachthofwesen sowie die Markthallen fallen in dieses Gebiet. Diese Gegenstände wurden aber auch bereits bei der technischen Verwaltung erörtert.

---

[1]) Gemeindebeschluß vom 7. Dezember 1899, 5. Januar 1900.

c) Auch für die Wohlfahrtspflege bestehen einzelne gleichgeordnete Unterbehörden des Magistrats[1]), während dieser einen kleinen Teil der Wohlfahrtspflege unmittelbar selbst erledigt, dazu gehört besonders die Verwaltung der Hauptstiftungskasse, welche außer der Verwaltung der zu milden Zwecken gestifteten Gelder u. a. die Kasse der Feuersozietät bearbeitet.

d) Die die Wohlfahrtspflege verwaltenden Unterbehörden sind folgende:

I. Mit dem Zwecke wirtschaftlicher Förderung.

1. Die Armendirektion, eine gemischte Deputation für die Verwaltung der offenen Armenpflege (4 Magistratsmitglieder, 16 Stadtverordnete, 12 Bürgerdeputierte, 14 Magistratsräte oder Assessoren);

2. die Deputation für das Arbeitshaus und das städtische Obdach (4 Magistratsmitglieder, 10 Stadtverordnete);

3. die Waisendeputation zur Verwaltung der gesamten Waisenpflege, der Waisenanstalten, der Fürsorge für hilfsbedürftige Kinder und der Fürsorgeerziehung (5 Magistratsmitglieder, 12 Stadtverordnete und 2 Bürgerdeputierte);

4. die städtische Stiftungsdeputation, welche die wohltätigen Zuwendungen an die Stadt verwaltet, soweit nicht stiftungsgemäß besondere Verwaltungsorgane vorgeschrieben sind. Die Deputation dient auch als Zentralstelle für die gesamte Wohlfahrtspflege (2 Magistratsmitglieder, 4 Stadtverordnete, 2 Bürgerdeputierte). Im Bureau der Stiftungsdeputation werden außerdem die Angelegenheiten zahlreicher unter besonderen Kuratorien stehender Stiftungen verwaltet;

5. das aus dem Kämmerer als Vorsitzenden und fünf Stadtverordneten zusammengesetzte Kuratorium für die hypothekarische Beleihung von Grundstücken aus Stiftungsfonds, welches alle Anträge auf Gewährung von hypothekarischen Darlehen aus Stiftungsfonds prüft und erledigt[2]);

---

[1]) Es gibt allerdings eine von der Stiftungsdeputation verwaltete Zentrale für die Kontrolle der Wohltätigkeitspflege, diese ist aber keine den anderen Wohlfahrtsbehörden übergeordnete Instanz.

[2]) Natürlich vorbehaltlich der Rechte und Pflichten einzelner Stiftungsverwaltungen.

6. die König-Friedrichs-Stiftung zwecks Beschaffung billiger und gesunder Wohnungen für Minderbemittelte[1]);

7. die Deputation für die städtische Feuersozietät, d. h. Feuerversicherungsanstalt für städtische Gebäude. (Die Berliner Feuerwehr ist ein staatlich verwaltetes Institut der Stadt Berlin);

8. das aus 2 Magistratsmitgliedern und 4 Stadtverordneten zusammengesetzte Kuratorium der städtischen Sparkasse;

9. das Berliner Pfandbriefamt, ein Institut mit eigener Rechtspersönlichkeit, zwecks Beleihung Berliner Grundstücke, welches unter der Kontrolle des Magistrats steht.

II. Zwecks Förderung der Gesundheit.

1. Die Deputation für die städtischen Krankenanstalten und die öffentliche Gesundheitspflege[2]);

2. das Kuratorium für die städtischen Heilstätten, welche für Genesende oder Erholungsbedürftige bestimmt sind (2 Stadträte, 4 Stadtverordnete, 1 Bürgerdeputierter, 1 Magistratsrat);

3. das Kuratorium für die städtischen Hospitäler und Siechenanstalten (2 Stadträte, 8 Stadtverordnete, 2 Bürgerdeputierte und 1 Magistratsrat);

4. die Deputation für die städtische Irrenpflege (4 Magistratsmitglieder, 6 Stadtverordnete, 2 Bürgerdeputierte, 1 Magistratsassessor);

5. die städtische Zentrale Buch, die gemeinsamen Angelegenheiten der Anstalten in Buch umfassend (5 Magistratsmitglieder);

6. die Deputation für das städtische Turn- und Badewesen (5 Magistratsmitglieder, 7 Stadtverordnete, 3 Bürgerdeputierte) wurde bereits bei der Schulverwaltung behandelt;

7. die Deputation des städtischen Untersuchungsamtes für hygienische und gewerbliche Zwecke (2 Magistratsmitglieder, 4 Stadtverordnete, 2 Bürgerdeputierte, 1 Magistratsassessor);

8. das Kuratorium für das Bestattungswesen (1 Magistratsmitglied, 2 Stadtverordnete);

---

[1]) Die Arbeitsvermittlung wird in Berlin lediglich durch nicht kommunale Einrichtungen, insbesondere den Zentralverein für Arbeitsnachweis besorgt, der eine laufende Unterstützung aus städtischen Mitteln erhält.

[2]) Daneben besteht eine Königliche Sanitätskommission unter dem Vorsitz des Polizeipräsidenten.

9. der Magistratskommissar für Desinfektionsangelegenheiten (1 Magistratsmitglied).

Zweiter Titel.

Die Fürsorge für die wirtschaftliche Existenz der Einwohner.

a) Allgemeines.

Die Fürsorge für die wirtschaftliche Existenz umfaßt die Armen- und Waisenpflege[1]), die Fürsorge für die Förderung des Vermögens insbesondere auch das der Grundbesitzer. An dieser Fürsorge nehmen die mit der Gesundheitspflege betrauten Behörden insofern teil, als der Gesundheitspflege bedürfende Hilfsbedürftige den Anstalten dieser Behörde von der Armenverwaltung überwiesen werden, oder insofern, als Unbemittelte in die Anstalten aufgenommen werden. Für die Art der Gesundheitspflege macht aber der Umstand, ob der Verpflegte auf öffentliche oder eigene Kosten verpflegt wird, keinen Unterschied. Die Frage der Kostenerstattung ist allgemein der Armendirektion, und zwar dem ihr unterstellten Kosteneinziehungsbureau überlassen. Die Armenpflege zerfällt in die gesetzliche und die freiwillige Armenpflege. Die gesetzliche Armenpflege ist reichsgesetzlich durch das Gesetz über den Unterstützungswohnsitz in der Fassung vom 7. Juni 1908 und das zu dem früheren Gesetz ergangene preußische Ausführungsgesetz vom 11. Juli 1891 geregelt. In Betracht kommen auch noch das Gesetz über die Fürsorgeerziehung Minderjähriger vom 2. Juli 1900, dessen Anwendung nicht auf Unbemittelte beschränkt ist, aber doch vorwiegend solche Personen betrifft[2]). Die Einzelheiten des Armenpflegerechts sind bei der Verwaltung der offenen Armenpflege durch die Armendirektion zu behandeln. Man unterscheidet offene Armenpflege, bei der der Pflegling in seiner Wohnung oder in der seiner Angehörigen belassen wird, und geschlossene Armenpflege, bei welcher der Pflegling einer Anstalt überwiesen wird. Beide Fälle kommen auch bei der Waisenpflege vor, welche ihre Tätigkeit aber auch auf solche Waisen erstreckt, welche bemittelt sind. Hier ist die Tätigkeit hauptsäch-

[1]) Zur Armenpflege im weiteren Sinne gehören auch viele Stiftungsangelegenheiten und die Beförderung billiger Wohnungen.

[2]) Dazu ist die Ausführungsanweisung vom 18. Dezember 1900 (Min.-Bl. 1901 S. 27) ergangen.

lich eine das Vormundschaftsgericht unterstützende. Mit der Waisenpflege im Zusammenhange steht die Fürsorgeerziehung. Die freiwillige Armenpflege ist gesetzlich nicht geregelt, doch kommen für sie Bestimmungen des B.G.B. §§ 21—89 in Anwendung. Danach ist die Erlangung der Rechtsfähigkeit eines nicht auf einen wirtschaftlichen Geschäftsbetrieb gerichteten Vereins durch Eintragung von der Prüfung durch die Verwaltungsbehörde abhängig. Zur Errichtung einer Stiftung mit selbständiger Rechtspersönlichkeit ist nach § 80 B.G.B. in Verbindung mit der Verordnung vom 16. November 1894 (vgl. auch pr. Ausf.Gesetz Art. 7) die Genehmigung des Königs erforderlich bei Schenkungen im Werte von über 5000 Mark[1]). Eine gemeinsame Zentrale besitzt die Wohlfahrtspflege in der von der Stiftungsdeputation verwalteten Zentralstelle für die Kontrolle der Wohltätigkeitspflege[2]).

b) Die einzelnen Zweige der Fürsorge für die wirtschaftliche Existenz:

aa) Die Armenverwaltung.

Die Grundsätze.

Die Verpflichtung zur Armenpflege ruht nach dem Gesetz über den Unterstützungswohnsitz §§ 2, 3, 5, 8 auf der Stadtgemeinde Berlin, welche zugleich einen Ortsarmenverband und einen Landarmenverband bildet. Die Pflicht zur Unterstützung hilfsbedürftiger Personen, auf welche diese aber keinen privatrechtlich klagbaren Anspruch haben, ist entweder eine vorläufige oder eine endgültige. Die vorläufige Unterstützung muß jedem gewährt werden, der im Stadtgebiete hilfsbedürftig wird (§ 28), die endgültige jedem Hilfsbedürftigen, der in Berlin seinen Unterstützungswohnsitz hat (§ 9 des Gesetzes über den Unterstützungswohnsitz in seiner jetzigen Fassung vom 7. Juni 1908). Der Unterstützungswohnsitz in Berlin wird erworben

---

[1]) Die freiwillige Armenpflege wird vielfach durch Vereine ausgeübt, auch durch die religiösen Gemeinschaften; in Frage kommen besonders Vereinigung der Wohlfahrtsbestrebungen in Berlin, der Verein gegen Verarmung, Armenspeisungsanstalt, Verein Berliner Volksküchen, Verein für Obdachlose, Berliner Krippenverein, Verein zur Beförderung der Kleinkinderbewahranstalten, ev. Erziehungsverein, Verein für häusliche Gesundheitspflege (auch für Ferienkolonien), Verein für die Berliner Arbeiterkolonie.

[2]) Schon die Königl. Kabinettsordre vom 3. Mai 1819 bezeichnet die Zusammenwirkung aller bei der Armenpflege konkurrierenden Behörden und Institute und eines derselben entsprechenden Organismus als wichtigste Aufgabe.

1. durch einjährigen ununterbrochenen Aufenthalt nach vollendetem sechszehnten Lebensjahre,

2. durch Abstammung von ehelichen Eltern oder von einer unehelichen Mutter, welche in Berlin ihren Unterstützungswohnsitz haben,

3. durch Verehelichung mit einem Manne, der in Berlin einen Unterstützungswohnsitz hat.

Verloren wird der Unterstützungswohnsitz durch Erwerb eines anderen Unterstützungswohnsitzes oder zweijährige ununterbrochene Abwesenheit nach dem 16. Lebensjahre. Soweit eine Person nirgends einen Unterstützungswohnsitz besitzt, ist der Landarmenverband zur Tragung der Kosten verpflichtet.

Jedem Hilfsbedürftigen ist Obdach, der unentbehrliche Lebensunterhalt, die nötige Krankenpflege und ein angemessenes Begräbnis zu gewähren. Für die Bewahrung, Kur und Pflege von Geisteskranken, Idioten, Epileptischen, Taubstummen und Blinden, soweit sie der Aufnahme in eine Anstalt bedürfen, sind die Landarmenverbände vorläufig oder endgültig verpflichtet, je nachdem der Ortsarmenverband des Unterstützungswohnsitzes in ihrem Bezirke liegt. Der endgültig verpflichtete Armenverband muß den dauernd Hilfsbedürftigen auf Verlangen des Verbandes, von welchem der Hilfsbedürftige unterstützt wird, übernehmen, er kann auch die Überführung in seine unmittelbare Fürsorge verlangen. Die Gemeinde kann einen Neuanziehenden, der keinen Unterstützungswohnsitz in ihrem Gebiete hat, abweisen, wenn er nicht nachweisen kann, daß er in der Lage ist, sich und seinen nicht arbeitsfähigen Angehörigen den notwendigen Lebensunterhalt zu beschaffen. Die Polizeibehörde hat nötigenfalls die Entfernung zu besorgen[1]). Gegen die Abweisung oder die polizeiliche Ausweisungsverfügung steht dem Betroffenen Klage bei dem Verwaltungsgerichte zu. Streitigkeiten zwischen verschiedenen Armenverbänden über die Unterstützungspflicht werden in erster Instanz durch den Bezirksausschuß — oder die in einem anderen Bundesstaate zuständige Behörde —,

[1]) Nach § 391 Str.G.B. kann den infolge gerichtlichen Urteils unter Polizeiaufsicht Gestellten der Aufenthalt an einzelnen Orten polizeilich untersagt werden, auch kann den in den letzten zwölf Monaten wegen wiederholten Bettelns oder Landstreichens Bestraften der Aufenthalt in jedem anderen Bundesstaat versagt werden.

in letzter Instanz durch das Bundesamt für Heimatwesen entschieden. Dem Armenverbande steht Ersatz seiner Aufwendungen gegen privatrechtlich verpflichtete Personen, auch gegen öffentliche Krankenkassen, Unfallberufsgenossenschaften und Invalidenversicherungsanstalten zu [1]). Durch vorbehaltlich des Rechtsweges endgültigen Beschluß des Kreis- bzw. Stadtausschusses können Ehegatten, Eltern oder die uneheliche Mutter und Kinder zur Erfüllung ihrer familienrechtlichen Unterhaltspflicht angehalten werden.

Nach Artikel 139 E.G. z. B.G.B. bleiben die landesgesetzlichen Vorschriften bestehen, nach welchen dem Fiskus oder einer anderen juristischen Person in Ansehung des Nachlasses einer verpflegten oder unterstützten Person ein Erbrecht, ein Pflichtteilsanspruch oder ein Recht auf bestimmte Sachen zusteht. Danach steht den Anstalten der Stadt Berlin auf Grund von §§ 50 ff. A.L.R. II 19 auf den freien eigentümlichen Nachlaß solcher Personen, die in eine öffentliche Anstalt zur unentgeltlichen Verpflegung aufgenommen worden sind und in dieser Verpflegung verstorben sind, ein gesetzliches Erbrecht zu, jedoch vorbehaltlich des Pflichtteils der ehelichen Nachkommen und des der Ehefrau nach den Ehepakten Zustehenden. Dieses Erbrecht muß aber dem Erblasser protokollarisch mitgeteilt sein. Ein weitergehendes Erbrecht ist der Berliner Armendirektion nach dem Corpus Constitutionum Marchicarum I. Abt. II NLXXIII und Hofreskript vom 2. Juli 1801 verliehen worden, indem ihr auch in der offenen Armenpflege ein gesetzliches Erbrecht am Nachlasse verpflegter Personen zusteht, das nur zugunsten armer Kinder eingeschränkt ist [2]).

Grundsätzlich ist die Berliner Armenpflege eine offene Armenpflege, und daher fällt der überwiegende Teil der Armenverwaltung mit Ausnahme der Waisenverwaltung der Armendirektion anheim.

bb) Die Armendirektion.

1. Geschichte und Verwaltungsaufgaben.

Die Armendirektion, eine ursprünglich staatliche Behörde [3]), ist jetzt eine gemischte Deputation gemäß § 39 der Städteordnung, jedoch mit der Maßgabe, daß nach §§ 2 u. 3 des preuß. Ausführungsgesetzes zum Unterstützungswohnsitzgesetz vom 11. Juli 1891 auch

[1]) Grundsätze f. d. jur. Bearbeitung d. Armenangelegenheiten §§ 40—64.

[2]) Vgl. Gemeinderecht VIII, S. 224—228.

[3]) Entwicklungsgeschichte bei Clauswitz und Gemeinderecht VIII, S. 1—29.

Ortseinwohner, welche nicht Bürger sind, zur Deputation hinzugezogen werden können. Ortspfarrer oder deren Stellvertreter, deren Pfarrbezirk über die politischen Grenzen der Gemeinde ihres Wohnorts sich erstreckt, sind hinsichtlich des in der auswärtigen Gemeinde belegenen Kirchspielteils den dortigen Ortseinwohnern gleich zu achten. Die Armendirektion besteht aus 4 Magistratsmitgliedern, 16 Stadtverordneten, 12 Bürgerdeputierten und den vom Magistrat zugewiesenen Magistratsräten, -Assessoren und juristischen Hilfsarbeitern, z. B. 3 Magistratsräten, 9 Magistratsassessoren und 2 juristischen Hilfsarbeitern.

Der Armendirektion liegt in erster Linie die Leitung und Beaufsichtigung der gesamten offenen Armenpflege ob. Sie hat die der Stadtgemeinde obliegenden gesetzlichen Aufgaben des Orts- und Landarmenverbandes wahrzunehmen. Sie besorgt die Unterbringung von Personen in das städtische Obdach, in Siechen-, Kranken- und Erziehungsanstalten. Sie erledigt die Erstattung der Unterstützungen an fremde Armenverbände und besorgt die Erstattung der Armenpflegekosten durch Angehörige oder andere Armenverbände. Ihr unterstehen einzelne Stiftungen[1]). Dem Vorsitzenden der Armendirektion ist ferner das städtische Kosteneinziehungsbureau unterstellt, welches die Kur- und Verpflegungskosten der in den städtischen Krankenhäusern und der Charité verpflegten Personen einzuziehen hat, die nicht der Armenpflege anheimfallen[2]).

2. Organisation der Armenverwaltung.

Die Organisation der Armenverwaltung ist durch die Anweisung der Armendirektion vom 1. April 1902 betreffend die offene Armenpflege der Stadt Berlin, den Gemeindebeschluß v. 17. Dezember 1896 betreffend die Errichtung von Armenämtern, die Geschäftsinstruktion für die Armenämter vom 17. Dezember 1896, den Gemeindebeschluß vom 20. Dezember 1900 betr. die Dezentralisation und die An-

---

[1]) Z. B. der Königl. Neujahrsgelderfonds, die L'Abbey-Stiftung, der Winterunterstützungsfonds, das Zeihesche Legat vgl. Gemeinderecht VIII, S. 223—296.

[2]) Der Armendirektion ist auch das Fundbureau unterstellt, welches sämtliche Fundsachen bearbeitet (Magistratsbeschluß vom 21. Mai 1908 §§ 978—983 B.G.B. Reglement der Armendirektion vom 11. April 1901. Gemeinderecht 228—287).

weisung für die Verwaltung der Armenkreise vom 9. Juni 1902 geregelt [1]).

Danach ist die Stadt zum Zweck der Ausübung der Armenpflege in **Armenkommissionsbezirke** eingeteilt, die von Armenkommissionen verwaltet werden. Die Mitglieder der Armenkommissionen werden von den Stadtverordneten aus der Zahl aller großjährigen Angehörigen eines deutschen Bundesstaates ohne Unterschied des Geschlechts gewählt, die sich im Besitze der bürgerlichen Ehrenrechte befinden und in Berlin wohnen (§ 3 der Geschäftsanweisung), und zwar auf drei Jahre. Sie sollen im Bezirk der Kommission wohnen (§ 4). Zu den stimmberechtigten Mitgliedern der Armenkommissionen gehören ferner die Stadtverordneten, denen der den Kommissionsbezirk umfassende Stadtbezirk zur Recherche überwiesen ist und der Bezirksvorsteher. Mit beratender Stimme sollen möglichst die Armenärzte und etwaige vom Vorsitzenden der Armendirektion zur Teilnahme an den Sitzungen abgeordnete Personen teilnehmen (§ 5). An der Spitze der Kommission steht der von ihr gewählte Vorsteher (§ 6), der durch den Vorsitzenden der Armendirektion verpflichtet wird (§ 7). Die Organe der Armenpflege sind für die gesetzmäßige Verwendung der für die Armenpflege bestimmten öffentlichen Mittel verantwortlich (§ 8). Jedem Mitglied der Armenkommission (Armenpfleger) sind durch den Vorsteher eine Anzahl hilfesuchender und unterstützter Personen zugeteilt (§ 2). Der Pfleger soll Freund und Berater der Armen sein und ihnen auch über die Gewährung einer Unterstützung hinaus mit Rat und Tat zur Seite stehen (§ 10). Er soll sich von der Verwendung der Unterstützung und dem Vorhandensein der den Armen geliehenen Sachen überzeugen (ebenda). Art, Höhe und Dauer der Unterstützung unterliegt der Beschlußfassung der Kommission (§ 18). Monatlich hat die Kommission der Armendirektion Bericht zu erstatten (§ 21), welche besonders die Feststellung des Unterstützungswohnsitzes, die Heranziehung Angehöriger zur Unterstützung und

---

[1]) Gemeinderecht VIII S. 29—125. Einzelne Zweige der Armenverwaltung sind der Deputation für das Arbeitshaus und das städtische Obdach sowie der Waisendeputation überwiesen. Für die juristische Bearbeitung sind vom Vorsitzenden der Armendirektion in 147 Paragraphen zusammengefaßte Grundsätze für die juristische Bearbeitung der Armenangelegenheiten unter dem 25. März 1901 zusammengestellt.

Ansprüche aus den gesetzlichen Versicherungen prüft (§ 23). Die Armendirektion gibt der Kommission die Fälle bekannt, in denen die Unterstützung in offener Pflege zu versagen ist (§ 32). Ausnahmsweise kann die Kommission direkte Behandlung des Unterstützungsfalles durch die Armendirektion beantragen (§ 34). Über jede dauernd unterstützte Person wird ein Personalbuch geführt (§ 38), außerdem führt die Armendirektion über jede unterstützte Person Personalakten.

Durch die Gemeindebeschlüsse vom 17. Dezember 1896 und 20. Dezember 1900 sind zwecks Dezentralisation der Armenpflege Zwischeninstanzen zwischen der Armendirektion und den Armenkommissionen geschaffen worden. Durch den Beschluß vom 17. Dezember 1896 war zunächst beschlossen worden, die in einem Standesamtsbezirk belegenen Armenkommissionen nach und nach zu größeren einheitlichen Verwaltungskörpern[1]) unter dem Namen Armenämter zusammenzufassen, an deren Spitze ein Berufsbeamter, Magistratsassessor, als Armenamtsvorsteher treten sollte. Hiervon ist aber zunächst nur in zwei Fällen Gebrauch gemacht worden, während jüngst das dritte Armenamt eingerichtet wurde. Inzwischen ist durch den Beschluß vom 20. Dezember 1900 der Armendirektion die Befugnis erteilt worden, aus etwa 10 bis 15 Armenkommissionsbezirken Armenkreise zu bilden, deren Geschäfte durch einen von der Armendirektion aus dem Kreise ihrer Mitglieder gewählten Kreisvorsteher und die Armenkreisversammlung geführt werden. Die Kreisvorsteher sind stimmberechtigte Mitglieder der ihnen unterstellten Armenkommissionen. Die Kreisversammlung besteht aus den Kommissionsvorstehern und dem Kreisvorsteher. Den Armenämtern und Kreisversammlungen ist ein Teil der Geschäfte der Armendirektion unter deren höherer Leitung übertragen worden. Während die Armenämter ein eigenes Bureau haben, werden die Bureaugeschäfte der Armenkreise in dem Bureau der Armendirektion erledigt. Der Geschäftsgang der Armenämter und Armenkreise ergibt sich aus der Geschäftsinstruktion für die Armenämter vom 17. Dezember 1896 und die Geschäftsanweisung für die Verwaltung der Armenkreise vom 9. Juni 1902.

Die Kontrolle der gesamten Armenpflege, hauptsächlich nach der rechtlichen Seite, erfolgt durch die Armendirektion, und zwar haupt-

---

[1]) Die die Grundlage für eine spätere Dezentralisation abgeben sollten.

sächlich durch die juristischen Dezernenten derselben, Magistratsräte und -assessoren. Die Grundsätze für die juristische Bearbeitung der Armenangelegenheiten sind in 147 Paragraphen von dem Vorsitzenden der Armendirektion unter dem 15. März 1901 zusammengestellt. Danach liegt den juristischen Dezernenten und den Expedienten die Bearbeitung aller Armenangelegenheiten nach der rechtlichen Seite hin ob. Dahingegen soll die Prüfung, ob eine Unterstützung nach Art und Höhe zulässig ist, ob bei der Bewilligung gegen das Gesetz oder die Geschäftsanweisung verstoßen ist, im allgemeinen zu den Aufgaben des Vorsitzenden und des als Kreisvorsteher, Armenamtsvorsteher oder Bezirksdezernenten tätigen Mitgliedes der Armendirektion gehören. Gleichwohl sollen derartige Verstöße, wenn sie an der zuständigen Stelle unbemerkt geblieben sind, dieser zur Kenntnis gebracht werden. Die Prüfung soll sich insbesondere auf den Unterstützungswohnsitz, auf die Fähigkeit zur Erstattung der Unterstützungen durch die Unterstützten, Angehörigen, Krankenkassen, Berufsgenossenschaften, Versicherungsanstalten, Erbansprüche, strafrechtliches Einschreiten u. dgl. erstrecken. Bei dauernder Bedürftigkeit von Ausländern ist regelmäßig die Ausweisung zu betreiben[1]).

Zwecks Ausübung ihrer Funktionen sind der Armendirektion beamtete und durch Privatdienstvertrag verpflichtete Hilfsorgane überwiesen. Ferner bedient sich die Armendirektion der Mitwirkung von Spezialärzten.

An besoldeten Beamten stehen der Armendirektion außer ihren Bureaubeamten als Boten und Ausführungsorgane die Stadtsergeanten zur Verfügung, deren Obliegenheiten sich aus der Dienstanweisung für die Stadtsergeanten vom 17. März 1903 (vom Magistrat bestätigt unter dem 9. April 1903) ergeben[2]).

Auf Grund von Privatdienstverträgen[3]) sind die ärztlichen und sonstigen Medizinalhilfsorgane der Armendirektion verpflichtet. In Betracht kommen außer den Armenärzten: Armenhebammen,

---

[1]) Wegen Dänemark Zentralblatt f. d. Deutsche Reich 1874 S. 31, 1881 S. 407, 1884 S. 201; Rußland ebenda 1894 S. 81; Italien ebenda 1873 S. 281; Schweiz Reichsgesetzbuch 1890 S. 131; Belgien Zentralblatt für das Deutsche Reich 1877 S. 411.

[2]) Gemeinderecht VIII S. 179—188.

[3]) Vertragsmuster Gemeinderecht VIII S. 135—144.

Heilgehilfen, Optiker und Bandagisten. Armenärzte erhalten ein festes jährliches Honorar, während die übrigen Hilfspersonen auf Vergütung für den einzelnen Fall der Dienstleistung nach mit ihnen vereinbarten Sätzen angewiesen sind.

Die Dienstpflichten der Armenärzte ergeben sich aus der Dienstanweisung vom 3. April 1894[1]). Der Armenarzt hat außer der Behandlung in den für Arme festgesetzten Sprechstunden, sobald die Natur der Krankheit es erfordert, den armen Kranken in seiner Wohnung zu behandeln. Geeignete Fälle hat er Spezialärzten oder Krankenhäusern zu überweisen (§ 14)[2]).

Mit den Apothekenbesitzern ist ein Abkommen über einen Rezepturrabatt getroffen worden. Der Krankentransport und die Bestattung verstorbener Armer sind durch Werkvertrag mit Privatunternehmern geregelt[3]).

3. Art und Höhe der Unterstützungen.

Nach § 41 der Anweisung für die Organisation der offenen Armenpflege ist als unterstützungsbedürftig zu erachten, wer infolge mangelnder oder verminderter Erwerbsfähigkeit oder infolge Verlustes seines Ernährers außerstande ist, sich oder seiner Familie das für Nahrung, Kleidung, Obdach, Hausrat und Gesundheitspflege Unentbehrliche durch eigene Arbeit oder aus eigenem Vermögen zu beschaffen. Im übrigen liegt Unterstützungsbedürftigkeit auch dann vor, wenn gesetzlich zum Unterhalt verpflichtete Personen oder Organe zwar vorhanden sind, aber ihrer Pflicht nicht nachkommen. Den Familien von arbeitsfähigen Männern, die zu militärischen Übungen einberufen sind und auf Grund des Reichsgesetzes vom 10. Mai 1892 unterstützt werden, ist, sofern der Grund der Notlage die Übung ist, aus den der Armendirektion zur Verfügung stehenden Wohltätigkeitsfonds im Bedarfsfalle eine weitere Unterstützung zu gewähren. Arbeitsfähige Personen sind in der Regel nicht als unterstützungsbedürftig anzusehen. Arbeitsscheue, Trunkenbolde, gewerbsmäßige Bettler, liederliche Frauenzimmer sind von der offenen Armenpflege regelmäßig auszuschließen und dem städtischen Obdach oder einer Krankenanstalt zu überweisen. In allen Fällen ist die Heranziehung Verwandter zur Unterstützung zu versuchen.

[1]) Gemeinderecht VIII S. 126—134.

[2]) Gemeinderecht VIII S. 144—145.

[3]) Gemeinderecht VIII S. 145—167.

Sind unverschuldet der Gefahr der Verarmung ausgesetzte Personen nach Möglichkeit der Privatwohltätigkeit zuzuführen (§§ 46 und 47) insbesondere durch Verweisung an die Stiftungsdeputation.

Die Unterstützung besteht in barem Geld, Beihilfe zur Beschaffung von Feuerung, Suppenspeisung, leihweiser Überlassung von Gebrauchsgegenständen, freier ärztlicher Behandlung, freien Arznei, diätetischen Heilmitteln (Milch, Wein), mechanischen Heilmitteln (Bruchbändern, Bandagen, Brillen, künstlichen Gliedmaßen), Bädern und Desinfektion, Geburtshilfe, Behandlung während des Wochenbettes und Unterbringung in Waisen- uud Erziehungshäusern und Siechenanstalten.

Feste Bezüge von Stiftungen oder sonstige Bezüge auf Grund von Privatwohltätigkeit sollen niemals mit ihrem ganzen Betrage auf das Almosen angerechnet werden (§ 51). Bei Geisteskranken ist nötigenfalls die Polizei um Überführung in eine Irrenanstalt zu ersuchen (§ 81). Genesende können den städtischen Heimstätten zugeführt werden (§ 83)[1]).

4. Verhältnis der Armendirektion zu anderen mit der Wohlfahrtspflege betrauten Behörden und Anstalten.

Der Armendirektion unterstehen keine geschlossenen Anstalten zur Verpflegung hilfsbedürftiger Personen, weder Krankenhäuser, noch Siechenanstalten, noch Erziehungshäuser u. dgl. Die Tätigkeit der Armendirektion in denjenigen Fällen, in welchen unterstützungsbedürftige Personen in derartigen Anstalten behandelt werden, erstreckt sich daher nur auf die Überweisung an die Anstalten, die Prüfung der Frage, ob ein Fall der Armenpflege vorliegt, insbesondere, ob die Kosten dem hiesigen Orts- oder Landarmenverband zur Last fallen, sowie die Frage der Kostenerstattung.

Diese Angelegenheiten sind in folgender Weise geregelt: In jedem einzelnen Unterstützungsfalle, auch bei Anmeldungen von Unterstützungen von außerhalb, ist der Unterstützungswohnsitz festzustellen. Hiervon darf nur mit Genehmigung der Dezernenten in

[1]) Eine besondere Aufgabe der Armendirektion ist die Ausstellung von Armutszeugnissen behufs Erlangung des Armenrechts in Zivilprozessen, d. h. der vorläufigen Befreiung von Prozeßkosten und unentgeltliche Zuweisung eines Prozeßbevollmächtigten und Gerichtsvollziehers (§ 9 Z.P.O.). Die Ausstellung dieser Zeugnisse erfolgt nach Ansicht des Ministers des Innern kraft Auftrages seitens der Staatsbehörde. Ministerialreskript v. 5. Dezember 1875, Gemeinderecht VIII S. 290—291, vgl. § 112 der Anweisung f. die Vorgenannten S. 111.

Fällen der Geringfügigkeit abgesehen werden. Die durch Verpflegung in den städtischen Krankenanstalten entstehenden Kosten sind auf den betreffenden Spezialetat übernommen. Dem Kosteneinziehungsbureau der Armendirektion liegt die Einziehung ob. Die Aufnahme in die städtischen Irrenanstalten erfolgt bei nicht zahlenden Kranken durch die Armendirektion. Die Einziehung von Kosten gegenüber auswärtigen Armenverbänden erfolgt nach Maßgabe der auf den Entlassungsanzeigen ausgeworfenen Tarifsätze, bei außerpreußischen Verbänden nötigenfalls unter Nachweis des Einzelaufwands. Wenn sich ein vorläufig fürsorgepflichtiger Verband seiner Verpflichtung entzogen hat, so soll im Falle eines schriftlichen Auftrages zur Aufnahme gegen die abschiebende Gemeinde, nicht vom Armenverband die Erstattung des vollen Wertes verlangt werden. Schulgeld für auswärts verpflegte Kinder wird gezahlt, wenn sich die Armendirektion dazu bereit erklärt hat, wenn sie die Inpflegegabe nach auswärts unmittelbar veranlaßt hat, wenn der auswärtige Armenverband die Rücknahme eines zweckmäßigerweise außerhalb verpflegten Kindes verlangt, wenn das Schulgeld nicht gezahlt wird. Stets ist zu prüfen, ob ein Anspruch aus der Reichsarbeiterversicherung vorliegt und weshalb die Unterstützung auf Grund desselben unterblieben ist. Der Erstattungsanspruch gegen den Unterstützten beruht auf § 62 Abs. 1 des R.G. über den Unterstützungswohnsitz in der Fassung vom 7. Juni 1908. Die Heranziehung der Angehörigen zur Erfüllung der gegenwärtigen oder künftigen Unterstützungspflicht erfolgt durch Antrag auf Beschlußfassung an den zuständigen Kreis- oder Stadtausschuß.

Besonderer Erwähnung bedürfen die Rechtsverhältnisse der Armendirektion zur Charité, einem staatlichen, insbesondere auch wissenschaftlichen Zwecken dienenden Krankenhause und zu einer Reihe von privaten Anstalten. Durch die mit Gesetzeskraft erlassene Kabinettsorder vom 6. Juni 1835 ist bestimmt, daß die Charité unentgeltlich alle unvermögenden, der Kommune angehörigen Geisteskranken und die „venerischen feilen Dirnen" aufzunehmen hat. Ferner hat sie für andere der Krankenhauspflege bedürfende und der Stadt endgültig oder vorläufig zur Last fallende unterstützungsbedürftige Personen 100000 freie Verpflegungstage zu gewähren[1]).

[1]) Wegen der Rechtsstellung der Charité zu auswärtigen Armenverbänden und zum Landarmenverband, Gemeinderecht VIII S. 213—216.

Sodann steht die Armendirektion mit einer Reihe von Privatkrankenanstalten und -kliniken in einem Vertragsverhältnis, auf Grund dessen die ihnen überwiesenen Armenkranken für einen vereinbarten Preis behandelt werden. Dieser Preis entspricht im allgemeinen dem von den städtischen Krankenanstalten berechneten. Die Aufnahme für Rechnung der Armendirektion darf nur bei Zuweisung durch diese, ausnahmsweise auch ohne solche Zuweisung im Falle von Lebensgefahr armer Kranker erfolgen. Soweit eine Verpflichtung von Krankenkassen besteht, darf die Armendirektion nicht in Anspruch genommen werden[1]).

Der Armendirektion stehen schließlich eine Anzahl von gestifteten Fonds zur Verfügung, welche ausdrücklich für Stadtarme zugewendet sind[2]).

cc) Die Deputation für das Arbeitshaus und das städtische Obdach.

Zu den Armenanstalten gehören auch das Arbeitshaus und das Obdach, welche von der Deputation für das Arbeitshaus und das städtische Obdach verwaltet werden (Geschäftsanweisung vom 15. März 1906).

Dem Arbeitshaus können zufolge strafrechtlicher Verurteilung durch den Polizeipräsidenten in Berlin Personen u. a. wegen Bettelns, Landstreichens, Spiel, Trunk, Müßiggang, Arbeitsscheu, verschuldeter Obdachlosigkeit, Verleitung von Kindern zu Diebstahl, Betteln u. dgl. (§§ 361, 362 Reichsstrafgesetzbuch) bis zur Dauer von zwei Jahren überwiesen werden[3]). Die Kosten, ausschließlich der dem Staate zur Last fallenden Prozeßkosten, trägt die Stadt Berlin als Landarmenverband.

Armenhäuser, Hospitäler, Waisen-, Findel-, Werk- und Arbeitshäuser, zu welchen Anstalten auch das städtische Obdach gehört,

[1]) Vertrag mit einer Privatspezialklinik, Gemeinderecht VIII S. 217f.

[2]) Beschluß des Magistrats vom 7. Dezember 1894, Gemeinderecht VIII S. 298—301.

[3]) Für den Vollzug gilt der Beschluß des Bundesrats vom 28. Oktober 1897 (Zentr.Bl. f. d. D. R. 308). Zirkular vom 19. Juni 1895 betr. Fürsorge f. entlassene Strafgefangene (M.Bl. f. d. i. V. S. 170) u. vom 10. Dezember 1873 (ebenda 1874 S. 22). Hausordnung f. d. Arbeitshaus vom 30. April 1883, Geschäftsordnung f. d. Vorschuß- und Überverdienstkasse des Arbeitshauses vom 26. Februar 1899, Hausordnung f. d. Hospital des Arbeitshauses vom 22. Dezember 1882.

stehen unter dem besonderen Schutz des Staates (§ 32 A.L.R. II, XIX). Die Einrichtung solcher Anstalten ist dem Staate zur Prüfung der Grundsätze ihrer Verfassung anzuzeigen. Die Anstalten haben, wenn sie vom Staate ausdrücklich oder stillschweigend genehmigt sind, die Rechte juristischer Personen (§ 42 a. a. O.). Von unentgeltlich Aufgenommenen kann die Anstalt häusliche Dienste und andere zum Gebrauche der Anstalt bestimmte Arbeiten fordern.

Das Arbeitshaus steht unter einem Direktor, das Obdach unter einem Oberinspektor (Dienstanweisung vom Jahre 1907). Ihm untersteht ein Ökonomieinspektor, ein Hausvater und ein Oberaufseher. Die Bureaugeschäfte der Deputation werden von den Bureaus der beiden Anstalten besorgt[1]. Die Aufsicht führt der Oberpräsident.

dd) Die Waisendeputation.

Die Waisendeputation ist im Jahre 1906 aus einer Abteilung der Armendirektion hervorgegangen. Ihr liegt nicht nur die gesamte Waisenpflege, sondern auch die gesetzlich vorgeschriebene oder aus praktischen Gründen erforderliche Pflege nicht verwaister Kinder ob, bei denen die elterliche Pflege fehlt oder unzureichend ist[2].

Als Organe der Waisendeputation dienen der Verwaltungsdirektor, der Erziehungsdirektor, Erziehungsinspektoren und -inspektorinnen. An geschlossenen Anstalten stehen der Deputation zur Verfügung das Waisenhaus Berlin, die Waisenanstalt in Rummelsburg, die städtischen Erziehungshäuser in Lichtenberg, Kleinbeeren, Birkholz, das Kinderasyl und die Fürsorgeanstalten der Schmidt-Gallusstiftungen.

Organe der Waisenverwaltung sind ferner der Gemeindewaisenrat[3], dessen Mitglieder, die Gemeindewaisenräte, Säuglingsärzte und Waisenhelferinnen.

Die Waisenverwaltung zerfällt in die Unterbringung der der

---

[1] Der Verwaltung des Obdach ist die Desinfektionsanstalt II, die Station für die Zwangsheilung Geschlechtskranker und die Volkslesehalle unterstellt (Geschäftsordnung f. d. städt. Obdach u. d. II. Desinfektionsanstalt vom $\frac{10.}{26.}$ September 1891, Geschäftsordnung f. d. Vorschußkasse des Obdachs vom 27. August 1891, Bestimmung f. d. Arbeitsausschuß des Obdachs vom $\frac{3.\ \text{V.}}{9.\ \text{VI.}}$ 1906).

[2] Geschäftsanweisung f. d. Waisenverwaltung vom 3. August 1861.

[3] Geschäftsanweisung vom 28. Februar 1909.

Stadt zur Fürsorge und Erziehung anheimgefallenen Kinder in Familienpflege in und außerhalb der Stadt, die Unterbringung solcher Kinder in Anstalten, die Fürsorge für die aus der Waisenpflege Entlassenen, in einem Lehr- oder Dienstverhältnis stehenden Zöglinge. Dazu kommt die Verwaltung der oben genannten Stiftungen.

Ferner liegt der Waisenverwaltung die Ausführung des Gesetzes über die Fürsorgeerziehung Minderjähriger vom 2. Juli 1900[1]) ob. Nach diesem Gesetz und den Ausführungsanweisungen vom 18. Dezember 1900 und 22. Februar 1901 (Min.-Bl. 1901 S. 27 u. 73) können Minderjährige, welche das 18. Jahr nicht überschritten haben, auf Antrag des Gemeindevorstandes (in Stadtkreisen) oder des Vorstehers der Königlichen Polizeibehörde, in allen Fällen nach Anhörung des Gemeindevorstandes, auf Anordnung des Vormundschaftsgerichts zur Fürsorgeerziehung unter öffentlicher Aufsicht und auf öffentliche Kosten in einer geeigneten Familie oder Erziehungs- oder Besserungsanstalt untergebracht werden. Die Ausführung liegt dem Kommunalverband, und zwar in Berlin dem Stadtkreis ob, welcher für die nötigen Anstalten zu sorgen hat. Durch das Reglement des Stadtkreises Berlin für die Ausführung der Fürsorgeerziehung vom 3. März 1905 (Gem.Bl. S. 234—235) ist die Bearbeitung der dem Gemeindevorstand und dem Stadtkreis nach dem Gesetz vom 2. Juli 1900 obliegenden Angelegenheiten der Waisendeputation übertragen worden. Die durch das Vormundschaftsgericht der Fürsorgeerziehung Überwiesenen werden zunächst zur Beobachtung in das Waisenhaus Berlin oder in die städtischen Erziehungsanstalten aufgenommen, die Prostituierten in besondere Anstalten (§ 2). Nach gutachtlicher Äußerung des leitenden Erziehers werden sie entweder endgültig dort behalten oder in geeigneten Familien oder in öffentlichen, kirchlichen oder in privaten Erziehungs- oder Besserungsanstalten untergebracht (§ 3). Die Kosten der Erziehung und Verpflegung trägt der Kommunalverband (unter Staatszuschüssen), die Kosten der Überführung, ersten Ausstattung, der Rückreise und Beerdigung der Ortsarmenverband und, falls der Pflegling einen Unterstützungswohnsitz nicht hat, der Kommunalverband.

Schließlich liegt der Waisenverwaltung die Unterstützung der Vormundschaftsgerichte ob. Zu diesem Zwecke sind nach Art. 77

[1]) Kommentare von Aschrott Berlin, Guttentag; Noelle, Berlin, Vahlen.

des Ausführungsgesetzes zum B.G.B., vgl. §§ 184—185 [1] B.G.B., für jede Gemeinde oder örtlich abzugrenzende Gemeindeteile ein oder mehrere Gemeindeglieder als Gemeindewaisenrat unentgeltlich bestellt werden. Durch Gemeindebeschluß können die Funktionen der Waisenräte besonderen Abteilungen oder Organen der Gemeindeverwaltung übertragen werden. Zur Unterstützung der Waisenräte können Frauen widerruflich als Waisenpflegerinnen bestellt werden. Die Angelegenheiten der Waisenräte werden von der Waisendeputation bearbeitet. Sie dienen auch als Organe der städtischen Waisenpflege.

Die Waisenräte haben dem Vormundschaftsgericht die als Vormund, Gegenvormund, Pfleger oder Mitglied eines Familienrates geeigneten Personen vorzuschlagen und haben die Vormünder in der Fürsorge für die Person der Mündel zu überwachen.

ee) Die Stiftungsdeputation.

Die Aufgaben der Stiftungsdeputation gehören auch zur Wohlfahrtspflege. Sie sind auf die Verwaltung von Vermögen gerichtet, welches für Pflege der Wohlfahrt insbesondere von Einwohnern der Stadt Berlin gestiftet ist. Die Aufgaben gehen aber über die der Armenpflege hinaus. Ja es sind, wie wir gesehen haben, diejenigen Stiftungen, die lediglich Unterstützungsbedürftigen im Sinne der Armenpflege zugute kommen sollen — soweit nicht durch die Stifter eine besondere Verwaltung angeordnet ist, der Armendirektion überwiesen worden.

Die Bureauangelegenheiten zahlreicher Stiftungen werden im Bureau der Stiftungsdeputation bearbeitet, während für die hypothekarische Ausleihung von Stiftungsgeldern das bereits erwähnte Kuratorium für die hypothekarische Beleihung von Grundstücken mit Stiftungsgeldern besteht. Erwähnt sei auch noch die Hauptstiftungskasse.

Die Aufgaben der Stiftungen bestehen nicht nur in der Unterstützung Bedürftiger, sondern auch in der Förderung wissenschaftlicher [1]), künstlerischer [2]), gewerblicher [3]) und humanitärer Zwecke [4]).

Die König-Friedrich-Stiftung, aus städtischen Mitteln mit

---

[1]) Jagorstiftung, Evangel. Säkularstipendium, städtische Universitätsstipendien.

[2]) Julie Oppenheim-Stiftung.

[3]) Friedrich Gewerbestiftung, Stiftung der Berliner Gewerbeausstellung von 1879, Gewerbeausstellungsfonds von 1880.

[4]) Z. B. Tierschutzstiftung Deutscher Lehrer.

einem Kapital von einer Million Mark begründet, bezweckt minderbemittelten Einwohnern der Stadt Berlin bei der Erlangung billiger und gesunder Wohnungen behilflich zu sein. Insbesondere können aus der Stiftung Beihilfen zur Erreichung dieses Zweckes an Unternehmungen, welche den Bau von kleinen, billigen und gesunden Wohnungen in gemeinnütziger Weise fördern, gewährt werden. Die Höhe der Mieten ist so zu berechnen, daß dadurch eine landesübliche angemessene Verzinsung der Herstellungskosten sowie die Kosten der Unterhaltung der Wohnungen und die allgemeinen Verwaltungskosten gedeckt werden.

ff) Der Arbeitsnachweis.

Die Vermittlung von Arbeitsgelegenheiten hat die Stadt bisher nicht in eigene Verwaltung genommen. Sie unterstützt aber den öffentliche Arbeitsnachweise unterhaltenden und fördernden Zentralverein für Arbeitsnachweise, welcher Korporationsrechte besitzt, durch eine jährliche Beihilfe. Die Geschäfte des Vereins werden durch die Generalversammlung und durch den von dieser gewählten Vorstand geleitet. Die neben dem allgemeinen Nachweis bestehenden Facharbeitsnachweise stehen unter besonderen, hauptsächlich aus Arbeitgebern und Arbeitern zusammengesetzten Kuratorien unter dem Vorsitz eines Vorstandsmitgliedes des Zentralvereins.

gg) Sparkasse.

Das Sparkassenwesen ist geregelt durch das Königliche Reglement betr. die Errichtung des Sparkassenwesens vom 12. Dezember 1838 (ergänzt u. a. durch Min.-Erlaß vom 4. u. 14. November 1894, Min.-Blatt S. 190, 234, vom 29. Dezember 1899, 10. Mai 1900, 27. Juli 1900 S. 15, 176, 225).

Die Errichtung und das Statut städtischer Sparkassen bedürfen der staatlichen Genehmigung, welche dem Oberpräsidenten zusteht. Die Verwaltung wird regelmäßig durch ein Kuratorium geführt, welches zum Magistrat die Stellung einer städtischen Deputation hat und die Rechte einer Behörde besitzt (Min.-Bl. 1880 S. 201). Die Aufsicht führt die Kommunalaufsichtsbehörde, in Berlin der Oberpräsident. Die städtischen Sparkassen sind öffentliche städtische Anstalten, aber ohne eigene Rechtspersönlichkeit[1]). Nach Ausf.-Ges.

[1]) So R.G.C. XXXIV 3, Pr.V. Blatt XIII 449, Oertel S. 350, 354, Leidig Stadtrecht 401, Ledermann St.O. S. 234 Anm. 12 f. und § 56[3].

z. B.G.B. Art. 75 u. § 1807 B.G.B. kann eine in Preußen bestehende öffentliche Sparkasse durch den Regierungspräsidenten im Einvernehmen mit dem Landgerichtspräsidenten widerruflich zur Anlegung von Mündelgeld für geeignet erklärt werden. Nach dem geltenden zweiten revidierten Statut der Sparkasse zu Berlin vom $\frac{27.\ \text{IX.}}{16.\ \text{X.}}$ 1877[1]) nebst Nachtrag vom $\frac{13.}{28.}$ Oktober 1892 bezweckt die Sparkasse, den Einwohnern der Stadt Berlin Veranlassung zu Ersparnissen und zugleich eine Gelegenheit zu geben, dieselben zinsbar und sicher unterzubringen. Die Sparkasse ist ein selbständiges Institut[2]), für welches die Stadt die Garantie übernimmt. Die Sparkasse wird vom Magistrat und der Stadtverordnetenversammlung beaufsichtigt und von einem Kuratorium verwaltet[3]). Der Rendant und die übrigen Beamten werden durch den Magistrat mit Zustimmung der Stadtverordneten angestellt, sofern sie nicht bereits lebenslänglich angestellt sind. Die Einzahlungen dürfen für einzelne Personen — abgesehen von Mündelgeldern und Ausnahmefällen (§ 21) — 1000 Mark nicht übersteigen[4]). Außer in den Lokalen der Sparkasse dürfen Einzahlungen bei den über die ganze Stadt verbreiteten von selbständigen Kaufleuten ehrenamtlich verwalteten Annahmestellen erfolgen. Über die Einlagen, Zinsen und Rückzahlungen werden auf den Namen lautende Sparkassenbücher ausgestellt und dem Einzahler ausgehändigt, doch ist die Sparkasse berechtigt, ohne Prüfung der Legitimation dem Inhaber eines Sparkassenbuches die Einlage zurückzuzahlen (§ 11), der Einzahler kann sich aber durch einen in das Buch einzutragenden Vermerk, daß die Rückzahlung nur an ihn oder seine Erben erfolgen dürfe, sichern[5]).

---

[1]) Gemeinderecht IX S. 298—311.

[2]) Aber gleichwohl nur Sondervermögen der Stadt.

[3]) Bestehend aus dem Kämmerer und vier von der Stadtverordnetenversammlung gewählten Mitgliedern, darunter mindestens zwei Stadtverordnete. Den Vorsitzenden bestimmt der Magistrat (§ 14). Sowohl der Magistrat wie die Stadtverordneten können dem Kuratorium besondere Deputierte zur Revision beiordnen.

[4]) Instruktion für die Annahmestellen, Gemeinderecht IX S. 314—319.

[5]) Nachweislich vernichtete Sparkassenbücher und nach erfolgtem Aufgebot (vgl. § 1003 f. Z.P.O. und § 12 des Sparkassenreglements) auch verloren gegangene können erneuert werden.

hh) Das Berliner Pfandbriefinstitut.

Das Berliner Pfandbriefinstitut ist ein auf Anregung des Magistrats zusammengetretener Verein von Grundbesitzern der Stadt, welcher den Zweck verfolgt, den Kredit für den Berliner Grundbesitz durch Gewährung von Hypothekendarlehen mittels Emission von Pfandbriefen, auf den Inhaber lautend, zu erleichtern.

Die Rechtsverhältnisse des Pfandbriefinstituts sind durch das Statut vom 8. Mai 1868 (Gesetzsammlung S. 451 f.) nebst sechs Nachträgen[1]) geregelt. Das Institut hat die Rechte einer Korporation (§ 3). Der Beitritt steht grundsätzlich jedem Eigentümer eines in Berlin belegenen, bei der städtischen Feuersozietät versicherten Grundstücks offen (§ 4). Die Darlehne werden seitens des Instituts unkündbar nur durch Ausgabe von Pfandbriefen bis zur Höhe des halben Wertes des Grundstücks gewährt und sind mit 3—5 % jährlich zu verzinsen. Außerdem hat der Schuldner jährlich ½ % zu zahlen, welche zur Deckung der Kosten der Verwaltung, zur Bildung eines Reservefonds und zur Amortisation des Darlehns dienen. Die Überschüsse des Verwaltungs- und Reservefonds fließen dem Amortisationsfonds zu[2]). Die Eigentümer können das Darlehen mit sechsmonatlicher Frist zum 1. Januar oder 1. Juli kündigen, das Pfandbriefinstitut nur im Falle nicht pünktlicher Zinszahlung oder Verminderung des Bauwerts der Grundstücke (§ 27).

Die Angelegenheiten des Pfandbriefinstituts werden unter Aufsicht des Magistrats und seines Kommissars verwaltet durch die Direktion, den engeren Ausschuß, den Ausschuß und die Generalversammlung (§ 52).

Die Direktion besteht aus einem Direktor und drei Räten, von denen einer die Qualifikation zum Richteramt besitzen muß. Sie vertritt das Institut unter dem Namen „Das Berliner Pfandbriefamt" in allen Rechtsgeschäften (§ 53). Die Direktion wird durch vier Bausachverständige unterstützt, welche die Qualifikation für das höhere Baufach haben müssen (§ 55). Der Magistrat ernennt die Direktionsmitglieder und die Bauverständigen. Er bestimmt die Gehälter und Anstellung. Die Anstellungsdauer beträgt höchstens zwölf Jahre. Die Subaltern- und Kassenbeamten werden von der Direktion

[1]) Gemeinderecht IX S. 328—383.

[2]) Tatsächlich werden z. B. regelmäßig mindestens ½ % zur Tilgung verwandt.

angestellt. Auf sämtliche Beamte, auch die Direktionsmitglieder, finden die Vorschriften des Gesetzes vom 21. Juli 1832, betreffend die Dienstvergehen der nicht richterlichen Beamten, die dasselbe ergänzenden Bestimmungen, besonders das Gesetz über die allgemeine Landesversammlung vom 30. Juli 1883 und das Zuständigkeitsgesetz vom 1. August 1883 Anwendung.

Der Vorsitzende des Magistrats ernennt aus dessen Mitgliedern einen ständigen Kommissar zur Beaufsichtigung des Pfandbriefamts (§ 60). Dieser nimmt der Direktion und den Bauverständigen (§ 59) den Diensteid ab.

Der Ausschuß besteht aus Deputierten der Grundbesitzer, deren Zahl den Feuersozietätsrevieren entsprechen soll. Der Ausschuß wählt aus seiner Mitte einen engeren Ausschuß, der alle drei Monate unter dem Vorsitz des Magistratskommissars zusammentritt. Er ist von demselben in Kenntnis der Geschäfts- und Kassenverhältnisse zu erhalten und hat durch Deputierte an den Kassenrevisionen teilzunehmen. Der weitere Ausschuß stellt die Etats auf und erteilt Decharge über die Rechnung (§ 68). Die ordentliche Generalversammlung wird alle drei Jahre durch den Magistrat einberufen (§ 67). Die Geschäftsreglements werden von der Direktion nach Genehmigung des Magistrats erneuert (§ 71).

ii) Die städtische Feuersozietät.

Durch das Feuersozietätsreglement vom 1. Mai 1794[1]) werden sämtliche privaten Eigentümer von Gebäuden im Stadtbezirke verpflichtet und die Eigentümer öffentlicher Gebäude berechtigt, der städtischen Feuersozietät beizutreten und ihre baupolizeilich abgenommenen Gebäude bei der Sozietät gegen Feuersgefahr zu versichern[2]). Die Versicherung umfaßt allen Schaden, der durch Feuer, sei es durch Anlegen, durch Verwahrlosung oder durch einen Zufall an den versicherten Gebäuden verursacht ist, desgleichen den Schaden, der durch einen Blitzstrahl entstanden ist, der auch nicht einmal gezündet hat. Die Versicherung umfaßt ferner alles, was behufs der zu treffenden Löschungsanstalten an den benachbarten Gebäuden, Gärten oder sonst beschädigt wird.

---

[1]) Kommentar von Fürst, Berlin 1893.

[2]) Windmühlen können — zu höherem Satz —, brauchen aber nicht versichert zu werden. Von der Versicherung ausgeschlossen sind Pulvermühlen und andere der Feuersgefahr noch mehr als Windmühlen ausgesetzte Gebäude (§ 3).

Die Verwaltung wird durch die aus drei Magistratsmitgliedern und sechs Stadtverordneten und einen Magistratsrat bestehende Deputation für die städtische Feuersozietät geführt. Dieselbe hat sämtliche versicherungspflichtigen Gebäude abzuschätzen, die Feuerkassenbeiträge — durch die Stadtwachtmeister[3]) — einzuziehen, die Brandentschädigungen festzustellen und einzuziehen, die Personalien der Stadtwachtmeister und der Ratsmaurer- und Zimmermeister zu bearbeiten. Zwecks Abschätzung der Gebäude und Schäden ist die Stadt in vier Bauinspektionsbezirke eingeteilt, dem je ein höherer Baubeamter vorsteht (Instruktion derselben vom 10. Januar 1896). Als Sachverständige — für die Feuerversicherung — und zugleich für die Baupolizei und als gerichtliche Sachverständige — dienen die Ratsmeister, Maurer- und Zimmermeister, welche für ihre Tätigkeit Gebühren erhalten (Instruktion vom 8. Dezember 1896).

Die Kasse der Feuersozietät ist mit der Hauptstiftungskasse vereinigt.

Die versicherten Gebäude werden in Kataster eingetragen, die für jedes Stadtviertel besonders geführt werden (§ 7). Über die Eintragung erhält jeder Eigentümer ein Attest (Feuerkassenschein). Für die Ermittlung der Versicherungssumme gilt der Grundsatz, daß dieselbe ausreichen muß, um ein Gebäude von der Beschaffenheit des vorhandenen zur Zeit der Abschätzung wieder aufzuführen. Mobilien sind ausgeschlossen. Bei ganz abgebrannten Gebäuden werden nur die geretteten Materialien auf die Versicherungssumme in Anrechnung gebracht. Bei teilweiser Zerstörung eines Gebäudes erfolgt die Abschätzung des Schadens möglichst unter Vergleichung mit der Taxe für die Versicherung des ganzen Gebäudes (§ 13).

Die zu zahlenden Entschädigungssummen werden von sämtlichen Sozietätsgliedern nach vorherigem Ausschreiben aufgebracht. Die Auszahlung erfolgt, sofern die Eigentümer hinlängliche Sicherheit stellen, sogleich, sonst nach Wiederherstellung des Schadens.

---

[3]) Dienstanweisung vom 19. Januar 1900. Die Stadtwachtmeister haben außerdem Recherchen im Auftrage der Sozietät vorzunehmen (§ 3). Sie sind durch Privatdienstvertrag gegen Kündigung und ohne Pensionsberechtigung angestellt.

Dritter Titel.

Gesundheitspflege.

a) Allgemeines.

Die Gesundheitspolizei, d. h. die Pflege der Gesundheit durch öffentliche Organe, ist nach Art. 4^{15} der Reichsverfassung Gegenstand der Reichsgesetzgebung.

Durch Reichsgesetz wird u. a. geregelt die Bekämpfung gemeingefährlicher Krankheiten[1]), das Impfwesen[2]), die Lebensmittelpolizei[3]), die Ausübung der ärztlichen Praxis. Als Verwaltungsorgane des Reichs bestehen der Reichsgesundheitsrat und das Reichsgesundheitsamt, im übrigen ist die Verwaltung der Gesundheitspolizei den Landesbehörden übertragen. Dieselbe steht in Preußen unter dem Kultusminister — mit Ausnahme des dem Landwirtschaftsministerium unterstellten Viehseuchenwesens[4]). Zu erwähnen sind noch die bei dem Gewerbewesen behandelten Reichsarbeiterversicherungsgesetze, welche neben ihrem speziellen gewerblichen Zweck auch die Wiederherstellung oder Kräftigung der Gesundheit unmittelbar oder nebenher zum Zwecke haben und daher bei der Verwaltung des Gesundheitswesens, insbesondere der Krankenhäuser, eine erhebliche Rolle spielen. Die Provinzialbehörde bildet der Oberpräsident. Als beratende und begutachtende Behörde dient auch für Berlin das Medizinalkollegium der Provinz Brandenburg. Als technische Berater dienen die Kreisärzte, die die gesundheitlichen Verhältnisse und Anstalten zu überwachen und bei Gefahr im Verzuge vorläufige Anordnungen gegen die Verbreitung von ansteckenden Krankheiten treffen können.

Nach dem Gesetz vom 16. September 1899 (vgl. Ministerialerlaß vom 13. März 1901, Pr. Verw.-Bl. XXII S. 428), betreffend die Dienststellung des Kreisarztes und Bildung von Gesundheitskommissionen ist für jede Gemeinde mit über 5000 Einwohnern eine Gesundheitskommission zu bilden. Die Zusammensetzung und Bildung der Kommission erfolgt in Städten in Ge-

---

1) RG. vom 30. Juni 1900.

2) RG. vom 8. April 1874, Ausf.G. vom 12. April 1875.

3) RG. vom 14. Mai 1879, 5. Juli 1887, 15. Juni 1897, 24. Mai 1901, 3. Juni 1900.

4) RG. vom 12. März 1881.

mäßheit der in den Städten für die Bildung von Kommissionen (Deputationen) vorgesehenen Bestimmungen. In größeren Städten können die städtischen Behörden Unterkommissionen für einzelne Bezirke bilden; der Minister der Medizinalangelegenheiten ist ermächtigt, es bei der bisherigen Einrichtung der Sanitätskommissionen zu belassen. Die Mitglieder verwalten ihr Amt als Ehrenamt. Die Ausübung der ärztlichen Praxis gilt nicht als Ablehnungsgrund. Der Kreisarzt kann an allen Sitzungen teilnehmen und jederzeit die Zusammenberufung der Kommission verlangen (§ 10). Die Aufgabe der Kommission ist es, sich über die Gesundheitsverhältnisse Kenntnis zu verschaffen, Gutachten abzugeben, Vorschläge zu machen und die Gesundheitspolizei zu unterstützen.

Die bestehende Gesundheitskommission für Berlin gilt als Königliche Behörde unter dem Titel Königliche Sanitätskommission und steht unter dem Vorsitz des Polizeipräsidenten. Ihr gehören u. a. als Stellvertreter des Vorsitzenden ein Mitglied des Polizeipräsidiums, ferner ein Regierungs- und Medizinalrat, der Direktor des Königlichen Instituts für Infektionskrankheiten, ein Magistratsmitglied, acht Stadtverordnete, ein Kreisarzt, der Garnisonrepräsentant und der erste Garnisonarzt an.

b) Deputation für die städtischen Krankenanstalten und das öffentliche Gesundheitswesen.

Die allgemeine Verwaltung des lediglich der Gemeinde obliegenden Gesundheitswesens liegt der Deputation für die städtischen Krankenanstalten und der öffentlichen Gesundheitspflege ob[1]), während derselben gleichgeordnet zur Verwaltung einzelner Zweige des Gesundheitswesens folgende Behörden bestehen: die Kuratorien für Heimstätten und die Hospitäler, der Deputation für die Irrenpflege, das Turn- und Badewesen, das Untersuchungsamt, das Kuratorium für das Bestattungswesen, die Magistratskommission für Desinfektionsangelegenheiten und die Zentrale in Buch.

Die wichtigste Aufgabe der Krankenhausdeputation ist die Verwaltung der städtischen Krankenanstalten, die der Deputation unterstellt sind, soweit nicht die oben angegebenen gleichgeordneten Be-

---

[1]) Begründet durch Gemeindebeschlüsse vom $\frac{7.}{19.}$ Mai 1896, $\frac{14.\ \text{VIII.}}{3.\ \text{IX.}}$ 1896, $\frac{7.}{20.}$ Februar 1902.

hörden für die Verwaltung besonderer Arten von Krankenanstalten bestehen [1]).

Zur Beaufsichtigung der einzelnen Krankenanstalten wählt die Deputation aus ihrer Mitte je einen Hauskurator.

Die Leitung jedes Krankenhauses liegt in den Händen einer Direktion, bestehend aus zwei ärztlichen Direktoren — für die äußere und innere Abteilung je einem — und einem Verwaltungsdirektor (§ 1 der Bestimmungen des dienstlichen Verhältnisses zwischen den Direktoren und Ärzten in den städtischen Krankenhäusern). Neben den Direktoren der inneren und äußeren Abteilung werden nach Bedarf leitende Ärzte (dirigierende Oberärzte, Spezialärzte für besondere Zweige medizinischer Behandlung), Assistenzärzte und Volontärärzte im Krankenhause beschäftigt. Außerdem werden auf Grund des § 39 der durch den Reichskanzler mit Zustimmung des Bundesrats erlassenen Prüfungsordnung für die Ärzte vom 28. Mai 1901 Kandidaten der Medizin nach vollständig bestandener ärztlicher Prüfung und in der Regel in unmittelbarem Anschluß an dieselbe gemäß dem Gemeindebeschluß vom $\frac{9.}{24.}$ September 1903 als Praktikanten zur Beschäftigung in den städtischen Krankenhäusern ohne Besoldung zugelassen. Die Deputation ist die nächstvorgesetzte Instanz der Direktoren, dirigierenden Ärzte, Oberärzte und leitenden Ärzte (§ 3).

Die ärztlichen Direktoren und Oberärzte der Krankenanstalten (einschließlich der Irrenanstalten) werden auf die Dauer von sechs Jahren angestellt, dergestalt, daß mit Ablauf der Periode eine Wiederanstellung jedesmal wieder auf sechs Jahre zulässig ist. Unterbleibt die Wiederanstellung, so erhält der Beamte nach zwölf Jahren die Hälfte, nach achtzehn Jahren zwei Drittel seines Diensteinkommens als Pension. Die Anstellung erfolgt durch den Magistrat.

Die Anstellung der Prosektoren [2]) geschieht durch die Depu-

---

[1]) Durch Vertrag mit dem Königlich Preußischen Fiskus vom $\frac{7.\ IX.\ 1896}{19.\ XI.\ 1896}$ und $\frac{14.\ I.\ 1907}{6.\ III.\ 1907}$ ist das staatliche Institut für Infektionskrankheiten dem städtischen Rudolf-Virchow-Krankenhause angegliedert.

[2]) Dienstanweisung für die Prosektoren, Magistratsbeschluß v. 19. Februar 1896, Gemeinderecht X S. 18—20. Der Prosektor untersteht der Depu-

tation, die der Assistenzärzte und Volontärärzte ebenfalls durch die Deputation nach Anhörung der Direktion (Bestimmungen zur Regelung des dienstlichen Verhältnisses zwischen der Direktion und Ärzten an den städtischen Krankenhäusern, § 6). Die Annahme und Entlassung des gesamten Pflege- und Dienstpersonals gehören, soweit nicht der Magistrat oder die Deputation anders bestimmt haben, zu den Obliegenheiten des Verwaltungsdirektors, doch ist bei dem Pflegepersonal die Zustimmung der ärztlichen Direktoren erforderlich (§ 8). Behufs Pflege von Kranken in den Kranken- und Pflegeanstalten der Stadt ist eine städtische Schwesternschaft gegründet worden, deren Rechtsverhältnisse durch die Satzungen für die städtische Schwesternschaft (Gemeindebeschluß vom $\frac{27.\ \text{VI.}}{12.\ \text{VII.}}$ 1907) und Satzungen für die Oberinnen der städtischen Schwesternschaft vom $\frac{27.\ \text{VI.}}{12.\ \text{VII.}}$ 1907 geregelt sind[1]). Die Schwesternschaft setzt sich zusammen aus Schülerinnen, Probeschwestern, Schwestern, welche nach beendeter Lehr- oder Probezeit aufgenommen sind, Oberschwestern und Oberinnen (§ 3). Die Schwesternschaft wird von einem Vorstand geleitet. Dieser untersteht der Deputation und setzt sich zusammen aus je einem Direktor der Krankenhäuser, an welchen Schwestern tätig sind, den Oberinnen und einem von der Deputation aus dem Kreise ihrer Mitglieder ernannten Vorsitzenden (§ 4). Aufgenommen werden Mädchen und unabhängige Frauen ohne Unterschied des Bekenntnisses. Sämtliche Schwestern erhalten freie Kost, Wohnung und ein Bargehalt, bei den Schülerinnen Taschengeld genannt, sowie Dienstkleidung (§ 7). Sie stehen in einem Privatdienstverhältnis und erwerben nicht die Rechte der Gemeindebeamten (§ 9). Sie unterstehen der Direktion und der Oberin und haben den Anweisungen der behandelnden Ärzte Folge zu leisten (§ 9). Erweist sich eine Schwester als nicht geeignet, so kann sie nach dreimonatiger Kündigung am Monatsersten entlassen werden, und zwar vor Ablauf der Pflichtjahre durch die Direktion, sonst auf

tation und der Direktion. Er muß die von den Abteilungsvorständen verlangten Sektionen persönlich ausführen. Ihm steht die Aufsicht über die Sezier- und Mikroskopieräume zu. Vgl. Instruktion f. die ärztl. Direktoren der städtischen Kranken- und Irrenanstalten betr. Ausführung von Sektionen v. 24. Mai 1901, Gemeinderecht X S. 18.

[1]) Gemeinderecht X S. 79—89.

Antrag der Direktion nach Anhörung des Vorstandes durch die Deputation.

Für jedes Krankenhaus wird durch den Magistrat nach Anhörung der Deputation eine Oberin gewählt. Sie untersteht der Direktion des Krankenhauses und ist unmittelbare Vorgesetzte der Schwestern. Die Schwestern und Oberinnen erhalten Ruhegeld auf Grund des Gemeindebeschlusses vom 9. Mai 1901 und der an seine Stelle tretenden Bestimmungen. Nach Gemeindebeschluß vom $\frac{26.\ \text{I.}}{5.\ \text{II.}}$ 1905 erhalten die Schwestern, Probeschwestern und Schülerinnen im Krankheitsfalle die ihnen zustehenden Dienstbezüge für 26 Wochen und sind daher nicht versicherungspflichtig.

Außer den städtischen beschäftigt die Stadtgemeinde Schwestern auf Grund eines mit sechsmonatiger Frist kündbaren Vertrages mit dem Verein „Viktoriahaus für Krankenpflege" vom 25. April 1892[1]).

Die Ausbildung und Prüfung des Krankenpflegepersonals ist geregelt durch die Vorschriften über die staatliche Prüfung von Krankenpflegepersonen, Reskript des Kultusministers vom 10. Mai 1907 und Ausführungsanweisung dazu vom selben Tage[2]). Danach wird erfordert die Vollendung des 21. Jahres, Unbescholtenheit, erfolgreicher Abschluß der Volksschulbildung, körperliche und geistige Tauglichkeit und ein einjähriger erfolgreicher Kursus an einer staatlichen oder staatlich anerkannten Pflegeschule. Die Prüfungskommission besteht aus drei Ärzten, unter denen sich ein beamteter Arzt und ein Lehrer an einer Pflegeschule befinden[3]). Für das gesamte bei den Krankenanstalten der Stadt Berlin beschäftigte männliche und weibliche Warte-, Dienst- und Betriebspersonal, mit Ausnahme der Schwestern und des Oberpersonals, werden für jede Anstalt Arbeiterausschüsse eingesetzt (Bestimmungen über die Einrichtung vom 16. Dezember 1903, S. 246—249).

Für die Aufnahme von Kranken in die städtischen Anstalten gelten folgende Grundsätze:

Aufnahme finden in Berlin wohnende Kranke, welche von

---

[1]) Gemeinderecht X S. 62—66.

[2]) Gemeinderecht X S. 91—107.

[3]) Siehe hierzu Beschluß der Deputation für die städtischen Krankenanstalten vom 25 Mai 1908. Gemeinderecht X S. 90/91.

einem Armenarzt[1]) oder einer städtischen Wohlfahrtsanstalt, einer Krankenkasse, Berufsgenossenschaft oder Landesversicherungsanstalt[2]) überwiesen werden, oder welche die Kosten auf einen Monat im voraus bezahlen, oder wenn eine Zurückweisung wegen des Krankheitszustandes nicht zulässig ist. Hierhin gehören hilflos aufgefundene, durch Polizeibeamte zugeführte Personen und Geisteskranke (§ 8 des Reglements für die Irrenanstalten der Stadt Berlin). Auswärts wohnende Kranke dürfen nur im Falle dringender Notwendigkeit aufgenommen werden, wenn der Armenarzt bescheinigt, daß die Ablehnung der Aufnahme mit einer Gefährdung des Lebens oder mit einer erheblichen Verschlimmerung des Zustandes des Kranken verbunden sein würde (Gemeinderecht X S. 221—230).

Zur Verwaltung der Kassenangelegenheiten der Krankenanstalten bestehen bei den einzelnen Anstalten Vorschußkassen, welche als Hilfskassen der Stadthauptkasse und als Verwahrungsstelle für Wertsachen der Kranken und Verstorbenen dienen. Sie sind dem Kuratorium der betreffenden Krankenanstalt und in höherer Instanz dem Magistrat untergeordnet. Ihre Aufgaben sind durch die Geschäftsordnung für die Vorschußkassen der Krankenkasse vom 1. März 1892 geregelt[3]). Die Kosten für den Transport und die Verpflegung hilflos aufgefundener Kranker gehören zu den mittelbaren Polizeikosten (vgl. Ledermann, St.O. 374, 375 und die dort angeführten Entscheidungen des Oberverwaltungsgerichts).

Das städtische Rettungswesen.

Das Berliner Rettungswesen hat den Zweck, jeder sich meldenden kranken oder verunglückten Person zur Tag- und Nachtzeit die erste Hilfe unter Ausschluß weiterer Behandlung angedeihen zu lassen. Das gesamte Rettungswesen steht unter der Kontrolle des Magistrats, wird aber nur zum Teil durch die städtische Verwaltung selbst, im übrigen auf Grund kündbarer, zunächst dreijähriger Verträge[4]) von drei verschiedenen Vereinen auf deren Rechnung mit

---

[1]) Geschäftsanweisung für die Organisation der Armenpflege § 79 und Dienstanweisung für die Armenärzte § 14.

[2]) Geschäftsanweisung für das Kosteneinziehungsbureau (§§ 4, 6, 8, 9, 11—13).

[3]) Gemeinderecht X S. 389—405.

[4]) Gemeinderecht X S. 364—386.

Unterstützung durch städtische Mittel besorgt. Die Aufsicht führt vorderhand nicht die Deputation für die städtischen Krankenhäuser, sondern ein unmittelbar dem Magistrat unterstellter Kommissar. Die erste Beschwerdeinstanz über die zwischen den Vereinen entstandenen Differenzen bildet eine aus einem Magistratskommissar als Vorsitzendem und Vertretern der beteiligten Vereine gebildete Kommission.

Von der Stadt selbst wird verwaltet eine Zentralmeldestelle für den Nachweis der freien Betten in den Krankenanstalten von Groß-Berlin sowie eine Anzahl Hauptrettungswachen in den Berliner städtischen, staatlichen und privaten Krankenhäusern, ferner sog. Sanitätsstuben in verschiedenen städtischen Gebäuden, besonders Markthallen, und Rettungsstationen an den Wasserläufen. Von den Vereinen werden dagegen eine Anzahl Hilfswachen unterhalten, welche von einem städtischen Beamten regelmäßig revidiert werden[1]). Die Vereine können für die von ihnen geleistete Hilfe Gebühren erheben und haben über ihre Einnahmen und Ausgaben alljährlich der Stadtgemeinde Rechnung zu legen.

Fürsorge für Geistesschwache.

Die Fürsorge für Geisteskranke und Geistesschwache ist Aufgabe der Provinzialverbände (Provinzialordnung § 128), soweit sie zur Armenpflege gehört, dagegen sollen die Kosten gemeingefährlicher Geisteskranker in die Irrenanstalten zwecks Sicherung ihrer Person oder ihrer Umgebung oder des Publikums als mittelbare, den Gemeinden zur Last fallende Polizeikosten erachtet werden (O.V.G. bei Ledermann St.O. 375[2]).

Nach der Bekanntmachung des Magistrats vom 22. Mai 1893 werden Geisteskranke ohne Durchgang durch die Charité (welche laut Königlicher Kabinettsorder vom 6. Juni 1835 die Geisteskranken der Stadt Berlin aufzunehmen hat) bei Tag und bei Nacht aufgenommen, wenn durch Bescheinigung eines bei dem Polizeipräsidium an-

---

[1]) Bestimmungen des Magistratskommissars für den revidierenden Beamten, Gemeinderecht X S. 363.

[2]) Personen, welche an gemeingefährlichen oder gewissen ansteckenden Krankheiten leiden, dürfen in öffentlichen Transportmitteln der Stadt nicht befördert werden. Polizeiverordnung für Berlin vom 23. September 1908, Gemeinderecht X S. 413—417.

gestellten Physikus oder durch begründete Bescheinigung des zuständigen Armen-, Kassen- oder Anstaltsarztes die Notwendigkeit sofortiger Aufnahme in eine Irrenanstalt im Interesse der öffentlichen Sicherheit oder zur Sicherheit des Kranken oder seiner Umgebung glaubhaft gemacht und durch die Armenkommission, den Krankenhaus-, Anstalts- oder Kassenvorstand oder seitens des Vorstands des Polizeireviers die Überweisung an die Irrenanstalt erfolgt ist. Abgesehen von derartigen dringenden Fällen sind Anträge auf kostenfreie Aufnahme an die Armendirektion und eine Aufnahme gegen monatliche Vorausbezahlung der Verpflegungsgelder bei der Deputation für die städtische Irrenpflege anzubringen. Derartige Anträge können berücksichtigt werden, wenn die Mittel zur Unterbringung ohne zu befürchtende Vermögenszerrüttung nicht aufgebracht werden können.

Die Deputation für die städtische Irrenpflege hat die bestehenden Irren- und Idiotenanstalten und Anstalten für Epileptiker zu verwalten.

Sechster Abschnitt.

Militärverwaltung.

1. Allgemeines.

Das Heer ist verfassungsmäßig eine Reichseinrichtung. Dies kommt darin zum Ausdruck, daß der Oberbefehl dem Kaiser zusteht und daß die Gesetzgebung und Deckung der Kosten dem Reiche obliegen. Das Heer zerfällt aber in Kontingente, deren Verwaltung den Einzelstaaten zusteht [1]). Die Stadtgemeinde ist an der Militärverwaltung in doppelter Hinsicht beteiligt. Einmal durch Mitwirkung beim Ersatzgeschäft [2]) und dann bei Erfüllung der reichsgesetzlichen Leistungen für die bewaffnete Macht in Krieg und Frieden.

2. Die gesamten Militärangelegenheiten [3]) der Stadt werden von einem Magistratsmitgliede als Magistratskommissar für Militär-

---

[1]) Worauf die meisten Bundesstaaten allerdings zugunsten von Preußen verzichtet haben.

[2]) Reichsmilitärgesetz v. 2. Mai 1874 §§ 30 ff.

[3]) Reichsgesetz, betr. die Quartierleistung für die bewaffnete Macht im Frieden vom 25. Juni 1868 und 26. Juli 1897 bzw. 22. März 1901. Reichs-

angelegenheiten und vorbehaltlich der gesetzlichen Mitwirkung der Gemeindebehörden verwaltet mit Ausnahme der sog. Sublevationssteuer, die von der Steuerdeputation Abteilung III bearbeitet wird.

3. Dem Kommissar ist das Militärbureau des Magistrats untergeordnet.

Zu seinen Geschäften gehören folgende:

a) die Reklamationen um Befreiung von militärischen Übungen. Die Angelegenheiten der Ersatz-, Oberersatz- und Landwehrbezirkskommissionen.

Den Ersatz- und Oberersatzkommissionen liegt die Aushebung ob. Die Ersatzkommissionen bestehen aus einem Offizier, in der Regel dem Landwehrbezirkskommandeur, und einem Verwaltungsbeamten oder dazu bestellten bürgerlichen Mitglied. Die Oberersatzkommission aus einem Offizier, regelmäßig dem Infanterie-Brigadekommandeur, und einem höheren Verwaltungsbeamten. Bei Entscheidungen, bei denen die bürgerlichen Verhältnisse der Beteiligten in Frage kommen, wird die Ersatzkommission durch einen Offizier und vier bürgerliche Mitglieder, die Oberersatzkommission durch ein bürgerliches Mitglied verstärkt. Die bürgerlichen Mitglieder werden von dem Kreis- oder Provinziallandtage, in Berlin von der Stadtverordnetenversammlung gewählt.

Die Führung der Rekrutierungsstammrollen und die Beorderung der Militärpflichtigen zur Musterung (§ 31 Reichsmilitärgesetz vom 2. Mai 1874 und § 45 der Wehrordnung vom 22. Juli 1901), welche gesetzlich den Gemeinden obliegt, hat das Polizeipräsidium durch Vereinbarung vom $\frac{\text{13. VIII. 1901}}{\text{4. XI. 1901}}$ gegen ein für jeden Gestellungspflichtigen zu zahlende Entschädigung übernommen[1]). Dagegen ist die Aktivitätsfeststellung der steuerpflichtigen Personen und die Beschaffung der Nachweisungen der steuerfreien und steuerpflichtigen Militärpersonen Sache der Kommissionen.

---

gesetz, betr. die Naturalleistungen für die bewaffnete Macht im Frieden vom 13. Juli 1875 bzw. 24. Mai 1898. Reichsgesetz über die Kriegsleistungen vom 13. Juni 1873, Ausf.-Verordnung vom 1. April 1876, 6. Juni 1885, 14. Juni 1888, 27. Juni 1890 Reichsgesetz, betr. die Unterstützung in den Dienst eingetretenen Mannschaften vom 28. Februar 1888. Reichsgesetz, betr. die Unterstützung von Familien der zu Friedensübungen eingetretenen Mannschaften vom 10. Mai 1892.

[1]) Gemeinderecht II S. 168—169.

b) Die Pferdemusterungen und die Kontrolle über die Pferdebestandsnachweisungen der für den Mobilmachungsfall zur Verfügung stehenden Pferde[1]) (Pferdeaushebungsvorschrift vom 3. Februar 1900, Gemeinderecht II S. 162—164) und die Vorspanngelegenheit. Die Kosten des Vorspanns sind durch Gemeindebeschluß vom 24. Januar 1895 auf Gemeindemittel, vorbehaltlich des Rückgriffs auf die Grundeigentümer im Falle außerordentlichen Bedürfnisses, übernommen worden.

c) Die Unterstützung der Familien in den Dienst eingetretener oder zu Friedensübungen einberufener Mannschaften auf Grund des Reichsgesetzes vom 28. Februar 1888 und 10. Mai 1868, Ausführungsvorschriften dazu vom 2. Juni 1892 (R.G.Bl. 668).

Nach diesen Gesetzen erhalten die Angehörigen der erwähnten Militärpersonen im Bedürfnisfalle bestimmte Geldunterstützungen, die zum Teil auch in Naturalien gewährt werden können. Die Unterstützungen sind zunächst von den gemäß dem Gesetz über die Kriegsleistungen vom 13. Juni 1873 zu bildenden Lieferungsverbänden, welche mit den Kreisen zusammenfallen[2]), zu gewähren und werden demnächst vom Reiche erstattet.

d) Die Einquartierungsangelegenheiten. Im Frieden erfolgt nach Ortsstatut vom $\frac{24.\ \text{I.}}{16.\ \text{III.}}$ 1895[3]) die Unterbringung der einzuquartierenden, d. h. nicht in Kasernen unterzubringenden Truppen in gemieteten Räumen. Die Kostendeckung erfolgt — soweit die vom Reich nach § 1 des Gesetzes über die Quartierleistung vom 25. Juni 1868 zu gewährende Entschädigung nicht ausreicht, durch eine Steuer, den von den Grundeigentümern nach Maßgabe des Nutzertrages ihrer Grundstücke zu zahlenden Sublevationsbeitrag. Die Unterbringung der zur Berliner Garnison gehörigen und der durchmarschierenden Truppen ist durch einen kündbaren Vertrag mit den Garnisonrepräsentanten vom $\frac{20.\ \text{VII.}}{17.\ \text{III.}}$ 1899 geregelt[4]).

Ferner unterhält die Stadtgemeinde ein sog. Ordonnanzhaus zur Unterbringung von Militärpersonen und Militärpferden, dessen

---

[1]) Erwähnt sei hier auch die Pflicht der Eisenbahn zur Truppenbeförderung.
[2]) Folglich aus Berlin als Stadtkreis.
[3]) Gemeinderecht II S. 1 und 2.
[4]) Gemeinderecht II S. 3—15.

Verwaltung an einen Pächter durch Vertrag überlassen ist[1]). Die Prüfung und Anweisung der Quartierentschädigungen an selbst-eingemietete Militärpersonen ist Sache des Kommissars.

Die Ansammlungsfonds aus den Beihilfen an Landwehr-männer, Reservisten und die Sublevationsangelegenheiten werden durch die Hauptstiftungskasse verwaltet. Die Erhebung der Suble-vationssteuer erfolgt durch die Steuerdeputation Abteilung III.

e) Die Mobilmachungsangelegenheiten.

Siebenter Abschnitt.

Städtische Polizeiverwaltung.

Erster Titel.

Allgemeines.

Die frühere Zusammenfassung der Angelegenheiten der inneren Verwaltung unter dem Namen Polizei hat aufgehört mit der Einführung der Gemeindeselbstverwaltung, deren Aufgabe die Fürsorge für das Wohl der Gemeindeglieder ist. Während es aber Aufgabe der Verwaltung im engeren Sinne ist, das Wohl der Einwohner durch positive Maßregeln zu fördern, hat die Polizei die Aufgabe, Gefahren vorzubeugen, Verstöße zu verhindern und zu unterdrücken. Man unterscheidet Sicherheits- und Verwaltungspolizei, je nachdem die Bedrohung des allgemeinen Rechtszustandes oder die Störung einzelner Verwaltungszweige in Frage steht. Aufgabe der Sicherheitspolizei ist es nach § 10 A.L.R. II 17, die nötigen Anstalten zur Erhaltung der öffentlichen Ruhe, Sicherheit und Ordnung und zur Abwendung der dem Publikum oder einzelnen Mitgliedern desselben bevorstehenden Gefahr zu treffen.

Die örtliche Polizeiverwaltung wird als Staatssache im Namen des Königs geführt. Die Ortspolizeibehörden haben daher die Anordnungen der höheren Verwaltungsbehörden zu befolgen, auch soweit die Polizeiverwaltung den Gemeinden und ihren Beamten überlassen ist.

In größeren Gemeinden kann nach § 2 Zust.-Ges. durch Beschluß des Ministers des Innern die Polizeiverwaltung einem

---

[1]) Gemeinderecht II S. 13—23.

Staatsbeamten übertragen werden. Das ist in Berlin geschehen, doch sind der Gemeinde einzelne Zweige der Polizeiverwaltung, nämlich die örtliche Straßenbaupolizei, die Grundstücks-, Be- und Entwässerungspolizei und die Schulpolizei übertragen worden, wozu noch eine Reihe einzelner Angelegenheiten kommen, wie das Feuerlöschwesen, die Zwangserziehung, Verwaltung des Arbeitshauses, Zwangshaft geschlechtlich kranker Personen. Bei diesen Angelegenheiten ist der Gemeinde der sachliche Teil der Verwaltung vollständig oder in beschränktem Umfange übertragen.

Die Kosten der staatlichen Polizeiverwaltung werden unter Berücksichtigung des Umstandes, daß einzelne Zweige der Polizei von der Stadt selbst verwaltet werden, nach dem Gesetz vom 20. April 1892 über die Kosten der Königlichen Polizeiverwaltungen in Stadtgemeinden zwischen dem Staat und der Stadt geteilt[1]). Dabei fallen die infolge der verwaltenden Tätigkeit der Polizei entstehenden Kosten, z. B. durch die Impfung, die Zwangsheilung Geschlechtskranker, die Beschaffung von Straßenschildern, die Abdeckerei- und das Feuerlöschwesen der Gemeinde ausschließlich zur Last, während z. B. die Kosten der Bergung und Aufsuchung unbekannter Leute, des Transports Betrunkener dem Staat obliegen.

Chef der städtischen Polizei ist der Oberbürgermeister, doch übt er die Polizeiverwaltung nicht selbst aus, wird vielmehr von anderen Beamten ständig vertreten.

Abgesehen von der selbständigen Verwaltung der einzelnen Zweige der Ortspolizei und der Mitwirkung bei einzelnen Zweigen der staatlichen Polizei, steht der Gemeinde ein Recht zur Mitwirkung beim Erlaß von Polizeiverordnungen zu, indem zum Erlaß der Orts-Polizeiverordnungen die Zustimmung des Magistrats als Ortsobrigkeit[2]), bei sicherheitspolizeilichen Verordnungen wenigstens die Anhörung des Magistrats erforderlich ist. Der Inhalt dieses Rechts ist bereits im allgemeinen Teil (S. 36) erörtert worden. Die Ausübung desselben erfolgt durch den Magistrat. Die darauf bezüglichen Angelegenheiten werden im vereinigten Bureau unter dem Dezernat eines Magistratsmitgliedes bearbeitet. — Soweit der

---

[1]) Ausgaben der örtlichen Polizei sind u. a. Dienstbezüge, Pensionen, Transportkosten, Bekleidung und Ausrüstung der Schutzleute, Kosten der Bureaueinrichtungen, der Dienstgebäude und der Gefängnisse.

[2]) Die Zustimmung kann durch den Bezirksausschuß ergänzt werden.

Ortspolizei die Befugnis zum Erlaß von Polizeiverordnungen zusteht, und zwar unter Androhung von Geldstrafen bis zu 20 M., ist diese Befugnis auch der städtischen Polizeiverwaltung verliehen.

Zur Durchführung ihrer Anordnungen stehen der städtischen Polizeiverwaltung die allgemeinen polizeilichen Zwangsmittel zu, d. h. Ausführung der zu erzwingenden Handlungen durch dritte Personen auf Kosten der Verpflichteten, Androhung und Festsetzung von Geldstrafe bis 150 M. oder Haft bis zu zwei Wochen bei persönlichen Leistungen und im äußersten Falle unmittelbarer Zwang.

Die der Stadt Berlin zur vollständigen Ausübung übertragenen Zweige der Ortspolizei sind die Straßenbau-, Grundstücksbe- und -entwässerungs- und Schulpolizei. Daneben liegt einzelnen städtischen Verwaltungsorganen die Mitwirkung bei gewissen polizeilichen Verwaltungsmaßregeln ob, so der Armendirektion, der Verwaltung des Obdaches und Arbeitshauses, der Markthallen-, Vieh- und Schlachthofverwaltung, deren Aufsichtspersonal den Polizeibeamten in gewisser Beziehung gleichgestellt ist, den Ratsmeistern als polizeilichen Sachverständigen oder dem Magistrat in bezug auf die Feuerwehr.

Zweiter Titel.

Die einzelnen Zweige der städtischen Polizeiverwaltung.

a) Die örtliche Straßenbaupolizei.

Die örtliche Straßenbaupolizei bildet die Abteilung I der städtischen Polizeiverwaltung. Sie wird durch mehrere Magistratsmitglieder als Vertreter des Oberbürgermeisters ausgeübt.

Durch die Königliche Kabinetsorder vom 28. Dezember 1875[1]) ist der Minister des Innern ermächtigt worden, die örtliche Straßenbaupolizei, worunter die gesamte auf die Anlegung, Regulierung, Entwässerung und Unterhaltung der Straßen und Brücken bezügliche Polizei begriffen sein sollte, der Stadtgemeinde Berlin[2]) zur eigenen Verwaltung nach § 62 der Städteordnung vom 30. Mai 1853 widerruflich zu überlassen. Soweit nicht §§ 5, 8, 9, 10, 18 des Fluchtliniengesetzes vom 2. Juli 1875 besondere Vorschriften enthalten

[1]) Gemeinderecht I, S. 1.

[2]) Die Gemeinde ist Trägerin der örtlichen Straßenbaupolizei, Ministerialerlaß vom 27. November 1899, Kammergerichtsurteil vom 6. Juli 1900. Reichsgerichtsurteil vom 28. Januar 1901 Gemeinderecht V, S. 134—138.

sind dem Polizeipräsidium die Rechte einer Baupolizeibehörde in bezug auf die Straßenbaupolizei belassen worden. Die Übertragung der Straßenbaupolizei ist darauf durch den Minister des Innern mit der Maßgabe erfolgt, daß der Oberbürgermeister oder ein von ihm zu substituierendes Magistratsmitglied die Polizeiverwaltung auszuüben hat. Die Straßenbaupolizei hat die Bedürfnisse des öffentlichen Verkehrs beim Straßenbau zu berücksichtigen [1]).

Nach dem Ortsstatut vom 19. November 1875 [2]) dürfen an Straßen, nach welcher sie einen Ausgang haben, Wohngebäude — in der Regel nur errichtet werden, wenn diese Straßen den baupolizeilichen Vorschriften entsprechend befestigt, entwässert und mindestens von einer regulierten Straße zugänglich sind. Durch die bei der Tiefbauverwaltung behandelte Polizeiverordnung der örtlichen Straßenbaupolizei vom 12. September 1879 sind die Bedingungen für die bauliche Herstellung öffentlicher Straßen festgesetzt. Gewohnheitsrechtlich [3]) liegt in Berlin den Grundstücksbesitzern die Anlegung und Unterhaltung des Bürgersteiges [4]) einschließlich des Rinnsteins ob. Durch Polizeiverordnung vom 17. November 1873 ist diese Verpflichtung, insbesondere die Breite und das zu benutzende Material für den Bürgersteig näher geregelt. Die Polizeiverordnung vom 27. Oktober 1855 ordnet die gartenmäßige Herstellung der Vorplätze zwischen den Bürgersteigen und Fahrdämmen und den Baufluchten oder Vorgärten [5]).

Die Abteilung I der städtischen Polizeiverwaltung übt die baupolizeiliche Aufsicht über die öffentlichen Straßen, Plätze und Wege aus, wirkt mit bei der Aufstellung des Bebauungsplanes und prüft alle Baugesuche, die ihr sämtlich durch das Polizeipräsidium zugehen auf Innehaltung des bestehenden Bebauungsplanes, wobei sie sich des städtischen Vermessungsamts als technischer Behörde bedient. Die Abteilung wirkt auch bei der Genehmigung von Straßenbahnen mit. Ihrer Genehmigung unterliegen alle Entwürfe von Straßen- und Brückenbauten, von Plätzen zu Bauten auf und im Straßen-

---

[1]) Entsch. der OV. v. 25. November 1885 Gemeinderecht I, 52 folg.

[2]) Gemeinderecht I, S. 66.

[3]) Gemeinderecht I, S. 14 folg.

[4]) Der Grund und Boden der Bürgersteige gehört nur in wenigen Straßen den anliegenden Grundeigentümern.

[5]) Gemeinderecht I, S. 20.

körper einschließlich der Verlegung von Leitungen und Kabeln, insbesondere der Ent- und Bewässerungsleitungen der Straßen, welche sie durch einen technischen Polizeibeamten prüfen läßt. Schließlich sorgt sie für die dem Verkehr genügende Anlegung und Unterhaltung der Straßen und bedient sich dabei als Organ der städtischen Tiefbauämter oder Aufseher oder Oberaufseher der städtischen Straßenreinigung.

b) Grundstücksbe- und -entwässerungspolizei. Abt. 2.

Die Grundstücksbe- und -entwässerungspolizei wird von der zweiten Abteilung der städtischen Polizeiverwaltung bearbeitet und zwar auf Grund eines Abkommens mit dem Königlichen Polizeipräsidium, ob wohl dieser Zweig der Polizeiverwaltung in der Königlichen Kabinetsorder vom 28. Dezember 1878 nicht erwähnt ist. Die Aufgabe der Grundstücksbe- und -entwässerungspolizei stützt sich auf die Polizeiverordnung vom 14. Juli 1874 (Gemeinderecht II S. 111—114) betreffend die Kanalisierung der Stadt Berlin. Danach ist jedes bebaute Grundstück an den vorhandenen Straßenkanal anzuschließen, und zwar nach erfolgtem Aufruf durch die städtische Polizeiverwaltung. Zur Prüfung dieses Anschlusses werden alle Bau-Ent- und -Bewässerungsprojekte der Abteilung vorgelegt, die auch ihre Ausführung und dauernde Instandhaltung überwacht und zwar durch ihr eigenes technisches Personal[1]). Bei der Wasserzuführung kommt die Polizeiverordnung vom 30. Juni 1906 betreffend die Verhütung des Rückflusses von verdorbenen Flüssigkeiten in die Reinwasserleitungen in Frage (Gemeinderecht V S. 142—144).

c) Die Schulpolizei.

Durch § 43 Abt. II ALR. ist bestimmt, daß jeder Einwohner welcher den Unterricht für seine Kinder in seinem Hause nicht besorgen kann oder will, schuldig ist, dieselben nach zurückgelegtem fünften Lebensjahre zur Schule zu schicken. Diese Verpflichtung bezieht sich aber nur auf preußische Staatsangehörige, die sich in Preußen aufhalten (Kammergericht bei Schön XII. 335, Min.-Blatt 76 S. 272, Kammergericht bei Schön XXI 65, 87.) Provinzialrechtlich ist die Schulpflicht auf Vollendung des sechsten Jahres festgesetzt, so in Berlin. Falls die gesetzlichen Vertreter

[1]) Die Angelegenheiten des gesamten technischen Personals der Städt. Polizeiverwaltung werden von der Abteilung II bearbeitet.

die Einschulung versäumen, so erfolgt dieselbe durch die zuständige Schulkommission[2]). Die Erfüllung der Schulpflicht kann durch polizeiliche Schulversäumnisstrafe erzwungen werden[3]). Zum Erlasse allgemeiner Strafverordnungen sind die Schulaufsichtsbehörden zuständig (Entsch. der KG. in Zentr.-Bl. f. d. Unterr.-Verwaltung 1895 S. 721). Die Verhängung der Strafen erfolgt durch die Ortspolizeibehörde. Diese ist nach § 62 St.O. der Oberbürgermeister, als Organ der städtischen Polizei. Derselbe wird ständig durch einen Magistratsassessor vertreten.

d) Die Feuerwehr.

Die Einrichtung der bestehenden Feuerwehr beruht auf dem Ministerialreskript vom 27. Januar 1851. Sie ist eine Berufsfeuerwehr und steht unter der staatlichen Leitung des Polizeipräsidenten, welcher der Vorgesetzte der bei der Feuerwehr angestellten Personen ist. Die Tragung sämtlicher Kosten liegt der Gemeinde ob, insbesondere die Zahlung der Gehälter und Pensionen. Die Gemeinde stellt auch die nötigen Einrichtungen für die Feuerwehr, Gebäude, Pferde, Wagen und sonstige Löschvorrichtungen, welche im Eigentum der Stadt verbleiben. Die Besoldung und Pensionierung der bei der Feuerwehr angestellten Personen, mit Ausnahme der zur Aushilfe Angenommenen, der Handwerker und der sonst durch Dienstvertrag eingestellten Personen, ist durch das Ortsstatut vom $\frac{14.\,12.\,1902}{29.\,1.\,1903}$ geregelt. Die Pensionierung erfolgt auf Antrag des Polizeipräsidenten durch die Gemeindebehörden. Die Kosten der Besoldung und Pensionierung werden zunächst durch die Zinsen des vom Polizeipräsidenten verwalteten Strafgelderfonds gedeckt, soweit sie nicht für andere Zwecke bestimmt sind. Den Rest trägt die Stadtkasse.

Das Ortsstatut hebt hervor, daß es den Feuerwehrbeamten nicht die Rechte von Gemeindebeamten verleihen will.

---

[1]) Instruktion für die Schulkommission vom 30. November 1874 § 20 f., Gemeinderecht VI S. 74—76.

[2]) Diese sind Kriminalstrafen.

Achter Abschnitt.

Rechtspflege[1]).

Erster Titel.

1. Allgemeines.

Die städtische Rechtspflege besteht teilweise in der Unterstützung der staatlichen Rechtspflege, ferner in der Unterhaltung von Gerichtsbehörden und zwar einmal einer verwaltungsgerichtlichen Behörde, des Stadtausschusses, und sodann bürgerlicher Gerichte, nämlich des Gewerbe- und des Kaufmannsgerichts.

2. Die Unterstützung der ordentlichen Zivil- und Strafrechtspflege.

Die Tätigkeit der zivilen Gerichte wird unterstützt durch die aus der Zahl der Bürger von der Stadtverordnetenversammlung auf drei Jahre gewählten, vom Magistrat angestellten und den Charakter unbesoldeter städtischer Beamten tragenden Waisenräte und zwar auf dem Gebiete der Vormundschaft. Von den Waisenräten als Einzelpersonen ist das Kollegium der Gemeindewaisenrat zu unterscheiden, dem die Waisenräte als Mitglieder angehören. Die Waisenräte bringen geeignete Personen als Vormünder, Mitglieder des Familienrates, Pfleger und Beistand in Vorschlag und unterstützen die Vormundschaftsgerichte, d. h. Amtsgerichte bei der persönlichen Fürsorge für die Mündel[2]).

Die von der Stadt ernannten Rats-Maurer- und Zimmermeister dienen als gerichtliche Sachverständige. Der Bürgermeister kann gemäß § 2249 BGB. Art. 80 Ausf.Ges. z. BGB. bei der Errichtung von Testamenten mitwirken.

Zu erwähnen sind in diesem Zusammenhange auch die Standesämter, welche von der Stadt unterhalten und in sachlicher Beziehung den Gerichten, nämlich den Landgerichten unterstehen.

---

[1]) Die im Generalbureau des Magistrats bearbeiteten Justizangelegenheiten umfassen: die Haltung, Durchsicht und Vorlage der Gesetzesblätter; das Vereinigte Bureau bearbeitet die Angelegenheiten der Schiedsmänner.

[2]) Sie haben dem Gericht die Fälle anzuzeigen, in denen ein Vormund, Gegenvormund oder Pfleger zu bestellen ist, sie werden vor der Bestellung eines Vormundes, Gegenvormundes oder Pflegers gehört, überwachen die Vormünder und zeigen dem Vormundschaftsgericht Fälle an, in denen ein Einschreiten gegen die Eltern erforderlich ist, außerdem wirken sie bei der städtischen Waisenpflege mit.

Aufgabe der Standesämter ist die Beurkundung der Geburten, Heiraten und Todesfälle und Eintragung in die Standesregister. Die Anweisung zur Vornahme einer abgelehnten Handlung, die Berichtigung der Register und die Aufbewahrung der Nebenregister erfolgt durch die Gerichte. In Standesamtsbezirken, die den Bereich einer Gemeinde nicht überschreiten, das ist in Berlin der Fall, werden die Standesamtsgeschäfte durch von dem Gemeindevorsteher oder von der Gemeindebehörde — also dem Magistrat, mit Genehmigung des Oberpräsidenten anzustellende besondere Beamte wahrgenommen, die nach § 4 des Ges. vom 6. Februar 1875 bzw. § 46 EG. z. BGB. die **Rechte** der Gemeindebeamten haben. Die Dienstaufsicht über die Berliner Standesämter führt der Oberpräsident. Die Angelegenheiten der Gemeindeverwaltung in bezug auf die Standesämter einschließlich der Personalien der Standesbeamten, Stellvertreter, Hilfsstellvertreter, Standesamtsdiener werden unmittelbar vom Magistrat und zwar durch das Vereinigte Bureau bearbeitet. Zu diesen Angelegenheiten gehört auch die Erledigung von Anträgen und Gesuchen auf Erteilung standesamtlicher Urkunden, von Auskünften, schließlich der Aushang der Aufgebote der Berliner und auswärtigen Standesämter.

e) Schiedsmänner.

Behufs gütlicher Schlichtung bürgerlicher Rechtsstreitigkeiten wegen vermögensrechtlicher Ansprüche und zwecks Sühneversuchs in den Fällen der Beleidigung und Körperverletzung sind auf Grund der Schiedsmannsordnung vom 27. März 1879 durch den Magistrat die Wahlen von Schiedsmännern durch die Stadtverordneten zu veranlassen, und zwar je eines für jeden durch den Magistrat zu errichtenden Schiedsmannsbezirk. Die Schiedsmänner bedürfen der Bestätigung durch den Landgerichtspräsidenten. Sie sind nicht unbesoldete Gemeindebeamte[1]).

Zweiter Titel.

Die Sondergerichte.

Die Gerichtsbarkeit wird nach dem deutschen Gerichtsverfassungsgesetz (§§ 1, 15, 14) nur durch **unabhängige**, lediglich dem Gesetze unterworfene Staatsgerichte ausgeübt. Das gilt auch für die zugelassenen

[1]) Die rechtliche Stellung der kommunalen Ehrenbeamten, H. Rothardt, Das Kommunalblatt für Ehrenbeamte Verlag Vita I S. 5.

Sondergerichte, zu denen die Gewerbe- und Kaufmannsgerichte gehören, diese sind berufen zur Entscheidung von Rechtsstreitigkeiten zwischen Arbeitgebern (Gewerbetreibenden und Kaufleuten) und ihren Arbeitnehmern (gewerblichen Arbeitern und Handlungsgehilfen oder Lehrlingen) oder zwischen Arbeitern desselben Arbeitgebers untereinander aus dem Arbeitsverhältnis, ohne Rücksicht auf den Streitwert, sowie zur Einigung bei gewerblichen Lohnkämpfen und schließlich zur Abgabe von Gutachten und Stellung von Anträgen bei den zuständigen Behörden, insbesondere den gesetzgebenden Körperschaften. Die Sondergerichte können für einen oder mehrere Gemeindebezirke oder weitere Kommunalverbände errichtet, aber auch auf bestimmte Arten von Gewerbebetrieben beschränkt werden. Die Errichtung erfolgt durch die Gemeinden oder weitere Kommunalverbände durch Statut, welches der Genehmigung der Aufsichtsbehörde unterliegt. In Gemeinden mit über 20000 Einwohnern muß ein Gewerbegericht und ein Kaufmannsgericht eingerichtet werden. Die Einrichtung ist durch das Gewerbegerichtsgesetz vom 30. Juni 1901 und das Kaufmannsgerichtsgesetz vom 6. Juli 1904 geregelt. Die Einrichtung des Gewerbegerichts für den Gemeindebezirk Berlin ist durch Ortsstatut vom $\frac{\text{6. VI.}}{\text{25. VII.}}$ 1902 mit Nachtrag vom $\frac{\text{1. V. u. 4. VI.}}{\text{2. VII.}}$ 1908, die des Kaufmannsgerichts für diesen Bezirk durch Ortsstatut vom $\frac{\text{31. VI.}}{\text{9. III.}}$ 1905 erfolgt. Nach diesen Gesetzen in Verbindung mit den Ortsstatuten sind die beiden Sondergerichte in Kammern geteilt, welche beim Gewerbegericht nach Berufszweigen oder Berufsgruppen abgegrenzt sind [1]). Sie besteht aus mehreren Vorsitzenden und aus Beisitzern beim Gewerbegericht 420, beim Kaufmannsgericht 200. Zum Mitglied soll nur berufen werden, wer das 30. Lebensjahr zurückgelegt hat, im letzten Jahre keine (nicht erstattete) Armenunterstützung erhalten hat, körperlich oder geistig nicht untauglich ist und für das Amt eines Schöffen nicht unfähig ist (§ 11 G.G.G., § 9 K.G.G.). Die Vorsitzenden werden vom Magistrat aus der Zahl seiner zum Richter oder höheren Verwaltungsdienste befähigten Mitglieder oder anderer gleich-

---

[1]) In den Ortsstatuten sind besondere Kammern für Einigungssachen oder Gutachten nicht vorgesehen. Es ist auch fraglich, ob dies nach dem Gesetz zulässig wäre. — Mehrere Gemeinden können sich zur Errichtung eines Gewerbe- oder Kaufmannsgerichts vereinigen.

befähigter Gemeindebeamten auf ein bis drei Jahre gewählt (§§ 12, 17 G.G.G., § 7 Ortsstatut für G.G., §§ 11, 14 K.G.G., § 7 Ortsstatut für K.G.G.). Sie dürfen weder Arbeitgeber bzw. Kaufleute, noch Arbeiter (bzw. Handlungsgehilfen sein) und bedürfen der Bestätigung durch den Oberpräsidenten[1]). Die Beisitzer müssen zur Hälfte aus gewerblichen Arbeitgebern bzw. Kaufleuten, zur Hälfte aus gewerblichen Arbeitern, auch gewissen Betriebsbeamten, bzw. Handlungsgehilfen bestehen, deren Jahresarbeitsverdienst 5000 M. nicht übersteigt. Die Wahl der Beisitzer erfolgt auf sechs Jahre, alle zwei Jahre scheidet ein Drittel aus. Zur Teilnahme an den Wahlen ist berechtigt, wer das 25. Lebensjahr überschritten und in Berlin Wohnung, Gewerbebetrieb oder gewerbliche Beschäftigung hat[2]), bzw. Kaufmann oder Handlungsgehilfe ist. Den Kaufleuten stehen gesetzliche Vertreter von Aktiengesellschaften, eingetragenen Genossenschaften, Gesellschaften mit beschränkter Haftung oder juristischen Personen mit Kaufmannseigenschaft gleich.

Die Wahl ist unmittelbar und geheim. Sie erfolgt nach dem Proportionalsystem unter Leitung eines Wahlausschusses bzw. von Wahlvorständen, deren Vorsitzenden der Magistrat und dessen Beisitzer dieser Vorsitzende ernennt (§ 12 G.G.-Statut, § 12 K.G.-Statut). Beschwerden gegen die Rechtsgültigkeit der Wahlen sind nur binnen einem Monat zulässig und beim Magistrat oder beim Oberpräsidenten anzubringen und vom Oberpräsidenten zu entscheiden (§ 17 G.G.G., § 20 G.G.-Statut, § 15 K.G.G., § 20 K.G.-Statut). Das gültige Wahlergebnis ist vom Magistrat zu veröffentlichen (§ 18 G.G.-Statut, § 23 K.G.-Statut). Die Kosten der Gerichte trägt die Gemeinde (§ 9 G.G.G., § 8 K.G.G.), infolgedessen fallen die Gerichtsgebühren und gerichtlichen Strafen[3]) der Gemeindekasse zu. Sie sind nach den für die Einziehung von Gemeindeabgaben

[1]) Die Vorsitzenden des Gewerbe- und Kaufmannsgerichts können sich gegenseitig vertreten, K.G.-Statut § 7, auch K.G.G. § 9. Nur dieser Bestimmung und aus § 10 G.G.G. folgt, daß für jede Kammer ein Vorsitzender und ein Stellvertreter zu bestellen ist. Gemeindebeamte, welche staatlich ernannt oder bestätigt sind, bedürfen nicht der besonderen Bestätigung als Vorsitzende.

[2]) Mitglieder von Innungen, für welche ein Schiedsgericht gemäß §§ 81 b, 91, 91 b G.O. errichtet ist, und ihre Arbeiter sind weder wählbar noch wahlberechtigt.

[3]) Ordnungsstrafen gegen Beisitzer, Parteien, Zeugen und Beteiligte, auch Strafen zwecks Zwangsvollstreckung.

geltenden Bestimmungen einzuziehen. Für das Gewerbe- und Kaufmannsgericht besteht eine gemeinsame, besondere Kasse als Hilfskasse der Stadthauptkasse. Kurator dieser Kasse ist der erste Vorsitzende des Gewerbe- und Kaufmannsgerichts. Für die Verhandlung des Rechtsstreits vor dem Gewerbe- und Kaufmannsgerichte wird eine einmalige Gebühr nach dem Werte des Streitgegenstandes erhoben. Schuldner der Gebühren ist der durch Entscheidung des Gerichts bestimmte, oder derjenige, welcher die Kosten übernommen hat und schließlich der Antragsteller (§ 59 G.G.G.). Die Gerichtsschreiber, Bureau- und Kassenbeamten und Unterbeamten können für beide Sondergerichte gemeinsam bestellt und der Bureau- und Kassendienst gemeinsam geregelt werden (§ 31 K.G.-Statut). Die erforderlichen Bureau- und Schreibkräfte und Unterbeamten überweist der Magistrat dem Gewerbe- und Kaufmannsgerichte. Die Protokollführer sind von dem Vorsitzenden der Kammer, in welchen sie protokollieren, zu vereidigen (§ 31 G.G.-Statut). Für die Besorgung von Zustellungen werden die städtischen Briefboten benutzt, sofern der Vorsitzende nichts anderes bestimmt [1]).

Die auf die Sondergerichte bezüglichen Verwaltungsangelegenheiten werden unmittelbar vom Magistrat bearbeitet. Derselbe bestimmt die Zahl der zu errichtenden Kammern bei den Gerichten, stellt den Geschäftskreis der Kammern fest und weist auf Vorschlag des ersten Vorsitzenden die Beisitzer den einzelnen Kammern zu (§ 26 G.G.-Statut, § 26 K.G.-Statut). Die Reihenfolge der zu den einzelnen Sitzungen zuzuziehenden (regelmäßig je 4) Beisitzer bestimmt der Kammervorsitzende.

c) Die Rechtsprechung der Sondergerichte erstreckt sich auf die Ansprüche aus dem Dienstvertrage, der für die gewerblichen Arbeiter einschließlich der Meister, Betriebsbeamten und Lehrlinge durch Titel VII der Gewerbeordnung, für Handlungsgehilfen und -lehrlinge durch das Handelsgesetzbuch geregelt ist. In Betracht kommen auch die Bestimmungen des Kinderschutzgesetzes vom 2. Juli 1900, des Gesetzes über den unlauteren Wettbewerb und, soweit eine Regelung durch die genannten Sondergesetze nicht erfolgt ist, d. i. u. a. hinsichtlich aller allgemeinen Rechtsgrundsätze die Vorschriften des B.G.B. Der Geschäftskreis erstreckt sich auch

---

[1]) Eine Gerichtsschreibereiordnung besteht nicht.

auf Klagen auf Rückgabe von Zeugnissen, Büchern, Legitimationspapieren, Urkunden, Gerätschaften, Kleidungsstücken, Kautionen u. dgl., welche aus Anlaß des Arbeitsverhältnisses übergeben worden sind, auch auf Schadenersatzansprüche oder Ansprüche auf Zahlung einer Vertragsstrafe wegen Nichterfüllung oder nicht gehöriger Erfüllung der Verpflichtungen aus dem Arbeitsvertrage (§ 4 G.G.G. und § 5 K.G.G.). Zur Zuständigkeit des Gewerbe- und Kaufmannsgerichts gehören ferner Streitigkeiten über die Berechnung und Anrechnung der von Arbeitern[1]) zu leistenden Krankenversicherungsbeiträge und Eintrittsgelder (§§ 53ª, 65, 72, 73 Krankenversicherungsgesetz). Zur Zuständigkeit des K.G. gehören auch Ansprüche aus einer Vereinbarung, durch welche der Angestellte nach Beendigung seines Anstellungsverhältnisses in seiner gewerblichen Tätigkeit beschränkt wird.

Örtlich zuständig ist das Gericht, in dessen Bezirk beide Teile ihren Wohnsitz haben, in welchem sich die gewerbliche Niederlassung des Arbeitgebers befindet oder wo die streitige Verpflichtung zu erfüllen ist. Nach § 16 K.G.G. kann das Kaufmannsgericht wegen Unzuständigkeit den Rechtsstreit an das Gewerbegericht und dieses umgekehrt an das K.G. durch unanfechtbaren Beschluß verweisen[2]).

Auf das Verfahren vor den Sondergerichten finden die für das amtsgerichtliche Verfahren geltenden Bestimmungen entsprechende Anwendung, doch mit einigen Modifikationen, die auf eine Beschleunigung und Vereinfachung des Verfahrens hinzielen. So wird die Frist für den Einspruch gegen Versäumnisurteile auf drei Tage verkürzt und die Zustellung braucht in allen Fällen nur am Tage vor dem Termin erfolgt zu sein. Die nötigen Termine werden von Amts wegen anberaumt. Im ersten Termin kann der Vorsitzende ohne Zuziehung von Beisitzern verhandeln, Vergleiche schließen, Versäumnis-, Anerkenntnis- und Verzichtsurteile, auch kontradiktorische Entscheidungen auf Antrag beider Parteien fällen. Die nicht auf Grund einer mündlichen Verhandlung ergehenden Beschlüsse und Verfügungen werden durch den Vorsitzenden allein erlassen (§ 53 G.G.G.). Be-

---

[1]) Sammlung von Entscheidungen des G.G. und K.G. Berlin bei von Schulz-Schalhorn, das G.G. Berlin 1903, Wölbling, Grundsätze des Akkordvertrages 1909, Jahrbuch des Kaufmannsgerichts Berlin 1908 und 1910. Das G.G.-Statut stellt den Arbeitern die Hausgewerbetreibenden, d. h. Heimarbeiter gleich, auch selbständige Hausgewerbetreibende.

[2]) Eine Bestimmung, deren Bewährtheit streitig ist.

rufungen gegen Endurteile sind nur zulässig, wenn der Wert des Streitgegenstandes beim Gewerbegerichte 100 Mark, beim Kaufmannsgerichte 300 Mark übersteigt. Berufungs- und Beschwerdegericht ist das Landgericht Berlin Mitte, Beschwerdegericht auch das Kammergericht.

d) Das Einigungswesen.

Sowohl das Gewerbe- wie das Kaufmannsgericht ist bestimmt, auf Anrufen von Arbeitgebern oder Arbeitern, Kaufleuten, Handlungsgehilfen oder -lehrlingen über die Bedingungen der Fortsetzung oder Wiederaufnahme des Arbeitsverhältnisses als Einigungsamt tätig zu sein (§ 62 G.G.G., § 63 K.G.G.), und zwar auf Anrufen der Beteiligten [1]). Der erste Vorsitzende, welcher das Einigungswesen als ordentlicher Dezernent bearbeitet, soll auf die Anrufung hinwirken, besonders wenn sie nur von einer Seite erfolgt ist. Das Gewerbegericht besteht als Einigungsamt aus einem Vorsitzenden, und zwar entweder dem von beiden Parteien aus der Zahl der Vorsitzenden übereinstimmend bezeichneten, oder dem ersten Vorsitzenden und aus Vertrauensmänner aus den Arbeitgebern und Arbeitern in gleicher Zahl, die nicht zu den Beteiligten gehören dürfen. Das Einigungsamt hat auf eine gütliche Erledigung hinzuarbeiten und falls eine Einigung nicht zustande kommt, einen Schiedsspruch zu fällen, der aber an sich keine Entscheidung eines streitigen Rechtsverhältnisses ist. Die Aufgabe des Einigungsamtes ist es vielmehr, und zwar auch im Falle eines Schiedsspruches, die Beteiligten zur Herstellung normaler Rechtsverhältnisse durch Vertrag zu veranlassen. Der Schiedsspruch stellt regelmäßig einen Vorschlag zur Regelung eines künftigen Vertragsverhältnisses dar und wird für die Beteiligten nur durch Unterwerfung wirksam [2]). Falls aber die Parteien sich im voraus dem Schiedsspruch unterwerfen oder falls sie das Einigungsamt zur Entscheidung eines streitigen Rechtsverhältnisses, insbesondere zur Entscheidung von Streitfragen aus einem Tarifvertrage angerufen haben, so hat der Schiedsspruch die Bedeutung eines rechtskräftigen Erkenntnisses. Die Einigung folgt meist dahin, daß die Beteiligten, als welche auch Vereine beteiligter Personen anzusehen sind, sog. Tarifverträge schließen. Durch diese

---

[1]) Das Bestehen eines Arbeitsverhältnisses ist für die Eigenschaft als Beteiligter nicht erforderlich, vgl. Wölbling, G.G. und K.G. XIII.

[2]) Wölbling, Archiv für Sozialwissenschaft und Sozialpolitik XXI S. 676.

Verträge, deren Rechtsverbindlichkeit nun auch vom Reichsgericht anerkannt ist[1]), verpflichten sich die Vertragschließenden, zu denen sowohl die Vereine wie ihre Mitglieder zu rechnen sind, u. a. den gewerblichen Frieden untereinander nicht durch Kampfmittel zu stören und bei künftigem Abschluß von Dienstverträgen gewisse Bedingungen einzuhalten.

Zur Überwachung der Tarifpflicht und zur Entscheidung von Streitigkeiten aus dem Tarifvertrage setzen die Parteien häufig sog. Schlichtungskommissionen, meist unter dem Vorsitz eines G.G.-Vorsitzenden ein, im Verhältnis zu denen das Gewerbegericht (bzw. K.G.) als Einigungsamt erst in zweiter Instanz in Tätigkeit tritt.

e) Gutachten und Anträge.

Nach § 75 G.G.G., § 18 K.G.G. sind die Sondergerichte verpflichtet, auf Ansuchen von Staatsbehörden oder des Vorstandes des Kommunalverbandes, für welchen sie errichtet sind, Gutachten über gewerbliche bzw. das kaufmännische Dienst- oder Lehrverhältnis betreffende Fragen abzugeben. Die genannten Gerichte sind nach denselben Bestimmungen ferner berechtigt, in den bezeichneten Fragen Anträge an Behörden, Vertretungen von Kommunalverbänden und an die gesetzgebenden Körperschaften des Reichs oder die Bundesstaaten zu richten. Zur Vorbereitung oder Abgabe von Gutachten, sowie zur Vorbereitung von Anträgen gebildet worden.

Nach § 82 des G.G.-Statuts und § 49 des K.G.-Statuts ist bei jedem der beiden Gerichte ein Ausschuß aus je zehn Arbeitgebern und Arbeiterbeisitzern (Kaufleuten und Handlungsgehilfen) unter dem Vorsitz des ersten Vorsitzenden einzurichten, welcher über die Abgabe von Gutachten und Stellung von Anträgen zu beraten und zu beschließen hat. Nach den allein maßgebenden Gesetzen steht die Stellung von Anträgen den Gerichten selbst, den Ausschüssen aber nur die Vorberatung zu[2]).

f) Innungsschiedsgerichte und -Einigungsämter.

Zu erwähnen sind schließlich die in Berlin bestehenden Innungsschiedsgerichte und -einigungsämter (§ 81 a f. G.O.).

---

[1]) R.G. Z.G. VI 10. 1. 10 G. u. K.G. XV 181—186. v. Schulz, Verh. d. 29. Deutschen Juristentags Bd. II 201 ff. Wölbling, der Akkordvertrag und der Tarifvertrag 1908. Gesetzliche Regelung des Tarifvertrags, Archiv für Sozialwissenschaft und soziale Gesetzgebung Bd. XXIX S. 481—512, 869—894.

[2]) Vgl. v. Schulz G.G.G. § 75 Anm. 7 S. 181.

Die Innungsschiedsgerichte können von den Innungen zur Entscheidung von gewerblichen Streitigkeiten zwischen ihren Mitgliedern und ihren Gesellen, Gehilfen und Arbeitern errichtet werden. Die Entscheidungen werden rechtskräftig, wenn nicht binnen einem Monat Klage beim ordentlichen Gericht erhoben wird.

Für die fakultative Errichtung von Innungseinigungsämtern sind die Bestimmungen des Gewerbegerichtsgesetzes über die Einigungsämter maßgebend.

Als Aufsichtsbehörde über die Innungen hat die Gewerbedeputation die Aufsicht über die Innungsschiedsgerichte und -einigungsämter.

Dritter Titel.

Verwaltungsgerichtsbarkeit.

a) Der Stadtausschuß.

In Stadtkreisen werden die Geschäfte des Kreistages und des Kreisausschusses, soweit sie sich auf die Verwaltung von Kommunalangelegenheiten beziehen, von den Gemeindebehörden wahrgenommen. Im übrigen tritt an die Stelle der Kreisausschüsse der Stadtausschuß. Dieser besteht aus dem Bürgermeister bzw. seinem gesetzlichen Stellvertreter und vier Mitgliedern, welche vom Magistrat aus seiner Mitte für die Dauer ihres Hauptamtes gewählt werden. Ist der Bürgermeister und sein Stellvertreter behindert, so wählt der Bezirksausschuß den Vorsitzenden. Der Vorsitzende oder ein Mitglied des Stadtausschusses muß zum Richteramte oder zum höheren Verwaltungsdienste befähigt sein. Der Stadtausschuß ist bei Anwesenheit von drei Mitgliedern einschließlich des Vorsitzenden beschlußfähig. Die Dienstaufsicht über die Geschäftsführung des Stadtausschusses wird in Berlin vom Oberpräsidenten ausgeübt.

Im besonderen liegen dem Stadtausschuß folgende Geschäfte ob:

I. das Beschluß- und Verwaltungsstreitverfahren bei Anträgen auf Erteilung der Erlaubnis:

1. zum Betriebe der Gast- und Schankwirtschaft,

2. zum Kleinhandel mit Branntwein,

3. zur Veranstaltung von Singspielen, Gesangs- und deklamatorischen Vorträgen, zur Schaustellung von Personen und zu theatralischen Vorstellungen bei Fehlen eines höheren Interesses der Kunst oder Wissenschaft,

4. zum Betriebe des Geschäfts eines Pfandleihers, Pfandvermittlers, Gesindevermieters oder Stellenvermittlers,

5. zum Handel mit Giften;

II. das Verwaltungsstreitverfahren bei Klagen gegen Verfügungen des Magistrats, durch welche die Befugnis zum Halten und zur Anleitung von Lehrlingen entzogen wird (§ 126b der Gewerbeordnung) oder die Entlassung eines Teils der Lehrlinge auferlegt und die Annahme von Lehrlingen über eine bestimmte Zahl hinaus untersagt wird (§ 128 GO.);

III. das Beschlußverfahren:

1. bei Anträgen von Armenverbänden auf Verpflichtung Berliner Einwohner zur Gewährung der erforderlichen laufenden Unterstützung an ihre auswärtigen hilfsbedürftigen Angehörigen,

2. bei Anträgen auf Genehmigung oder Veränderung von Dampfkesseln und sonstigen gewerblichen Anlagen, die einer besonderen gewerbepolizeilichen Genehmigung bedürfen,

IV. die Geschäfte der Sektion 3 der Brandenburgischen landwirtschaftlichen Berufsgenossenschaft;

V. die Bezeichnung der Personen, die nach § 18 des Gesetzes vom 12. März 1881, betr. die Ausführung des Reichsgesetzes über die Abwehr und Unterdrückung von Viehseuchen, als Schiedsmänner zugezogen werden können.

b) Der Bezirksausschuß.

Für die Stadt Berlin besteht als Beschluß- und Verwaltungsgerichtsbehörde ein Bezirksausschuß, dessen Vorsitzender vom König ernannt wird. Die Mitwirkung der städtischen Verwaltung beschränkt sich auf die Wahl der Mitglieder. Diese erfolgt durch Magistrat und Stadtverordnetenversammlung in gemeinsamer Sitzung. Die Mitglieder des Magistrats und der Stadtverordnetenversammlung sind nicht wählbar.

D. Anhang.

Überblick über die örtlichen Reichs- und Staatsbehörden.

Erster Abschnitt.

Allgemeines.

Der Umstand, daß Berlin eine Stadt mit mehreren Millionen Einwohnern darstellt, die sich von der ländlichen Umgebung in starkem Kontrast abhebt, hat dazu geführt, aus Berlin auch einen selbständigen Verwaltungsbezirk der Reichs- und Staatsverwaltung zu bilden. Die Frage, ob die Ziehung der Grenzen dieser Bezirke noch eine natürliche ist, d. h. ob etwa die Vororte zweckmäßig einzubeziehen wären, ist hier nicht zu erörtern. Trotzdem durch die große Einwohnerzahl ein Instanzenzug innerhalb dieses Verwaltungsbezirks nötig geworden ist, geht das Verwaltungsrecht gleichwohl von dem Standpunkte aus, daß Berlin als Stadtgemeinde den anderen Gemeinden gleichzustellen und daher als ein den übrigen gleichartiger unterster Verwaltungsbezirk anzusehen ist. Darum hat man Zwischeninstanzen wie zwischen der Gemeinde und den obersten Staatsbehörden, so zwischen der örtlichen Staatsverwaltung und den Ministern geschaffen. Die Reichsverwaltung bedient sich zur Erledigung der örtlichen Geschäfte im allgemeinen der bestehenden staatlichen Einrichtungen und scheidet daher bei dieser Betrachtung im allgemeinen aus. Obwohl der Stadtbezirk Berlin als ein unterster Verwaltungsbezirk gilt, so war aber gleichwohl die Notwendigkeit gegeben, auch nach unten noch weitere Instanzen zu schaffen, wie dies besonders bei der Polizei geschehen ist.

Zweiter Abschnitt.

Die örtliche Reichsverwaltung.

Die örtlichen Gerichte, Militär-, Finanz- und inneren Verwaltungsbehörden einschließlich der örtlichen Behörden auf dem Gebiete des Reichsamts des Innern, insbesondere der Arbeiterversicherung, sind Staatsbehörden im weiteren Sinne, wozu auch die preußischen Kommunalbehörden zu rechnen sind. Sonach bleiben als örtliche Reichsbehörden nur die örtlichen Behörden der Reichspostverwaltung übrig. Hierhin kann man zunächst die Oberpostdirektion Berlin rechnen, obwohl sie sich auch auf Charlottenburg und einige Nachbarorte erstreckt. Der Oberpostdirektion Berlin unterstehen besondere Telegraphenämter, ferner Postämter erster, zweiter und dritter Klasse. Schließlich besteht in Berlin ein Postscheckamt. Erwähnt sei allerdings, daß die Reichshauptbank auch die örtlichen Bankgeschäfte besorgt.

Dritter Abschnitt.

Die örtliche Staatsverwaltung.

1. Erster Titel. Allgemeine Übersicht über die einzelnen Behörden.

Die der Stadtgemeinde übergeordneten Staatsbehörden wurden im wesentlichen schon im neunten Titel des allgemeinen Teiles behandelt. In Ergänzung des dort Gesagten wäre hier nur noch auf die Armeebehörden hinzuweisen: das Generalkommando des Gardekorps, die denselben angegliederten Militärverwaltungen, z. B. die Intendantur des Gardekorps, dritten Armeekorps, der Verkehrstruppen, die militärischen Institute. Von den Intendanturen ressortieren das Proviantamt, die Garnisonverwaltungen I bis III und die Garnisonbauverwaltung, die Prüfungskommission für Einjährig-Freiwillige für Berlin und Umgegend, sowie die Ersatzkommissionen.

Im Bereich des Ministeriums für geistliche und Unterrichtsangelegenheiten sind zu erwähnen: die Königliche Friedrich-Wilhelm-Universität, die Technische Hochschule zu Berlin mit dem Sitz in Charlottenburg, die Akademische Hochschule und die Akademische Meisterschule für die bildenden Künste, die Königliche Akademische Hochschule für Musik, mit der Akademischen Meisterschule für musikalische Kompositionen, ferner das akademische Institut für Kirchenmusik und schließlich die Königliche Kunstschule. Erwähnt sei auch die Königliche Bibliothek.

Die staatlichen Schulangelegenheiten Berlins werden durch das Provinzialschulkollegium für die Provinz Brandenburg (unter dem Vorsitz des Oberpräsidenten, und in seiner Vertretung eines Vizepräsidenten), sowie die diesem unterstellten Kreisschulinspektoren verwaltet.

Als begutachtendes Organ dient das Medizinalkollegium für die Provinz Brandenburg sowie für Berlin. Ein gemeinsames ärztliches Ehrengericht, sowie eine gemeinsame Apothekerkammer bestehen für die Provinz Brandenburg und Berlin. Erwähnt sei auch die Heilanstalt Charité.

Auf dem Gebiete des Ministeriums für Handel und Gewerbe seien erwähnt: die Königliche Bergakademie, die Handelskammer, die Handwerkskammer (§ 107 f. GO.) und die Korporation der ältesten Berliner Kaufmannschaft, die Eichungsinspektion für Brandenburg und den Stadtkreis Berlin.

Im Bereiche des Ministeriums für Landwirtschaft, Domänen und Forsten ist anzuführen: die Generalkommission für die Provinz Brandenburg und Berlin in Frankfurt a. O. und die dieser unterstellte Spezialkommission in Berlin, das Domänenrentamt für Berlin-Mühlendorf und die Tiergartenverwaltung.

Dem Ministerium der öffentlichen Arbeiten untersteht die Königliche Ministerialbaukommission mit der Ministerial-, Militär- und Baukasse, welche zugleich als Hinterlegungsgangsstelle dient, die Akademie des Bauwesens, sowie die Königliche Eisenbahndirektion Berlin mit den zugehörigen Betriebs-, Maschinen-, Verkehrs- und Werkstätteninspektionen, und schließlich die Bauabteilung der Eisenbahndirektion.

Der Verwaltung des Ministeriums des Innern gehören an der Oberpräsident der Provinz Brandenburg als Oberpräsident von Berlin und der Polizeipräsident zu Berlin, dessen Verwaltung in folgenden Titeln besonders zu erörtern ist, da sie den wichtigsten Zweig der örtlichen staatlichen Verwaltung in Berlin darstellt.

Zweiter Titel.

Das Königliche Polizeipräsidium.

1. Geschichtliches. Die Stellung eines Polizeipräsidenten von Berlin wurde durch Kabinettsordre vom 25. März 1909 geschaffen. Dem Regulativ vom 5. Januar 1910 folgte das Reglement vom 18. September 1822 über die Geschäftsführung des Polizeipräsidiums und die Geschäftsinstruktion vom 26. Juli 1830. Die Geschäftsführung war schon damals keine kollegialische, sondern eine bureaukratische, d. h. der alleinigen Entscheidung des Präsidenten unterstehende. 1830 wurde die im wesentlichen noch jetzt bestehende Gliederung in Abteilungen eingeführt. 1848 wurde die Schutzmannschaft als Exekutive errichtet, 1851 die Feuerwehr, 1847 wurde die Bauabteilung (III) geschaffen. 1852 erhielt das Polizeipräsidium die Befugnis zum Erlaß von polizeilichen Strafverfügungen. 1854 wurde die Einrichtung der erwähnten Abteilung III, sowie der Abteilungen VI und VII und die der vier Abteilungen für die Schutzmannschaft, für Feuerwehr, Straßenreinigung und Nachtwachtwesen Allerhöchst genehmigt. Durch Kabinettsordre von 1869 wurde der ersten Abteilung die Verfassung einer kollegialischen Behörde verliehen. Dieser wurden 1876 kirchliche Angelegenheiten, sowie Invaliden-, Pensions- und Unterstützungssachen überwiesen. 1876 ging ein Teil der polizeilichen Geschäfte, besonders in Gewerbesachen, auf das damalige Bezirksverwaltungsgericht (seit 1883 Bezirksausschuß) über, doch verblieben der Abteilung I die Enteignungssachen.

1876 ging die Straßenbau- und Entwässerungspolizei, später auch die Bewässerungspolizei auf den Oberbürgermeister über. 1879 erfolgte die Loslösung der Polizeianwaltschaft, deren Geschäfte auf die Amtsanwaltschaft übertragen wurden. Der allgemeine Geschäftsgang wurde durch Verfügung des Polizeipräsidenten vom 24. März 1901 neu geregelt.

2. Die bestehende Organisation des Polizeipräsidiums.

a) Der Polizeipräsident leitet sämtliche Zweige der Landes- und Ortspolizei — mit Ausnahme der städtischen Polizeiverwaltung — und übt außerdem gewisse regiminelle Befugnisse im Stadtkreis Berlin aus. Ihm unterstehen die Abteilungen I, IIa, IIb, III—VII, sowie die Feuerwehrabteilung. Er führt die Aufsicht über das Schiedsgericht für Arbeiterversicherung.

b) Die nur mit höheren Beamten besetzte Abteilung I übt die regiminellen und die nicht der Abteilung IIa und IIb überwiesenen landes- und ortspolizeilichen Befugnisse aus, beschließt in Disziplinar- und Enteignungssachen. Ihr sind fünf Versicherungsrevisoren, ein Bauinspektor und die Unterabteilung für Theatersachen zugeteilt.

c) Die Abteilung II bearbeitet sanitäre, veterinäre und sozialpolitische Vereins-Angelegenheiten, soweit diese nicht der Abteilung VII überwiesen sind. Ihr steht die Königliche Sanitätskommission und deren ständiger Ausschuß zur Seite.

d) Die Abteilung III erledigt die örtliche Baupolizei,

e) die Abteilung IV die Sicherheits-, Kriminal- und Sittenpolizei. Die Kriminalpolizei leitet ein Polizeirat, dem fünf Kriminalinspektoren und eine Anzahl Kriminalkommissare, Kriminalwachtmeister und Schutzleute unterstellt sind.

f) Die Abteilung V bearbeitet das Paß- und Fremdenwesen,

g) die Abteilung VI die polizeilichen Strafverfügungen für Übertretungen und

h) die Abteilung VII die höhere Polizei, das Preßwesen und die politischen Vereine.

i) k) l) Abteilung VIII bis X Theatern, Gewerbe, Straßen- und Verkehrswesen.

m) Ferner unterstehen dem Polizeipräsidenten die Polizeihauptkasse, das Einwohnermelde- und das Präsidialbureau.

n) An technischen Lokalbeamten unterstehen dem Polizeipräsidenten eine Anzahl Kreis-, Gerichts-, Kreistier- und Polizeiärzte, Bauinspektoren und Gewerbeinspektoren.

o) Die Exekution wird durch die Schutzmannschaft besorgt. Diese steht unter einem Polizeioberst und drei Polizeimajoren und gliedert sich in Polizeibrigaden, Polizeihauptmannschaften und Polizeireviere, eine berittene und eine Reserveabteilung, das Schiffahrtsbureau, Gewerbekommissariat, Kommissariat für das Fuhrwesen, die Straßenbenennungs- und Beleuchtungsangelegenheiten, für Militär- und Gnadensachen.

Die Feuerwehr untersteht einem Branddirektor und zerfällt in fünf Kompagnien.

Dritter Titel.

Die Gerichtsorganisation Berlins.

Die Organisation der für Berlin bestehenden Gerichte läßt die Grenzen der Stadtgemeinde in weitem Maße ganz außer acht. Dahingegen deckt sich der Bezirk des Gewerbe- und des Kaufmannsgerichts mit dem Weichbild der Stadt[1]).

Es bestehen für Berlin und zwar für die in Klammern angegebenen Teile der Stadt folgende Amtsgerichte:

1. Berlin-Mitte (im Norden und Osten begrenzt durch die Ringbahn vom Charlottenburger Verbindungskanal bis zur Spree in Treptow, im Süden durch das linke Spreeufer vor der Eisenbahnüberführung bis zum Austritt des oberen Freiordengrabens, durch das Südufer dieses Grabens und des Schiffahrtskanals bis zu dessen Mündung in die Spree).

2. Berlin-Schöneberg (der südlich des Schiffahrtskanals belegene, nicht zum Amtsgericht Berlin-Tempelhof gehörige Teil).

3. Berlin-Tempelhof (der südlich des Schiffahrtskanals, östlich der Berlin-Anhalter Bahn belegene Teil der Stadt Berlin).

4. Berlin-Wedding (der nördlich der Ringbahn, westlich der Prenzlauer Allee belegene Teil der Stadt).

5. Neu-Weißensee (der nördlich der Ringbahn, östlich der Prenzlauer Allee belegene Teil der Stadt).

Den Amtsgerichten übergeordnet sind die Landgerichte I bis III in Berlin, und zwar umfassend folgende Berliner Gebietsteile:

Landgericht I den Amtsgerichtsbezirk Berlin-Mitte.

Landgericht II die Amtsgerichtsbezirke Berlin-Schöneberg und Berlin-Tempelhof.

Landgericht III den Amtsgerichtsbezirk Berlin-Wedding.

Berufungsinstanz ist das Kammergericht als Oberlandesgericht für die Provinz Brandenburg und Berlin.

---

[1]) Womit nicht gesagt ist, daß nur in Berlin wohnende oder hier beschäftigte Personen vor den Berliner Sondergerichten Recht suchen oder an einem Einigungsverfahren teilnehmen dürfen.

Sachregister.

C.

D.

H.

P.

Q.

R.

T.

Z.

Druck von C. Schulze & Co., G. m. b. H., Gräfenhainichen.

FSC
www.fsc.org
MIX
Papier | Fördert
gute Waldnutzung
FSC® C083411

Kolibri 360 GmbH
Ferdinand-Jühlke-Straße 7
99095 Erfurt, Deutschland
produktsicherheit@kolibri360.de

Der Entwurf

eines

bürgerlichen Gesetzbuches

für das Deutsche Reich

und das

Preußische Allgemeine Landrecht.

Eine vergleichende Darstellung zur Einführung in das Studium des Entwurfes.

Von

Dr. Franz Leske,

Landrichter in Gleiwitz.

— „Auf Grund einer gemeinsamen Gesetzgebung gehen wir dem Erscheinen eines bürgerlichen Gesetzbuches entgegen, dessen Zustandekommen wir in naher Zukunft erwarten." —

Wilhelm II. (Urkunde v. 27. October 1888)

Leipzig,

Verlag von Veit & Comp.

1889.

Druck von Metzger & Wittig in Leipzig

Vorwort.

Die hohe nationale Aufgabe der Schaffung eines einheitlichen bürgerlichen Rechts für Deutschland, eines gemeinen deutschen Privatrechts, naht durch die Veröffentlichung des „Entwurfes eines bürgerlichen Gesetzbuches für das Deutsche Reich" ihrer langersehnten Erfüllung. Mit Freuden begrüßt das deutsche Volk ein Werk, welches den ersten gewaltigen Schritt auf dem mühsamen Wege zu einem einheitlichen Rechte bedeutet; ist es sich doch bewußt, daß diese Rechtseinigung von nationaler Bedeutung und eine politische Nothwendigkeit ist. Durch nichts wird das nationale Bewußtsein fester und kräftiger erstarken, als durch die Einheit des Rechts, eines Rechts freilich, in welchem, bei Wahrung der historischen Continuität, einheimisches und fremdes Recht zu einem „organischen Gefüge" verschmolzen sein und welches dem lebendigen Rechtsbewußtsein des deutschen Volkes Ausdruck verleihen muß.

Hohe und neue Ziele winken der deutschen Rechtswissenschaft mit dem Dasein eines deutschen bürgerlichen Gesetzbuchs in der Durchdringung und Durchbildung des Stoffes, in dem weiteren Ausbau seiner Rechtssätze, in der systematischen Entfaltung des neuen Rechts.

Nicht minder hohe Aufgaben erwachsen der deutschen Praxis, welche in erster Reihe berufen sein wird, die Kenntniß des neuen Rechts durch seine Anwendung dem deutschen Volke zu vermitteln. Ihre Aufgabe wird es sein, in wissenschaftlicher Vertiefung das gewordene Recht zu erkennen und das erkannte anzuwenden, und so, unbeirrt durch Dogma und Präjudiz, die wahre Rechtskunst zu üben, welche in der Auslegung des Rechts und seiner Anwendung besteht.

Aber schon jetzt stellt der Entwurf eines deutschen bürgerlichen Gesetzbuchs an die deutschen Juristen die Anforderung, sich in das Studium dieses Entwurfs zu vertiefen und den Inhalt und die Tragweite seiner Rechtssätze zu erforschen, um entweder in die durch die Veröffentlichung des Entwurfs eröffnete Discussion einzugreifen oder doch ein Urtheil zu gewinnen, welches Recht der Entwurf an die Stelle des bestehenden setzen will.

Die vorliegende Schrift hat sich die Aufgabe gestellt, den landrechtlichen Juristen in das — nicht leichte — Studium des Entwurfs einzuführen und ihm dieses Studium durch eine kurze vergleichende Darstellung der Systeme des preußischen Landrechts und des Entwurfs zu erleichtern. Sie will den Leser durch Hervorhebung der hauptsächlichsten Unterschiede und Abweichungen beider Rechtssysteme zu einer vergleichenden Beurtheilung und damit zu einem tieferen Eindringen in das System des Entwurfs anregen.

Der Entwurf enthält so tiefgreifende Neuerungen und so erhebliche Abweichungen vom preußischen Landrechte (namentlich auf dem Gebiete des Sachenrechts und des Familienrechts), daß seine gründliche Kenntniß für die Betheiligten dieses großen Rechtsgebietes nicht nur in Hinblick auf die nationale Bedeutung dieses Werks von Interesse sein, sondern auch deshalb wünschenswerth erscheinen muß, weil das Gesammturtheil über den Werth des Entwurfs grade aus diesem Gebiet um so gewichtiger und werthvoller erscheinen wird, als das preußische Landrecht, trotz seiner vielfachen Mängel, sich in seinem Geltungsbereich nahezu ein Jahrhundert lang segensreich bewährt hat.

Die Schrift, welche sich im Wesentlichen an das System des Entwurfs anschließt, will somit zu ihrem bescheidenen Theile zur Kenntniß und zum Verständniß des Entwurfs beitragen.

Ein eindringendes Studium des Entwurfs wird, bei richtiger Würdigung der Ziele und Zwecke einer Codification, zu dem Wunsche führen, daß dieses Werk — ein glänzendes Zeugniß deutschen Fleißes und deutscher Arbeit — in nicht allzu langer Zeit und in nicht wesentlich veränderter Gestalt vor den deutschen Reichstag gelange. Mag immerhin so Manches der Besserung bedürftig sein, jedenfalls bietet der Entwurf ein Recht, das sich als praktisch brauchbar erweisen wird. Eine Verständigung über die der Aenderung bedürftigen Punkte wird im Hinblick auf den nationalen Gedanken der Rechtseinheit unschwer zu erzielen sein. Eine wohlwollende, verständige und gerechte Kritik wird das Werk nicht zu Falle bringen, sondern nur fördern; eine Kritik aber, welche dictirt wird von dem Geist, der stets verneint, wird hoffentlich zerschellen an dem gesunden Sinn des deutschen Volkes, das, erfüllt von dem Streben nach Einheit des Rechts, dankbar ist für das bisher Erreichte und dankbar sein wird für das Erreichbare.

Möge das große Werk gelingen zum Heil und zum Segen des deutschen Vaterlandes!

Gleiwitz, im December 1888.

Fr. Leske.

Inhalt.

Viertes Buch.

Familienrecht.

Fünftes Buch.

Erbrecht.

Abkürzungen.

A.G. = Ausführungsgesetz.
A.G.O. = Allgemeine Gerichtsordnung.
A.L.R. = Allgemeines Landrecht.
C.P.O. = Civilproceßordnung.
E. = Entwurf eines bürgerlichen Gesetzbuchs für das Deutsche Reich.
E.E.G. z. B.G.B. = Entwurf eines Einführungsges. z. bürgerlichen Gesetzbuch.
E.G. = Einführungsgesetz.
Entsch. R.G. = Entsch. des Reichsgerichts in Civilsachen.
Entsch. R.O.H.G. = Entscheidungen des Reichsoberhandelsgerichts.
G.B.O. = Grundbuchordnung.
G.K.G. = Gerichtskostengesetz.
G.V.G. = Gerichtsverfassungsgesetz.
H.G.B. = Handelsgesetzbuch.
J.M.Bl. = Justiz-Ministerialblatt.
Mot. = Motive zum Entwurf eines bürgerlichen Gesetzbuchs für das Deutsche Reich.
R.K.O. = Reichskonkursordnung.
R.Str.G.B. = Reichsstrafgesetzbuch.
Str.P.O. = Reichsstrafproceßordnung.
Vorm.-O. = Vormundschaftsordnung vom 5. Juli 1875.

Auszug
aus dem Entwurf eines Einführungsgesetzes zum Bürgerlichen Gesetzbuch.

Erster Abschnitt.

Allgemeine Vorschriften.

Artikel 2. Gesetz im Sinne des Bürgerlichen Gesetzbuches und dieses Gesetzes ist jede Rechtsnorm.

Art. 3. Soweit in dem Bürgerlichen Gesetzbuche oder in diesem Gesetze die Regelung den Landesgesetzen vorbehalten oder bestimmt ist, daß die Landesgesetze unberührt bleiben oder daß landesgesetzliche Vorschriften erlassen werden können, bleiben die bestehenden landesgesetzlichen Vorschriften in Kraft und können neue landesgesetzliche Vorschriften erlassen werden; ein neben dem Bürgerlichen Gesetzbuche und diesem Gesetze in Kraft bleibendes Reichsgesetz kann jedoch durch Landesgesetz nicht aufgehoben oder geändert werden.

Art. 4. Wenn in Reichsgesetzen oder in Landesgesetzen auf Vorschriften verwiesen ist, welche durch das Bürgerliche Gesetzbuch oder dieses Gesetz außer Kraft gesetzt werden, so treten die entsprechenden Vorschriften des Bürgerlichen Gesetzbuches oder dieses Gesetzes an die Stelle jener Vorschriften.

Art. 5. Als Bundesstaat im Sinne des Bürgerlichen Gesetzbuches und dieses Gesetzes gilt auch das Reichsland Elsaß-Lothringen.

Art. 6. Eine Ehefrau theilt nicht den Wohnsitz des Ehemannes, wenn auf beständige Trennung von Tisch und Bett erkannt ist.

Art. 7. Die Vorschriften des Bürgerlichen Gesetzbuches über die Wirkungen eines gerichtlichen Veräußerungsverbotes finden auf ein Veräußerungsverbot, welches von einer anderen Behörde als einem Gerichte innerhalb der Grenzen der Zuständigkeit derselben erlassen ist, entsprechende Anwendung.

Art 8. Die Vorschriften der §§ 692 bis 700 des Bürgerlichen Gesetzbuches finden auf Aktien, welche auf Inhaber lauten, entsprechende Anwendung.

Dritter Abschnitt.

Verhältniß des Bürgerlichen Gesetzbuches zu den Landesgesetzen.

Art. 32. Die privatrechtlichen Vorschriften der Landesgesetze treten außer Kraft, soweit nicht in dem Bürgerlichen Gesetzbuche oder in diesem Gesetze bestimmt ist, daß sie in Kraft bleiben sollen.

Art. 33. In Ansehung der Landesherren und der Mitglieder der landesherrlichen Familien sowie der Mitglieder der Fürstlichen Familie Hohenzollern finden die Vorschriften des Bürgerlichen Gesetzbuches nur insoweit Anwendung, als nicht besondere Vorschriften der Hausverfassungen oder der Landesgesetze abweichende Bestimmungen enthalten.

Art. 34. In Ansehung der Familienverhältnisse und der Güter der ehemals reichsständischen seit 1806 mittelbar gewordenen Häuser sowie des ehemaligen Reichsadels bleiben die Vorschriften der Landesgesetze sowie nach Maßgabe der Landesgesetze die Vorschriften der Hausverfassungen unberührt.

Art. 35. Unberührt bleiben die Vorschriften der Landesgesetze über Familienfideikommisse und Lehen, einschließlich der allodifizirten Lehen, sowie über die Stammgüter.

Art. 36. Unberührt bleiben die landesgesetzlichen Vorschriften, welche die Beschränkung einer Hypothek oder Grundschuld an einem Grundstücke, dessen Belastung nach den in den Artt. 33 — 35 bezeichneten Vorschriften unzulässig oder nur beschränkt zulässig ist, dahin gestatten, daß der Gläubiger Befriedigung aus dem Grundstücke nur im Wege der Zwangsverwaltung verlangen kann.

Art. 37. Wenn die Veräußerung oder Belastung eines Gegenstandes nach den in den Artt. 33—35 bezeichneten Vorschriften unzulässig oder nur beschränkt zulässig ist, so finden gleichwohl die zu Gunsten derjenigen, welche Rechte von einem Nichtberechtigten herleiten, im Bürgerlichen Gesetzbuche enthaltenen Vorschriften entsprechende Anwendung.

Art. 38. Unberührt bleiben die landesgesetzlichen Vorschriften, welche dem Bergrechte angehören.

Art. 39. Unberührt bleiben die landesgesetzlichen Vorschriften, welche dem Wasserrechte angehören, mit Einschluß des Mühlenrechtes, des Flötzrechtes und des Flößereirechtes sowie der Vorschriften zur Beförderung der Bewässerung und Entwässerung der Grundstücke und der Vorschriften über Anlandungen, entstehende Inseln und verlassene Flußbetten.

Art. 40. Unberührt bleiben die landesgesetzlichen Vorschriften, welche dem Deich- und Sielrechte angehören.

Art. 41. Unberührt bleiben die landesgesetzlichen Vorschriften, welche die Gemeinheitstheilung, die Zusammenlegung von Grundstücken, die Regulirung der gutsherrlich-bäuerlichen Verhältnisse und die Ablösung von Dienstbarkeiten und Reallasten betreffen, insbesondere auch insoweit, als die Vorschriften auf die Erwerbung des Eigenthums, die Begründung und Aufhebung von anderen Rechten an Grundstücken und die Berichtigung des Grundbuches sich beziehen.

Die auf die Ablösung sich beziehenden landesgesetzlichen Vorschriften finden keine Anwendung auf die in den §§ 857—860, 863 und im § 971 Abs. 3 des Bürgerlichen Gesetzbuches bezeichneten Rechte.

Art. 42. Unberührt bleiben die Vorschriften der Landesgesetze über die Zwangsenteignung.

Ist auf Grund einer landesgesetzlichen Vorschrift dem Eigenthümer einer Sache wegen der im öffentlichen Interesse erfolgenden Entziehung, Beschädigung oder Benutzung der Sache oder wegen Beschränkung des Eigenthums eine Entschädigung zu gewähren, so finden, soweit nicht die Landesgesetze ein Anderes bestimmen, die Vorschriften des Art. 31 Abs. 1, 2 entsprechende Anwendung.

Art. 43. Unberührt bleiben die Vorschriften der Landesgesetze über Jagd und Fischerei, mit Einschluß der Vorschriften über den Ersatz des Wildschadens.

Art. 44. Unberührt bleiben die Vorschriften der Landesgesetze über Zwangsrechte, Bannrechte und Realgewerbeberechtigungen.

Art. 45. Unberührt bleiben die Vorschriften der Landesgesetze über die Regalien.

Art. 46. Unberührt bleiben die landesgesetzlichen Vorschriften, welche dem Gesinderechte angehören, unbeschadet der Vorschriften der §§ 64 bis 71, des § 224 Abs. 2, der §§ 564, 711 bis 713, 1277 des Bürgerlichen Gesetzbuches. Unberührt bleiben insbesondere auch die Vorschriften der Landesgesetze über die Schadensersatzpflicht desjenigen, welcher Gesinde zum widerrechtlichen Verlassen des Dienstes verleitet oder in Kenntniß eines noch bestehenden Gesindedienstverhältnisses in Dienst nimmt oder welcher ein unrichtiges Gesindedienstzeugniß ertheilt.

Art. 47. Unberührt bleiben die landesgesetzlichen Vorschriften, welche den Geschäftsbetrieb der gewerblichen Pfandleiher und der Pfandleihanstalten betreffen.

Art. 48. Unberührt bleiben die landesgesetzlichen Vorschriften, welche die Wirksamkeit von Schenkungen an Mitglieder religiöser Orden oder ordensähnlicher Kongregationen von staatlicher Genehmigung abhängig machen.

Unberührt bleiben die landesgesetzlichen Vorschriften, welche bestimmen, daß Mitglieder religiöser Orden oder ordensähnlicher Kongregationen von Todeswegen nur mit staatlicher Genehmigung erwerben können. Wird die Genehmigung ertheilt, so gilt sie als schon vor dem Erbfalle ertheilt; wird die Genehmigung versagt, so ist die zum Erwerbe berufene Person als vor dem Erblasser gestorben anzusehen; der § 2154 des Bürgerlichen Gesetzbuches findet entsprechende Anwendung.

Art. 49. Unberührt bleiben die Vorschriften der Landesgesetze über die Verwaltung und Beaufsichtigung juristischer Personen.

Unberührt bleiben die landesgesetzlichen Vorschriften, welche den Erwerb von Rechten durch juristische Personen beschränken oder von staatlicher Genehmigung abhängig machen. Ist zu einem Erwerbe von Todeswegen staatliche Genehmigung erforderlich, so finden die Vorschriften des Art. 48 Abs. 2 Satz 2 entsprechende Anwendung.

Auf juristische Personen, deren juristische Persönlichkeit auf besonderer reichsgesetzlicher Vorschrift beruht, finden die Vorschriften des zweiten Absatzes keine Anwendung.

Art. 50. Unberührt bleiben die landesgesetzlichen Vorschriften, welche die Zulässigkeit des Konkurses über das Vermögen der im § 15 Nr. 3 des Einführungsgesetzes zur Civilprozeßordnung bezeichneten juristischen Personen beschränken oder ausschließen.

Art. 51. Unberührt bleiben die landesgesetzlichen Vorschriften, nach welchen die privatrechtlichen Vorschriften der Civilproceßordnung auf die nicht nach den Vorschriften der Civilproceßordnung zu erledigenden Rechtsstreitigkeiten Anwendung finden.

Art. 52. Unberührt bleiben die Vorschriften der Landesgesetze, sofern sie bestimmen, von welchen Vorgängen in den nicht nach den Vorschriften der Civilproceßordnung zu erledigenden Rechtsstreitigkeiten die nach den Vorschriften des Bürgerlichen Gesetzbuches an die Klagerhebung und an die Rechtshängigkeit geknüpften Wirkungen abhängen. In Ermangelung solcher landesgesetzlicher Vorschriften finden die Vorschriften der Civilproceßordnung ensprechende Anwendung.

Art. 53. Unberührt bleiben die Vorschriften der Landesgesetze über die Rechtsverhältnisse aus einer Sicherheitsleistung, welche auf Grund einer im öffentlichen Rechte beruhenden Verpflichtung wegen der Führung eines Amtes oder wegen des Betriebes eines Gewerbes erfolgt.

Art. 54. Unberührt bleiben, soweit nicht durch das Bürgerliche Gesetzbuch eine besondere Bestimmung getroffen ist, die Vorschriften der

Landesgesetze über die vermögensrechtlichen Ansprüche und Verbindlichkeiten der Beamten aus dem Amtsverhältnisse, mit Einschluß der Ansprüche der Hinterbliebenen.

Art. 55. Unberührt bleiben die Vorschriften der Landesgesetze, welche bestimmen, daß ein Beamter wegen des aus fahrlässiger Verletzung einer Amtspflicht entstandenen Schadens erst dann in Anspruch genommen werden kann, wenn der Beschädigte auf andere Weise Ersatz des Schadens nicht zu erlangen vermag.

Art. 56. Unberührt bleiben die Vorschriften der Landesgesetze über die Haftung des Staates, der Gemeinden und anderer Kommunalverbände (Provinzial-, Kreis-, Amtsverbände) für den von ihren Beamten zugefügten Schaden, unbeschadet der Vorschriften der §§ 46. 63 des Bürgerlichen Gesetzbuches.

Art. 57. Unberührt bleiben die landesgesetzlichen Vorschriften, welche die Eintragung gewisser Gläubiger des Bundesstaates in ein Staatsschuldbuch und die Verpflichtung des Bundesstaates zur Umschreibung der von demselben auf den Inhaber ausgestellten Schuldverschreibungen in Schuldverschreibungen auf den Namen eines bestimmten Berechtigten sowie die aus einer solchen Eintragung oder Umschreibung sich ergebenden Rechtsverhältnisse regeln.

Art. 58. Unberührt bleiben die Vorschriften der Landesgesetze über die Fristen, binnen welcher eine gemiethete Wohnung bei Beendigung des Miethverhältnisses von dem Miether zu räumen ist.

Art. 59. Unberührt bleiben die landesgesetzlichen Vorschriften, welche für den mit der Ueberlassung eines Gutes in Verbindung stehenden Leibgedingsvertrag, Leibzuchtsvertrag, Altentheilsvertrag oder Auszugsvertrag das Schuldverhältniß zwischen den Vertragschließenden insoweit regeln, als eine besondere Vereinbarung nicht getroffen wird.

Art. 60. Unberührt bleiben die landesgesetzlichen Vorschriften, nach welchen in Ansehung der von dem Bundesstaate zu Schuldverschreibungen auf Inhaber ausgestellten Zinsscheine oder Rentenkupons der im § 697 Abs. 1 des Bürgerlichen Gesetzbuches bezeichnete Anspruch ausgeschlossen ist, auch wenn die Ausschließung in dem Zinsscheine oder Rentenkupon nicht erklärt ist.

Art. 61. Unberührt bleiben die Vorschriften der Landesgesetze über Kraftloserklärung und Zahlungssperre in Ansehung der in den §§ 702. 703 des Bürgerlichen Gesetzbuches bezeichneten Urkunden.

Art. 62. Unberührt bleiben die Vorschriften der Landesgesetze über das zum Schutze von Grundstücken und deren Erzeugnissen gestattete Recht der Pfändung von Sachen und über die Entrichtung von Pfandgeld oder Ersatzgeld.

Art. 63. Unberührt bleiben die Vorschriften der Landesgesetze über die Schadensersatzpflicht in den Fällen des Zuwiderhandelns gegen die zum Schutze von Grundstücken erlassenen Strafgesetze.

Art. 64. Unberührt bleiben die Vorschriften der Landesgesetze über den Ersatz des Schadens, welcher bei einer Zusammenrottung, einem Auflaufe oder einem Aufruhre entstanden ist.

Art. 65. Unberührt bleiben die Vorschriften der Landesgesetze über den Anspruch auf Rückerstattung von öffentlichen Abgaben und Kosten eines Verfahrens, zu deren Entrichtung eine Verpflichtung nicht bestanden hat.

Art. 66. Unberührt bleiben die landesgesetzlichen Vorschriften, durch welche das Eigenthum in Ansehung thatsächlicher Verfügungen im öffentlichen Interesse beschränkt wird.

Art. 67. Unberührt bleiben die landesgesetzlichen Vorschriften, durch welche die Rechte des Eigenthümers des einem Waldgrundstücke benachbarten Grundstückes in Ansehung der auf der Grenze oder auf dem Waldgrundstücke stehenden Bäume und Sträucher anders als im § 855 Abs. 2 und im § 861 des Bürgerlichen Gesetzbuches bestimmt werden.

Art. 68. Durch Landesgesetz kann das dem Staate zustehende Eigenthum an einem Grundstücke einer Gemeinde oder einem anderen Kommunalverbande (Provinzial-, Kreis-, Amtsverbande) und das einem Kommunalverbande zustehende Eigenthum an einem Grundstücke dem Staate oder einem Kommunalverbande übertragen werden.

Art. 69. Unberührt bleiben die Vorschriften der Landesgesetze über die Zueignung der im Freien betroffenen nicht herrenlosen Tauben.

Art. 70. Unberührt bleiben:

1. die landesgesetzlichen Vorschriften, welche die Theilung von Grundstücken untersagen oder beschränken;
2. die landesgesetzlichen Vorschriften, nach welchen die Belastung eines Grundstückes mit gewissen Grunddienstbarkeiten oder beschränkten persönlichen Dienstbarkeiten oder mit Reallasten ausgeschlossen oder beschränkt oder in Ansehung gewisser Grunddienstbarkeiten oder beschränkter persönlicher Dienstbarkeiten Inhalt und Maß derselben näher bestimmt sind;
3. die landesgesetzlichen Vorschriften, nach welchen die Belastung eines Grundstückes mit einer unkündbaren Hypothek oder Grundschuld oder die Ausschließung des Kündigungsrechtes über eine bestimmte Zeit hinaus untersagt ist.

Die Vorschrift des ersten Absatzes unter Nr. 2 findet keine Anwendung auf die in den §§ 857 bis 860. 863 und im § 971 Abs. 3 des Bürgerlichen Gesetzbuches bezeichneten Rechte.

Art. 71. Unberührt bleiben die landesgesetzlichen Vorschriften, welche die Belastung eines Grundstückes mit dem vererblichen und veräußerlichen Rechte zur Gewinnung eines den bergrechtlichen Vorschriften nicht unterliegenden Minerales gestatten und den Inhalt dieses Rechtes näher bestimmen. Die Vorschriften der §§ 962. 964. 965 des Bürgerlichen Gesetzbuches finden entsprechende Anwendung.

Art. 72. Unberührt bleiben die Vorschriften der Landesgesetze über das Recht zur Benutzung eines Platzes in einem dem öffentlichen Gottesdienste gewidmeten Gebäude oder eines Platzes auf einer öffentlichen Begräbnißstätte.

Art. 73. Unberührt bleiben die landesgesetzlichen Vorschriften, nach welchen bei einem im Miteigenthume stehenden, mit einem Gebäude versehenen Grundstücke die Antheile der Miteigenthümer in der Weise belastet werden können, daß einem Jeden der jeweiligen Miteigenthümer das Recht zusteht, bestimmte Theile des Gebäudes ausschließlich zu benutzen, und durch welche für den Fall einer solchen Belastung die Anwendung der Vorschriften des § 767 Abs. 2. 3 des Bürgerlichen Gesetzbuches ausgeschlossen und das Gemeinschaftsverhältniß der Miteigenthümer näher bestimmt wird.

Art. 74. Unberührt bleiben die landesgesetzlichen Vorschriften, nach welchen dem Fiskus oder einer anderen juristischen Person das Recht zusteht, zur Sicherung gewisser Forderungen die Eintragung einer Hypothek an den Grundstücken des Schuldners in das Grundbuch zu verlangen, und nach welchen die Eintragung dieser Hypothek auf das Ersuchen einer bestimmten Behörde zu erfolgen hat. Die Hypothek kann nur als Sicherungshypothek eingetragen werden. Die Vorschriften des § 1130 Abs. 2 und des § 1131 des Bürgerlichen Gesetzbuches finden entsprechende Anwendung.

Art. 75. Unberührt bleiben die landesgesetzlichen Vorschriften, nach welchen, wenn eine öffentliche Kreditanstalt zur Verbesserung eines Grundstückes ein Darlehen gegeben hat, der wegen dieses Darlehens an dem Grundstücke begründeten Geldrente, Hypothek oder Grundschuld der Vorrang vor anderen Belastungen des Grundstückes zustehen soll, sofern der Vorrang in das Grundbuch eingetragen ist, und nach welchen, wenn durch die Aenderung des Ranges eine Briefhypothek oder eine Grundschuld betroffen wird, zu der Eintragung die Vorlegung des Hypothekenbriefes oder Grundschuldbriefes nicht erforderlich ist.

Art. 76. Unberührt bleiben die landesgesetzlichen Vorschriften, nach welchen

1. im Falle der Veräußerung eines Theiles eines Grundstückes dieser Theil von den Belastungen des Grundstückes befreit wird,
2. im Falle der Theilung eines mit einer Reallast belasteten Grundstückes die Reallast auf die einzelnen Theile des Grundstückes vertheilt wird,
3. im Falle des Verzichtes auf ein dem jeweiligen Eigenthümer eines Grundstückes zustehendes Recht an einem anderen Grundstücke dieses Grundstück von der Belastung auch ohne Einwilligung derjenigen befreit wird, für welche das erstere Grundstück belastet ist,
4. im Falle des Artikel 31 der dem Eigenthümer zustehende Entschädigungsanspruch von dem einem Dritten in Ansehung desselben zustehenden Rechte befreit wird,

wenn von der zuständigen Behörde festgestellt wird, daß die Befreiung den Berechtigten unschädlich ist, und nach welchen in solchen Fällen zur Löschung einer Briefhypothek oder Grundschuld die Vorlegung des Hypothekenbriefes oder Grundschuldbriefes nicht erforderlich ist.

Unberührt bleiben die landesgesetzlichen Vorschriften, nach welchen im Falle der Theilung eines für den Fiskus mit einer Reallast belasteten Grundstückes nur ein Theil des Grundstückes mit der Reallast belastet bleibt und die übrigen Theile des Grundstückes mit Reallasten für den jeweiligen Eigenthümer des ersteren Theiles belastet werden.

Art. 77. Unberührt bleiben die landesgesetzlichen Vorschriften, welche für den Fall, daß zerstörte Gebäude in anderer Lage wiederhergestellt werden, die Rechte an den betheiligten Grundstücken regeln.

Art. 78. Unberührt bleiben die landesgesetzlichen Vorschriften, nach welchen die im § 846 des Bürgerlichen Gesetzbuches bezeichneten Eintragungen und Löschungen nur auf Ersuchen des Vollstreckungsgerichtes erfolgen.

Art. 79. Unberührt bleiben die landesgesetzlichen Vorschriften, nach welchen der Vorstand einer unter Verwaltung des Staates oder einer Gemeindebehörde stehenden Verpflegungsanstalt in Ansehung eines in die Anstalt aufgenommenen Minderjährigen die Rechte und Pflichten eines Vormundes bis zur Volljährigkeit des Mündels hat, unbeschadet der Befugniß des Vormundschaftsgerichtes, statt des Vorstandes einen Anderen zum Vormunde zu bestellen, und nach welchen im Falle einer solchen Bevormundung durch den Anstaltsvorstand ein Gegenvormund nicht zu bestellen ist und dem Anstaltsvorstande die nach den Vorschriften des § 1690 des Bürgerlichen Gesetzbuches zulässigen Befreiungen zustehen.

Art. 80. Unberührt bleiben die Vorschriften der Landesgesetze über die Einrichtung des Gemeindewaisenrathes.

Art. 81. Unberührt bleiben die landesgesetzlichen Vorschriften, nach welchen dem Fiskus oder einer anderen juristischen Person in Ansehung des Nachlasses einer verpflegten oder unterstützten Person ein Erbrecht, ein Pflichttheilsanspruch oder ein Recht auf bestimmte Sachen zusteht.

Art. 82. Unberührt bleiben die landesgesetzlichen Vorschriften, nach welchen das gesetzliche Erbrecht des Fiskus anderen Personen als dem Fiskus zusteht.

Art. 83. Unberührt bleiben die landesgesetzlichen Vorschriften, nach welchen, wenn zu einem Nachlasse ein zum Betriebe der Landwirthschaft oder Forstwirthschaft bestimmtes Grundstück gehört und mehrere Erben vorhanden sind, einer der Erben (Anerbe) von den übrigen Miterben verlangen kann, daß ihm bei der Auseinandersetzung das Grundstück mit Zubehör (Anerbengut) gegen Ersatz eines gewissen Werthes überlassen werde (Anerbenrecht).

Dem Erblasser kann jedoch durch Landesgesetz nicht das Recht entzogen werden:

1. das Anerbenrecht durch Verfügung von Todeswegen auszuschließen oder zu beschränken;
2. an Stelle der im Gesetze als Anerbe bestimmten Person einen Anderen aus dem im Gesetze bestimmten, jene Person einschließenden Kreise von Personen als Anerben zu ernennen.

Art. 84. Unberührt bleiben ferner:

1. die landesgesetzlichen Vorschriften, durch welche die für die Ermittelung des Werthes des Anerbengutes maßgebenden Grundsätze bestimmt werden;
2. die landesgesetzlichen Vorschriften, nach welchen dem Anerben aus dem Gutswerthe ein Voraus gebührt;
3. die landesgesetzlichen Vorschriften, welche in Ansehung der den übrigen Erben wegen der Uebernahme des Anerbengutes gegen den Anerben zustehenden Forderungen die Fälligkeit, die Verzinslichkeit und das Erlöschen durch den Tod des Gläubigers regeln oder dem Anerben besondere Verpflichtungen gegen die übrigen Erben, insbesondere in Ansehung der Sicherstellung, auferlegen;

4) die landesgesetzlichen Vorschriften, nach welchen im Falle des Eintrittes des Anerbenrechtes bis zur Auseinandersetzung der Antheil eines Erben an dem Anerbengute ohne Zustimmung der übrigen Erben nicht veräußert oder belastet werden kann, unbeschadet der Zulässigkeit der Zwangsvollstreckung wegen einer Nachlaßverbindlichkeit. Die Uebertragung des Anspruches eines Erben auf Auseinandersetzung und auf Abfindung aus dem Anerbengute kann durch Landesgesetz nicht für unzulässig erklärt werden.

Art. 85. Gehört ein Grundstück, bei welchem nach den Landesgesetzen das Anerbenrecht eintreten kann, zum Nachlasse, so bestimmt sich das Pflichttheilsrecht nach den Vorschriften des Bürgerlichen Gesetzbuches, wie wenn das Grundstück nicht von der bezeichneten Beschaffenheit wäre. Die Vorschriften des § 1981 des Bürgerlichen Gesetzbuches finden im Falle des Eintrittes des Anerbenrechtes entsprechende Anwendung.

Unberührt bleiben die landesgesetzlichen Vorschriften, nach welchen bei Bestimmung des Pflichttheiles das Grundstück mit Zubehör nur zu dem von dem Anerben zu ersetzenden Werthe unter Abzug des dem Anerben gebührenden Voraus zu berücksichtigen ist.

Art. 86. Der Anerbe, welcher das Anerbengut übernimmt, ist gegenüber jedem der übrigen Erben verpflichtet, die demselben obliegenden Nachlaßverbindlichkeiten insoweit zu tragen, als zur Berichtigung der letzteren der Antheil des Erben an dem von dem Anerben nach Abzug des Voraus zu ersetzenden Werthe des Anerbengutes und an den außer dem Anerbengute vorhandenen Nachlaßgegenständen nicht hinreicht.

Art. 87. Unberührt bleiben die landesgesetzlichen Vorschriften, nach welchen, wenn zu dem Gesammtgute einer durch den Tod eines der Ehegatten aufgelösten allgemeinen Gütergemeinschaft oder Errungenschaftsgemeinschaft oder Gemeinschaft des beweglichen Vermögens und der Errungenschaft oder zu dem Gesammtgute einer aufgelösten fortgesetzten Gütergemeinschaft ein dem Anerbenrechte unterliegendes Grundstück gehört, der nach den Vorschriften des Bürgerlichen Gesetzbuches zur Uebernahme des Grundstückes Berechtigte und, sofern Mehrere gemeinschaftlich zur Uebernahme berechtigt sind, einer derselben, sofern aber ein zur Uebernahme Berechtigter nicht vorhanden ist, einer der Theilhaber am Gesammtgute von den übrigen Theilhabern verlangen kann, daß ihm bei der Auseinandersetzung das Grundstück mit Zubehör gegen Ersatz eines gewissen Werthes überlassen werde.

Ist der überlebende Ehegatte zur Uebernahme berechtigt, so finden die Vorschriften des Artikel 84 Nr. 1 bis 3, in anderen Fällen die

Vorschriften des Artikel 83 Abs. 2 und der Artikel 84 bis 86 entsprechende Anwendung.

Das Recht der Ehegatten, durch Ehevertrag ein Anderes zu bestimmen, kann durch Landesgesetz nicht ausgeschlossen werden.

Art. 88. Unberührt bleiben die landesgesetzlichen Vorschriften, nach welchen das Nachlaßgericht auch unter anderen Voraussetzungen als unter den im § 2058 Abs. 1 des Bürgerlichen Gesetzbuches bezeichneten, unbeschadet der Vorschrift des § 2058 Abs. 2, die Anfertigung eines Nachlaßverzeichnisses sowie bis zu dessen Vollendung die erforderlichen Sicherungsmaßregeln, insbesondere die Anlegung von Siegeln, von Amtswegen anordnen kann.

Art. 89. Unberührt bleiben die landesgesetzlichen Vorschriften, nach welchen, wenn Miterben binnen einer bestimmten Frist die Auseinandersetzung in Ansehung des Nachlasses nicht bewirkt haben, die nach dem § 2156 des Bürgerlichen Gesetzbuches dem Nachlaßgerichte obliegende Vermittelung auch ohne Antrag eines Miterben eintreten soll.

Art. 90. Unberührt bleiben die Vorschriften der Landesgesetze über die Verpflichtung der Notare zur Annahme des Amtes eines Testamentsvollstreckers.

Art. 91.[1] Unberührt bleiben, soweit nicht durch das Bürgerliche Gesetzbuch oder durch dieses Gesetz eine besondere Bestimmung getroffen ist, die Vorschriften der Landesgesetze über die Zuständigkeit der Behörden und Beamten in Angelegenheiten der nichtstreitigen Rechtspflege und über das in solchen Angelegenheiten einzuhaltende Verfahren.

Unberührt bleiben insbesondere die Vorschriften der Landesgesetze über die sachliche und örtliche Zuständigkeit der Behörden und Beamten, mit Einschluß der Notare, in Ansehung der Errichtung der Verfügungen von Todeswegen und anderer öffentlicher Urkunden sowie der öffentlichen Beglaubigung von Urkunden und über die Folgen der Unzuständigkeit.

Unberührt bleiben die landesgesetzlichen Vorschriften, nach welchen, wenn in Gemäßheit der Vorschriften des Bürgerlichen Gesetzbuches eine gerichtliche oder notarielle Beurkundung erforderlich ist, in dem Bundesstaate entweder nur die Gerichte oder nur die Notare für die Beurkundung zuständig sind.

Unberührt bleiben die landesgesetzlichen Vorschriften, welche die nach Maßgabe des § 2156 des Bürgerlichen Gesetzbuches dem Nachlaßgerichte zustehende Vermittelung Notaren übertragen.

---

[1] Durch den Artikel 91 wird den Vorschriften der Grundbuchordnung nicht vorgegriffen. Wird ein Reichsgesetz über Angelegenheiten der nichtstreitigen Rechtspflege erlassen, so bedarf der Artikel 91 der Umgestaltung.

Legen die Landesgesetze die Verrichtungen des Nachlaßgerichtes einer anderen Behörde als dem Amtsgerichte bei, so ist für das Aufgebot der Nachlaßgläubiger das Amtsgericht zuständig, in dessen Bezirke die Nachlaßbehörde ihren Sitz hat.

Die Vorschriften der Artikel 33. 34 finden in Ansehung der im ersten Absatze bezeichneten besonderen Bestimmungen des Bürgerlichen Gesetzbuches und dieses Gesetzes entsprechende Anwendung.

Erstes Buch.

Allgemeiner Theil.

§ 1.

Gesetz. Analogie. Gewohnheitsrecht. Zeitliche und räumliche Herrschaft des Gesetzes. Auslegung. Privilegium. Internationales Privatrecht.

Entwurf: Buch 1. Abschnitt 1. Mot. I S. 1—24.[1]

I. Gesetz im Sinne des Entwurfs ist jede Rechtsnorm,[2] das Wort Rechtsnorm ist im weitesten Sinne zu verstehen, ohne Rücksicht auf den Entstehungsgrund der Rechtsnorm, also gleichgültig, ob sie auf ausdrücklicher gesetzlicher Anordnung beruht oder aus Sinn und Zusammenhang gesetzlicher Vorschriften sich ergiebt. Das bürgerliche Gesetzbuch will ein „organisches Gefüge innerlich zusammenhängender Normen" sein und daher „im Bedürfnißfalle aus sich selbst, aus dem in ihm enthaltenen Rechtssysteme ergänzt werden".[3] Auf Verhältnisse, für welche das Gesetz keine Vorschrift enthält, finden die für rechtsähnliche Verhältnisse gegebenen Vorschriften (Gesetzesanalogie) und in deren Ermangelung die aus dem Geiste der Rechtsordnung sich ergebenden Grundsätze (Rechtsanalogie) Anwendung.[4]

---

[1] Ueber die Entstehungsgeschichte des Entwurfs: Vierhaus, bei Bekker und Fischer, Beiträge zur Erläuterung und Beurtheilung des Entwurfs, 1888, Heft 1; v. Kirchenheim's Centralblatt, Bd. 7 S. 209 ff.; Jacobi, Entstehung und Inhalt des Entwurfs, Berlin 1888; Alexander-Katz, Erläuternde Anmerkungen, Berlin 1888 S. 1—19. — Ueber System und Sprache des Entwurfs vgl. Bekker, bei Bekker und Fischer, Beiträge, Heft 2. — Ueber das Verhältniß des bürgerlichen Gesetzbuchs zu den Landesgesetzen: Mecke in Gutachten aus dem Anwaltstande, Heft 1, S. 3—18. Vgl. auch Klöppel, bei Gruchot, Beiträge, Bd. 32 S. 611 ff. — Ueber den allgemeinen Theil des Entwurfes: Hölder, im Archiv f. civil. Praxis, Bd. 73, Heft 1.

[2] Dies wird das Einführungsgesetz bestimmen, Mot. I S. 2, vgl. auch § 12 E.G. z. C.P.O.; § 7 E.G. z. St.P.O.; § 2 E.G. z. K.O.

[3] Vgl. Mot. I S. 16.

[4] § 1 E. vgl. § 49 Einl. z. A.L.R. Kierulff, Theorie des gem. Civilrechts, S. 29—32; Thöl, Einleitung in das deutsche Privatrecht, § 64 S. 154—158.

II. Wie das A.L.R.[1] tritt der Entwurf dem Gewohnheitsrecht entgegen und versagt ihm die suppletorische und derogatorische Kraft. Die Beseitigung des Gewohnheitsrechts ist zwar eine grundsätzliche, aber keine ausnahmslose; gewohnheitsrechtliche Normen sollen aber nur insoweit gelten, als das Gesetz auf Gewohnheitsrecht verweist (§ 2 E.); der Entwurf enthält eine solche Verweisung nicht.[2]

Soweit also gewisse Materien der Landesgesetzgebung vorbehalten sind, bleibt das Gewohnheitsrecht als Rechtsquelle bestehen, wenn das Landesrecht die Geltung desselben anerkennt.

Während das Landrecht die Bildung von Observanzen[3] zuläßt, soweit die Gesetze etwas unentschieden gelassen haben und sie „bis zum Erfolge einer gesetzlichen Bestimmung" gelten läßt, lehnt der Entwurf Observanz und Herkommen als Rechtsquelle ab.[4]

III. Der Entwurf enthält keine Bestimmungen über Entstehung und Aufhebung der Rechtsnormen, über Interpretation, über die zeitliche und räumliche Herrschaft der Gesetze und über Privilegien.[5]

Wie der s. Z. veröffentlichte Bericht des Vorsitzenden der Kommission zur Ausarbeitung des Entwurfs vom 27. December 1887[6] ergiebt, mit welchem der Entwurf dem Reichskanzler überreicht worden ist, hat zwar die Kommission auch die das sog. internationale Privatrecht betreffenden Vorschriften in 26 Paragraphen festgestellt, die Entscheidung darüber aber, ob sie dem Entwurf einzuverleiben seien, anheimgestellt, weil sie zum Theil von politischen Erwägungen abhänge. Thatsächlich ist auch die Aufnahme dieser Bestimmungen in den Entwurf und ihre Veröffentlichung unterblieben.[7]

---

[1] § VII. Publ. Pat. v. 5. Februar 1794; §§ 3. 60 Einl. z. A.L.R.

[2] Soweit der Entwurf auf Gewohnheit im natürlichen Sinne verweist, gebraucht er den Ausdruck „Verkehrssitte" (§§ 84. 86 Abs. 4. 359. 789 Abs. 1) oder „Ortsüblichkeit" (§§ 850. 851 Abs. 3 E.). Vgl. Rümelin, i. d. Jahrb. f. Dogmatik Bd. 27 S. 225 ff.

[3] Das Landrecht gestattet die Bildung einer consuetudo (Gewohnheit, Observanz) contra und praeter legem insoweit, als a) sie den Provinzialgesetzbüchern einverleibt ist, b) dasselbe ausdrücklich darauf verweist, z. B. § 710 II 11 A.L.R.; es gestattet ferner die Bildung neuer Observanzen praeter legem schlechthin. §§ 3. 4 Einl. z. A.L.R. § VII Publ. Pat. Ueber Observanz vgl.: Entsch. R.G. Bd. 11 Nr. 43, Bd. 12 Nr. 71, Bd. 17 Nr. 43; Gruchot, Beiträge Bd. 31 S. 887 ff., Bd. 32 S. 683. 686.

[4] Ueber Autonomie: Art. 33 Entwurf z. Einf. Ges. u. Mot. I S. 10—13.

[5] Bezüglich des Landrechts: §§ 59. 46. 15. 49. 14—19. 54—58 Einl. z. A.L.R.

[6] Mitgetheilt bei Alexander-Katz, a. a. O. S. 8—10.

[7] Vgl. §§ 14—19. 23—42 Einl. z. A.L.R.; §§ 111—115 I 5; § 350 II 1 A.L.R.

§ 2.

Rechtssubjecte. Natürliche, juristische Personen. Rechtsfähigkeit, Todeserklärung, Altersstufen, Entmündigung, Verwandtschaft, Schwägerschaft, Wohnsitz.

Entwurf: Buch 1, Abschnitt 2 und 3; Mot. I S. 25—125.

I. Jeder Mensch ist rechtsfähig, ohne Rücksicht auf seine Individualität. Der Entwurf beruht auf dem Princip der Rechtsgleichheit und der Gemeinsamkeit des Rechts; gleiches Recht für Alle, Alle gleich vor dem Recht.

Die Rechtsfähigkeit des Menschen beginnt mit der Geburt und endigt mit dem Tode (§ 3 E.); rechtsfähig ist der lebend Geborene, Lebensfähigkeit ist nicht erforderlich. Bestimmungen über Zwitter und Mißgeburten enthält der Entwurf, abweichend vom Landrecht,[1] mit Rücksicht auf den heutigen Stand der medicinischen Wissenschaft nicht.

Während das Landrecht im Anschluß an den Satz: nasciturus pro iam nato habetur etc. die dem noch ungeborenen Kinde anfallenden Rechte auf den Fall vorbehält, daß es lebendig zur Welt kommt (§§ 10 bis 12 I 1 A.L.R.), sieht der Entwurf von einer Bestimmung über die rechtliche Bedeutung des nasciturus ab.[2]

II. Eingehend regelt der Entwurf die Todeserklärung, und zwar im Wesentlichen wie das Landrecht.[3] Ein Deutscher, welcher verschollen ist, kann durch Urtheil für todt erklärt werden (§ 5); als verschollen gilt ein Abwesender, wenn seit zehn Jahren keine Nachricht von seinem Leben vorhanden ist, die Frist beginnt nach Landrecht mit dem Tage, da die letzte Nachricht eingegangen, bez. wenn keine Nachricht eingekommen ist, mit der Zeit, da der Abwesende sich entfernt hat oder vermißt worden ist; nach dem Entwurf mit Ablauf des Tages, an welchem der Abwesende der letzten Nachricht zufolge gelebt hat (§ 6 E.).

Die Todeserklärung erfolgt im Aufgebotsverfahren durch Urtheil (§ 10 E.), das dieselbe aussprechende Urtheil ist, wie im preußischen Recht (§ 835 II 18 A.L.R.), constitutiv und begründet die Vermuthung, daß der Verschollene den Zeitpunkt der Erlassung der Todeserklärung nicht überlebt hat. In Ansehung der Beerbung des Verschollenen gilt der

---

[1] §§ 17—23 I 1 A.L.R..

[2] Ueber die Berücksichtigung des nasciturus im Erbrecht vgl.: §§ 1758 Abs. 1. 1867 Abs. 2 Nr. 2. 1964 Abs. 2. 2026. 2154; s. auch §§ 723 Abs. 1. 1741. 2059 Abs. 1 E. — Ueber Lebensvermuthung § 38 I. 1 A.L.R., § 4 E.

[3] § 37 I 1, §§ 823—825 II 18, 665—667. 692 II 1, 2294—2299 II 8 A.L.R.; §§ 22. 24. 25. 26 A.G. z. C.P.O.; A.G.O. I 37.

Zeitpunkt der Erlassung der Todeserklärung präsumtiv als Zeitpunkt des Todes (§ 21), die Vermuthung kann durch den Beweis des Gegentheils entkräftet werden (§ 198 E.).

Antragsberechtigt sind nicht blos, wie im Landrecht, die gesetzlichen, Testaments-, Vertragserben, der Vormund, sondern jeder, welcher an der Todeserklärung ein rechtliches Interesse hat und solches glaubhaft machen kann (§ 11 E.).

Das Verfahren bestimmt sich nach den §§ 824—836 C.P.O. und §§ 11—19. 23. 24 des Entwurfs.[1] [2]

Die Todeserklärung wirkt in rem und erstreckt sich auf die vermögensrechtlichen und Familienverhältnisse des für todt Erklärten.[3]

III. Die Altersstufen anlangend, so unterscheidet der Entwurf Minderjährigkeit, deren Grenze im Anschluß an das bisherige Reichsrecht (R.Ges. v. 17. Februar 1875, R.G.Bl. S. 71) an das vollendete 21. Lebensjahr gesetzt wird, und innerhalb der Minderjährigkeit das Kindesalter, dauernd bis zum zurückgelegten 7. Lebensjahr (§ 25 E.). Die Unmündigkeit bis zum zurückgelegten 14. Lebensjahr (§ 25 I 1 A.L.R.) kennt der Entwurf nicht.

Der Entwurf behandelt die unter Vormundschaft und die unter elterlicher Gewalt stehenden Minderjährigen gleich. Wie im preußischen Recht[4] erlangen Minderjährige nach zurückgelegtem 18. Lebensjahr mit ihrer Einwilligung durch Volljährigkeitserklärung Seitens des Vormundschaftsgerichts die rechtliche Stellung eines Volljährigen. Bei Minderjährigen unter elterlicher Gewalt (§ 1501 E.) ist die Zustimmung des Inhabers der elterlichen Gewalt erforderlich; Anhörung von Verwandten und Verschwägerten des Minderjährigen wird, entgegen dem preußischen Recht (§ 97 Vorm.O.), in jedem Falle verlangt (§§ 25—27 E.).

Die Entmündigung findet nach dem Entwurf wegen Geisteskrankheit und wegen Verschwendung[5] statt (§§ 28. 29 E.).

Der Entwurf sieht von einer näheren Bezeichnung der Geisteskrank-

---

[1] Das Ausschlußurtheil kann im Wege der Klage von jedem, der ein rechtliches Interesse hat, gegen den Antragsteller, nach dessen Tode oder bei dessen Abwesenheit gegen den Staatsanwalt angefochten werden, und zwar nach den Vorschriften der §§ 608. 610. 611 C.P.O., §§ 23. 24 E.

[2] Ueber preußisches Recht: Förster-Eccius, Theorie und Praxis, Bd. 1 § 19; Dernburg, Preuß. Privatrecht, Bd. 1 § 44. Ueber Kriegs- und Seeverschollenheit §§ 7. 8. 20 E.

[3] Ueber die Wirkung der Todeserklärung auf die Ehe: §§ 1235. 1464, 1465 E.

[4] Vorm.O. v. 5. Juli 1875 §§ 61. 97.

[5] §§ 30 I 1 A.L.R., § 29 E. Eine Definition des Verschwenders giebt der Entwurf nicht; vgl. Mot. I S. 63. 64.

heiten, insbesondere von der dem Landrecht bekannten Eintheilung in Raserei, Wahnsinn und Blödsinn (§§ 27. 28 I 1 A.L.R.) ab und gestattet die Entmündigung einer Person wegen Geisteskrankheit, wenn sie des Vernunftgebrauchs beraubt ist.

IV. Ueber Verwandtschaft, Schwägerschaft, Wohnsitz: §§ 30—40 E.; §§ 40—45 I 1 A.L.R.; §§ 23—27 Einl. z. A.L.R.; § 10 ff. I 2 A.G.O.

V. Für den Begriff der juristischen Person ist aus dem Landrecht nichts zu gewinnen. Das Landrecht unterscheidet Personenvereine (universitates mere personales) und Stiftungen; erstere umfaßt es unter der allgemeinen Bezeichnung Gesellschaften[1] (II 6 A.L.R.) und nennt sie: „Verbindungen mehrerer Mitglieder des Staates zu einem gemeinschaftlichen Endzwecke".

Von dem natürlichen Recht der freien Vereinsbildung ausgehend, unterscheidet das Landrecht:

1. erlaubte Gesellschaften ohne Korporationsrechte, deren Zweck mit dem gemeinen Wohl bestehen kann, und welche staatlicher Genehmigung nicht bedürfen (§§ 2. 11—21 II 6 A.L.R.);

2. unerlaubte Gesellschaften, deren Zweck und Geschäfte der gemeinen Ruhe, Sicherheit und Ordnung zuwiderlaufen; sie sind unzulässig und sollen nicht geduldet werden (§§ 3—10 II 6 A.L.R.);

3. genehmigte (privilegirte) Gesellschaften, welche vom Staat ausdrücklich genehmigt und nur aus eben den Gründen, aus welchen ein Privilegium überhaupt zurückgenommen werden kann, wieder aufgehoben werden können, im übrigen aber den nichtgenehmigten erlaubten Gesellschaften gleichstehen. Die Genehmigung hat lediglich einen polizeilichen Charakter (§§ 22—24 II 6 A.L.R.);

4. Korporationen und Gemeinen, d. h. mit Korporationsrechten ausgestattete Gesellschaften (§§ 25—202 II 6 A.L.R.); sie haben juristische Persönlichkeit, diese wird aber nicht durch einen Verwaltungsact des Staates geschaffen, vielmehr anerkennt der Staat durch einen declaratorischen Act das Vorhandensein der juristischen Person.[2] Das Landrecht bezeichnet die Korporationen als „moralische Personen" und nennt sie auch „öffentliche Gesellschaften" oder „öffentliche Korporationen" oder „privilegirte Korporationen".[3]

---

[1] Rosin, bei Gruchot, Beiträge, Bd. 27 S. 108—146 und Bd. 31 S. 753 bis 767; Gierke, Die Genossenschaftstheorie und die deutsche Rechtsprechung, Berlin 1887, S. 98 ff. Vgl. auch Bekker, System des heutigen Pandektenrechts, Weimar 1886, §§ 59—69.

[2] Gierke, Genossenschaftstheorie, S. 114 ff.

[3] §§ 81. 180. 192 II 6, § 19 II 7, §§ 169. 170 I 14. §§ 108. 191 II 8; § 17 II. 11; § 67 II. 12 A.L.R.

Voraussetzung der Anerkennung der Rechtssubjectivität ist aber, daß der Zweck der Gesellschaft ein fortdauernder, gemeinnütziger ist (§ 25 II 6 A.L.R.).[1]

Das Landrecht spricht den erlaubten Privatgesellschaften zwar den Charakter der juristischen Persönlichkeit ab (§ 13 II 6), gleichwohl betrachtet es dieselben als Vereinigungen mit korporativer Organisation und Tendenz, zieht die Consequenzen dieser Auffassung aber nur nach innen, nicht nach außen, indem es dergleichen Gesellschaften,[2] so lange sie bestehen, die inneren Rechte der Korporationen und Gemeinen zuspricht (§ 14 II 6 A.L.R.), nach außen aber die Anerkennung als Korporation versagt[3] (§ 13 II 6 A.L.R.), und ihre Mitglieder nur als Theilnehmer eines gemeinsamen Rechts oder einer gemeinsamen Verbindlichkeit betrachtet § 12 II 6 A.L.R.).

Es giebt ferner im preußischen Recht gewisse Korporationen, welche unter bestimmten Voraussetzungen kraft Gesetzes juristische Persönlichkeit besitzen, dahin gehören z. B. die Stadt- und Dorfgemeinden, Zünfte, Gymnasien, Universitäten, Schulgemeinden (Entsch. Ob.Trib. Bd. 25 S. 301), Kreise, Provinzen, Armenanstalten.[4]

Ueber Stiftungen enthält das Landrecht nur vereinzelte Bestimmungen, dagegen behandelt es im Anschluß an das Familienrecht die Familienstiftung.[5]

VI. Der Entwurf unterscheidet zwei Arten von juristischen Personen: Körperschaften und Stiftungen.[6]

Indem er eine Begriffsconstruction der juristischen Person vermeidet,

[1] Vgl. J.M.Bl. 1848, S. 309. 310. Das in Art. 31 der Verfassungsurkunde in Aussicht gestellte Gesetz über die Feststellung der Bedingungen, unter welchen Korporationsrechte ertheilt und verweigert werden, ist nicht erlassen.

[2] Ueber den Unterschied zwischen erlaubter Privatgesellschaft (II 6 A.L.R.) und der I 17 A.L.R. normirten Gesellschaft: Entsch. R.O.H.G. Bd. 18 Nr. 102; Entsch. R.G. Bd. 9 Nr. 23, Bd. 16 Nr. 44. Rosin bei Gruchot, Bd. 31 S. 761 ff.

[3] Ueber die Rechtsstellung der erlaubten Gesellschaft nach außen: Rosin, a. a. O. S. 128 ff.

[4] §§ 19 II 7; 108. 191 II 8; 54. 67 II 12; 42 II 19 A.L.R.; Förster-Eccius, Theorie und Praxis, Bd. 4 §§ 283. 284. Ueber den begrifflichen Unterschied zwischen privatrechtlicher und öffentlichrechtlicher Korporation: Gierke, Genossenschaftstheorie, S. 162 ff., vgl. auch Rosin, Das Recht der öffentlichen Genossenschaft, 1886, und dazu Mayer in der krit. Viertelj. Bd. 28 (N. F. Bd. 9) S. 455 ff.

[5] Gesetz vom 13. Mai 1833 (G.S. S. 49); Ges. v. 23. Februar 1870 (G.S. S. 118); §§ 73—80. 193—195 II 6, 42. 43 II. 19 A.L.R.; §§ 21—46 II 4 A.L.R. Roth, in den Jahrb. f. Dogmatik, Bd. 1 S. 202—220; Meurer, Begriff und Eigenthümer der heiligen Sachen, S. 46—111.

[6] Ueber diesen Abschnitt Hölder im Archiv f. civil. Prax. Bd. 73 S. 39 f.; Kausen, in Gutachten aus dem Anwaltstande, Heft 1 S. 19—40.

bezeichnet er als den Inhalt der juristischen Persönlichkeit die Personenvereinen und Stiftungen innewohnende Fähigkeit, als solche selbständig Vermögensrechte und Vermögenspflichten zu haben.

Das Wesen der juristischen Person sieht der Entwurf also in der selbständigen Vermögensfähigkeit.

Körperschaften im Sinne des Entwurfs sind mit juristischer Persönlichkeit ausgestattete Personenvereine (§ 43 E.); Personenvereine ohne juristische Persönlichkeit finden im Entwurf keine Regelung. Die Vorschriften des Entwurfs gelten sowohl für die privaten, wie für die öffentlich-rechtlichen Körperschaften.

Die Bedingungen der Erlangung und des Verlustes der juristischen Persönlichkeit werden (bedauerlicherweise) vom Entwurf nicht einheitlich geregelt, vielmehr in Ermangelung besonderer reichsgesetzlicher Bestimmungen der Regelung der Landesgesetze überwiesen. Soweit also reichsrechtliche Körperschaften in Frage stehen, ist das Reichsrecht[1] für die Entstehung und das Erlöschen derselben maßgebend, im übrigen entscheiden die Landesgesetze; insofern aber diese bis jetzt Erwerb und Verlust der juristischen Persönlichkeit nicht besonders regeln, werden sie durch das bürgerliche Gesetzbuch zum Erlasse solcher Vorschriften genöthigt werden.

Jede Körperschaft muß nach dem Entwurf einen Vorstand haben, welcher, als gesetzlicher Vertreter, die Körperschaft nach außen wie nach innen vertritt. Auf die Rechte und Pflichten des Vorstandes gegenüber der Körperschaft finden in erster Linie die Bestimmungen der Verfassung, in Ermangelung solcher Satzungen die Vorschriften über den Auftrag (§§ 585. 588—596 E.) entsprechende Anwendung. Jede Körperschaft muß ferner eine Verfassung haben, welche, soweit sie nicht auf Reichsgesetz oder Landesgesetz beruht, durch den Gründungsvertrag, später durch den Willen der Mitglieder bestimmt wird.

Die Vertretungsmacht des Vorstandes kann nach außen durch die Verfassung beschränkt werden.

Während das preußische Recht über die Haftpflicht der Korporation für Verschulden ihrer Vertreter schweigt, bestimmt nunmehr der Entwurf, daß die Körperschaft für unerlaubte Handlungen ihres Vorstandes, bez. eines Mitgliedes in Ausübung seiner Vertretungsmacht haftet.[2]

In den inneren Angelegenheiten entscheidet der Wille der Mitglieder (§ 51 II 6 A.L.R., § 48 E.), dieser ist auch die Richtschnur des Vor-

---

[1] Mandry, Der civilrechtliche Inhalt der Reichsgesetze, 3. Aufl. S. 119—166.

[2] Vgl. Gierke, Genossenschaftstheorie, S. 603—808; Rocholl, Rechtsfälle, Bd. 1 S. 335—397. Urtheil des R.G. v. 10. November 1887 im J.M.Bl. 1888 S. 97. — §§ 46. 224 Abs. 2 Entwurf.

standes bei der Geschäftsführung. Der Wille der Mitglieder bethätigt sich in der Generalversammlung (§ 48). Erlischt die Körperschaft, so fällt ihr Vermögen in erster Reihe an den, welcher in der Verfassung als Anfallberechtigter bestimmt ist, demnächst entscheidet Reichsrecht, event. Landesrecht. Sind die Mitglieder anfallberechtigt, so tritt Liquidation ein §§ 50—56 E.).

Die Errichtung einer Stiftung erfolgt nach dem Entwurf:

1. durch Rechtsgeschäft unter Lebenden, und zwar in gerichtlicher oder notarieller Form;

2. durch Verfügung von Todeswegen, sei es im Wege der Erbeinsetzung oder Vermächtnißanordnung.

Ob und inwieweit zur Errichtung einer Stiftung staatliche Genehmigung erforderlich ist, überläßt der Entwurf der Entscheidung der Landesgesetze; für Preußen entscheidet also insbesondere das Gesetz vom 23. Februar 1870 (G.S. S. 118).[1] Auch für die Frage nach den Voraussetzungen des Erlöschens einer Stiftung bleiben nach dem Entwurf die Landesgesetze maßgebend.[2]

§ 3.

Rechtsgeschäfte. Form. Inhalt des Geschäfts. Willenserklärung und Willensmängel. Stellvertretung. Bedingung, Befristung. Fahrlässigkeit. Irrthum.

Entwurf: Buch 1, Abschnitt 4 und 5. Mot. I S. 126—281.

I. Der Entwurf bietet keine Begriffsbestimmung des Rechtsgeschäfts; die Motive (I S. 126) sagen: „Rechtsgeschäft im Sinne des Entwurfs ist eine Privatwillenserklärung, gerichtet auf die Hervorbringung eines rechtlichen Erfolges, welcher nach der Rechtsordnung deswegen eintritt, weil er gewollt ist.“ Allgemeine Vorschriften über Rechtshandlungen hat der Entwurf nicht aufgestellt, ebensowenig über die juristische Handlungsfähigkeit.

Er unterscheidet einseitige Rechtsgeschäfte, welche durch die Willenserklärung nur einer Person zu Stande kommen, und zweiseitige Rechtsgeschäfte (Verträge), zu deren Schließung erfordert wird, daß die Contrahenten ihren übereinstimmenden Willen sich gegenseitig erklären (§ 77 E.; § 1 I 5 A.L.R.).

---

[1] § 42 II 19 A.L.R.; § 5 Ges. v. 13. Mai 1833 (G.S. S. 49); §§ 58—62 E. Die juristische Persönlichkeit des Fiskus bestimmt sich nach Landesrecht, § 63 E. Ueber die Erbfähigkeit juristischer Personen § 1759 E.

[2] Vgl. Schloßmann, Zur Lehre von den Stiftungen, Jahrb. f. Dogmatik, Bd. 27 S. 1—69.

Wichtig ist die im Entwurf durchgeführte Unterscheidung zwischen obligatorischen und dinglichen Rechtsgeschäften. Das dingliche Rechtsgeschäft ist ein von dem Verpflichtungsgrund losgelöstes, selbständiges Geschäft, zu dessen Wirksamkeit die Angabe des Rechtsgrundes nicht erforderlich ist.[1]

II. Die Fähigkeit Rechtsgeschäfte vorzunehmen bezeichnet der Entwurf, im Anschluß an das preußische Gesetz betr. die Geschäftsfähigkeit Minderjähriger vom 12. Juli 1875, mit Geschäftsfähigkeit. Geschäftsunfähig sind:

a) Kinder, b) Personen, welche des Vernunftgebrauches beraubt sind, für die Dauer dieses Zustandes, c) Personen, welche wegen Geisteskrankheit entmündigt sind, für die Dauer der Entmündigung.

Das Landrecht stellt Rasende und Wahnsinnige den Kindern, Blödsinnige den Unmündigen gleich (§§ 23. 26 I 4 A.L.R.).

Willenserklärungen Geschäftsunfähiger sind nichtig (§ 64).

Die Regelung der Geschäftsfähigkeit derjenigen Minderjährigen, welche das siebente Lebensjahr zurückgelegt haben, entspricht insofern dem preußischen Gesetze vom 12. Juli 1875, als sie auch nach dem Entwurf fähig sind, Rechtsgeschäfte vorzunehmen, durch welche sie lediglich Rechte erwerben oder von Verbindlichkeiten befreit werden, und als sie zur Vornahme anderer Rechtsgeschäfte der Einwilligung des gesetzlichen Vertreters bedürfen. Mangels der Einwilligung ist das einseitige Rechtsgeschäft schlechthin nichtig, der Vertrag zwar gültig, aber noch nicht perfect, der Mitcontrahent ist an dasselbe so lange gebunden, bis der gesetzliche Vertreter sich über die Genehmigung erklärt hat.[2]

Die Genehmigung wirkt ex tunc, von der Zeit des Vertragsschlusses an. Einwilligung und Genehmigung sind an keine Form gebunden (§ 127 Abs. 2 E.).

Während das preußische Recht dem Minderjährigen den selbständigen Betrieb eines Erwerbsgeschäftes mit Erlaubniß des Vaters, bez. bei bevormundeten Minderjährigen des Vormundes mit Genehmigung des Vormundschaftsgerichtes, gestattet und den Minderjährigen damit zur selbständigen Vornahme derjenigen Rechtsgeschäfte befähigt, welche der Betrieb des Erwerbsgeschäftes mit sich bringt,[3] knüpft der Entwurf, abweichend vom preußischen Recht, die Ermächtigung zum Geschäftsbetriebe stets an

---

[1] Vgl. §§ 828. 829. 834. 841. 874. 983. 1091. 1106. 1107. 1134. 1144. 1147. 1196 E., s. u. § 12.

[2] Vgl. §§ 65 E. u. § 2—4 Ges. v. 12. Juli 1875. Dazu Dernburg, Vormundschaftsrecht §§ 40—43.

[3] § 5 Ges. v. 12. Juli 1875.

die Genehmigung des Vormundschaftsgerichts, auch dann, wenn sie von dem Inhaber der elterlichen Gewalt ertheilt wird, und räumt dem Minderjährigen in diesem Falle eine kraft Gesetzes erweiterte Geschäftsfähigkeit ein, welche ihn insoweit auch proceßfähig macht. Zu denjenigen Rechtsgeschäften, zu welchen der Inhaber der elterlichen Gewalt bez. der Vormund der Genehmigung des Vormundschaftsgerichts bedürfen würde, bedarf auch der Minderjährige dieser Genehmigung (§§ 1511. 1674. 1676 E.). Während aber das preußische Recht, ausgehend von der Annahme eines Generalconsenses, die Einwilligung des gesetzlichen Vertreters auch zu diesen Geschäften als ertheilt ansieht, und nur noch die Genehmigung des Vormundschaftsgerichts erfordert, verlangt der Entwurf die besondere Einwilligung oder Genehmigung des gesetzlichen Vertreters neben der Genehmigung des Vormundschaftsgerichts.

Wie die Ertheilung, so macht der Entwurf auch die Entziehung der Ermächtigung zum selbständigen Gewerbebetriebe von der Genehmigung des Vormundschaftsgerichts abhängig (§ 67). Die dem Minderjährigen, welchem der gesetzliche Vertreter gestattet hat, in Dienst oder Arbeit zu treten, eingeräumte Selbständigkeit beruht nach dem Entwurf, wie im preußischen Recht, auf der Annahme eines von diesem ertheilten Generalconsenses, nicht auf einer kraft Gesetzes erweiterten Geschäftsfähigkeit (§ 68 E.; § 6 Ges. v. 12. Juli 1875).[1] Das bisherige Recht ergänzend, bestimmt der Entwurf, daß obligatorische Rechtsgeschäfte eines Minderjährigen wirksam sind, wenn er sie sofort aus dem Vermögen erfüllt, welches ihm von seinem gesetzlichen Vertreter zu freier oder zu bestimmter Verfügung überlassen ist (Taschengeld; § 69 E.).[2]

Volljährige, welche wegen Verschwendung entmündigt, oder des vormundschaftlichen Schutzes wegen Taubheit, Blindheit oder Stummheit für bedürftig erklärt sind (§ 1727 E.), oder über welche eine vorläufige Vormundschaft angeordnet ist (§ 1797), haben die beschränkte Geschäftsfähigkeit Minderjähriger, welche das 7. Lebensjahr zurückgelegt haben.

Entgegen dem Landrecht ist der entmündigte Verschwender in der Errichtung letztwilliger Verfügungen nach dem Entwurf nicht beschränkt (§ 1912 E.; §§ 27—34 I 12, §§ 31 I. 1, 14 I 5 A.L.R.).

Die Fähigkeit zur Errichtung letztwilliger Verfügungen tritt nach dem Entwurf mit dem zurückgelegten 16. Lebensjahre ein (§ 1912 E.).

---

[1] Ueber falsche Angaben des Minderjährigen bezüglich seiner Geschäftsfähigkeit s. § 7 Ges. v. 12. Juli 1875; der Entwurf sieht von besonderer Vorschrift ab; die allgemeinen Grundsätze genügen. Mot. I S. 141.

[2] Die Geschäftsfähigkeit der Studirenden unterliegt den allgemeinen Grundsätzen. Vgl. preuß. Ges. vom 29. Mai 1879 (G.S. S. 389).

Eine Wiedereinsetzung Minderjähriger in den vorigen Stand gegen Rechtsgeschäfte findet auch nach dem Entwurf nicht statt (§ 9 Ges. v. 12. Juli 1875).

III. Der Entwurf unterscheidet unerlaubte und ungültige Rechtsgeschäfte. Unerlaubt sind Rechtsgeschäfte, welche durch Gesetz verboten sind oder deren Inhalt gegen die guten Sitten oder die öffentliche Ordnung verstößt (§§ 105. 106 E.).

Die ungültigen Rechtsgeschäfte sind entweder nichtig oder anfechtbar; ein nichtiges Rechtsgeschäft wird in Ansehung der gewollten rechtlichen Wirkung so angesehen, als ob es nicht vorgenommen wäre, es wird nicht dadurch gültig, daß die Gründe der Nichtigkeit später wegfallen. Das anfechtbare Rechtsgeschäft besteht, so lange es nicht angefochten wird, die Gültigkeit wird ihm erst durch die Anfechtung entzogen, und erst dann wird es hinsichtlich der gewollten rechtlichen Wirkung so angesehen, als ob es nicht vorgenommen wäre. Die Anfechtung erfolgt durch eine vom Anfechtungsberechtigten gegenüber dem Anfechtungsgegner abzugebende Willenserklärung, sie wirkt rückwärts und auch gegen Dritte.[1]

Das anfechtbare Rechtsgeschäft wird durch Genehmigung des Anfechtungsberechtigten gültig, d. h. unanfechtbar (§§ 108—114 E.).

Sachlich sind diese Unterschiede auch dem Landrecht bekannt, nur im Sprachgebrauch werden sie nicht streng auseinandergehalten, und es genügt, insbesondere auf die landrechtliche Theorie von der absoluten und relativen Nichtigkeit hinzuweisen.[2]

IV. Der Entwurf statuirt den Grundsatz der Formfreiheit für Rechtsgeschäfte. Beobachtung besonderer Form ist nur da erforderlich, wo Gesetz oder Rechtsgeschäft eine solche vorschreiben. Der Mangel der durch Gesetz bestimmten Form macht das Rechtsgeschäft nichtig, sofern nicht ein anderes vorgeschrieben ist. Beim Mangel der durch Rechtsgeschäft bestimmten Form (gewillkürte Schriftform) gilt im Zweifel die Auslegungsregel, daß die Gültigkeit des Rechtsgeschäfts durch die Beobachtung der Form bedingt wird (§ 91 E., §§ 40. 41 I 3, §§ 109. 110 I 5

---

[1] Die Wirkung Dritten gegenüber ist begrenzt durch den Schutz des guten Glaubens und des Vertrauens auf die Richtigkeit des Grundbuches. §§ 877. 878. 945. 1018 Abs. 2. 1147 Abs. 2. 1152. 1182. 1209 E. und §§ 837. 841. 1083. 1114. 1134, 1144 E.

[2] Dernburg, Preuß. Privatrecht, Bd. 1 § 71; Fischer, Preuß. Privatrecht, S. 84. 99; Förster-Eccius, Bd. 1 § 41. Ueber die Wirksamkeit absoluter und relativer Veräußerungsverbote § 107 E. Den Ausdruck Unwirksamkeit gebraucht der Entwurf zur Bezeichnung des Falles, in welchem das Rechtsgeschäft ohne die beabsichtigte rechtliche Wirkung bleibt, sei es, daß diese von vornherein ausgeschlossen war, sei es, daß sie dem Privatwillen gemäß ausbleibt. Vgl. Mot. I S. 216.

A.L.R.). Nach Landrecht ist die schriftliche Form Erforderniß der Klagbarkeit (§ 155 I 5 A.L.R.). Gerichtliche oder notarielle Form ersetzt die schriftliche Form (§ 92 Abs. 3 E.). Besondere Vorschriften für Blinde, Taubstumme und Analphabeten, wie das Landrecht (§§ 171—179 I 5 A.L.R.) kennt der Entwurf nicht; der Briefwechsel gilt nicht, wie im Landrecht, als Schriftform (§§ 113. 142 I 5).[1] Die Erfüllung hebt nicht den Mangel der Form (§§ 146. 147. 156—167 I 5, § 1065 I 11 A.L.R.).[2]

V. Eine Willenserklärung kann ausdrücklich oder stillschweigend erfolgen (§ 72 E.; §§ 57. 58 I 4 A.L.R.).[3] Während das Landrecht eine Reihe von Auslegungsregeln aufstellt (§§ 65—74 I 4, §§ 252 bis 269 I 5 A.L.R.), beschränkt sich der Entwurf auf den einfachen Satz (Art. 278 H.G.B.), daß bei der Auslegung einer Willenserklärung der wirkliche Wille zu erforschen und nicht an dem buchstäblichen Sinne des Ausdrucks zu haften ist (§ 73 E.). Empfänger der Willenserklärung[4] ist nach dem Entwurf derjenige, dem gegenüber eine Willenserklärung abgegeben wird, deren Wirksamkeit durch den Empfang bedingt ist. Tod oder eintretende Geschäftsunfähigkeit des Urhebers der Willenserklärung nach Abgabe derselben ist in der Regel ohne Einfluß auf die Wirksamkeit der Willenserklärung (§ 74 E.).[5]

VI. Bezüglich der Vertragschließung steht der Entwurf auf dem Standpunkt des Landrechts, wenn er als Voraussetzung für das Zustandekommen eines Vertrages das gegenseitig erklärte Einverständniß der Contrahenten über die nach dem Gesetz und nach dem Willen der Parteien wesentlichen Punkte erfordert (§§ 1. 2. 4. 125 I 5 A.L.R.; §§ 77. 78 E.).

Besondere Vorschriften über Tractate und Punctationen, wie das Landrecht, stellt der Entwurf nicht auf, auch nicht über Vorverträge (pacta de contrahendo).[4]

Die Grundsätze über Vertragsanträge regelt der Entwurf im Wesentlichen im Anschluß an die Bestimmungen des Handelsgesetzbuches (§§ 80—86 E.; Artt. 297. 318—323. 337 H.G.B.; §§ 78—108 I 5 A.L.R.). Als Zeitpunkt des Vertragsschlusses gilt dem Entwurf die

---

[1] Mot. I S. 189.

[2] S. jedoch § 351 Abs. 2 E. und § 10 Ges. v. 5. Mai 1872.

[3] Schweigen gilt nach Landrecht als Einwilligung nur, wenn der Schweigende sich erklären konnte und vermöge der Gesetze dazu verbunden war (§§ 61. 62 I 4 A.L.R.); bezüglich des Entwurfs s. §§ 438. 473 Abs. 2. 524. 565. 1307 Abs. 2 E.

[4] §§ 95. 97 Abss. 3, 4, §§ 99 Abs. 3, 101, 103 Abs. 2 E.

[5] Vgl. jedoch §§ 1595. 1618. 1629 Abs. 5 E.

[6] Vgl. §§ 458. 550. 551. 681. 682 E.

Annahme des Vertragsantrages, so daß ein Vertrag unter Abwesenden mit dem Zeitpunkt als perfect gilt, in welchem die Annahmeerklärung dem Antragenden zukommt,[1] bez. wenn stillschweigende Annahme gestattet ist (§ 86 E.), mit dem Zeitpunkt, in welchem die concludente Handlung sich vollendet.[2]

Bei einer Versteigerung wird der Vertrag nach dem Entwurf erst durch den Zuschlag geschlossen, das Ausgebot des Versteigerers gilt also nur als Aufforderung zur Stellung von Vertragsanträgen; der Bietende ist an sein Gebot so lange gebunden, bis ein Uebergebot erfolgt (§ 90 E.).[3]

VII. Wie das Landrecht, so versagt auch der Entwurf grundsätzlich einer dem wirklichen Willen nicht entsprechenden Willenserklärung die Gültigkeit; beide verlangen zur Gültigkeit der rechtsgeschäftlichen Willenserklärung Uebereinstimmung des Willens mit der Willenserklärung. Im Einzelnen finden sich, insbesondere bei der Lehre vom Irrthum, erhebliche Abweichungen.

Der Entwurf steht auf dem Boden der sog. Willenstheorie (Willensdogma); die Erklärung ohne Willen ist rechtlich ebenso wenig wirksam, wie der Wille ohne Erklärung;[4] jedoch ist diese Theorie im Entwurf nach mancher Richtung modificirt.

Der Entwurf unterscheidet folgendermaßen:

A. Der Erklärende (Urheber der Willenserklärung) ist sich der Nichtübereinstimmung des wirklichen Willens mit dem erklärten Willen bewußt (bewußter Willensmangel), hierbei wird wieder unterschieden:

1) der Erklärende verhehlt absichtlich diese Nichtübereinstimmung, will also täuschen (Mentalreservation, sog. böser Scherz), dann ist die Willenserklärung gültig (§ 95 E.).[5]

Ausnahme: die Willenserklärung ist nichtig, wenn der Empfänger der Willenserklärung die Nichtübereinstimmung gekannt hat (§ 95 E.).[6]

2) der Erklärende will die Nichtübereinstimmung nicht verhehlen und

---

[1] So auch Landrecht, § 80 I 5 A.L.R. Striethorst, Archiv, Bd. 2 S. 52.

[2] Tod oder eintretende Geschäftsunfähigkeit des Offerenten oder Oblaten ist nach Absendung des Antrages auf die Wirksamkeit desselben ohne Einfluß. § 89 E.; §§ 106—108 I 5 A.L.R.; Art. 297 H.G.B.

[3] Das Landrecht enthält hierüber besondere Bestimmungen nicht. Dernburg, Preuß. Privatrecht, Bd. 2 § 14.

[4] Dernburg, Pandekten, Bd. 1 § 99; Windscheid, Pandekten, 6. Aufl. Bd. 1 § 75 u. Note 1a; Bähr, a. a. O. S. 334 ff.

[5] Ausnahme bei letztwilligen Verfügungen: §§ 1779. 1947. 1957 Abs. 4. 2020 E. Das Landrecht verpflichtet denjenigen, welcher einen Andern durch ungebührlichen Scherz zu Anstalten und Handlungen, die diesem lästig sind, wissentlich verleitet, nur zum Schadensersatz. § 56 I 4 A.L.R.; Entsch. R.G. Bd. 8 Nr. 63.

[6] Ausnahme bei der Eheschließung arg. § 1250 E.

hat nicht die Absicht zu täuschen (scherzweise Erklärung ohne böse Absicht), dann ist die Willenserklärung:

a) nichtig, wenn dem Erklärenden keine Fahrlässigkeit zur Last fällt;

b) gültig, wenn dem Erklärenden grobe Fahrlässigkeit zur Last fällt;

c) nichtig, und der Erklärende muß dem Empfänger der Willenserklärung das sog. negative Interesse[1] (dessen Betrag das Erfüllungsinteresse nicht überschreiten darf,) ersetzen, wenn dem Erklärenden zwar Fahrlässigkeit, aber keine grobe, zur Last fällt (§ 97 E.).

Ausnahme: Die grobe wie die nicht grobe Fahrlässigkeit (b und c) ist einflußlos, wenn der Empfänger der Willenserklärung die Nichtübereinstimmung kannte oder kennen mußte (§ 27 Abs. 4 E.).

B. Der Erklärende ist sich der Nichtübereinstimmung des wirklichen Willens mit dem erklärten Willen nicht bewußt, befindet sich vielmehr im Irrthum (unbewußter Willensmangel, § 98); hier ist zu unterscheiden: der Irrthum ist entweder:

1. beachtlich (wesentlich), dann ist die Willenserklärung nichtig, mag der Irrthum entschuldbar oder unentschuldbar, Rechtsirrthum oder thatsächlicher sein; oder

2) unbeachtlich (unwesentlich), dann ist die Willenserklärung gültig.

Im Falle zu 1 wird jedoch wiederum unterschieden:

a) dem Irrenden fällt grobe Fahrlässigkeit zur Last, dann ist die Willenserklärung gültig (§ 99 Abs. 1);

b) dem Irrenden fällt Fahrlässigkeit, aber keine grobe, zur Last, dann ist die Willenserklärung nichtig und der Irrende haftet dem Empfänger der Willenserklärung für das negative Interesse (§ 99 Abs. 2)

Ausnahme: Die Folge zu a und b tritt nicht ein, wenn der Empfänger der Willenserklärung den Irrthum kannte oder kennen mußte (§ 99 Abs. 4).

Während nun das Landrecht, ausgehend von einem objectiven Standpunkt, ausdrücklich den Irrthum in dem Wesentlichen des Geschäfts, in dem Hauptgegenstande der Willenserklärung, in der Person (wenn anzunehmen ist, daß ohne den Irrthum die Erklärung solchergestalt nicht erfolgt sein würde), in den ausdrücklich oder gewöhnlich vorausgesetzten Eigenschaften der Person oder Sache (§§ 75—82 I 4 A.L.R.) für beachtlich erklärt, nimmt der Entwurf einen subjectiven Standpunkt ein, indem er davon ausgeht, daß ein Irrthum nur dann wesentlich und beachtlich ist, wenn nach Lage des concreten Falles anzunehmen ist, daß

[1] Ueber culpa in contrahendo im preußischen Recht §§ 56. 79 I 4, §§ 53. 284. 285 I 5 A.L.R. und dazu Dernburg, Preuß. Privatrecht, Bd. 2 § 16.

der Irrende bei Kenntniß der Sachlage, also beim Mangel eines Irrthums, die Willenserklärung nicht abgegeben haben würde (§ 98 E.). Auch die Wirkungen des beachtlichen Irrthums sind nach beiden Rechtssystemen verschieden; während nach Landrecht nur relative Nichtigkeit,[1] nach anderer Ansicht Anfechtbarkeit[2] des Geschäfts eintritt, ist nach dem Entwurf die Willenserklärung in Folge beachtlichen Irrthums grundsätzlich nichtig.

Wie das Landrecht erklärt auch der Entwurf den Irrthum in den Beweggründen für unbeachtlich (§ 149 I 4 A.L.R.; § 102 E.).

C. Das Scheingeschäft[3] ist nichtig (§§ 52ff. I 4 A.L.R. § 105 E.).

D. Das durch Drohung oder Betrug (dolus causam dans) veranlaßte Geschäft ist nach Landrecht zu Gunsten des Bedrohten oder Betrogenen nichtig (relative Nichtigkeit);[4] der Entwurf räumt dem widerrechtlich durch Drohung oder Betrug zur Abgabe einer Willenserklärung Bestimmten das Recht der Anfechtung ein; dieselbe wirkt in rem, muß binnen Jahresfrist, vom Aufhören der Zwangslage bez. Entdeckung des Betruges an, erfolgen (präclusive Befristung; keine Verjährung; äußerste Frist: 30 Jahre, § 104 E.) und hat die Wirkung, daß das Rechtsgeschäft als nicht vorgenommen angesehen wird (§ 112 E.). Bei dem Betruge ist die Anfechtung nach dem Entwurf ausgeschlossen, wenn der Betrug von einem Dritten verübt wurde und der Empfänger der Willenserklärung den Betrug nicht kannte oder nicht kennen mußte (§ 103 E.).[5]

Die Erheblichkeit von Drohung, Betrug, Irrthum, Wissen und Wissenmüssen bestimmt sich bei Vertretung nach der Person des Vertreters (§ 117 E.).

VIII. Unter Vertretung versteht der Entwurf Vertretung im Willen; der Vertretene wird unmittelbar berechtigt und verpflichtet. Der Ver-

---

[1] Dernburg, Preuß. Privatrecht, Bd. 1 § 108.

[2] Förster-Eccius, Theorie und Praxis, Bd. 1 § 30; Fischer, Preuß. Privatrecht, § 17 S. 88.

[3] Vgl. jedoch §§ 832. 834. 841. 1087. 1091. Abs. 3. 1106 Abs. 2. 1107 Abs. 2. 1134. 1144 E.

[4] §§ 31 ff. 84 ff. I 4 A.L.R. (§ 84 I 4 dolus causam dans; § 87 I 4 dolus incidens, hier hängt die Gültigkeit des Geschäfts von der Beschaffenheit des Irrthums ab). Vgl. Dernburg, Preuß. Privatrecht, Bd. 1 §§ 110, 112; Förster-Eccius, Theorie und Praxis, Bd. 1 §§ 29. 31.

[5] Ueber Drohung und Betrug durch Dritte nach Landrecht vgl. §§ 42. 89 I 4 A.L.R. — Ueber vis absoluta (§ 31 I 4 A.L.R.) trifft der Entwurf keine besondere Bestimmung.

tretungswille muß ausdrücklich oder stillschweigend kundgegeben werden (§§ 115. 116 E.).

Der Entwurf unterscheidet:

1. Vertretung auf Grund der Vollmacht (§§ 118—122);

2. Vertretung ohne Vertretungsmacht (§§ 123—126 E.).

A. Während das Landrecht die Begriffe Vollmacht und Auftrag confundirt (I 13 A.L.R.) und die Bevollmächtigung lediglich als Bestandtheil des Vollmachtsvertrages betrachtet, so zwar, daß es unter einem Vollmachtsauftrag (§ 1 I 13 A.L.R.) den Auftrag zur Vornahme eines Rechtsgeschäfts in fremdem Namen versteht, scheidet der Entwurf streng zwischen Bevollmächtigung und Auftrag.

Bevollmächtigung ist ihm ein selbständiges, einseitiges Rechtsgeschäft: die durch Rechtsgeschäft ertheilte Ermächtigung zur Vertretung, deren Annahme es zur Entstehung der Vollmacht nicht bedarf. Gegenstand des Auftrags (§ 585 E.) kann jedes Geschäft sein, sei es Rechtsgeschäft, sei es Leistung thatsächlicher Natur.

Es giebt Vollmachten ohne Auftrag (vgl. § 640 E.), andererseits braucht der Auftrag nicht nothwendig mit einer Vollmacht verbunden zu sein, z. B. wenn der Beauftragte ein Geschäft für den Auftraggeber im eigenen Namen vornehmen soll.

Der Entwurf kennt weder vermuthete (§§ 119—128 I 13 A.L.R.), noch Specialvollmachten (§§ 98—117 I 13 A.L.R.), enthält auch keine Bestimmungen über stillschweigend ertheilte Vollmachten (§§ 129 bis 141 I. 13 A.L.R.), über Substitutionsbefugniß (§§ 39—48 I 13 A.L.R.) und über gleichzeitige Bestellung mehrerer Bevollmächtigter (§§ 206—209 I 13 A.L.R.).

Die Vollmacht ist widerruflich, auf die Widerruflichkeit kann nicht verzichtet werden; im übrigen gelten für die Vollmacht die Erlöschungsgründe des Auftrags[1] [2] (§§ 119 und 598—603 E.).

Die Vornahme eines einseitigen Rechtsgeschäfts, dessen Wirksamkeit davon abhängt, daß es gegenüber einem Betheiligten vorgenommen wird (z. B. Kündigung, Mahnung), durch einen Bevollmächtigten ohne Vorlegung einer Vollmachtsurkunde ist unwirksam, wenn der Betheiligte

---

[1] Was die nach dem Erlöschen der Vollmacht vorgenommenen Rechtsgeschäfte und deren Gültigkeit anlangt, so legt das Landrecht den Schwerpunkt auf die Kenntniß des Dritten von der Thatsache des Erlöschens, der Entwurf auf das Kennen oder Kennenmüssen des Bevollmächtigten; bis zu dieser Kenntniß handelt der Bevollmächtigte gültig Namens des Vertretenen (§§ 200. 167. 168 I 13 A.L.R., §§ 119 u. 603 E.

[2] Ueber selbständige Bevollmächtigung gegenüber Dritten durch besondere Mittheilung oder öffentliche Bekanntmachung s. § 147 I 13 A.L.R., §§ 120. 121 E.

dasselbe wegen Mangels der Vorlegung der Vollmachtsurkunde sofort bei oder unverzüglich nach der Vornahme zurückweist (§ 122 E.; §§ 91. 140. 141 I 13 A.L.R.).

B. Bei der Vertretung ohne Vertretungsmacht läßt das Landrecht das Geschäft durch nachträgliche Genehmigung, welcher die Zueignung der Vortheile des Geschäfts gleichgestellt ist, gültig werden (§§ 142 bis 146 I 13 A.L.R.); der Entwurf unterscheidet zwischen Verträgen und einseitigen Rechtsgeschäften und zwischen Abschluß unter Kundgebung oder ohne Kundgebung des Vertretungsmangels.

1. Die unter Kundgebung des Vertretungsmangels geschlossenen Verträge werden durch Genehmigung des Vertretenen wirksam (§ 123 E.), dieselbe wirkt rückwärts, unbeschadet der Rechte, welche Dritte vor der Genehmigung durch Verfügung des Genehmigenden oder im Wege einer gegen diesen erwirkten Zwangsvollstreckung oder Arrestvollziehung an dem Gegenstande des Vertrages erworben haben (§ 127 Abs. 4 E.).

2. Bei den ohne Kundgebung des Vertretungsmangels geschlossenen Verträgen hat der andere Vertragschließende, wenn er den Mangel nicht gekannt hat, das Rücktrittsrecht bis zur Genehmigung durch den Vertretenen (§ 124 E.).

Wird die Genehmigung versagt, so haftet der Vertreter dem andern Vertragschließenden persönlich auf Erfüllung oder Schadensersatz wegen Nichterfüllung,[1] ausgenommen, wenn der Andere den Mangel der Vertretungsmacht gekannt hat (§ 125 E.).

3. Einseitige Rechtsgeschäfte können ohne Vertretungsmacht nicht wirksam für Andere vorgenommen werden; nur wenn der Betheiligte, dem gegenüber ein einseitiges Rechtsgeschäft vorgenommen wird, sich damit einverstanden erklärt, finden die für Verträge geltenden Vorschriften entsprechende Anwendung (§ 126 E.).

IX. Während das Landrecht im Titel von den Willenserklärungen (I 4 A.L.R.) neben den Bedingungen und Zeitbestimmungen noch den Bewegungsgrund, die Beschreibung, den Zweck (Endzweck, modus) abhandelt, beschränkt sich der Entwurf im allgemeinen Theil auf Vorschriften über die Bedingung und Befristung.[2]

---

[1] Vgl. §§ 9. 96. 128. 171 I 13 A.L.R.

[2] Ueber Voraussetzung s. §§ 290 Abs. 4. 667 Abs. 2. 684 Abs. 2. 742 bis 744. 1229. 1781, über modus §§ 448. 1757. 1886—1888 E. Die Vorschriften der §§ 128—143 E. handeln nur von den rechtsgeschäftlich gesetzten Bedingungen und Befristungen. Unzulässig bez. unwirksam ist die Beifügung einer Bedingung oder Befristung in den Fällen der §§ 282 Abs. 2. 870. 1137. 1248 Abs. 2. 1472. 1594. 1615. 1892 Abs. 2. 2035. 2094 Abs. 3 E. — Bezüglich der letztwilligen Verfügungen s. § 1760 E. Ueber die Beweislast §§ 196. 197 E.

Wie das Landrecht, so unterscheidet auch der Entwurf aufschiebende und auflösende Bedingungen und macht von der Erfüllung der Bedingung bei aufschiebender Bedingung den Eintritt der rechtlichen Wirkung des Rechtsgeschäfts (§ 128 E.), bei auflösender Bedingung die Endigung der erzeugten rechtlichen Wirkung abhängig (§ 129 E.; §§ 101. 114 I 4 A.L.R.).

Die Erfüllung der Bedingung wirkt nach dem Entwurf ex nunc, nicht ex tunc[1], unbeschadet des Rechts der Parteien, Rückbeziehung zu vereinbaren (§ 130 E.).

Während aber bei Erfüllung der auflösenden Bedingung nach Landrecht nur ein persönlicher Anspruch des bisher Verpflichteten auf Wiederherstellung des früheren Zustandes besteht, wird nach dem Entwurf der frühere Zustand von Rechtswegen wiederhergestellt, so zwar, daß auch bei der Uebertragung des Eigenthums an einem Grundstück unter einer auflösenden Bedingung mit der Erfüllung derselben das Eigenthum auf den Rückfallsberechtigten ipso iure wieder übergeht.[2] Das bedingte Recht und die bedingte Verpflichtung sind vererblich und übertragbar (soweit sie es unbedingt sind)[3] (§ 132 E.; §§ 161. 162 I 4 A.L.R.). Der bedingt Berechtigte hat einen im Wege der Klage zu verfolgenden Anspruch auf Sicherheitsleistug, wenn die Voraussetzungen einnes Arrestes nach §§ 796. 797 C.P.O. vorhanden sind (§ 133 E.; §§ 121 — 125 I 4, §§ 5 I 14 A.L.R.; vgl. auch §§ 59. 60 R.K.O.).

Der unter einer aufschiebenden Bedingung Verpflichtete ist in der Schwebezeit gebunden; Verfügungen über den Leistungsgegenstand während der Schwebezeit machen ihn bei obligatorischen Rechtsgeschäften schadensersatzpflichtig (§ 1347). Bei bedingten Rechtsgeschäften, welche die Uebertragung oder Aufhebung eines Rechts, die Belastung einer Sache oder eines Rechts zum Gegenstande haben, wird die während des Schwebens der Bedingung erfolgte Verfügung im Falle der Erfüllung der Bedingung unwirksam (§ 135 E.).

Keine Bestimmungen enthält der Entwurf über unmögliche, unnütze, unerlaubte und Bedingungen, die auf vergangene Begebenheiten sich beziehen.[4]

---

[1] Das Landrecht bestimmt dies ausdrücklich nur bezüglich der auflösenden Bedingung, §§ 115. 116 I 4, vgl. auch § 102 I 4 A.L.R.

[2] Vgl. § 871 E. Das Rückfallsrecht des Veräußerers wird von Amtswegen im Grundbuch eingetragen; vgl. auch §§ 262—265 I 11 A.L.R.

[3] Ausnahme in § 871 Abs. 3 E.

[4] §§ 126—144 I 4 A.L.R.; vgl. jedoch §§ 105. 106 E.

Unverständliche oder widersinnige Bedingungen machen das Rechtsgeschäft nichtig (§ 139 E.; § 132 I 4 A.L.R.).

X. Ueber dies a quo und ad quem, dies incertus an et quando, dies incertus an, certus quando: vgl. §§ 141—143 E., §§ 163—169 I 4 A.L.R.

XI. Verschulden im Sinne des Entwurfs ist ein auf Vorsatz oder Fahrlässigkeit beruhendes Verhalten. Eine Definition des Vorsatzes giebt der Entwurf nicht; fahrlässiges Verhalten wird an dem objectiven Maßstab des Verhaltens eines ordentlichen Hausvaters gemessen; wer nicht die Sorgfalt eines ordentlichen Hausvaters anwendet, handelt fahrlässig. Grobe Fahrlässigkeit liegt vor, wenn diese Sorgfalt in besonders schwerer Weise verletzt wird (§ 144 E.). Die Versehensscala des Landrechts ist dem Entwurf fremd (§§ 16—23 I 3 A.L.R.).

Unter Irrthum versteht der Entwurf sowohl den thatsächlichen, wie den Rechtsirrthum. Der Irrthum ist entschuldbar, wenn er nicht auf Fahrlässigkeit beruht; auch der Rechtsirrthum kann, entgegen dem Landrecht (§ 12 Einl.), entschuldbar sein (§ 146 E.).

§ 4.
Zeit. Verjährung.

Entwurf: Buch 1 Abschn. 6 und 7; Mot. I S. 282—347.

I. Der Entwurf betrachtet, wie das Landrecht, die Civilcomputation als Regel. Der Fristenlauf beginnt mit Ablauf des Tages, in dessen Lauf der Anfangspunkt der Frist fällt, und endigt mit Ablauf des letzten Tages; Ausnahmen hiervon zu Gunsten der Erwerbung eines Rechts (dies coeptus pro completo habetur, § 46 I 3 A.L.R.) kennt der Entwurf nicht. Sonn- und Feiertage sind auf die Zeitberechnung ohne Einfluß (jedoch § 48 I 3 A.L.R.). Im Uebrigen schließt sich der Entwurf an die Bestimmungen des H.G.B. und der C.P.O. an.

II. Während das Landrecht die Verjährung als allgemeinen Grund für die Entstehung und den Verlust von Rechten betrachtet (§ 501 I 9 A.L.R.) und unter diesem Gattungsbegriff sowohl die Ersitzung (Verjährung durch Besitz, § 579 I 9 A.L.R., usucapio) wie die Verjährung durch Nichtgebrauch (non usus, § 535 I 9) und die Klage-(Anspruchs)-Verjährung begreift, unterscheidet der Entwurf zwischen Anspruchsverjährung[1] (§§ 154—185 E.) und Ersitzung (§§ 881—889 E.). Ein Erlöschen von Rechten an Sachen durch Nichtgebrauch (non usus) ist dem Entwurf fremd.

[1] Von der Anspruchsverjährung ist zu unterscheiden die präclusive Befristung: vgl. z. B. §§ 104. 1264. 1447. 1473. 1478. 1785. 1948. 2030. 2040. 2046. 2100 E.

Anspruch im Sinne des Entwurfs ist das Recht einer Person, von einem Anderen eine Leistung (§ 206 E.) zu verlangen. Ansprüche, persönliche wie dingliche, nicht Einreden, unterliegen der Verjährung (§ 154 E.).[1]

Feststellungsklagen verjähren nicht, weil Gegenstand derselben nicht eine Leistung ist. Die ordentliche Verjährungsfrist beträgt, wie im Landrecht, dreißig Jahre (§ 155 E.). Im Anschluß an das preußische Gesetz vom 31. März 1838 führt der Entwurf für Forderungen aus den Geschäften des täglichen Lebens kurze Verjährungsfristen von zwei, und für Rückstände von regelmäßig wiederkehrenden Leistungen von vier Jahren ein, welche mit dem Schluß des Jahres beginnen, in welchem die Befriedigung rechtlich verlangt werden kann (§§ 156. 157. 159 E.).[2] Der Entwurf unterscheidet zwischen Hemmung (§§ 161—168 E.) und Unterbrechung (§§ 169—176 E.) der Verjährung.

1. Gehemmt wird die Verjährung durch rechtliche (dahin gehören auch Einreden, Ausnahmen: § 162 Abs. 2 E.) und thatsächliche (justitium, höhere Gewalt, Pietätsverhältniß zwischen Vormund und Mündel, Eltern und Kindern, Ehegatten),[3] Hinderungsgründe der Geltendmachung des Anspruchs. Kein Hinderniß ist Unkenntniß des Berechtigten in Betreff seines Anspruchs. (Dagegen §§ 512—514 I 9 A.L.R.) Das Landrecht läßt gegen Minderjährige, Geisteskranke und bevormundete Abwesende keine Verjährung anfangen, wohl aber die begonnene sich fortsetzen (§§ 535—542 I 9 A.L.R.); nach dem Entwurf läuft die Verjährung auch gegen geschäftsunfähige oder in der Geschäftsfähigkeit beschränkte Personen (Minderjährige, Geisteskranke) und gegen juristische Personen, auch wenn diese Personen keinen gesetzlichen Vertreter haben; die Verjährung läuft aber nicht eher ab, als sechs Monate nach dem Zeitpunkte, in welchem der Grund der gesetzlichen Vertretung weggefallen ist (Volljährigkeit), oder der Mangel der Vertretung aufgehört hat (§ 166 E.).

2. Unterbrochen wird die Verjährung wie im Landrecht durch Anerkennung des Anspruchs gegenüber dem Betheiligten (§ 562 I 9 A.L.R.) und durch Klageerhebung (§ 551 I 9 A.L.R.; § 239 C.P.O.). Dieser wird gleichgestellt die Zustellung eines Zahlungsbefehls, Anmeldung

---

[1] Ueber Unverjährbarkeit familienrechtlicher Verhältnisse s. § 154 Abs. 2 E.

[2] Abweichend vom preußischen Recht entzieht der Entwurf solche Forderungen, welche in Bezug auf den Gewerbebetrieb des Empfängers der Waare oder Arbeit entstanden sind, der kurzen Verjährung nicht. Ansprüche der Rechtsanwälte, Notare, Gerichtsvollzieher, Zeugen und Sachverständigen wegen ihrer Gebühren und Auslagen verjähren nach dem Entwurf schon in zwei Jahren. Dagegen unterwirft er Ansprüche auf Erstattung von Proceßkosten der ordentlichen Verjährung (vgl. § 177 E.).

[3] So auch §§ 524—526 I 9 A.L.R.

im Konkurse, Streitverkündung, Vornahme einer Vollstreckungshandlung und Antrag auf Zwangsvollstreckung (§ 170 E.). Rechtskräftig festgestellte Ansprüche verjähren in dreißig Jahren, auch wenn sie an sich einer kürzeren Verjährung unterliegen (§ 177 E.; § 10 Ges. vom 31. März 1838). Ausnahme: Rechtskräftige Ansprüche auf periodische, erst künftig verfallende Leistungen unterliegen der ursprünglichen Verjährung (§§ 177 Abs. 2. 157 E.).

Die Wirkung der erlöschenden Verjährung ist nach dem Landrecht die Aufhebung des verjährten Rechts,[1] nach dem Entwurf begründet die Vollendung der Verjährung eine peremtorische Einrede (§ 182 E.). Positiv bestimmt der Entwurf, daß das in Unkenntniß der Verjährung zur Befriedigung eines verjährten Anspruchs Geleistete nicht zurückgefordert werden kann (§ 182 Abs. 2 E.),[2] und daß eine verjährte Forderung zur Compensation nicht verwendbar ist (§ 182 Abs. 1 verbunden mit § 281 Abs. 2 E.).[3] Trotz Verjährung der Pfandschuld bleibt das Recht der Befriedigung aus dem Pfande bestehen (§ 183 E.). Entgegen dem Landrecht, welches Verträge über Verjährung, durch welche längere oder kürzere Fristen als die gesetzmäßigen verabredet werden, oder der Verjährung entsagt wird, gestattet, verbietet der Entwurf die Verlängerung oder den Ausschluß der Verjährung und läßt nur Erleichterung, insbesondere Abkürzung der Frist durch Rechtsgeschäft zu (§§ 565—567 I 9 A.L.R.; § 185 E.).

Wiedereinsetzung in den vorigen Stand gegen Ablauf der Verjährung kennt der Entwurf nicht,[4] auch hat er allgemeine Vorschriften über Präclusivfristen nicht aufgestellt.

§ 5.

Rechtsschutz. Außergerichtliche, gerichtliche Ausübung des Rechts. Sicherheitsleistung.

Entwurf: Buch 1 Abschnitt 8—11; Mot. I S. 348—392.

I. Der Entwurf unterscheidet zwischen Selbstvertheidigung und Selbsthülfe. Indem er die Zulässigkeit der Nothwehr auch für das Privatrecht anerkennt, erklärt er die durch Nothwehr gebotene Handlung

---

[1] §§ 568. 669 I 9 A.L.R.; Entsch. R.G. Bd. 1 Nr. 51 S. 127.

[2] Anders nach der herrschenden Ansicht im preußischen Recht: Dernburg, Preuß. Privatrecht, Bd. 2 § 289; Förster-Eccius, Theorie und Praxis, Bd. 2 § 150 Note 44.

[3] Anders im Landrecht, wenn die Gegenforderung zur Zeit, als die Forderung zahlbar war, noch nicht verjährt war; § 377 I 16 A.L.R.

[4] Dagegen das Landrecht: §§ 530—534. 540. 594 I 9.

für nicht unerlaubt. Nothwehr ist dem Entwurf diejenige Vertheidigung, welche erforderlich ist, um einen gegenwärtigen, rechtswidrigen Angriff von sich oder einem Anderen abzuwehren (§ 186 E.; § 53 R.Str.G.B.).

Der Entwurf statuirt aber auch ein Selbstvertheidigungsrecht gegen fremde Sachen unter folgenden Voraussetzungen:

a) es muß durch die fremde Sache (z. B. Thier) Gefahr drohen,

b) die Vertheidigung (Beschädigung oder Zerstörung der Sache) muß erfolgen, um diese drohende Gefahr abzuwenden,

c) die Handlung muß zur Abwehr erforderlich sein,

d) die Gefahr darf nicht vorsätzlich oder fahrlässig verursacht sein (§ 187 E.).

Das Landrecht handelt von der Selbstvertheidigung nur im Titel vom Besitz (§§ 141 ff. I 7 A.L.R.), bei den Rechten und Pflichten des Inhabers und Besitzers.

II. Während das Landrecht die Selbsthülfe verbietet und nur ausnahmsweise zuläßt, wenn die Hülfe des Staates zur Abwendung eines unwiederbringlichen Schadens zu spät kommen würde (§§ 77. 78 Einl. z. A.L.R.), gestattet der Entwurf die Selbsthülfe, wenn obrigkeitliche Hülfe nicht rechtzeitig zu erlangen ist und der Berechtigte ohne sofortiges Eingreifen Gefahr läuft, daß die Verwirklichung seines Anspruchs vereitelt oder wesentlich erschwert werde.

Als Mittel der Selbsthülfe werden angeführt: Wegnahme, Zerstörung oder Beschädigung von Sachen oder Nöthigung des Verpflichteten zur Erfüllung seiner Verpflichtung.

Im Falle der Festnahme des Verpflichteten ist derselbe unverzüglich dem nächsten Amtsgericht zuzuführen, bei welchem die Anordnung des persönlichen Sicherheitsarrestes zu beantragen ist. Bei Wegnahme von Sachen ist der dingliche Arrest nachzusuchen (§ 189 E.).[1]

III. Die §§ 193—197 des Entwurfs enthalten allgemeine Grundsätze über die Beweislast, insbesondere entscheidet der Entwurf die bestrittene Frage über die Beweislast, im Falle Beklagter die bedingte oder befristete Errichtung des Rechtsgeschäfts behauptet, dahin, daß der Kläger den unbedingten bez. unbetagten Abschluß des Rechtsgeschäfts zu beweisen hat (§ 196 E.), dagegen die Erfüllung oder den Ausfall einer Bedingung derjenige, welcher aus dieser Thatsache ein Recht herleitet (§ 197). Die

[1] Ueber das Privatpfändungsrecht, s. §§ 413—465 I 14 A.L.R.; §§ 77—88 Feld- und Forstpolizeigesetz v. 1. April 1880. Ueber die Beibehaltung desselben soll das Einführungsgesetz bestimmen.

gesetzliche Vermuthung einer Thatsache gilt als Beweis derselben; Beweis des Gegentheils ist zulässig (§ 198 E.).

IV. Verurtheilung zu einer Leistung setzt nach dem Entwurf Fälligkeit des Anspruchs voraus, jedoch wird eine Verurtheilung zu künftiger Leistung bei nicht auf Rechtsgeschäft beruhenden wiederkehrenden Leistungen und bei den auf Kündigung stehenden Geldforderungen und Miethverhältnissen gestattet (§ 190 E.).[1]

Das rechtskräftige Urtheil ist nach dem Entwurf declarativer, nicht constitutiver Natur.[2]

Hinsichtlich des objectiven Umfangs der materiellen Rechtskraft des Urtheils läßt es der Entwurf bei der Vorschrift des § 293 C.P.O. bewenden und bestimmt nur bezüglich der Wirkung der materiellen Rechtskraft,[3] daß das rechtskräftige Urtheil maßgebend für das Rechtsverhältniß zwischen den Parteien ist, und daß das rechtskräftig Zuerkannte nicht mehr bestritten, das rechtskräftig Aberkannte nicht mehr geltend gemacht werden kann (positive Wirkung; exceptio rei iudicatae). Die Rechtskraft darf nicht von Amtswegen, sondern nur auf Antrag berücksichtigt werden; auf die exceptio rei iudicatae kann verzichtet werden (§ 191 E.).

Die Einrede[4] der Rechtskraft hat aber nach dem Entwurf nicht die Wirkung, daß der Kläger das rechtskräftig Zuerkannte nicht nochmals einklagen darf[5] (negative Wirkung).

Hinsichtlich des subjectiven Umfangs der Rechtskraft bestimmt der Entwurf, daß das rechtskräftige Urtheil für und gegen die Parteien und diejenigen Personen wirkt, welche nach Eintritt der Rechtshängigkeit Rechtsnachfolger der Parteien oder Inhaber des im Streit befindlichen Gegenstandes für eine der Parteien geworden sind.[6]

---

[1] Vgl. auch § 943 E.

[2] Constitutive Kraft haben die Ausschlußurtheile, (§§ 5. 695. 873. 1103. 1104. 1123. 1124. 2120). Urtheile, welche die Aufhebung oder Einführung eines Güterstandes bestimmen (§§ 1327 Nr. 2. 1371 Nr. 2. 1381 Abs. 2. 1403 Nr. 3. 1429 Abs. 1), sowie Urtheile auf Scheidung oder zeitweilige Trennung von Tisch und Bett (§§ 1440. 1449 E.).

[3] Die formelle Rechtskraft regelt § 645 C.P.O.

[4] Einrede bezeichnet im Entwurf die materiellrechtliche Einrede (z. B. §§ 162 Abs. 2. 281 Abs. 2. 302. 316. 671 Abs. 1. 672 Abs. 2. 674 Abs. 1. 737 Abs. 2. 1013 Abs. 1. 1084 Abs. 3. 1093. 1160. 1187 Abs. 2. 1192 Abs. 2. 2133 Abs. 1 E.). Einwendung die processuale Einrede (§§ 316. 416. 607. 676 Abs. 2. 689. 955. 1083. 1084 Abss. 1, 2. 1085 Abs. 1. 1160 E.).

[5] Auch eine exceptio doli generalis gegen die Erneuerung der Klage ist dem Entwurf fremd. Dernburg, Preuß. Privatrecht, Bd. 1 § 137.

[6] Vgl. §§ 236. 237. 665 C.P.O. Es wirkt also z. B. das vom Hauptvermiether

Judicatzinsen, wie das Landrecht,[1] kennt der Entwurf nicht, auch keine Bestimmung, daß bei vorbehaltloser Annahme der Hauptleistung der Zinsanspruch erlischt.[2]

V. Ueber Sicherheitsleistung s. §§ 178—199 I 14 A.L.R. und §§ 199—205 des Entwurfs. Die juratorische Caution des Landrechts (§§ 184. 191 I 14) kennt der Entwurf nicht.

Zweites Buch.

Recht der Schuldverhältnisse.

§ 6.

Gegenstand, Inhalt, Erlöschen der Schuldverhältnisse.

Entwurf: Buch 2 Abschnitt 1 Tit. 1—3; Mot. II S. 1—117.

Der Entwurf behandelt das Recht der Schuldverhältnisse[3] (Obligationenrecht) in vier Abschnitten, nämlich:

1. Schuldverhältnisse im Allgemeinen; 2. Schuldverhältnisse aus Rechtsgeschäften unter Lebenden (obligationes ex contractu); 3. Schuldverhältnisse aus unerlaubten Handlungen (obligationes ex delicto); 4. Schuldverhältnisse aus anderen Gründen.

I. Das Recht der Schuldverhältnisse wird von dem Grundsatz der Vertragsfreiheit beherrscht. Gegenstand des Schuldverhältnisses ist nach dem Entwurf eine Leistung, d. h. ein Thun (Geben) oder Unterlassen (Dulden) des Schuldners (§ 206 E.; §§ 122. 123 I 2 A.L.R.). Das Schuldverhältniß begründet einen persönlichen Anspruch des Gläubigers auf die Leistung und eine persönliche Pflicht des Schuldners zur Erbringung der Leistung; ein ius ad rem (§ 124 I 2 A.L.R.) kennt der Entwurf nicht.[4] Während aber nach der herrschenden und richtigen Ansicht auch im preußischen Recht zum Wesen der Obligation ein vermögensrechtliches Interesse des Gläubigers gefordert wird,[5] verlangt der Ent-

---

kraft seines Eigenthumsrechts an der Miethsache gegen den Hauptmiether erstrittene Urtheil auf Räumung auch gegen den Untermiether.

[1] § 231 I 7, §§ 821. 1079 I 11, § 66 I 16 A.L.R. Auch das Institut der Proceßzinsen lehnt der Entwurf ab. Mot. I S. 362; Bähr, i. d. krit. Vierteljahrsschrift Bd. 30 S. 347. 348.

[2] §§ 843—845 I 11 A.L.R. und R.G. bei Gruchot, Beiträge, Bd. 27 S. 924, Bd. 31 S. 1141.

[3] Vgl. Laband, im Arch. f. d. civil. Praxis, Bd. 73 S. 161—208.

[4] Das Landrecht behandelt bekanntlich die persönlichen Rechte lediglich als Titel zum Erwerbe des zu leistenden Objectes, §§ 131. 132 I 2 A.L.R.

[5] Dernburg, Preuß. Privatrecht, Bd. 2 § 21; ebenderselbe, Pandekten', Bd. 2 § 1 und § 17; Bekker, Pandektenrecht, Bd. 1 S. 77. 79.

wurf **nicht**, daß die den Gegenstand der Obligation bildende Leistung einen Vermögenswerth haben müsse.[1] Unter Schuldverhältniß versteht der Entwurf grundsätzlich die **klagbare** Obligation.

Allgemeine Bestimmungen über unvollkommene oder Naturalobligationen (vgl. § 86 Einl. z. A.L.R.) stellt der Entwurf nicht auf,[2] ebensowenig über die Möglichkeit, Erlaubtheit und Bestimmtheit der Leistung.[3]

A. Bei der **Alternativobligation** weist der Entwurf, wie das Landrecht, dem Schuldner das Wahlrecht zu,[4] die Wahl geschieht durch (ausdrückliche oder stillschweigende) Erklärung des Wahlberechtigten gegenüber dem anderen Theile und hat die Wirkung, daß das Schuldverhältniß nach Vollziehung der Wahl so zu beurtheilen ist, wie wenn es von Anfang an nur auf die gewählte Leistung gerichtet gewesen wäre (Concentrationsprincip mit Rückwirkung ex tunc). Durch Verzug geht das Wahlrecht nicht verloren. Ist eine der alternativ geschuldeten Leistungen von Anfang an unmöglich oder später durch einen vom Schuldner zu vertretenden Umstand unmöglich geworden, so tritt nach dem Entwurf das Concentrationsprincip ein, wonach sich das Schuldverhältniß auf die übrigen noch möglichen Leistungen beschränkt, während nach preußischem Recht der Wahlberechtigte an den Vertrag nicht mehr gebunden, aber berechtigt ist, bei demselben stehen zu bleiben.[5]

B. Ueber **Geldschulden**: §§ 215—216 E.; § 257 I 5, §§ 778 ff. I 11, §§ 74 ff. I 16 A.L.R. und die Reichsgesetze vom 4. December 1871, 9. Juli 1873, 30. April 1874.[6]

Der **gesetzliche Zinsfuß** beträgt nach dem Entwurf 5 Prozent (§ 217 E.; §§ 830. 841 I 11 A.L.R.); der Zinsanspruch ist zwar accessorischer Natur,

---

[1] § 206 in Verbindung mit § 221 E. Wegen Verletzung einer Obligation ohne Vermögenswerth findet aber nach dem Entwurf kein Anspruch auf Schadensersatz statt, § 221 E.

[2] Vgl. jedoch §§ 182 Abs. 2. 664. 665. 1500 E. und §§ 178. 179 I 16, §§ 558. 578 I 11 A.L.R.

[3] Dagegen §§ 51. 52. 68. 70. 71. 72. 73 I 5 A.L.R.

[4] § 274 I 5 A.L.R.; § 207 E. Die Ausnahme beim Kauf (§ 38 I 11 A.L.R.) kennt der Entwurf nicht.

[5] § 211 E.; §§ 33—35. 37 I 11 A.L.R. Werden sämmtliche alternativ geschuldete Leistungen unmöglich, so wird der Schuldner nach dem Entwurf von seiner Verbindlichkeit befreit, § 211 in Verbindung mit § 237 E. Ueber das einem Dritten eingeräumte Wahlrecht s. §§ 72. 73 I 5 A.L.R. und § 212 E. **Dernburg**, Preuß. Privatrecht, Bd. 2 § 29. — Ueber **generische** Obligationen: § 275 I 5 A.L.R. und § 213 E., die Specialisirung des Schuldobjectes erfolgt hier erst durch die **Uebergabe** der ausgewählten Sache (Erfüllungstheorie), § 214 E.

[6] **Dernburg**, Preuß. Privatrecht, Bd. 2 §§ 30—33.

aber formell selbständig und klagbar; dies gilt nach dem Entwurf auch für gesetzliche Zinsen.[1]

II. Anlangend den durch ein Verschulden des Verpflichteten begründeten Anspruch auf Schadensersatz, so ist, was den Umfang desselben betrifft, nach dem Entwurf, entgegen den casuistischen Bestimmungen des Landrechts, welches denselben nach dem Grade der Verschuldung abstuft, stets das volle Interesse (positiver Schaden und entgangener Gewinn) zu ersetzen,[2] und zwar ohne Rücksicht darauf, ob der Schaden unmittelbar oder mittelbar durch die zurechenbare Handlung bewirkt worden ist.[3] Dagegen bestimmt der Entwurf bezüglich der Art des Schadensersatzes in Uebereinstimmung mit dem Landrecht, daß derselbe in erster Reihe durch Herstellung des früheren Zustandes und erst, soweit diese Herstellung nicht möglich oder zur Entschädigung des Gläubigers nicht genügend ist, in Geld zu erfolgen hat.[4] Handelt es sich bei einer Schadensersatzpflicht um den Ersatz des Werthes einer Sache, so ist nach dem Entwurf nicht nur der gemeine Verkehrswerth, sondern auch der außerordentliche Werth, d. h. derjenige Werth, welchen die Sache für den Gläubiger nach den besonderen Verhältnissen hatte, zu ersetzen, während das Landrecht auch hier den Umfang des Werthsersatzes nach dem Maße der Verschuldung des Beschädigers graduirt.[5] Auch in Ansehung eines concurrirenden Verschuldens des Beschädigten enthält das Landrecht eine detaillirte Abwägung der Grade des auf Seiten des Beschädigers und des Beschädigten vorhandenen Versehens, unter Berücksichtigung des unmittelbaren und mittelbaren Schadens,[6] während der Entwurf in einfacher und natürlicher Weise bei Abwägung der beiderseitigen Verschulden das richterliche Ermessen walten läßt und diesem die Entscheidung anheimgiebt, ob und inwiefern das Verschulden des Beschädigers oder die Fahrlässigkeit des Beschädigten überwiegt (§ 222 E.).

Bei Schadensersatzleistung für die Entziehung oder Vorenthaltung einer Sache oder eines Rechts gehen auf den Ersatzpflichtigen nach ausdrücklicher Bestimmung des Entwurfs mit der Ersatzleistung ipso iure

---

[1] Mot. II S. 17. Nach dem Entwurf sind grundsätzlich auch Nebenleistungen selbständig klagbar.

[2] §§ 277—291 I 5, §§ 1—16 I 6 A.L.R.; § 218 E.

[3] §§ 1. 2. 3. 15. 18. 19 I 6, §§ 362. 363 I 5, § 17 I 16 A.L.R. Selbstverständliche Voraussetzung ist nach beiden Rechten Causalität zwischen der schuldbaren Handlung und dem Schaden.

[4] §§ 79—81 I 6 A.L.R.; § 219 E.

[5] §§ 83—91 I 6 A.L.R. und hierzu Bähr in d. krit. Viertelj. Bd. 30 S. 349 ff.

[6] §§ 18—21 I 6, §§ 362. 363 I 5 A.L.R.; Entsch. Ob.-Trib. Bd. 38 S. 40—48.

die Ansprüche über, welche dem Entschädigten auf Grund des Eigenthums oder eines sonstigen Rechts gegen Dritte zustehen (§ 223 E.).

III. Der Schuldner haftet bei Erfüllung seiner Verbindlichkeit nach dem Entwurf für Fahrlässigkeit schlechthin (culpa levis, § 224 E.),[1] während das Landrecht[2] auch hier die Haftung nach der dreigradigen culpa (grobes, mäßiges, geringes Versehen) bemißt. Die Haftung für dolus kann dem Schuldner im Voraus nicht erlassen werden (§ 225 E.), wohl aber die Haftung für Fahrlässigkeit.[3] Als Grundsatz spricht der Entwurf die Haftung des Schuldners für Verschulden seines gesetzlichen Vertreters und seiner Gehülfen aus (§ 224 Abs. 2 E.); das Landrecht läßt grundsätzlich nur für culpa in eligendo und in custodiendo haften.[4]

Zu einer vollständigen Leistung (§ 224 E.) gehört nach dem Entwurf Leistung am rechten Ort und Leistung zur rechten Zeit. Mangels gesetzlicher oder rechtsgeschäftlicher Festsetzung ist Leistungsort derjenige Ort, welcher der Natur des Schuldverhältnisses und dem muthmaßlichen Willen der Betheiligten entspricht (§ 229 E.), subsidiär, im Anschluß an das H.G.B., der Wohnsitz des Schuldners zur Zeit der Entstehung des Schuldverhältnisses; bei Geldzahlungen der Wohnsitz des Gläubigers zur Zeit der Entstehung des Schuldverhältnisses. Im Falle der Aenderung des Wohnsitzes des Gläubigers ist der Schuldner verpflichtet, das Geld demselben auf dessen Gefahr und Kosten nach dem gegenwärtigen Wohnsitze zu übersenden (§ 230 E.).[5]

Ist die Leistungszeit unbestimmt, so kann der Gläubiger die Leistung sofort fordern, der Schuldner sie sofort bewirken; ist die Zeit bestimmt, so gilt im Zweifel die Zeitbestimmung als im Interesse des

[1] Vgl. § 144 E. Ausnahmen: Haftung nur für Vorsatz und grobe Fahrlässigkeit: der Schenker § 442; der Verleiher § 550; der Geschäftsführer § 750 E.; Haftung für culpa in concreto: der Gesellschafter § 633; der Ehegatte § 1279; § 1317 E. Rechtsgeschäftlich kann die Haftung gesteigert oder gemindert werden; so auch § 283 I 5 A.L.R. Nur wer delictsfähig ist, haftet auch bei obligatorischen Rechtsverhältnissen. § 224 Abs. 1. §§ 708. 709 E.

[2] §§ 277—284 I 5 A.L.R.; Heydemann, Einleitung in d. System des preuß. Civilrechts, Bd. 1, 2. Aufl. S. 241—244.

[3] Nach preuß. Recht auch nicht die Haftung für grobes Versehen; Förster-Eccius, Bd. 1 § 104.

[4] Dernburg, Preuß. Privatrecht, Bd. 2 § 68; vgl. § 930 I 11 A.L.R. bezüglich der Werkverdingung. — Ueber Leistung durch Dritte und Theilleistungen s. §§ 227. 228 E. und §§ 43—51. 57—60 I 16 A.L.R.

[5] Bezüglich der abweichenden Bestimmungen des Landrechts, welches zwischen Verpflichtungen zum Geben und zum Handeln und bei ersteren wiederum zwischen lästigen und wohlthätigen Verträgen unterscheidet, s. §§ 247—251 I 5; §§ 27. 52. 53 I 16 A.L.R.; bei Darlehen §§ 769—777 I 11 A.L.R.; s. auch Artt. 324. 325 H.G.B.

Schuldners beigefügt, so daß vor der Zeit dieser leisten, der Gläubiger aber nicht fordern darf (§ 231 E.), während nach Landrecht vor Ablauf der bestimmten Zeit wider den Willen eines oder des anderen Theiles die Erfüllung weder gefordert noch geleistet werden darf.[1]

IV. Das obligatorische Zurückbehaltungsrecht des Entwurfes (§§ 233—236) beruht auf dem Princip, daß durch dasselbe eine exceptio doli geltend gemacht wird, welche es als gegen Treu und Glauben (bona fides) verstoßend erscheinen läßt, wenn der eine Contrahent von dem anderen die geschuldete Leistung verlangt, die von ihm selbst geschuldete Leistung aber, ohne Rücksicht auf die gewollte oder als gewollt vorausgesetzte Zusammengehörigkeit beider Ansprüche, seinerseits nicht gewähren will, es dient also zur Sicherung des Gegenanspruchs.[2] Der Entwurf verlangt hiernach Connexität von Anspruch und Gegenanspruch, sowie Fälligkeit des Anspruchs des Retinenten, dagegen beschränkt er das Retentionsrecht nicht — wie das Landrecht — auf die Zurückbehaltung fremder Sachen, so daß also auch Rechte, Handlungen und eigene Sachen des Retinenten bei vorhandener Connexität zurückbehalten werden können. Ebensowenig verlangt er Liquidität des Anspruchs des Retinenten; auch haftet der Retinent nicht, wie im preuß. Recht, wie ein Pfandgläubiger.[3] Das Zurückbehaltungsrecht kann durch Sicherheitsleistung abgewendet werden (§ 234 E.).

Bei der Verpflichtung zur Herausgabe eines Gegenstandes, bei welcher die Retention wegen Verwendungen an sich stets zulässig ist, wird dieselbe versagt, wenn der Schuldner durch eine vorsätzliche unerlaubte Handlung zu dem Gegenstande gelangt ist (§ 235 E.; §§ 537. 538 I 20 A.L.R.).

V. Das Landrecht behandelt die Unmöglichkeit der Erfüllung bei den Aufhebungsarten der Verträge und unterscheidet zwischen Unmöglichkeit der Erfüllung selbst und der Erfüllungsart und hierbei wiederum zwischen verschuldeter und zufälliger Unmöglichkeit. Culpa des Schuldners macht diesen im ersten Falle haftbar für das Interesse nach Verhältniß seiner Verschuldung (§ 360 I 5 A.L.R), durch culpa des Gläubigers wird der Schuldner befreit und dieser kann Entschädigung fordern (§ 361 l. c.); beidseitige culpa verpflichtet zum Ersatz des gegenseitigen unmittelbaren Schadens (§§ 362. 363 l. c.). Durch Casus wird der Ver-

---

[1] §§ 241—246 I 5, § 56 I 16, §§ 758. 935 I 11 A.L.R.: Ausnahme: § 330 I 12 A.L.R. — Der vor der Fälligkeit zahlende Schuldner einer unverzinslichen Schuld ist zum Abzug des Interusurium nicht befugt (§ 232 E.).

[2] Mot. II S. 41; Entsch. R.G. Bd. 14 Nr. 57; Laband, a. a. O. S. 190 ff.

[3] §§ 536—567 I 20 A.L.R.

trag aufgehoben (§§ 364. 373 l. c.), und Rückgabe des ob causam dati tritt ein (§§ 365—368 l. c.). Bei Unmöglichkeit der Erfüllungsart durch culpa des einen Contrahenten kann der andere eine andere Erfüllungsart und Schadensersatz fordern (§§ 369—372 l. c.).

Der Entwurf unterscheidet zwischen objectiver (vom Schuldner nicht zu vertretender) Unmöglichkeit und subjectivem Unvermögen des Schuldners; erstere befreit den Schuldner von seiner Verbindlichkeit, letzteres wird der verschuldeten (nachträglichen) Unmöglichkeit gleichgeachtet, befreit also nicht; ausgenommen, wenn der Schuldner zur Leistung einer Species durch einen von ihm nicht zu vertretenden Umstand außer Stand gesetzt wird, hier wird das subjective Unvermögen der objectiven Unmöglichkeit gleichgestellt (§ 237 E.). Entschuldbarer Irrthum des Schuldners in Ansehung des Schuldverhältnisses gilt als Entschuldigungsgrund bei Unmöglichkeit der Leistung (§ 241 E.).[1] Verschuldete (gänzliche oder theilweise) Unmöglichkeit der Leistung verpflichtet den Schuldner zum Schadensersatz wegen Nichterfüllung (§ 241 E., vgl. auch § 242 E.).

Von Wichtigkeit ist die zur Ergänzung des § 778 C.P.O. getroffene Entscheidung des Entwurfs, wonach der Gläubiger den Schuldner, nach dessen rechtskräftiger Verurtheilung, zur Leistung binnen einer von ihm zu bestimmenden angemessenen Frist unter dem Hinweis auffordern kann, daß er nach Ablauf der Frist die Leistung nicht mehr wolle und nach fruchtlosem Ablauf der Frist, ohne Zwangsvollstreckung, sein Interesse wegen Nichterfüllung fordern kann (Fiction einer vom Schuldner zu vertretenden Unmöglichkeit der Leistung, § 243).[2]

VI. Verzug des Schuldners (mora solvendi).

1. Voraussetzung des Schuldnerverzuges ist nach beiden Rechtssystemen:

a) Fälligkeit des Anspruchs;

b) Mahnung des Gläubigers, sofern nicht eine bestimmte Leistungszeit festgesetzt ist (dies interpellat pro homine) (§ 245 E.; § 20 I 16 A.L.R.).[3]

Als Mahnung gilt nach dem Entwurf auch die Erhebung der Leistungsklage und die Zustellung eines Zahlungsbefehls.

[1] Ueber das vom Entwurf adoptirte Surrogationsprincip s. § 238 E. und Laband, a. a. O. S. 196. Ueber Beweislast bei behaupteter Unmöglichkeit § 239 E.

[2] Ueber die materielle Wirkung der Rechtshängigkeit eines Anspruchs auf Herausgabe einer species (Restitution, Tradition) s. §§ 244. 933 ff. E.

[3] Besondere Bestimmungen über den Verzug bei gegenseitigen Verträgen, wie das Landrecht, § 22 ff. I 16 A.L.R., enthält der Entwurf nicht; auch setzt nach dem Entwurf bei bedingten Obligationen der Eintritt der Bedingung den hiervon unterrichteten Schuldner nicht in Verzug, vgl. dagegen § 68 I 16 A.L.R.

c) Verschulden des Schuldners (§ 26 I 16 A.L.R.; § 246 E.).

Der Schuldner kommt nach dem Entwurf bei der von ihm nicht zu vertretenden Unmöglichkeit der Erfüllung nicht in Verzug (§§ 246. 237. 241 E.).

2. Rechtsfolgen des Verzuges sind:

a) Verpflichtung des Schuldners zum Ersatz des durch den Verzug verursachten Schadens (§§ 247. 218 E.);[1]

b) die Pflicht zur Zahlung von Verzugszinsen bei einer Geldschuld (§ 248 E.; §§ 64. 65 I 16, §§ 827—834 I 11 A.L.R.).

Von rechtsgeschäftlichen Zinsen können wieder Verzugszinsen gefordert werden, nicht aber von gesetzlichen (§ 249 E. und dazu §§ 818. 821 I 11 A.L.R.).

c) Haftung des Schuldners für jede Fahrlässigkeit und Zufall vom Beginne des Verzuges an; doch läßt der Entwurf dem Schuldner den Beweis nach, daß der durch Zufall entstandene Schaden auch im Falle rechtzeitiger Leistung entstanden sein würde (§ 251 E.);[2]

d) Verzinsung des Werthbetrages der nach Eintritt des Verzuges untergegangenen Sache.

3. Aufhören des Verzuges (purgatio morae) erfolgt: nach dem Entwurf durch Nachholung des Versäumten (§ 253 E.), nach Landrecht durch die mora des anderen Theils (§ 24 I 16 A.L.R.).

VII. Verzug des Gläubigers (mora accipiendi) setzt nach dem Entwurf ein Verschulden desselben nicht voraus.[3]

1. Voraussetzungen der mora creditoris sind:

a) Realoblation des Schuldners zur gehörigen Zeit und am gehörigen Ort (§ 255 Abs. 1 E.);[4]

b) Nichtanbieten der Gegenleistung, wenn dem Gläubiger gegen die ihm gebührende Leistung eine Gegenleistung obliegt und er nur die mit dem Verlangen der Gegenleistung angebotene Leistung anzunehmen bereit ist (§ 256 E.).

[1] Nach Landrecht richtet sich der Umfang des Schadensersatzes nach der Natur des Geschäfts und dem Grade des Verschuldens, § 17 I 16 A.L.R.

[2] Vgl. Mot. II S. 64. 65; Dernburg, Preuß. Privatrecht, Bd. 2 § 72 Note 10. — Für die Werthsbestimmung der während des Verzuges untergegangenen Sache entscheidet die Zeit, in welcher der Schuldner zu leisten hatte; § 240 Abs. 2 E.

[3] Vgl. jedoch §§ 98. 102. 103. 939. 940 I 11 A.L.R.; Dernburg, Preuß. Privatrecht, Bd. 2 § 73 Note 10, 4. Aufl. Note 11. — Nach dem Entwurf hat der Gläubiger keine Exculpation des Verzugs.

[4] Ausnahmen für Verbaloblation: § 255 Abs. 2 E.

2. Rechtsfolgen:

a) Der Schuldner haftet nur noch für Vorsatz und grobe Fahrlässigkeit (§ 257 E.; §§ 98. 112. 939 I 11 A.L.R.);[1]

b) bei der generischen Obligation geht die Gefahr auf den Gläubiger über (§ 257 Abs. 2 E.; vgl. § 860 I 11 A.L.R.);

c) der zur Herausgabe oder zum Ersatze der Nutzungen eines Gegenstandes verpflichtete Schuldner haftet nur noch für die wirklich gezogenen Nutzungen (§ 258 E.);

d) bei Geldschulden hört die Pflicht zur Zinszahlung auf (§ 259 E.);

e) gegen den Schuldner treten die besonderen rechtlichen Nachtheile nicht ein, welche für den Fall der Nichtleistung bestimmt sind, z. B. Conventionalstrafe, Rücktritt des Gläubigers (§ 260 E.);

f) der Schuldner erhält einen Anspruch auf Ersatz der durch das erfolglose Anbieten und durch Aufbewahren und Erhalten des Leistungsgegenstandes erwachsenen Mehraufwendungen (§ 261 E.).[2]

3. Aufhören des Gläubigerverzuges tritt ein durch Nachholung des Versäumten und Bereiterklärung zum Ersatz der Mehraufwendungen (§§ 262. 261 E.).[2]

VIII. Erlöschungsgründe des Schuldverhältnisses sind nach dem Entwurf:

1. Erfüllung, 2. Hinterlegung, 3. Aufrechnung, 4. Erlaß, 5. Vereinigung, 6. Tod des Gläubigers oder Schuldners; diese wirken ipso iure.

Das Landrecht behandelt als Aufhebungsgründe im 16. Titel Theil I noch die Angabe an Zahlungsstatt, die Anweisung, den Vergleich und die Novation. Der Entwurf enthält keine Vorschriften über die Novation, über Aufhebung eines Schuldverhältnisses durch contrarius consensus und über den concursus causarum lucrativarum.[3]

A. Erfüllung im Sinne des Entwurfs wie des Landrechts ist Befriedigung des Gläubigers durch die dem Schuldner obliegende Leistung (solutio; § 263 E.; § 10 I 16 A.L.R.).[4] Der Erfüllung steht die Hingabe

---

[1] Das Landrecht gestattet auch Deposition des Leistungsgegenstandes, § 215 I 16 A.L.R.; Dernburg, Preuß. Privatrecht, Bd. 2 § 73. § 37 i. f. § 99; s. § 272 E.

[2] Nach Landrecht ist der Gläubiger auch zum Ersatz des durch den Annahmeverzug verursachten Schadens verpflichtet (§§ 102. 103. 940 I 11 A.L.R.). Rücktritt vom Vertrage gestattet das Landrecht im Falle des § 229 I 11 A.L.R.

[3] Ueber die Gründe der Weglassung Mot. II S. 78 ff. Die Novation erübrigt sich durch das den Entwurf beherrschende Princip der rechtsgeschäftlichen Actionsfreiheit.

[4] Zahlung (numeratio) ist Erfüllung einer Geldschuld, §§ 215. 216. 230 Abs. 2 E.; § 28 I 16 A.L.R. — Keine Vorschriften enthält der Entwurf über Leistungen Geschäftsunfähiger oder in der Geschäftsfähigkeit Beschränkter behufs Erfüllung ihrer Verbindlichkeiten; vgl. aber §§ 40—42 I 16 A.L.R.

an Zahlungsstatt gleich (datio in solutum), welche durch freiwillige Annahme einer anderen, als der obligationsmäßigen Leistung an Erfüllungsstatt Seitens des Gläubigers erfolgt (§ 264 Satz 1 E.; §§ 235—250 I 16 A.L.R.); sie wirkt Tilgung der ursprünglichen Schuld. Der datio in solutum stellt der Entwurf einen Vertrag gleich, durch welchen der Schuldner eine neue Verbindlichkeit gegen den Gläubiger an Erfüllungsstatt übernimmt; im Zweifel ist gegen die Absicht der Uebernahme der neuen Verbindlichkeit an Erfüllungsstatt zu interpretiren (§ 264 E.).[1]

Der Gläubiger hat gegen den Empfang der Leistung, also Zug um Zug, dem Schuldner auf Verlangen Quittung zu ertheilen (§ 269 E.)[2] und den ausgestellten Schuldschein zurückzugeben event. einen Mortificationsschein auszustellen (§ 271 E.; § 125 I 16 A.L.R.). Ausdrücklich bestimmt der Entwurf, daß die Kosten der Quittung der Schuldner, die Kosten des Mortificationsscheines der Gläubiger zu tragen hat (§§ 270. 271 E.).

B. Der Entwurf kennt nur die öffentliche Hinterlegung, d. h. die Seitens des Schuldners zum Zwecke der Befreiung von seiner Verbindlichkeit bewirkte Ablieferung des Leistungsgegenstandes an eine öffentliche Hinterlegungsstelle. Gegenstände der Hinterlegung nach dem Entwurf sind nur Geld und Werthpapiere; Voraussetzung ist ein rechtmäßiger Grund (Annahmeverzug des Gläubigers oder Behinderung des Schuldners zu erfüllen oder mit Sicherheit zu erfüllen aus einem anderen in der Person des Gläubigers liegenden Grunde, oder deshalb, weil er sich entschuldbarer Weise über die Person des Gläubigers in Ungewißheit befindet). Die Wirkung der Hinterlegung ist Befreiung des Schuldners von seiner Verbindlichkeit (§ 272 E.).[3]

Ueber preuß. Recht vgl. §§ 213—234 I 16 A.L.R. und Hinterlegungsordnung vom 14. März 1879; vgl. auch § 280 E.

C. Aufrechnung (Compensation) ist nach dem Entwurf ein einseitiges Rechtsgeschäft, welches durch eine von dem einen Gläubiger

---

[1] Ueber Gewährleistung bei der datio in solutum § 265 E.; §§ 243 ff. I 16 A.L.R. — Keine Bestimmung enthält der Entwurf über den solutionis causa adiectus, vgl. § 31 I 16 A.L.R. Ueber die Anrechnung einer Leistung auf mehrere Schuldposten vgl. §§ 267. 268 E. und §§ 149—159 I 16 A.L.R.

[2] Also nicht blos, wie im Landrecht, bei Geldzahlungen, §§ 86 ff. I 16 A.L.R., vgl. auch § 17 E.G. z. C.P.O.

[3] Ueber das Recht des Schuldners zur Zurücknahme und des Gläubigers auf Ausfolgung des hinterlegten Gegenstandes s. §§ 274—276 E. Der Gegenstand der Hinterlegung gehört nicht zur Konkursmasse des Schuldners, § 277 E. Ueber das Verkaufsrecht des Schuldners bei den zur öffentlichen Hinterlegung nicht geeigneten beweglichen Sachen s. § 278 E. Deposition bez. gerichtliche Aufsicht und Verwahrung bei Immobilien (§ 234 I 16 A.L.R.) kennt der Entwurf nicht.

gegenüber dem anderen Gläubiger (im Proceß oder außergerichtlich) abzugebende, in ihrer Wirkung von der Annahme des anderen Theils unabhängige, Willenserklärung erfolgt (§ 282 E.). Wie im Landrecht[1] ist die Compensation also abhängig von einem Willensact des Betheiligten; nach dem Entwurf ist aber processualische Geltendmachung im Wege der Einrede nicht erforderlich, es genügt vielmehr die einseitige außergerichtliche Erklärung. Die Wirkung der Compensation besteht nach dem Entwurf darin, daß die beiderseitigen Forderungen in dem sich deckenden Betrage mit dem Zeitpunkt als erloschen gelten, in welchem sie als zur Aufrechnung geeignet sich gegenübergetreten sind (§ 283 E.).[2] Im übrigen sind, wie nach preuß. Recht, Voraussetzungen der Compensation: die Gegenseitigkeit, Gleichartigkeit, Fälligkeit, nicht aber Liquidität[3] der Forderungen.

Eine Forderung, welcher eine Einrede (peremtorische, z. B. Verjährung,[4] oder dilatorische) entgegensteht, kann nicht zur Compensation gebracht werden (§ 281 Abs. 2).

Der Entwurf erklärt die Compensation für unstatthaft gegen Forderungen aus vorsätzlichen Delicten (§ 287) und gegen die im § 749 C.P.O. bezeichneten unpfändbaren Forderungen (§ 288 E.); weitere Beschränkungen der Compensation (wie § 363 und § 370 I 16 A.L.R.) enthält der Entwurf nicht. Unzulässig ist vom Standpunkte des Entwurfs die replica compensationis,[5] weil der Erklärende durch seine einseitige Aufrechnungserklärung die Forderungen unmittelbar zum Erlöschen bringt.

D. Der Erlaß (Erlaßvertrag) ist nach dem Entwurf ein Veräußerungsvertrag, sog. dinglicher Vertrag,[6] also ein abstractes, von der obligatorischen causa unabhängiges Rechtsgeschäft; soweit der Erlaß

---

[1] Entsch. Ob.-Trib. Bd. 4 S. 207.

[2] Dies entspricht auch dem Standpunkt des Landrechts, § 301 I 16 A.L.R.; also Ablehnung der Ipso jure-Wirkung und Rückbeziehung der Wirkung auf den Moment der compensablen Coexistenz der Forderungen. — Compensiren kann nach dem Standpunkt des Entwurfs nur derjenige, welcher über die Forderung, mit welcher er aufrechnen will, verfügen kann; daraus folgt, daß der Bürge nicht mit einer dem Hauptschuldner an den Gläubiger zustehenden Forderung gegenüber dem Gläubiger compensiren kann; anders Landrecht § 328 I 16. — Ueber Compensation bei mehreren Forderungen § 284 E.; § 375 I 16 A.L.R.

[3] Die §§ 359—362 I 16 A.L.R. enthalten nur processuale Normen bezüglich der Compensation und sind durch die §§ 136 und 274 C.P.O. aufgehoben. Entsch. R.G. Bd. 12 Nr. 62 S. 254.

[4] Ueber preuß. Recht s. Entsch. R.G. Bd. 12 S. 255.

[5] Vgl. Eck in Behrend's Zeitschrift Bd. 3 S. 124 ff. und Entsch. R.G. Bd. 7 Nr. 70.

[6] Vgl. hierzu Bähr, a. a. O. S. 357 ff. S. 361 u. Note 1.

reicht, erlischt das Schuldverhältniß ipso iure (§ 290 Abss. 1. 2 E.). Der einseitig erklärte Verzicht des Gläubigers auf die Forderung ist nach dem Entwurf unverbindlich, es bedarf stets der Annahme des Verzichts Seitens des Schuldners, also eines Verzichtvertrages (Erlaß) (§ 290 Abs. 5 E.).

Das Landrecht unterscheidet als Arten der Entsagung: den Erlaß als Entsagung eines erworbenen Rechts und den Verzicht als Entsagung eines noch zu erwerbenden Rechts, erfordert auch für beides Annahme (§§ 378—404 I 16 A.L.R.).

Unter dem Erlaß behandelt der Entwurf auch den negativen Schuldanerkennungsvertrag, d. h. das vertragsmäßige Anerkenntniß, daß ein Schuldverhältniß nicht besteht (§ 290 Abs. 3 E.); er ist gleichfalls ein abstractes Veräußerungsgeschäft. Die häufigste Form dieses Vertrages ist die Quittung.

E. Ueber Vereinigung s. § 291 E. u. §§ 476—499 I 16 A.L.R.

F. Ueber Tod des Gläubigers oder Schuldners s. § 292 E. und §§ 415—423 I 5 A.L.R.

§ 7.

Subjecte. Sondernachfolge in Forderung und Schuld. Mehrheit von Gläubigern und Schuldnern.

Entwurf: Buch 2 Abschnitt 1 Tit. 4 und 5. Mot. II S. 118—174.

I. Ein Wechsel der Subjecte der Obligation kann auf der Gläubiger- wie auf der Schuldnerseite stattfinden; nach dem Entwurf[1] findet dieser Wechsel durch Sondernachfolge statt, sei es in Forderung, sei es in Schuld. Abgesehen von der landrechtlichen Expromission ist dem Gebiet des Landrechts (§§ 399 ff. I 14 A.L.R.) das vom Entwurf ein- und streng durchgeführte Princip der Sondernachfolge in die Schuld als solches neu.

II. Die Uebertragung[2] einer Forderung kann, wie im preuß. Recht, beruhen auf:

a) Vertrag, b) gerichtlicher Anordnung (Ueberweisung im Wege der Zwangsvollstreckung), c) Gesetz.

Der Uebergang des Forderungsrechts auf den neuen Gläubiger vollzieht sich nach dem Entwurf unmittelbar mit dem Rechtsact der Uebertragung, ohne daß es einer Anzeige an den Schuldner bedarf.

[1] Martinius, in Gutachten aus dem Anwaltstande, Heft 1 S. 53—72.

[2] Der Entwurf gebraucht das Wort „Uebertragung" allgemein für alle Arten der Forderungsübertragung. Abtretung ist die lediglich auf Vertrag beruhende Uebertragung einer Forderung (§ 294 E.).

Abtretung (Cession) ist nach dem Entwurf die auf **Vertrag** (§ 77 E.) zwischen dem bisherigen (Cedenten) und dem neuen Gläubiger (Cessionar) beruhende Uebertragung eines Forderungsrechts; sie ist ein abstracter, von seiner causa unabhängiger, Veräußerungsvertrag, sog. **dinglicher** Vertrag; vollzieht sich mit Schließung des Vertrages und ist formfrei (§ 294 E.).[1]

Der Entwurf beseitigt die landrechtliche Denuntiationspflicht (§§ 413 ff. I 11 A.L.R.) und knüpft die Wirkungen derselben an den Zeitpunkt der Kenntniß des Schuldners von der Uebertragung. Regel ist nach dem Entwurf die Uebertragbarkeit der Forderungen (also auch der Nebenforderungen, Conventionalstrafe, Bürgschaftsforderung, rechtsgeschäftlichen Alimentenforderungen),[2] **nicht** übertragbar sind die gemäß § 749 C.P.O. unpfändbaren Forderungen (§ 296 E.).[3]

Während nach preuß. Recht der Cedent für die **Richtigkeit** und **Sicherheit** der Forderung haftet (§§ 420 ff. 427 ff. I 11 A.L.R.), läßt der Entwurf nicht für **Bonität** haften; im übrigen entscheidet die causa der Abtretung. Wer sich durch Vertrag zur Abtretung einer Forderung verpflichtet, haftet für den **rechtlichen Bestand** derselben nach Maßgabe der Vorschriften über Gewährleistung (§ 298 E.); bei Nichtexistenz oder Mangel des Rechts haftet der Cedent dem Cessionar nach dem Entwurf für das volle Interesse (§ 377 E.), nach Landrecht nur bei dolus, sonst nur für Schäden und Kosten (§§ 422—424 I 11 A.L.R.).[4]

Der dingliche Rechtsact der Uebertragung verpflichtet bei der Abtretung den Cedenten dem Cessionar zu seiner Legitimation eine **öffentlich beglaubigte** Urkunde über die Abtretung und bei der unmittelbaren Uebertragung kraft Gesetzes den bisherigen Gläubiger dem neuen die **Anerkennung** der durch Gesetz erfolgten Uebertragung zu ertheilen (§ 301 E.).[5]

Nach preuß. Recht kann der Schuldner dem Cessionar **alle** Einwendungen entgegensetzen, die ihm gegen den Cedenten zustehen (§§ 407. 408 I 11 A.L.R.). Der Entwurf schneidet ihm jedoch diejenigen höchst

[1] Ueber landrechtliche Form s. §§ 393 ff. I 11 A.L.R. — Die landrechtliche cessio legis bei Bezahlung der Schuld eines Dritten (§§ 43. 46 I 16 A.L.R.) kennt der Entwurf nicht.

[2] Ueber preuß. Recht s. **Dernburg**, Privatrecht, Bd. 2 § 83; Entsch. R.G. Bd. 15 S. 278 Nr. 66.

[3] Was nicht übertragbar ist, ist nach dem Entwurf auch nicht pfändbar (§ 296 Abs. 2 E.). — Uebergang der Vorzugsrechte und Nebenrechte s. §§ 297 E.; §§ 402 bis 406 I 11; §§ 47. 48 I 16 A.L.R.

[4] Keinerlei Haftung tritt nach dem Entwurf bei cessio legis ein (§ 300 E.).

[5] Ueber andere Pflichten § 301 E. und §§ 395—397. 442. 443 I 11 A.L.R.

persönlichen Einreden ab, welche eine ausschließliche Beziehung auf die Person des Cedenten haben (§ 302 E.).[1]

Der Cessionar muß nach dem Entwurf alle nach der Uebertragung zwischen dem Schuldner und dem Cedenten über die Forderung vorgenommenen Rechtsgeschäfte, sowie eine Proceßführung mit dem Cedenten, oder spätere Abtretungen derselben Forderung gegen sich gelten lassen, wenn er nicht beweist, daß der Schuldner zu der Zeit, in welcher die Rechtsgeschäfte vorgenommen wurden, bez. in welcher er die Uebertragung im Processe hätte geltend machen können, von der erfolgten Uebertragung Kenntniß hatte (§§ 304. 305 E.).

Die Anzeige des Cedenten an den Schuldner von der Abtretung der Forderung ist, auch wenn die Abtretung nicht erfolgt oder ungültig ist, dem Schuldner gegenüber bis zum Widerruf der Anzeige wirksam (§ 306 E.).[2]

Bei der Uebertragung eines ganzen Vermögens oder einer Erbschaft genügt zur Abtretung aller zu dem Vermögen oder zu der Erbschaft gehörigen (auch der noch unbekannten) Rechte der generelle Uebertragungsvertrag (§ 313 E.).

III. Das Landrecht kennt die Schuldübernahme als Rechtsinstitut nicht. Daß der Gläubiger auch ohne Beitritt zum Vertrage zwischen Schuldner und Schuldübernehmer ein directes Klagerecht gegen den Uebernehmer erlangt, kennt das preußische Recht nur ausnahmsweise als Folge bestimmter Rechtsgeschäfte, so beim Vitalitien- oder Alimentenvertrag (Anh. § 19 zu § 646 I 11), beim Erbschaftskauf (§ 463 I 11), bei Schenkung des ganzen Vermögens[3] und bei der Hypothekenübernahme (§ 41 Ges. v. 5. Mai 1872). Ein Vertrag zwischen Gläubiger und Schuldübernehmer kann nach Landrecht nur durch Expromission herbeigeführt werden (§§ 399 bis 406 I 14 A.L.R.).[4]

---

[1] Die Einrede der Simulation ist nach dem Entwurf als Einrede gegen die Sachlegitimation des Cessionars zuläßig. Mot. II S. 129. 130. Entsch. R.G. Bd. 4 Nr. 69 S. 253; Gruchot, Beiträge, Bd. 24 S. 545, Bd. 31 S. 841; Seuffert, Archiv, Bd. 12 Nr. 337. — Ueber Compensation gegenüber dem Cessionar s. § 303 E.; § 407 I 11, § 313 I 16 A.L.R.

[2] Ueber Legitimation des Cessionars durch Anzeige des Cedenten oder Vorlegung der öffentlich beglaubigten Uebertragungsurkunde s. § 308 E. Vgl. §§ 395—399. 414. 415 I 11 A.L.R. — Die Vorschriften des Entwurfs über Uebertragung und Pfändung von Forderungen finden auch auf die Uebertragung und Pfändung anderer cessibler Rechte statt (§ 312 E.). Die lex Anastasiana ist dem Entwurf wie dem Landrecht fremd.

[3] Dernburg, Pr. Privatrecht Bd. 2 §§ 65. 161.

[4] Die Delegation ist im Landrecht nur eine besondere Form der Assignation; der Assignatar (Delegatar) entläßt den Assignanten (Deleganten) als Schuldner und nimmt

Der Entwurf führt die Schuldübernahme, die Singularsuccession in die Schuld, als Rechtsinstitut ein (§ 314 E.).[1] Sie erfolgt durch Vertrag zwischen dem Gläubiger und dem Schuldübernehmer oder zwischen dem Schuldner und dem Schuldübernehmer; im letzteren Falle bedarf es zur Wirksamkeit für den Gläubiger der Genehmigung desselben, zu deren Verschaffung der Schuldübernehmer verpflichtet ist.

Der Schuldübernahmevertrag ist ein Veräußerungsvertrag, sog. dinglicher, von der obligatorischen causa unabhängiger Vertrag und formfrei. Wirkung des Vertrages ist, daß der bisherige Schuldner aufhört Schuldner zu sein und der Dritte (Schuldübernehmer) an dessen Stelle tritt. Der Schuldübernehmer kann dem Gläubiger alle Einreden entgegensetzen, welche an der Forderung haften, ausgenommen höchst persönliche Einreden und Einwendungen aus dem Rechtsgrund der Schuldübernahme. Mit Forderungen des bisherigen Schuldners kann er nicht compensiren (§ 302 E.).

Die Erfüllungsübernahme, d. h. die von einem Dritten dem Schuldner gegenüber übernommene Verpflichtung, die Leistung an den Gläubiger zu bewirken, verhaftet den Dritten nur dafür, daß der Gläubiger den Schuldner nicht in Anspruch nimmt. Die Vermuthung spricht für Erfüllungsübernahme, also gegen Schuldübernahme (§ 318 Abs. 1 E.). Gegen die Bestimmung des preußischen Rechts (§ 41 Ges. v. 5. Mai 1872) erklärt der Entwurf, daß bei einem Kaufvertrag die Uebernahme von persönlichen Schulden des Verkäufers (Hypotheken oder anderen Schulden) in Anrechnung auf das Kaufgeld als eine von der Genehmigung des Gläubigers abhängige Schuldübernahme des Käufers anzusehen ist, daß jedoch der Käufer zur Verschaffung dieser Genehmigung nicht verpflichtet ist. Genehmigt der Gläubiger die Schuldübernahme nicht, so haftet der Käufer dem Verkäufer nur dafür, daß dieser vom Gläubiger nicht in Anspruch genommen wird (Erfüllungsübernahme) (§ 318 Abs. 2 E). Ohne den Willen des Gläubigers wird also der bisherige Schuldner (Verkäufer) nicht frei.[2] Bei der vertragsmäßigen Uebernahme des ganzen Vermögens eines Anderen erhalten die Gläubiger des letzteren nach dem Entwurf ein unmittelbares Klagerecht gegen den Uebernehmer wegen der zur Zeit des Vertragsschlusses vorhandenen Schulden, jedoch nicht über den Werth

statt seiner den Assignaten (Delegaten) mit dessen Einwilligung zum Schuldner an. § 264 I 16 A.L.R.

[1] Vgl. Bähr, a. a. O. S. 364 ff.

[2] Nach preuß. Recht succedirt der Schuldübernehmer kraft Gesetzes in die Obligation des Schuldners. Der Gläubiger erlangt ohne Weiteres ein unmittelbares Klagerecht gegen den Uebernehmer. § 41 l. c. und Erk. des R.G. v. 16. März 1880, J. M. Bl. S. 232; s. auch J. M. Bl. 1882 S. 33 und 1883 S. 344; Entsch. R.G. Bd. 20 Nr. 52.

des Activvermögens hinaus (pro viribus) und unbeschadet der Fortdauer der Haftung des bisherigen Schuldners. Die Haftung kann durch Vereinbarung weder ausgeschlossen noch beschränkt werden (§ 319 E.).

IV. Ist bei einem Schuldverhältniß eine Mehrheit von Gläubigern vorhanden, so können dieselben nach preußischem Recht grundsätzlich das gemeinschaftliche Recht nur gemeinschaftlich ausüben (§ 450 I 5 A.L.R.), und das Landrecht beurtheilt das Rechtsverhältniß der Gläubiger unter sich nach den Grundsätzen vom gemeinschaftlichen Eigenthum (§ 453 I 5 A.L.R.). Ein active Correalobligation kennt das Landrecht nicht.

Ist eine Mehrheit von Schuldnern vorhanden, so gilt nach Landrecht bei Verträgen als Regel die passive Correalität (§§ 424. 425 I 5 A.L.R.). Der Unterschied zwischen solidarischer und Correalobligation ist dem Landrecht fremd.

Nach dem Entwurf bildet, abweichend vom preußischen Recht, die Regel die Getheiltheit von Forderung und Schuld (§ 320 E.); es gilt der Grundsatz: nomina sunt ipso iure divisa, und zwar im Zweifel zu gleichen Theilen. Die Regel gilt für alle Schuldverhältnisse, auch beim Eintritt der Erben in Forderung oder Schuld (§ 2051 E.).

V. Eingehend normirt der Entwurf, ohne Unterscheidung zwischen Correal- und Solidarobligation das Gesammtschuldverhältniß (§ 321 E.).

Ein solches ist vorhanden, wenn bei dem Vorhandensein mehrerer Gläubiger jeder derselben die ganze Leistung zu fordern berechtigt (actives G.), oder bei dem Vorhandensein mehrerer Schuldner jeder Schuldner die ganze Leistung zu bewirken verpflichtet ist, während die Leistung nur einmal zu geschehen hat (passives G.). Es entsteht entweder durch Rechtsgeschäft[1] oder durch Gesetz.[2]

Beim activen Gesammtschuldverhältniß kann der Schuldner nach seiner Wahl an jeden der Gläubiger mit befreiender Wirkung zahlen, selbst wenn die Forderung von Seiten eines Gläubigers bereits eingeklagt ist (§ 323 E.). Bei dem passiven Gesammtschuldverhältniß statuirt der Entwurf, wie das Landrecht, das ius variandi (§ 324 E.; §§ 430. 433. 434 I 5 A.L.R.). Die Einrede der Theilung ist ausgeschlossen.

Wesentlich in Uebereinstimmung mit dem preußischen Recht regelt der Entwurf auch folgende Bestimmungen:

---

[1] Für das Vorhandensein sprechen die Ausdrücke: „Alle für Einen und Einer für Alle", „zu ungetheilter Hand", „sammt und sonders", „solidarisch", korreal"; s. § 321 Abs. 2 E.

[2] So bei civilrechtlicher Haftung aus Delicten; s. §§ 47. 56. 713. 714. 731. 736 E.

1. Für das Verschulden eines Betheiligten haften die Uebrigen nicht (§ 325 E.; § 438 I 5 A.L.R.).

2. Der Verzug eines Gesammtgläubigers oder eines Gesammtschuldners, sowie die Kündigung oder Mahnung des Gläubigers gegenüber einem Gesammtschuldner wirken nicht gegen die Uebrigen; Kündigung oder Mahnung eines Gesammtgläubigers wirkt nicht für die übrigen Gesammtgläubiger, Anbieten der Leistung an einen Gesammtgläubiger wirkt nicht gegen die übrigen Gesammtgläubiger (§ 326 E.; § 438 I 5 A.L.R.).

3. Das rechtskräftige Urtheil wirkt nur für und gegen die Parteien, nicht für und gegen die übrigen Gesammtgläubiger und Gesammtschuldner (§ 327 E.; § 437 I 5 A.L.R.).

4. Cession Seitens eines Gesammtgläubigers berührt die Rechte der übrigen Gesammtgläubiger nicht (§ 328 E.).

5. Erfüllung an einen Gesammtgläubiger befreit die übrigen Gesammtschuldner; dies gilt auch bei öffentlicher Hinterlegung und Leistung an Erfüllungsstatt (§ 329 E.; § 435 I 5 A.L.R.).

6. Mit der einem Gesammtschuldner an den Gläubiger zustehenden Gegenforderung können die übrigen Gesammtschuldner nicht compensiren; die dem Schuldner gegen einen Gesammtgläubiger zustehende Gegenforderung kann den übrigen Gesammtgläubigern gegenüber nicht compensirt werden (§ 330 E.; §§ 304—307 I 16 A.L.R.). Die wirklich erfolgte Compensation wirkt für alle Gesammtschuldner und gegen alle Gesammtgläubiger (§ 321 E.).

7. Die Vereinigung (Confusion) wirkt nur gegenüber demjenigen, in dessen Person sie erfolgt (§ 333 E.; §§ 492. 493 I 16 A.L.R.).

8. Unmöglichkeit der Leistung in der Person eines Betheiligten ist ohne Einfluß auf die übrigen Betheiligten; die durch einen Gesammtschuldner verschuldete Unmöglichkeit wirkt für die übrigen Gesammtschuldner als zufällige Unmöglichkeit (§ 334 E.).

9. Die Verjährung hat subjective Wirkung (§§ 335. 336 E.).

10. Der Erlaß hat nach Landrecht subjective (§ 451 I 5), nach dem Entwurf objective Wirkung (§ 332 E.).

Untereinander gelten die Gesammtgläubiger als zu gleichen Antheilen berechtigt, die Gesammtschuldner als zu gleichen Antheilen verpflichtet (Ausgleichungs- und Regreßrecht).

Das beneficium cedendarum actionum anerkennt der Entwurf nicht, läßt vielmehr die Rechte des Gläubigers kraft Gesetzes auf den mehr als seinen Antheil leistenden Gesammtschuldner übergehen (§ 337 E.).[1]

[1] Ueber preuß. Recht s. §§ 436. 443 ff. I 5 A.L.R. Bei dolosen Delicten

Bei Untheilbarkeit der Leistung darf der Schuldner nur an alle Gläubiger gemeinschaftlich leisten; während aber nach preußischem Recht nur alle Gläubiger zusammen die Leistung fordern können, erklärt der Entwurf jeden der mehreren Gläubiger für berechtigt, die Leistung an Alle zu fordern (§ 339 E.). Beim Vorhandensein mehrerer zu einer untheilbaren Leistung Verpflichteter muß nach preußischem Recht der Gläubiger alle Schuldner in Anspruch nehmen, nach dem Entwurf hat jeder derselben das Ganze zu leisten (§ 340 E.).[1]

§ 8.

Schuldverhältnisse aus Rechtsgeschäften unter Lebenden. Verträge. Gegenstand, Inhalt, Bestärkung der Verträge. Gewährleistung. Verträge zu Gunsten Dritter. Rücktritt.

Entwurf: Buch 2 Abschnitt 2 Tit. 1; Mot. II S. 175—286.

I. Das einseitige, nicht angenommene Versprechen ist unverbindlich[2] (§ 342 E.; §§ 2—6 I 5 A.L.R.).

II. Die Vorschriften des Entwurfs über den Gegenstand der Verträge schließen sich im Wesentlichen an die landrechtlichen Satzungen an (§§ 39—73 I 5 A.L.R.; §§ 344—357 E.).

Nichtig sind Verträge, deren Leistung unmöglich, durch Gesetz verboten ist, oder gegen die guten Sitten verstößt, oder weder bestimmt noch bestimmbar ist. Derjenige Contrahent, welcher die Unmöglichkeit oder Verbotwidrigkeit der Leistung kannte, oder dessen Unkenntniß hierüber auf Fahrlässigkeit beruhte, haftet dem anderen für das negative Vertragsinteresse, dessen Betrag den Schadensersatzanspruch wegen Nichterfüllung des Vertrages nicht übersteigen darf (§§ 53. 284 I 5, § 40 I 11 A.L.R.).

Nichtig ist nach dem Entwurf der über die Erbschaft oder eine Quote derselben vor dem Tode des Erblassers geschlossene Vertrag,[3] der Vertrag über die Erbschaft eines unbestimmten Dritten und der Vertrag, durch welchen Jemand sein ganzes künftiges Vermögen[4] oder eine Quote desselben einem Anderen zu übertragen oder den Nießbrauch daran zu bestellen sich verpflichtet. Betrifft der Vertrag das ganze gegenwärtige Vermögen oder einen Bruchtheil, so ist er zulässig, unterliegt aber der ge-

---

findet ein Regreß unter den mehreren Delinquenten nicht statt; s. § 338 E.; §§ 33 bis 35 I 6 A.L.R.

[1] Dernburg, Preuß. Privatrecht, Bd. 2 § 25.

[2] Ausnahmen: Stiftung (§ 58), Auslobung (§§ 581 ff.), Schuldverschreibung auf Inhaber (§§ 685 ff. E.).

[3] Vgl. § 446 I 11, §§ 649—656 I 12 A.L.R.

[4] Nach Landrecht gültig; s. §§ 1087. 1088 I 11 A.L.R.; Entsch. Ob.-Trib. Bd. 43 S. 128; Dernburg, Pr. Privatrecht, Bd. 2 § 161, Note 17.

richtlichen oder notariellen Form (§ 350 E.). Der Vertrag, durch welchen Jemand sich zur Uebertragung des Eigenthums an einem Grundstücke verpflichtet, bedarf nach dem Entwurf ebenfalls der gerichtlichen oder notariellen Form (nach Landrecht der einfachen Schriftform, (§ 135 I 5), durch Auflassung und Eintragung des Erwerbers im Grundbuch erlangt aber der ohne diese Form geschlossene Vertrag nach seinem ganzen Inhalt Gültigkeit (§ 351 E.; § 10 Ges. v. 5. Mai 1872). Verträge über die Handlung eines Dritten verpflichten nach Landrecht den Versprechenden nur dazu, seine Bemühungen zur Bewirkung der Handlung aufzuwenden (§ 40 I 5 A.L.R.), nach dem Entwurf haftet der Versprechende für den Erfolg seines Versprechens, also event. für das Erfüllungsinteresse (§ 348 E.).[1]

III. Der Entwurf statuirt, unbeschadet der reichsgesetzlichen Bestimmungen über den Wucher, Zinsfreiheit, auch bezüglich der Vereinbarung von Zinsen aus rückständigen Zinsen. Nichtig ist die im Voraus getroffene Abrede, daß fällig werdende Zinsen im Falle der Nichtbezahlung wieder Zinsen tragen sollen (§ 358 E.; vgl. §§ 818. 819 I 11 A.L.R.).

IV. Der Entwurf spricht als Grundsatz aus, daß die Ermittelung des Inhalts eines Vertrages aus den Bestimmungen und der Natur des Vertrages, nach Gesetz und Verkehrssitte und mit Rücksicht auf Treue und Glauben zu erfolgen hat (§ 359 E.).

Wie das Landrecht, verordnet der Entwurf, daß die Nichterfüllung des Vertrages Seitens des einen Contrahenten den andern nicht zum einseitigen Rücktritt vom Vertrage berechtigt (§ 361 E.; §§ 393. 394 I 5 A.L.R.);[2] ausgenommen beim Fixgeschäft (§ 361 E.). Hier hat der Gläubiger bei nicht rechtzeitiger Erfüllung die Wahl zwischen Rücktritt oder Geltendmachung seiner Rechte aus dem Vertrage.

V. Nach preußischem Recht gehört es zur Substantiirung einer Klage aus einem gegenseitigen Vertrage, daß der Kläger behauptet, daß er seinerseits erfüllt habe, oder: daß er sich zur Leistung Zug um Zug erbietet, oder: behauptet, daß Beklagter vorzuleisten habe (§§ 232. 271 I 5).

---

[1] Ueber Bestimmung der Leistung durch einen der Contrahenten oder durch einen Dritten s. §§ 353—357 E.; §§ 71—73 I 5 A.L.R.

[2] Das Landrecht durchbricht aber diese Regel durch den Satz, daß, wenn ein Contrahent die Erfüllung deshalb weigert, weil der andere die seinige nicht gehörig erfüllt habe, der andere nach rechtskräftiger Verwerfung dieses Weigerungsgrundes die Wahl zwischen Rücktritt und Erfüllung nebst Schadensersatz hat; s. §§ 396 ff. I 5; vgl. Svarez, Amtliche Vorträge bei der Schlußrevision, S. 5 und 6. — Rücktritt vom Vertrage wegen veränderter Umstände (clausula rebus sic stantibus) kennt der Entwurf nur beim Darlehn (s. § 458). Ueber preuß. Recht s. §§ 377—384 I 5, §§ 656. 984 I 11, §§ 48. 248 I 14, § 33 I 16, § 376 I 21, § 41 II 19 A.L.R.; Entsch. R.G. Bd. 1 Nr. 46; Gruchot, Beiträge, Bd. 24 S. 422.

Wendet Beklagter ein, daß Kläger noch zu leisten habe, so liegt hierin eine Klageverneinung, aber keine Einrede. Die exceptio non impleti contractus ist also im preußischen Recht negative Litiscontestation. Dagegen ist die exceptio non rite impleti contractus im preußischen Recht eine wahre Einrede; sie setzt voraus, daß der Beklagte die Leistung ohne Vorbehalt angenommen hat und nunmehr die Fehlerhaftigkeit derselben rügt, wobei ihm die Beweislast obliegt.[1]

Anders der Entwurf:

Gegenseitige Verträge sind Zug um Zug zu erfüllen, d. h. wechselseitig zu gleicher Zeit; zulässig ist die Klage auf Verurtheilung zur Leistung Zug um Zug. Die Behauptung erfüllt zu haben, gehört nicht zur Begründung der Klage, vielmehr hat Kläger erst dann, wenn Beklagter sich darauf beruft, daß Kläger noch nicht geleistet habe (exceptio non impleti contractus), replicando Erfüllung zu behaupten und zu beweisen (§§ 362. 365. 366 E.). Ferner schließt der Entwurf den Beklagten mit der exceptio non rite impleti contractus aus, wenn er die ihm als Erfüllung angebotene Leistung als Erfüllung angenommen hat, und verweist ihn auf die selbständige Geltendmachung seiner Ansprüche mit der Beweispflicht für die Mangelhaftigkeit (§ 367 E.). Der aus einem gegenseitigen Vertrage auf Leistung belangte Contrahent kann, sofern er nicht vorzuleisten hat, die Leistung so lange verweigern, bis die ihm zustehende Gegenleistung bewirkt wird, nicht bis sie bewirkt ist; Zug um Zug (§ 364 E.).[2]

VI. Die Tragung der Gefahr beim gegenseitigen Vertrage regelt der Entwurf, wie das Landrecht, im deutschrechtlichen Sinne; der Schuldner trägt also die Gefahr bis zur Erfüllung.[3]

A. Wird also der Schuldner in Folge nicht zu vertretender (objectiver) Unmöglichkeit der Leistung befreit (§ 237 E.), so hat

1. bei gänzlicher Unmöglichkeit:

a) der Schuldner kein Recht auf die Gegenleistung;

b) der Gläubiger wird von dieser befreit, der Vertrag löst sich also auf (§ 364 I 5 A.L.R.).

2. Bei theilweiser Unmöglichkeit hat der Gläubiger das Recht, die Gegenleistung verhältnißmäßig nach Maßgabe des § 392 E. zu mindern und das hiernach etwa zu viel Geleistete zu condiciren (§. 368 E.).

---

[1] Dernburg, Preuß. Privatrecht, Bd. 2 § 46 und § 150; Förster-Eccius, Theorie und Praxis, Bd. 1 § 83.

[2] Klage des Vorleistungspflichtigen gegen den im Annahmeverzug befindlichen Gegencontrahenten, s. § 365 E.

[3] §§ 368. 463 E.; §§ 95. 100 I 11 A.L.R.

B. Ist die Leistung in Folge eines vom Gläubiger zu vertretenden Umstandes oder nach Eintritt seines Annahmeverzuges unmöglich geworden, dann:

1. behält der Schuldner das Recht auf die Gegenleistung,

2. ist der Gläubiger berechtigt, den Geldwerth der vom Schuldner in Folge der Nichtleistung ersparten Aufwendungen, und wenn die Nichtleistung den Schuldner zur anderweiten Verwendung seines Arbeitsvermögens in den Stand gesetzt hat, auch den Geldwerth des Erwerbes, welchen der Schuldner durch die anderweite Verwerthung seines Arbeitsvermögens gemacht oder zu machen böswillig unterlassen hat, in Abzug zu bringen (§ 368 E.).

C. Ist die Leistung in Folge eines vom Schuldner zu vertretenden Umstandes unmöglich geworden, so hat der Gläubiger das Wahlrecht zwischen Rücktritt[1] und Schadensersatz wegen Nichterfüllung; das Gleiche gilt bei theilweiser Unmöglichkeit, wenn der nicht unmöglich gewordene Theil der Leistung für ihn kein Interesse hat, sowie dann, wenn die Leistung in Folge des Verzuges des Schuldners für ihn kein Interesse hat (§ 369 E.).

VII. Die Daraufgabe (arrha, Haftgeld, Angeld, Handgeld, Daraufgeld) gilt wie im Landrecht als Zeichen der erfolgten Vertragschließung und wird auf die Hauptleistung angerechnet. Als Reugeld gilt sie nur im Falle besonderer Vereinbarung (§§ 417—419 E.; §§ 205—225 I 5 A.L.R.).

VIII. Die Conventionalstrafe ist nach Landrecht das im Voraus durch Verabredung bestimmte Interesse bei nicht gehörig geleisteter Erfüllung eines Vertrages (§ 292 I 5 A.L.R.); nach dem Entwurf ist sie eine zwischen Gläubiger und Schuldner für den Fall der Nichtleistung der Hauptleistung bedungene Strafleistung. Die Höhe der Conventionalstrafe beschränkt der Entwurf, abweichend vom Landrecht (§§ 299 ff. I 5), nicht. Sie ist verwirkt, wenn der Schuldner in Verzug kommt (§ 422 E). Der Gläubiger hat das Wahlrecht zwischen Hauptleistung und Strafleistung, und wenn wegen unterbliebener Bewirkung der Hauptleistung statt dieser Schadensersatz verlangt werden kann, das Wahlrecht zwischen Schadensersatz und Strafleistung. Das Landrecht schließt die Forderung eines höheren Interesses neben oder statt der Conventionalstrafe aus (§ 293 I 5 A.L.R.; § 420 E.). Ist die Conventionalstrafe nur für den Fall nicht gehöriger Leistung bedungen, so befreit, wie im Landrecht, die Erlegung der Strafleistung nicht von der Hauptleistung (§ 311 I 5 A.L.R.; § 421 E.).

[1] Auf das Rücktrittsrecht finden die §§ 426—431. 433 E. entsprechende Anwendung.

IX. Während das Landrecht, ausgehend von dem Princip, daß auch die Leistung der Gewähr zur Erfüllung eines Vertrages gehöre (§ 317 I 5 A.L.R.), allgemeine Grundsätze über die Gewährleistung aufstellt und die Gewährleistung wegen Mängel und wegen Ansprüche Dritter (Eviction, Entwehrung) nach diesen gleichen Grundsätzen behandelt (§§ 317—348 I 5 A.L.R.), trennt der Entwurf die Gewährleistung des veräußerten Rechts (Rechtsgewähr) von der Gewährleistung wegen Mängel der veräußerten Sache (Mängelgewähr) und behandelt beide als inhaltlich und zwecklich verschiedene Rechtsinstitute.

A. Gewährleistung des veräußerten Rechts. (Rechtsgewähr.)

Die Rechtsgewährpflicht des Entwurfs beruht auf dem Princip der Rechtsverschaffung. Der Veräußerer[1] einer Sache oder eines Rechts hat dem Erwerber das Eigenthum an der Sache oder das Recht zu verschaffen; er haftet dafür, daß nicht Rechte an der Sache oder dem Rechte oder sonstige auf die Sache oder das Recht sich beziehende Rechte bestehen.[2] Die Kenntniß des Erwerbers von dem Mangel im Recht des Autors schließt dessen Haftung für Rechtsgewähr aus, dagegen schadet die Kenntniß von Pfandrechten und Grundschulden dem Erwerber nicht (§ 373 E.; §§ 184—187 I 11 A.L.R.). Solange der Veräußerer seiner Pflicht zur Rechtsverschaffung nicht genügt hat, kann der Erwerber seine Gegenleistung verweigern, auch wenn im Uebrigen der Vertrag erfüllt ist, der Mangel im Recht des Veräußerers muß aber feststehen, evictio imminens genügt nicht.[3]

Der Erwerber kann aber gegen den Veräußerer einen Anspruch aus dem Vertrage wegen Nichterfüllung der Gewährspflicht erst dann geltend machen, wenn das Recht des Dritten mit Erfolg geltend gemacht ist (§ 374 E.).

Entziehung des Rechts im Proceßwege ist, abweichend vom Landrecht, nach dem Entwurf nicht erforderlich.[4] Letzterer giebt dem Erwerber einen Schadensersatzanspruch auf das volle Interesse (§§ 377. 218 E.), während

---

[1] Die Rechtsgewährpflicht bezieht sich nur auf den obligatorischen Veräußerungsvertrag.

[2] Also auch für Grundgerechtigkeiten, Pfandrechte, Grundschulden; s. § 184 I 11 A.L.R. Für öffentliche Lasten und Abgaben haftet dagegen der Veräußerer eines Grundstückes nach beiden Rechten nicht; s. § 372 E.; § 175 I 11 A.L.R.

[3] Das Landrecht räumt dem Käufer das Recht ein, bei evictio imminens einen verhältnißmäßigen Theil des Kaufgeldes zurückzubehalten und zu hinterlegen, dies kann der Verkäufer durch Cautionsleistung abwenden; s. §§ 222. 223 I 11 A.L.R.; Entsch. R.G. Bd. 2 Nr. 61.

[4] Vgl. §§ 143 ff. I 11 A.L.R.; § 375 E. Streitverkündung verlangt das Landrecht, nicht aber der Entwurf; Dernburg, Preuß. Privatrecht, Bd. 2 § 148.

das Landrecht den Veräußerer nur nach Verhältniß seiner Verschuldung für den wirklichen Schaden haften läßt und dem redlichen Erwerber gegen den Dritten den Anspruch auf Erstattung des Kaufgeldes und der auf die Sache verwendeten Kosten zuweist (§§ 153. 154 I 11 A.L.R.).[1]

Ausdrücklich bestimmt der Entwurf, daß bei der Veräußerung eines Grundstücks oder eines Rechts an einem solchen der Veräußerer schlechthin verpflichtet ist, die eingetragenen, dem vertragsmäßigen Recht des Erwerbers entgegenstehenden, Rechte auf seine Kosten zur Löschung zu bringen (§ 378 E.).

B. Gewährleistung wegen Mängel der veräußerten Sache (Mängelgewähr).

Die Gewährleistung[2] wegen physischer Mängel behandelt der Entwurf im Wesentlichen in Uebereinstimmung mit dem Landrecht (§ 317 I 5 A.L.R).

Der Veräußerer einer Sache haftet für die zugesicherten, sowie für die gewöhnlichen oder nach dem Vertrage vorausgesetzten Eigenschaften (verborgene Mängel). Der kritische Zeitpunkt ist nach Landrecht die Zeit der Uebergabe (§ 322 I 5, §§ 192 ff. I 11 A.L.R.), nach dem Entwurf der Zeitpunkt, in welchem die Gefahr auf den Erwerber übergeht (§ 381 E.).

Die Haftpflicht ist ausgeschlossen, wenn der Erwerber zur Zeit der Vertragschließung den Mangel gekannt, oder wenn seine Unkenntniß auf grober Fahrlässigkeit beruht hat; letztere ist aber unerheblich, wenn der Veräußerer das Nichtvorhandensein des Mangels zugesichert, oder wenn er denselben gekannt und dem Erwerber verschwiegen hat (§ 382 E.).

Der Erwerber hat das Wahlrecht zwischen Wandelung (actio, exceptio redhibitoria) und Minderung der Gegenleistung (actio, exceptio quanti minoris) (§ 383 E.), und zwar ohne daß er, wie im Landrecht, genöthigt wäre, zuvor auf Gewährung der fehlenden Eigenschaft zu klagen (§§ 325—328 I 5 A.L.R.). Die getroffene Wahl erklärt der Entwurf für unwiderruflich (§ 384), während nach Landrecht der erklärte Rücktritt die Preisminderungsklage nicht ausschließt (§§ 327. 328 I 5 A.L.R.).

Ohne Rücksicht auf ein Verschulden des Veräußerers gewährt der Entwurf dem Erwerber neben dem Recht auf Wandelung oder Minderung einen Schadensersatzanspruch wegen Nichterfüllung gegen denselben, wenn

---

[1] Erk. d. R.G. v. 14. Mai 1880 J. M. Bl. 1881 S. 18; Entsch. R.G. Bd. 2 Nr. 56. — Auch bei theilweiser Entwehrung haftet der Veräußerer nach dem Entwurf für das volle Interesse, nach Landrecht hat der Erwerber die Wahl zwischen der Wandelklage und der Vertragsklage auf Schadensersatz; s. §§ 164 ff. 188 I 11 A.L.R.

[2] Die Gewährleistung ist unabhängig von einem Verschulden des Veräußerers, sie beruht auf dem Vertrage.

zur Zeit des Vertragsschlusses eine zugesicherte Eigenschaft nicht vorhanden war. Den gleichen Anspruch auf das Erfüllungsinteresse neben dem Recht auf Wandelung oder Minderung hat der Erwerber ferner bei dolus des Veräußerers, wenn letzterer einen zu dieser Zeit vorhandenen Mangel wissentlich verschwiegen hat (§ 385 E.).

Das preußische Recht gewährt einen mit der Vertragsklage zu verfolgenden Anspruch auf Schadensersatz nur bei Verschulden des Veräußerers (§ 320 I 5 A.L.R.).[1]

Vorbehaltlose Annahme der mangelhaften Sache schließt das Recht auf Wandelung oder Minderung nach dem Entwurfe aus, wenn der Erwerber von dem Mangel Kenntniß hatte (§ 386), nach Landrecht schon, wenn der Fehler in die Augen fallend war (vitium patens). Nach preußischem Recht trifft bei der a. redhibitoria den Erwerber der Zufall (casus interitus et deteriorationis), ausgenommen, wenn er eine Folge des Fehlers selbst ist, oder wenn er erst nach der Rücktrittserklärung eintritt.[2] Der Entwurf kehrt zum römischen Rechte zurück und legt den Zufall dem Veräußerer auf (§§ 387. 427. 429. 430 E.).

Bei Grundstücksveräußerungen gilt die Zusicherung einer bestimmten Größe als Zusicherung einer Eigenschaft des Grundstücks, das Recht auf Wandelung steht aber beim Mangel der bestimmten Größe dem Erwerber nur dann zu, wenn wegen Erheblichkeit des Mangels anzunehmen ist, daß die Erfüllung des Vertrages für ihn kein Interesse habe (§ 338 E.). Für die Werthsberechnung bei der Minderungsklage acceptirt der Entwurf die relative Berechnung (§ 392 E.; § 328 I 5 A.L.R.).[3]

Die Streitfrage,[4] ob die Gewährleistungsklagen auch beim Genuskauf statthaben, entscheidet der Entwurf dahin, daß er dem Erwerber einer nur der Gattung nach bestimmten Sache das dreifache Recht: 1. der Wandelung, 2. der Minderung, 3. der Forderung einer mangelfreien Sache an Stelle der mangelhaften zuspricht.

Neben diesen Rechten gewährt der Entwurf dem Erwerber der

---

[1] Dieser unterliegt der gewöhnlichen Verjährung der Vertragsklage, während nach dem Entwurf auch der Anspruch auf Schadensersatz der kurzen Gewährsfrist untersteht (§ 397 E.).

[2] §§ 327. 328 I 5 A.L.R. Nach preuß. Recht ist die Redhibition überhaupt nur dann zulässig, wenn der Erwerber die Sache in dem Zustande, in welchem er sie empfangen hat, zurückgeben kann; anders nach dem Entwurf; s. §§ 387. 427. 429. 430 E.; vgl. auch Förster-Eccius, Bd. 1 § 85; Entsch. Ob.-Trib. Bd.. 41 S. 40.

[3] Dernburg, Preuß. Privatrecht, Bd. 2 § 144 Note 25 (4. Aufl. Note 27).

[4] Entsch. R.O.H.G. Bd. 5 S. 394. 399; Thöl, Handelsrecht, 5. Aufl. Bd. 1 § 275; Dernburg, Preuß. Privatrecht, Bd. 2 § 145; Windscheid, Pandekten, Bd. 2 § 394; Entsch. R.G. Bd. 6 S. 188, Bd. 12 S. 78. 84.

Genußleistung noch einen Anspruch auf Schadensersatz wie bei der Speciesveräußerung, wenn in dem Zeitpunkt, in welchem die Gefahr auf den Erwerber überging,[1] die zugesicherte Eigenschaft gefehlt hat oder der sonstige Mangel vom Veräußerer wissentlich verschwiegen worden ist (§§ 398. 383 E.).

Die Verjährungsfristen betragen bei Wandelung und Minderung nach dem Entwurf sechs Monate für bewegliche, ein Jahr für unbewegliche Sachen, beginnend mit dem Zeitpunkt der Uebergabe; mit Vollendung der Verjährung erlischt auch die Einrede (§ 397 E.).[2]

Bezüglich der Gewährleistung bei Veräußerung von Hausthieren (Pferden, Eseln, Mauleseln, Maulthieren, Rindvieh, Schafen und Schweinen) schließt sich der Entwurf dem deutschrechtlichen Princip an, läßt nur wegen sog. Hauptmängel und bis zum Ablauf bestimmter Gewährfristen (zwei Wochen) haften und gestattet dem Erwerber nur die Wandelung,[3] nicht die Minderung. Im Falle der Wandelung hat der Veräußerer dem Erwerber die Kosten der thierärztlichen Untersuchung und Behandlung, sowie der Fütterung und Pflege des veräußerten Thieres unter Abzug der von diesem etwa gezogenen Nutzungen zu vergüten (§§ 399—411 E.).

X. Aus einem Vertrage zu Gunsten eines Dritten erlangt nach dem Entwurf der Dritte ein unmittelbares Recht auf die Leistung gegen den Promittenten, sofern nach Inhalt des Vertrages diese Wirkung gewollt ist.

Der Promissar kann Bewirkung der Leistung an den Dritten fordern; der Dritte kann dem Promittenten gegenüber das Forderungsrecht zurückweisen; dann ist das Verhältniß so anzusehen, wie wenn das Forderungsrecht nicht entstanden wäre (§§ 412. 415 E.).

Nach preuß. Recht erlangt der Dritte erst alsdann ein Recht, wenn er dem Vertrage mit Bewilligung der Hauptparteien beigetreten ist (§ 74—77 I 5 A.L.R.).

XI. Der vertragsmäßig vorbehaltene Rücktritt vom Vertrage vollzieht sich nach dem Entwurf durch (unwiderrufliche) Erklärung des Berechtigten gegenüber dem anderen Theile, mit der Wirkung, daß die Vertragschließenden untereinander so berechtigt und verpflichtet sind, wie wenn der Vertrag nicht geschlossen wäre; also Rückgewähr des

---

[1] Weil in diesem Moment erst die Leistung sich specialisirt.

[2] Anders im preuß. Recht, wo die Regel gilt: quae ad agendum sunt temporalia, ad excipiendum sunt perpetua; Dernburg, Preuß. Privatrecht, Bd. 2 § 145 Note 14; vgl. §§ 343 ff. I 5 A.L.R.

[3] Anders nach preuß. Recht, welches auch beim Viehhandel die Minderungsklage zuläßt und welches auch keine besonderen Gewährfristen kennt; s. §§ 199—206 I 11 A.L.R.

Empfangenen mit Zuwachs und Nutzungen ex tunc (§§ 426. 427 E.). Das Landrecht behandelt den Vorbehalt des Rücktritts beim Kauf (Reukauf) als Resolutivbedingung (§§ 331. 332 I 11 A.L.R.). Ist das Rücktrittsrecht gegen Reugeld vorbehalten, so ist die Rücktrittserklärung nur wirksam, wenn das Reugeld bei der Erklärung entrichtet wird oder schon vorher entrichtet war (§ 435 E.; § 212 ff. 313. 314 I 5 A.L.R.).

Der Vorbehalt der Rechtsverwirkung (lex commissoria), wonach der Schuldner, wenn er seine Verbindlichkeit nicht erfüllt, seiner Rechte aus dem Vertrage verlustig sein solle, berechtigt nach dem Entwurf den Gläubiger beim Eintritt des Verwirkungsfalles zum Rücktritt vom Vertrage; er kann aber auch bei dem Vertrage stehen bleiben (§ 436 E.); nach Landrecht hat die Klausel die Kraft einer auflösenden Bedingung (§§ 266 ff. I 11 A.L.R.).[1]

§ 9.

Einzelne Verträge aus Rechtsgeschäften unter Lebenden.

Entwurf: Buch 2 Abschnitt 2 Tit. 2—20; Mot. II S. 286—723.

I. Die Schenkung ist wie im Landrecht ein Vertrag und bedarf deshalb der (formlosen) Annahme; das Schenkungsversprechen ist nach Landrecht der gerichtlichen, nach dem Entwurf der gerichtlichen oder notariellen Form unterworfen.[2] Das formlose Versprechen ist nichtig und wird auch nicht durch nachträgliche Vollziehung, wie im Landrecht, geheilt. Lediglich die durch Veräußerung, d. h. durch Vollziehung des dinglichen Vertrages (Uebergabe, Auflassung, Uebertragung, Erlaß, Verzicht) vollzogene Schenkung, nicht auch die zwecks Erfüllung eines formwidrigen Versprechens vollzogene Schenkung ist nach dem Entwurf auch ohne Beobachtung besonderer Form gültig. Der Entwurf kennt nur den Widerruf wegen Undanks, das Widerrufsrecht geht auf die Erben des Schenkers nur über, wenn der Beschenkte den Schenker vorsätzlich getödtet hat (§§ 437—452 E.; § 1037—1177 I 11 A.L.R.).

II. Beim Darlehn unterscheidet der Entwurf nicht, wie das preuß. Recht, zwischen eigentlichem und uneigentlichem Darlehn, kennt auch keine

---

[1] Vgl. Dernburg, Preuß. Privatrecht, Bd. 2 § 152 Note 1. Das Landrecht vermischt die lex commissoria und den Vorbehalt des Eigenthums. Vgl. auch § 26 Ges. v. 5. Mai 1872.

[2] Besondere Vorschriften über remuneratorische Schenkungen, wie das Landrecht, hat der Entwurf nicht; s. §§ 1169 ff. I 11 A.L.R. Ueber donatio sub modo s. § 448 E.; §§ 1048. 1053. 1054 I 11, §§ 152 ff. I 4 A.L.R. Nach Entwurf: Klage auf Erfüllung der Auflage, nach Landrecht: nur Rückforderung des Geschenkten. Entsch. Ob.-Trib. Bd. 37 S. 22 ff.

Beschränkung der Darlehnsfähigkeit bestimmter Personen (§§ 674 ff. 853 I 11 A.L.R.). Die gesetzliche Kündigungsfrist beträgt nach dem Entwurf sechs Wochen (vgl. §§ 761—768 I 11 A.L.R.).

III. Kauf und Tausch.

A. Die Vorschriften des Entwurfs über den Kauf[1] stimmen im Wesentlichen mit dem preußischen Recht überein. Wie im Landrecht trägt der Verkäufer die Gefahr bis zur Uebergabe, jedoch beim Grundstückskauf bis zur Eintragung des Käufers im Grundbuch, falls diese vor der Uebergabe erfolgt; bis dahin gebühren dem Verkäufer auch die Nutzungen der Sache (§ 463 E.; §§ 95 ff. I 11 A.L.R.). Keine Ausnahme macht der Entwurf bezüglich des Kaufs in Bausch und Bogen (§§ 117 ff. I 11 A.L.R.). Der Entwurf gewährt dem Verkäufer Anspruch auf Ersatz der von ihm auf die Kaufsache nach Schließung des Vertrages und vor der Uebergabe gemachten Verwendungen, wenn die Gefahr schon vor der Uebergabe (sei es vertraglich, sei es gesetzlich) auf den Käufer übergegangen ist (§ 463 E.).

Bei Versendungsgeschäften fällt nach preußischem Recht Eigenthums- und Gefahrsübergang zusammen auf den Zeitpunkt der Übergabe der Sache an die zum Transport bestimmte Person (§§ 128 ff. I 11 A.L.R.). Der Entwurf bestimmt unabhängig von der Frage des Eigenthumsüberganges, daß die Transportgefahr dann, wenn die Kaufsache auf Verlangen des Käufers an einen anderen Ort als den Erfüllungsort versendet werden soll, auf den Käufer mit der Auslieferung der Sache an die zum Transport bestimmte Person übergeht (§ 465 E.; Art. 345 H.G.B.).[2] Der Entwurf enthält besondere Bestimmungen über den Kauf nach Probe oder Muster (dem Landrecht unbekannt) (§ 470 E.), den Kauf auf Besicht oder auf Probe (§ 471 E. und §§ 333—339 I 11 A.L.R.) und über den Vorbehalt des besseren Gebotes (in diem addictio) (§§ 474. 475 E.; §§ 272—294 I 11 A.L.R.).

B. Der Vorbehalt des Wiederkaufes[3] wirkt nach dem Entwurf lediglich obligatorisch unter den Contrahenten, im Landrecht kann auch Wirkung gegen Dritte durch Eintragung herbeigeführt werden (§§ 264. 265. 311 I 11 A.L.R.; § 476 E.). Mit der Erklärung des Berechtigten,

---

[1] Keine besonderen Vorschriften enthält der Entwurf über den Lieferungskauf (§§ 981 ff., über emtio spei, rei speratae §§ 527 ff. I 11 A.L.R.), auch beseitigt er das Rechtsmittel der laesio enormis (§§ 58 ff. I 11 A.L.R.).

[2] Bei Versendung an den Erfüllungsort trägt also der Verkäufer nach der allgemeinen Regel die Gefahr bis zur Uebergabe am Erfüllungsort.

[3] Nach preuß. Recht ist das Wiederkaufsrecht nicht cessibel und nicht vererblich (§§ 312. 316 I 11 A.L.R.), wohl aber nach dem Entwurf.

daß er das Wiederkaufsrecht ausübe, gelangt der Wiederkauf zum Abschluß (§ 477 E.).

C. Der Entwurf behandelt im Obligationenrecht nur das obligatorische Vorkaufsrecht,[1] ein gesetzliches Vorkaufsrecht kennt der Entwurf nicht. Mit der Erklärung des Berechtigten gegenüber dem Verpflichteten, daß er das Vorkaufsrecht ausübe, gelangt der Kaufvertrag zwischen Beiden unter den in dem Kaufvertrage zwischen dem Verpflichteten und dem Dritten enthaltenen Bestimmungen zum Abschluß (§ 482 E.). Kenntniß des Dritten von dem Vorkaufsrecht gewährt nach dem Entwurf keinen Anspruch gegen den Dritten (anders § 630 I 20 A.L.R.). Das persönliche Vorkaufsrecht kann beim Zwangsverkauf nicht geltend gemacht werden (§ 485 E.; anders § 617 I 20 A.L.R.).[2]

D. Erbschaftskauf.[3] Gegenstand desselben ist nach dem Entwurf die (angefallene) Erbschaft, der Inbegriff der zu ihr gehörigen Vermögensstücke (römische Auffassung, Singularsuccession), nach Landrecht das Erbrecht (Universalsuccession) (§ 488 E.; §§ 445 ff. I 11 A.L.R.). Im Gegensatz zum preußischen Recht (§§ 458. 478 I 11) gebührt nach dem Entwurf dem Verkäufer die Accrescenz (§ 488 Abs. 2 E.). Der Verkäufer ist verpflichtet, dem Käufer die einzelnen zur Erbschaft gehörenden Sachen und Rechte zu übertragen (Ablehnung der Universalsuccession, §§ 454—457. 474. 483 I 11 A.L.R.) (§ 489 E.).[4]

E. Tausch (§ 502 E.; §§ 363—375 I 11 A.L.R.)

IV. Miethe und Pacht.

A. Miethe. Der Entwurf kennt als Gegenstand eines Miethvertrages nur eine körperliche Sache, nicht auch, wie das Landrecht, ein Recht (§ 503 E.; § 258 I 21 A.L.R.).[5] Abgesehen von dem auch nach Landrecht dem Miether wegen Mängel der vermietheten Sache zustehenden Rücktrittsrecht und dem Recht auf Minderung des Miethpreises (§ 505 E.; §§ 272. 273. 383. 384 I 21 A.L.R.) gewährt der Entwurf dem Miether außerdem, ohne Rücksicht auf ein Verschulden des Vermiethers, wegen

---

[1] Das Landrecht behandelt das römische (persönliche) Vorkaufsrecht in Verbindung mit dem deutschrechtlichen (dinglichen) Näherrecht; es unterscheidet persönliches durch Vertrag oder letztwillige Verfügung bestelltes) und gesetzliches (stets dingliches) Vorkaufsrecht; ein dingliches (nicht unmittelbar auf Gesetz beruhendes) V. kann nur an Grundstücken und nur durch Eintragung entstehen; s. §§ 568 ff. I 20 A.L.R., § 12 Ges. v. 5. Mai 1872.

[2] In Ansehung von Immobilien s. §§ 615 ff. I 20 A.L.R.; § 67 Ges. v. 13. Juli 1883.

[3] Bähr, a. a. O. S. 391 ff.

[4] Also bei Grundstücken Auflassung erforderlich; vgl. Johow und Küntzel, Jahrbuch Bd. 1 Nr. 69. Ueber Gewährleistung s. §§ 484 ff. I 11 A.L.R.; § 492 E. Wegen Ersatz der Impensen des Verkäufers s. §. 496 E. gegen § 481 I 11 A.L.R.

[5] Dernburg, Preuß. Privatrecht, Bd. 2 § 167.

der zur Zeit des Vertragsschlusses vorhandenen Mängel einen Anspruch auf Schadensersatz wegen Nichterfüllung und ebenso dann, wenn der Mangel später eingetreten und der Vermiether diesen verschuldet oder seine Beseitigung verzögert hat.[1]

Der Entwurf entscheidet sich, abweichend vom Landrecht, für den Grundsatz: „Kauf bricht Miethe";[2 3] jedoch erleidet dieser Satz für die Vermiethung eines Grundstücks zu Gunsten des Miethers die Einschränkung, daß der Erwerber des Grundstücks die Räumung von dem Miether erst nach Aufforderung und unter Gewährung einer der gesetzlichen (bez. der kürzeren vertragsmäßigen) Kündigungsfrist gleichkommenden Frist verlangen darf (§ 509 E.); außerdem muß der Erwerber dem Miether eine seine Berechtigung ergebende öffentliche Urkunde vor oder bei der Aufforderung vorlegen, widrigenfalls derselbe die Aufforderung dadurch wirkungslos machen kann, daß er sie unverzüglich zurückweist (§ 511 E.). Die Aufforderung zur Räumung berechtigt den Miether zum sofortigen Rücktritt vom Vertrage (§ 509 Abs. 2 E.). Entgegen dem preußischen Recht, welches dem Miether nicht gestattet, den ihm eingeräumten Gebrauch der Sache ohne Einwilligung des Vermiethers einem Anderen zu überlassen (§ 309 I 21), gewährt der Entwurf dieses Recht grundsätzlich jedem Miether, ohne Rücksicht auf eine Einwilligung des Vermiethers (Untermiethe) (§ 516 E.). Auch hat der Miether, in weiterer Abweichung vom preußischen Recht (§ 397 I 21 A.L.R.) nach allgemeinen Grundsätzen ein Retentionsrecht (s. oben § 6 sub IV) wegen seiner fälligen Gegenansprüche aus dem Miethverhältniß. Gleich dem Landrecht gewährt der Entwurf dem Vermiether eines Grundstücks wegen seiner Forderungen aus dem Miethvertrage ein gesetzliches Pfandrecht[4] an den eingebrachten Sachen des Miethers (§ 395 I 21 A.L.R.; Decl. vom 21. Juli 1846, G.S. S. 326), beschränkt dasselbe aber erheblich in seinem

[1] Das Landrecht setzt stets Verschulden des Vermiethers voraus; s. § 273 I 21, §§ 285. 360 I 5 A.L.R.

[2] Dem Erwerb des Eigenthums am Miethsgrundstück stellt der Entwurf den Fall gleich, wenn der Dritte an dem Grundstück ein anderes Recht, welches den vertragsmäßigen Gebrauch des Grundstücks durch den Miether aufhebt oder beschränkt (z. B. Nießbrauch), durch ein Rechtsgeschäft des Vermiethers erworben hat (s. § 510 E.; Bähr, a. a. O. S. 393 ff.; §§ 2—5. 358—362 I 21 A.L.R. Ausnahme: bei nothwendiger gerichtlicher Veräußerung s. §§ 350—357 I 21 A.L.R.). Der Grundsatz „Kauf bricht Miethe" gilt nach dem Entwurf auch für die Pacht (§ 532 E.).; die Eintragung des Mieths- oder Pachtrechts im Grundbuch ist nach dem Entwurf unzulässig. — Ueber Ersatz der vom Miether auf die Sache gemachten Verwendungen s. § 514 E.; §§ 280—287 I 21 A.L.R.

[3] Gegen diesen Grundsatz hat sich der letzte (19.) Juristentag ausgesprochen.

[4] Vgl. Cohn, in Gutachten aus dem Anwaltstande, Heft 2 S. 159.

Umfange, insofern es sich nicht auf die eingebrachten Sachen der Ehefrau und der Kinder des Miethers und nicht auf diejenigen Sachen erstreckt, welche der Pfändung nicht unterworfen sind (§ 715 C.P.O.). Die Ausübung des Pfandrechts kann durch Sicherheitsleistung abgewendet werden (§ 521 E.).[1]

Die gesetzliche Kündigungsfrist bei Immobilien ist wie im Landrecht eine vierteljährliche. Während letzteres aber die Kündigung in den ersten drei Tagen des Vierteljahrs, mit dessen Ablauf die Räumung erfolgen soll, zuläßt (§ 344 I 21 A.L.R.), muß sie nach dem Entwurf vor Beginn des Vierteljahrs erfolgen, mit dessen Ablaufe das Miethverhältniß endigen soll; maßgebend sind die am 1. Januar, 1. April, 1. Juli und 1. Oktober beginnenden Kalendervierteljahre. Ist bei Immobilien der Miethzins nach Monaten bemessen, so ist im Anschluß an die Verordn. vom 9. Januar 1812 (G.S. S. 4.) die Kündigung nur zum Ablauf des Monats zulässig und muß spätestens am fünfzehnten des Monats erfolgen; ist der Miethzins nach Wochen bemessen, so ist die Kündigung nur zum Ablaufe einer Kalenderwoche zulässig und muß spätestens am Montag der Woche erfolgen, mit deren Ablauf die Räumung erfolgen soll (§ 522 E.). Bei beweglichen Sachen statuirt das Landrecht eine Kündigungsfrist von 24 Stunden (§ 345 I 21), der Entwurf eine solche von drei Tagen (§ 522 Abs. 6 E.). Ist der Miethzins nach Tagen bemessen, so ist bei unbeweglichen und beweglichen Sachen die Kündigung an jedem Tage zum folgenden Tage zulässig (§ 522 Abs. 7 E.).

Die Fortsetzung des Miethbesitzes nach Ablauf der vertragsmäßigen Miethzeit gilt im preußischen Recht nicht als stillschweigende Verlängerung des Contracts, vielmehr bedarf es hierzu der ausdrücklichen oder stillschweigenden Einwilligung des Vermiethers,[2] umgekehrt gilt nach dem Entwurf die Fortsetzung des Gebrauchs der Miethsache nach Ablauf der Miethzeit als stillschweigende Verlängerung des Miethverhältnisses, und es bedarf, um die Unterstellung dieser stillschweigenden Vereinbarung zu entkräften, einer entgegenstehenden Willenserklärung des Vermiethers oder des Miethers. Der Entwurf beschränkt diese Vorschrift auch nicht auf Miethverträge, die auf bestimmte Zeit abgeschlossen sind; das verlängerte Miethverhältniß wird durch Kündigung beendigt (§§ 324 ff. I 21 A.L.R.; § 524 E.). Im Falle des Todes des Miethers sind nach Land-

[1] Ueber Pfändung der dem Pfandrecht des Vermiethers unterworfenen Sachen durch Dritte s. § 521 Abs. 5 E.; § 7 A.G. zur RK.O. v. 6. März 1879; § 41 Nr. 4 R.K.O.; Entsch. R.G. Bd. 13 Nr. 60 S. 253.

[2] Die stillschweigende Verlängerung wird in der Regel auf ein Jahr verstanden; s. § 328 I 21 A.L.R.

recht die Erben des Miethers vom Ablauf des Sterbequartals an noch ein halbes Jahr an den Miethvertrag gebunden (§ 371 I 21), der Vermiether kann in diesem Falle mit der gesetzlichen Kündigungsfrist (§ 344 I 21) kündigen (§ 373 I 21). Dem entgegen verordnet der Entwurf, daß sowohl die Erben des Miethers, wie der Vermiether zum Ablauf des auf das Sterbequartal folgenden Vierteljahres das Miethverhältniß beendigen können (§ 526 E.).[1] Ein Rücktrittsrecht des Vermiethers wegen eines nothwendigen Hauptbaues (§ 363 I 21 A.L.R.) kennt der Entwurf nicht.[2]

B. Pacht.[3] Gegenstand eines Pachtvertrages können nach dem Entwurf nicht blos körperliche Sachen, sondern auch Rechte sein (§ 537 E.). Den Remissionsanspruch des Pächters (§§ 478—596 I 21 A.L.R.) beseitigt der Entwurf. Abweichend vom Landrecht gewährt der Tod des Pächters weder dessen Erben noch dem Verpächter ein Recht vorzeitiger Kündigung (§§ 366—370 I 21 A.L.R.; § 538 E.). Kündigung ist nach dem Entwurf nur zum Ende eines Pachtjahres zulässig; das erste Pachtjahr beginnt mit dem Anfang der Pacht, die Kündigungsfrist beträgt sechs Monate § 537 E.; §§ 342. 343 I 21 A.L.R.).

V. Gebrauchsleihe (Commodat, landrechtlich Leihvertrag genannt) ist die Ueberlassung einer Sache zum unentgeltlichen Gebrauch. Nach preußischem Recht gehört es zum Wesen dieses Vertrages, daß die Zeit der Rückgabe entweder in sich selbst oder durch die Art oder den Zweck des eingeräumten Gebrauchs bestimmt ist; in diesem Erforderniß erblickt das Landrecht den Unterschied zwischen Leihvertrag und dem (jederzeit widerruflichen) Precarium (§§ 229—233 I 21 A.L.R.).

Nach dem Entwurf ist die Zeitdauer und der Zweck des Gebrauchs bei der Leihe nicht wesentlich (§§ 549. 556 E.). Er versteht unter Precarium die unentgeltliche Gebrauchsüberlassung einer Sache unter dem (vertragsmäßigen) Vorbehalt des willkürlichen Widerrufs (§ 558 E.).

VI. Dienstvertrag und Werkvertrag.

---

[1] Dasselbe Kündigungsrecht gewährt der Entwurf Beamten und Militärpersonen im Falle ihrer Versetzung (§ 527 E.); das Landrecht bindet auch hier noch ein halbes Jahr vom Kündigungsquartal an (§ 376 I 21; vgl. Urth. R.G. v. 11. Juli 1888, J. M. Bl. S. 211); besondere Bestimmungen für den Fall eines ausbrechenden Krieges (§ 378 I 21 A.L.R.) trifft der Entwurf nicht.

[2] Vgl. im Uebrigen über das Rücktrittsrecht des Vermiethers und Miethers §§ 528. 529 E. und §§ 298. 387 und §§ 273. 383 I 21 A.L.R.

[3] Der Pachtvertrag unterliegt wie der Miethvertrag nach dem Entwurf keinerlei Formvorschrift. Auf den Pachtvertrag finden die Vorschriften über den Miethvertrag entsprechende Anwendung, soweit nicht in den §§ 533—548 ein Anderes bestimmt ist (§ 532 E.). Ueber die Pacht landwirthschaftlicher Grundstücke s. §§ 539—548 E.

A. Gegenstand eines Dienstvertrages können Dienste jeder Art sein (§ 559 E.).

Annahmeverzug des Dienstberechtigten gewährt dem Dienstverpflichteten nach dem Entwurf Anspruch auf die vertragsmäßige Vergütung, ohne zur Nachleistung der Dienste verpflichtet zu sein (§ 561 E.). Hervorzuheben ist die dem preußischen Recht fremde Bestimmung des Entwurfs, daß eine vorübergehende, durch einen in seiner Person liegenden Grund ohne sein Verschulden bewirkte Verhinderung des Dienstverpflichteten (z. B. Einziehung zu militärischen Uebungen), denselben seines Anspruchs auf die bedungene Vergütung nicht verlustig macht, und daß sich Niemand auf länger als zehn Jahre einem Anderen durch Dienstvertrag wirksam binden kann; nach Ablauf dieser Zeit kann das Dienstverhältniß durch Kündigung (Frist: sechs Monate) beendet werden (§§ 562. 564 E.). Auch kennt der Entwurf in Abweichung vom Landrecht eine stillschweigende Verlängerung des Dienstvertrages nach Ablauf der Dienstzeit durch Fortsetzung der Dienste (§ 565 E.; §§ 894—924 I 11 A.L.R.).

B. Gegenstand eines Werkvertrages sind Dienste mit Beziehung auf einen bestimmten Erfolg, das Resultat der Dienste oder der Arbeit, das Werk (opus).[1]

Abweichend vom preußischen Recht enthält der Entwurf keine besonderen Bestimmungen über die Zeit der Ablieferung des Werkes, erachtet auch die persönliche Ausführung desselben durch den Uebernehmer (Werkmeister) nicht für wesentlich (§§ 928—931. 933—935 I 11 A.L.R.).

Während es nach preußischem Recht für das Wesen des Werkvertrags gleichgültig ist, wer den Stoff zu dem Werke liefert,[2] bestimmt der Entwurf, daß, wenn der Uebernehmer den Stoff verschafft, auf den Vertrag die für den Kaufvertrag[3] geltenden Vorschriften Anwendung finden sollen (§§ 926. 956 I 11 A.L.R.; § 568 E.).[4] In fernerer Abweichung vom Landrecht räumt der Entwurf dem Besteller, wenn das Werk nicht die zugesicherten Eigenschaften hat oder mit Mängeln behaftet ist, in erster Reihe das Recht ein, die Beseitigung des Mangels binnen einer von ihm zu bestimmenden Frist zu verlangen; erst bei Unmöglichkeit oder

---

[1] § 925 I 11 A.L.R.; Entsch. R.G. Bd. 10 Nr. 55, Bd. 11 Nr. 58; Gruchot, Beiträge, Bd. 27 S. 925.

[2] Ueber den Unterschied zwischen Werkvertrag, Kauf, Lieferungsvertrag: Strietshorst, Archiv, Bd. 86 S. 251; Entsch. R.O.H.G. Bd. 2 Nr. 68, Bd. 6 Nr. 9; Entsch. R.G. Bd. 11 Nr. 58; Gruchot, Beiträge, Bd. 25 S. 988 ff.

[3] § 4 Inst. de loc. et cond. 3, 24; Entsch. R.G. Bd. 1 Nr. 29; Seuffert, Archiv, Bd. 41 Nr. 99, Bd. 42 Nr. 111.

[4] Vgl. Ehrenberg, Kauf und Werkvertrag. Zugleich Kritik des Entwurfs eines bürgerl. Gesetzbuchs f. d. Deutsche Reich, in d. Jahrb. f. d. Dogmatik, Bd. 27 S. 253—292.

Nichtrechtzeitigkeit der Beseitigung des Mangels hat der Besteller die Wahl zwischen Rücktritt und Minderung der Gegenleistung, und bei Verschulden des Uebernehmers außerdem Anspruch auf Schadensersatz wegen Nichterfüllung (§ 569 E.).[1] Dieselben Vorschriften finden entsprechende Anwendung wegen nicht rechtzeitiger Herstellung des Werkes (§ 569 Abs. 4 E.).[2]

Der Entwurf räumt auch dem Besteller ein willkürliches Rücktrittsrecht bis zur Vollendung des Werkes ein, unbeschadet des Anspruchs des Uebernehmers auf die Gegenleistung nach Maßgabe des § 368 Abs. 2 (§ 578 E.). Dagegen finden nach Landrecht die §§ 408—411 I 5 bezüglich des freien Rücktrittsrechts bei Verträgen über Handlungen auf den Werkvertrag keine Anwendnng.[3] Die Vorschriften über den Werkvertrag finden nach dem Entwurf entsprechende Anwendung auf Verträge, welche einen anderweiten, durch Arbeitsleistung oder Dienstleistung zu bewirkenden Erfolg zum Gegenstande haben, z. B. auf den Frachtvertrag (§ 579 E.). Ueber den Mäklervertrag vgl. § 580 E.

Keine besonderen Vorschriften enthält der Entwurf über den Trödelvertrag (vgl. §§ 511—526 I 11 A.L.R.).

VII. Auslobung, das öffentlich bekannt gemachte Versprechen einer Belohnung für Herstellung eines Werkes oder Vollbringung einer Handlung; das einseitige Versprechen bindet auch ohne Annahme (§§ 581—584 E.). Die Beschränkung der Auslobung auf nützliche Geistesarbeiten oder gemeinnützige körperliche Fähigkeiten oder Unternehmungen (§§ 988—995 I 11 A.L.R.) lehnt der Entwurf ab. Die Entscheidung des Auslobenden bez. der Preisrichter ist unanfechtbar.

VIII. Auftrag (Mandat). (S. o. § 3 sub VIII. §§ 585—604 E.; §§ 5—227 I 13 A.L.R.)

Wie im Landrecht ist Unentgeltlichkeit kein wesentliches Erforderniß des Auftragsvertrages; Ertheilung wie Annahme des Auftrags können nach dem Entwurf formlos, auch stillschweigend erfolgen.

Der Beauftragte haftet für jede Fahrlässigkeit.[4]

---

[1] Vgl. §§ 947 ff. I 11 und §§ 318. 320 I 5 A.L.R.; Entsch. R.O.H.G. Bd. 18 Nr. 20; Dernburg, Preuß. Privatrecht, Bd. 2 § 200.

[2] Vgl. §§ 936—938 I 11 A.L.R.; Entsch. R.O.H.G. Bd. 21 Nr. 1. Ueber die Verjährung der Ansprüche des Bestellers s. § 571 E.; §§ 343. 345. 320 I 5 A.L.R. Ueber das gesetzliche Pfandrecht des Uebernehmers s. § 574 E.; § 974 I 11 A.L.R.; § 41 Nr. 6 R.K.O.; § 7 A.G. z. R.K.O.; den gesetzlichen Titel zur Hypothek wegen Verwendungen (§ 973 I 11 A.L.R.) kennt der Entwurf nicht. — Ueber Annahmeverzug des Bestellers s. §§ 575. 576 Satz 2 E. und § 939. 940 I 11 A.L.R.

[3] § 412 I 5 A.L.R.; Entsch. R.O.H.G. Bd. 11 Nr. 51; Förster-Eccius, Bd. 2 § 138 Note 100.

[4] Nach Landrecht für culpa in concreto; bei entgeltlichem Mandat für mäßiges

Abweichend vom Landrecht erlischt der Auftrag nicht mit dem Tode des Auftraggebers, auch nicht mit Eintritt der Geschäftsunfähigkeit desselben (§§ 599. 600 E.; §§ 186 ff., 196 I 13 A.L.R.). Dagegen erlischt nach dem Entwurf der Auftrag mit der Eröffnung des Konkurses über das Vermögen des Auftraggebers, es müßte denn der Auftrag auf dieses Vermögen keinen Bezug haben (§ 602 E.), nicht aber ohne Weiteres durch Konkurs des Beauftragten.[1]

Rath oder Empfehlung machen nur bei Arglist schadensersatzpflichtig (§ 604 E.; §§ 217—223 I 13 A.L.R.).

IX. Die Anweisung (§§ 605—613 E.; §§ 251—299 I 16 A.L.R.). Während das preußische Recht die Anweisung als Mittel der Tilgung von Verbindlichkeiten behandelt und als Regel den Fall unterstellt, daß der Assignat Schuldner des Assignanten und der Assignatar Gläubiger des Assignanten ist, und daß die Schuld des Assignanten an den Assignatar dadurch getilgt werden soll, daß der Assignatar den Auftrag erhält, die Forderung des Assignanten an den Assignaten bei diesem für eigene Rechnung zu erheben (§§ 251. 252 I 16 A.L.R.), betrachtet der Entwurf die Anweisung als ein selbständiges, von ihrem Grunde und Zwecke unabhängiges Rechtsinstitut, und zwar behandelt er nur die schriftliche Anweisung. Sie enthält die schriftliche, an einen Dritten (Angewiesenen) gerichtete Aufforderung, an einen Anderen (Anweisungsempfänger) eine Leistung zu bewirken; auf Grund dieser Urkunde ist der Anweisungsempfänger ermächtigt,[2] die Leistung bei dem Angewiesenen in eigenem Namen zu erheben und der Angewiesene ist ermächtigt, die Leistung an den Anweisungsempfänger für Rechnung des Anweisenden zu bewirken.[3] Eine Benachrichtigung des Angewiesenen (Assignaten) von Seiten des Anweisenden ist, abweichend vom Landrecht (§§ 268. 269 I 16 A.L.R.), nach dem Entwurf nicht erforderlich. Durch die Annahme[4] der Anweisung

Versehen; Kunst- und Sachverständige bei entgeltlichem Mandat für geringes, bei unentgeltlichem für mäßiges Versehen (§§ 54—58 I 13 A.L.R.).

[1] Vgl. §§ 197—200 I 13 A.L.R.; Förster-Eccius, Bd. 2 § 141. — Keine besonderen Vorschriften enthält der Entwurf über den Verwaltungsvertrag (§§ 109—177 I 14 A.L.R.).

[2] Also kein Auftrag! Vgl. Thöl, Handelsrecht, 5. Aufl. Bd. 1 § 325.

[3] Anders die landrechtliche Terminologie; diese unterscheidet den Anweisenden (Assignanten), den Angewiesenen (Assignatar, also Anweisungsempfänger) und den Assignaten (§§ 253. 259 I 16 A.L.R.). — Mündliche Anweisungen unterliegen nach dem Entwurf den allgemeinen Vorschriften; die landrechtliche Anweisung unterliegt der allgemeinen Formvorschrift der Verträge (§ 253 I 16 A.L.R.).

[4] Zu welcher der Angewiesene an sich nicht verpflichtet ist; vgl. jedoch § 256 I 16 A.L.R.

gegenüber dem Anweisenden wird der Angewiesene dem Anweisenden wie ein Beauftragter dem Auftraggeber zur Befolgung der Anweisung verpflichtet (§ 606 E.). Die schriftliche Annahme der Anweisung (mittels Vermerkes auf dieser) bildet einen abstrakten, selbständigen Verpflichtungsgrund;[1] aus der Annahmeerklärung ist der Angewiesene dem Anweisungsempfänger zur Bewirkung der Leistung verpflichtet. Der Acceptant kann sich gegen den Anweisungsempfänger nur solcher Einwendungen bedienen, welche die Gültigkeit der Annahmeerklärung betreffen oder welche sich entweder in dem Inhalte der Anweisung und der Annahmeerklärung oder in dem zwischen ihm und dem Anweisungsempfänger bestehenden persönlichen Rechtsverhältnisse gründen (§ 607 E.). Auch der Entwurf anerkennt den Satz: Anweisung ist keine Zahlung (§ 609 E.; §§ 282. 283 I 16 A.L.R.).

X. Der Hinterlegungsvertrag (depositum, landrechtlich Verwahrungsvertrag, §§ 9—108 I 14 A.L.R.) hat, abweichend vom preußischen Recht (§§ 90. 91 I 14), nur bewegliche Sachen zum Gegenstand; der Verwahrer haftet für jede Fahrlässigkeit.[2] Das depositum irregulare kennt der Entwurf nicht, er bestimmt vielmehr in Uebereinstimmnng mit dem preußischen Recht,[3] daß die Hinterlegung vertretbarer Sachen mit der Vereinbarung der Rückgewähr von Sachen gleicher Art, Güte und Menge als Darlehnsvertrag anzusehen ist (§ 618 E.; §§ 83. 84 I 14 A.L.R.). Entgegen dem Landrecht beschränkt aber der Entwurf weder das Zurückhaltungs- noch das Aufrechnungsrecht des Verwahrers gegenüber dem Hinterleger (§§ 76—78 I 14, §§ 363—365 I 16 A.L.R.).

XI. Einbringung von Sachen bei Gastwirthen (§§ 626 bis 628 E.; §§ 444—455 II 8 A.L.R.). Ein die Haftung ablehnender Anschlag des Gastwirths ist ohne rechtliche Wirkung (§ 626 Abs. 5 E.). Eine Haftung bezüglich der Gelder, Werthpapiere und Kostbarkeiten des Gastes tritt nur dann ein, wenn sie dem Gastwirth zur Aufbewahrung übergeben sind oder wenn er die Aufbewahrung abgelehnt hat, oder wenn der Schaden von ihm oder seinen Leuten verschuldet ist (§ 627 E.).

XII. Die Gesellschaft des Entwurfs basirt auf der römischen Societät. Der Gesellschaftsvertrag erzeugt nur ein rein persönliches Ver-

[1] Vgl. Art. 300 H.G.B.; § 259 I 16 A.L.R.; Förster-Eccius, Bd. 1 § 95.

[2] Nach Landrecht für culpa in concreto (§ 11 I 14) jedenfalls für grobes Versehen (§ 12); beim entgeltlichen Depositum (§ 17) und bei Anbieten des Depositars ohne Noth und Aufforderung (§ 18) für mäßiges Versehen. — Die landrechtlichen Vorschriften über verschlossene und versiegelte Deposita (§§ 26—34 I 14 A.L.R.) und über den unerlaubten Gebrauch der hinterlegten Sache (§§ 80 ff. I 14) lehnt der Entwurf ab.

[3] Entsch. R.G. Bd. 11 Nr. 73 S. 319.

tragsverhältniß; er bezweckt die Erreichung eines gemeinsamen (erlaubten) Zweckes durch gemeinsame, vereinbarte Leistungen der Gesellschafter (§ 629 E.; § 169 I 17 A.L.R.).[1] Der Vertrag ist formfrei (§ 91 E.; dagegen §§ 170. 178. 179 I 17 A.L.R.). Zur Erhöhung des vertragsmäßigen Beitrags oder zur Ergänzung der durch Verlust verminderten Einlage ist kein Gesellschafter verpflichtet (§ 630 E.; vgl. jedoch §§ 189—197 I 17 A.L.R.). In völliger Abweichung vom preußischen Recht, welches eine Gebundenheit des Gesellschaftsvermögens nach Innen statuirt,[2] entsteht nach dem Entwurf an den einzelnen quoad sortem inferirten Gegenständen ein Miteigenthum der Gesellschafter zu bestimmten (im Zweifel gleichen) Antheilen (nomina sunt ipso iure divisa, § 320 E.), so zwar, daß jeder Gesellschafter seinen Antheil auch vor der Auseinandersetzung wirksam veräußern und verpfänden kann (§§ 631. 641. 644. 645 E.). Nach preußischem Recht werden aus einem von sämmtlichen Gesellschaftern oder durch einen Bevollmächtigten für die Gesellschaft mit einem Dritten abgeschlossenen Rechtsgeschäfte alle Gesellschafter correal berechtigt und verpflichtet (§ 239 I 17 A.L.R.); nach dem Entwurf werden die Gesellschafter gegenüber dem Dritten zu gleichen Antheilen berechtigt und verpflichtet (§ 642 E.).; das Verhältniß des Dritten zu den Gesellschaftern wird auch durch die Auflösung der Gesellschaft nicht geändert.[3] Die aus dem Gesellschaftsvertrage einem Gesellschafter gegen die übrigen Gesellschafter zustehenden Forderungen sind nicht übertragbar (§ 644 E.)., also auch nicht pfändbar (§ 296 Abs. 2 E.). Ausgenommen: a) die einem Gesellschafter aus der Führung der Geschäfte der Gesellschaft zustehenden Forderungen, sofern deren Berichtigung noch vor der Auseinandersetzung verlangt werden kann; b) Forderungen, welche einen Gewinnantheil oder dasjenige zum Gegenstande haben, was einem Gesellschafter bei der Auseinandersetzung zukommt (§ 644 E.; vgl. §§ 216—218 I 17 A.L.R.). Der Entwurf verbietet dem Gesellschafter vor der Auseinandersetzung Theilung

---

[1] Vgl. oben § 2 S. 6 Note 2 und Gierke, Genossenschaftsrecht, Bd. 3 S. 38. 39 ff. Der Zweck der landrechtlichen Societät braucht auch kein vermögensrechtlicher zu sein; vgl. § 278 I 17 A.L.R.; Entsch. R.O.H.G. Bd. 18 Nr. 102; Dernburg, Preuß. Privatrecht, Bd. 2 § 214; a. M.: Förster-Eccius, Bd. 2 § 143; Entsch. R.G. Bd. 16 Nr. 44.

[2] Vgl. §§ 198—202. 263—268 I 17 A.L.R.; Dernburg, Preuß. Privatrecht, Bd. 2 § 217. — Nach beiden Rechten Haftung für diligentia quam suis, § 633 E.; § 211 I 17 A.L.R., und Princip der Einstimmigkeit der Gesellschafter bei der Geschäftsführung § 634 E.; §§ 206. 207 I 17 A.L.R.

[3] Vgl. §§ 307—310 I 17 A.L.R. — Im Falle der negotiorum gestio und versio in rem haftet jeder Gesellschafter nach Landrecht für seinen Antheil, gleichzeitig aber als Bürge für den Antheil jedes anderen Gesellschafters, § 236—238 I 17 A.L.R.

zu fordern oder über seinen Antheil an den gemeinschaftlichen Gegenständen zu verfügen; das Verbot hat aber nur obligatorische Wirkung; die trotz des Verbots erfolgte Verfügung ist dem Dritten gegenüber gültig, verpflichtet aber gegenüber den übrigen Gesellschaftern zur Leistung des Interesse (§ 645 E.). Jeder Gesellschafter hat nach dem Entwurf ohne Rücksicht auf die Art und Größe seines Beitrags gleichen Antheil am Gewinn und Verlust (§ 647 E.); nach preußischem Recht richtet sich der Antheil nach dem Verhältniß des Beitrags zum gemeinschaftlichen Fonds (§§ 251 — 258 I 17 A.L.R.). Das Recht der Ausschließung eines Gesellschafters aus der Gesellschaft (§§ 273—276 I 17 A.L.R.) kennt der Entwurf nicht, dagegen gestattet er Auflösung der Gesellschaft durch Kündigung (§ 648 E.). Abweichend ferner vom preußischen Recht[1] wird die Gesellschaft durch den Tod und durch Konkurs eines Gesellschafters aufgelöst (§ 652. 653 E.). Die Auflösung erfolgt in allen Fällen von Rechtswegen; nach Auflösung tritt die Auseinandersetzung ein (§§ 655. 656 E.).

Endlich gestattet der Entwurf den Erwerbsgesellschaften im Gesellschaftsvertrage die Anwendbarkeit der für die offenen Handelsgesellschaften geltenden Vorschriften zu vereinbaren (§ 659 E.).

XIII. Leibrente[2] (§§ 660—663 E.; §§ 606—650 I 11 A.L.R.). Die Vorschriften über den Leibrentenvertrag finden nach dem Entwurf entsprechende Anwendung, wenn die Verpflichtung zur Entrichtung der Leibrente auf letztwilliger Verfügung (Rentenvermächtniß), Urtheil oder Gesetz beruht.

XIV. Spiel und Wette (§§ 664—665 E.; §§ 547—581 I 11 A.L.R.). Spielvertrag, Wettvertrag, Lotterie- oder Ausspielvertrag (Ausnahme bei staatlicher Genehmigung) begründen kein Schuldverhältniß. Die Einklagung eines zum Zwecke des Spiels oder der Wette hingegebenen Darlehns schließt der Entwurf nicht aus (anders § 581 I 11 A.L.R.).

XV. Der Vergleich[3] (§§ 666. 667 E.; §§ 405—449 I 16 A.L.R.) ist nach dem Entwurf ein gegenseitiger Vertrag, durch welchen ein unter den Vertragschließenden streitiges oder ungewisses Rechtsverhältniß

[1] §§ 278 ff. I 17 A.L.R. (bei nicht vermögensrechtlichem Zweck der Gesellschaft); §§ 14. 44 R.K.O. — Förster-Eccius, Bd. 2 § 143; Dernburg, Preuß. Privatrecht, Bd. 2 § 222. Auch durch Austritt oder Rücktritt eines Gesellschafters wird die Gesellschaft nach Landrecht nicht aufgelöst (§ 269 ff. I 17 A.L.R.).

[2] Keine besonderen Bestimmungen enthält der Entwurf über gewagte Geschäfte und Differenzgeschäfte (§§ 527 ff. I 11 A.L.R.), auch nicht über den Altentheilsvertrag (§§ 602—605 I 11 A.L.R.).

[3] Der Entwurf hat keine Bestimmungen über den Schiedsvertrag (§§ 851 — 872 C.P.O.) und über das receptum arbitri.

außer Streit oder Ungewißheit gesetzt wird. Ein erheblicher Irrthum (über das Nichtvorhandensein eines Umstandes, welcher den Streit oder die Ungewißheit ausgeschlossen haben würde) macht den Vergleich nach dem Entwurf nicht nichtig oder anfechtbar (vgl. §§ 417. 418 I 16 A.L.R.), verleiht vielmehr den Anspruch auf Aufhebung des Vergleichs nach den Grundsätzen der condictio causa data causa non secuta(§ 744 E.).

XVI. Bürgschaft (§§ 668—680 E.; §§ 200—406 I 14 A.L.R.). Der Bürgschafsvertrag ist nach der allgemeinen Regel (§ 91 E.), abweichend vom preußischen Recht, formfrei. Wird der Bürge vom Gläubiger belangt, so hat nach ausdrücklicher Bestimmung des Entwurfs der Bürge zu beweisen, daß die Hauptverbindlichkeit erfüllt sei.

Der Bürge haftet für die Hauptschuld in deren jeweiligem Bestande und Umfange, auch für die durch Verschulden und Verzug des Hauptschuldners herbeigeführten Erweiterungen und Aenderungen und für die Kosten der Rechtsverfolgung gegen den Hauptschuldner (§ 672 E.).[1] Mitbürgen haften als Gesammtschuldner (§ 673 E.; §§ 373. 374. 378 I 14 A.L.R.). Die Vorschrift des Landrechts, daß der in Anspruch genommene Bürge die schriftliche Einwilligung des Hauptschuldners in die Zahlung verlangen und, falls er dieselbe nicht erlangen kann, es auf den Proceß ankommen lassen muß, widrigenfalls er im Regreßproceß alle Einwendungen, welche der Hauptschuldner dem Gläubiger hätte entgegensetzen können, wider sich gelten lassen muß[2] (§§ 342 ff. I 14 A.L.R.), kennt der Entwurf nicht. Der Kreditauftrag gilt nach dem Entwurf als Bürgschaft (§ 680 E.).[3]

XVII. Verpfändungsvertrag (§§ 681. 682 E.; § 2 I 20 A.L.R.). Der Entwurf behandelt den obligatorischen zur Bestellung eines Pfandes verpflichtenden Vertrag.

XVIII. Schuldversprechen (§§ 683—684 E.).[4] Das vertragsmäßige, abstracte Schuldversprechen (Versprechen einer Leistung oder Anerkenntniß

---

[1] Vgl. dagegen §§ 258—272 I 14 A.L.R. — Nach beiden Rechten hat der Bürge die Wohlthat der Vorausklage, welche nach dem Entwurf Einrede, nach dem preuß. Recht Klageverneinung ist (§ 674 E.; § 283 I 14 A.L.R.) (vgl. Art. 281 H.G.B.). Ausnahmen: § 675 E., §§ 297 ff. I 14 A.L.R.; Förster-Eccius, Bd. 2 § 144. Der Bürge tritt kraft Gesetzes in die Rechte des Gläubigers gegen den Hauptschuldner, soweit er den Gläubiger befriedigt hat (§ 676 E.; § 338 I 14 A.L.R.

[2] Erk. des R.G. v. 12 Oct. 1880, J. M. Bl. 1881 S. 95. — Ueber den Anspruch des Bürgen gegen den Hauptschuldner auf Befreiung oder Sicherheitsleistung s. §§ 356 bis 362 I 14 A.L.R.; § 677 E.

[3] § 213 I 14 A.L.R. (mandatum qualificatum), § 215 I 14 A.L.R. (mandatum simplex); Dernburg, Preuß. Privatrecht, Bd. 2 § 248.

[4] Vgl. Bähr, a. a. O. S. 405 ff.

einer Schuldverbindlichkeit) ist nach dem Entwurf gültig, wenn es in schriftlicher Form ertheilt ist. Der Versprechende kann nach den allgemeinen Grundsätzen über die Condictionen die Erfüllung verweigern, bez. Befreiung von der letzteren verlangen.

Dem preußischen Landrecht ist die Gültigkeit abstracter Schuldversprechen fremd.[1]

XIX. Schuldverschreibung auf Inhaber (§§ 685—703 E.).[2] Das einseitige in der Schuldverschreibung beurkundete Versprechen verpflichtet den Aussteller gegenüber dem jeweiligen Inhaber, auch wenn dieser unredlicher Erwerber ist. Zinsscheine auf Inhaber bleiben auch nach dem Erlöschen der Hauptforderung in Kraft.

Abhanden gekommene oder vernichtete Schuldverschreibungen auf Inhaber unterliegen der Kraftloserklärung im Wege des Aufgebotsverfahrens. Der Entwurf beseitigt das in Preußen bestehende Institut der Außerkurssetzung und Wiederinkurssetzung[3] und führt dafür die Umschreibung des Inhaberpapiers auf den Namen eines bestimmten Berechtigten ein; diese kann jedoch nur durch den Aussteller erfolgen, welcher zur Umschreibung aber nicht verpflichtet ist. Die Ausgabe von Schuldverschreibungen auf den Inhaber, in welchen die Zahlung einer bestimmten Geldsumme versprochen wird, darf nur mit Staatsgenehmigung erfolgen.[4]

---

[1] Es ist u. E. vergebliche Mühe, dem preuß. Landrecht die Gültigkeit abstrakter Verträge vindiciren zu wollen, die hierfür angezogenen Entscheidungen des Reichsgerichts (Bd. 2 Nr. 87 und Bd. 3 Nr. 75) sprechen auch keineswegs die Zulässigkeit eines abstrakten Vertrages schlechthin aus, beziehen sich vielmehr blos auf den Anerkennungsvertrag, insbesondere auf das auf Grund einer gegenseitigen Berechnung abgegebene Schuldanerkenntniß, dabei wird der auf das Abrechnungsresultat gestützte Verpflichtungswille für eine genügende causa debendi erachtet. Danach ist eben die Abrechnung die materielle causa und der hierauf gegründete Verpflichtungswille ein neuer, selbständiger, aber kein abstrakter. Ein derartiger Anerkennungs-(Abrechnungs-)vertrag ist im preuß. Recht ein materieller, kein abstrakter Vertrag; Förster-Eccius, Bd. 1 § 41 Note 24. §§ 76. 91; A. M. Rocholl, Rechtsfälle, Bd. 1 S. 257—324; dagegen Wendt, Jahrb. f. d. Dogmatik, Bd. 22 S. 311. Die Anerkennung ist nicht blos Reproduction des früheren Vertrages: Salpius, Novation und Delegation S. 502; s. dagegen Degenkolb, im Archiv f. civil. Praxis, Bd. 71 S. 180 ff. Die bisherige Unklarheit der Lehre vom Anerkennungsvertrage wird durch den Entwurf und die Motive zum § 683 nicht beseitigt. Vgl. auch Regelsberger im Archiv f. civil. Praxis, Bd. 47 S. 153 ff.; Dernburg, Preuß. Privatrecht, Bd. 2 § 15; v. Liebe, bei Gruchot, Beiträge, Bd. 28 S. 547—618.

[2] Vgl. hierzu Kohlhaas, im Archiv f. d. civil. Praxis, Bd. 73 S. 209—224.

[3] Ges. v. 16. Juni 1835 (G.S. S. 123) und Gesetze vom 4. Mai 1843 (G.S. S. 177. 179).

[4] Ges. v. 17. Juni 1833 (G.S. S. 75).

§ 10.

Schuldverhältnisse aus unerlaubten Handlungen.

Entwurf: Buch 2 Abschn. 3 Tit. 1 und 2; Mot. II S. 724—828.

I. Voraussetzung der Schadensersatzpflicht aus einer unerlaubten Handlung ist die Widerrechtlichkeit[1] der auf Verschulden beruhenden Handlung (Thun oder Unterlassen).

Der Entwurf folgert jedoch die Schadensersatzpflicht aus vorsätzlicher oder fahrlässiger Begehung einer widerrechtlichen Handlung nur dann, wenn der Thäter die Entstehung des Schadens vorausgesehen hat oder voraussehen mußte. Dagegen verpflichtet die Verletzung des (absoluten) Rechts[2] eines Anderen zum Ersatz des durch die Rechtsverletzung verursachten Schadens auch dann, wenn die Entstehung desselben nicht vorauszusehen war (§ 704 E.).

Ausschlußgründe der Haftung sind: Einwilligung des Beschädigten (§ 706), entschuldbarer Irrthum des Beschädigers über die Erlaubtheit der Handlung (§ 707) und Delictsunfähigkeit (mangelnder Vernunftgebrauch, — ausgenommen: selbstverschuldete Trunkenheit, — und Kindesalter;[3] Personen von 7—18 Jahren sind haftbar, wenn sie bei Begehung der Handlung die zur Erkenntniß der Verantwortlichkeit erforderliche Einsicht besessen haben) (§§ 708. 709 E.).

II. Ueber Tödtung und Körperverletzung eines Menschen vgl. §§ 722—726 E.; §§ 98—129 I 6 A.L.R.[4] Der Entwurf entscheidet die Streitfrage, ob auch Dritte (abgesehen von Alimentationsberechtigten), welche durch die That des Beschädigers beschädigt worden sind, einen Anspruch auf Schadensersatz haben, in bejahendem Sinne für den Fall,

---

[1] Widerrechtliche Handlungen sind nach dem Entwurf auch die kraft der allgemeinen Freiheit an sich erlaubten Handlungen, wenn sie einem Anderen zum Schaden gereichen und ihre Vornahme gegen die guten Sitten verstößt (§ 705). Die Motive nennen sie illoyale Handlungen.

[2] Als solche ist auch die Verletznng des Lebens, des Körpers, der Gesundheit, der Freiheit und der Ehre anzusehen, s. § 724 E.; vgl. § 1 I 6 A.L.R.; s. auch oben § 6 sub II.

[3] Abweichend statuirt das Landrecht eine subsidiäre Haftung der Kinder für den von ihnen verursachten unmittelbaren Schaden; s. §§ 41—44. 57 I 6; 139—146. 167. 203 II 2 A.L.R. — Die Verjährungsfristen stimmen überein: §§ 54. 55 I 6 A.L.R.; Decl. v. 31. März 1838 (G.S. S. 252) und § 719 E.

[4] Besondere Vorschriften über die Sachbeschädigung enthält der Entwurf nicht; vgl. §§ 83 ff. I 6 A.L.R. Ueber das Recht des Schuldners auf Ersatz der Verwendungen s. § 718 E.

daß der Thäter den Schaden voraussehen mußte (§§ 725. 726 Abs. 2. 704 Abs. 1 E.).[1]

Als Beschädigung des Vermögens eines Getödteten ist es nach dem Entwurf auch anzusehen, wenn durch den Tod ein an die Person desselben geknüpftes Vermögensrecht (z. B. Nießbrauch) erloschen oder der Erwerb eines Vermögensrechts (z. B. einer Erbschaft) verhindert ist, welches der Getödtete erworben haben würde, wenn seine muthmaßliche Lebensdauer nicht verkürzt worden wäre, und zwar besteht hier die Ersatzpflicht ohne Rücksicht auf die Voraussehbarkeit des Schadens (§ 722 Abs. 2 E.). Die Art und Weise der Entschädigung regelt der Entwurf im Wesentlichen im Anschluß an das Reichshaftpflichtgesetz (Rentensystem, eventuell Capitalabfindung, Gewährung der Rente für die muthmaßliche Lebensdauer des Getödteten, Sicherheitsleistung, Abänderung des Urtheils wegen wesentlicher Aenderung der Verhältnisse). Der Anspruch auf die Rente im Falle der Tödtung ist nach dem Entwurf — obwohl keine Alimentenforderung, sondern ein Anspruch auf Schadensersatz wegen Entziehung des Unterhalts — nicht übertragbar, also auch nicht pfändbar (§ 296 Abs. 2 E.) und der Compensation nicht zugänglich; die Rente ist im Voraus zu entrichten (§§ 724. 661 E.).[2]

II. Ueber Freiheitsentziehung s. § 727 E.; §§ 132—136 I 6 A.L.R.

III. Abweichend von dem bisherigen Recht kann nach dem Entwurf im Anschluß an die Bestimmung des § 231 R.St.G.B., im Falle der Körperverletzung, der Freiheitsentziehung und der widerrechtlichen Beischlafsvollziehung in den Fällen der §§ 176. 177. 179. 182. R.St.G.B. das Gericht dem Beschädigten auch wegen eines anderen als eines Vermögensschadens nach freiem Ermessen eine billige Geldentschädigung zusprechen (§ 728 E.).[3]

IV. Besondere Vorschriften enthält der Entwurf noch über die Beschädigung durch Ausgießen, Herauswerfen, Herabfallen von Sachen (actio de effusis et deiectis), durch Thiere (actio de pauperie), durch Einsturz von Gebäuden und durch Verletzung der Amtspflicht (Syndicatsklage)[4] (§§ 729—736 E.).

---

[1] Entsch. R.G. Bd. 3 Nr. 86. Dahin gehören z. B. Schadensersatzansprüche des Versicherers aus der Tödtung der versicherten Person, des Ehemanns bezüglich des Nießbrauchs am Vermögen der getödteten Ehefrau.

[2] Vgl. Entsch. R.G. Bd. 1 Nr. 85 S. 231; Entsch. R.O.H.G. Bd. 22 Nr. 74 S. 324; Seuffert, Archiv, Bd. 35 Nr. 262. 293, Bd. 42 Nr. 118. — Auf das zur Entrichtung der Rente verurtheilende Erkenntniß findet § 648 Nr. 6 C.P.O. Anwendung (§ 724 Abs. 4 E.).

[3] Vgl. übrigens §§ 112—114. 123—128 I 6 A.L.R.

[4] Vgl. auch §§ 66—69. 70—78 I 6, §§ 35 ff. I 8, §§ 88—91. 127—145 II 10

Der Spruchrichter ist nur dann haftbar, wenn seine Pflichtverletzung mit einer im Wege des gerichtlichen Strafverfahrens zu verhängenden öffentlichen Strafe bedroht ist (§ 736 Abs. 3 E.).

§ 10.

Schuldverhältnisse aus anderen Gründen. Bereicherung. Geschäftsführung ohne Auftrag. Gemeinschaft. Vorlegung und Offenbarung.

Entwurf: Buch 2 Abschn. 4 Tit. 1—4; Mot. II S. 829—895.

I. Rückforderung einer Leistung aus ungerechtfertigter Bereicherung.

A. Leistung einer Nichtschuld (condictio indebiti). Die Rückforderung des zum Zwecke der Erfüllung einer Verbindlichkeit Geleisteten findet statt, wenn die Verbindlichkeit überhaupt nicht bestanden hat, oder wieder erloschen oder mit einer peremtorischen Einrede[1] behaftet war. Besitz und Inhabung sind condicirbar (condictio possessionis). Die Leistung muß aus Irrthum erfolgt sein; während aber nach preußischem Recht der Rückfordernde zur Begründung seines Anspruchs den Irrthum nachweisen muß,[2] sieht der Entwurf von diesem Beweise ab und erklärt die Rückforderung für ausgeschlossen, wenn der Leistende zur Zeit der Leistung Kenntniß von der Nichtexistenz der Verbindlichkeit hatte, legt also dem Empfänger den Beweis dieser Kenntniß des Leistenden auf (§ 737 E.). Der Condictionsanspruch geht auf Herausgabe des Empfangenen, eventuell auf Werthsersatz,[3] der Entwurf gestattet aber dem Empfänger den Einredebeweis, daß die Bereicherung zur Zeit der Rechtshängigkeit des Anspruchs weggefallen sei[4] (§ 739 E.).

B. Leistung unter der Voraussetzung des Eintritts oder

A.L.R. — Besondere Vorschriften über Schadensersatz aus unrechtmäßiger Arrestanlage (§§. 137. 138 I 6 A.L.R.) hat der Entwurf nicht aufgestellt.

[1] Bezüglich der Verjährung s. oben § 4 sub II und S. 21 Note 2. — Nach preuß. Recht ist die condictio indebiti ausgeschlossen, wenn eine unvollkommene (moralische) Pflicht zur Zahlung bestand (§ 179 I 16 A.L.R.); da der Entwurf unvollkommene Verbindlichkeiten nicht kennt, so findet Rückforderung statt, sobald keine Rechtspflicht vorhanden ist. S. oben S. 25 Note 2.

[2] Dernburg, Preuß. Privatrecht, Bd. 2 § 289; Förster-Eccius, Bd. 2 § 150.

[3] Das Landrecht enthält auch hier casuistische Bestimmungen: §§ 189 ff. I 16. Der Empfänger von Geld oder anderen Fungibilien haftet wie ein Darlehnsempfänger, s. § 193 a. a. O. Die Bestimmungen des Entwurfs beziehen sich auf Leistungen aller Art, also auch auf Fungibilien; Förster-Eccius, Bd. 2 § 150 Note 82—92.

[4] Vgl. Hartmann, Die Obligation, S. 259 ff.; l. 66 Dig. de cond. indeb. 12, 6. Gegenstand ist: quidquid — deprehenditur, also die noch vorhandene Bereicherung.

Nichteintritts eines künftigen Ereignisses oder eines rechtlichen Erfolges (condictio causa data causa non secuta). Die Rückforderung ist begründet, wenn die Voraussetzung sich nicht erfüllt (§§ 742 bis 744 E.; §§ 199—204 I 16 A.L.R.). Die bestrittene Frage nach der Beweislast[1] wird vom Entwurf nicht geregelt.

C. Besondere Normirung erfährt die condictio ob causam finitam im Entwurf; Rückforderung des Geleisteten, wenn die Leistung aus einem Rechtsgrunde bewirkt wurde, welcher später weggefallen ist (§§ 745—746 E.).[2] Ein besonderer Fall ist die Leistung auf Grund eines vorläufig vollstreckbaren oder unter Vorbehalt ergangenen Urtheils, wenn das erste Urtheil später aufgehoben wird (§ 746 E.).

D. Eine Rückforderung wegen verwerflichen Empfanges (condictio ob turpem causam) findet nach dem Entwurf statt, wenn in der Annahme der Leistung Seitens des Empfängers nach dem Inhalte des Rechtsgeschäfts ein Verstoß gegen die guten Sitten oder die öffentliche Ordnung enthalten ist (§ 747 E.). Entscheidend ist die Kenntniß des Empfängers von der Verwerflichkeit der Leistung. Wird durch die Leistung auch von dem Geber gegen die guten Sitten oder die öffentliche Ordnung verstoßen, so ist die Rückforderung ausgeschlossen. Abweichend hiervon condicirt nach preußischem Recht der Fiscus das zu einem unerlaubten und das zu einem wider die Ehrbarkeit laufenden Zweck Geleistete, wenn dem Empfänger die Verwerflichkeit des Zweckes bekannt war (§§ 205. 206 I 16 A.L.R.); ein gleiches Condictionsrecht hat der Fiscus bezüglich des gegen ein ausdrückliches Verbotsgesetz Geleisteten (§§ 172. 173 I 16 A.L.R.). Eine besondere condictio ex iniusta causa kennt der Entwurf nicht (§§ 207—209 I 16 A.L.R.).

E. Sonstiges grundloses Haben (condictio sine causa) (§ 748 E.). Die Rückforderung ist gegeben, wenn aus dem Vermögen des Rückfordernden nicht kraft seines Willens oder nicht kraft seines rechtsgültigen Willens ein Anderer bereichert ist und hierzu ein rechtlicher Grund gefehlt hat. Das preußische Recht kennt eine besondere condictio sine causa nicht, ihre Functionen sind zum Theil in der landrechtlichen Versionsklage aufgegangen (§§ 262—280 I 13 A.L.R.).[3] Da-

---

[1] Dernburg, Preuß. Privatrecht, Bd. 2 § 291 i. f.; derselbe, Pandekten, Bd. 2 § 142 i. f.; Windscheid, Pandekten, Bd. 2 § 429 Note 1; Entsch. R.G. Bd. 14 Nr. 55 S. 225.

[2] Vgl. z. B. §§ 452. 1453 E.

[3] Förster-Eccius, Bd. 2 § 148. Gleichwohl hat die Praxis einer besonderen condictio sine causa nicht entrathen zu können gemeint. Vgl. Rehbein, Entscheidungen des vorm. Ob.-Trib. Bd. 2 S. 632 ff.; Dernburg, Preuß. Privatrecht, Bd. 2 § 288; Rocholl, Rechtsfälle, Bd. 1 S. 83 ff.

gegen kennt der Entwurf eine besondere Klage aus der nützlichen Verwendung nicht.

II. Geschäftsführung ohne Auftrag (§§ 749—761 E.; §§ 228 bis 261 I 13 A.L.R.).

Besorgung eines Geschäfts für einen Anderen ohne Auftrag und ohne Amtspflicht (fremdes Geschäft, animus obligandi). Der Geschäftsführer haftet für Vorsatz und Fahrlässigkeit, auch wenn er gegen den Willen[1] des Geschäftsherrn handelt.

Bei der Frage, ob das besorgte Geschäft für den Geschäftsherrn nützlich war (utiliter gestum) folgt der Entwurf ohne, wie das Landrecht,[2] zwischen vortheilhaften und nothwendigen Geschäften zu unterscheiden, dem subjectiven Princip, wonach der Geschäftsführer so handeln muß, daß er annehmen darf, es würde sein Verhalten von dem Geschäftsherrn bei Kenntniß der wirklichen Sachlage gebilligt worden sein. Hierbei wird vermuthet, daß der Geschäftsherr gebilligt haben würde, was ein ordentlicher Hausvater hätte für angemessen erachten müssen. Als utiliter gestum gilt aber stets die im öffentlichen Interesse gebotene Erfüllung einer dem Geschäftsherrn obliegenden Verbindlichkeit, sowie die Erfüllung einer ihm obliegenden gesetzlichen Unterhaltungspflicht, selbst wenn der Geschäftsführer gegen das Verbot des Geschäftsherrn gehandelt hat[3] (§ 755 E.).

Die Streitfrage,[4] ob Geschäftsführung vorliege, wenn Jemand ein fremdes Geschäft in der Meinung besorgt hat, es sei sein eigenes, entscheidet der Entwurf in verneinendem Sinne, es finden die Grundsätze über die condictio sine causa statt (§ 761 E.).

III. Gemeinschaft (communio incidens) (§§ 762—773 E.; §§ 1 bis 114 I 17 A.L.R.).

Der Entwurf stellt den Grundsatz auf, daß, wenn ein Recht ungetheilt mehreren Personen gemeinschaftlich zusteht, Gemeinschaft nach (im Zweifel gleichen) Bruchtheilen[5] anzunehmen ist. Ueber seinen Antheil kann jeder Theilhaber selbständig verfügen (§ 763 E.; §§ 4. 60. 69 I 17

---

[1] Im Landrecht haftet er in diesem Falle auch für Zufall (§ 249 I 13 A.L.R.). Bei Abwendung von Gefahr nur für grobe Fahrlässigkeit (§ 750 E.; § 237 I 13 A.L.R.).

[2] §§ 231—248 I 13 A.L.R.

[3] Vgl. Dernburg, Preuß. Privatrecht, Bd. 2 § 286; Koch, Schles. Archiv, Bd. 2 S. 217 ff. S. 336; Entsch. Ob.-Trib. Bd. 36 S. 323 ff.; Seuffert, Archiv, Bd. 3 Nr. 51; Bd. 11 Nr. 37; Bd. 14 Nr. 94; Bd. 41 Nr. 109. 269; l. 3 § 10 D. de neg. gest. 3, 5. — Ueber den Anspruch des Geschäftsführers s. § 753, des Geschäftsherrn § 751 E.

[4] Dernburg, Preuß. Privatrecht, Bd. 2 § 284 Note 14. — Als Geschäftsführung gilt es auch nicht nach dem Entwurf, wenn Jemand ein fremdes Geschäfts in rechtswidriger Absicht als eigenes behandelt hat; Haftung aus unerlaubter Handlung.

[5] Ausgenommen, wo das Gesetz anders bestimmt, z. B. §§ 1342. 1344. 1373. 1397. 1411. 1417. 1431 E.

A.L.R.).[1] Bezüglich der Verfügung über den gemeinschaftlichen Gegenstand im Ganzen gilt das Princip der gesammten Hand.[2]

Das (unverjährbare) Recht, die Aufhebung der Gemeinschaft zu verlangen, kann durch Vereinbarung nur auf Zeit (längstens 30 Jahre) ausgeschlossen werden (§§ 767 E.; § 75 ff. I 17 A.L.R.); eine solche Vereinbarung tritt aber mit dem Tode eines Theilhabers außer Kraft und ist im Falle des Konkurses eines Theilhabers für den Konkursverwalter nicht bindend.[3]

IV. Vorlegung und Offenbarung (§§ 774—777 E.).

A. Vorschriften über Exhibitions- und Editionspflicht enthält das preußische Landrecht nicht. Der Entwurf gewährt demjenigen, welcher an der Besichtigung einer Sache ein Interesse hat, sei es wegen eines ihm gegen den Inhaber oder Besitzer der Sache in Ansehung der letzteren zustehenden Anspruchs, sei es, um sich Gewißheit über das Bestehen eines solchen zu verschaffen, einen Anspruch auf Vorzeigung oder Vorlegung der Sache (actio ad exhibendum).

Den Anspruch auf Vorlegung und Gestattung der Einsicht einer Urkunde regelt der Entwurf im Anschluß an die processualische Editionspflicht Dritter (§ 394 C.P.O.).

B. Die materiellrechtliche Verpflichtung zur Offenbarung macht der Entwurf abhängig von der Pflicht zur Herausgabe eines Inbegriffs von Vermögensgegenständen oder von der Pflicht zur Ertheilung von Auskunft über den Bestand eines Inbegriffs.[4] Die Offenbarungspflicht besteht in der Vorlegung eines Verzeichnisses des Bestandes und in der Leistung des Offenbarungseides.[5]

Drittes Buch.

Sachenrecht.

§ 12.

Allgemeines.

Es ist eine Eigenthümlichkeit des landrechtlichen Systems,[6] daß es das Obligationenrecht und Sachenrecht nicht streng voneinander scheidet,

[1] Vgl. jedoch §§ 61—66 I 17 A.L.R.

[2] Im Landrecht modificirt, s. §§ 10—24 I 17 A.L.R.

[3] Vgl. auch §§ 14. 44 R.K.O.

[4] Vgl. z. B. §§ 1974. 2065 Abs. 2. 2074. 2082. 2103 E.

[5] Vgl. §§ 28. 29 I 22 A.G.O.; §§ 440. 441 I 9 A.L.R.; § 16 Nr. 3 E.G. z. C.P.O.; § 30 Abs. 2 A.G. z. Gerichtskostengesetz.

[6] Heydemann, Einleitung in das System des preuß. Civilrechts, 2. Aufl. S. 35 ff.

ersteres vielmehr dem letzteren einverleibt. Das gesammte Vermögensrecht führt es auf den Begriff des Eigenthums zurück; die Obligationen sind ihm nur Titel, Entstehungsgründe zum Erwerbe des Eigenthums. Demgegenüber wahrt der Entwurf sowohl dem Obligationen- wie dem Sachenrecht eine durchaus selbständige Stellung im System, in scharfer Abgrenzung untereinander, wie gegen das Familien- und Erbrecht. Während nach Landrecht jedes persönliche Recht zur Sache (ius ad rem) durch Eintragung oder durch Einräumung des Besitzes zu einem dinglichen Recht auf die Sache (ius in re) erhoben werden kann (§ 135 I 2 A.L.R.), ist nach dem Entwurf die Zahl der dinglichen Rechte eine geschlossene. In Ablehnung der in das Landrecht übergegangenen Theorie vom titulus und modus acquirendi[1] (§§ 131—134 I 2 A.L.R.) vollzieht sich nach dem Entwurf der Erwerb von dinglichen Rechten selbständig und unabhängig von dem persönlichen Anspruch auf Einräumung derselben.

Die Rechtsgeschäfte des Sachenrechts, welche im Uebrigen den allgemeinen Vorschriften über die Rechtsgeschäfte unterworfen sind, haben abstracte Natur (Formalgeschäfte). Das wichtigste sachenrechtliche Geschäft ist der dingliche Vertrag, er ist unabhängig von der obligatorischen causa und bezweckt die Begründung, Aenderung, Uebertragung, Belastung eines dinglichen Rechts. Ein solcher Vertrag ist z. B. die Auflassung (§ 828), die Uebergabe (§ 874 E.). Das Immobiliarsachenrecht regelt der Entwurf auf der Grundlage des Grundbuchsystems (Princip der Eintragung, Publicität, Legalität, Specialität).[2]

Das Sachenrecht selbst zerfällt im Entwurf in neun Abschnitte: 1. Allgemeine Vorschriften. 2. Besitz und Inhabung. 3. Allgemeine Vorschriften über Rechte an Grundstücken. 4. Eigenthum. 5. Vorkaufsrecht an Grundstücken. 6. Erbbaurecht. 7. Dienstbarkeiten. 8. Reallasten. 9. Pfandrecht und Grundschuld.

§ 13.

Sachen als Rechtsobjecte.

Entwurf: Buch 3 Abschnitt 1; Mot. III S. 25—77.

I. Sachen im Sinne des Entwurfs sind nur körperliche Sachen,[3] damit ist abweichend vom Landrecht (§§ 32—40 I 2) der Begriff der

[1] Vgl. Hugo, Civilistisches Magazin, Bd. 4 S. 137 ff. 170 ff. — Erst die Grundbuchgesetzgebung vom 5. Mai 1872 hat diese Theorie wieder aufgegeben.

[2] Das formelle Grundbuchrecht (Grundbuchordnung) soll durch besonderes Gesetz im Wege der Reichsgesetzgebung geregelt werden.

[3] Rechte sind also keine Sachen (anders Landrecht §§ 1—3. 7 I 2); wo sich eine Rechtsnorm sowohl auf Sachen wie auf Rechte bezieht, gebraucht der Entwurf den Ausdruck „Gegenstand", s. z. B. §§ 531. 1846—1851 E.

Sachgesammtheit (universitas facti) abgelehnt, eine solche kann nach dem Entwurf nicht Gegenstand von Rechten sein, das Recht muß also an jeder einzelnen Sache besonders erworben werden. Eine Eintheilung der Sachen giebt der Entwurf nicht, er hebt nur die vertretbaren, verbrauchbaren und unbeweglichen Sachen besonders hervor. Unbewegliche Sachen sind nur Grundstücke, doch finden die auf Grundstücke sich beziehenden Vorschriften auf Berechtigungen,[1] welche ein Blatt im Grundbuche erhalten können, entsprechende Anwendung (§§ 779—781 E.). Der Entwurf unterscheidet wesentliche (§§ 782—784) und nicht wesentliche (§§ 785. 788) Bestandtheile[2] der Sache (§§ 4. 5 I 2 A.L.R.); an den wesentlichen Bestandtheilen findet ein vom Rechte am Sachganzen abgesondertes Recht nicht statt. Die mit dem Grund und Boden fest verbundenen Sachen, insbesondere die Gebäude,[3] die Erzeugnisse eines Grundstücks bis zur Trennung vom Boden, sind nach positiver Vorschrift des Entwurfs wesentliche Bestandtheile eines Grundstücks (§ 783); es kann also, abweichend vom preußischen Recht, an Gebäuden oder Bäumen ein von dem Eigenthum am Grundstücke im Ganzen abgesondertes Eigenthum nicht stattfinden (vgl. §§ 783. 784 E.; § 98. 221 I 9, § 200 I 22 A.L.R.).

Der Entwurf statuirt ferner den Begriff des einheitlichen Grundstücks, als solches gilt jedes, welches im Flurbuche eine besondere Nummer führt; gestattet ist auch, daß mehrere Grundstücke, welche im Flurbuche verschiedene Nummern führen, im Grundbuche als ein einheitliches Grundstück gebucht werden (§ 787 E.).

II. Abweichend vom Landrecht (§§ 42 ff. I 2) normirt der Entwurf den Zubehörbegriff. Zubehör (Pertinenz) einer Sache sind danach nur diejenigen beweglichen Sachen, welche, ohne Bestandtheile der Hauptsache zu sein, derselben bleibend zu dienen bestimmt und in ein dieser Bestimmung entsprechendes äußeres Verhältniß zur Hauptsache gebracht sind, es sei denn, daß nach der Verkehrssitte eine solche Sache nicht als Zubehör angesehen wird (§ 789 E.).[4]

---

[1] Vgl. §§ 68. 69 Ges. v. 5. Mai 1872; § 3 G.B.O.

[2] Das Kriterium liegt in dem Einfluß, den die Trennung von Bestandtheilen auf den einen oder anderen Bestandtheil äußert. — Als Bestandtheile, nicht als Zubehör, werden auch Rechte behandelt, welche mit dem Eigenthum am Grundstücke verbunden sind, z. B. Patronat, Grunddienstbarkeit.

[3] Ausgenommen wenn die Gebäude befugter Weise von einem Anderen als dem Eigenthümer nur zu einem vorübergehenden Zwecke auf dem Grundstücke errichtet sind; z. B. vom Pächter, s. § 785 E.

[4] Es kann also ein Grundstück nicht mehr als Zubehör eines anderen gebucht werden. Vgl. noch Bekker, Pandekten, Bd. 1 § 74.

Auch die Begriffe Früchte und Nutzungen werden im Entwurf definirt (§§ 792. 793 E.), und es werden Vorschriften über die Fruchtvertheilung bei der Auseinandersetzung zwischen dem antretenden und dem abtretenden Bezugsberechtigten, sowie über die Vertheilung der Lasten und Abgaben beim Wechsel in der Person des Verpflichteten gegeben (§§ 794. 795 E.)[1]. Endlich bestimmt der Entwurf in Abweichung vom Landrecht (§§ 15—19 I 4 A.L.R.), daß durch Rechtsgeschäft kein dinglich wirkendes Veräußerungsverbot geschaffen werden kann, soweit es nicht das Gesetz gestattet; der Nichtveräußerungsvertrag hat also nur obligatorische Wirkungen[2] (§ 796 E.).

§ 14.

Besitz und Inhabung.

Entwurf: Buch 3 Abschnitt 2; Mot. III S. 78—135.

I. Erwerb und Verlust des Besitzes.[3]

Der Entwurf bietet keine Definition des Besitzes, auch keine Eintheilung desselben in verschiedene Arten; er kennt nur Besitz an Sachen (Sachbesitz), nicht an Rechten (Rechtsbesitz).[4] Besitz einer Sache ist nur insoweit möglich, als Eigenthum an der Sache möglich ist.

Zum Erwerb des Besitzes fordert der Entwurf das Zusammentreffen von:

1. Inhabung (thatsächliche Gewalt über die Sache), corpus, und
2. Besitzwillen (Wille des Besitzers, die Sache als die seinige zu haben), animus.

A. Der Erwerb des Besitzes erfolgt nun nach dem Entwurf:

a) mittels Uebergabe, Einräumung des Besitzes Seitens des bisherigen Besitzers und Ergreifung Seitens des Erwerbers (§ 803 E.; §§ 58. 59 I 7 A.L.R.).

Keine besonderen Bestimmungen enthält der Entwurf über symbolische Uebergabe (§§ 61—65 I 7 A.L.R.) und über brevi manu traditio (§ 70 I 7 A.L.R.).

b) durch Anweisung. Die Uebergabe erfolgt dadurch, daß der bisherige Besitzer den Inhaber der Sache anweist, die thatsächliche

[1] Vgl. §§ 189—203 I 7, §§ 105—108. 182 I 11, §§ 29. 143—175 I 21 A.L.R.; Striethorst, Archiv, Bd. 39 S. 215; Gruchot, Beiträge, Bd. 2 S. 110, Bd. 25 S. 445; Bd. 26 S. 1102.

[2] Bekker, Pandekten, Bd. 1 § 79.

[3] Vgl. Bähr in der krit. Vierteljahrsschrift, Bd. 30 S. 481 ff.

[4] Vgl. die Legaldefinitionen des Landrechts §§ 1—5 I 7 A.L.R.; s. ferner §§ 6 bis 23 a. a. O. Das Landrecht kennt auch den Rechtsbesitz (iuris possessio oder quasi possessio) (§§ 77—95 a. a. O.). Nach ihm ist der Besitz keine bloße Thatsache, sondern ein Rechtsverhältniß; Heydemann, Einleitung, Bd. 1 S. 325.

Gewalt fortan für den Erwerber auszuüben, und daß dieser den Besitzwillen gegenüber dem bisherigen Besitzer oder dem Inhaber erklärt. Einer Annahme der Anweisung Seitens des Erwerbers (§ 67 I 7 A.L.R.) bedarf es nicht, nur unverzüglicher Widerspruch des Inhabers hindert den Besitzerwerb (§ 804 E.; §§ 66—69 I 7 A.L.R.).

c) durch constitutum possessorium,[1] die Erklärung des bisherigen Besitzers (welcher zugleich Inhaber ist) gegenüber dem Erwerber, die thatsächliche Gewalt fortan für diesen auszuüben, vorausgesetzt, daß der bisherige Besitzer auf Grund eines zwischen ihm und dem Erwerber bestehenden besonderen Rechtsverhältnisses (causa) befugt oder verpflichtet ist, die Sache als Inhaber zu behalten (§ 805 Abs. 1 E.; §§ 71 bis 73 I 7 A.L.R.).[2]

B. Der Verlust des Besitzes tritt ein:

a) durch Unmöglichwerden des Besitzes (§§ 807. 798 E.);

b) durch Aufgeben des Besitzes (Willenserklärung des Besitzers) (§ 808 E.);

c) durch Entziehung, (Aufhebung der Inhabung), (§ 810 E.) bei Grundstücken jedoch erst dann, wenn der bisherige Besitzer nicht sofort nach erlangter Kenntniß von den Besitzhandlungen eines Anderen die thatsächliche Gewalt sich wieder verschafft (§ 812 E.).[3]

Der Inhaber kann den Besitz mit Wirkung für den Besitzer nur durch eine diesem gegenüber abzugebende Willenserklärung beendigen (§ 813 Abs. 2 E.).

II. Schutz des Besitzes und der Inhabung.

A. Auch nach preußischem Recht ist die intensivste Wirkung des Besitzes (ius possessionis, §§ 134—136 I 7 A.L.R.) der Schutz des Besitzes. An sich ist hierbei der Inhaber nicht schlechter gestellt wie der Besitzer, beiden verleiht das Landrecht

a) Schutz durch eigene Gewalt gegen fremde Gewalt (§§ 141 bis 143 I 7 A.L.R.); jedoch kann der Besitzer den Inhaber, der in seinem

---

[1] Ausgenommen in den Fällen der §§ 879. 1147 Abs. 2 E.

[2] Vgl. Entsch. R.G. Bd. 1 Nr. 54, Bd. 5 Nr. 49, Bd. 11 Nr. 52, Bd. 19 Nr. 45; R.O.H.G. Bd. 25 Nr. 63. — Ueber den Fall der Uebergabe an sich selbst durch const. poss. bei Vertretung des Erwerbers durch den bisherigen Besitzer s. § 805 Abs. 2 E.

[3] Eine Succession in den Besitz kennt der Entwurf nicht; nach preuß. Recht ist die Wirkung des Todes auf den Besitz bestritten, s. § 49 I 7; § 368 I 9 A.L.R.; Dernburg, Preuß. Privatrecht, Bd. 1 § 155 Note 13; Fischer, Preuß. Privatrecht, S. 173. 174. — Auf den Erwerb und das Aufgeben des Besitzes durch Vertreter finden die Vorschriften über Vertretung bei Rechtsgeschäften entsprechende Anwendung (§§ 801. 809 E.). — Der landrechtliche Besitzverlust durch Zeitablauf und Eintritt der Resolutivbedingung (§ 131 I 7) beruht auf der Auffassung des Besitzes als eines Rechtes.

Namen besitzt, der Gewahrsam aus eigener Macht zu allen Zeiten entsetzen (§§ 144. 145 a. a. O.; §§ 54. 68 I 14, §§ 231—233 I 21 A.L.R.).

b) gerichtlichen Schutz (§§ 146—154 I 7). Auch hier versagt aber der Schutz des Inhabers gegenüber demjenigen, in dessen Namen er innehat.

Die preußische Besitzklage bezweckt den Schutz des vi, clam, precario entzogenen oder gestörten letzten, unmittelbar vor der Entsetzung oder Störung ruhigen Besitzes, und geht auf Wiederherstellung des entzogenen Besitzes oder auf Sicherung gegen Störung.[1]

B. Nach dem System des Entwurfs tritt die Thatsächlichkeit des Besitzes, die physische Gewalt über die Sache, nicht beim Besitzer, sondern beim Inhaber in die Erscheinung; die Inhabung erscheint in ihrer praktischen Bedeutung als Stellvertretung,[2] der Inhaber ist Vertreter des Besitzers in der Ausübung der thatsächlichen Gewalt. Von diesem Standpunkt aus gewährt der Entwurf in erster Reihe dem Inhaber possessorischen Schutz, und zwar auch gegenüber dem Besitzer.

Zunächst setzt der Entwurf zu Gunsten des Inhabers das Verbot der Eigenmacht: Niemand darf dem Inhaber einer Sache ohne dessen Willen die Inhabung entziehen oder ihn darin stören (§ 814 E.). Dies Verbot ist ein absolutes; es gilt auch für den Besitzer gegenüber dem Inhaber. Die durch verbotene Eigenmacht erlangte Inhabung ist fehlerhaft (vitiosa possessio) (§ 818 E.). Zur Abwehr verbotener Eigenmacht gewährt der Entwurf dem Inhaber ein Nothwehr- und Selbsthülferecht, sowie gerichtlichen Schutz.

1. Das Nothwehr- und Selbsthülferecht berechtigt den Inhaber:

a) zur gewaltsamen Vertheidigung,

b) im Falle der Wegnahme einer beweglichen Sache zur Wiederabnahme auf frischer That oder bei sofortiger Nacheile,

c) bei Occupation eines Grundstücks zur Wiederverschaffung der Inhabung sofort nach erlangter Kenntniß von der Entziehung, aber nicht

---

[1] Heydemann, Einl. Bd. 1 S. 369 ff.; Fischer, Preuß. Privatr. § 34; Förster-Eccius, Bd. 3 § 162; Dernburg, Preuß. Privatrecht, Bd. 1 § 157; J. M. Bl. 1854 S. 101—112. — Ueber die interimistische Regulirung des streitigen Besitzstandes bis zur Entscheidung über das Recht zum Besitz s. §§ 155—160 I 7 A.L.R. Einen petitorischen Charakter hat die Klage aus dem besseren Recht zum Besitz (actio Publiciana) (§ 161 ff. I 7; §§ 2. 34 I 15 A.L.R.). — Das poss. summariissimum des preuß. Rechts ist durch die C.P.O. beseitigt, deshalb auch das Erforderniß der „Neuerlichkeit" (§ 1 I 31 A.G.O.); über einstweilige Verfügungen bei Besitzstreitigkeiten s. § 819 C.P.O.

[2] Vgl. auch §§ 2. 138. 139 I 7 A.L.R.; Heydemann, Einleitung, Bd. 1 S. 326. 369. Deshalb abweichend vom preuß. Recht auch kein Schutz gegenüber dem Precaristen.

mit Gewalt gegen die Person (ausgenommen, wenn die Wiederverschaffung sofort nach der Entziehung erfolgt, oder wenn die Voraussetzungen erlaubter Selbsthülfe (§ 189 E.) vorliegen) (§ 815 E.).

2. Der gerichtliche Schutz.[1] Besitzklagen wegen Veränderung des Besitzstandes durch verbotene Eigenmacht, sie gehen:

a) auf Wiedereinräumung der Inhabung bei Entziehung der Inhabung durch verbotene Eigenmacht,

b) auf Wiederaufhebung der Störung bez. Unterlassung weiterer Störungen bei Störung der Inhabung durch verbotene Eigenmacht.

Der Beklagte hat die exceptio vitiosae possessionis, aber keine petitorische Einrede aus dem Recht auf die Inhabung oder dem Recht zur Vornahme der störenden Handlung, das Recht kann er nur insoweit geltend machen, als es erforderlich ist zur Begründung des Einwandes, daß verbotene Eigenmacht nicht verübt sei.[2]

Ist der Inhaber nicht zugleich der Besitzer, so stehen die Besitzklagen auch dem Besitzer zu, aber in einer durch die selbständige Stellung des Inhabers beschränkten Weise, so zwar, daß er nur Wiederherstellung des vor Verübung verbotener Eigenmacht bestandenen Zustandes, also bei Entziehung der Inhabung Restitution der Sache nur an den Inhaber, begehren kann.

§ 15.

Rechte an Grundstücken. Das materielle Grundbuchrecht.[3]

Entwurf: Buch 3 Abschnitt 3; Mot. III S. 136—256.

I. Das Grundbuchrecht des Entwurfs beruht auf dem Oeffentlichkeitsprincip (öffentlicher Glaube des Grundbuchs), dem Eintragungsprincip und dem Consensprincip (Princip des dinglichen Vertrages).

---

[1] Der Entwurf kennt nur Inhabung und Besitz an Sachen, nicht an Rechten, also weder Rechtsinhabung, noch Rechtsbesitz; daraus folgt ohne Weiteres die Ablehnung quasipossessorischer Rechtsmittel zum Schutze des Rechtsbesitzes. An diesem principiellen Standpunkt ändert auch nichts, daß nach positiver Vorschrift des Entwurfs bei Grunddienstbarkeiten (§ 979) und beschränkten persönlichen Dienstbarkeiten (§ 1048) der für den Inhaber gegebene possessorische Schutz analoge Anwendung finden soll.

[2] Ueber preuß. Recht s. die Urtheile des Reichsgerichts bei Gruchot, Beiträge, Bd. 24 S. 423. 425. 426. 960; Heydemann, Einleitung, Bd. 1 S. 375. — Ueber Erledigung der Besitzklage durch das Petitorium s. § 823 Abs. 2 E., über die einjährige Ausschlußfrist für die Rüge der verbotenen Eigenmacht s. § 824 E. Ueber eine Vermuthung zu Gunsten des Besitzers bezüglich des commodum possessionis s. § 825 E., vgl. auch § 232 C.P.O.

[3] Wegen des formellen Grundbuchrechts s. S. 68 Note 2. Die Zwangsvollstreckung in das unbewegliche Vermögen soll durch ein besonderes Reichsgesetz geordnet werden. Vgl. Note 1 zu Abschnitt 3 Buch 3 des Entwurfs.

Als ein Ausfluß des Publicitätsprincips stellt der Entwurf die Vermuthung auf, daß derjenige, für welchen ein Recht an einem Grundstücke oder ein Recht an einem solchen Rechte in das Grundbuch eingetragen ist, das Recht erworben habe, und daß ein Recht, dessen Erlöschen in das Grundbuch eingetragen ist, aufgehoben sei (§ 826 E.).

Sind mehrere Personen als gemeinschaftlich und ungetheilt berechtigt im Grundbuche eingetragen, so ist Gemeinschaft nach (gleichen) Bruchtheilen als eingetragen anzusehen, sofern sich nicht aus der Eintragung ein Anderes ergiebt.[1]

II. Dingliche Rechte an Grundstücken, welche auf Rechtsgeschäften beruhen (Uebertragung des Eigenthums, Begründung, Uebertragung oder Belastung anderer Rechte an einem Grundstücke) können nach dem Entwurf regelmäßig[2] nur durch Vertrag (materielles Consensprincip) und durch Eintragung (Eintragungsprincip) im Grundbuche erworben werden.[3]

Der dingliche (von dem Rechtsgrunde abstrahirende) Vertrag erfordert inhaltlich die Erklärung des Berechtigten, daß er die Eintragung der Rechtsänderung in das Grundbuch bewillige und die Annahme der Bewilligung von Seiten des anderen Theils[4] (§§ 828. 829 E.).

Die im preußischen Recht bestehende Streitfrage[5] nach der Wirkung einer simulirten Eintragung entscheidet der Entwurf dahin, daß eine Eintragung, welche auf Grund eines Scheingeschäfts erfolgt, für und gegen Dritte wirksam ist, unbeschadet des Rechts der Parteien die Nichtigkeit des Scheingeschäfts gegeneinander geltend zu machen (§ 832 E.). Auf das Eigenthum und andere Rechte am Grundstücke kann durch ein-

---

[1] Vgl. § 21 Ges. v. 5. Mai 1872, und Achilles, Grundeigenthum und Hypothekenrecht, 3. Ausg. S. 181 ff. S. auch Note 1 zu § 827 E.

[2] Ausnahmen: §§ 1112. 1122. 1136 E.

[3] Daß auch im preuß. Recht die Auflassung ein Vertrag ist, wird jetzt kaum noch bestritten. Förster-Eccius, Bd. 3 § 178 Note 33; § 2 Ges. v. 5 Mai 1872. Die Entstehung der Hypotheken und Grundschulden ist nach preuß. Recht von der Eintragung abhängig, für andere dingliche Rechte ist die Eintragung nicht Erwerbsmodus, sondern nur nothwendige Voraussetzung für die Wirksamkeit gegen Dritte, s. §§ 12. 18 Ges. v. 5. Mai 1872. Abweichend vom preuß. Recht unterliegen also nach dem Entwurf auch Grundgerechtigkeiten dem Eintragungszwange. Gegen die Durchführung des Grundsatzes, wonach Grundgerechtigkeiten an Grundstücken nur durch Eintragung im Grundbuche erworben werden können, hat sich der letzte (19.) deutsche Juristentag ausgesprochen.

[4] Ueber den Eintritt der Gebundenheit der Vertragschließenden s. § 828 Abs. 3 E. — Mängel der causa berechtigen zur Condiction nach den Grundsätzen der ungerechtfertigten Bereicherung (§ 829 E.). — Ueber Convalescenz der Seitens eines Nichtberechtigten ertheilten Eintragungsbewilligung s. 830 E.; vgl. §§ 5. 19 Ges. v. 5. Mai 1872 und Achilles, a. a. O. zu diesen §§; Entsch. R.G. Bd. 11 Nr. 75.

[5] Achilles, a. a. O. S. 110; Entsch. R.G. Bd. 2 Nr. 64. Bd. 20 Nr. 51 S. 229.

seitige (unwiderrufliche) Erklärung des Berechtigten vor oder gegenüber dem Grundbuchamte verzichtet werden, ohne daß es der Angabe des Rechtsgrundes bedarf (§ 834 E.). Abweichend von dem Grundsatz [1] des preußischen Rechts, wonach dingliche Rechte durch Consolidation erlöschen, bestimmt der Entwurf allgemein, daß durch die Vereinigung des Eigenthums und eines anderen Rechts an einem Grundstücke dieses andere Recht nicht aufgehoben wird (§ 835 E.).

III. Der öffentliche Glaube des Grundbuchs gewährt dem Rechtserwerb nach dem Entwurf einen stärkeren Schutz als nach dem preußischen Recht. Die Wirkung dieses Rechtsschutzes wird für den Fall des Erwerbes eines Rechts durch Rechtsgeschäft oder im Wege der Zwangsvollstreckung oder der Arrestvollziehung dahin bestimmt, daß (ohne Rücksicht auf Entgeltlichkeit oder Unentgeltlichkeit des Erwerbes) [2] der Inhalt des Grundbuchs zu Gunsten des Erwerbers als richtig gilt; ein aus dem Grundbuch nicht ersichtliches Veräußerungsverbot gilt als nicht bestehend. Die Berufung auf den öffentlichen Glauben ist nur demjenigen Erwerber versagt, welcher zur Zeit der Eintragung seines Rechts die wahre Sachlage gekannt hat (§ 837 E.). Dem Berechtigten haftet nicht der Dritte, welcher unter dem Schutz der publica fides erworben hat, sondern nur der Nichtberechtigte (§ 839 E.).

Für die Rangordnung mehrerer eingetragener Rechte ist abweichend von dem bisherigen Recht [3] das Datum der Eintragung maßgebend, Eintragungen unter demselben Datum haben gleichen Rang, das Rangverhältniß mehrerer Eintragungen derselben Abtheilung bestimmt sich nach der Reihenfolge der Eintragung (§ 840 E.). Die Vorrechtseinräumung des preußischen Rechts [4] hat der Entwurf verworfen, die Rangordnung kann nur durch Vertrag zwischen dem Grundstückseigenthümer, den betheiligten Gläubigern und den zwischen denselben stehenden Gläubigern und durch Eintragung geändert werden (§ 841 E.).

Abweichend vom preußischen Recht [5] regelt der Entwurf auch das

---

[1] §§ 482. 483. 485 I 16, § 52 I 22 A.L.R. Ausnahmen: bei Hypotheken und Grundschulden (Eigenthümerhypothek) s. §§ 63 — 66 Ges. v. 5. Mai 1872, bei Grundgerechtigkeiten s. § 54 I 22 A.L.R.

[2] Vgl. §§ 9. 38. 11. 49 Ges. v. 5. Mai 1872, und § 118 G.B.O. — Ueber den dinglichen Anspruch auf Berichtigung des Grundbuchs s. § 843 E.

[3] §§ 17. 34. 36 Ges. v. 5. Mai 1872; § 31 A.G. z. G.V.G.

[4] § 35 Ges. v. 5. Mai 1872; § 86 G.B.O.; Küntzel in Gruchot's Beiträgen, Bd. 26 S. 68 ff. — Ueber Rangvorbehalt s. § 842 E.

[5] Vgl. §§ 8. 9. 16. 22. 60. 70 Ges. v. 5. Mai 1872; §§ 64. 88. 89. 102. 119. 121 G.B.O.; § 10 Ges. v. 13. Juli 1883; §§ 18. 19 A.G. z. C.P.O.; Förster, Preuß. Grundbuchrecht, 1872 S. 66—71; Dernburg, Preuß. Privatrecht, Bd. 1 § 204.

Institut der Vormerkung; sie ist nach dem Entwurf nichts anderes, als ein Widerspruch gegen die publica fides des Grundbuchs. Während nach preußischem Recht eine Vormerkung sowohl zum Schutze eines dinglichen Rechts wie eines persönlichen Rechts auf Eintragung, insbesondere letzterenfalls zur Erhaltung des Rechts auf Eintragung einer Hypothek oder Grundschuld eingetragen werden kann, kennt der Entwurf eine Vormerkung zum Schutze eines persönlichen Rechts auf Eintragung überhaupt nicht. Die Vormerkung dient nur zum Schutze bestehender Rechte an Grundstücken, und zwar:

1. zur Erhaltung des Rechts auf Eintragung eines bestehenden Rechts an einem Grundstücke,

2. zur Erhaltung des Rechts auf Löschung eines aufgehobenen Rechts.

Die Eintragung erfolgt auf Anordnung des Proceßgerichts im Wege der einstweiligen Verfügung, das Gericht hat das Grundbuchamt um Eintragung der Vormerkung zu ersuchen (§§ 844. 845 E.).

Ansprüche aus eingetragenen oder vorgemerkten Rechten unterliegen nicht der Verjährung, ausgenommen Ansprüche auf Schadensersatz und auf Rückstände wiederkehrender Leistungen (§ 847 E.).[1]

§ 16.

Das Eigenthum. Inhalt. Begrenzung. Erwerb.

Entwurf: Buch 3 Abschnitt 4 Tit. 1—3; Mot. III S. 257—391.

I. Der Eigenthumsbegriff des Entwurfs umfaßt nur körperliche Sachen (§ 778 E.), ist also enger als der des preußischen Rechts (§§ 1 bis 5 I 8 A.L.R.). Indem es der Entwurf ablehnt, eine Definition des Eigenthums zu geben, hebt er einerseits das exclusive (das Recht mit Ausschließung Anderer mit der Sache zu verfahren) und das dispositive Element (das Recht nach Willkür über die Sache zu verfügen) hervor, andererseits zieht er (unter Ablehnung der Vorstellung einer unbegrenzten Macht über die Sache) die natürlichen und nothwendigen Grenzen des Eigenthumsbegriffs, wenn er das Recht des Eigenthümers nur soweit sich erstrecken läßt, als nicht Beschränkungen dieses Rechts durch Gesetz oder durch Rechte Dritter begründet sind (§ 848 E.).[2]

II. Der Entwurf stellt eine Reihe von Vorschriften auf, die sich als

---

[1] Vgl. §§ 508. 511 I 9, § 29 I 19, § 50 I 22 A.L.R.; §§ 1. 6. 7. 12. 52. 57 Ges. v. 5. Mai 1872; § 2 Nr. 5 Ges. v. 31. März 1838. — Ueber Eintragungen im Wege der Zwangsvollstreckung oder der Vollziehung eines Arrestes oder einer einstweiligen Verfügung und über Löschung s. § 846 E.; §§ 6—12 Ges. v. 13. Juli 1883; §§ 16—19 A.G. z. C.P.O.; §§ 731. 757. 811. 815 C.P.O.

[2] Vgl. Hartmann, Rechte an eigener Sache, Freiburg 1877, S. 73 ff.; Thon, Rechtsnorm und subjectives Recht, Weimar 1878, S. 161 ff.

gesetzliche Begrenzungen des Eigenthums theils im öffentlichen, theils im privat-wirthschaftlichen Interesse (Nachbarrecht) darstellen (§§ 850—867 E.).

Dahin gehört die Regelung der Rechtsverhältnisse bei Immissionen, bei der Grenzabmarkung und Grenzverwirrung, bei Grenzanlagen (Rain, Grenzgestell, Winkel, Zwischenraum, Mauer, Graben, Hecke, Planke, Zaun), Grenzbäumen, beim Wasserabfluß (der Entwurf stellt als Princip die Duldung des in Folge der natürlichen Bodenverhältnisse stattfindenden Wasserabflusses auf, doch bleiben die abweichenden Vorschriften der Landesgesetze unberührt), beim Grenzüberbau (Ueberschreitung der Grenze bei Errichtung eines Gebäudes, Duldungspflicht des Nachbars Mangels sofortigen Widerspruchs, Entschädigung durch Geldrente oder Ueberlassung der Baufläche gegen Ersatz des Werthes), beim Hinüberragen von Zweigen oder Wurzeln (negatorischer Anspruch auf Beseitigung neben Selbsthülferecht), beim Ueberfall von Baumfrüchten, bei Gestattung eines Nothweges, bei verbotenen Anlagen, bei Vertiefen des Erdbodens. Unberührt bleiben anderweitige landesgesetzliche Eigenthumsbeschränkungen zu Gunsten der Nachbarn (§ 866 E.).[1]

III. Erwerb des Eigenthums an Grundstücken.

Nach dem Entwurf ist zum Erwerb des Eigenthums an einem Grundstücke die Eintragung im Grundbuche nur erforderlich in den Fällen

a) der Uebertragung des Eigenthums durch Rechtsgeschäft (§ 828 E.),

b) der Zueignung,

c) des Aufgebots.

a) Den zur rechtsgeschäftlichen Uebertragung des Eigenthums an Grundstücken erforderlichen dinglichen Vertrag nennt der Entwurf in Uebereinstimmung mit dem preußischen Recht Auflassung; dieser Eigenthumsübertragungsvertrag (Auflassung) muß nach dem Entwurf, wie bisher, vor dem Grundbuchamt geschlossen werden (§ 868).[2] Der Vertrag erfordert die Erklärung des eingetragenen Eigenthümers, daß er die Eintragung des Eigenthums des Erwerbers bewillige und die Annahme der Bewilligung von Seiten des Erwerbers. (s. § 828 Abs. 2 E.).

Eine Ersitzung von Grundstücken ist nach dem Entwurf ausgeschlossen.

---

[1] Vgl. §§ 33—82. 96—112. 118—189 I 8, §§ 285—297. 340—342 I 9, §§ 362 bis 388 I 17, §§ 1—10 I 22 A.L.R.; Dernburg, Preuß. Privatrecht, Bd. 1 §§ 217 bis 221.

[2] Ueber die Form des zur Eigenthumsübertragung verpflichtenden obligatorischen Vertrages s. § 351 E. — Kraft Gesetzes und ohne Eintragung geht das Eigenthum an Grundstücken nach dem Entwurf nur bei der ehelichen Gütergemeinschaft (§§ 1343. 1417) und beim Erbfall (§ 2051) über.

Abweichend vom preußischen Recht ist der Alleinerbe ohne vorherige Eintragung zur Auflassung legitimirt (§ 869 E.; § 5 Abs. 2 Gesetz vom 5. Mai 1872).

Unzulässig ist die Auflassung unter Beifügung einer aufschiebenden Bedingung oder eines Anfangstermins, zulässig unter Beifügung einer auflösenden Bedingung oder eines Endtermins. In diesem Falle ist von Amtswegen das Rückfallsrecht des Veräußerers einzutragen; mit Eintritt der Bedingung oder des Endtermins geht das Eigenthum ipso iure auf den Rückfallsberechtigten über (§§ 870. 871 E.).[1]

b) Das Eigenthum an einem derelinquirten Grundstück wird von dem nach Landesgesetz[2] zur Zueignung Berechtigten dadurch erworben, daß er auf seinen Antrag als Eigenthümer eingetragen wird. Das Eigenthum an einem derelinquirten Grundstück erlischt nach dem Entwurf erst durch die vor dem Grundbuchamt abzugebende Erklärung des eingetragenen Eigenthümers, daß er das Eigenthum aufgebe und durch die Eintragung dieser Erklärung (§ 872 E.).

c) Abweichend vom preußischen Recht erlangt derjenige, welcher ein Grundstück 30 Jahre lang seit dem Tode des eingetragenen Eigenthümers im Besitz gehabt hat, das Recht, ein Aufgebotsverfahren zum Zwecke der Ausschließung des bisherigen Eigenthümers zu beantragen. Nach Erlaß des Ausschlußurtheils erlangt er das Eigenthum durch die Eintragung als Eigenthümer.[3]

IV. Erwerb des Eigenthums an beweglichen Sachen.

A. Zur rechtsgeschäftlichen Uebertragung des Eigenthums an einer beweglichen Sache erfordert der Entwurf einen zwischen dem Eigenthümer und dem Erwerber unter Uebergabe der Sache zu schließenden (dinglichen, abstracten) Vertrag (Traditionsprincip).[4] Die Wegnahme der Sache durch den Gerichtsvollzieher im Wege der Zwangsvollstreckung gilt als Uebergabe (§§ 874. 875 E.).

Den Erwerb in gutem Glauben regelt der Entwurf, abweichend vom preußischen Recht,[5] im Wesentlichen im Anschluß an die Normen des Handelsgesetzbuches. Danach erlangt also der redliche Erwerber[6]

[1] Vgl. Achilles, a. a. O. S. 86 Note 6; Turnau, Grundbuchordnung, Th. 2 § 105.

[2] In Preußen der Staat. §§ 15. 16 I 9, §§ 8. 12—15 II 16 A.L.R.

[3] Vgl. Cab.-Ord. v. 9. Mai 1839 (G.S. S. 163); Ges. v. 7. März 1845 (G.S. S. 160); Jahrbuch für Entsch. des Kammergerichts, Bd. 5 Nr. 46; Dernburg; Preuß. Privatrecht, Bd. 1 § 189.

[4] Vgl. §§ 1—5 I 10, § 6 I 9 A.L.R.; Windscheid, Pandekten, 6. Aufl. Bd. 1 §§ 171. 172.

[5] §§ 2. 3 I 10; §§ 1. 24—26. 42—47 I 15 A.L.R.; Artt. 306. 307 H.G.B.

[6] Redlicher Erwerber ist nach dem Entwurf derjenige, welcher das Nichteigenthum

grundsätzlich Eigenthum, auch wenn der Veräußerer nicht Eigenthümer der Sache war. Voraussetzung ist aber stets körperliche Uebergabe (constitutum possessorium ausgeschlossen). Alle sonstigen an der Sache begründeten Rechte (Pfandrecht, Nießbrauch) erlöschen.

Ausnahme: Der Eigenthumserwerb des redlichen Erwerbers ist ausgeschlossen bei gestohlenen, verlorenen, sowie allen dem Eigenthümer ohne dessen Willen entzogenen Sachen, doch hat der redliche Erwerber einen Lösungsanspruch gegenüber dem vindicirenden Eigenthümer (§§ 879. 939 E.). Diese Ausnahme findet jedoch keine Anwendung bei Geld, Inhaberpapieren und öffentlich versteigerten Sachen (§§ 877 bis 879 E.).

B. Ersitzung (§§ 881—889 E.).[1]

Abweichend vom Landrecht kennt der Entwurf nur eine Art der Ersitzung, und zwar bei beweglichen Sachen; sie erfordert zehnjährigen ununterbrochenen Besitz, aber weder Titel noch guten Glauben. Die Ersitzung ist jedoch ausgeschlossen, wenn dem Besitzer beim Erwerbe des Besitzes bekannt oder nur in Folge grober Fahrlässigkeit unbekannt war, daß er das Eigenthum nicht erwerbe. Mala fides superveniens unterbricht die Ersitzung und hindert den Beginn einer neuen. Der Putativerbe kann Erbschaftssachen durch Ersitzung gegen den wirklichen Erben nicht für sich erwerben.

C. Verbindung, Vermischung, Verarbeitung (§§ 890 bis 897 E.).

Während das Landrecht[2] von einem subjectiven Standpunkt aus die Frage nach dem Uebergang des Eigenthums verschieden beantwortet, je nachdem ein Verschulden (dolus) vorliegt oder nicht, und sich hierbei in weitgehende Casuistik verliert, entscheidet der Entwurf den Eigenthumsübergang unabhängig von der Redlichkeit oder Unredlichkeit des Handelnden.

Wird eine bewegliche Sache durch Verbindung mit einem Grundstück wesentlicher Bestandtheil des letzteren, so wird sie Eigenthum des Grundstückseigenthümers.

Bei Verbindung beweglicher Sachen miteinander, welche wesentliche Bestandtheile eines Ganzen werden, sowie bei untrennbarer Vermischung

---

des Veräußerers zur Zeit der Erwerbung nicht kannte und dessen Unkenntniß nicht auf grober Fahrlässigkeit beruhte (§ 877 E.).

[1] §§ 579—669 I 9 A.L.R. — Wie im preuß. Recht findet accessio possessionis statt, und es gilt die Vermuthung für Besitz in der Zwischenzeit, wenn Anfang und Ende des Besitzes erwiesen sind (§ 882. 883 E.). Res furtivae sind von der Ersitzung nach dem Entwurf nicht ausgeschlossen (§ 584. 648 I 9 A.L.R.).

[2] §§ 298—323 I 9 A.L.R.; Förster-Eccius, Bd. 3 § 176.

oder Vermengung beweglicher Sachen entsteht Miteigenthum, ausgenommen, wenn eine der verbundenen oder vermischten Sachen als die Hauptsache anzusehen ist, dann erwirbt der Eigenthümer der Hauptsache Alleineigenthum.

Bei der Verarbeitung (Specification) wird der Verarbeiter Eigenthümer der neuen Sache.

Der Benachtheiligte hat gegen den Bereicherten einen Anspruch auf Herausgabe der Bereicherung.

D. Erwerb des Eigenthums an Erzeugnissen einer Sache (§§ 898—902 E.).

Dinglich Berechtigte und redliche Besitzer erwerben nach dem Entwurf das Eigenthum an den Früchten mit deren Trennung von der Hauptsache, nach Landrecht gleich bei ihrem Entstehen (§ 221 I 9); obligatorisch Berechtigte mit der Besitzergreifung. Ist jedoch dem obligatorisch Berechtigten vom Eigenthümer die Inhabung der Sache zum Zwecke der Fruchtziehung überlassen (z. B. Pächter), so erwirbt dieser das Eigenthum mit der Trennung von der Hauptsache.

E. Zueignung (§§ 903—909 E.; §§ 14. 16—18. 107—126 I 9 A.L.R.).[1] Erwerb des Eigenthums an herrenlosen beweglichen Sachen erfolgt durch Inbesitznahme, soweit nicht die Zueignung gesetzlich verboten ist oder das Zueignungsrecht eines Anderen verletzt.

F. Fund (§§ 910—928 E.; §§ 19—22. 26—29. 46—48. 57—72. 74—76. 78—106 I 9 A.L.R.).

Die Vorschriften des Entwurfs weichen von denen des Landrechts erheblich ab. Nach dem Entwurf erwirbt der Finder das Eigenthum an geringwerthigen Fundsachen (Werth unter drei Mark) mit Ablauf eines Jahres von der Zeit des Fundes an ohne Weiteres. Bei anderen Fundsachen hat der Finder (wenn der Verlierer oder Eigenthümer unbekannt) unverzüglich einer Polizeibehörde Anzeige zu erstatten; die Polizeibehörde des Fundortes erläßt sodann eine öffentliche Bekanntmachung. Der Finder hat für die Erhaltung und Verwahrung der Sache zu sorgen,[2] er ist berechtigt und auf Anordnung der Polizeibehörde verpflichtet, die Sache an die Polizeibehörde abzuliefern. Nach Ablauf eines Jahres seit der Anzeige hat diese dem Finder auf Antrag ein schriftliches Zeugniß

---

[1] Landesgesetzliche Beschränkungen bezüglich des Rechts Tauben zu halten sollen unberührt bleiben. Note zu § 903 E.; vgl. §§ 111—113 I 9 A.L.R.; § 40 Feld-Pol.-Ord. v. 1. Nov. 1847 (G.S. S. 376). Specielle Vorschriften enthält der Entwurf über das Bienenrecht in §§ 906—909.

[2] Dem Verderben ausgesetzte Sachen kann der Finder nach Anzeige bei der Polizeibehörde öffentlich versteigern lassen (§ 911 E.)

darüber zu ertheilen, daß bei ihr ein Anspruch auf Herausgabe nicht angemeldet worden ist;[1] mit der Aushändigung dieses Zeugnisses erwirbt der Finder Eigenthum, alle sonstigen Rechte an der Fundsache erlöschen. Die Herausgabe der Sache an den Empfangsberechtigten erfolgt gegen Ersatz der Impensen und Zahlung eines Fundlohnes (bis 300 Mark 5 Procent, vom Mehrwerth 1 Procent).

Das Aufgebotsverfahren des preußischen Rechts[2] lehnt der Entwurf ab. Besondere Vorschriften enthält der Entwurf über die Behandlung der in den Geschäftsräumen öffentlicher Behörden gefundenen Sachen.

Die Anzeigepflicht des Schatzfinders (§ 75 I 9 A.L.R.) ist im Entwurf weggefallen; das Eigenthum am Schatz wird mit der Besitzergreifung erworben und geht zur einen Hälfte auf den Finder, zur anderen Hälfte auf den Eigenthümer der Sache über, in welcher der Schatz verborgen war.[3]

§ 17.

Der Eigenthumsanspruch.

Entwurf: Buch 3 Abschnitt 4 Tit. 4; Mot. III S. 392—433.

Der Eigenthumsanspruch hat zu seiner Voraussetzung eine Verletzung des Eigenthumsrechts und richtet sich auf Herstellung des dem Inhalte des Eigenthums entsprechenden Zustandes. Je nachdem die Verletzung das Eigenthum in seiner Totalität oder nur zum Theil beeinträchtigt, erscheint der Anspruch als Vindication oder als Negatorienklage. Beide Klagen erscheinen nach dem Entwurf nur als Functionen desselben Anspruchs, verschieden je nach der Art der Eigenthumsverletzung.

I. Die Vindication. Klage des Eigenthümers gegen den Besitzer oder Inhaber der Sache auf Herausgabe der Sache (§ 929 E.; §§ 1. 11 I 15 A.L.R.). Eine besondere delictmäßige Haftung desjenigen, welcher sich für den Besitzer der Sache fälschlich ausgegeben hat (qui liti se obtulit) oder welcher die Sache unredlicher Weise an sich gebracht und demnächst veräußert hat (qui dolo desiit possidere),[4] spricht der Entwurf nicht aus. Außer diesem dinglichen, auf Verschaffung des Besitzes oder der Inhabung gerichteten Anspruch stehen dem Eigenthümer nach dem Entwurf auch persönliche Ansprüche gegen den Besitzer oder den den Besitzer vertretenden Inhaber wegen der Nutzungen und wegen

---

[1] Oder daß andere als die angemeldeten Ansprüche nicht angemeldet sind (§ 919 E.); dann muß der Finder die Ansprüche der Prätendenten beseitigen.

[2] Vgl. § 23 A.G. z. C.P.O.

[3] Vgl. §§ 81. 82 I 9 A.L.R.; Entsch. Ob.-Trib. Bd. 54 S. 33.

[4] Vgl. §§ 12—16 I 15 A.L.R. — Der unredliche Besitz wird im Entwurf nicht als Delict anfgefaßt.

Schadensersatz zu (obligatio ex lege), jedoch nur gegenüber dem unredlichen Besitzer bez. Inhaber und dem Proceßbesitzer und zwar von dem Gesichtspunkte einer diesen Personen obliegenden Fürsorgepflicht aus (§§ 930—933 E.).[1][2] Unabhängig hiervon sind etwaige Ansprüche aus der Haftung ex delicto, welche sich aber auf die Verschaffung des Besitzes oder der Inhabung durch eine strafbare oder durch eine vorsätzliche unerlaubte Handlung beschränkt (§ 935 E.). Die Gegenansprüche des Beklagten wegen Verwendungen behandelt der Entwurf von dem Gesichtspunkt der Bereicherung aus, ohne wie das Landrecht[3] zwischen redlichem und unredlichem Besitz zu unterscheiden. Doch compensiren sich nach dem Entwurf die gezogenen Nutzungen mit dem Werth der Impensen. Der Verwendungsanspruch ist nach dem Entwurf bedingt durch die Wiedererlangung der Sache Seitens des Eigenthümers (§§ 936—938 E.).

Ueber den Lösungsanspruch des gutgläubigen Erwerbers einer beweglichen Sache s. o. § 16 s. IV. A.[4] Der Lösungsanspruch erlischt, wenn der Besitzer ihn und seinen Umfang nicht vor oder bei Herausgabe der Sache dem Eigenthümer angezeigt hat (§ 939 E.).

Abweichend vom preußischen Recht kann der Beklagte gegenüber dem Vindicationsanspruch eine Einrede auf Grund eines ihm gegen den Eigenthümer zustehenden obligatorischen Rechts zum Behalten der Sache schlechthin geltend machen, also auch gegenüber der Klage des eingetragenen Eigenthümers.[5]

II. Die Negatoria (§§ 943. 944 E.) geht auf Wiederaufhebung der Beeinträchtigung des Eigenthums (Naturalrestitution), bez. nach Wegfall der Beeinträchtigung auf Unterlassung weiterer Beeinträchtigungen. Sie schützt nicht blos das Eigenthum an Grundstücken, sondern auch an beweglichen Sachen.[6] Der Beklagte hat seine Berechtigung zu dem Eingriff

---

[1] Vgl. §§ 188 — 203. 222 — 250 I 7; §§ 27 — 32 I 15 A.L.R. Ueber Verzug s. § 934 E.

[2] Haftung für die seit Beginn der Unredlichkeit (bez. Rechtshängigkeit) gezogenen Nutzungen, und für den seit diesem Zeitpunkt aus Vorsatz oder Fahrlässigkeit verursachten Schaden, entstanden durch Untergang oder Verschlechterung der Sache oder der Nutzungen oder dadurch, daß Nutzungen, welche hätten gezogen werden können, nicht gezogen sind (§ 931 E.).

[3] Vgl. §§ 204—217. 236—239. 250 I 7 A.L.R.

[4] Der Lösungsanspruch steht auch dem gutgläubigen Pfandnehmer zu; § 940 E.; § 80 I 20 A.L.R.

[5] Nach § 7 Ges. v. 5. Mai 1872 kann der Beklagte die exceptio rei venditae et traditae nur im Wege der Klage oder Widerklage geltend machen.

[6] Im preuß. Recht bestritten, vgl. Förster=Eccius, Bd. 3 § 181; sie steht nach Landrecht aber auch dem vollständigen Besitzer und dem dinglich Berechtigten zu; §§ 175.

auf Grund eines dinglichen Rechts an der Sache oder einer Forderung an den Eigenthümer nachzuweisen, der Entwurf gewährt ihm aber auch das Recht der nominatio auctoris gemäß § 73 C.P.O.

Der Anspruch auf Schadensersatz setzt schuldhafte Verletzung des Eigenthums voraus.

III. Endlich verleiht der Entwurf dem redlichen Besitzer einer beweglichen Sache einen selbständigen Schutz nach dem Vorbild der actio Publiciana. Voraussetzung ist lediglich der Besitzerwerb im guten Glauben, im übrigen hat der publicianisch Berechtigte die Rechtsstellung des Eigenthümers. Der publicianische Anspruch versagt aber gegenüber dem Eigenthümer und demjenigen, welcher eine gleichwerthige publicianische Rechtsposition für sich geltend machen kann; nur wenn beide Parteien ihren Erwerb von demselben Rechtsvorgänger ableiten, unterliegt der spätere Erwerber dem früheren (§ 945 E.).[1]

§ 18.

Miteigenthum.

Entwurf: Buch 3 Abschnitt 4 Titel 5; Mot. III S. 433—446.

Das Miteigenthum, welches regelmäßig[2] den Betheiligten nach Bruchtheilen zusteht, wird im Entwurf nach den Vorschriften über die Gemeinschaft geregelt. Ein gesetzliches Vorkaufsrecht der Miteigenthümer kennt der Entwurf, abweichend vom preußischen Recht,[3] nicht. Dagegen läßt der Entwurf bei Grundstücken eine dingliche Ausschließung des Theilungsrechts in der Form zu, daß ein Miteigenthümer zu Gunsten anderer Miteigenthümer seinen Antheil mit dieser Beschränkung belasten kann, jedoch unbeschadet der Vorschriften des § 767 Abss. 2. 3 E. (zeitliche Begrenzung auf 30 Jahre und Konkursfall). Jeder Miteigenthümer hat gegen jeden Mitbesitzer, sowie gegen den Besitzer und Inhaber der Sache den Anspruch auf Einräumung des Mitbesitzes, auch das Recht, die Herausgabe der Sache an alle Miteigenthümer zu fordern (§§ 951. 339 E.).

---

176. 181. 182 I 7, § 3 I 15. §§ 10. 14 I 19 A.L.R.; Striethorst, Archiv, Bd. 43 Nr. 43; Entsch. R. G. Bd. 2 Nr. 60.

[1] Ueber die preuß. Publiciana vgl. §§ 161. 162. 176. 184 ff. I 7, §§ 21—23 I 10, §§ 2. 4. 34 I 15 A.L.R.; Dernburg, Preuß. Privatrecht, Bd. 1 § 249; Förster-Eccius, Bd 3 § 164.

[2] Ausnahmen: §§ 1344. 1417. 1431 E.

[3] Vgl. §§ 61. 65 I 17 A.L.R.; § 2 Nr. 6. § 4 Ges. v. 2. März 1850 (G.S. S. 77); vgl. ferner §§ 14. 15 I 8, §§ 1 ff. I 17 A.L.R.

§ 19.

Vorkaufsrecht und Erbbaurecht.

Entwurf: Buch 3 Abschnitt 5 und 6; Mot. III S. 447—474.

I. Der Entwurf kennt ein dingliches Vorkaufsrecht nur bei Grundstücken, und zwar nur ein rechtsgeschäftlich begründetes Vorkaufsrecht. Das Rechtsverhältniß zwischen dem Vorkaufsberechtigten und dem Vorkaufsverpflichteten bestimmt sich nach den Vorschriften über das obligatorische Vorkaufsrecht (s. o. § 9 III C. und §§ 481—487 E.). Abweichend vom preußischen Recht[1] kann das Vorkaufsrecht im Falle der Zwangsversteigerung nicht ausgeübt werden. Die Herausgabe des Grundstücks und die Uebertragung des Eigenthums Seitens des Dritten an den Berechtigten erfolgen Zug um Zug gegen Erstattung desjenigen, was der Dritte dem Vorkaufspflichtigen in Erfüllung des geschlossenen Kaufvertrages geleistet hat, bez. gegen Befreiung der dem Dritten etwa noch obliegenden Leistungen. Der Umfang des Lösungsanspruchs des Dritten bestimmt sich also, abweichend vom preußischen Recht, stets aus der Person des ersten Käufers, sollte dieser auch vor der Ausübung des Vorkaufsrechts das Grundstück schon weiter veräußert haben.[2]

Zur rechtsgeschäftlichen Aufhebung des Vorkaufsrechts ist außer der gegenüber dem Grundbuchamt abzugebenden Erklärung des Berechtigten Löschung im Grundbuch erforderlich (§ 960 E.).

II. Das Erbbaurecht (superficies) besteht nach dem Entwurf in dem Recht, auf oder unter der Oberfläche eines Grundstücks ein Bauwerk zu haben. Das Landrecht[3] faßt die Superficies als Grundgerechtigkeit auf, denkt sich also das superficiarische Recht mit einem herrschenden Grundstück verbunden; es kann dies Recht aber auch als subjectiv-persönliches Nutzungsrecht constituirt werden. Der Entwurf faßt es als dingliches, vererbliches und veräußerliches, Benutzungsrecht auf und ordnet die Anlegung eines besonderen Grundbuchblattes für dasselbe an. Demgemäß finden die für Grundstücke geltenden Vorschriften entsprechende Anwendung (§ 781 Abs. 2 E.).

Zur Begründung des Erbbaurechts sind also ein (dinglicher) Vertrag, welcher vor dem Grundbuchamt geschlossen werden muß (Auflassung), und Eintragung erforderlich (§§ 962. 828 E.). Die Eintragung erfolgt sowohl

---

[1] Vgl. §§ 615. 616 I 20 A.L.R.; § 67 Ges. v. 13. Juli 1883. — Ausübungsfrist zwei Monate seit Anzeige, s. § 610 I 20 A.L.R.; § 956 E.

[2] §§ 632—636 I 20 A.L.R.; § 957 E.

[3] §§ 243—246 I 20 A.L.R.; Förster-Eccius, Bd. 3 § 187. Abweichend vom Landrecht läßt der Entwurf das Recht, Bäume und Holzungen zu haben, nicht als Superficies zu.

auf dem Grundbuchblatt des belasteten Grundstücks, wie auf dem des Erbbaurechts.

Auf einen Bruchtheil des Grundstücks oder auf eine Abtheilung eines Gebäudes, insbesondere auf ein Stockwerk oder ein einzelnes Gelaß, kann das Erbbaurecht nicht beschränkt werden.[1] Der Erbbauberechtigte genießt einen dem Eigenthumsanspruch entsprechenden Schutz (§ 964 E.).

§ 20.

Dienstbarkeiten. (Servituten.)[2]

Entwurf: Buch 3 Abschnitt 7; Mot. III S. 475—571).

I. Grunddienstbarkeiten (Praedialservituten). Rechtsgeschäftlich können Grunddienstbarkeiten nach dem Entwurf nur durch einen zwischen dem Eigenthümer des herrschenden und dem Eigenthümer des dienenden Grundstücks zu schließenden (dinglichen) Vertrag und durch Eintragung begründet werden (§ 828 E.).[3] Eine Ersitzung von Dienstbarkeiten ist, abweichend vom Landrecht (§ 13 I 22), nach dem Entwurf ausgeschlossen.

Während das Landrecht eine große Anzahl verschiedener Grundgerechtigkeiten aufzählt und speciell normirt (§§ 55—248 I 22 A.L.R.), enthält sich der Entwurf jeder Eintheilung und überläßt die Bestimmung des Serviteninhalts der Privatwillkür der Betheiligten, doch sollen die Landesgesetze unberührt bleiben, welche die Begründung gewisser Grunddienstbarkeiten für unzulässig erklären oder beschränken, oder welche die Aufhebung der Grunddienstbarkeiten im Wege der Ablösung, der Gemeinheitstheilung, der Zusammenlegung u. dgl. regeln.[4] Gleichwie das Landrecht erachtet der Entwurf es aber für wesentlich, daß die durch die Grunddienstbarkeit begründete Berechtigung dem herrschenden Grundstück Vortheil oder Annehmlichkeit (praedio utilis) zu gewähren geeignet sein muß[5] (§ 967 E.). Die Grunddienstbarkeiten sind untheilbar, sie können also nicht auf ideelle Theile eines Grundstücks beschränkt

---

[1] Anders nach Landrecht, vgl. Dernburg, Preuß. Privatrecht, Bd. 1 § 289 Note 4. — Ueber Aufhebung des Erbbaurechts durch Rechtsgeschäft s. § 965 E. Der Superficiar kann nach dem Entwurf Dienstbarkeiten bestellen; § 781 Abs. 2 E.

[2] Eine Definition oder allgemeine Vorschriften über Servituten bietet der Entwurf so wenig wie das Landrecht; vgl. Dernburg, Pandekten, Bd. 1 §§ 235. 236.

[3] Vgl. dagegen § 12 Ges. v. 5. Mai 1872. S. o. § 15 S. 74 Note 3.

[4] Vgl. §§ 164. 166 ff. Gemeinheitstheilungs-Ordnung v. 7. Juni 1821 (G.S. S. 53); Ges. v. 31. März 1841 (G.S. S. 75); Artt. 1 und 12 Ges. v. 2. März 1850 (G.S. S. 139).

[5] Entsch. R.G. Bd. 8 Nr. 54; § 25 I 22 A.L.R.; Elvers, Röm. Servitutenlehre, § 16 S. 138 ff. — Nicht erforderlich ist nach beiden Rechtssystemen Vicinität und Perpetuität.

werden (§ 968 E.).[1] Bei Naturaltheilung des dienenden Grundstücks besteht die Grunddienstbarkeit an den Trennstücken fort, bei Naturaltheilung des herrschenden besteht sie für jedes Trennstück (§§ 975. 976 E.). Die Grunddienstbarkeit ist mit thunlichster Schonung (civiliter) des Eigenthümers des dienenden Grundstücks auszuüben (§ 970 E.).[2] Der Servitutenberechtigte genießt bei Beeinträchtigung seines Rechts einen dem negatorischen Eigenthumsanspruch analogen Schutz (§ 978 E.). Außerdem gewährt der Entwurf dem thatsächlichen Zustande der Ausübung der Grunddienstbarkeit einen der Sachinhabung analogen possessorischen Schutz, unter der Voraussetzung, daß der Servitutberechtigte Inhaber des herrschenden Grundstücks ist, und die Servitut innerhalb eines Jahres vor der Hinderung oder Störung wenigstens einmal ausgeübt hat (§ 979 E.).

Zur Aufhebung der Grunddienstbarkeit durch Rechtsgeschäft erfordert der Entwurf Erklärung des Berechtigten gegenüber dem Grundbuchamt und Löschung im Grundbuche. Ein Erlöschen durch stillschweigende Einwilligung oder durch Verjährung ist dem Entwurf fremd.[3]

II. Nießbrauch.

A. Nießbrauch an Sachen begreift das Recht, alle Nutzungen der Sache zu ziehen (§§ 980. 793. 899 E.). Der Nießbrauch kann nach dem Entwurf auch an einem Bruchtheile der Sache bestellt werden (§ 981 E.).

Zur Begründung des Nießbrauchs ist erforderlich:

a) bei Grundstücken dinglicher Vertrag und Eintragung (§ 828 E.),

b) bei einer beweglichen Sache ein zwischen Eigenthümer und Nießbraucher unter Einräumung und Ergreifung der Inhabung der Sache (Uebergabe) zu schließender dinglicher Vertrag (§ 983 E.).

Durch Ersitzung kann, abweichend vom Landrecht (§§ 1. 7 I 21 A.L.R.), ein Nießbrauch nicht erworben werden. Der Nießbraucher erwirbt das Eigenthum an den Früchten nach Landrecht mit deren Entstehung (§ 221 I 9), nach dem Entwurf mit der Trennung von der Hauptsache (§ 899 E.). Er hat bei Ziehung der Nutzungen wirthschaftlich zu verfahren; Früchte, welche in übermäßiger, d. h. in einer den Regeln ordentlicher Wirthschaft nicht entsprechenden Weise getrennt werden, sei es

[1] Im preuß. Recht ist dies nicht ausdrücklich ausgesprochen. — Ueber die Unterhaltungspflicht, wenn zur Ausübung einer Grunddienstbarkeit eine Anlage gehört, s. §§ 970. 971 E.; §§ 30. 35. 36 I 22. A.L.R.

[2] Vgl. §§ 32—34. 47. 60. 80. 81. 241 I 22 A.L.R.

[3] §§ 43 — 45. 49 — 51 I 22 A.L.R.; Entsch. R.G. Bd. 6 Nr. 71; J. M. Bl. 1881 S. 31; Förster-Eccius, Bd. 3 § 187, insbesondere Note 57.

durch Handlungen des Nießbrauchers, sei es durch Zufall, werden zwar ebenfalls Eigenthum des Nießbrauchers, doch hat er dem Eigenthümer bei Beendigung des Nießbrauchs den Werth dieser Früchte zur Zeit der Trennung zu zahlen und für die Erfüllung dieser Obligation Sicherheit zu leisten (§§ 988. 991 E.). Der Nießbraucher hat für die ordnungsmäßige Erhaltung der Sache und des wirthschaftlichen Bestandes derselben zu sorgen und nach Beendigung des Nießbrauchs die Sache zurückzugewähren (Legalobligation).

Die Streitfrage des preußischen Rechts,[1] ob der Nießbraucher die Sache gegen Feuersgefahr oder sonstige Unfälle zu versichern verpflichtet ist, entscheidet der Entwurf bezüglich der Feuersgefahr bei Gebäuden schlechthin in bejahendem Sinne, bei anderen Versicherungen macht er die Pflicht von dem Verhalten eines ordentlichen Hausvaters abhängig. Die Versicherung ist jedoch so zu bewirken, daß dem Eigenthümer der Anspruch aus der Versicherung zusteht. Bei eintretender Zahlungspflicht des Versicherers tritt an die Stelle der Sache der Anspruch auf die Versicherungsgelder, der Sachnießbrauch verwandelt sich in einen Forderungsnießbrauch; sowohl der Eigenthümer wie der Nießbraucher können verlangen, daß die Versicherungsgelder zur Wiederherstellung der Gebäude verwendet werden (§ 1001. 1002 E.).

Abweichend vom preußischen Recht (§ 75 I 21 A.L.R.) ist der Nießbraucher nicht zur Bezahlung gekündigter Capitalsposten (Hypotheken, Grundschulden) verpflichtet.

Was die Erhaltung der Nießbrauchssache anlangt, so unterscheidet der Entwurf zwischen gewöhnlichen und außergewöhnlichen Ausbesserungen und Wiederherstellungen. Die außergewöhnlichen entsprechen den landrechtlichen Hauptreparaturen, ohne daß jedoch hierfür, wie im Landrecht (§ 52 I 21), der Kostenbetrag einen Maßstab abgiebt. Außergewöhnliche Reparaturen braucht der Nießbraucher nach beiden Systemen nicht vorzunehmen; während aber nach Landrecht der Nießbraucher für die von ihm trotzdem veranstalteten Hauptreparaturen vom Eigenthümer nur dann Ersatz verlangen kann, wenn dieser sich dazu durch Vertrag verpflichtet hat, steht dem Nießbraucher nach dem Entwurf ein Anspruch auf Ersatz insoweit zu, als der Eigenthümer durch die Verwendung bereichert ist. Nach Landrecht kann aber der Nießbraucher die Einwilligung des Eigenthümers in die von ihm beabsichtigten Hauptreparaturen durch Klage erzwingen, nach dem Entwurf hat derselbe einen derartigen Anspruch

---

[1] Dernburg, Preuß. Privatrecht, Bd. 1 § 283 Note 7; Förster-Eccius, Bd. 3 § 186 Note 67; § 50 I 22 A.L.R.

nicht. Endlich kann nach Landrecht der Nießbraucher für Verbesserungen nur insoweit Vergütung fordern, als dieselben mit ausdrücklicher schriftlicher Genehmigung des Eigenthümers gemacht worden sind, im übrigen hat er nur ein ius tollendi; nach dem Entwurf ist auch hier der Eigenthümer ersatzpflichtig, soweit er bereichert ist.[1]

Abweichend vom Landrecht, welches nur eine Uebertragung der Ausübung des Nießbrauchs kennt (§ 110 I 21), kann nach dem Entwurf der Nießbrauch selbst veräußert und übertragen werden, und zwar in derselben Form, in welcher die Begründung erfolgt (§ 1011 E.). Der neue Nießbraucher tritt in die Legalobligation ein, doch bleibt der erste Nießbraucher dem Eigenthümer für die Erfüllung der dem neuen Nießbraucher obliegenden Pflichten als Bürge (mit Ausschluß der Vorausklage) verhaftet (§ 1013 E.).

Der Nießbrauch erlischt mit dem Tode des zuerst Berechtigten; bei einer juristischen Person mit deren Erlöschen, spätestens nach Ablauf von 100 Jahren seit der Begründung.[2]

Abweichend von dem allgemeinen Princip des Entwurfs (§ 835), wird der Nießbrauch an einer beweglichen Sache durch Vereinigung aufgehoben, sofern nicht der Nießbrauch mit dem Rechte eines Dritten belastet ist; bei Grundstücken ist die Vereinigung kein Aufhebungsgrund, nach Landrecht stets (§ 184 I 21). Die Aufhebung des Nießbrauchs an Grundstücken durch Rechtsgeschäft erfolgt durch Erklärung des Nießbrauchers gegenüber dem Grundbuchamt und Löschung; bei beweglichen Sachen durch einseitige, gegenüber dem Eigenthümer abzugebende Verzichtserklärung des Nießbrauchers (§§ 1014—1016 E.).

Der Nießbraucher genießt einen dem Eigenthumsanspruch (§§ 929 bis 945 E.) entsprechenden Rechtsschutz (§ 1017 E.). Beim Nießbrauch an verbrauchbaren Sachen (uneigentlicher Nießbrauch, quasiususfructus) erwirbt der Nießbraucher nach dem Entwurf das Eigenthum an den Sachen, mit der Verpflichtung, dem Besteller des Nießbrauchs den Werth zu ersetzen, welchen die Sachen bei Beginn des Nießbrauchs hatten; das Landrecht fordert Restitution von ebensoviel Sachen in gleicher Beschaffenheit (§ 1018 E.; § 173 I 21 A.L.R.).

---

[1] Vgl. 47—69. 124—131 I 21 A.L.R.; Svarez, Amtliche Vorträge bei der Schluß-Revision. Berlin 1833 S. 97—99; §§ 998. 999. 1010. 936 Abſſ. 1. 3. 937. 938. 941 E. — Ueber die Cautionspflicht des Nießbrauchers s. §§ 19. 20 I 21 A.L.R.; § 1005 E.

[2] Nach Landrecht erlischt der einer juristischen Person bestellte Nießbrauch mit deren Aufhören (§§ 179. 180 I 21), der einer solchen vermachte Nießbrauch nach 50 Jahren (§ 423 I 12 A.L.R.). — Untergang des Nießbrauchs durch Verjährung (§ 184 I 21 A.L.R.) ist dem Entwurf fremd.

B. Nießbrauch an Rechten.

Dem Landrecht ist der Nießbrauch an Rechten Sachnießbrauch, also eigentlicher Nießbrauch, da nach seiner Auffassung zu den Sachen auch die Rechte gehören (§§ 1. 2 I 2 A.L.R.).

Besonders erwähnt werden im Landrecht der Nießbrauch an Capitalien (§§ 101—110 I 21), an einem ganzen Vermögen (§ 42 I 21) und an einer Verlassenschaft (§ 71 I 21).

Nach dem Entwurf finden auf den Nießbrauch an Rechten die Vorschriften über den Sachnießbrauch analoge Anwendung, soweit nicht ausdrücklich Ausnahmen gemacht sind (§ 1021 E.). Soweit ein Recht nicht übertragbar ist, z. B. ein Gesellschaftsantheil (§ 644 E.), kann an demselben auch kein Nießbrauch bestellt werden. Ist ein Recht an einem Grundstück Gegenstand des Nießbrauchs, so erlischt ausnahmsweise der Nießbrauch durch Consolidation, und bei der Aufhebung durch Rechtsgeschäft ist Löschung im Grundbuche nicht erforderlich (§§ 1025. 1016 E.).

Beim Nießbrauch an einem Rechte auf periodisch wiederkehrende Leistungen (Leibrente, Altentheil, Reallasten) gelten nach dem Entwurf die einzelnen Leistungen als Nutzungen des Rechts.[1] Beim Nießbrauch am Bergwerkseigenthum fällt dem Nießbraucher, abweichend vom preußischen Recht,[2] die Ausbeute zu, da diese als Frucht gilt (§ 792 No. 2 E.).

Während das preußische Recht den Grundsatz aufstellt, daß der Nießbraucher das Nießbrauchscapital ohne Einwilligung des Eigenthümers einzuziehen nicht berechtigt ist,[3] unterscheidet der Entwurf zwischen unverzinslichen und verzinslichen Forderungen. Erstere ist der Nießbraucher einzuziehen berechtigt, nach Realisirung der Forderung tritt an Stelle des Forderungsnießbrauchs der Nießbrauch am Leistungsgegenstande; verzinsliche Forderungen können nur gemeinschaftlich vom Gläubiger und Nießbraucher eingezogen und an beide gemeinschaftlich geleistet werden, nach der Zahlung können Gläubiger und Nießbraucher verzinsliche Wiederanlage des Geldes und Begründung eines neuen Forderungsnießbrauchs verlangen (§§ 1033. 1034 E.).[4]

---

[1] Vgl. § 42 I 21 A.L.R.; Mansbach, Nießbrauch an Forderungen, 1880 S. 62. 63; Hanausek, Uneigentl. Nießbrauch, 1879, S. 132.

[2] §§ 37—39 I 21 A.L.R.; Schröder, im Arch. f. d. civ. Praxis, Bd. 49 S. 385 bis 397; Dernburg, Preuß. Privatrecht, Bd. 1 § 281 Note 21; Förster-Eccius, Bd. 3 § 186 Note 19.

[3] §§ 101—109 I 21 A.L.R.

[4] Ueber Nießbrauch an Schuldverschreibungen auf Inhaber und Actien auf Inhaber s. §§ 1036. 1037 E.

C. Nießbrauch an einem Vermögen gilt als Nießbrauch an den einzelnen zu dem Vermögen gehörenden Gegenständen.

Der Besteller kann zur Berichtigung der Schulden einen entsprechenden Theil des Vermögens zurückbehalten, bez. zurückfordern (§§ 1038—1043 E.).[1]

III. Beschränkte persönliche Dienstbarkeiten.

Wie das preußische Recht, so gestattet auch der Entwurf gewisse Benutzungsrechte und Befugnisse, welche sonst den Inhalt einer Grunddienstbarkeit ausmachen, als subjectiv-persönliche Rechte in der Weise zu bestellen, daß ein Grundstück zu Gunsten einer bestimmten Person in dieser Weise belastet wird. Solche dinglichen Rechte nennt der Entwurf beschränkte persönliche Dienstbarkeiten.[2] Sie sind der Regel nach nicht veräußerlich und nicht übertragbar, also auch nicht pfändbar (§§ 1047. 312 E.). Als beschränkt persönliche Dienstbarkeit kann auch das Recht begründet werden, ein Gebäude oder einen Theil desselben unter Ausschluß des Eigenthümers als Wohnung zu benutzen (§ 1050 E.).

§ 21.

Reallasten.

Entwurf: Buch 3 Abschnitt 8; Mot. III S. 572—594.

Das Landrecht hat allgemeine Normen über die Reallasten nicht aufgestellt, nichtsdestoweniger sind ihm Reallasten nicht unbekannt.[3] Nach dem Entwurf wird in Ansehung der Reallasten der bestehende Rechtszustand nicht verändert, insofern nach dem Einführungsgesetz diejenigen Landesgesetze unberührt bleiben sollen, welche die Begründung von Reallasten ausschließen oder beschränken, insbesondere nur gewisse Reallasten und auch diese nur mit Beschränkung zulassen, sowie die Landesgesetze, welche die Ablösung der Reallasten regeln und welche die Belastung des Grundbesitzes mit unkündbaren Kapitalien oder die Ausschließung des Kündigungsrechts über eine bestimmte Zeit hinaus untersagen.[4]

Der Entwurf stellt nur Normen für privatrechtliche Reallasten auf.

---

[1] §§ 42. 71. 111—115 I 21 A.L.R.; Dernburg, Preuß. Privatrecht, Bd. 1 § 287.

[2] Die sog. irregulären Personalservituten des gemeinen Rechts; vgl. §§ 22—28 I 19, §§ 227. 228. I. 21 A.L.R.; Dernburg, Preuß. Privatrecht, Bd. 1 § 288; Pandekten, Bd. 1 § 250; Serafini, delle cosi delle servitù irregolari, Bologna 1877.

[3] Der Ausdruck Reallasten kommt vor in §§ 154—156 I 20, § 589 II 1, § 171 II 2 A.L.R.

[4] Vgl. §§ 6—8 Ges. v. 2. März 1850 (G.S. S. 77); Gesetz über Errichtung von Rentenbanken v. 2. März 1850 (G.S. S. 112); Ges. v. 15. April 1857 (G.S. S. 363); Ges. v. 26. April 1858 (G.S. S. 273).

Wesentlich ist dem Begriff der Reallast die dingliche Gebundenheit der Verpflichtung zu wiederkehrenden Leistungen, also die Verpflichtung des jeweiligen Eigenthümers des belasteten Grundstücks zu wiederkehrenden Leistungen zu Gunsten einer bestimmten Person oder des jeweiligen Eigenthümers eines anderen Grundstücks. Das Grundstück haftet nicht nur für die Reallast als Ganzes, sondern auch für die einzelnen, insbesondere auch die rückständigen Leistungen. Daneben statuirt der Entwurf die persönliche Haftung des Eigenthümers des belasteten Grundstücks für die während der Dauer seines Eigenthums fällig werdenden Leistungen, und zwar auch nach der Veräußerung des Grundstücks (§§ 1051—1061 E.). Die rechtliche Natur der Reallasten hat in der preußischen Praxis eine verschiedenartige Auffassung erfahren.[1]

Der Berechtigte erhält nach dem Entwurf einen der negatorischen Klage des Eigenthümers entsprechenden Anspruch gegen Beeinträchtigung seines Rechts. Abweichend vom preußischen Recht ist eine Ersitzung bei Reallasten ausgeschlossen; die rechtsgeschäftliche Begründung erfolgt durch Vertrag und Eintragung, die Aufhebung durch Erklärung gegenüber dem Grundbuchamt und Löschung (§§ 828. 1054. 1061 E.).

§ 22.

Pfandrecht und Grundschuld.

Entwurf: Buch 3 Abschnitt 9; Mot. III S. 595—869.

I. Der Entwurf kennt ein Pfandrecht an Grundstücken, an beweglichen Sachen und an Rechten. An das Pfandrecht an Grundstücken (Hypothek) reiht sich als selbständiges Rechtsinstitut die Grundschuld. Sie theilt mit dem Pfandrecht nicht die accessorische Natur, d. h. sie dient nicht, wie jenes, der Sicherung einer Forderung, verfolgt vielmehr einen selbständigen, abstracten Zweck. Beide, Hypothek wie Grundschuld, dienen zwar den Bedürfnissen des Realkredits, indem sie die Befriedigung des Gläubigers aus dem Grundstück bezwecken, haben also einen gemeinsamen wirthschaftlichen Zweck, sind aber durchaus verschiedener juristischer Natur. Während die Hypothek in ihrer Wirksamkeit von dem Dasein einer rechtsgültigen Forderung abhängig ist, für welche neben dem Grundstück der ursprüngliche Schuldner (Besteller) auch persönlich verhaftet bleibt, ist die Grundschuld unabhängig von einer

[1] Förster-Eccius, Bd. 3 § 188. Ueber die Praxis des Reichsgerichts vgl. Entsch. Bd. 16 Nr. 30; Gruchot, Beiträge, Bd. 24 S. 1012; Seuffert, Archiv, Bd. 42 Nr. 126. Bezüglich einzelner Reallasten des Landrechts vgl. §§ 602 I 11, §§ 813—819 I 18, §§ 190—194 I 21, §§ 308—494 II 7, §§ 857—936 II 11 A.L.R.

Forderung. Hier haftet lediglich das Grundstück für eine bestimmte Geldsumme, welche auf das Grundstück radicirt ist. Man kann die Grundschuld eine abstracte Realobligation nennen.

Die Hypothek und die Grundschuld des Entwurfs entsprechen im Wesentlichen den gleichnamigen Instituten des preußischen Rechts.

II. Pfandrecht an Grundstücken[1] (Hypothek). Der Entwurf unterscheidet:[2]

a) Hypothek ohne Hypothekenbrief (Buchhypothek),

b) Hypothek mit Hypothekenbrief (Briefhypothek),

c) Sicherungshypothek.

A. Die Hypothek ohne Hypothekenbrief ist nach dem Entwurf die normale. Während nach preußischem Recht in allen Fällen der Eintragung einer Hypothek ein Hypothekenbrief von Amtswegen gebildet werden muß, wenn nicht ausdrücklich darauf verzichtet wird (§ 122 G.B.O.), bildet nach dem Entwurf die Eintragung einer Hypothek ohne Hypothekenbrief (Buchhypothek) die Regel. Die Buchhypothek ist im Entwurf selbständig neben der Briefhypothek geregelt und neben dieser selbständig verkehrsfähig gestaltet.

Nach preußischem Recht[3] entsteht die Hypothek nur durch Eintragung auf Grund einseitiger Bewilligung des Eigenthümers. Hiervon abweichend sind nach dem Entwurf zur Begründung ein dinglicher, zwischen dem eingetragenen Eigenthümer des Grundstücks und dem Erwerber zu schließender Vertrag und Eintragung nothwendig, die einseitige Erklärung des Eigenthümers genügt also nicht (§ 828 E.).

Der Entwurf kennt ferner nur Substanzhypotheken, keine Revenüenhypotheken, wie das preußische Recht.[4]

Die Eintragung erfolgt auf einem bestimmten Grundstück (auch dem Antheil eines Miteigenthümers)[5] für eine bestimmte Person wegen einer bestimmten Geldforderung (Specialitätsprincip) (§§ 1062—1064 E.; § 23 Ges. v. 5. Mai 1872). Anfangstermin der Verzinsung und die Bedingungen

[1] Gesetzliche Titel zur Hypothek kennt der Entwurf nicht, doch sollen nach dem Einführungsgesetz die Landesgesetze unberührt bleiben, welche dem Fiskus sowie gewissen Körperschaften und Stiftungen wegen ihrer Forderungen einen gesetzlichen Titel zur Hypothek in Ansehung der Grundstücke des Schuldners beilegen. Er soll aber die Eintragung der Hypothek auf Grund gesetzlichen Titels nur als Sicherungshypothek zulässig sein; vgl. z. B. § 29 A.G. z. G.K.G.

[2] Bähr, a. a. O. S. 518 ff.

[3] §§ 18. 19 Ges. v. 5. Mai 1872.

[4] §§ 1. 26. 225 I 20 A.L.R.; Entsch. R.G. Bd. 13 Nr. 56; Dernburg, Preuß. Privatrecht, Bd. 1 § 328.

[5] Vgl. § 827 E. und Note 1 zu diesem §; s. S. 187 der amtlichen Ausgabe des Entwurfs.

der Rückzahlung brauchen, abweichend vom preuß. Recht, (§ 23 Ges. v. 5. Mai 1872),[1] nicht eingetragen zu werden. In fernerer Abweichung erstreckt sich nach dem Entwurf die Hypothek auch auf die gesetzlichen Zinsen ohne besondere Bewilligung oder Eintragung, dagegen nur auf die Kosten der Kündigung und der dinglichen Rechtsverfolgung, er lehnt also die Haftung des Grundstücks für die Kosten der Eintragung und für sonstige Jahreszahlungen ab (§ 1066 E.; § 30 Ges. v. 5. Mai 1872).[2]

Die auch im preußischen Recht bestehende Streitfrage nach dem Inhalt des hypothekarischen Anspruchs, ob derselbe auf Anerkennung der Vollstreckbarkeit des Pfandanspruchs oder auf Zahlung zur Vermeidung der Zwangsvollstreckung geht, erledigt der Entwurf wenigstens formell durch die Bestimmung, daß der Anspruch darin besteht, daß die Forderung aus dem belasteten Grundstücke und den mithaftenden Gegenständen im Wege der Zwangsverwaltung und der Zwangsversteigerung des Grundstücks beigetrieben werde. Damit ist einmal jegliche Zahlungspflicht des Eigenthümers abgelehnt, andererseits aber auch die Zulässigkeit einer Mobiliarzwangsvollstreckung in mithaftende bewegliche Theile oder Zubehöre ausgeschlossen[3] (§ 1075 E.).

Bei Vereinigung von Hypothek und Eigenthum in derselben Person erlischt die Hypothek nicht (§ 835 E.), der Eigenthümer ist aber nicht berechtigt, die Zwangsversteigerung oder Zwangsverwaltung selbst zu betreiben, kann aber bei diesen Verfahren die Forderung für sich geltend machen (§ 1076 E.).[4]

Der Entwurf stellt auch die der Hypothek zu Grunde liegende Forderung unter den Schutz der publica fides des Grundbuchs, es wird also vermuthet, daß der Gläubiger die Forderung, für welche die Hypothek bestellt ist, erworben hat (§ 1083 E.). In Ansehung der

[1] Vgl. übrigens Entsch. R.G. Bd. 14 Nr. 72.

[2] Ueber den Umfang des Hypothekenrechts s. §§ 1067—1070 E.; §§ 30—33 Ges. v. 5. Mai 1872. Ueber die Rechte des Gläubigers bei drohender und bei bereits eingetretener Verschlechterung des Grundstücks s. §§ 1072—1074 E.; § 50 Ges. v. 5. Mai 1872.

[3] Vgl. §§ 25. 197. 436 I 20 A.L.R.; §§ 37. 43 Ges. v. 5. Mai 1872; § 206 Ges. v. 13. Juli 1883; Fischer, Preuß. Privatrecht, S. 247. 248. — Ueber die Zulässigkeit des Mahnverfahrens bei dinglichen Ansprüchen auf Zahlung s. Entsch. R.G. Bd. 17 Nr. 63.

[4] Verboten ist nach dem Entwurf in Uebereinstimmung mit dem preuß. Recht die lex commissoria, das pactum ne distrahatur und das pactum de non amplius oppignorando; abweichend vom preuß. Recht auch der Vertrag, durch welchen der Gläubiger ermächtigt wird, die Veräußerung des Grundstücks in anderer Weise, als im Wege der Zwangsvollstreckung zu bewirken; s. § 1077 E.; §§ 45. 48 Ges. v. 5. Mai 1872; §§ 29—34 I 20 A.L.R.; Entsch. R.G. Bd. 2 Nr. 86, Bd. 4 Nr. 12; Stobbe, Deutsches Privatrecht, Bd. 2 S. 641 und Note 49; Mandry, Civilrechtlicher Inhalt der Reichsgesetze, S. 354 Note 8; Förster, Grundbuchrecht, S. 173. 174; Fischer, Preuß. Privatrecht, S. 249.

dem Eigenthümer gegen den hypothekarischen Anspruch zustehenden Einwendungen bestimmt der Entwurf, daß derselbe geltend machen kann:

1. alle Einwendungen, welche sich in dem zwischen dem Eigenthümer und dem Gläubiger bestehenden persönlichen Rechtsverhältnisse gründen, (ausgeschlossen sind also Einwendungen aus der Person des Rechtsvorgängers des Gläubigers selbst dann, wenn ihm solche bei der Erwerbung bekannt geworden sind, und ebenso Einwendungen aus der Person eines früheren Eigenthümers);

2. alle Einwendungen, welche sich aus dem Grundbuche ergeben;

3. solche Einwendungen, durch welche das Bestehen der Hypothek verneint und eine Unrichtigkeit des Inhalts des Grundbuchs geltend gemacht, insbesondere das Nichtbestehen der Forderung behauptet wird, sei es, daß sich die Einwendungen gegen die Gültigkeit des dinglichen Vertrages, sei es, daß sie sich gegen die Existenz der Forderung richten;

4. solche Einreden, welche dem persönlichen Schuldner gegen die Forderung zustehen, z. B. aus dem Recht der Condiction (§ 1084 E.).[1]

Der Eigenthümer kann auch nach dem Entwurf zur Erhaltung einer gegen die Forderung bestehenden Einwendung eine Vormerkung im Grundbuche eintragen lassen, insbesondere kann er bei einer Darlehnshypothek die Einrede der nicht erhaltenen Valuta (exceptio non numeratae pecuniae) durch eine innerhalb 30 Tagen nach der Eintragung der Hypothek einzutragende Vormerkung sich gegen jeden dritten Inhaber der Hypothek erhalten (§ 1085 E.).[2]

Die Forderung kann nicht ohne die Hypothek, diese nicht ohne die Forderung übertragen werden, mit der Uebertragung der Forderung geht die Hypothek auf den neuen Gläubiger über; während aber nach preuß. Recht der Erwerb der Hypothek durch Abtretung von der Eintragung nicht abhängt, unterliegt nach dem Entwurf auch die Abtretung einer Hypothekenforderung dem Eintragungsprincip, so zwar, daß zur Wirksamkeit der Abtretung dinglicher Vertrag und Eintragung erforderlich ist.[3]

Nach preußischem Recht[4] wird das Hypothekenrecht grundsätzlich nur

---

[1] Ueber preuß. Recht s. § 38 Ges. v. Mai 1872 und Achilles, a. a. O. S. 234—245.

[2] Vgl. § 738 I 11, §§ 424—426 I 20 A.L.R.; §§ 38. 49. 70 Ges. v. 5. Mai 1872; Entsch. Ob.-Trib. Bd. 75 S. 197.

[3] §§ 52. 54 Ges. v. 5. Mai 1872; § 513 I 20 A.L.R.; §§ 1086. 1087 E. Bezüglich der Ueberweisung einer Forderung im Wege der Zwangsvollstreckung s. § 1088 E.; §§ 736. 737 C.P.O.; § 16 A.G. z. C.P.O. — Die Abtretung von Zinsenrückständen erfolgt nach den Vorschriften des Obligationenrechts; s. § 1090 E.; vgl. auch § 39 Ges. v. 5. Mai 1872 und Entsch. R.G. Bd. 4 Nr. 86.

[4] §§ 57. 58 Ges. v. 5. Mai 1872. Ueber andere Fälle des Erlöschens: Dernburg, Preuß. Privatrecht, Bd. 1 § 336; vgl. auch §§ 55. 520 I 20 A.L.R.

durch Löschung aufgehoben, und zwar auf einseitigen Antrag des Eigenthümers,[1] nach dem Entwurf erfolgt die rechtsgeschäftliche Aufhebung der Hypothek durch (dinglichen) Vertrag zwischen dem eingetragenen Eigenthümer und dem Gläubiger, unter Hinzutritt des Löschungsantrages des Eigenthümers und der Löschung der Hypothek im Grundbuch (§ 1091 E.).

Die Hypothek erlischt ferner gemäß ihrer accessorischen Natur mit dem Erlöschen der unterliegenden Forderung, der Eigenthümer erlangt gemäß § 843 E. einen dinglichen Anspruch auf Berichtigung des Grundbuchs. (Löschung, Umschreibung.) Eine Ausnahme von dieser Regel bildet der Fall, wenn der Eigenthümer des Pfandgrundstücks den Gläubiger befriedigt, dann erlischt die Hypothek nicht. Der Entwurf unterscheidet aber hierbei abweichend vom preußischen Recht zwei Rechtspositionen:

1. der befriedigende Eigenthümer ist nicht zugleich persönlicher Schuldner des Gläubigers: hier geht die Forderung mit der Hypothek kraft Gesetzes auf den Eigenthümer über;

2. der befriedigende Eigenthümer ist zugleich der persönliche Schuldner: hier geht nur die Hypothek auf ihn kraft Gesetzes über, die Forderung erlischt also! (Eigenthümerhypothek). Dieselbe Wirkung tritt nach dem Entwurf ein, wenn Forderung und Schuld in der Person des Eigenthümers sich vereinigen.

Durch die Uebertragung der Eigenthümerhypothek wird mit derselben eine neue Forderung nicht verbunden, auch die alte Forderung lebt nicht wieder auf. Mit diesem Standpunkt verläßt also der Entwurf den Boden der bisherigen preußischen Praxis.[2] Das Erlöschen hat demgemäß zur Folge, daß der Anspruch bei der Eigenthümerhypothek nach dem Entwurf nicht mehr auf Beitreibung der Forderung, sondern auf Beitreibung einer dem Betrage der eingetragenen Forderung gleichkommenden Geldsumme aus dem Grundstücke geht (§§ 1094—1101 E.).[3]

Damit entscheidet sich also der Entwurf bezüglich der juristischen Construction der Eigenthümerhypothek dahin, daß sie ihre accessorische Natur aufgiebt und zu einem selbständigen Anspruch erstarkt.

B. Die Hypothek mit Hypothekenbrief (Briefhypothek). Die

[1] § 58 Ges. v. 5. Mai 1872; § 94 G.B.O. (mit Bewilligung des Gläubigers).

[2] §§ 63—66 Ges. v. 5. Mai 1872 und dazu Entsch. R.G. Bd. 2 Nr. 58, Bd. 3 Nr. 76, Bd. 5 Nr. 84, Bd. 7 Nr. 64; Jahrb. f. Entsch. des Kammergerichts Bd. 1 Nr. 78. 79.

[3] Die Bestimmungen des Entwurfs über Correalhypotheken entsprechen den Normen des preuß. Rechts; § 1078 E.; § 42 Ges. v. 5. Mai 1872. Abgelehnt ist vom Entwurf der antichretische Pfandbesitz; vgl. §§ 227 ff. I 20 A.L.R.; über das Ablösungsrecht (ius offerendi) s. § 1081 E.; §§ 36—41 I 20 A.L.R.; § 205 Ges. vom 13. Juli 1883. Ueber das Aufgebot von Hypothekenposten s. §§ 1103—1105 E.; §§ 103—109 G.B.O.; §§ 20. 21 A.G. z. C.P.O.

Bildung eines Hypothekenbriefs setzt nach dem Entwurf einen Vertrag zwischen dem Eigenthümer des Pfandgrundstücks und dem Gläubiger voraus und verlangt Eintragung der Briefbildung im Grundbuch. Der Hypothekenbrief bezweckt die Erleichterung der Abtretung der Hypothekenforderung, und zwar erfolgt diese durch Uebergabe des Hypothekenbriefs an den neuen Gläubiger und durch den Abtretungsvertrag. Letzterer verlangt aber gerichtliche oder notarielle Beglaubigung der Abtretungserklärung des bisherigen Gläubigers, während die Annahme des neuen Gläubigers keiner Form unterliegt, also auch stillschweigend erfolgen kann. Die Eintragung der Abtretung in das Grundbuch ist nicht erforderlich. Der Inhaber des Hypothekenbriefs, welcher sich durch eine zusammenhängende, bis auf den eingetragenen Gläubiger zurückführende Reihe von Abtretungserklärungen als Gläubiger der Forderung legitimirt, kann über die Hypothek mit derselben Wirkung verfügen, als wenn er selbst als Gläubiger im Grundbuch eingetragen gewesen wäre; insbesondere kann er sich als Gläubiger in das Grundbuch eintragen lassen, ohne daß es einer Eintragungsbewilligung des bisher eingetragenen Gläubigers bedarf (s. § 53 Ges. v. 5. Mai 1872). Zur Geltendmachung des dinglichen Anspruchs wird Vorlegung des Hypothekenbriefs und der Abtretungserklärungen erfordert, wenn der Gläubiger nicht als solcher im Grundbuch eingetragen ist. Eigenthümer des Hypothekenbriefs ist der jeweilige Gläubiger[1] (§§ 1106—1124 E.).

C. Die Sicherungshypothek verfolgt lediglich den Zweck, Sicherheit für die Erfüllung einer Verbindlichkeit zu leisten, sie ist nicht verkehrsfähig und unterscheidet sich von der gewöhnlichen Hypothek dadurch, daß die durch sie gesicherte Forderung nicht unter den Schutz des öffentlichen Glaubens des Grundbuchs gestellt ist, dem Eigenthümer bleiben also alle Einreden gegen die Forderung erhalten. Die Sicherungshypothek ist als solche bei der Eintragung in das Grundbuch zu bezeichnen, die Ertheilung eines Hypothekenbriefs ist ausgeschlossen, auch die Anwendung der Vorschriften über die Eigenthümerhypothek[2] (§§ 1125—1134 E.).

[1] Soweit nicht Abweichungen besonders bestimmt sind, finden im übrigen auf die Briefhypothek die Vorschriften über die Buchhypothek Anwendung (§ 1108 E.). Ueber das Aufgebot von Hypothekenbriefen und Briefhypotheken s. §§ 1123. 1124 E. und §§ 110 bis 112 G.B.O.; § 20 A.G. z. C.P.O. Ueber Theilhypothekenbriefe s. § 1122 E.; §§ 83. 84 G.B.O.

[2] Anwendung findet aber § 1094 Abss. 1. 2 und 4 E., gegen § 67 Ges. v. 5. Mai 1872. Im übrigen finden auch auf die Sicherungshypothek die Vorschriften über die gewöhnliche Hypothek Anwendung, soweit der Entwurf nicht ausdrückliche Ausnahmen macht.

Unterarten der Sicherungshypothek sind nach dem Entwurf:

1. die Cautionshypothek (§ 1129 E.; § 24 Ges. v. 5. Mai 1872; § 14 I 20 A.L.R.).

2. die Zwangshypothek. Während nach preußischem Recht der Gläubiger seine vollstreckbare Geldforderung als Hypothek auf dem Grundstück des Schuldners, dagegen aus vollstreckbaren Urkunden (§ 702 Nr. 5 C.P.O.) und Vergleichen außerhalb der in § 702 Nr. 1 u. 2 C.P.O. vorgesehenen Fälle, sowie bei nur vorläufig oder nur gegen Sicherheitsleistung vollstreckbaren Forderungen nur eine Vormerkung eintragen lassen darf,[1] gewährt der Entwurf dem Gläubiger einer vollstreckbaren Geldforderung nur die Eintragung einer Sicherungshypothek, gleichviel aus welchem Schuldtitel (Urtheil, Urkunde) dieselbe hervorgeht, und ob sie definitiv oder nur vorläufig vollstreckbar ist (§§ 1130. 1131 E.). Der Betrag der Sicherungshypothek ist hier feststehend.

3. die Arresthypothek. Die Vollziehung eines Arrestbefehls in das unbewegliche Vermögen des Schuldners erfolgt nach preußischem Recht durch Eintragung einer Vormerkung, nach dem Entwurf durch Eintragung einer Sicherungshypothek; als Höchstbetrag wird derjenige Geldbetrag eingetragen, durch dessen Hinterlegung die Vollziehung des Arrestes gehemmt wird.[2] Eine Sicherungshypothek kann durch Vertrag zwischen dem Eigenthümer, dem Gläubiger und den im Range gleich- oder nachstehenden Berechtigten und durch Eintragung in eine gewöhnliche Hypothek umgewandelt werden (§ 1134 E.).

III. Grundschuld (§§ 1135—1144 E.; s. oben unter I).[3]

Auf die Grundschuld finden die Vorschriften über die Briefhypothek entsprechende Anwendung, soweit diese nicht das Vorhandensein einer Forderung zur Voraussetzung haben oder sonst positiv etwas Anderes bestimmt ist.

Der Entwurf schafft die Blanco-Abtretung der Grundschuld ab (§ 55 Ges. v. 5. Mai 1872), ebenso die Zinsquittungsscheine (§ 39 a. a. O.). Aus der entsprechenden Anwendung über die Briefhypothek folgt auch die Anwendbarkeit dieser Vorschriften bezüglich der Einwendungen gegen den Grundschuldanspruch (s. o. unter II A.); abweichend vom preußischen Recht

---

[1] §§ 6—10 Ges. v. 13. Juli 1883. Da die Eintragung der Zwangshypothek nach dem Entwurf ein Act der Zwangsvollstreckung ist, so ist im Falle des § 672 Abs. 2 C.P.O. vorheriger Nachweis der Sicherheitsleistung (abweichend vom § 7 Abs. 2 Ges. v. 13. Juli 1883) nothwendig.

[2] §§ 808. 809. 811. 803 C.P.O.; §§ 10. 12 Ges. v. 13. Juli 1883; § 846 E.; Entsch. R.G. Bd. 3 Nr. 85, Bd. 4 Nr. 73, Bd. 5 Nr. 81.

[3] Kühnast, Die Grundschuld des Entwurfs eines bürgerl. Gesetzbuchs für das Deutsche Reich. Berlin 1888.

kommt es danach nicht auf den Inhalt des Grundschuldbriefs (§ 38 a. a. O.), sondern des Grundbuchs an (§ 1084 Abs. 2).[1]

Die Grundschuld kann in eine Hypothek, diese in eine Grundschuld umgewandelt werden (§ 1144 E.).[2]

IV. Pfandrecht an beweglichen Sachen (Faustpfandrecht).

Das Faustpfandrecht gewährt dem Gläubiger das Recht, aus der Sache (Pfand) wegen seiner Forderung Befriedigung zu verlangen (§ 1145 E.). Die Normen des Entwurfs beziehen sich nur auf das durch Rechtsgeschäft begründete Faustpfandrecht.[3] Auch eine Quotenverpfändung ist zulässig (§§ 1146. 1184. 1185 E.). Die rechtsgeschäftliche Begründung des Faustpfandrechts erfolgt durch dinglichen Vertrag und Uebergabe, jedoch ist, wie im preußischen Recht (§ 105 I 20), Uebergabe durch constitutum possessorium ausgeschlossen (§ 1147 E.). Eine Verpfändung durch symbolische Uebergabe kennt der Entwurf nicht (§§ 271 ff. I 20 A.L.R.). Die Vorschriften über den Schutz des guten Glaubens beim Eigenthumserwerb (§§ 877. 879. 880 E.) finden bei der Verpfändung analoge Anwendung.[4] Das ältere Pfandrecht geht dem jüngeren vor, das rechtsgeschäftlich begründete Faustpfandrecht geht allen an dem Pfande früher begründeten Rechten vor, wenn der Erwerber im guten Glauben war (§§ 1151. 1152 E.). Der Pfandgläubiger genießt einen dem Eigenthumsanspruch analogen Schutz (§ 1155 E.; §§ 118. 119 I 20 A.L.R.); er ist zur Aufbewahrung des Pfandes und zur Rückgewähr nach Beendigung des Pfandrechts gegenüber dem Eigenthümer verpflichtet (Legalobligation) (§§ 1156—1158 E.; §§ 121. 122 I 20 A.L.R.).[5]

Die Befriedigung des Pfandgläubigers aus dem Pfande erfolgt durch Verkauf desselben nach Fälligkeit der Forderung, ohne daß, wie im preu-

---

[1] Auch die Vorschriften des § 38 Abs. 3 und § 40 Ges. v. 5. Mai 1872 haben im Entwurf keine Aufnahme gefunden.

[2] Vgl. im übrigen §§ 18—21. 27—29. 32. 37—40. 42. 43. 45. 47—49. 53—57. 62—66 Ges. v. 5. Mai 1872; Förster, Grundbuchrecht, S. 139—146. 176—181; Jahrbuch für Entsch. d. Kammergerichts Bd. 1 Nr. 83.

[3] Ueber das Pfändungspfandrecht vgl. Seuffert, Civilproceßordnung zu §. 709; Entsch. R.G. Bd. 20 Nr. 69.

[4] Ueber Umfang der Pfandhaftung s. §§ 21. 157 I 20 A.L.R.; §§ 1148. 1149 E. Ueber das Nutzungspfand; s. § 1154 E., §§ 139—156 I 20 A.L.R.

[5] Ueber das Einlösungsrecht des Pfandeigenthümers und sonstiger dinglich Berechtigter mit der Wirkung des Forderungsüberganges kraft Gesetzes s. §§ 1161 bis 1164 E., §§ 36—42 I 20 A.L.R. Nach Landrecht ist der Pfandgläubiger bei Ausübung des ius offerendi zur Abtretung des Rechts verpflichtet; §§ 46—51 I 16 A.L.R. — Verbot der lex commissoria s. § 1167 E.; § 33 I 20 A.L.R.; s. o. S. 93 Note 4. — Weiterverpfändung des Pfandes ist nach dem Entwurf unzulässig (arg. § 1156 E.), nach Landrecht auch nur mit Einwilligung des Verpfänders gestattet (§§ 127—138 I 20 A. L.R.); vgl. Exner, Kritik des Pfandrechtsbegriffes, 1873 S. 79—99.

ßischen Recht, ein vollstreckbarer Schuldtitel für den Pfandanspruch vorher erlangt werden müßte; hat aber der Gläubiger einen solchen Titel sich verschafft, so kann er den Verkauf im Wege der gerichtlichen Zwangsvollstreckung bewirken lassen, anderenfalls nach vorheriger Androhung und Ablauf einer Frist von vier Wochen mittels öffentlicher Versteigerung durch einen Gerichtsvollzieher oder sonstigen Beamten oder öffentlich angestellten Auctionator (§§ 28. 197—221 I 20 A.L.R.; §§ 1165—1176 E.).

Das Pfandrecht kann nicht ohne die Forderung übertragen werden, mit der Uebertragung der Forderung geht das Pfandrecht ipso iure auf den neuen Gläubiger über, dieser erlangt das Recht auf die Inhabung des Pfandes. Wird bei der Uebertragung der Forderung der Uebergang des Pfandrechts ausgeschlossen, so erlischt das Pfandrecht (§§ 1186. 1187. 1190 E.; § 402 I 11 A.L.R.).

Die Aufhebung des Pfandrechts durch Rechtsgeschäft erfolgt durch einseitige Verzichterklärung gegenüber dem Eigenthümer des Pfandes, außerdem erlischt das Pfandrecht durch Rückgabe des Pfandes an den Eigenthümer (auch bei Vorbehalt des Pfandrechts), mit dem Erlöschen der Forderung und durch Consolidation. Eine Zurückbehaltung des Pfandes wegen anderer Forderungen (beneficium Gordianum) kennt weder das Landrecht, noch der Entwurf (§§ 1189. 1191—1194 E.; §§ 243—262 I 20 A.L.R.).

Auch das Pfandrecht an einem Schiffe gilt nach dem Entwurf als Faustpfandrecht, da Schiffe nach dem Entwurf zu den beweglichen Sachen gehören; das Pfandrecht an einem im Schiffsregister eingetragenen Schiffe wird rechtsgeschäftlich durch (dinglichen) Vertrag und Eintragung in das Schiffsregister begründet (vgl. §§ 1196—1205 E.; §§ 299—328 I 20 A.L.R.; Art. 59 E.G. z. H.G.B.; § 1 Nr. 4 Ges. v. 13. Juli 1883; Artt. 432—438. 757—781 H.G.B.[1]

V. Pfandrecht an Rechten (§§ 1206—1226 E.).

Die Voraussetzung der Verpfändbarkeit eines Rechts ist nach dem Entwurf die Uebertragbarkeit desselben. Auf das Pfandrecht an Rechten finden die Vorschriften über das Faustpfandrecht entsprechende Anwendung, soweit nicht ausdrücklich abweichende Bestimmungen gegeben sind. Auf die rechtsgeschäftliche Begründung eines Pfandrechts an einem Rechte finden die Vorschriften über die Cession dieses Rechts entsprechende Anwendung (§§ 293. 294 E.); zur Verpfändung einer Forderung, zu deren Veräußerung der Abtretungsvertrag genügt, muß noch Anzeige der Verpfändung an den Schuldner hinzutreten, dagegen ist Uebergabe der über die Forderung vorhandenen Urkunde nach dem Entwurf nicht erforderlich.[2]

[1] Vgl. Fischer, Preuß. Privatrecht, S. 263.

[2] Nur bei Verpfändung von Wechseln und anderen indossablen Papieren ist außer

Der Vertrag, durch welchen Rechte verpfändet werden, zu deren Veräußerung der Abtretungsvertrag genügt (§ 312 E.), z. B. Urheber- und Patentrechte, bedarf jedoch der gerichtlichen oder notariellen Form. Der Pfandgläubiger kann seine Befriedigung aus dem verpfändeten Rechte nur auf Grund eines vollstreckbaren Schuldtitels im Wege der Zwangsvollstreckung geltend machen, falls nichts Anderes vereinbart ist. Neben dieser Befugniß hat der Forderungspfandgläubiger auch das Recht, die dem Pfandrecht unterliegende Forderung nach der Fälligkeit einzuziehen; mit der Leistung erwirbt er ein Pfandrecht am Leistungsgegenstand (Surrogationsprincip, wie beim Nießbrauch an einer Forderung; §§ 1219. 1029 E.).

Das preußische Recht handelt speciell nur vom Pfandrecht an Forderungen (§§ 281—289 I 20 A.L.R.), insbesondere auch von Verpfändung von Hypothekenforderungen (§§ 511—519. 136—138 I 20 A.L.R.), doch ist auch bei anderen Rechten die Verpfändung insoweit zulässig, als diese Rechte veräußerlich sind.[1] Nach Landrecht ist Schriftlichkeit der Verpfändung nothwendig und Uebergabe der Schuldurkunde, auch Anzeige an den Drittschuldner; die Realisirung des Forderungspfandrechts setzt auch nach Landrecht Vollstreckbarkeit des Pfandanspruchs und Ueberweisung der Forderung voraus (§ 296 I 20 A.L.R.).[2]

Viertes Buch.

Familienrecht.

§ 23.

Die Ehe. Eingehung und Wirkungen der Ehe.

Entwurf: Buch 4 Abschnitt 1 Tit. 1 und 2; Mot. IV S. 1—133.

I. Das Familienrecht des Entwurfs zerfällt in drei Abschnitte: Ehe, Verwandtschaft und Vormundschaft.

II. Während das Landrecht aus einem formgültigen Verlöbnißvertrage eine Klage auf Vollziehung der Ehe zuläßt,[3] deren rechtlicher Effect

---

dem Pfandvertrage Uebergabe des Papiers erforderlich (§ 1225 E.). — Auf die Verpfändung von Inhaberpapieren finden die Vorschriften über das Faustpfandrecht Anwendung, haben sie einen Börsen- oder Marktpreis, so kann sie der Pfandgläubiger aus freier Hand zum Tageskurse verkaufen.

[1] § 74 I 20 A.L.R. enthält kein allgemeines Princip für Verpfändung dinglicher Rechte.

[2] Vgl. §§ 729 ff. C.P.O. Verordnung v. 9. December 1809 § 2 (Rabe, Bd. 10 S. 217). S. auch Urtheil d. R.G. v. 20. Juni 1883, J. M. Bl. S. 32; Dernburg, Preuß. Privatrecht, Bd. 1 § 361; Entsch. R.G. Bd. 20 Nr. 69.

[3] §§ 82—93 II 1 A.L.R.

allerdings dadurch erheblich beeinträchtigt wird, daß eine Zwangsvollstreckung aus dem auf die Klage ergehenden Urtheil nicht stattfindet,[1] ist nach dem Entwurf das Verlöbniß unverbindlich, so zwar, daß auch, abweichend vom Landrecht, die Stipulation einer Conventionalstrafe für den Fall des Rücktritts unwirksam ist.[2] Der Entwurf gewährt aber beim ungerechtfertigten Rücktritt des einen Verlobten nicht nur dem anderen Theil, wie das Landrecht, sondern auch den Eltern des letzteren einen Schadensersatzanspruch für die in Erwartung der Eheschließung von denselben gemachten Aufwendungen oder sonstigen vermögensrechtlichen Verfügungen, ein Anspruch, der in weiterer Abweichung vom Landrecht auch auf die Erben des Berechtigten übergeht.[3]

III. Das Eheschließungsrecht ordnet der Entwurf im Wesentlichen im Anschluß an das Reichsgesetz vom 6. Februar 1875 über die Beurkundung des Personenstandes und die Eheschließung; dabei geht der Entwurf insbesondere davon aus, daß die Eheschließung ein Vertrag ist. Als Abweichung verdient namentlich hervorgehoben zu werden, daß die in der Geschäftsfähigkeit beschränkten Personen allgemein der Einwilligung ihres gesetzlichen Vertreters zur Eheschließung bedürfen, so daß nach dem Entwurf auch z. B. volljährige Verschwender ohne diese Einwilligung keine Ehe schließen dürfen.[4]

Es ist ferner nach dem Entwurf die Ehe zwischen dem Vormund und seinem Mündel während der Dauer der Vormundschaft nicht verboten, sofern nur ein zu diesem Zweck bestellter Pfleger die Einwilligung ertheilt,[5] und es bedarf bei Eheschließung von Mündeln nicht noch der Genehmigung des Vormundschaftsgerichts.[6] Neu sind ferner die Bestimmungen des Entwurfs, daß auch die Töchter, nicht blos die Söhne, bis zum zurückgelegten 25. Lebensjahre zur Eheschließung der Einwilligung des Vaters bez. der Mutter bedürfen,[7] und daß auch minderjährige Kinder auf richterliche Ergänzung der Einwilligung klagen dürfen.[8] Zur Eheschließung erfordert der Entwurf die mündliche Consenserklärung der Verlobten und den Aus-

---

[1] § 774 Abs. 2. § 779 Abs. 2 C.P.O.

[2] §§ 113. 114 II 1 A.L.R.; §§ 424. 1227 E.

[3] § 1228 E.; §§ 112—121. 127 II 1 A.L.R. Wegen Rückgabe der Geschenke vgl. § 1229 E.; §§ 122. 123 II 1 A.L.R.

[4] § 1232 E., § 29 R.Ges. v. 6. Februar 1875; vgl. § 55 II 1 A.L.R.

[5] § 37 R.Ges. v. 6. Febr. 1875; § 1651 Nr. 1. § 1738 Abs. 1. § 1232 Abs. 1 E.

[6] § 54 II 1 A.L.R.; § 29 Abs. 5 R.Ges. v. 6. Febr. 1875; § 48 V.O. v. 5. Juli 1875.

[7] § 29 R.Ges. v. 6. Febr. 1875; § 1238 Abs. 1 E.

[8] § 32 R.Ges. v. 6. Febr. 1875; § 1238 Abs. 3 E.; §§ 58—64. 66—70 II 1 A.L.R.; Seuffert, Archiv, Bd. 43 Nr. 275. — Die Ehemündigkeit beginnt bei Männern mit dem zurückgelegten zwanzigsten, bei Frauen mit dem zurückgelegten sechszehnten Lebensjahre; § 1233 E.; § 28 R.Ges. v. 6. Febr. 1875.

spruch des Standesbeamten, daß er die Ehe für geschlossen erkläre; erst mit dem Moment dieses Ausspruchs, welcher die Anwendung solenner Worte (§ 52 R.Ges. v. 6. Febr. 1875) nicht verlangt, ist die Ehe geschlossen.[1]

IV. Das Landrecht unterscheidet nichtige und ungültige Ehen; nichtige Ehen sind solche, welche wegen obwaltender Verbotsgesetze (impedimentum dirimens publicum) niemals bestehen können (bei Verwandtschaft, Bigamie, Ehebruch, §§ 933—937 II 1 A.L.R.), sie können nicht convalesciren (§ 941 II 1 A.L.R.); ungültige Ehen sind diejenigen, welchen zwar von Anfang an gesetzliche Hindernisse im Wege stehen (impedimentum dirimens privatum), die aber doch in der Folge, durch Hebung dieser Hindernisse, verbindliche Kraft erlangen können (§ 934 II 1 A.L.R., Mangel der Ehemündigkeit, der freien Einwilligung eines Ehegatten, des erforderlichen Consenses, §§ 970—976 II 1 A.L.R.).

Der Entwurf abstrahirt aus dem allgemeinen Begriff der Ungültigkeit der Ehe zwei Arten der Ungültigkeit: die Nichtigkeit und die Anfechtbarkeit.

A. Nichtige Ehen sind nach dem Entwurf nur diejenigen,

a) welche gegen die vorgeschriebene Form (§§ 1245. 1248 E.) verstoßen,

b) bei welchen ein Theil zur Zeit der Eheschließung geschäftsunfähig war,[2]

c) welche gegen das Ehehinderniß der Bigamie oder der Verwandtschaft und Schwägerschaft (§§ 1234. 1236 E.) geschlossen sind.

Die von einem Geschäftsunfähigen eingegangene Ehe convalescirt aber, wenn er sie nach erlangter Geschäftsfähigkeit und bevor die Ehe aufgelöst oder für ungültig erklärt ist, gegenüber dem anderen Theile genehmigt; die Genehmigung wirkt ex tunc;[3] im übrigen ist bei nichtigen Ehen Convalescenz ausgeschlossen. Eine nichtige Ehe, deren Nichtigkeit nicht auf einem Formmangel bei der Eheschließung beruht, wird so lange als gültig angesehen, bis sie aufgelöst oder für ungültig erklärt ist; eine wegen Formmangels nichtige Ehe ist als nicht geschlossen anzusehen und ist ohne Weiteres nichtig (§ 1252 E.).

Die Nichtigkeit einer Ehe wird nach dem Entwurf im Wege der

---

[1] §§ 1248. 1049 E. Der Entwurf unterscheidet also nur schärfer als das bisherige Recht die wesentlichen und unwesentlichen Bestandtheile des Actes.

[2] Nach Landrecht und der Praxis des Reichsgerichts gilt Willensunfähigkeit nur als impedimentum privatum; §§ 38. 39. 971 II 1 A.L.R.; Entsch. R.G. Bd. 9 Nr. 57.

[3] §§ 1250. 1251 E. Adoptivverwandtschaft (§ 1240) und Ehebruch (§ 1237) bilden nach dem Entwurf, abweichend vom Landrecht (§§ 985—989, § 937 II 1 A.L.R.), nur ein impedimentum impediens.

Nichtigkeitsklage geltend gemacht, zu deren Erhebung jeder Ehegatte und der Staatsanwalt, ein Dritter aber dann zuständig ist, wenn ihm im Falle der Nichtigkeit ein Anspruch zusteht, oder im Falle der Gültigkeit eine Verbindlichkeit obliegt.[1] Das auf die Nichtigkeitsklage ergehende Urtheil ist declaratorischer Natur und wirkt für und gegen Alle; stirbt ein Ehegatte vor der Rechtskraft des Urtheils, so ist der Rechtsstreit in Ansehung der Hauptsache als erledigt anzusehen (§ 1256 E.).[2]

B. Anfechtbar ist eine Ehe nach dem Entwurf nur:

a) wegen widerrechtlicher Drohung oder Betruges, als Betrug gilt auch die Verhehlung solcher persönlicher Eigenschaften oder Verhältnisse, welche den anderen Theil bei verständiger Würdigung des Zweckes der Ehe von der Eheschließung abhalten mußten und von welchen zugleich vorauszusehen war, daß sie ihn, wenn er sie gekannt hätte, von der Eheschließung abgehalten haben würden;

b) wegen Irrthums (Mangel der Uebereinstimmung des wirklichen Willens mit dem erklärten Willen);

c) wegen Eheunmündigkeit eines Ehegatten,

d) wegen Mangels der Einwilligung des gesetzlichen Vertreters eines in der Geschäftsfähigkeit beschränkten Ehegatten.[3]

Die Anfechtung der Ehe erfolgt im Wege der Anfechtungsklage (§ 1266 E.), zu deren Erhebung derjenige Ehegatte berechtigt ist, in dessen Person der Anfechtungsgrund gegeben ist[4] (§ 1261 E.). Die Wirkung der Anfechtung ist die, daß die Ehe mit Rückwirkung ex tunc als nicht geschlossen angesehen wird; eine anfechtbare Ehe ist aber so lange als gültig anzusehen, bis sie aufgelöst oder für ungültig erklärt wird (§ 1260 E.). Das auf die Anfechtungsklage ergehende Urtheil wirkt für und gegen Alle (§ 1269 E.). Das Anfechtungsrecht erlischt:

a) durch den Tod des anfechtungsberechtigten Ehegatten (§ 1262 E.),

---

[1] Vgl. §§ 586. 592 C.P.O.; §§ 5—8 A.G. z. C.P.O. Auch der gesetzliche Vertreter eines geschäftsunfähigen Ehegatten kann die Nichtigkeitsklage anstellen (§ 1254 E.; vgl. Entsch. R.G. Bd. 9 Nr. 58), und wenn die Ehe gegen das Verbot der Bigamie verstößt, auch derjenige, mit welchem die frühere Ehe geschlossen war (§ 1253 E.). Die formwidrig geschlossene Ehe ist so anzusehen, als ob sie nicht geschlossen wäre (§ 1252 Abs. 2 E.), der Erhebung der Nichtigkeitsklage bedarf es hier nicht.

[2] Vgl. die Note 1 zu Tit. 1 IV S. 285 ff. des Entwurfs. Ueber den Schutz des gutgläubigen Dritten vgl. §§ 960—962 II 1 A.L.R.; § 1257 E.; über die Wirkung der Putativehe s. §§ 963—965. 967 II 1 A.L.R.; § 1258 E.

[3] Vgl. § 1259 E.; §§ 38—44. 970. 971. 972. 990—1000 II 1 A.L.R.; §§ 29—31 R.Ges. v. 6. Februar 1875. Der Mangel der Einwilligung der Eltern als solcher (§§ 1238. 1239 E.) ist nach dem Entwurf nur impedimentum impediens.

[4] Dem gesetzlichen Vertreter eines anfechtungsberechtigten Ehegatten steht die Anfechtung nicht zu; § 1265 E., dagegen §§ 990—992 II 1 A.L.R.

b) durch Genehmigung der Ehe Seitens des anfechtungsberechtigten Ehegatten nach Beseitigung der Anfechtungslage,

c) durch Genehmigung des gesetzlichen Vertreters des in der Geschäftsfähigkeit beschränkten Ehegatten[1] bez. des Ehegatten selbst nach Erlangung der unbeschränkten Geschäftsfähigkeit (§ 1263 E.),

d) durch Zeitablauf (Präclusivfrist 6 Monate, § 1264 E.).

Im Falle des Todes des zur Anfechtung nicht berechtigten Ehegatten erfolgt die Anfechtung durch eine gegenüber dem Nachlaßgericht abzugebende Erklärung des Anfechtungsberechtigten (§ 1266 Abs. 2 E.).[2]

V. Die Vorschriften des Entwurfs über das persönliche Verhältniß der Ehegatten zu einander, insbesondere über die Stellung des Ehemanns und der Ehefrau in der ehelichen Gemeinschaft stimmen im Wesentlichen mit den Bestimmungen des Landrechts überein.[3] Als leitendes Princip stellt dabei der Entwurf den Satz auf, daß die Ehegatten untereinander zur ehelichen Lebensgemeinschaft berechtigt und verpflichtet sind (§ 1272 E.). Neu ist aber für das Gebiet des Landrechts die Bestimmung, daß auf Erfüllung der aus der ehelichen Gemeinschaft sich ergebenden Pflichten geklagt werden kann. Die diesem Zweck dienende Klage auf Herstellung des ehelichen Lebens wird im gewöhnlichen Prozeßverfahren erhoben, sie kann aber von dem gesetzlichen Vertreter eines geschäftsunfähigen Ehegatten nicht erhoben werden, auch ist die Zwangsvollstreckung aus dem auf die Klage ergehenden Urtheile ausgeschlossen (§ 1276 E.).[4] Was die Verpflichtungsfähigkeit der Ehefrau anlangt, so steht der Entwurf, abweichend vom preußischen Recht,[5] auf dem Standpunkt, daß die Ehefrau als solche in der Geschäftsfähigkeit nicht beschränkt, also vollkommen geschäftsfähig ist, nur zu solchen Rechtsgeschäften bedarf sie der Einwilligung des Ehemanns, durch welche sie sich zu einer in Person zu bewirkenden Leistung verpflichtet; die ohne diese Einwilligung geschlossenen Rechtsgeschäfte dieser Art sind von Seiten des Ehemanns anfechtbar. Die Anfechtung bewirkt, daß das angefochtene Rechtsgeschäft für die Zukunft aufgehoben, für die Vergangenheit aufrecht erhalten wird. Auch

---

[1] Vgl. dagegen §§ 999. 984 II 1 A.L.R.

[2] Die in der C.P.O. enthaltene Bezeichnung „Ungültigkeitsklage" soll nach dem Einführungsgesetze mit dem Worte „Anfechtungsklage" vertauscht werden. Vgl. Note 1 sub II ad § 1250 des Entwurfs, S. 285 ff. der amtlichen Ausgabe.

[3] §§ 173—195 II 1 A.L.R.; §§ 1272—1275. 1280. 1081 E. Eine Ehe zur linken Hand kennt der Entwurf nicht; §§ 835 ff. II 1 A.L.R.

[4] Dies wird im Einführungsgesetz in Ergänzung des § 774 Abs. 2 C.P.O. bestimmt. — Nach preuß. Recht finden nur einseitige richterliche Verfügungen, welche die Herstellung des ehelichen Zusammenlebens bezwecken, statt; § 5 A.G. z. C.P.O.

[5] § 196 II 1 A.L.R.

Verträge zwischen dem Ehemann und der Ehefrau unterwirft der Entwurf, abweichend vom Landrecht, welches für den Fall, daß die Frau sich dem Manne oder zu dessen Vortheil verbindlich machen will, die gerichtliche Form unter Zuziehung eines Beistandes erfordert,[1] keinem Formzwang.

Während ferner das Landrecht als Ausnahme von der Regel der Verpflichtungsunfähigkeit der Ehefrau den Ehemann aus den von der Ehefrau auf Grund der Schlüsselgewalt abgeschlossenen gewöhnlichen Haushaltungsgeschäften verhaftet werden läßt, gewährt der Entwurf der Ehefrau regelmäßig innerhalb ihres häuslichen Wirkungskreises eine gesetzliche Vertretungsmacht, kraft welcher sie berechtigt ist, für ihren Ehemann und im Namen desselben rechtsgeschäftlich zu handeln.[2] Endlich stellt der Entwurf die Vermuthung auf, daß die in der Inhabung des Ehemanns oder der Ehefrau oder beider Ehegatten befindlichen Sachen dem Ehemanne gehören (praesumtio Muciana, § 1282 E.).[3]

§ 24.

Das eheliche Güterrecht.

a) Das gesetzliche eheliche Güterrecht.[4]

Entwurf: Buch 4 Abschnitt 1 Titel 2; Mot. IV S. 133—304.

I. Der Entwurf hat als gesetzliches eheliches Güterrecht das auch dem Landrecht[5] zu Grunde liegende System der sog. Verwaltungsgemeinschaft (Gütervereinigung, Güterverbindung) adoptirt; der Ehemann hat die Verwaltung und Nutznießung des Frauenvermögens. Dieses der ehemännlichen Verwaltung und Nutznießung kraft Gesetzes unterworfene Vermögen der Ehefrau, zu welchem sowohl dasjenige gehört, welches die Ehefrau zur Zeit der Eheschließung hat, als dasjenige, welches sie während der Ehe erwirbt, nennt der Entwurf Ehegut. Das Ehegut des Entwurfs entspricht also dem eingebrachten Vermögen des Landrechts.[6]

---

[1] §§ 198—201 II 1 A.L.R.

[2] §§ 321. 324. 328. 389 II 1 A.L.R.; § 1278 E. Anders geartet ist die der Ehefrau in Behinderungsfällen des Ehemanns eingeräumte Vertretungsmacht, §§ 202 bis 204. 326—328 II 1 A.L.R.; auch kennt der Entwurf keine allgemeine Vertretungsbefugniß des Ehemanns zu Gunsten der Ehefrau, wie das Landrecht, §§ 188. 190. 191 II 1 A.L.R. — Nach dem Entwurf hat der Ehemann die Proceßkosten für die Ehefrau nicht zu tragen; §§ 187. 190. 191. 726 II 1 A.L.R.; § 1280 E.; vgl. jedoch § 1297 Nr. 9 und 10 E.

[3] § 544 II 1 A.L.R.; vgl. auch § 37 R.K.O.

[4] Bähr, a. a. O. S. 530 ff.

[5] Vgl. Svarez, Vorträge bei der Schlußrevision, S. 110—112.

[6] §§ 210. 231 II 1 A.L.R.; § 1283 E.

Es macht für die Rechte des Ehemanns am Ehegut keinen Unterschied, ob die Ehefrau volljährig oder minderjährig ist.[1] Dem Ehegut steht das Vorbehaltsgut gegenüber, d. h. dasjenige Frauenvermögen, welches von der ehelichen Nutznießung und Verwaltung ausgeschlossen ist, also der selbständigen Verwaltung und Nutzung der Ehefrau unterliegt. Das Vorbehaltsgut des Entwurfs entspricht im Wesentlichen dem vorbehaltenen Vermögen des Landrechts,[2] erfährt aber nicht unerhebliche Erweiterungen. Nach dem Entwurf gehören nämlich zum Vorbehaltsgut diejenigen Gegenstände, welche:

1. durch Ehevertrag für Vorbehaltsgut erklärt sind,

2. die Ehefrau durch Erbfolge, Vermächtniß oder als Pflichttheil oder durch Zuwendung unter Lebenden erwirbt, sofern durch letztwillige Verfügung bez. bei der Zuwendung bestimmt ist, daß die Gegenstände Vorbehaltsgut sein sollen,

3. die Ehefrau aus Rechtsgeschäften erwirbt, welche sie ohne Einwilligung des Ehemanns abgeschlossen hat, und welche zu genehmigen der Ehemann verweigert,[3]

4. die Ehefrau durch ihre Arbeit, d. h. durch solche Arbeit erwirbt, zu welcher sie dem Ehemanne gegenüber nicht gesetzlich verpflichtet ist (häusliche Arbeit, § 1275 Abs. 2 E.),[4] also durch jede selbständige erwerbende Thätigkeit,

5. die Ehefrau auf Grund eines zum Vorbehaltsgute gehörenden Rechts oder als Ersatz für die Zerstörung, Beschädigung oder Entziehung eines zum Vorbehaltsgute gehörenden Gegenstandes oder durch solche Rechtsgeschäfte erwirbt, welche auf Vorbehaltsgut sich beziehen[5] (§§ 1286 bis 1291 E.).

---

[1] Dies ist im preuß. Recht bestritten, vgl. Dernburg, Vormundschaftsrecht, § 87.

[2] §§ 206—208. 221—230. 248—250. 318. 319. 619. 620 II 1 A.L.R. Eine Morgengabe kennt der Entwurf nicht. Abweichend vom Landrecht gehören diejenigen Sachen, welche ausschließlich zum persönlichen Gebrauche der Ehefrau, insbesondere zur Kleidung oder zum Schmucke bestimmt sind, zu den Ehegutssachen, sie unterliegen aber nicht der ehelichen Nutznießung, § 1285 E.; § 206 II 1 A.L.R. (gesetzlich Vorbehaltenes); vgl. auch §§ 223. 224 II 1 A.L.R.

[3] § 320 II 1 A.L.R.; die ohne Einwilligung des Ehemanns in Ansehung des Eingebrachten contrahirten Schulden sind nach Landrecht nichtig (Entsch. R.G. Bd. 4 S. 241; Gruchot, Beiträge, Bd. 27 S. 450). Nach dem Entwurf ist die Ehefrau als solche nicht geschäftsunfähig.

[4] § 211 II 1 A.L.R. Was die Ehefrau durch häusliche Thätigkeit erwirbt, erwirbt sie nach beiden Rechtssystemen dem Ehemanne, der Erwerb durch sog. artificielle Thätigkeit fällt aber nach Landrecht dem Eingebrachten zu. Entsch. R.G. Bd. 3 Nr. 70, §§ 219. 220 II 1 A.L.R.

[5] §§ 217. 218 II 1 A.L.R.

II. Dem Recht des Ehemanns auf die Verwaltung und Nutznießung des Ehegutes entspricht nach dem System des Entwurfs die Pflicht desselben zur alleinigen Tragung der ehelichen Lasten, verbunden mit der Berechtigung, die Nutzungen des Ehegutes hierzu zu verwenden. Auf die eheliche Nutznießung finden nach dem Entwurf die Vorschriften über den Nießbrauch directe Anwendung, soweit nicht positiv etwas Anderes bestimmt wird (§ 1292 E.).[1] Daraus folgt, daß dem Ehemann ein dingliches Recht an den einzelnen Ehegutssachen zusteht, und zwar an dem jeweiligen Ehegut (§ 1293 E.), daß er alle Klagerechte des Eigenthümers analog geltend machen kann (§ 1017 E.), und daß die Ehefrau Sicherheitsleistung nur verlangen darf, wenn die Besorgniß einer Verletzung ihrer Rechte begründet ist (§ 1005 E.).[2] Den der Ehefrau nach Landrecht[3] zustehenden gesetzlichen Titel zum Pfandrecht an den Grundstücken des Ehemanns hat der Entwurf beseitigt.

Während ferner nach preußischem Recht dem Ehemann das Recht der freien Verfügung über die Mobilien der Ehefrau zusteht, zu denen auch das baare Geld und die Inhaberpapiere gehören, und nur zur Einziehung, Verpfändung oder Veräußerung solcher Kapitalien, welche auf den Namen der Ehefrau oder ihrer Erblasser oder Geschenkgeber geschrieben sind, der Einwilligung der Ehefrau bedarf,[4] ist nach dem Entwurf[5] der Ehemann berechtigt, unverzinsliche Forderungen der Ehefrau einzuziehen, aber nicht berechtigt, in anderer Art über die Forderung zu verfügen; nach bewirkter Leistung tritt dann an die Stelle des Forderungsnießbrauchs der Nießbrauch am Leistungsgegenstand. Dagegen kann eine verzinsliche Forderung der Ehefrau nur von dieser und ihrem Ehemanne gemeinschaftlich gekündigt und eingezogen und nur an Beide gemeinschaftlich gezahlt werden; insbesondere steht ferner bei Schuldverschreibungen oder Aktien auf Inhaber das Recht auf die Inhabung der Papiere der Ehefrau und dem Ehemann gemeinschaftlich zu; können sie sich über die Art der Ausübung der gemeinschaftlichen Inhabung nicht einigen, so sind die Papiere nebst Kupons, Talons und Gewinnantheilscheinen bei einer öffentlichen Hinterlegungsstelle in Verwahrung zu geben, so zwar, daß die Erhebung der Zinsen, Renten und Gewinnantheile von dem Ehemann allein, die Herausgabe der Papiere selbst und der

---

[1] Vgl. § 231 II 1 A.L.R.

[2] Vgl. § 255 II 1 A.L.R.

[3] § 254 II 1 A.L.R.; Art. 12 E.G. z. preuß. K.O.; § 4 A.G. z. R.K.O.; § 19 Ges. v. 5. Mai 1872.

[4] §§ 247. 233—239 II 1 A.L.R.; Dernburg, Preuß. Privatrecht, Bd. 3 § 30.

[5] §§ 1028. 1029 Abss. 1 und 2. 1031—1037 E.

Erneuerungsscheine nur an die Ehefrau und den Ehemann gemeinschaftlich erfolgen kann.

Abweichend von den Normen über den Nießbrauch an verbrauchbaren Sachen erlangt jedoch der Ehemann nicht das Eigenthum an den verbrauchbaren Ehegutssachen, also auch nicht am baaren Gelde oder Geldsurrogaten, vielmehr behält die Ehefrau das Eigenthum, und der Ehemann ist auch nicht berechtigt, in eigenem Namen über diese Sachen zu verfügen; dieses Recht wird ihm vom Entwurf nur bezüglich solcher verbrauchbarer Sachen eingeräumt, welche durch Verbrauch genutzt zu werden pflegen, z. B. Getreide, Wein; in diesem Falle ist der Ehemann verpflichtet, der Ehefrau nach Beendigung der ehelichen Nutznießung den Werth der Sachen zur Zeit der Verfügung zu ersetzen (§ 1294 E.).[1]

Wie im preußischen Recht, so haftet auch nach dem Entwurf die Substanz des Ehegutes nicht für die Schulden des Ehemanns, wohl aber sind nach Landrecht die Gläubiger des Ehemanns befugt, sich an den maritalischen Nießbrauch zu halten, unbeschadet des Rechts der Ehefrau zur Rückforderung ihres Eingebrachten, wenn in Folge dieses Andringens der Gläubiger der Ehemann außer Stand gesetzt wird, seiner Frau und seinen Kindern standesgemäßen Unterhalt zu gewähren; auch findet diese Befugniß der Gläubiger auf die eingebrachten Mobilien der Ehefrau keine Anwendung.[2] Danach muß für das preußische Recht daran festgehalten werden, daß auch der maritalische Nießbrauch an sich der Ausübung nach übertragbar und pfändbar ist, jedoch unbeschadet der damit verbundenen Belastung zu Gunsten der Ehefrau und der Kinder, also nur insoweit, als durch die Uebertragung nicht die Pflicht zum standesgemäßen Unterhalt beeinträchtigt wird.[3] In dieser Hinsicht bestimmt nun der Entwurf, abweichend von den gewöhnlichen Nießbrauchs-

---

[1] Nach preuß. Recht geht baares Geld in das Eigenthum des Ehemanns durch Vermischung mit seinem eigenen Gelde über; § 548 II 1 A.L.R. Bezüglich anderer verbrauchbarer Sachen enthält das Landrecht besondere Bestimmungen nicht, jedenfalls unterliegen sie aber der freien Verfügung des Ehemanns; §§ 231. 247 II 1, § 173 I 21 A.L.R.; Dernburg, Preuß. Privatrecht, Bd. 3 § 32; Striethorst, Archiv, Bd. 53 S. 138. — Die Ehefrau kann aber nach dem Entwurf dem Ehemann vertragsmäßig das Eigenthum an verbrauchbaren Sachen mit der Verpflichtung zum künftigen Werthsatz übertragen; § 1295 E. Vgl. auch §§ 563. 564 571. 578 II 1 A.L.R.

[2] §§ 256—258 II 1 A.L.R.; V.O. v. 7. April 1838 (G.S. S. 255); vgl. auch § 1 Abs. 2 R.K.O.; Entsch. R.G. Bd. 1 Nr. 55; Gruchot, Beiträge, Bd. 24 S. 1023, Bd. 25 S. 891, Bd. 30 S. 969.

[3] Vgl. §§ 231. 247 II 1, § 110 I 21 A.L.R.; § 754 C.P.O.; Hüppner, im Archiv f. civil. Praxis, Bd. 70 S. 443 ff.; A. M.: Förster-Eccius, Bd. 4 § 208. — Vgl. auch §§ 256—258 II 1 A.L.R. und A. Förster, Civilproceßordnung, Bd. 2 zu § 690 Note 5 c S. 422.

normen (§ 1011 E.), daß die durch die eheliche Nutznießung an den Ehegutssachen begründeten Rechte weder veräußerlich noch pfändbar sind, so daß sich die Gläubiger des Ehemanns auch nicht an den nach Abzug der zur Bestreitung der ehelichen Lasten nothwendigen Nutzungen verbleibenden Ueberschuß halten können. Auch die von dem Ehemann erworbenen Früchte sind der Pfändung Seitens der Gläubiger nur insoweit unterworfen, als der Ehemann derselben nicht bedarf, um die mit der ehelichen Nutznießung verbundenen Pflichten, sowie diejenigen Unterhaltsverpflichtungen zu erfüllen, welche ihm gegenüber seiner Ehefrau und seinen Verwandten gesetzlich obliegen, und um seinen eigenen standesgemäßen Unterhalt zu bestreiten. Gegen die Pfändung kann sowohl der Ehemann als die Ehefrau Widerspruch erheben, ersterer im Wege der Einwendung gegen die Art und Weise der Zwangsvollstreckung, letztere im Wege der Klage (§§ 685. 690 C.P.O.).[1]

III. Was die Verwaltung des Ehemanns betrifft, so ist derselbe nach preußischem Recht über Grundstücke, Gerechtigkeiten und auf den Namen der Ehefrau geschriebene Kapitalien nur mit deren Einwilligung, dagegen über die Mobilien frei zu verfügen berechtigt, und zwar haftet er bei der Verwaltung von Grundstücken für mäßiges Versehen, von Kapitalien für diligentia quam suis und bei anderen Mobilien für grobes Versehen.[2]

Nach dem Entwurf ist der Ehemann berechtigt und verpflichtet, alle Handlungen vorzunehmen, welche zur ordnungmäßigen Verwaltung des Ehegutes erforderlich sind, dagegen ist er nicht berechtigt, über Ehegutssachen, also auch nicht über Mobilien, zu verfügen, weder im eigenen Namen, noch im Namen der Ehefrau, ohne deren Vollmacht, überhaupt Rechtsgeschäfte im Namen der Ehefrau ohne deren Vollmacht vorzunehmen; er ist insbesondere also auch nicht berechtigt, wie schon oben hervorgehoben wurde, über das von der Ehefrau eingebrachte baare Geld im eigenen Namen oder im Namen der Ehefrau ohne deren Vollmacht einseitig zu verfügen. Will der Ehemann ein Rechtsgeschäft im Namen der Ehefrau vornehmen oder einen Proceß über Ehegutsrechte führen, so bedarf er hierzu ihrer Vollmacht. Wird zum Zweck der ordnungsmäßigen Verwaltung des Ehegutes ein Rechtsgeschäft oder ein Proceß erforderlich, so kann der Ehemann, nachdem er seine Ehefrau hiervon in Kenntniß gesetzt, verlangen, daß diese das Geschäft selbst mit seiner Einwilligung vornehme, demgegenüber ist die Ehefrau zu dem Verlangen berechtigt, daß dieser als ihr Bevollmächtigter das Geschäft vornehme. Das Verlangen ist im Wege der Klage durchzuführen. Der

[1] §§ 1298. 1299. Ueber die Beweislast s. § 1299 Abs. 3.
[2] §§ 232—250. 554. 555. 561. 595 II 1 A.L.R.

Ehemann haftet bei Erfüllung seiner güterrechtlichen Pflichten für diligentia quam suis, im Uebrigen finden in Ansehung seiner Rechte und Pflichten die Vorschriften über den Auftrag entsprechende Anwendung. Ausnahmsweise darf der Ehemann im Namen der Ehefrau ohne deren Zuziehung:

a) Ehegutsverbindlichkeiten aus dem Ehegute erfüllen,

b) Ehegutsforderungen gegen Ehegutsverbindlichkeiten aufrechnen,

c) Handlungen vornehmen, welche nur die Erhaltung oder Sicherung des Ehegutes bezwecken, z. B. Arreste, einstweilige Verfügungen beantragen.[1]

IV. Während nach preußischem Recht die Ehefrau der Regel nach[2] verpflichtungsunfähig ist, so zwar, daß sie wohl Rechte erwerben, aber ohne Einwilligung des Ehemanns sich gültig nicht verpflichten kann,[3] eine Regel, die bezüglich des vorbehaltenen Vermögens eine Ausnahme, allerdings mit der Beschränkung erfährt, daß für die auf das Vorbehaltene eingegangenen Schulden Gegenstände des Vorbehaltgutes verpfändet sein müssen, wenn sie während der Ehe verfolgbar sein sollen, und daß auch nach dem Tode der Ehefrau die Gläubiger nur soweit Bezahlung fordern können, als das bei ihrem Ableben noch vorhandene vorbehaltene Vermögen hinreicht,[4] ist der Standpunkt des Entwurfs der, daß die Ehefrau als solche principiell geschäftsfähig ist, und daß nur ihr Verfügungsrecht in Bezug auf das Ehegut wegen des collidirenden Interesses des Ehemanns eine Beschränkung erleidet. Es bedarf nämlich nach dem Entwurf[5] ein dingliches Rechtsgeschäft der Ehefrau unter Lebenden, durch welches sie über ein Ehegutsrecht verfügt, zur Wirksamkeit der Einwilligung des Ehemanns; ist das Rechtsgeschäft ein Vertrag, so wird es durch die Genehmigung des Ehemanns wirksam. Verpflichtet sich die Ehefrau durch obligatorisches Rechtsgeschäft zu einer Leistung, so ist diese Verpflichtung gegenüber dem Ehemanne in Ansehung des Ehegutes nur dann wirksam, wenn derselbe in die Vornahme des Rechtsgeschäfts eingewilligt oder dasselbe genehmigt hat. Diese Einwilligung bez. Genehmigung[6] verpflichtet den Ehemann, die Befriedigung der Ehegutsgläubiger aus dem Ehegut zu dulden, ohne daß er

---

[1] §§ 1317—1325. 1279. 591—595 E.; vgl. §§ 188. 189 II 1 A.L.R.; § 19 I 1 A.G.O.; Entsch. R.G. Bd. 13 Nr. 70.

[2] Ausnahmen: §§ 198. 202—204. 321—327. 335. 336 II 1 A.L.R.

[3] § 320 II 1 A.L.R.; Entsch. R.G. Bd. 3 Nr. 70, Bd. 4 Nr. 67, Bd. 15 Nr. 58, Bd. 16 Nr. 32.

[4] §§ 318. 319. 619 II 1 A.L.R.

[5] §§ 1300. 1301. 1311 E.

[6] Vgl. § 127 E.

jedoch, wie im preußischen Recht,[1] aus seiner Einwilligung persönlich in Anspruch genommen werden könnte.

Was nun die Prozeßfähigkeit der Ehefrau im preußischen Recht anlangt,[2] so ist dieselbe zwar dadurch, daß sie Ehefrau ist, nicht beschränkt (§ 51 Abs. 2 C.P.O.), allein die unbeschränkte Proceßfähigkeit beseitigt noch nicht die Beschränkungen der civilrechtlichen Verfügungsfähigkeit der Ehefrau; insbesondere hat die Civilprozeßordnung weder die aus dem materiellen ehelichen Güterrecht fließenden Beschränkungen der Verpflichtungsfähigkeit der Ehefrau beseitigt, noch die dem Ehemanne nach Güterrecht zustehenden Befugnisse geschmälert. Daraus folgt, daß die Ehefrau, trotz ihrer unbeschränkten Prozeßfähigkeit, keineswegs schlechthin zu den ihr Vermögen betreffenden Klagen allein activ oder passiv legitimirt ist, daß es vielmehr lediglich eine aus dem materiellen Recht zu beantwortende Frage der Sachlegitimation ist, ob die Ehefrau allein oder nur in Gemeinschaft mit ihrem Ehemanne einen Anspruch im Proceß durchzuführen oder abzuwehren befugt ist.

Die Proceßfähigkeit, d. h. die processualische Handlungsfähigkeit tangirt also nicht die außerprocessualische Handlungsbefugniß. Insoweit die Ehefrau nach materiellem Recht nicht befugt ist, über ein Vermögensrecht selbständig und allein zu verfügen, insoweit ist sie auch in einem Processe über dieses Recht allein weder activ noch passiv legitimirt, und es muß trotz ihrer Proceßfähigkeit Abweisung der Klage wegen mangelnder Sachlegitimation erfolgen. Ob und inwieweit also eine Zuziehung des Ehemanns im Proceß erforderlich ist, folgt hiernach aus den durch die Civilproceßordnung nicht berührten, vielmehr fortdauernd gültigen Vorschriften des Landrechts. Danach ist der Ehemann schuldig und befugt, die Person und das Vermögen seiner Frau in und außer Gericht zu vertreten, und es kann die Ehefrau in der Regel ohne Zuziehung und Einwilligung des Mannes mit Anderen keine Processe führen.

Was das eingebrachte Vermögen betrifft, so kann der Ehemann gerichtliche Angelegenheiten, welche die Substanz des Eingebrachten betreffen, nur mit Zuziehung der Frau betreiben, insbesondere bestimmt die allgemeine Gerichtsordnung (§ 19 I 1), daß bei gerichtlichen Verhand-

---

[1] §§ 329—333 II 1 A.L.R.; Entsch. R.G. Bd. 16 Nr. 59.

[2] Mandry, Der civilrechtliche Inhalt der Reichsgesetze, 3. Aufl. § 2; Wach, Handbuch des deutschen Civilproceßrechts, Bd. 1 § 48; Fischer, Preuß. Privatrecht, § 128; Förster-Eccius, Bd. 4 § 206; Dernburg, Preuß. Privatrecht, Bd. 3 § 21; Boas in Gruchot's Beiträgen, Bd. 29 S. 305—326; Entsch. R.G. Bd. 13 Nr. 70 und bei Gruchot, Beiträge, Bd. 31 S. 975 ff. 1156 ff.; vgl. auch Seuffert, Civilproceßordnung, 4. Aufl. zu § 51.

lungen, welche die zur Substanz des Eingebrachten gehörigen Grundstücke und Gerechtigkeiten oder solche eingebrachte Capitalien betreffen, welche auf den Namen der Frau oder ihres Erblassers oder Geschenkgebers geschrieben sind, beide Eheleute zugezogen werden müssen. Insoweit es sich aber um eingebrachte Mobilien und solche Forderungen handelt, welche nicht auf den Namen der Frau geschrieben sind, ist wegen seines freien Verfügungsrechts der Ehemann allein activ und passiv legitimirt; eine Ausnahme bezüglich der Mobilien macht nur die Interventionsklage der Ehefrau.[1] Niemals ist die Ehefrau legitimirt bei Processen, welche die Nutzungen des Eingebrachten betreffen.[2]

Bei Processen über das vorbehaltene Vermögen ist die Ehefrau activ und passiv selbständig legitimirt, da sie in Bezug auf dieses Vermögen freie Disposition hat.[3]

Ein gegen die Ehefrau allein ergangenes Urtheil schafft niemals Rechtskraft gegen den Mann und kann auch nicht als vollstreckbarer Titel gegen denselben dienen.[4]

Nach dem Entwurf darf die Ehefrau einen Rechtsstreit, in welchem ein Ehegutsrecht geltend gemacht wird, nur mit Einwilligung oder Genehmigung des Ehemanns erheben (Activproceß), eine ohne diese Einwilligung oder Genehmigung erhobene Klage ist also, trotz der unbeschränkten Proceßfähigkeit der Ehefrau, auch hier wegen mangelnder Sachlegitimation abzuweisen; ist gleichwohl zum Nachtheil der Ehefrau ein Urtheil ergangen, so ist es in Ansehung des Ehegutes gegenüber dem Ehemann unwirksam. Bei anderen Processen (Passivprocessen oder Activprocessen in nicht vermögensrechtlichen Angelegenheiten) bedarf zwar die Ehefrau zur Führung nicht der Einwilligung des Ehemanns, es ist aber das zum Nachtheil der Ehefrau in diesen Processen erlassene Urtheil in Ansehung des Ehegutes gegenüber dem Ehemann nur dann wirksam, wenn dieser in die Führung des Processes durch die Ehefrau eingewilligt

---

[1] §§ 188. 189. 232. 233. 239. 245. 247 II 1 A.L.R.; § 19. 22 I 1 A.G.O. (über die fortwährende Gültigkeit dieser Vorschriften s. Entsch. R.G. Bd. 13 Nr. 70; Gruchot, Beiträge, Bd. 31 S. 976).; § 2 V.O. v. 7. April 1838 (G.S. S. 255). Einen Unterschied in der Behandlung der Activ- und Passivprocesse der Ehefrau zu machen (Förster-Eccius, Bd. 4 § 206; Boas, a. a. O. S. 320. 321), ist unbegründet; Entsch. R.G. Bd. 13 Nr. 70. Richtig Fischer, Preuß. Privatrecht, S. 707. Unrichtig A. Förster, Civilprozeßordnung, Bd. 1 S. 86.

[2] Mandry, a. a. O. S. 25.

[3] §§ 221. 222. 230. 318. 319. 619 II 1 A.L.R.; Erk. d. R.G. bei Gruchot, Beiträge, Bd. 31 S. 976. Selbstverständlich ist die Ehefrau auch bei nicht vermögensrechtlichen Streitigkeiten und bei Processen mit ihrem Ehemann selbständig legitimirt.

[4] Entsch. R.G. Bd. 10 Nr. 78; Wach, a. a. O. S. 554.

hat oder dieselbe genehmigt (§§ 1302. 1303 E.). Die Vorschriften über die Beschränkungen des Verfügungsrechts der Ehefrau finden nach dem Entwurf auch Dritten gegenüber Anwendung, selbst wenn diese jene Beschränkungen der Ehefrau nicht gekannt haben (§ 1305 E.).[1]

Die Verbindlichkeiten der Ehefrau sind nach dem Entwurf der Regel[2] nach Ehegutsverbindlichkeiten, d. h. die Gläubiger der Ehefrau können wegen aller Verbindlichkeiten der Ehefrau ihre Befriedigung neben dem Vorbehaltsgut auch aus dem Ehegute verlangen, ohne Rücksicht auf die eheliche Nutznießung und Verwaltung (§ 1311 E.). Zwangsvollstreckungen gegen das Ehegut finden nur statt, wenn die Ehefrau zu der Leistung und der Ehemann zur Gestattung der Zwangsvollstreckung gegen das Ehegut verurtheilt ist. Auch im Verhältniß der Ehegatten zu einander fallen die Ehegutsverbindlichkeiten in der Regel dem Ehegute zur Last, ausnahmsweise, z. B. Verbindlichkeiten aus Delicten, dem Vorbehaltsgute (§§ 1314. 1316 E.).[3]

V. Die Beendigung der ehelichen Nutznießung und Verwaltung erfolgt mit Auflösung der Ehe, rechtskräftiger Eröffnung des Konkurses[4] über das Vermögen des Ehemanns, im Falle der Todeserklärung des Ehemanns und durch einen die Beendigung bestimmenden Ehevertrag. Das dem überlebenden Ehegatten nach Landrecht eingeräumte Wahlrecht[5] der Rückgabe des eingebrachten Grundstücks oder des Werthsersatzes hat der Entwurf beseitigt (§ 1337 E.). Unter gewissen Voraussetzungen kann die Ehefrau die Aufhebung der ehelichen Nutznießung und Verwaltung fordern, z. B. bei Pflichtverletzung des Ehemanns und Besorgniß erheblicher Gefährdung der Rechte der Ehefrau, bei Entmündigung des Ehemanns und bei Abwesenheitspflegschaft.[6]

§ 25.

b) Das vertragsmäßige eheliche Güterrecht.

Entwurf: Buch 4 Abschnitt 1 Tit. 3 und 4; Mot. IV S. 304—561.

I. Ehegatten können vor und nach Eingehung der Ehe durch Vertrag (Ehevertrag) den gesetzlichen Güterstand ausschließen oder ändern,

---

[1] Dies gilt auch für den Grundbuchverkehr. — Ueber die Fälle, in welchen ausnahmsweise die Einwilligung des Ehemanns nicht erforderlich ist, s. §§ 1306—1310 E.; §§ 202—204. 324—328. 335—330 II 1 A.L.R.

[2] Ausnahmen: § 1312 E.

[3] Ueber die Ausgleichung zwischen Ehegut und Vorbehaltsgut s. § 1316 Abs. 3 E.; vgl. auch §§ 339. 340 II 1 A.L.R.

[4] Vgl. §§ 258. 261—265 II 1 A.L.R.

[5] §§ 570—613 II 1 A.L.R.

[6] §§ 1328 E.; §§ 255—258 II 1 A.L.R.

nach erfolgter Ausschließung oder Aenderung wiederherstellen und den vertragsmäßigen Güterstand wieder ändern; der eheliche Güterstand darf aber nicht durch Bezugnahme auf ein nicht mehr geltendes Gesetz oder auf ein ausländisches Gesetz bestimmt werden.[1] Ein solcher Ehevertrag bedarf nach dem Entwurf der gerichtlichen oder notariellen Form (§ 1335 Abs. 1 E.).[2]

Der Entwurf macht die Wirksamkeit eines Ehevertrages in Ansehung eines Dritten nicht von einer öffentlichen Bekanntmachung abhängig,[3] er gewährt aber dem gutgläubigen Dritten insofern Schutz, als ein Ehevertrag, durch welchen

a) der gesetzliche Güterstand ausgeschlossen oder geändert wird, oder
b) ein veröffentlichter vertragsmäßiger Güterstand wieder aufgehoben oder geändert wird,

zu Gunsten eines Dritten, der mit einem der Ehegatten ein Rechtsgeschäft geschlossen hat, nur dann wirksam ist, wenn der Vertrag zur Zeit der Vornahme des Rechtsgeschäfts veröffentlicht oder dem Dritten bekannt war oder bekannt sein mußte.

Der Entwurf kennt folgende Formen des vertragsmäßigen Güterstandes: 1. die Trennung der Güter, 2. die allgemeine Gütergemeinschaft, 3. die Errungenschaftsgemeinschaft, 4. die Gemeinschaft des beweglichen Vermögens und der Errungenschaft.

II. Trennung der Güter.

Der Güterstand der Gütertrennung besteht in der vertragsmäßigen Ausschließung der ehelichen Nutznießung und Verwaltung, ohne Bestimmung eines anderen Güterstandes. Hierbei ist die Ehefrau verpflichtet, dem Ehemann einen angemessenen Beitrag aus den Einkünften ihres Vermögens und dem Ertrage eines von ihr selbständig betriebenen Erwerbsgeschäfts zur Bestreitung der ehelichen Lasten zu leisten. Dieser Anspruch des Ehemanns ist nicht übertragbar, also auch nicht pfändbar, und der Compensation unzugänglich.[4] Dem Landrecht ist ein solcher Güterstand fremd.

III. Allgemeine Gütergemeinschaft.

A. Der Entwurf construirt die allgemeine Gütergemeinschaft auf der Basis des deutschrechtlichen Miteigenthums, also einer Rechtsgemein-

---

[1] §§ 1333. 1334 E.; §§ 208. 209. 215. 251. 252. 253. 354. 355. 412—419 II 1 A.L.R.; Ges. v. 20. März 1837 (G.S. S. 63).

[2] Vgl. §§ 82. 198—201. 209. 215. 356 II 1 A.L.R.

[3] § 4 Ges. v. 20. März 1837; vgl. auch Art. 20 E.G. z. H.G.B.

[4] §§ 1338—1340 E.

schaft zur gesammten Hand (eheliche Eigenthumsgemeinschaft als Ausfluß der personenrechtlichen Verbundenheit der Ehegatten).[1]

Die allgemeine Gütergemeinschaft besteht in der Verschmelzung des Vermögens des Ehemanns und des Vermögens der Ehefrau zu einem beiden Ehegatten gemeinschaftlichen Vermögen (Gesammtgut). Diese Vereinigung der beiderseitigen Vermögensmassen zum Gesammtgut vollzieht sich kraft Gesetzes, ohne daß es einer Uebertragung bedarf; das Gesammtgut umfaßt sowohl das zur Zeit des Eintritts der allgemeinen Gütergemeinschaft vorhandene Vermögen, als auch den Erwerb während der Ehe. Subjecte der allgemeinen Gütergemeinschaft sind also die Ehegatten in ihrer personenrechtlichen Verbundenheit; Object ist das Gesammtgut als Vermögensganzes; selbständige Eigenthumsantheile am Gesammtgute bestehen während der Dauer der Gemeinschaft nicht, erst mit Aufhebung der Gemeinschaft können Sonderrechte auf einen Antheil am Ganzen hervortreten.[2] Auch die zum Gesammtgut gehörigen Forderungen stehen den Ehegatten nicht getheilt zu, und es besteht in Bezug auf solche Forderungen auch kein Gesammtschuldverhältniß; der Antheil eines Ehegatten am Gesammtgut und an den einzelnen zu diesem gehörigen Gegenständen ist nicht veräußerlich, nicht belastbar und nicht pfändbar, auch ist die Theilungsklage ausgeschlossen.[3]

Nach dem Entwurf sind von dem Gesammtgut ausgeschlossen:

1. das Vorbehaltsgut. Dazu gehören:

a) solche Gegenstände, welche durch Ehevertrag für Vorbehaltsgut eines der Ehegatten erklärt sind,[4]

b) Zuwendungen Dritter mit Vorbehaltssatzung,

c) der ohne Einwilligung des Ehemanns durch Rechtsgeschäft unter Lebenden gemachte Erwerb der Ehefrau, wenn der Ehemann die Genehmigung des Rechtsgeschäfts verweigert,

d) der Erwerb eines Ehegatten auf Grund eines zu seinem Vorbehaltsgute gehörigen Rechts oder eines auf sein Vorbehaltsgut sich

---

[1] Vgl. Gierke, Die Genossenschaftstheorie und die deutsche Rechtsprechung, S. 367 ff., daselbst auch über die preuß. Praxis S. 371 Note 2. S. 375 Note 3. S. 379 Note 1. S. 380 Note 1. Ueber die Construction der allg. Gütergemeinschaft in der preuß. Doctrin s. Förster-Eccius, Bd. 4 § 209; Dernburg, Preuß. Privatrecht, Bd. 3 § 35; Fischer, Preuß. Privatrecht, § 99. — Ueber die Rechte minderjähriger Ehegatten vgl. §§ 780—798 II 18. §§ 414. 415 II 1 A.L.R.; Entsch. R.G. Bd. 3 Nr. 68, Bd. 5 Nr. 59; § 1341 Abs. 2 E.

[2] Gierke, a. a. O. S. 389 ff.; Entsch. R.G. Bd. 1 Nr. 140, Bd. 14 Nr. 76.

[3] §§ 1341—1345 E.; §§ 360—363. 365—367 II 1 A.L.R.; § 5 Ges. v. 5. Mai 1872; § 50 G.B.O.

[4] Vgl. §§ 364. 370—376 II 1 A.L.R.; § 1346 E.

beziehenden Rechtsgeschäfts, oder der Ersatz für einen zerstörten oder beschädigten, zum Vorbehaltsgut gehörigen Gegenstand (§§ 1347—1350 E.).

2. das Sondergut, welches jedoch der Verwaltung für Rechnung des Gesammtgutes unterworfen ist. Hierhin gehören:

a) die durch Ehevertrag für Sondergut erklärten Gegenstände,

b) die rechtsgeschäftlich nicht übertragbaren Gegenstände eines Ehegatten, z. B. Familienfideicommisse, beschränkte persönliche Dienstbarkeiten,

c) Zuwendungen Dritter mit Sondergutssatzung (§§ 1351 E.).[1]

B. Was die Verwaltung des Gesammtgutes anlangt so gebührt dieselbe nach Landrecht dem Ehemanne, doch kann derselbe über Grundstücke und Gerechtigkeiten, sowie über Capitalien, welche auf den Namen der Frau, ihres Erblassers oder Geschenkgebers oder auf den Namen beider Eheleute geschrieben sind, ohne Einwilligung der Ehefrau nicht verfügen. Im Uebrigen hat der Ehemann über das Gesammtgut zwar freie Verfügung, jedoch räumt das Landrecht der Ehefrau bezüglich der ehemännlichen Verfügungen ein Widerspruchsrecht ein, welches die Dispositionsbefugniß des Ehemanns gegenüber dem Mitcontrahenten desselben beseitigt, sofern nicht ihre Einwilligung durch den Vormundschaftsrichter ergänzt wird.[2]

Soweit der Ehemann ohne Einwilligung der Ehefrau handeln kann, soweit ist er auch zur alleinigen Vertretung des Gesammtgutes im Processe nach preußischem Recht legitimirt.[3]

Entsprechend seiner Stellung als Haupt der ehelichen Gemeinschaft räumt der Entwurf dem Ehemanne das ausschießliche Verwaltungs-, Verfügungs- und Vertretungsrecht in Bezug auf das Gesammtgut ein, er handelt hierbei nicht kraft eines Einzelrechts, sondern kraft des einheitlichen Rechts der Ehegemeinschaft. Nur bei Veräußerung oder Belastung des Gesammtgutes im Ganzen oder eines Bruchtheils, oder eines zum Gesammtgut gehörenden Grundstücks, sowie bei der Vornahme von Schenkungen[4] bedarf er der Mitwirkung der Ehefrau, und zwar hier sowohl bei dem dinglichen, wie bei dem obligatorischen Veräußerungsgeschäft. Zur Wirksamkeit dieser Rechtsgeschäfte ist die (formlose) Einwil-

---

[1] Die nothwendigen Kleidungsstücke der Frau gehören nach Landrecht zum Sondergut (§ 364 II 1 A.L.R.), nach dem Entwurf zum Gesammtgut.

[2] §§ 377—379. 387. 388 II 1 A.L.R., vgl. Ges. v. 16. April 1860 (G.S. S. 165) §§ 3—6; R.G. bei Gruchot, Bd. 32 S. 1092.

[3] § 23 I 1 A.G.O.; Boas bei Gruchot, Beiträge, Bd. 29 S. 322 ff.; Wach, Handbuch des deutschen Civilproceßrechtes, Bd. 1 S. 554.

[4] Vgl. §§ 381—383 II 1 A.L.R.

ligung oder Genehmigung der Ehefrau erforderlich. Bei der Proceßführung ist jedoch der Ehemann unbeschränkt und allein legitimirt.[1]

C. In Ansehung der Gemeinschaftsschulden bestimmt der Entwurf in Uebereinstimmung mit dem Landrecht, daß das Gesammtgut für alle Verbindlichkeiten der Ehegatten haftet, und zwar sowohl für die während der Gemeinschaft entstandenen, wie für die vorehelichen Schulden beider Ehegatten (Gesammtgutsverbindlichkeiten).[2]

Für die Gesammtgutsverbindlichkeiten der Ehefrau (voreheliche wie eheliche Schulden) haftet nach dem Entwurf der Ehemann persönlich, während der Ehemann nach preußischem Recht nur für diejenigen während der Ehe contrahirten Schulden seiner Ehefrau persönlich haftet, in welche er consentirt hat.[3] Zur Zwangsvollstreckung gegen das Gesammtgut ist ein gegen den Ehemann vollstreckbarer Schuldtitel erforderlich und genügend (§ 1360 E.).[4]

Die in der Praxis vorhandene Streitfrage, ob im Falle des Konkurses das Gemeinschaftsvermögen zur Konkursmasse gehört,[5] entscheidet der Entwurf dahin, daß beim Konkurse über das Vermögen des Ehemanns das Gesammtgut zur Konkursmasse gehört und der Ehefrau ein Recht auf Auseinandersetzung oder Absonderung nicht zusteht, daß dagegen der Konkurs über das Vermögen der Ehefrau das Gesammtgut nicht berührt (§ 1361 E.).[6] Die Gesammtgutsverbindlichkeiten fallen auch im Verhältniß der Ehegatten zu einander regelmäßig dem Gesammtgute zur Last, ausgenommen z. B. Verbindlichkeiten aus Delicten; diese fallen demjenigen Ehegatten zur Last, in dessen Person sie entstanden sind.[7]

D. Die Auflösung der allgemeinen Gütergemeinschaft erfolgt mit

---

[1] §§ 1352. 1353 E. Ueber selbständige Verfügungsrechte der Ehefrau s. §§ 1354 bis 1358 E.; § 389 II 1 A.L.R.

[2] § 1359 E.; §§ 380. 384. 385. 386. 390. 391 II 1 A.L.R. — Das wegen Ueberschuldung des einen Ehegatten dem anderen vom Landrecht eingeräumte Wahlrecht auf Vermögensabsonderung oder Aufhebung der Gemeinschaft binnen zweijähriger Frist (§§ 392—395. 420 II 1 A.L.R.) ist dem Entwurf fremd.

[3] Nicht auch umgekehrt die Ehefrau für diejenigen des Ehemanns. § 1359 Abs. 2 E.; §§ 329. 330. 335—337. 389 II 1 A.L.R.; vgl. auch Behrend, Handelsrecht, Bd. 1 § 35 Note 25 und 26 S. 182. 183 und S. 190.

[4] Die subsidiäre Inanspruchnahme eingebrachter Grundstücke der Ehefrau wegen einseitiger Schulden des Ehemanns (§ 386 II 1 A.L.R.) ist dem Entwurf fremd.

[5] §§ 14. 44 R.K.O.; Entsch. R.G. Bd. 8 Nr. 26, Bd. 14 Nr. 76; Gierke, Genossenschaftstheorie, S. 399 Note 1.

[6] Ueber die Ausnahmen von der Regel, daß alle Schulden der Ehefrau Gesammtschulden sind, vgl. § 1362 E.; über Verwendungen des Ehemanns aus dem Gesammtgut in sein Vorbehaltsgut und aus dem Vorbehaltsgut in das Gesammtgut s. § 1365 E.

[7] § 1367 E.; §§ 383—385. 390 II 1 A.L.R.

Auflösung der Ehe, durch Ehevertrag und auf Verlangen der Ehefrau durch rechtskräftiges Urtheil. Die Ehefrau kann nämlich in gewissen Fällen, in denen eine erhebliche Gefährdung ihrer Rechte für die Zukunft zu besorgen ist, insbesondere auch z. B. bei verschwenderischer Lebensweise des Ehemanns, die Auflösung der Gütergemeinschaft und Trennung der Güter verlangen. Das vom Landrecht jedem Ehegatten gewährte Recht, Auflösung der Gemeinschaft innerhalb zweier Jahre nach vollzogener Ehe fordern zu können, wenn der andere Ehegatte mehr Schulden als Vermögen in die Gemeinschaft gebracht hat, ist vom Entwurf abgelehnt,[1] ebenso das Recht, im Falle des Konkurses eines Ehegatten Aufhebung der Gemeinschaft für die Zukunft verlangen zu können.[2]

Mit der Auflösung der Gütergemeinschaft hört die Repräsentation der ehelichen Gemeinschaft durch den Ehemann auf und es tritt das Gesammthandsprincip voll und ganz in Kraft, d. h. von da ab bis zur Auseinandersetzung ist die Mitwirkung beider Ehegatten zur Verwaltung, Verfügung und Vertretung bezüglich des Gesammtgutes erforderlich. Mit der Auflösung erlangt jeder Ehegatte ein selbständiges Sonderrecht an dem Gesammtgute, und dieser Antheil unterliegt auch der Zwangsvollstreckung Seitens der Gläubiger des Antheilsberechtigten; ebenso ist jeder Ehegatte nach der Auflösung berechtigt, die Auseinandersetzung wegen des Gesammtgutes zu verlangen (§§ 1373. 1376 E.).

Das Landrecht, welches nur den Fall der Auflösung der Gütergemeinschaft durch Tod und Ehescheidung besonders berücksichtigt, läßt bis zur Auseinandersetzung Miteigenthum am Gesammtgut zwischen dem überlebenden Ehegatten und den Erben des Verstorbenen fortbestehen und überweist ersterem auch den Besitz und die Verwaltung bis dahin, verpflichtet ihn aber zur Rechnungslegung, sofern ihm nicht der Nießbrauch zusteht. Der Erwerb nach Auflösung der Ehe gehört nicht mehr zum Gesammtgut und bezüglich der Schuldenhaftung gelten die Vorschriften wie bei der Erbtheilung, die Miteigenthümer haften also bis zur Auseinandersetzung gemeinschaftlich, d. h. zusammen, aber nicht solidarisch.[3]

Bei der Auseinandersetzung werden zunächst alle Gesammtgutsverbindlichkeiten berichtigt, die nach dieser Berichtigung übrig bleibende Masse wird unter die beiden Ehegatten zu gleichen Theilen vertheilt; der von einem Ehegatten zum Gesammtgute zu leistende Ersatz wird auf

[1] §§ 1371. 1372 E.; §§ 420. 392 II 1 A.L.R.

[2] § 421 II 1 A.L.R.

[3] §§ 634. 635. 653—661. 743. 758 II 1 A.L.R.; § 127 I 17 A.L.R.; Striethorst Archiv, Bd. 46 Nr. 10 S. 55 ff.

dessen Antheil angerechnet, soweit eine solche Anrechnung nicht erfolgt, bleibt der ersatzpflichtige Ehegatte dem anderen persönlich verhaftet.[1]

Bei der Auflösung der Gütergemeinschaft durch Ehevertrag tritt nach positiver Vorschrift des Entwurfs im Mangel besonderer Vereinbarung der gesetzliche Güterstand, bei Auflösung durch Urtheil der Güterstand der Gütertrennung ein, doch kann die Ehefrau beantragen, daß im Urtheil der Eintritt des gesetzlichen Güterstandes bestimmt wird (1381 E.).

E. Gütergemeinschaftliche Erbfolge (§§ 1382—1409). Im Falle der Auflösung der Ehe durch Tod eines Ehegatten gehört der Antheil des verstorbenen Ehegatten am Gesammtgut zum Nachlaß dieses Ehegatten.[2]

Während nun nach Landrecht die Gütergemeinschaft durch den Tod eines der Ehegatten definitiv endigt, ist nach dem Entwurf die Wirkung der durch Tod erfolgten Auflösung der Ehe auf die eheliche Gütergemeinschaft verschieden, je nachdem die Ehe beerbt oder unbeerbt ist.

Nach preußischem Landrecht nimmt der überlebende Ehegatte die eine Hälfte des Gesammtgutes als sein Eigenthum zurück, die andere Hälfte wird als Nachlaß des verstorbenen Ehegatten angesehen, welcher sich auf die Verwandten des Verstorbenen vererbt,[3] und zwar nach den Regeln der gemeinen Erbfolge. Hinterläßt der verstorbene Ehegatte unabgefundene Abkömmlinge, so gebührt dem überlebenden Ehegatten kein Erbtheil, er muß sich vielmehr mit seiner Hälfte und einem aus den zu seinem persönlichen Gebrauch bestimmten Kleidungsstücken, Betten und Leibwäsche bestehenden Voraus begnügen. Sind dagegen abgefundene Kinder vorhanden, so haben dieselben an den Nachlaß des verstorbenen Parens keinen Anspruch, es verbleibt vielmehr dasjenige, was ihnen etwa noch von diesem Nachlasse nach den Regeln der gesetzlichen Erbfolge zukommen würde, dem überlebenden Ehegatten.[4] Hinterläßt der verstorbene Ehegatte nur Ascendenten oder Seitenverwandte bis zum sechsten Grade voller oder halber Geburt, so erbt der überlebende Ehegatte mit diesen nach den Grundsätzen der gesetzlichen Erbfolge. In allen Fällen, wo der überlebende Ehegatte mit anderen als unabgefundenen Kindern

[1] § 1377—1380 E.; vgl. § 636—638. 755. 756. 757. 758. 811—820 II 1 A.L.R.

[2] § 1382 E.; §§ 637. 638 II 1 A.L.R. Auf die Gemeinschaft zwischen dem überlebenden Ehegatten und den Erben des verstorbenen findet das oben unter D. Gesagte Anwendung.

[3] Ueber die Art der Theilung und das Wahlrecht des parens superstes vgl. §§ 648—652 II 1 A.L.R.

[4] Vgl. § 644 II 1 und §§ 372—374 II 2 A.L.R. und dazu Bornemann, Preuß. Civilrecht, Bd. 6 (1839) § 440 S. 374—385.

concurrirt, behält er außerdem den Nießbrauch am Gesammtgut auf Lebenszeit. Sind aber nahe Verwandte des Verstorbenen (d. h. bis zum sechsten Grade) überhaupt nicht vorhanden, so wird das Gesammtgut Alleineigenthum des überlebenden Ehegatten.[1]

Eine fortgesetzte Gütergemeinschaft kennt das Landrecht[2] nicht, die bis zur Auseinandersetzung zwischen dem überlebenden Ehegatten und den Erben des Verstorbenen bestehende communio und das der überlebenden Mutter eingeräumte Recht auf Fortsetzung der Gütergemeinschaft mit den noch nicht abgefundenen Kindern entsprechen nicht dem Recht der deutschrechtlichen communio prorogata.[3]

Was nun das System des Entwurfs anlangt, so ist zu unterscheiden:

1. die durch Tod aufgelöste Ehe ist unbeerbt, d. h. es sind gemeinschaftliche Abkömmlinge nicht vorhanden; in diesem Falle wird der überlebende Ehegatte mit den Verwandten des Verstorbenen zur gesetzlichen Erbfolge berufen, d. h. der verstorbene Ehegatte wird in derselben Weise beerbt, wie er beerbt werden würde, wenn Gütergemeinschaft nicht bestanden hätte,

2. die Ehe ist beerbt, d. h. es sind ein oder mehrere gemeinschaftliche Abkömmlinge vorhanden; in diesem Falle ist weiter zu unterscheiden:

a) es sind neben den gemeinschaftlichen Abkömmlingen einseitige Abkömmlinge des verstorbenen Ehegatten nicht hinterlassen, dann wird der überlebende Ehegatte Alleinerbe des verstorbenen und es treten gleichzeitig kraft Gesetzes diejenigen gemeinschaftlichen Abkömmlinge, welche bei der Voraussetzung, daß Gütergemeinschaft nicht bestanden hätte, als gesetzliche Erben würden berufen werden, mit dem überlebenden Ehegatten in das Rechtsverhältniß der fortgesetzten Gütergemeinschaft ein;

b) es sind neben den gemeinschaftlichen Abkömmlingen noch einseitige Abkömmlinge des verstorbenen Ehegatten vorhanden; in diesem Falle wird der überlebende Ehegatte neben den einseitigen Abkömmlingen insoweit als Erbe berufen, als er und die gemeinschaftlichen Abkömmlinge bei der Voraussetzung, daß Gütergemeinschaft nicht bestanden hätte, als gesetzliche Erben würden berufen werden; die einseitigen Abkömmlinge erben dagegen dasjenige, was sie geerbt haben

---

[1] §§ 634—647. 621—630 II 1 A.L.R.; R.G. bei Gruchot, Bd. 32 S. 1030.

[2] Wohl aber das westphälische Recht, vgl. § 6—10 Ges. v. 16 April 1860 (G.S. S. 165).

[3] Entsch. R.O.H.G. Bd. 9 Nr. 77; Gruchot, Beiträge, Bd. 26 S. 1166; Gierke, Genossenschaftstheorie, S. 415 Note 1.

würden, wenn Gütergemeinschaft nicht bestanden hätte; zugleich treten aber der überlebende Ehegatte und die gemeinschaftlichen Abkömmlinge bezüglich des von den erbberechtigten einseitigen Abkömmlingen nicht absorbirten Theils des Gesammtgutes kraft Gesetzes in das Rechtsverhältniß der fortgesetzten Gütergemeinschaft.[1]

Für die Schulden des verstorbenen Ehegatten haften die gemeinschaftlichen Abkömmlinge nicht persönlich, nur der überlebende Ehegatte haftet für diese Schulden als Erbe persönlich (§§ 1383. 1384 E.).

Das gütergemeinschaftliche Erbrecht hat die Natur eines durch Erbeinsetzungsvertrag begründeten Erbrechts (§ 1385 E.). Der überlebende Ehegatte kann die gütergemeinschaftliche Erbfolge ausschlagen, und es tritt dann diejenige Erbfolge ein, welche eingetreten sein würde, wenn Gütergemeinschaft nicht bestanden hätte; dagegen ist ein gemeinschaftlicher Abkömmling nicht berechtigt, an Stelle des Eintritts in die fortgesetzte Gütergemeinschaft den Pflichttheil zu verlangen (§§ 1385 Abs. 2. 1386 E.), wohl aber kann er auf seinen Antheil am Gesammtgute der fortgesetzten Gütergemeinschaft verzichten (§§ 1393. 1398 E.).[2]

Die Berufung zu dem Vorhaltsgute oder Sondergute des verstorbenen Ehegatten erfolgt nach den Vorschriften, welche für die Berufung maßgebend sein würden, wenn Gütergemeinschaft nicht bestanden hätte; insoweit danach gemeinschaftliche Abkömmlinge berufen sein würden, gilt der auf sie nach der gesetzlichen Erbfolge entfallende Antheil als durch Vermächtniß beschieden (§ 1395 E.).

Zu dem Gesammtgut der fortgesetzten Gütergemeinschaft gehört das Vermögen des überlebenden Ehegatten, wie es zur Zeit des Eintritts der fortgesetzten Gütergemeinschaft besteht, insbesondere das zur Zeit des Todes des verstorbenen Ehegatten vorhandene Gesammtgut, soweit es der überlebende Ehegatte erhält, sowie der Erwerb des Letzteren während des Bestehens der fortgesetzten Gemeinschaft. Dagegen gehört nicht zum Gesammtgut das Vermögen eines gemeinschaftlichen Abkömmlings oder dessen späterer Erwerb.

Nach dem Entwurf vollzieht sich der Eintritt in die fortgesetzte Gütergemeinschaft kraft Gesetzes, d. h. es verwandelt sich die zwischen den Ehegatten bestandene Gemeinschaft *ipso iure* in eine Eigenthumsgemein-

---

[1] Den gemeinschaftlichen Abkömmlingen soll also der Eintritt in die fortgesetzte Gemeinschaft den Ersatz für die Entziehung des Erbrechts bieten.

[2] Ein Ehegatte kann mit Zustimmung des anderen Ehegatten einen Abkömmling (unbeschadet seines Pflichttheilsanspruchs) von der fortgesetzten Gütergemeinschaft durch letztwillige Verfügung ausschließen, oder ihn zu Gunsten eines anderen Abkömmlings in seinem Antheil beschränken (§§ 1388—1390 E.).

schaft zwischen dem überlebenden Ehegatten und den gemeinschaftlichen Abkömmlingen, so zwar, daß diese nunmehr Subjekte der fortgesetzten Gemeinschaft werden.[1] Die Antheile der einzelnen Theilhaber sind unveräußerlich und unvererblich bis zur Beendigung der fortgesetzten Gemeinschaft; stirbt während des Bestehens der Gemeinschaft ein antheilsberechtigter Abkömmling, so fällt sein Antheil an dem Gesammtgut nicht an seine Erben, sondern an diejenigen seiner Abkömmlinge, welche den Antheil erhalten würden, wenn der vorverstorbene Parens zur Zeit des Todes des Abkömmlings gestorben wäre, in Ermangelung solcher Abkömmlinge an die übrigen antheilsberechtigten Abkömmlinge und in deren Ermangelung an den gütergemeinschaftlichen Erben.[2]

Was die Verwaltung, Verfügung und Vertretung bezüglich des Gesammtgutes anlangt, so nimmt bei der fortgesetzten Gütergemeinschaft nach dem Entwurf der überlebende Ehegatte dieselbe Stellung ein, welche während des Bestehens der ehelichen Gemeinschaft dem Ehemanne zukommt, die Kinder dagegen erlangen diejenige Stellung, welche der Ehefrau während der ehelichen Gemeinschaft angewiesen ist, so daß also die Mitwirkung der Kinder überall da erforderlich ist, wo bei ehelicher Gemeinschaft die Mitwirkung der Ehefrau geboten ist.[3]

Alle Verbindlichkeiten des überlebenden Ehegatten sind Gesammtgutsverbindlichkeiten, für diese haften die Abkömmlinge nicht persönlich.

Die fortgesetzte Gütergemeinschaft wird nach dem Entwurf aufgelöst:

1. durch den Tod des überlebenden Ehegatten,
2. durch Wiederverheirathung des überlebenden Ehegatten,
3. auf klagweises Verlangen eines antheilsberechtigten Abkömmlings mit der Rechtskraft des Urtheils,[4]
4. durch Vertrag zwischen den Theilnehmern,
5. durch einseitige Erklärung des überlebenden Ehegatten vor dem Nachlaßgericht.[5]

Die Abschichtung bei Auflösung der fortgesetzten Gütergemeinschaft erfolgt in der Weise, daß der nach Berichtigung der Gesammtgutsverbindlichkeiten übrigbleibende Theil des Gesammtgutes unter den überlebenden

---

[1] Vgl. § 50 G.B.O.

[2] § 1397 E.; vgl. § 16 Ges. v. 16. April 1860. „Was in der Were verstirbt, erbt wieder an die Were"; Gierke, Genossenschaftstheorie, S. 424 Note 1.

[3] Vgl. § 10 Ges. v. 16. April 1860; § 1399 E.

[4] Vgl. § 1405 E.

[5] Vgl. §§ 1403. 1404 E.; §§ 13. 14 Ges. v. 16. April 1860. — Die Einkindschaft kennt der Entwurf nicht; vgl. §§ 717—752 II 2; Anh. § 147 zu § 58 II 17 A.L.R.

Ehegatten und die antheilsberechtigten Abkömmlinge vertheilt wird, so zwar, daß der erstere die eine Hälfte, die letzteren die andere Hälfte erhalten. Der überlebende Ehegatte ist aber auch berechtigt, das ganze Gesammtgut oder einzelne Theile desselben gegen Ersatz des Taxwerthes zu übernehmen, ausgenommen, wenn die Auflösung der fortgesetzten Gütergemeinschaft durch Urtheil auf Verlangen eines Abkömmlings erfolgt.[1] Mehrere Abkömmlinge theilen die ihnen zufallende Hälfte nach den Grundsätzen der gesetzlichen Erbfolge (§ 1408 E.).[2]

IV. Errungenschaftsgemeinschaft (§ 1410—1430 E.). Der vertragsmäßige Güterstand der Errungenschaftsgemeinschaft, ebenfalls beruhend auf dem deutschrechtlichen Princip einer Rechtsgemeinschaft zur gesammten Hand, umfaßt als Vermögensganzes den Erwerb der Eheleute während des Bestehens der Gemeinschaft und die Nutzungen ihrer Sondergüter[3] (Gesammtgut). Die Errungenschaftsgemeinschaft des Entwurfs entspricht objectiv der landrechtlichen Gemeinschaft des Erwerbes.[4]

Nach dem Entwurf wird das nicht zum Gesammtgute gehörende Vermögen beider Ehegatten (Sondergüter) für Rechnung des Gesammtgutes in der Weise verwaltet, daß die Nutzungen zu dem Gesammtgute in demselben Umfange gehören, in welchem bei dem gesetzlichen ehelichen Güterstande die Nutzungen des Ehegutes dem Ehemanne gehören.

Im übrigen finden nach dem Entwurf in Ansehung des Gesammtgutes die Vorschriften über das Gesammtgut bei der allgemeinen Gütergemeinschaft, namentlich auch bezüglich der Verwaltung, Verfügung und Vertretung entsprechende Anwendung und in Ansehung des Sondergutes der Ehefrau die Normen des gesetzlichen ehelichen Güterrechts über das Ehegut.

Dem Gesammtgute fallen zur Last die Erhaltungskosten und Lasten der Sondergüter und der eheliche Aufwand. Wie im Landrecht spricht auch nach dem Entwurf die Vermuthung dafür, daß das vorhandene Vermögen Gesammtgut ist.[5]

Was die Schuldenhaftung anlangt, so haftet nach dem Landrecht[6]

[1] § 1406 E.; §§ 10. 15. 17 Ges. v. 16. April 1860.

[2] Die Rechte der Abkömmlinge am Gesammtgut dürfen durch Verfügungen von Todeswegen Seitens des überlebenden Ehegatten nicht berührt werden; § 1409 E.

[3] Ueber den Gegenstand des Sondergutes s. §§ 1412—1415 E.

[4] §§ 396—422. 662—664 II 1 A.L.R.

[5] § 1421 E.; § 400 II 1 A.L.R.

[6] §§ 406—409 II 1 A.L.R. Ueber das dem Landrecht eigenthümliche Recht der Ehegatten, Absonderung des Erwerbes für die Zukunft zu fordern, wenn der andere Ehegatte kein eigentümliches Vermögen in die Ehe gebracht hat vgl. § 410 II 1 A.L.R.

das Gesammtgut, also der gemeinschaftliche Erwerb, für die ehelichen wie für die vorehelichen Schulden des Ehemanns, sowie für die vorehelichen Schulden der Ehefrau; für die ehelichen Schulden derselben nur dann, wenn sie sich in gültiger Weise[1] verpflichtet hat; es haftet aber kein Ehegatte persönlich für die besonderen Schulden des anderen, andererseits kann, wenn durch die besonderen Schulden des einen Ehegatten das Gesammtgut geschwächt wird, der andere Ehegatte Ersatz aus dem Sondervermögen des ersteren fordern.

Demgegenüber bestimmt nun der Entwurf, daß alle (eheliche und voreheliche) Verbindlichkeiten des Ehemanns Gesammtgutsverbindlichkeiten sind, daß also alle Gläubiger des Ehemanns Befriedigung aus dem Gesammtgut beanspruchen können, daß aber die vorehelichen Schulden der Ehefrau nicht Gesammtgutsverbindlichkeiten sind und die ehelichen nur insoweit, als sie auch nach Innen, d. h. im Verhältniß der Ehegatten zu einander, dem Gesammtgut zur Last fallen.

Dahin gehören namentlich diejenigen Schulden, in Bezug auf welche der Ehemann seine Einwilligung oder Genehmigung ertheilt hat, oder welche die Ehefrau wegen Abwesenheit oder Krankheit des Ehemanns contrahirt hat.

Für die Gesammtgutsverbindlichkeiten der Ehefrau haftet der Ehemann persönlich, nicht aber umgekehrt auch die Ehefrau für diejenigen des Ehemanns.[2]

Der Tod eines Ehegatten und die Scheidung der Ehe löst nach beiden Rechtssystemen die Errungenschaftsgemeinschaft auf.[3] Das Landrecht gestattet die Aufhebung der auf Provinzialgesetze und Statuten sich gründenden Gemeinschaft durch Vertrag während der Ehe nicht, wohl aber der durch Vertrag entstandenen, und es räumt endlich auch jedem Ehegatten das Recht ein, die Aufhebung der Gemeinschaft zu verlangen,[4] wenn der andere Ehegatte mehr Schulden als Vermögen oder kein eigenthümliches Vermögen in die Gemeinschaft gebracht hat, oder wenn der andere Ehegatte in Konkurs gerathen ist.[5]

---

[1] D. h. auf Grund der Schlüsselgewalt oder mit Einwilligung des Ehemanns; §§ 321. 324—337 II 1 A.L.R.

[2] § 1423; über das Rechtsverhältniß nach Innen s. § 1426 E. — Auch bei der Errungenschaftsgemeinschaft versagt der Entwurf beim Konkurse des Ehemanns der Ehefrau im Interesse der Gläubiger bezüglich des Gesammtgutes das Recht auf Auseinandersetzung und Absonderung; § 1424 E.; §§ 14. 44 R.K.O.; vgl. auch § 1429 Abs. 2 E.

[3] §§ 634. 732. 743 II 1 A.L.R.; § 1429 Abs. 1 E.

[4] Und zwar innerhalb zweier Jahre nach vollzogener Ehe, bez. nach eingegangener Gemeinschaft; §§ 392. 410. 420 II 1 A.L.R.

[5] §§ 412—422 II 1 A.L.R.

Bei Auflösung der Gemeinschaft durch Tod findet nach Landrecht die Vererbung des Sondergutes nach den Grundsätzen des gesetzlichen ehelichen Güterrechts und die Vererbung der Errungenschaft nach den Grundsätzen der allgemeinen Gütergemeinschaft statt; bei der Auflösung durch Scheidung wird die dem schuldigen Ehegatten zufallende Hälfte des Gesammtgutes dem Vermögen beigerechnet, woraus dem unschuldigen die gesetzliche Abfindung gebührt.[1] Nach dem Entwurf erfolgt die Auflösung der Errungenschaftsgemeinschaft aus denselben Gründen, aus welchen die Auflösung der allgemeinen Gütergemeinschaft erfolgt, außerdem aber noch mit der Rechtskraft des Beschlusses, durch welchen der Konkurs über das Vermögen des Ehemanns eröffnet wird und mit der Erlassung des Urtheils, durch welches der Ehemann für todt erklärt wird. Endlich ist die Ehefrau berechtigt, die Auflösung der Errungenschaftsgemeinschaft in denselben Fällen zu verlangen, in denen sie beim gesetzlichen Güterstande Aufhebung der ehelichen Nutznießung und Verwaltung zu fordern befugt ist[2] (vgl. § 1328 E.).

Die Auseinandersetzung erfolgt wie bei der allgemeinen Gütergemeinschaft, hier wie dort trägt allein der Ehemann die Einbuße;[3] eine besondere gütergemeinschaftliche Erbfolge findet aber bei der Errungenschaftsgemeinschaft nicht statt.

V. Gemeinschaft des beweglichen Vermögens und der Errungenschaft (§§ 1431—1434 E.).

Dem Landrechte ist der Güterstand der Mobiliar- und Errungenschaftsgemeinschaft fremd, der Entwurf regelt ihn nach den Vorschriften der allgemeinen Gütergemeinschaft. Die Gemeinschaft ergreift nicht die Immobilien, vielmehr ist das unbewegliche Vermögen, welches ein Ehegatte bei Eintritt der Gemeinschaft hat oder während des Bestehens derselben durch Erbfolge, Vermächtniß oder Uebertragung mit Rücksicht auf ein künftiges Erbrecht oder durch Schenkung erwirbt, Sondergut.[4]

Eine besondere gütergemeinschaftliche Erbfolge oder eine fortgesetzte Gütergemeinschaft findet bei der Mobiliar- und Errungenschaftsgemeinschaft nicht statt.

VI. Zur Veröffentlichung einer auf die vermögensrechtlichen Verhältnisse der Ehegatten sich beziehenden Thatsache, deren Wirksamkeit gegen

---

[1] §§ 662—664. 811—822 II 1 A.L.R.

[2] § 1429 E. Ueber das Recht des Ehemanns bez. der Ehefrau, Wiederherstellung der Errungenschaftsgemeinschaft zu verlangen s. § 1430 E.

[3] §§ 1377. 1380 in Verbindung mit § 1429 Abs. 1 E.

[4] Ueber den Umfang des unbeweglichen Vermögens im Sinne dieses Güterstandes bestimmt § 1432 Abs. 2 E.

Dritte der Entwurf von einer Veröffentlichung abhängig macht, z. B. eines Ehevertrages, dient das von jedem Amtsgericht zu führende, öffentliche eherechtliche Register. Die Wirksamkeit nach Außen tritt mit der Eintragung in das Register desjenigen Amtsgerichts ein, in dessen Bezirk der Ehemann seinen Wohnsitz hat.[1]

§ 26.

Auflösung der Ehe.

Entwurf: Buch 4 Abschnitt 1 Tit. 5; Mot. IV S. 562—645.

I. Die Auflösung der Ehe vor dem Tode eines der Ehegatten erfolgt nach dem Entwurf[2] durch Scheidung oder in Folge Todeserklärung eines Ehegatten.

Die Scheidung der Ehe kann nur durch gerichtliches Urtheil erfolgen und ist nur in den gesetzlich bestimmten Fällen zulässig. Gegenüber dem preußischen Recht ist die Ehescheidung nach dem Entwurf erheblich erschwert; das Recht der Ehescheidung beruht auf dem Princip, daß ein Ehegatte nur wegen schweren Verschuldens des anderen Ehegatten die Scheidung zu verlangen berechtigt sein soll. Mit diesem Princip lehnt der Entwurf von vornherein die Zulässigkeit einer Scheidung auf Grund gegenseitiger Einwilligung, wegen körperlicher Gebrechen oder wegen Geisteskrankheit, — Gründe, welche das Landrecht[3] aufgenommen hat, — ab.

Das Landrecht unterscheidet unter den Scheidungsgründen schwere und minder schwere Vergehungen und bemißt nach diesem Maßstab die Intensität der dem einzelnen Ehegatten zur Last fallenden Schuld. Zu den schweren, die Scheidung begründenden Vergehungen zählt es Ehebruch, bösliche Verlassung, halsstarrige und fortdauernde Versagung der ehelichen Pflicht, selbstverschuldetes Unvermögen zur Leistung der ehelichen Pflicht, Nachstellungen nach Leben, Gesundheit, Freiheit und Ehre, falsche Beschuldigung begangener grober Verbrechen, Gefährdung des Lebens, der Ehre oder des Amtes.[4] Zu den minder schweren Vergehungen rechnet es den trotz richterlichen Verbots fortgesetzten vertrauten Umgang mit einer verdächtigen Person,[5] Raserei und Wahnsinn eines Ehegatten,[6] Ver-

---

[1] §§ 1435—1439 E., vgl. §§ 323. 422 II 1 A.L.R. und Ges. v. 20. März 1837 (G.S. S. 63).

[2] Bähr, a. a. O. S. 541 ff.

[3] §§ 696—698. 716—718b II 1 A.L.R.

[4] §§ 670—673. 677—697. 699. 700. 705. 706. 748—750 II 1 A.L.R.

[5] §§ 674—676. 727 II 1 A.L.R.; § 16 Nr. 6 E.G. z. C.P.O.; §§ 5. 6 A.G. z. C.P.O.

[6] § 698 II 1 A.L.R.; nicht auch Blödsinn, Entsch. R.G. Bd. 16 Nr. 55.

urtheilung zu harter und schmählicher Strafe wegen grober Verbrechen,[1] Ergreifung eines schimpflichen Gewerbes,[2] unordentliche Lebensart trotz richterlichen Besserungsbefehls,[3] beharrliche Versagung des Unterhalts[4] und heftigen, tief eingewurzelten Widerwillen.[5]

Demgegenüber unterscheidet der Entwurf zwischen absoluten und relativen Scheidungsgründen, erstere berechtigen unbedingt zur Scheidung, letztere nur dann, wenn ein Ehegatte durch schwere Verletzung der ihm obliegenden ehelichen Pflichten eine so tiefe Zerrüttung des ehelichen Verhältnisses verschuldet hat, daß dem anderen Ehegatten die Fortsetzung der Ehe nicht zugemuthet werden kann und wenn nach den Umständen des Falles die Aussicht auf Herstellung des ehelichen Verhältnisses ausgeschlossen ist.

Absolute Scheidungsgründe sind nach dem Entwurf Ehebruch, Bigamie, widernatürliche Unzucht,[6] Nachstellung nach dem Leben[7] und bösliche Verlassung.[8]

Während aber nach preußischem Recht die bösliche Verlassung eines seinem Aufenthalt nach bekannten Ehegatten (Quasidesertion) erst dann zu einem Scheidungsgrunde wird, wenn derselbe einem gegen ihn erlassenen amtsrichterlichen Rückkehrbefehle keine Folge geleistet hat, wobei übrigens die bösliche Verlassung nicht schon deshalb als festgestellt angenommen werden darf, weil der erlassene Befehl nicht befolgt wurde,[9] ist nach dem Entwurf bösliche Verlassung nur dann anzunehmen, wenn der abwesende Ehegatte zur Herstellung der häuslichen Gemeinschaft rechtskräftig verurtheilt worden ist und dem Urtheile ein Jahr lang wider den Willen des anderen Ehegatten böslicher Weise nicht Folge

---

[1] § 704 II 1 A.L.R., Urth. d. R.G. v. 7. Juni 1880 im J.M.Bl. 1881 S. 22 und Gruchot, Beiträge, Bd. 27 S. 959, Bd. 30 S. 985, Bd. 31 S. 989.

[2] § 707 II 1 A.L.R.

[3] §§ 708—710 II 1 A.L.R.; §§ 5. 6 A.G. z. C.P.O.; § 16 Nr. 6 E.G. z. C.P.O.

[4] §§ 711—713 II 1 A.L.R.

[5] §§ 718a. 718b II 1 A.L.R.

[6] § 1441 E. In diesen Fällen wird jedoch das Scheidungsrecht durch Zustimmung oder Theilnahme des anderen Ehegatten ausgeschlossen. Nach Landrecht kann der Ehemann die auf Ehebruch gestützte Scheidungsklage seiner Ehefrau durch den Nachweis ihres eigenen Ehebruchs beseitigen; eine solche Compensation ist dem Entwurf fremd; §§ 670. 671 II 1 A.L.R.; Gruchot, Beiträge, Bd. 31 S. 982 ff.; Entsch. R.G. Bd. 20 Nr. 54.

[7] § 1442 E.

[8] § 1443 E.

[9] §§ 677—687 II 1 A.L.R.; § 5 A.G. z. C.P.O.; § 16 Nr. 7 und 8 E.G. z. C.P.O., vgl. auch §§ 31 ff. des hannov. Ges. v. 1. März 1869 (G.S. S. 357).

geleistet hat. An die Stelle des Rückkehrbefehls tritt also die Klage auf Herstellung der häuslichen Gemeinschaft.[1]

Ist aber der Aufenthalt des abwesenden Ehegatten unbekannt, so kann sowohl nach Landrecht wie nach dem Entwurf die Scheidung nach Ablauf eines Jahres nach der Entfernung aus der häuslichen Gemeinschaft von dem anderen Theile verlangt werden, und wenn von den eigentlichen Gründen der ersten Entfernung mit hinlänglicher Wahrscheinlichkeit nichts ausgemittelt werden kann, nach Landrecht sogar erst nach zwei Jahren seit der Entfernung.[2]

Die relativen Scheidungsgründe des Entwurfs beruhen auf dem Princip, daß die Scheidung auch in solchen Fällen begehrt werden kann, in denen ein Ehegatte durch schwere Verletzung der ihm obliegenden ehelichen Pflichten eine so tiefe Zerrüttung des ehelichen Verhältnisses verschuldet hat, daß dem anderen Ehegatten die Fortsetzung der Ehe nicht zugemuthet werden kann. Unter dieses Princip lassen sich auch diejenigen Gründe subsumiren, welche das Landrecht zu den minder schweren Vergehungen rechnet; der Entwurf nennt als Beispiele schwere Mißhandlung, ehrloses oder unsittliches Verhalten, insbesondere ein nach der Eheschließung begangenes entehrendes Verbrechen oder Vergehen.[3] Beim Vorhandensein eines relativen Scheidungsgrundes kann der Kläger nach dem Entwurf aber zunächst nur zeitweilige Trennung von Tisch und Bett verlangen, eine solche Klage ist dem Landrecht[4] fremd. Die sofortige Scheidung kann Kläger, wie bereits hervorgehoben, nur dann verlangen, wenn nach den Umständen des Falles die Aussicht auf Herstellung des ehelichen Verhältnisses ausgeschlossen ist, das Aussöhnungsmittel der zeitweiligen Trennung also keinen Erfolg verspricht. Auf beständige Trennung von Tisch und Bett kann nach dem Entwurf nicht erkannt werden. Die Zeit der Trennung ist im Urtheil, und zwar auf längstens zwei Jahre, zu bestimmen, nach Ablauf der Trennungszeit kann der Kläger auf Grund des Trennungsurtheils im Wege einer neuen Klage die Scheidung verlangen.[5]

---

[1] § 1443 E.

[2] §§ 688—693 II 1 A.L.R.; § 1443 Abs. 3 E.

[3] § 1444 E.

[4] Verschieden hiervon ist das nach § 580 C.P.O. dem Gericht beigelegte Recht, die Aussetzung des Verfahrens von Amtswegen anzuordnen, wenn es die Aussöhnung der Parteien für nicht unwahrscheinlich erachtet. — Vgl. auch § 27 des hannov. Ges. v. 1. März 1869 und § 77 des Reichsgesetzes v. 6. Februar 1875.

[5] §§ 1440 Abs. 3. 1444. 1445 E. — Ueber Wegfall des Rechts auf Scheidung und Trennung durch Verzeihung s. § 1446 E.; §§ 720—722 II 1 A.L.R.; Gruchot, Beiträge

Jedes Urtheil, durch welches auf Scheidung oder auf Trennung von Tisch und Bett erkannt wird, hat zu bestimmen, daß der Beklagte, bez. der Widerbeklagte, oder auch, daß jeder Ehegatte der schuldige Theil sei. Letzteres muß auf Antrag des Beklagten auch dann festgestellt werden, wenn er keine Widerklage erhoben hat, aber berechtigt wäre, Scheidung oder Trennung von Tisch und Bett zu verlangen. Das landrechtliche Princip der Abwägung, auf wessen Seite ein Uebergewicht der Schuld vorhanden, hat der Entwurf abgelehnt,[1] dagegen ordnet der Entwurf an, daß bei den wegen Ehebruchs ergangenen Scheidungsurtheilen in der Urtheilsformel der Ehebruch als Grund der Scheidung und die Person des Mitschuldigen bezeichnet werden sollen.[2]

Der gesetzliche Vertreter eines geschäftsunfähigen Ehegatten kann Namens desselben eine Klage auf Scheidung oder Trennung von Tisch und Bett nicht erheben.[3]

Das Scheidungsurtheil ist constitutiver Natur, mit seiner Rechtskraft tritt die Auflösung der Ehe ein.[4] Der vom Landrecht dem unschuldigen Ehegatten gegenüber dem schuldigen eingeräumte Anspruch auf Abfindung[5] ist vom Entwurf beseitigt, dagegen gewährt er dem unschuldigen Theile gegenüber dem allein schuldigen einen Anspruch auf Unterhalt, wenn und so lange ersterer wegen Vermögenslosigkeit und Erwerbsunfähigkeit sich selbst zu unterhalten nicht im Stande ist. Dieser Anspruch erlischt in jedem Falle mit der Wiederverheirathung des Berechtigten.[6] Die Klage auf Unterhaltsgewährung kann mit der Scheidungsklage nicht verbunden werden.[7] Abweichend vom preußischen Recht,[8] welches der unschuldigen Ehefrau die Wahl überläßt, ob sie den Namen des geschiedenen

---

Bd. 30 S. 130 ff; durch Zeitablauf § 1447 E.; § 721 II 1 A.L.R.; Entsch. R.G. Bd. 15 Nr. 68.

[1] § 1449 E.; §§ 745 ff. II 1 A.L.R.

[2] Vgl. §§ 736; 737 II 1 A.L.R. In der preuß. Praxis erfolgt die Bezeichnung des Scheidungsgrundes des Ehebruchs und der Person des Mitschuldigen in den Urtheilsgründen. A.V. v. 13. Mai 1875. J. M. Bl. S. 118; Stölzel, im J. M. Bl. 1875 S. 119 ff. 126 ff.

[3] § 1451 E.; Entsch. R.G. Bd. 6 Nr. 41, Bd. 9 Nr. 58.

[4] § 1451 E.; §§ 731. 732 II 1 A.L.R. Ueber die Vermögensauseinandersetzung bei der Scheidung enthält der Entwurf keine besonderen Vorschriften; vgl. §§ 766 ff.; §§ 811 ff. II 1 A.L.R.

[5] §§ 783 ff. 813. 822—826 II 1 A.L.R. Wahlrecht zwischen Abfindung und standesmäßiger Verpflegung s. § 798 II 1 A.L.R., dazu Gruchot, Beiträge, Bd. 31 S. 992.

[6] Anders § 805 II 1 A.L.R.

[7] § 1454 E.; § 575 Abs. 2 C.P.O.

[8] §§ 738—742 II 1 A.L.R.

Ehemanns beibehalten wolle oder nicht, der schuldigen Ehefrau aber das Recht abspricht, den Namen des Mannes wider dessen Willen weiterzuführen, bestimmt der Entwurf, daß die geschiedene Ehefrau den Familiennamen des Ehemanns behält.[1]

Die casuistischen Anordnungen des Landrechts[2] bei Beantwortung der Frage, welchem Elterntheil die Sorge für die Person der gemeinschaftlichen Kinder nach erfolgter Scheidung anheimfällt, ersetzt der Entwurf durch einfachere Normen. Danach liegt diese persönliche Fürsorge, wenn nur ein Ehegatte für den schuldigen Theil erklärt ist, dem anderen Ehegatten, und wenn beide für den schuldigen Theil erklärt sind, bezüglich der Töchter der Mutter, bezüglich der Söhne bis zum zurückgelegten sechsten Lebensjahre der Mutter, für die späteren Lebensjahre dem Vater ob. Aus besonderen Gründen kann jedoch das Vormundschaftsgericht auch anderweitig disponiren.[3] Dieselben Vorschriften gelten auch bei einer Trennung von Tisch und Bett für die Dauer der Trennungszeit.[4]

Die Kosten des Scheidungsprocesses muß nach Landrecht[5] der Ehemann auf Verlangen der Ehefrau aus dem Eingebrachten, in dessen Ermangelung aus eigenen Mitteln vorschießen; nach dem Entwurf muß der Ehemann die zur Führung des Processes nothwendigen Kosten zwar aus dem Ehegute oder Sondergute der Ehefrau, bez. bei Gütergemeinschaft aus dem Gesammtgute bezahlen, er haftet aber nicht persönlich dafür.[6]

II. Wie nach Landrecht, so wird auch nach dem Entwurf durch die nach der Todeserklärung des einen Ehegatten erfolgte Schließung einer neuen Ehe die zwischen dem für todt erklärten und dem anderen Ehegatten bestehende Ehe, wenn der für todt erklärte Ehegatte zur Zeit der neuen Eheschließung noch am Leben ist, aufgelöst. Hiervon macht der Entwurf zwei Ausnahmen: die frühere Ehe wird nicht aufgelöst, wenn der Ehegatte, welcher die neue Ehe schließt, zur Zeit der Eheschließung weiß, daß zu dieser Zeit der für todt erklärte Ehegatte noch lebt oder wenn die neue Ehe aus einem anderen Grunde nichtig ist.[7]

---

[1] § 1455 E.

[2] §§ 92—102 II 2 A.L.R.

[3] § 1456 E. Ueber die Unterhaltspflicht gegenüber den gemeinschaftlichen Kindern und die Beitragspflicht der Mutter s. §. 1458 E.; §§ 103—107 II 2 A.L.R.; vgl. auch Jahrbuch f. Entsch. d. Kammergerichts Bd. 3 Nr. 38.

[4] § 1461 E. — Ueber interimistische Maßregeln während der Dauer des Scheidungs- oder Trennungsprocesses s. §§ 723—726 II 1 A.L.R.; § 584 C.P.O.; § 16 Nr. 4 E.G. z. C.P.O.; § 7 A.G. z. C.P.O. und § 1462 E.

[5] § 726 II 1 A.L.R.; Siméon, Kostenansatz, 2. Aufl. Th. 1 S. 135.

[6] §§ 1297 Abs. 1 Nr. 5. 1316 Abs. 1 Nr. 4. 1321. 1322. 1351 Abs. 2. 1366. 1417. 1418. 1431 Abs. 1 E.

[7] §§ 665—667 II 1 A.L.R. und §§ 1464. 1465 E.

§ 27.

Verwandtschaft.

Entwurf: Buch 4 Abschnitt 2 Tit. 1—2; Mot. IV S. 646—721.

I. Entscheidend für die Ehelichkeit eines Kindes ist nach Landrecht wie nach dem Entwurf der Zeitpunkt der Geburt, nicht der Zeugung bez. der Empfängniß. Danach ist jedes Kind ehelich, welches vom Ehemanne erzeugt und während der Ehe geboren ist.[1] Die von dem Landrecht aufgestellte allgemeine Vermuthung, daß die während der Ehe erzeugten oder geborenen Kinder von dem Ehemanne erzeugt sind, schränkt der Entwurf dahin ein, daß nur dasjenige Kind vom Ehemanne präsumtiv erzeugt ist, dessen Empfängnißzeit (181—300. Tag vor der Geburt) ganz oder zum Theil in die Zeit während der Ehe fällt.[2] Diese Vermuthung kann nur durch den Beweis entkräftet werden, daß der Ehemann innerhalb der Empfängnißzeit, soweit diese in die Zeit während der Ehe fällt, mit der Ehefrau den Beischlaf nicht vollzogen hat.[3]

Es gilt aber ferner nach dem Entwurf ein nach Schließung der Ehe von der Ehefrau geborenes Kind, dessen Empfängnißzeit in die Zeit vor der Eheschließung fällt, als vom Ehemanne erzeugt, wenn dieser innerhalb der Empfängnißzeit mit der Ehefrau den Beischlaf vollzogen hat. Letzteres wird vermuthet, wenn der Ehemann stirbt, ohne die Ehelichkeit des Kindes angefochten zu haben.[4]

Das Recht, die Ehelichkeit eines von der Ehefrau während der Ehe oder innerhalb 300 Tagen nach Auflösung der Ehe geborenen Kindes anzufechten, steht nach Landrecht wie nach dem Entwurf grundsätzlich nur dem Ehemann zu,[5] die Anfechtung erfolgt nach dem Entwurf durch Erhebung der gegen das Kind zu richtenden Anfechtungsklage, nach dem Tode des Kindes durch eine gegenüber dem Nachlaßgericht abzugebende Willenserklärung. Das Anfechtungsurtheil wirkt für und gegen Alle.[6]

[1] § 1 II 2 A.L.R.; § 1466 E.; Entsch. R.G. Bd. 18 Nr. 62.

[2] § 1 II 2 A.L.R.; §§ 1467. 1468 E. (Landrechtliche Empfängnißzeit: 302.—210. Tag vor der Geburt.)

[3] §§ 2—5 II 2 A.L.R.; § 1469 E.; § 6 II 2 A.L.R. ist aufgehoben durch § 14 Abs. 2 Nr. 2, E.G. z. C.P.O.; R.G. im J. M. Bl. 1882 S. 10.

[4] § 1470 E.; §§ 1. 2 II 2 A.L.R.; vgl. auch Entsch. Ob.=Trib. Bd. 8 S. 73.

[5] §§ 2. 7—20. 40. 41 II 2 A.L.R.; §§ 1471—1476 E. Die landrechtliche Ausnahme in Ansehung des Anfechtungsrechts der Lehns= und Fideicommißanwärter (§§ 17. 18 II 2 A.L.R.) kennt der Entwurf nicht. Ob auch das Kind selbst seine Ehelichkeit anfechten kann, ist nach preuß. Recht bestritten: Förster=Eccius, Bd. 4 § 219 u. Note 41; Dernburg, Preuß. Privatrecht, Bd. 3 § 43.

[6] § 1477 E.; Striethorst, Archiv Bd. 48 Nr. 65.

Bis zu dieser Anfechtung durch den Ehemann kann Niemand die Unehelichkeit des Kindes geltend machen; es sei denn, daß der Ehemann, ohne das Anfechtungsrecht verloren zu haben, gestorben ist. Das Anfechtungsrecht erlischt durch ausdrückliche Anerkennung[1] des Kindes seitens des Vaters, durch Fristablauf[2] und durch Zurücknahme der erhobenen Anfechtungsklage;[3] dies Erlöschen wirkt auch gegen Dritte, so zwar, daß diese die Unehelichkeit nicht mehr geltend machen können.

II. Im Anschluß an das preußische Recht behandelt der Entwurf den Unterhaltsanspruch der Verwandten vornehmlich als familienrechtlichen Anspruch und weist ihn demnach seiner systematischen Stellung nach in das Familienrecht. Auf derselben Basis der Verwandtschaft regelt der Entwurf auch die Unterhaltspflicht der Eltern gegenüber den Kindern, insbesondere bestimmt der Entwurf, daß minderjährige unverheirathete Kinder gegenüber ihren Eltern einen Anspruch auf Unterhalt haben, ohne Rücksicht auf den Stamm des ihnen gehörenden Vermögens, denn nur die Einkünfte, nicht die Substanz des Kindervermögens sind zum Unterhalte der Kinder zu verwenden. Im Uebrigen beschränkt sich die Unterhaltspflicht, wie im Landrecht, auf Verwandte in gerader Linie und auf Geschwister, erstere haben Anspruch auf standesmäßigen, letztere auf nothdürftigen Unterhalt.[4] Voraussetzungen des Unterhaltsanspruchs sind Bedürftigkeit auf Seiten des Berechtigten und Leistungsfähigkeit auf Seiten des Verpflichteten; beide Voraussetzungen hat nach dem Entwurf derjenige zu beweisen, welcher einen Anspruch auf Unterhalt erhebt, während nach preußischem Recht der Alimentationsberechtigte zwar auch seine Bedürftigkeit als Klagegrund zu erweisen hat, nicht aber auch die Leistungsfähigkeit des Verpflichteten; vielmehr ist es dessen Sache, sein Unvermögen als Einrede zu beweisen.[5]

[1] § 1472 E.; § 16 II 2 A.L.R. (im Landrecht auch stillschweigende Anerkennung zulässig).

[2] § 1473 E.; § 7 II 2 A.L.R. (ein Jahr seit Kenntniß der Geburt); Entsch. R.G. Bd. 13 Nr. 66; § 17 II 2 A.L.R.

[3] § 1476 E. Die Anfechtungsklage kann von dem gesetzlichen Vertreter des geschäftsunfähigen Ehemanns nicht erhoben werden; dies ist im preuß. Recht bestritten, vgl. Förster-Eccius, Bd. 4 § 219 Note 31.

[4] §§ 1480—1482. 1488. 1489 E.; §§ 64. 65. 161—164. 168. 204. 251—254. 287 II 2, §§ 14—21 II 3 A.L.R. Nach Landrecht können andere Seitenverwandte außer den Geschwistern zur Alimentation nicht gezwungen werden, sie verlieren aber, wenn sie auf ausdrückliche Aufforderung die Ernährung eines unvermögenden Verwandten verweigern, ihr gesetzliches Erbrecht; §§ 22—25 II 3 A.L.R. Eine solche Bestimmung kennt der Entwurf nicht.

[5] Decl. v. 21. Juli 1843 (G.S. S. 296); Gruchot, Beiträge, Bd. 29 S. 924. Bd. 32 S. 132.

Zum Unterhalt sind die Verwandten in derselben Reihenfolge berufen, in welcher sie als gesetzliche Erben des Bedürftigen berufen sein würden,[1] mehrere gleich nahe Verwandte haften nach Landrecht gemeinschaftlich nach Verhältniß ihres Vermögens, also nicht solidarisch,[2] nach dem Entwurf haftet der Einzelne für denjenigen Antheil, zu welchem er als gesetzlicher Erbe des Bedürftigen berufen sein würde.[3]

Eine Rückforderung geleisteten Unterhalts, welche das Landrecht[4] bei Geschwistern zuläßt, wenn sich die Vermögensverhältnisse des Bedürftigen gebessert haben, schließt der Entwurf gänzlich aus.

Während das Landrecht keine besonderen Bestimmungen darüber enthält, in welcher Art die Gewährung des Unterhalts stattfinden soll, ob in natura oder in Geld,[5] verordnet der Entwurf, daß der Unterhalt regelmäßig durch Entrichtung einer Geldrente zu gewähren ist und daß der Unterhalt den ganzen Lebensbedarf, die Kosten der Taufe, der Erziehung, sowie der Vorbildung zu einem besonderen Lebensberufe umfaßt.[6] Positiv bestimmt der Entwurf, daß eine Nachforderung des Unterhalts für die Vergangenheit ausgeschlossen ist.[7]

Im Konkurse des Verpflichteten kann der Unterhaltsanspruch für die Zukunft nicht geltend gemacht werden; auf den Anspruch für die Zukunft kann nicht verzichtet werden, er erlischt für die Zukunft mit dem Tode des Berechtigten oder des Verpflichteten, ist unverjährbar und unvererblich.[8]

III. Wie das Landrecht, so erachtet auch der Entwurf die Pflicht der Eltern zur Ausstattung ihrer Kinder lediglich als eine natürliche, nicht als eine durch Klage erzwingbare Rechtspflicht. Das Versprechen einer Ausstattung wegen Verheirathung oder Errichtung eines eigenen Hausstandes ist aber nach dem Entwurf an keine Form gebunden, und es kann das zur Ausstattung Geleistete nicht deshalb zurückgefordert werden, weil eine Verbindlichkeit zur Leistung nicht bestanden hat. Im übrigen gilt

[1] §§ 17—19 II 3 A.L.R.; § 1485 E.

[2] § 20 II 3 A.L.R.; vgl. R.G. bei Gruchot, Beiträge, Bd. 24 S. 1036, Bd. 31 S. 412.

[3] § 1486 E.; vgl. auch § 1487 E. und § 19 II 3 A.L.R.

[4] § 21 II 3 A.L.R.; Striethorst, Archiv Bd. 18 S. 132.

[5] Es ist eine Frage thatsächlicher Natur, R.G. bei Gruchot, Bd. 25 S. 480, Bd. 31 S. 412.

[6] §§ 1488. 1491 E.

[7] § 1492 E. Ausnahme bei Verzug des Verpflichteten und für die Zeit seit der Rechtshängigkeit des Anspruchs. So auch die preuß. Praxis; R.G. bei Gruchot, Bd. 31 S. 412.

[8] § 1494—1496 E.; Förster-Eccius, Bd. 4 § 239.

die vertragsmäßige Zusicherung oder Gewährung einer Ausstattung nicht als Schenkung.[1, 2]

§ 28.

Elterliche Gewalt.

Entwurf: Buch 4 Abschnitt 2 Tit. 3; Mot. IV S. 721—842.

I. Entstehung und Inhalt der elterlichen Gewalt.

A. In völliger Neuerung gegenüber dem preußischen Recht[3] führt der Entwurf das Institut der elterlichen Gewalt als ein der vormundschaftlichen Schutzgewalt analoges elterliches Schutzverhältniß ein. Der Entwurf kennt also nicht nur, wie das Landrecht, eine väterliche Gewalt, sondern auch eine der ersteren grundsätzlich gleichgestellte mütterliche Gewalt. Inhaber der elterlichen Gewalt ist der Vater, und nach dessen Tode die Mutter; auf die elterliche Gewalt kann nicht verzichtet werden, sie entsteht in natürlicher Weise, wie im Landrecht, durch eheliche Geburt, dauert aber nur bis zur Volljährigkeit des Kindes.

Die elterliche Gewalt begründet für den Inhaber derselben

a) die Pflicht und das Recht der Sorge für die Person (Erziehung, Aufsicht) und für das Vermögen des Kindes (elterliche Vermögensverwaltung),

b) das Recht der Nutznießung am Kindesvermögen (elterliche Nutznießung).

Wie das preußische Recht, so unterscheidet auch der Entwurf zwischen freiem Kindesvermögen, welches der elterlichen Nutznießung nicht unterworfen ist, und nichtfreiem, d. h. solchem Kindesvermögen, welches der elterlichen Nutznießung unterliegt.

In Ansehung der elterlichen Verwaltung gelten nach dem Entwurf gemäß des vormundschaftlichen Charakters der elterlichen Gewalt im Wesentlichen die Vorschriften des Vormundschaftsrechts, in Ansehung der elterlichen Nutznießung die Vorschriften über den Nießbrauch, soweit nicht positiv etwas Anderes bestimmt ist.[4]

---

[1] § 1500 E.; §§ 231—248. 292 II 2 A.L.R.: Koch, Recht der Forderungen, 2. Ausg. Bd. 3 § 208 S. 87 ff.

[2] Ueber die Verpflichtung der Kinder zu Dienstleistungen im elterlichen Hauswesen s. § 1499 E.; §§ 121—123. 254 II 2 A.L.R.

[3] Vgl. Stölzel, Das Recht der väterlichen Gewalt in Preußen, Berlin 1874, insbesondere auch S. 36 ff.

[4] §§ 1501—1504. 1510. 1516. 1520. 1561 E.

Das freie Vermögen der Kinder bildet die Ausnahme, das nichtfreie die Regel.[1]

B. Was insbesondere die Wirkungen der väterlichen Gewalt auf die Person und das Vermögen der Hauskinder nach preußischem Recht[2] anlangt, so regelt sich die Geschäftsfähigkeit minderjähriger Hauskinder nach dem Gesetz vom 12. Juli 1875. Danach sind also minderjährige Hauskinder bis zum vollendeten siebenten Lebensjahre geschäftsunfähig, von da ab zwar fähig, Rechte zu erwerben und sich von Verbindlichkeiten zu befreien, aber ohne Genehmigung des Vaters verpflichtungsunfähig. Großjährige Hauskinder[3] sind zwar auch erwerbsfähig, sie können sich aber nur mit Einwilligung ihres Vaters gültig verpflichten; die ungültige Schuld convalescirt durch ein nach aufgehobener väterlicher Gewalt vor Gericht oder Notar abgegebenes ausdrückliches Anerkenntniß des Kindes, und was das großjährige Hauskind auf die ungültige Schuld wirklich bezahlt hat, kann nicht condicirt werden.[4] Der Vater wird aus Handlungen seiner Kinder nur insoweit verpflichtet, als Jemand überhaupt durch die Handlung eines Dritten verpflichtet wird (Auftrag, Genehmigung, nützliche Verwendung, Geschäftsführung).[5] Nur in Ansehung des freien Vermögens haben die Kinder eben die Rechte, die einem nicht unter väterlicher Gewalt stehenden Menschen über sein Eigenthum zukommen; minderjährigen Hauskindern muß jetzt ein Pfleger bestellt werden,[6] großjährige können bezüglich des freien Vermögens sich selbständig verpflichten und frei disponiren, doch müssen die Gläubiger während der Dauer der väterlichen Gewalt für ihre Forderungen dingliche Sicherheit im freien Vermögen des verpflichteten Kindes sich verschaffen.[7] Auf Ver-

---

[1] §§ 147—157 II 2 A.L.R.; Stölzel, a. a. O. S. 33; R.G. bei Gruchot, Bd. 29 S. 927; § 1502 E.

[2] Vgl. Dernburg, Preuß. Privatrecht, Bd. 3 §§ 52—55; Fischer, Preuß. Privatrecht, § 101; Stölzel, a. a. O. §§ 6—11. 13. 14.

[3] §§ 124. 125. 127. 131. 201. 202 II 2 A.L.R.; Entsch. Ob.-Trib. Bd. 72 S. 251 ff. und bezüglich der Form der Einwilligung auch Förster-Eccius, Bd. 4 § 222 Note 28.

[4] §§ 136—138 II 2 A.L.R.; §§ 37. 38 I 5 A.L.R.; Entsch. R.G. Bd. 3 Nr. 71. Ueber die Zahlungen Minderjähriger und deren Condiction s. §§ 170. 171 I 16 A.L.R. Das großjährige Hauskind kann mit seinem Vater ohne Pfleger contrahiren.

[5] § 126 II 2 A.L.R., vgl. auch §§ 127—130 II 2 A.L.R.

[6] §§ 158. 159 II 2 A.L.R. Die vormundschaftliche Verwaltung des Vaters in Betreff des freien Vermögens des minderjährigen Hauskindes ist durch die Vormundschaftsordnung (§ 102) beseitigt. Dernburg, Preuß. Privatrecht, Bd. 3 § 54; Förster-Eccius, Bd. 4 § 223 und Note 8; A. M.: Fischer, Preuß. Privatrecht, S. 556 und Jahrbuch f. Entsch. d. Kammergerichts Bd. 6 Nr. 29; vgl. auch R.G. bei Gruchot, Bd. 29 S. 929 ff.

[7] § 166 II 2 A.L.R. Ueber die Haftung aus Delicten s. §§ 139—146. 167. 203 II 2 A.L.R.

langen des Vaters müssen aber großjährige Kinder die Einkünfte des freien Vermögens zu ihrem eigenen Unterhalte, soweit dieselben dazu hinreichen, vorzüglich anwenden.[1]

Minderjährige Hauskinder sind in der Regel[2] nicht proceßfähig, sie werden durch den Vater als gesetzlichen Vertreter im Proceß vertreten; großjährige Hauskinder sind zwar in der Proceßfähigkeit dadurch, daß sie unter väterlicher Gewalt stehen, nicht beschränkt, diese processualische Handlungsfähigkeit berührt aber nicht die außerprocessualische Handlungsbefugniß, läßt also im einzelnen Falle die Frage offen, ob das Hauskind auch allein zur Sache activ oder passiv legitimirt ist. Die selbständige Proceßfähigkeit enthebt also nicht von der materiellrechtlichen Prüfung der Sachlegitimation.[3]

Das dem Vater in Ansehung des nicht freien Kindesvermögens zustehende Verwaltungsrecht berechtigt ihn zur freien Verfügung über das Capitalvermögen, insbesondere kann er Capitalien der Kinder einziehen, anderweitig belegen, auch sich selbst zum Schuldner bestellen, sofern nicht ein solches Capital den Kindern zur Sicherheit besonders verschrieben ist.[4] Nur zu allen Veränderungen der Substanz, die ein Nießbraucher nicht ohne den Eigenthümer vornehmen kann, insbesondere zur Veräußerung, Verpfändung oder Belastung von Grundstücken oder Gerechtigkeiten bedarf der Vater während der Minderjährigkeit des Hauskindes der Einwilligung des Vormundschaftsgerichts, nach erreichter Großjährigkeit der Zustimmung des großjährigen Kindes.[5]

Die Rechte des Vaters am nichtfreien Kindesvermögen sind bedingt durch die Pflicht zum standesmäßigen Unterhalt und zur Erziehung der Kinder; solange er dieser Pflicht nachkommt, kann er die Einkünfte des Vermögens nach seinem Belieben verwenden, und es können auch seine eigenen Gläubiger ihre Befriedigung daraus suchen.[6]

C. Auch nach dem Entwurf umfaßt die elterliche Gewalt die gesetzliche Vertretung des Hauskindes[7]; da die elterliche Gewalt mit der

---

[1] § 164 II 2 A.L.R.

[2] Ausnahme: z. B. im Fall der §§ 5. 6 Ges. v. 12. Juli 1875.

[3] § 51 C.P.O.; § 14 I 1 A.G.O.; Wach, Handbuch d. Civilproceßrechts Bd. 1 S. 557; Fuchs in Gruchot's Beiträgen Bd. 29 S. 590 ff. 753 ff.; Fischer, Preuß. Privatrecht, § 128. S. auch oben § 23 sub IV.

[4] § 169 II 2 A.L.R.; Jahrbuch f. Entsch. d. Kammergerichts Bd. 2 Nr. 74, Bd. 3 Nr. 80, Bd. 5 Nr. 31.

[5] §§ 170—175 II 2 A.L.R.; R.G. bei Gruchot, Beiträge, Bd. 29 S. 927.

[6] §§ 204. 205 II 2 A.L.R. Ueber die Pflicht des Vaters zur Sicherheitsleistung s. §§ 179—200 II 2 A.L.R.

[7] §§ 1503 Abs. 1. 1648. 1649 E.

Volljährigkeit endigt, so gelten bezüglich der Geschäftsfähigkeit der Hauskinder die allgemeinen Vorschriften über die Geschäftsfähigkeit Minderjähriger,[1] und es wird bezüglich der Proceßfähigkeit die Vorschrift des § 51 Abs. 2 C.P.O. bedeutungslos. Der Inhaber der elterlichen Gewalt ist befugt, die Einkünfte des Kindesvermögens zum Unterhalt des Kindes oder sonst nach seinem Belieben zu verwenden, sie sind aber, abweichend vom preußischen Recht, dem Zugriff seiner eigenen Gläubiger entzogen.[2] In Bezug auf die Anlegung der Capitalien ist der Inhaber der elterlichen Gewalt an die Vorschriften über die Anlegung von Mündelgeldern gebunden,[3] und bei der Erfüllung der ihm obliegenden Pflichten haftet er für die Sorgfalt eines ordentlichen Hausvaters.[4] Die entsprechende Anwendung der vormundschaftsrechtlichen Normen führt auch zu der Verpflichtung des Inhabers der elterlichen Gewalt nach deren Beendigung über die Vermögensverwaltung Rechnung zu legen und auf Verlangen des Kindes den Offenbarungseid zu leisten.[5]

Heirathet eine unter elterlicher Gewalt stehende Tochter, so wird die Fürsorge des Inhabers der elterlichen Gewalt für die Person der Tochter auf deren gesetzliche Vertretung in ihren persönlichen Angelegenheiten beschränkt.[6]

Wie im preußischen Recht kann auch nach dem Entwurf dem Inhaber der elterlichen Gewalt durch Anordnungen Dritter in Ansehung bestimmter dem Kinde zugewendeter Gegenstände die elterliche Vermögensverwaltung entzogen werden, in diesem Falle wird die Einleitung einer Pflegschaft erforderlich.[7] Dagegen hat der Entwurf die Fälle, in denen das Verfügungsrecht des Inhabers der elterlichen Gewalt von der Genehmigung des Vormundschaftsgerichts abhängig gemacht ist, gegenüber den Beschränkungen des Vaters im Landrecht erheblich vermehrt; immerhin aber ist die Vertretungsmacht des Inhabers der elterlichen Gewalt im Entwurf noch freier gestaltet, als die des Vormunds.[8]

---

[1] §§ 64—69 E. S. oben § 3.

[2] § 1481 Abs. 1 u. 2; § 1534 E.

[3] §§ 1503. 1664. 1665. 1667 E.

[4] §§ 1503. 1696 E.

[5] §§ 1503. 1700 Abs. 1. 777 E. — Ueber den Anspruch auf Herausgabe des Kindes s. § 1505 E. Die religiöse Erziehung bestimmt sich nach den Landesgesetzen. § 1508 E.; Decl. v. 21. Nov. 1803 bei Rabe, Bd. 7 S. 524; §§ 83—85 II 2 A.L.R.; § 28 Abs. 2 Vorm.-O.

[6] § 1509 E.

[7] §§ 1510. 1738 E; § 160 II 2, §§ 37. 38 II 18 A.L.R.; § 87 Vorm.-Ord.; R.G. bei Gruchot, Bd. 29 S. 929.

[8] Die einzelnen Fälle bei § 1511 E.; vgl. auch §§ 169—175 II 2 A.L.R.

Das freie Vermögen[1] der Kinder ist zwar der elterlichen Nutznießung entzogen, unterliegt aber der elterlichen Vermögensverwaltung; in Ansehung desjenigen Vermögens, welches zwar der elterlichen Nutznießung unterliegt, dessen Verwaltung aber dem Inhaber der elterlichen Gewalt entzogen ist, verbleibt dem Inhaber zwar das dingliche Recht der Nutznießung, er ist aber von der eigenen Ausübung derselben ausgeschlossen. Letztere wird vielmehr in diesem Falle für Rechnung des Inhabers der elterlichen Gewalt von dem Kinde durch dessen für die Vermögensverwaltung berufenen gesetzlichen Vertreter ausgeübt.[2]

An verbrauchbaren Sachen des Kindes erwirbt der Inhaber der elterlichen Gewalt nach dem Entwurf nicht Eigenthum mit der Verpflichtung zum demnächstigen Werthersatz, vielmehr gestattet ihm der Entwurf nur solche verbrauchbaren Sachen, welche durch Verbrauch genutzt zu werden pflegen (z. B. Lebensmittel), zu verbrauchen und im eigenen Namen zu veräußern, gegen die Pflicht des Werthersatzes nach Beendigung der elterlichen Gewalt. Bei anderen verbrauchbaren Sachen, insbesondere beim baaren Gelde, bedarf der Inhaber der elterlichen Gewalt sogar der Genehmigung des Vormundschaftsgerichts zum Verbrauch oder zur Veräußerung im eigenen Namen.[3] Die elterliche Nutznießung an Forderungen, Actien auf Inhaber, Grundschulden und Eigenthümerhypotheken begründet nur ein Recht auf Beziehung der Früchte.[4] Das der elterlichen Nutznießung unterliegende Kindesvermögen haftet auch den Gläubigern des Kindes wegen aller Verbindlichkeiten desselben ohne Rücksicht auf die elterliche Nutznießung; zur Zwangsvollstreckung in dieses Vermögen genügt ein gegen das Kind vollstreckbarer Schuldtitel.[5] Dagegen sind die durch die elterliche Nutznießung an dem Kindesvermögen begründeten Rechte weder veräußerlich, noch pfändbar, noch belastbar, und die von dem Inhaber der elterlichen Nutznießung erworbenen Früchte sind der Pfändung nur insoweit unterworfen, als sie der Inhaber nicht zur Erfüllung der mit der elterlichen Nutznießung verbundenen Verpflichtungen bedarf.[6]

---

[1] Vgl. §§ 1516 — 1519 E. (Sachen zum persönlichen Gebrauch, Zuwendungen Dritter, Erwerb durch eigene Thätigkeit, und die Surrogate der Gegenstände des freien Vermögens.) Vgl. auch §§ 147—155 II 2 A.L.R.

[2] § 1532 E.

[3] §§ 1523. 1018 E. Das Landrecht enthält besondere Vorschriften über das baare Geld der Kinder nicht; vgl. auch Entsch. Ob.=Trib. Bd. 14 S. 60 ff. 65. Wegen Sicherheitsleistung vgl. §§ 1524. 1547 Abs. 2 E.

[4] § 1526 E. Ueber die elterliche Nutznießung an einem Erwerbsgeschäft s. § 1527 E.

[5] § 1528 E. Ueber die Haftung des Kindesvermögens gegenüber dem Inhaber der elterlichen Gewalt und über Ausgleichung zwischen freiem und nichtfreiem Vermögen s. § 1530 E., und über die Lasten der ehelichen Nutznießung s. § 1531 E.

[6] §§ 1534. 1535. 1299. 1022. 1207. 312 E.

Die elterliche Nutznießung endigt mit der Schließung einer Ehe Seitens des Kindes;[1] auf die elterliche Nutznießung kann durch eine vor dem Vormundschaftsgericht abzugebende Erklärung verzichtet werden.[2]

II. Die elterliche Gewalt der Mutter beginnt nach dem Tode des Vaters, es wird also keine Vormundschaft über die minderjährigen Kinder eingeleitet; das Vormundschaftsgericht hat jedoch auf letztwillige Anordnung des Vaters oder auf Antrag der Mutter oder auch aus besonderen Gründen von Amtswegen der Mutter einen Beistand zu bestellen, welcher dieselbe bei Ausübung der elterlichen Gewalt zu unterstützen und zu überwachen hat, und dessen Genehmigung zu allen Rechtsgeschäften erforderlich ist, zu denen, wenn sie von einem Vormunde vorgenommen würden, die Genehmigung des Gegenvormunds oder des Vormundschaftsgerichts nothwendig sein würde. Die Genehmigung des Beistands wird durch die Genehmigung des Vormundschaftsgerichts ersetzt und ist bei solchen Rechtsgeschäften entbehrlich, zu deren Vornahme, wenn der Vater der Inhaber der elterlichen Gewalt wäre, die Genehmigung des Vormundschaftsgerichts erforderlich sein würde (z. B. § 1511 E.)[3] Die elterliche Gewalt steht der Mutter auch dann zu, wenn die elterliche Gewalt des Vaters ruht, doch verbleibt hier dem Vater die elterliche Nutznießung.[4] Schließt die Mutter eine neue Ehe, so wird ihre elterliche Gewalt beendigt, jedoch behält sie in diesem Falle die Pflicht und das Recht, für die Person des Kindes zu sorgen, mit der Maßgabe, daß in Ansehung der Ausübung dieser Sorge der Vormund des Kindes die Stellung eines Beistands hat.[5]

III. Wie das preußische Recht, so unterscheidet auch der Entwurf zwischen Ruhen[6] und Beendigung[7] der väterlichen bez. elterlichen Gewalt; abweichend vom Landrecht kennt aber der Entwurf als Beendigungsgründe nur Tod und Volljährigkeit des Kindes, Tod und Todeserklärung des Inhabers der elterlichen Gewalt, Annahme an Kindesstatt

---

[1] § 1536 E. Ausnahme: wenn das Kind ohne Einwilligung des zur elterlichen Nutznießung berechtigten Elterntheils geheirathet hat; §§ 1238. 1239 E.

[2] § 1537 E.

[3] §§ 1538—1543 E.

[4] § 1555 E.

[5] § 1558 E. — Ueber das Recht des Vormundschaftsgerichts zum Einschreiten gegen den Inhaber der elterlichen Gewalt wegen Gefährdung der Person oder des Vermögens des Kindes vgl. §§ 1544—1547. 1550—1552 E.; vgl. auch §§ 90. 91. 179. 180. 182. 266—269 II 2 A.L.R.; über die Pflicht zur Auseinandersetzung bei Wiederverheirathung des Inhabers der elterlichen Gewalt s. § 1548 E.; §§ 187. 188. 191. 199. 200 II 2, §§ 970—976 II 18, §§ 1001. 1002 II 1 A.L.R.

[6] §§ 260. 261 II 2 A.L.R.; § 1554—1556 E.

[7] §§ 1557. 1558 E.

und Wiederverheirathung der Mutter. Die landrechtlichen[1] ferneren Erlöschungsarten der väterlichen Gewalt durch Errichtung einer abgesonderten Wirthschaft Seitens des großjährigen Hauskindes, durch Emancipation, durch Verheirathung der Tochter sind dem Entwurf unbekannt.

Die Entmündigung des Vaters wegen Verschwendung bewirkt ferner nach Landrecht ebenfalls den dauernden Verlust der väterlichen Gewalt, nach dem Entwurf ein Ruhen der elterlichen Gewalt, doch geht in diesem Falle die elterliche Gewalt ausnahmsweise nicht auf die Mutter über.[2]

Während ferner der Vater nach Landrecht[3] die väterliche Gewalt dauernd verliert, wenn er wegen grober Verbrechen zu harter und schmählicher Zuchthausstrafe oder mehr als zehnjähriger Freiheitsstrafe verurtheilt ist, verwirkt der Inhaber der elterlichen Gewalt letztere nur dann, wenn er wegen eines gegen das Kind oder an dem Kinde verübten Verbrechens oder vorsätzlich begangenen Vergehens zu einer Zuchthausstrafe oder zu sechsmonatiger oder längerer Gefängnißstrafe rechtskräftig verurtheilt worden ist;[4] auch hier geht die elterliche Gewalt nicht auf die Mutter über, es sei denn, daß die Ehe durch Scheidung aufgelöst wird.

Verfällt der Vater in Konkurs, so verliert er nach preußischem Recht ipso iure dauernd Verwaltung und Nießbrauch des nichtfreien Kindesvermögens,[5] während nach dem Entwurf die Eröffnung des Konkurses über das Vermögen des Inhabers der elterlichen Gewalt nur die elterliche Vermögensverwaltung, nicht aber die elterliche Nutznießung beendigt; auch kann nach Beendigung des Konkurses das Vormundschaftsgericht dem Inhaber der elterlichen Gewalt die Vermögensverwaltung wieder einräumen.[6]

[1] §§ 210—230 II 2 A.L.R.; Fischer, Preuß. Privatrecht, § 100; Förster-Eccius, Bd. 4 § 224.

[2] §§ 255. 256. 259 II 2 A.L.R.; §§ 1554. 1555. 65. 70 E.

[3] §§ 255. 259. 260 II 2 A.L.R.; Jahrb. f. Entsch. d. Kammergerichts Bd. 6 Nr. 19.

[4] § 1559 E. Die anderen landrechtlichen Verlustarten der väterlichen Gewalt durch Entweichen des Vaters, hülfloses Verlassen des Kindes, Raserei und Blödsinn (Jahrb. f. Entsch. d. Kammergerichts Bd. 2 Nr. 21), Ablegung des Klostergelübdes (§§ 257. 258. 261 II 2, § 1199 II 11 A.L.R.) kennt der Entwurf nicht.

[5] §§ 206. 268 II 2 A.L.R.; Jahrb. f. d. Entsch. d. Kammergerichts Bd. 3 Nr. 32 und Nr. 33.

[6] § 1553 E. Der Nießbrauch am Kindesvermögen gehört also nach beiden Rechtssystemen nicht zur Konkursmasse; § 1 R.K.O.; § 1534 E.; § 206 II 2 A.L.R., vgl. auch § 54 Nr. 5 R.K.O.

§ 29.

Rechte der Kinder aus ungültigen Ehen.

Entwurf: Buch 4 Abschnitt 2 Tit. 4; Mot. IV S. 843—851.

Der Entwurf behandelt die Kinder aus ungültigen Ehen (ausgenommen den Fall der Nichtigkeit der Ehe wegen Formmangels), wie das preußische Recht, als eheliche Kinder, sofern sie bei Voraussetzung der Gültigkeit der Ehe als eheliche anzusehen wären. Während diese Kinder nach Landrecht aber nur gegenüber ihren Eltern und unter sich alle Rechte ehelicher Kinder haben, gelten sie nach dem Entwurf auch gegenüber den Verwandten des Vaters und der Mutter als eheliche; nur wenn beide Eltern bei der Eheschließung die Ungültigkeit kannten oder aus grober Fahrlässigkeit nicht kannten, gelten die Verwandten des Vaters nicht als Verwandte des Kindes. Im übrigen hat der gute oder schlechte Glaube des Vaters oder der Mutter nur auf die elterlichen Rechte Einfluß.[1]

§ 30.

Rechte der unehelichen Kinder.

Entwurf: Buch 4 Abschnitt 2 Tit. 5; Mot. IV S. 851—918.

I. Während nach preußischem Recht uneheliche Kinder weder in die Familie des Vaters noch der Mutter treten, besteht nach dem Entwurf zwischen einem unehelichen Kinde und seinen Abkömmlingen einerseits und zwischen seiner Mutter und deren Verwandten andererseits ein Verwandtschaftsverhältniß; diesen Personen gegenüber wird das uneheliche Kind den ehelichen gleichgestellt, so zwar, daß es ihnen gegenüber also unterhalts-, erb- und pflichttheilsberechtigt ist. Das uneheliche Kind steht nicht unter der elterlichen Gewalt der Mutter, diese hat jedoch das Recht und die Pflicht, für die Person des Kindes zu sorgen; dem Kinde ist ein Vormund zu bestellen; die gesetzliche Vormundschaft des mütterlichen Großvaters ist dem Entwurf unbekannt. Ebensowenig gewährt der Entwurf dem unehelichen Vater das Recht, nach zurückgelegtem vierten Jahre die Verpflegung und Erziehung des Kindes selbst zu besorgen.[2]

II. Zwischen dem unehelichen Kinde und dessen Abkömmlingen einerseits und dem unehelichen Vater und dessen Familie andererseits besteht hier wie dort keinerlei Verwandtschaft; eine Ausnahme macht hiervon der

---

[1] §§ 50—57 II 2 A.L.R.; Urth. R.G. v. 19. Juni 1882, J. M. Bl. S. 283; Entsch. R.G. Bd. 18 Nr. 62; §§ 1562—1567 E.

[2] §§ 614. 621. 622—624. 639. 640. 644. 660. 661 II 2 A.L.R.; § 12 Vorm.-O.; §§ 1568—1570; § 30 Abs. 3 E.

Entwurf nur insoweit, als er den dem unehelichen Kinde gegenüber seinem Vater eingeräumten Unterhaltsanspruch als einen familienrechtlichen, auf der Vaterschaft basirenden Anspruch construirt. Dabei gilt als Vater des unehelichen Kindes derjenige, welcher mit der Mutter innerhalb der Empfängnißzeit (A.L.R.: 285.—210. Tag; E.: 181.—300. Tag vor der Geburt) den Beischlaf vollzogen hat, doch gestattet der Entwurf, wie das preußische Recht, die exceptio plurium concumbentium.[1] Die anderen, auf die Bescholtenheit der Mutter abzielenden, den Unterhaltsanspruch ausschließenden Einwendungen des preußischen Rechts hat der Entwurf abgelehnt.[2]

Die Unterhaltspflicht begreift nach dem Entwurf nur den nothdürftigen, in einer Geldrente zu entrichtenden Unterhalt bis zum zurückgelegten vierzehnten Lebensjahre des Kindes.[3] Während aber die preußische Praxis dem unehelichen Kinde gestattet, den Unterhalt auch für die Vergangenheit geltend zu machen, schließt der Entwurf den Anspruch für die Vergangenheit aus und gewährt ihn nur von der Zeit an, in welcher der Vater in Verzug gerathen oder der Anspruch rechtshängig geworden ist.[4] Im Konkurse über das Vermögen des unehelichen Vaters kann der Unterhaltsanspruch nach dem Entwurf für die Zukunft nicht geltend gemacht werden.[5]

Abweichend vom preußischen Recht, nach welchem der Alimentationsanspruch des Kindes der dreißigjährigen Verjährung unterliegt, ist nach dem Entwurf der Unterhaltsanspruch der Verjährung entzogen.[6] In weiterer Abweichung gewährt der Entwurf dem unehelichen Kinde keinerlei Erbrecht gegenüber dem unehelichen Vater, andererseits legt es ihm aber auch keine subsidiäre Unterhaltspflicht diesem gegenüber auf.[7]

III. Der Mutter des unehelichen Kindes räumt der Entwurf nur einen als Ersatzanspruch gestalteten Anspruch auf Entbindungs- und Sechs-

---

[1] §§ 1571. 1572 E.; §§ 9 Nr. 1. 13 Nr. 1. 15 Ges. v. 24. April 1854.

[2] Vgl. §§ 9. 13 Ges. v. 24 April 1854.

[3] §§ 1573. 1574. 1491. 1488 E.; §§ 626. 627. 633. 634—637 II 2 A.L.R.; R.G. bei Gruchot, Bd. 32 S. 126 ff.

[4] Entsch. Ob.-Trib. Bd. 55 S. 105 ff.; Förster-Eccius, Bd. 4 § 228 u. Note 16; vgl. auch R.G. bei Gruchot, Bd. 31 S. 412. 515; §§ 1574. 1492 E. Unabhängig davon ist der Ersatzanspruch des Dritten gegen den Vater aus Mandat oder Geschäftsführung, soweit er für den Vater die Alimente gezahlt hat.

[5] §§ 1574. 1494 E. Im preuß. Recht ist die Behandlung des Alimentenanspruchs im Konkurse bestritten; vgl. Förster-Eccius, Bd. 4 § 228 Note 21; von Wilmowski, Reichskonkursordnung zu § 2.

[6] § 154 Abs. 2 E.; Förster-Eccius, Bd. 4 § 228. Die einzelnen Unterhaltsraten verjähren in vier Jahren; § 157 E.; § 2 Nr. 5 Ges. v. 31. März 1838.

[7] §§ 638. 652, Anh. § 97 II 2 A.L.R.; § 19 Ges. v. 24. April 1854.

wochenkosten ein, weitergehende Ansprüche hat der Entwurf abgelehnt. Der Anspruch verjährt in zwei Jahren, beginnend mit Ablauf von sechs Wochen nach der Geburt des Kindes, und wird, abgesehen von der exceptio plurium constupratorum, durch Einwendungen gegen die Bescholtenheit der Mutter nicht beseitigt.[1]

§ 31.

Legitimation unehelicher Kinder.

Entwurf: Buch 4 Abschnitt 2 Tit. 6; Mot. IV S. 918—950.

I. Der Entwurf kennt, wie das preußische Recht, eine Legitimation durch nachfolgende Ehe und eine Legitimation durch Ehelichkeitserklärung.

Durch die nach der Geburt eines unehelichen Kindes erfolgende Eheschließung der Eltern erlangt das Kind kraft Gesetzes die rechtliche Stellung eines ehelichen Kindes (legitimatio per subsequens matrimonium).[2]

Nach preußischem Recht[3] genügt zum Beweise der Vaterschaft die Anerkennung derselben nach der Eheschließung; nach dem Entwurf gilt der Ehemann als Vater des unehelichen Kindes, wenn er innerhalb der Empfängnißzeit mit der Ehefrau den Beischlaf vollzogen hat. Die Einwilligung des Kindes ist nach beiden Rechtssystemen nicht erforderlich.

Die Wirkung der Legitimation tritt nach dem Entwurf auch bei ungültigen Ehen ein.[4]

II. Die Legitimation eines unehelichen Kindes durch Ehelichkeitserklärung erfolgt durch eine Verfügung der Staatsgewalt, deren Zuständigkeit[5] sich nach den Landesgesetzen bestimmt (legitimatio per rescriptum principis).[6]

Durch die Ehelichkeitserklärung erlangt das uneheliche Kind (und seine Abkömmlinge) lediglich dem Vater gegenüber die rechtliche Stellung

---

[1] §§ 1—10 Ges. v. 24. April 1854; §§ 1577. 1578 E.

[2] C. 6 X. qui filii sint legitimi 4, 17; §§ 596. 598. 600 II 2 A.L.R.; § 1579 bis 1582 E.; vgl. auch § 361 I 18 A.L.R.

[3] Vgl. J. M. Rescr. v. 13. October 1839 mitgetheilt bei Stölzel, Recht der väterlichen Gewalt, S. 9 Note 13; vgl. auch § 25 R.Ges. v. 6. Februar 1875.

[4] Ausgenommen bei Nichtigkeit wegen Formmangels, § 1581 E. Das preuß. Recht verlangt eine gültige Ehe; Stölzel, a. a. O. S. 9.

[5] In Preußen ist der Justizminister, und sofern es sich um Annahme eines adligen Namens handelt, der König zuständig. Allerh. Erl. v. 25. April 1870 (J. M. Bl. S. 126); vgl. auch § 26 R.Ges. v. 6. Febr. 1875.

[6] §§ 601—611 II 2 A.L.R.; §§ 1583. 1584 E. Der Entwurf behandelt diese Legitimation als Gnadensache; § 1592 E.

eines ehelichen Kindes. Der Eintritt in die Familie des Vaters kann auch nicht, wie im Landrecht,[1] durch Familienvertrag erfolgen. Abweichend vom preußischen Recht verlangt der Entwurf zur Ehelichkeitserklärung die Einwilligung des Kindes, und wenn der Vater verheirathet ist, auch die seiner Ehefrau.[2] Die Ehelichkeitserklärung ist aber nach dem Entwurf ausgeschlossen, wenn der Ehe zwischen dem Vater und der Mutter des Kindes zur Zeit der Erzeugung das Ehehinderniß der Verwandtschaft oder Schwägerschaft entgegengestanden hätte.[3] Da der Vater in Folge der Ehelichkeitserklärung über das minderjährige Kind die elterliche Gewalt erlangt, so bestimmt der Entwurf, daß die Pflicht und das Recht der Mutter des Kindes, für dessen Person zu sorgen, durch die Legitimation dauernd aufgehoben wird.[4]

§ 32.

Annahme an Kindesstatt.

Entwurf: Buch 4 Abschnitt 2 Tit. 7; Mot. IV S. 951—1007.

Der Entwurf betrachtet die Annahme an Kindesstatt als ein Mittel zur künstlichen Schaffung eines Eltern- und Kindesverhältnisses. Im Wesentlichen regelt er das Institut im Anschluß an die landrechtlichen Normen.[5]

Die Annahme an Kindesstatt erfolgt nach dem Entwurf durch gerichtlichen oder notariellen Vertrag zwischen dem Annehmenden und dem Anzunehmenden, zu dessen Wirksamkeit richterliche Bestätigung erforderlich ist, welche aber nur beim Mangel eines gesetzlichen Erfordernisses der Annahme zu versagen ist. Wie das Landrecht verlangt der Entwurf für den Annehmenden ein Alter von mindestens fünfzig Jahren, dagegen abweichend vom preußischen Recht zwischen dem Annehmenden und dem Anzunehmenden eine Altersdifferenz von achtzehn Jahren; das Vorhandensein ehelicher Kinder hindert die Annahme.[6] Der Angenommene

---

[1] §§ 1583. 1596 E.; §§ 603—606 II 2 A.L.R.

[2] § 602 II 2 A.L.R.; §§ 1587. 1588 E.; Stölzel, a. a. O. S. 10—12. Antrag des Vaters und Einwilligung bedürfen nach dem Entwurf der gerichtlichen oder notariellen Form; § 1591 E.

[3] § 1586 E.; Stölzel, a. a. O. S. 11. 12. Das legitimirte Kind erlangt auch den Familiennamen des Vaters; §§ 1497. 1583 E.

[4] § 1597 E.

[5] §§ 1601—1631 E.; §§ 666—716 II 2 A.L.R.; Stölzel, a. a. O. S. 15. 16.

[6] §§ 1601—1605. 1616. 1617. 1619 E.; §§ 668. 669. 671. 677. 678 II 2 A.L.R. Dispensation bezüglich des Alters ist zulässig; §§ 1603 Abs. 2. 1604 Abs. 2. 1605 E.; § 669 II 2 A.L.R. — Auch uneheliche Kinder können nach dem Entwurf adoptirt werden; § 1610 E.; Stölzel, a. a. O. S. 16.

erlangt durch die Annahme gegenüber dem Annehmenden die rechtliche Stellung eines ehelichen Kindes, er erhält den Familiennamen des Annehmenden und hat diesen Namen unter Beifügung seines bisherigen Familiennamens zu führen. Der Annehmende erlangt die elterliche Gewalt über den minderjährigen Angenommenen.[1] Die Wirkungen der Annahme erstrecken sich auch auf die Abkömmlinge des Angenommenen.[2] Zur Annahme an Kindesstatt ist die Einwilligung der Eltern des Anzunehmenden erforderlich, sofern dieser das 25. Lebensjahr noch nicht zurückgelegt hat oder sein Familienstand nicht zu ermitteln ist;[3] ein Ehegatte kann nur mit Einwilligung des anderen Ehegatten an Kindesstatt annehmen oder angenommen werden.[4]

Während übrigens nach Landrecht zwischen dem Angenommenen und der Ehefrau des Annehmenden die Verhältnisse wie zwischen Stiefeltern und Stiefkindern entstehen, wird nach dem Entwurf zwischen diesen Personen kein Schwägerschaftsverhältniß begründet.[5] Dagegen tritt der Angenommene, wie im preußischen Recht, durch die Adoption nicht aus seiner natürlichen Familie heraus, es bleiben also auch die gegenseitigen erbrechtlichen Beziehungen bestehen, jedoch verlieren die leiblichen Eltern dauernd die elterliche Gewalt über den Angenommenen. Letzterer erhält Erb- und Pflichttheilsrecht gegenüber dem Annehmenden, nicht aber umgekehrt.[6]

Das durch die Adoption begründete Verhältniß kann durch Vertrag, welcher ebenfalls gerichtlicher Bestätigung unterliegt, wieder aufgehoben werden.[7] Wird gegen das Ehehinderniß der Adoptivverwandtschaft eine

---

[1] Also auch die elterliche Vermögensverwaltung und Nutznießung, § 1623 E. Anders nach Landrecht, welches dem annehmenden Vater Verwaltung und Nießbrauch am Vermögen des Angenommenen nicht gewährt; §§ 694—698 II 2 A.L.R.

[2] Auf die zur Zeit der Schließung des Adoptionsvertrages schon vorhandenen Abkömmlinge des Angenommenen — abweichend vom preuß. Recht — nur dann, wenn der Vertrag zugleich mit diesen geschlossen ist; vgl. §§ 1601. 1620. 1622. 1623. 1501 E.; §§ 681—685. 707—713. 716 II 2 A.L.R.

[3] § 1610 E. Das Landrecht verlangt ohne Zeitgrenze nur die Einwilligung des Vaters des Anzunehmenden (§ 679 II 2), dagegen die Einwilligung der Eltern des Annehmenden (§§ 672. 673 II 2).

[4] Nach Landrecht bedarf nur die Ehefrau der Einwilligung des Ehemanns; §§ 674. 675 II 2; §§ 1606. 1609 E.

[5] § 686 II 2 A.L.R.; § 1620 Abs. 2 E. — Den Eintritt in die Familie des Adoptirenden durch Familienvertrag (§ 710 II 2 A.L.R.) kennt der Entwurf nicht.

[6] §§ 1624. 1625. 1626 E.; §§ 673. 676. 691. 692. 693. 701. 702. 711. 712. 715 II 2 A.L.R. Ueber die gegenseitige Unterhaltspflicht s. § 1627 E.; §§ 692. 694 II 2 A.L.R.; über vertragsmäßige Aenderung der gesetzlichen Wirkungen der Adoption s. § 1628 E.; §§ 703—706 II 2 A.L.R.

[7] §§ 714—716 II 2 A.L.R.; § 1629 E. — Die landrechtliche Pflegekindschaft (§§ 753 bis 773 II 2 A.L.R.) ist dem Entwurf fremd.

Ehe geschlossen, so tritt nach dem Entwurf mit der Eheschließung die Aufhebung des durch die Adoption begründeten Verhältnisses kraft Gesetzes ein.[1, 2]

§ 33.

Vormundschaft.

a) Vormundschaft über Minderjährige.

Entwurf: Buch 4 Abschn. 3 Tit. 1; Mot. IV S. 1008—1227.

I. Der Entwurf[3] behandelt nur das materielle Vormundschaftsrecht und diesem hat die preußische Vormundschaftsordnung vom 5. Juli 1875 zum Vorbild gedient, wenngleich im Einzelnen mannigfache Abweichungen hervortreten. Ein principieller Unterschied besteht darin, daß der Entwurf eine gesetzliche Vormundschaft nicht kennt,[4] daß vielmehr eine Vormundschaft von dem Vormundschaftsgericht stets von Amtswegen angeordnet wird (Bestellungsprincip). Im Uebrigen unterscheidet der Entwurf mit dem preußischen Recht zwei Arten vormundschaftlicher Fürsorge, nämlich die Vormundschaft, welche die allgemeine Fürsorge für die Person und das Vermögen des Mündels umfaßt, und die Pflegschaft, welche sich nur auf bestimmte, einzelne Angelegenheiten oder auf einen bestimmten Kreis von Geschäften einer Person erstreckt. In consequenter Durchführung dieser Unterscheidung kennt der Entwurf deshalb keine Abwesenheitsvormundschaft, wie das preußische Recht, sondern eine Abwesenheitspflegschaft.

II. Anordnung und Führung der Vormundschaft.

Da nach dem Tode des Vaters die elterliche Gewalt der Mutter eintritt, so werden die Fälle der Bevormundung durch den Entwurf erheblich vermindert.

Voraussetzung der Anordnung einer Vormundschaft über Minderjährige ist nach dem Entwurf der Wegfall der elterlichen Gewalt oder die Beschränkung derselben auf die elterliche Nutznießung, wegen Ruhens oder Entziehung oder Verwirkung derselben.

---

1 § 1631 E.; §§ 985—989 II 1 A.L.R.

2 Ueber Feststellung familienrechtlicher Verhältnisse s. § 1632 E. und Note zu § 1476 E. amtliche Ausgabe S. 351.

3 Vgl. David, Gutachten aus dem Anwaltstande, Heft 1 S. 73 ff.

4 Nach dem Einführungsgesetz bleibt den Landesgesetzen die Bestimmung vorbehalten, daß der Vorstand einer staatlichen oder communalen Verpflegungsanstalt kraft Gesetzes Vormund der recipirten Minderjährigen werde. Note 1 zu § 1634 E.; vgl. § 13 Vorm.-O. Außerdem ist ein besonderes Reichsgesetz über das Verfahren in Vormundschaftssachen bez. in den das Familienrecht betreffenden Angelegenheiten in Aussicht genommen. Vgl. Note 1 zu § 1227 E.

Die Berufung zur Vormundschaft erfolgt nach dem Entwurf durch letztwillige Verfügung, durch das Gesetz oder durch das Vormundschaftsgericht, und zwar werden die Vormünder in nachstehender Reihenfolge berufen:

1. wer vom Vater des Mündels durch letztwillige Verfügung benannt ist,

2. wer von der ehelichen Mutter des Mündels durch letztwillige Verfügung benannt ist.

3. der Großvater des Mündels von väterlicher Seite,

4. der Großvater des Mündels von mütterlicher Seite (auch bei unehelichen Kindern).

In Ermangelung eines so berufenen Vormunds wählt das Vormundschaftsgericht nach Anhörung des Gemeindewaisenraths eine geeignete Person aus, unter besonderer Berücksichtigung der Verwandten oder Verschwägerten des Mündels.[1]

Als Vormund einer Ehefrau darf vor den durch letztwillige Verfügung oder durch Gesetz Berufenen der Ehemann, als Vormund eines unehelichen Kindes vor dem mütterlichen Großvater die Mutter bestellt werden.[2]

Jeder Deutsche ist zur Uebernahme der Vormundschaft, zu welcher er vom Vormundschaftsgericht ausgewählt ist, verpflichtet, soweit er nicht unfähig oder ablehnungsberechtigt ist.[3]

Während nach preußischem Recht bei einer mit Vermögensverwaltung verbundenen Vormundschaft ein Gegenvormund als Aufsichtsorgan bestellt werden muß, kann nach dem Entwurf von der Bestellung eines solchen abgesehen werden, wenn die Vermögensverwaltung eine nicht erhebliche ist.[4]

Wie das preußische Recht beruht auch das Vormundschaftsrecht des Entwurfs auf dem Princip der Selbständigkeit des Vormunds bei der Führung der Vormundschaft; er ist der gesetzliche Vertreter des

---

[1] §§ 1633—1638 E.; §§ 11. 14. 17. 19 Vorm.-O.

[2] § 1637 Abs. 3 E.; §§ 17 Abs. 3. 19. 21 Vorm.-O.

[3] § 1639 E.; § 20 Vorm.-O. Ueber Unfähigkeits- und Ablehnungsgründe s. §§ 1640. 1643 E.; §§ 21. 23 Vorm.-O. Ob Beamte oder Religionsdiener zur Uebernahme einer Vormundschaft einer besonderen Erlaubniß bedürfen, richtet sich nach den Landesgesetzen; § 1642 E.; §§ 22 Vorm.-O. Ueber die Bestellung s. §§ 1645. 1646. 1648 E.; §§ 24. 25. 32 Abs. 2 Vorm.-O.

[4] §§ 1647. 1654 E.; §§ 26. 31 Vorm.-O. — Nicht erforderlich ist ein Gegenvormund nach beiden Rechtssystemen, wenn die Vormundschaft von mehreren Vormündern gemeinschaftlich geführt wird.

Mündels,[1] und diese an sich unbeschränkte Vertretungsmacht des Vormunds ist nur in gewissen Fällen gänzlich ausgeschlossen,[2] in anderen dadurch beschränkt, daß er an die Genehmigung des Gegenvormunds, bez. des Vormundschaftsgerichts gebunden ist.[3]

Der Vormund hat insbesondere die Pflicht zur Inventarisation des gesammten Mündelvermögens unter Zuziehung des Gegenvormunds und zur zinsbaren Anlegung der Mündelgelder, soweit sie nicht zur Bestreitung der laufenden Ausgaben erforderlich sind, unter Mitwirkung des Gegenvormunds.[4] Die Art der Anlegung entspricht den Vorschriften der Vormundschaftsordnung (§ 39), nur gestattet der Entwurf auch schlechthin die dauernde Anlegung der Mündelgelder bei inländischen öffentlichen und obrigkeitlich bestätigten Sparkassen und die vorübergehende Anlegung nicht nur bei der Reichsbank, sondern auch bei einer inländischen Staatsbank oder bei einer anderen inländischen Bank, sofern sie bundesstaatlich dazu für geeignet erklärt ist, oder bei einer öffentlichen Hinterlegungsstelle, wenn dieser landesgesetzlich die Annahme solcher Gelder gestattet ist.[5] Im Uebrigen soll durch Beschluß des Bundesraths bestimmt werden, in welchen Werthpapieren Mündelgelder angelegt werden dürfen.[6]

Abweichend vom preußischen Recht kann das Vormundschaftsgericht aus besonderen Gründen dem Vormunde eine andere, als die gesetzlich vorgeschriebene Anlegung der Gelder gestatten.[7]

In weiterer Abweichung vom preußischen Recht soll der Vormund grundsätzlich die auf Inhaber lautenden Schuldverschreibungen und Actien des Mündels (mit Ausnahme der Zinsscheine, Rentencoupons, Gewinnantheilscheine und Erneuerungsscheine) bei der Reichsbank oder einer anderen landesgesetzlich für geeignet erklärten Stelle hinterlegen oder auf den Namen des Mündels umschreiben lassen, und zwar mit der Bestimmung, daß zur Erhebung sowie zur Ersetzung der umgeschriebenen Papiere durch Inhaberpapiere die Genehmigung des Vormundschaftsgerichts erforderlich sei.[8]

---

1 § 1649 E.; §§ 27. 29 Vorm.-O.

2 Z. B. §§ 1651. 1661 E.; vgl. auch § 86 Vorm.-O.

3 Z. B. §§ 1657. 1669—1671. 1674—1676 E.; §§ 41. 42 Vorm.-O.

4 §§ 1659. 1664. 1666 E.; §§ 35. 39. 46 Vorm.-O.

5 §§ 1664. 1665 E.; § 39 Vorm.-O.

6 § 1664 Nr. 6 E. Ueber das Verbot von Schenkungen aus Mündelvermögen und der Verwendung desselben in den Nutzen des Vormunds s. §§ 1661. 1662 E.; §§ 38. 40 Vorm.-O.

7 §§ 1667 E.

8 § 1670 E. Das Vormundschaftsgericht kann auch die Hinterlegung anderer

Zur Anlegung von Mündelgeldern bei der Sparkasse bedarf der Vormund nach dem Entwurf zwar nicht der Genehmigung des Gegenvormunds, die Anlegung soll er aber nur mit der Bestimmung bewirken, daß zur Erhebung der Gelder aus der Sparkasse die Genehmigung des Gegenvormunds oder des Vormundschaftsgerichts erforderlich sei.[1]

Der Entwurf beschränkt aber auch darin den Vormund weiter, als das preußische Recht, daß er allgemein zu allen Veräußerungen und Belastungen von Ansprüchen des Mündels die Genehmigung des Gegenvormunds erfordert, soweit nicht die Genehmigung des Vormundschaftsgerichts verlangt oder deshalb erforderlich wird, weil ein Gegenvormund nicht bestellt ist.[2]

Zur Aufgabe oder Minderung einer für eine Mündelforderung bestellten Sicherheit verlangt der Entwurf, abweichend vom preußischen Recht, stets die Genehmigung des Vormundschaftsgerichts.[3]

Ein ohne die erforderliche Genehmigung des Gegenvormunds oder des Vormundschaftsgerichts vorgenommenes einseitiges Rechtsgeschäft ist nichtig, ein Vertrag zwar gültig, in seiner Wirksamkeit aber von der nachträglichen Genehmigung abhängig. Die erforderliche Genehmigung kann im Voraus nur gegenüber dem Vormund, nicht dem anderen Contrahenten, erklärt werden. Die nachträgliche Genehmigung oder die Verweigerung derselben wird gegenüber dem anderen Contrahenten nur durch Mittheilung Seitens des Vormunds wirksam.[4]

III. Das Aufsichtsrecht des Vormundschaftsgerichts umfaßt die Aufsicht über die gesammte Thätigkeit des Vormunds und des Gegenvormunds, sowie die Pflicht und das Recht gegen Pflichtwidrigkeiten derselben einzuschreiten.[5] Das Vormundschaftsgericht kann auch gegen den Willen des Vormunds die Unterbringung des Mündels zum Zwecke der Erziehung in einer Familie, oder Erziehungs- oder Besserungsanstalt anordnen.[6] Der Vormund hat dem Vormundschaftsgericht jährlich, bei

---

Werthpapiere, der Hypotheken- und Grundschuldbriefe und der Kostbarkeiten des Mündels anordnen; § 1670 Abs. 3 E.; § 60 Vorm.-O.

[1] § 1666 Abs. 2 E.

[2] §§ 1669. 1671. 1674 E.; § 41 Vorm.-O.; Jahrb. für Entsch. d. Kammergerichts Bd. 4 Nr. 38. 39. Ausnahmen bei Annahme geschuldeter Leistungen; § 1669 Abs. 2 E.

[3] § 41 Nr. 3 Vorm.-O.; § 1674 Nr. 13 E. Bezüglich der übrigen Fälle, in denen die Genehmigung des Vormundschaftsgerichts erforderlich ist, vgl. § 1674 E. und § 42 Vorm.-O.

[4] §§ 1681. 1682 E.; § 46 Vorm.-O.

[5] § 1684 E.; § 51 Vorm.-O.

[6] § 1685 E. Nicht so weit geht das preuß. Recht; §§ 27. 51 Vorm.-O.; Jahrbuch f. Entsch. d. Kammergerichts Bd. 4 Nr. 40.

Vermögensverwaltung von geringem Umfang in längeren, aber den Zwischenraum von drei Jahren nicht übersteigenden Perioden Rechnung zu legen,[1] auch unter besonderen Umständen auf Anordnung des Vormundschaftsgerichts Sicherheit zu leisten.[2]

IV. Befreite Vormundschaft. Abweichend vom preußischen Recht[3] kennt der Entwurf keine gesetzlichen Befreiungen eines Vormunds, dagegen gestattet er, im Anschluß an das preußische Recht, dem Vater sowie der ehelichen Mutter, die von ihnen benannten Vormünder durch letztwillige Verfügung von gewissen Gesetzesschranken zu befreien, so von der Bestellung eines Gegenvormunds, von der Genehmigung des Gegenvormunds, bez. der an die Stelle derselben tretenden Genehmigung des Vormundschaftsgerichts, von der Verpflichtung während des Bestehens der Vormundschaft Rechnung zu legen, von der Verpflichtung Werthpapiere oder Kostbarkeiten zu hinterlegen oder Inhaberpapiere auf den Namen des Mündels umschreiben zu lassen und von der Verpflichtung zur Sicherheitsleistung.[4] Solche befreiende Anordnungen kann aber das Vormundschaftsgericht bei erheblicher Gefährdung des Mündels außer Kraft setzen.[5] Endlich gewährt der Entwurf im Anschluß an das preußische Recht dem Erblasser des Mündels und, abweichend vom preußischen Recht, auch jedem Dritten, welcher unter Lebenden dem Mündel Vermögen zuwendet, das Recht, die Offenlegung der zugewendeten Vermögensstücke zu verbieten; ein solches Verbot befreit gleichzeitig von der Rechnungslegung und der Einreichung von Uebersichten.[6]

V. Vormund wie Gegenvormund haften für die Sorgfalt eines ordentlichen Hausvaters, Mehrere haften als Gesammtschuldner. Die Vorschrift des preußischen Rechts, daß der Ehemann einer zum Vormund bestellten Frau, wenn er nicht der Vater des Mündels ist, für die vormundschaftliche Verwaltung als Bürge haftet, hat der Entwurf nicht aufgenommen.[7]

Abweichend vom preußischen Recht kann das Vormundschaftsgericht nach dem Entwurf unter besonderen Umständen auch dem Gegenvor-

---

[1] §§ 1687. 1688 E.; § 56 Vorm.-O.

[2] § 1689 E.; §§ 58. 59 Vorm.-O.; dies gewährt aber ein Ablehnungsrecht; § 1643 Nr. 6 E.; §§ 23 Nr. 6. 63 Abs. 2 Vorm.-O.

[3] Vgl. §§ 26 Abs. 4. 35 Abs. 2. 57. 59. 60 Abs. 2 Vorm.-O.

[4] §§ 1690—1693 E.; §§ 26 Abs. 6. 35 Abs. 3. 47. 57. 59. 60 Abs. 2 Vorm.-O.

[5] § 1694 E.; vgl. auch § 59 Abs. 2 Vorm.-O.

[6] § 1695 E.; §§ 35 Abs. 3. 57 Abs. 3 Vorm.-O.

[7] § 1696 E.; § 32 Vorm.-O. Ueber die Zinspflicht des Vormunds bei verzögerter Geldanlegung oder bei Verwendung von Mündelvermögen in eigenen Nutzen s. §§ 39 Abs. 5. 40 Vorm.-O. (6 % bez. 8—20 %); 1697 E. (5 %).

munde, nicht blos dem Vormunde, ein angemessenes Honorar für die an sich unentgeltlich zu führende Vormundschaft zubilligen.[1]

Nach Beendigung der Vormundschaft hat der Vormund dem Mündel das verwaltete Vermögen herauszugeben und Rechnung zu legen, diese Pflicht geht aber nach dem Entwurf nicht auf den Konkursverwalter über.[2] Das Vormundschaftsgericht hat die Rechnung rechnungsmäßig und sachlich zu prüfen, die Betheiligten zur Verhandlung über die Abnahme der Rechnung vorzuladen und soweit hierbei die Rechnung als richtig anerkannt wird, das Anerkenntniß zu beurkunden.[3].

VI. Die Beendigung der Vormundschaft erfolgt nach dem Entwurf: a) durch Tod, b) durch Volljährigkeit des Mündels, c) durch Todeserklärung des Mündels, d) durch Eintritt der elterlichen Gewalt, sofern diese nicht auf die elterliche Nutznießung beschränkt ist, e) durch Wegfall der Beschränkung der elterlichen Gewalt auf die elterliche Nutznießung.[4]

Das Amt des Vormunds und des Gegenvormunds wird beendigt: a) durch deren Tod, b) durch deren Todeserklärung, c) durch Eintritt ihrer Geschäftsunfähigkeit, d) durch Entlassung wegen Pflichtwidrigkeit oder mangelnder Einwilligung zur Uebernahme des Amtes. Die Entlassung ist auch auf Antrag des Vormunds bez. Gegenvormunds aus erheblichen Gründen vom Vormundschaftsgericht zu gewähren.[5]

VII. Familienrath und Waisenrath.

Der Entwurf hat das Institut des Familienraths als eines obervormundschaftlichen Organs im Anschluß an das preußische Recht übernommen. Die Einsetzung eines Familienraths erfolgt durch das Vormundschaftsgericht auf letztwillige Anordnung des Vaters oder der ehelichen Mutter des Mündels. Während aber nach preußischem Recht auch auf Antrag von drei mit dem Mündel bis zum dritten Grade verwandten oder verschwägerten Personen, sowie auf Antrag des Vormunds oder Gegenvormunds die Bildung eines Familienraths erfolgen muß, überläßt es der Entwurf dem Ermessen des Vormundschaftsgerichts, ob beim Antrage von Verwandten oder Verschwägerten des Mündels oder des Vormunds sowie des Gegenvormunds ein Familienrath einzusetzen ist.[6] Der Familienrath besteht aus dem Vormundschaftsrichter als Vorsitzendem

---

[1] § 1699 E.; §§ 33. 34 Vorm.=O.

[2] §§ 67. 68 Vorm.=O.; §§ 1700. 1701 E.

[3] Ueber die Haftung des Vormundschaftsrichters s. §§ 88. 89 II 10 A.L.R.; § 1702 E.

[4] § 61 Vorm.=O.; § 1703 E.

[5] §§ 1705. 1706 E.; § 63 Vorm.=O. — Der Entwurf unterscheidet nicht zwischen Entsetzung und Entlassung.

[6] § 71 Vorm.=O.; §§ 1712. 1713. 1718 E.

und aus mindestens zwei und höchstens sechs Mitgliedern, er hat die Rechte und Pflichten des Vormundschaftsgerichts. Eine Verpflichtung zur Uebernahme des Amtes eines Familienrathmitgliedes besteht nicht, wohl aber eine Pflicht der Mitglieder zur Theilnahme an den Sitzungen und an der Beschlußfassung.[1] Der Vormund darf nicht Mitglied des Familienraths sein, wohl aber der Gegenvormund.[2]

Die Einberufung des Familienraths erfolgt auf Antrag zweier Mitglieder oder des Vormunds oder des Gegenvormunds oder auch von Amtswegen.[3]

Der Gemeindewaisenrath, ein obervormundschaftliches Hülfsorgan, hat nach dem Entwurf nicht nur die pflichtmäßige Ausübung der Sorge für die Person der in seinem Bezirk sich aufhaltenden Mündel zu überwachen, und hierbei wahrgenommene Fehler und Mängel zur Anzeige zu bringen,[4] sondern er ist auch verpflichtet, dem Vormundschaftsgericht Mittheilung zu machen, wenn er von einer Gefährdung des Vermögens eines Mündels Kenntniß erhält.

Außerdem hat er die zu Vormündern, Gegenvormündern und zu Mitgliedern eines Familienraths geeigneten Personen vorzuschlagen.[5]

§ 34.

b) Vormundschaft über Volljährige.

Entwurf: Buch 4 Abschnitt 3 Tit. 2; Mot. IV S. 1227—1251.

I. Volljährige erhalten nach dem Entwurf einen Vormund:

1. wenn sie entmündigt sind (wegen Geisteskrankheit oder Verschwendung (§§ 28. 29 E.),

2. wenn sie des vormundschaftlichen Schutzes durch das Vormundschaftsgericht für bedürftig erklärt sind; dies ist aber nur zulässig, wenn sie taub, blind oder stumm sind und wegen eines solchen Gebrechens ihre Angelegenheiten nicht zu besorgen vermögen. Die Erklärung der Schutzbedürftigkeit soll aber nur mit Einwilligung des Schutzbedürftigen erfolgen, soweit nicht eine Verständigung mit ihm unmöglich ist.[6] Als Vormünder sind in nachstehender Reihenfolge berufen:

---

[1] §§ 1714. 1717. 1719. 1721 E.; §§ 72 Abs. 1. 75. 79 Abs. 2 Vorm.=O.

[2] § 1716 E.; § 72 Vorm.=O.; Dernburg, Vormundschaftsrecht, § 25. Ueber Berufung der Mitglieder und Unfähigkeitsgründe s. §§ 1715. 1716 E.; §§ 72. 73. 74 Vorm.=O.

[3] § 1721 E.; § 77 Vorm.=O. Ueber Aufhebung des Familienraths s. § 1724 E.; § 80 Vorm.=O.

[4] § 53 Vorm.=O.

[5] § 1725 E.; §§ 52. 54 Vorm.=O.

[6] §§ 1726. 1727. 71 E. Abweichend § 81 Vorm.=O. Vgl. auch Jahrb. f. Entsch. d. Kammergerichts Bd. 7 Nr. 23.

a) der Vater des Mündels,
b) die eheliche Mutter,
c) der Großvater von väterlicher Seite,
d) der Großvater von mütterlicher Seite.

Der Ehegatte des Mündels und die uneheliche Mutter dürfen vor diesen Personen berufen werden.[1]

Der Vater und die eheliche Mutter des volljährigen Mündels genießen nach dem Entwurf diejenigen Befreiungen kraft Gesetzes, welche sie durch letztwillige Verfügung dem Vormunde ihrer minderjährigen Kinder gewähren können.[2]

Die Beendigung der Vormundschaft tritt ein:

a) durch Tod des Mündels,
b) durch Todeserklärung,
c) durch Aufhebung der Entmündigung,
d) durch Aufhebung Seitens des Vormundschaftsgerichts bei einer des vormundschaftlichen Schutzes für bedürftig erklärten Person.[3]

Die öffentliche Bekanntmachung der Einleitung und Aufhebung der Vormundschaft über einen Verschwender hat der Entwurf nicht angeordnet.[4]

Im übrigen finden auf die Vormundschaft über Volljährige die Vorschriften über die Vormundschaft Minderjähriger entsprechende Anwendung.[5]

II. Abweichend vom preußischen Recht kennt der Entwurf auch eine vorläufige Vormundschaft. Wird nämlich die Entmündigung einer volljährigen Person wegen Geisteskrankheit oder Verschwendung beantragt, so kann das Vormundschaftsgericht über den zu Entmündigenden für die Dauer des Entmündigungsverfahrens eine vorläufige Vormundschaft einleiten.[6] Dies hat die Folge, daß der vorläufig Bevormundete bis zur Beendigung der Vormundschaft in der Geschäftsfähigkeit beschränkt wird.[7]

---

[1] § 83 Vorm.=O.; § 1729 E. Da der Entwurf eine gesetzliche Vormundschaft nicht kennt, so wird, abweichend vom preuß. Recht, auch hier der Vater zum Vormund bestellt.

[2] §§ 1733. 1690—1692 E. Abweichend auch hier §§ 83. 26 Abs. 4. 57. 59 Abs. 3. 60 Abs. 2 Vorm.=O.

[3] § 1735 E.; § 84 Vorm.=O.

[4] Vgl. § 85 Vorm.=O.; § 627 C.P.O.

[5] § 1728 E. Eine Abwesenheitsvormundschaft (§ 82 Vorm.=O.) kennt der Entwurf nicht.

[6] § 1737 E. Nach preuß. Recht kann vor der Entmündigung ein Pfleger bestellt werden; §§ 90. 91 Vorm.=O.; Jahrb. f. Entsch. d. Kammergerichts Bd. 4 Nr. 44; vgl. auch Entsch. R.G. Bd. 9 Nr. 45.

[7] § 71 E.

§ 35.

Pflegschaft.

Entwurf: Buch 4 Abschnitt 3 Tit. 3; Mot. IV S. 1252—1274.

Wie das preußische Recht so kennt auch der Entwurf nur Personalpflegschaften, keine Güterpflegschaften;[1] der Kreis der Pflegschaften ist aber nach dem Entwurf ein begrenzter, die allgemeine Clausel des preußischen Rechts,[2] wonach, außer in den gesetzlich aufgeführten Fällen, Personen einen Pfleger erhalten können, welche selbst zu handeln außer Stande sind und der väterlichen oder vormundschaftlichen Vertretung entbehren, hat der Entwurf nicht aufgenommen. Auf die Pflegschaft finden die Vorschriften über die Vormundschaft entsprechende Anwendung, soweit nicht positiv etwas Anderes bestimmt ist.[3] Der Entwurf unterscheidet im Einzelnen folgende Fälle der Pflegschaft:

1. Minderjährige sowie bevormundete oder zu bevormundende Volljährige erhalten einen Pfleger für solche Angelegenheiten, bei welchen die Fürsorge des Inhabers der elterlichen Gewalt oder des Vormunds erforderlich ist, aber aus thatsächlichen oder rechtlichen Gründen nicht eintreten kann.

Dahin gehört insbesondere auch der Fall, wenn ein Erblasser durch letztwillige Verfügung oder ein Dritter bei einer Zuwendung unter Lebenden bestimmt hat, daß dem Inhaber der elterlichen Gewalt oder dem Vormunde die Verwaltung des zugewendeten Vermögens nicht zustehen solle. Den Eintritt eines solchen Falles hat der Inhaber der elterlichen Gewalt oder der Vormund unverzüglich dem Vormundschaftsgericht anzuzeigen.[4]

2. Volljährige, welche durch ihren geistigen oder körperlichen Zustand ganz oder theilweise an der Besorgung ihrer Vermögensangelegenheiten verhindert sind, können mit ihrer Einwilligung (soweit eine Verständigung mit ihnen möglich ist) einen Pfleger erhalten.[5]

3. Abwesende Volljährige, deren Aufenthalt unbekannt oder deren Aufenthalt zwar bekannt ist, welche aber an der Rückkehr und an der Besorgung ihrer Vermögensangelegenheiten verhindert sind, erhalten

---

[1] Jahrbuch f. Entsch. d. Kammergerichts Bd. 1 Nr. 29, Bd. 3 Nr. 35.

[2] § 90 Vorm.-O.

[3] § 91 Vorm.-O.; § 1743 E. Die Pflegschaft als solche bewirkt aber keine Beschränkung der Geschäftsfähigkeit oder der Prozeßfähigkeit des Pfleglings. Vgl. § 1747 E.

[4] §§ 86. 87 Vorm.-O.; §§ 1738. 1745 E. Vgl. Jahrbuch f. Entsch. d. Kammergerichts Bd. 3 Nr. 35, Bd. 4 Nr. 41, Bd. 5 Nr. 28. 29, Bd. 6 Nr. 28, Bd. 7 Nr. 24. 25.

[5] § 1739 E.

einen Pfleger,[1] wenn ihre Vermögensangelegenheiten einer Fürsorge bedürfen.[2]

4. Einer Leibesfrucht kann im Bedürfnißfalle zur Wahrung ihrer künftigen Rechte ein Pfleger bestellt werden, wenn bei Voraussetzung ihrer bereits erfolgten Geburt eine Vormundschaft oder eine Pflegschaft anzuordnen wäre.[3]

5. Dem bei einer Angelegenheit Betheiligten kann ein Pfleger bestellt werden, wenn es nicht bekannt oder nicht gewiß ist, wer der Betheiligte ist und die Angelegenheit eine Fürsorge erfordert.[4]

6. Endlich kann dem unbekannten Erben zur Erhaltung des Nachlasses ein Pfleger bestellt werden, wenn eine Fürsorge für den Nachlaß erforderlich wird.[5]

Die Bestellung eines Gegenvormunds ist bei der Pflegschaft zulässig, aber nicht erforderlich.[6]

Fünftes Buch.

Erbrecht.

§ 36.

Einleitung.

Entwurf: Buch 5 Abschnitt 1 und 2 Tit. 1; Mot. V S. 1—60.

I. Der Entwurf[7] behandelt das Erbrecht in folgenden sechs Abschnitten: 1. Allgemeine Vorschriften. 2. Letztwillige Verfügung. 3. Verfügung von Todeswegen durch Vertrag. 4. Gesetzliche Erbfolge. 5. Erbverzicht. 6. Rechtsstellung des Erben.

II. Gegenstand des Erbrechts ist das Vermögen eines Ver-

---

[1] Das preuß. Recht kennt nur eine Abwesenheitsvormundschaft; § 82 Vorm.-O. Das Erforderniß einer einjährigen nachrichtlosen Abwesenheit hat der Entwurf nicht aufgestellt. Vgl. auch Entsch. R.G. Bd. 12 Nr. 15; Jahrbuch f. Entsch. d. Kammergerichts Bd. 7 Nr. 27.

[2] Solches ist nicht der Fall, wenn sie einen Bevollmächtigten bestellt haben; § 82 Vorm.-O.; § 1740 E.

[3] § 1741 E., § 88 Vorm.-O.

[4] § 1742 E. Vgl. Jahrbuch f. Entsch. d. Kammergerichts Bd. 1 Nr. 28, Bd. 2 Nr. 18. 30, Bd. 4 Nr. 43, Bd. 7 Nr. 26.

[5] § 2059 E.; § 89 Vorm.-O.; Jahrbuch f. Entsch. d. Kammergerichts Bd. 2 Nr. 29, Bd. 4 Nr. 42.

[6] § 91 Vorm.-O.; § 1746 E. Ueber Beendigung der Pflegschaft s. §§ 84. 91 Vorm.-O.; §§ 1748. 2066 E.

[7] Vgl. Kühnast, bei Gruchot, Beiträge, Bd. 32 S. 656 ff., und Kühnast, Das Erbrecht des Entwurfs, Berlin 1888.

storbenen als Ganzes (Erbschaft); mit dem Tode einer Person geht ihr Vermögen als Ganzes auf einen oder mehrere Erben über. Dieser Uebergang geschieht durch Universalsuccession (Erbfolge).

Der Uebergang der Erbschaft erfolgt kraft Gesetzes mit dem Tode.[1]

Diese Fundamentalsätze des Entwurfs sind auch dem preußischen Recht bekannt.[2]

Wie das Landrecht, so kennt auch der Entwurf drei Gründe der Erbfolge, nämlich einseitige letztwillige Verfügung (Testament),[3] Vertrag und Gesetz;[4] ebenso verwirft der Entwurf mit dem preußischen Recht den römischen Satz: nemo pro parte testatus, pro parte intestatus decedere potest.[5]

Während aber das Landrecht nur diejenige einseitige letztwillige Willenserklärung, wodurch Jemand zum Erben einer Verlassenschaft berufen wird, als Testament bezeichnet und jede andere einseitige Willenserklärung, durch welche Jemand nur über einzelne und bestimmte Stücke, Summen, Rechte oder Pflichten verordnet, Codicill nennt,[6] versteht der Entwurf unter letztwilliger Verfügung oder Testament schlechthin jede einseitige widerrufliche Verfügung von Todeswegen ohne Rücksicht auf ihren Inhalt. Es kann also insbesondere nach dem Entwurf der Erblasser durch Testament oder letztwillige Verfügung einen Erben bestimmen oder ohne Erbeseinsetzung einen Verwandten oder den Ehegatten von der gesetzlichen Erbfolge ausschließen oder ein Vermächtniß oder eine Auflage anordnen.[7] Die Unterscheidung zwischen Testament und Codicill ist dem Entwurf fremd.

III. Was die Erbfähigkeit anlangt, so ist nach Landrecht Jeder, der zur Zeit des Erbanfalls fähig ist, Vermögen zu erwerben, auch fähig, Erbschaften und Vermächtnisse zu erwerben.

Nach Landrecht können aber auch zur Zeit des Erbanfalls noch nicht concipirte Personen zu Erbschaften oder Vermächtnissen berufen werden, in welchem Falle ihre Erwerbfähigkeit durch die spätere Geburt bedingt ist.[8] Dagegen kann nach dem Entwurf zwar eine zur Zeit des Erbfalls

---

[1] §§ 1749—1752. 2025 E.

[2] §§ 34. 35. 261 I 2, §§ 350. 367. 368. 382 I 9; §§ 102—104 Einl. A.L.R.

[3] Der Entwurf gebraucht die Ausdrücke Testament und letztwillige Verfügung als gleichbedeutend.

[4] §§ 1751. 1753. 1940. 1964 E.; §§ 1. 2 I 12, §§ 271. 272 II 2 A.L.R.

[5] §§ 1751. 1790 E.; § 45 I 12 A.L.R.; § 5 I. de hered. instit. 2, 14; l. 7 D. de R. J. 50, 17.

[6] §§ 3. 5 I 12 A.L.R.; Förster-Eccius, Bd. 4 § 244.

[7] §§ 1753—1757 E.

[8] § 12 I 1, §§ 526—530 I 12 A.L.R.; Dernburg, Preuß. Privatrecht, Bd. 3

bereits concipirte Person als Erbe oder Nacherbe eingesetzt oder mit einem Vermächtniß bedacht werden, aber eine zur Zeit des Erbfalls noch nicht concipirte Person kann nicht als Erbe, sondern nur als Nacherbe eingesetzt oder mit einem Vermächtniß bedacht werden. Ist ein noch nicht Concipirter als Erbe eingesetzt, so ist im Zweifel anzunehmen, daß der Erblasser die Einsetzung als Nacherbe gewollt habe.[1] Juristische Personen sind sowohl nach Landrecht wie nach dem Entwurf erbfähig, und nach beiden Rechtssystemen kann auch eine Stiftung durch letztwillige Verfügung errichtet werden.[2]

IV. Wie nach Landrecht, so kann auch nach dem Entwurf einer letztwilligen Verfügung eine Bedingung oder Zeitbestimmung beigefügt werden. Wie aber im allgemeinen Theile, so enthält auch im Erbrechte der Entwurf keine besonderen Bestimmungen über widersinnige, unverständliche, unmögliche und unerlaubte oder unsittliche Bedingungen. Während nun nach Landrecht unmögliche und unverständliche Bedingungen die letztwillige Verfügung entkräften, unsittliche oder unerlaubte aber als nicht beigefügt anzusehen sind, richten sich die Wirkungen solcher letztwilligen Verfügungen beigefügter Bedingungen im Entwurf nach den allgemeinen Vorschriften. Danach machen unverständliche und widersinnige Bedingungen die letztwillige Verfügung nichtig, unerlaubte dann, wenn der Inhalt der letztwilligen Verfügung durch Gesetz verboten oder gegen die guten Sitten oder die öffentliche Ordnung verstößt. Von Anfang an unmögliche Suspensivbedingungen machen die letztwillige Verfügung unwirksam, unmögliche Resolutivbedingungen lassen sie als unbedingt errichtet erscheinen.[3]

---

§ 100 Note 7; Fischer, Preuß. Privatrecht, § 110; Turnau, Grundbuchordnung, Theil 2 § 102; Jahrb. f. Entsch. d. Kammergerichts Bd. 1 Nr. 28, Bd. 2 Nr. 68, Bd. 3 Nr. 56, Bd. 5 Nr. 57. A. M.: Förster-Eccius, Bd. 4 § 251.

[1] § 1758 E.

[2] §§ 38. 39 I 12 A.L.R.; Ges. v. 23 Februar 1870 (G.S. S. 118); Entsch. Ob.-Trib. Bd. 40 S. 78; §§ 59. 62 Abs. 3. 1759 E.; Schloßmann, in den Jahrbüchern für Dogmatik Bd. 27 S. 62 ff.; R.G. bei Gruchot, Bd. 32 S. 1074.

[3] §§ 1760. 105. 106. 128—143 E.; §§ 61—44. 478—507 I 12 A.L.R. Im Uebrigen stellt hier der Entwurf eine Reihe von Auslegungsregeln auf (§§ 1761—1778), welche zum Theil vom Landrecht abweichen, so § 1761 (anders § 485 I 12 A.L.R.); § 1762 Abs. 2 (anders § 502 I 12); § 1763 (anders § 507 I 12); § 1768 (anders §§ 540—542 I 12); § 1769 (alternative Erbeseinsetzung, vgl. Dernburg, Preuß. Privatrecht, Bd. 3 § 129 Note 2; Förster-Eccius, § 251 Note 84; Gruchot, Preuß. Erbrecht, Bd. 1 S. 372; Koch, Preuß. Erbrecht, S. 1095). Uebereinstimmend § 1770 E. und § 49 I 12 A.L.R.; § 1771 E. und § 522 I 12; § 1775 E. und §§ 546—548 I 12; § 1778 E. und §§ 519. 556 I 12; vgl. auch §§ 1772—1774 E. und §§ 526—531 I 12, § 443 II 2 A.L.R.

V. In Ansehung letztwilliger Verfügungen hat der Entwurf das sogenannte Willensdogma consequent durchgeführt; stimmt der wirkliche Wille des Erblassers mit dem erklärten Willen nicht überein, so ist die letztwillige Verfügung nichtig; die bei Rechtsgeschäften unter Lebenden statuirten Ausnahmen (§§ 95. 97 Abss. 2—4 und § 99) fallen hier im Erbrecht weg.[1]

Der Entwurf gestattet die Anfechtung der letztwilligen Verfügung wegen Drohung, Betruges, Irrthums und nicht erfüllter Voraussetzung. Auch nach Landrecht ist eine Anfechtung des Inhalts der letztwilligen Verfügung wegen Zwanges, Betruges oder Irrthums für zulässig zu erachten; daneben enthält dasselbe aber die positive Bestimmung, daß der Einwand, wonach Jemand zur Errichtung seines Testaments durch Gewalt und Drohungen gezwungen, oder durch Irrthum, Betrug, in der Trunkenheit oder in heftigen Leidenschaften verleitet worden sei, gegen gerichtlich aufgenommene Verordnungen nur dann zulässig und wirksam sein soll, wenn der Richter um einen solchen Mangel bei der Willenserklärung des Testators gewußt und dieselbe dennoch an- oder aufgenommen hat. Außergerichtliche und privilegirte letztwillige Verordnungen sind wie andere Willenserklärungen anfechtbar.[2]

Anfechtungsberechtigt ist nach dem Entwurf derjenige, welcher, wenn die letztwillige Verfügung nicht errichtet worden wäre, als Erbe oder Vermächtnißnehmer berufen oder von einer Beschwerung befreit sein oder ein Recht erlangt haben würde.[3]

§ 37.

Erbeinsetzung. Anwachsung. Ersatzerbe. Nacherbe.

Entwurf: Buch 5 Abschnitt 2 Tit. 2 und 3; Mot. V S. 61—133.

I. Jede Erklärung des Erblassers, aus welcher sein Wille erhellt, daß er sein Vermögen als Ganzes oder einen Bruchtheil desselben einer oder mehreren Personen zuwenden wolle, ist als Erbeinsetzung anzusehen; entscheidend ist der Inhalt der Erklärung, nicht die Bezeichnung des Bedachten als Erben. Eine Erklärung, durch welche der Erblasser

---

[1] § 1779 E.; § 25 I 12 A.L.R. S. oben § 3 s. VII.

[2] §§ 1780. 1781 E.; §§ 23—25 I 12 A.L.R.; Dernburg, Preuß. Privatrecht, Bd. 3 § 127; R.G. bei Gruchot, Beiträge, Bd. 31 S. 945; Fischer, Preuß. Privatrecht, § 111 S. 595. — Ueber Anfechtung wegen Uebergehung eines Pflichttheilsberechtigten s. § 1782 E.; anders § 601 I 12, §§ 450—455 II 2, §§ 444 II 1 A.L.R..

[3] § 1784 E. Anfechtungsfrist: 1 Jahr seit Kenntniß der Anfechtungslage und längstens 30 Jahre seit Publication der letztwilligen Verfügung; § 1785 E.

nur einen oder mehrere Vermögensgegenstände zuwendet, ist eine Vermächtnißzuwendung. Hierin stimmen Landrecht und Entwurf überein.[1]

II. Wie im preußischen Recht, so findet auch nach dem Entwurf unter mehreren testamentarischen Erben das Recht des Zuwachses (vom Entwurf Anwachsung genannt) statt. Die Anwachsung an die Miterben erfolgt nach Verhältniß ihrer Erbtheile, sie kann von dem Erblasser ausgeschlossen werden, die Substitution geht aber nach beiden Systemen dem Anwachsungsrecht vor.

Der durch Anwachsung angefallene Erbtheil kann nicht für sich ausgeschlagen werden, in Ansehung der auf ihm ruhenden Vermächtnisse und Auflagen ist er aber als besonderer Erbtheil anzusehen. Uebrigens tritt die Anwachsung nur da ein, wo nach dem erkennbaren Willen des Erblassers die gesetzliche Erfolge ausgeschlossen ist, dann aber kraft Gesetzes.[2]

III. Für den Fall, daß die Einsetzung des zunächst eingesetzten Erben unwirksam ist oder wird (z. B. wegen Nichtigkeit oder Anfechtbarkeit der Einsetzung, Wegfall des Eingesetzten durch Tod oder Ausschlagung der Erbschaft), kann der Erblasser einen Anderen als Erben einsetzen (Ersatzerbe). Die Ernennung des Ersatzerben entspricht der landrechtlichen gemeinen Substitution.[3] Die auch dem Landrecht[4] bekannte Regel: substitutus substituto est substitutus instituto hat der Entwurf als selbstverständlich nicht besonders aufgenommen.

IV. Der Entwurf hat die fideicommissarische Substitution im Wesentlichen in der vom Landrecht ausgebildeten Form übernommen. Das Wesen dieser Erbsubstitution besteht darin, daß der Erblasser einen Erben in der Weise einsetzt, daß derselbe, nachdem ein Anderer Erbe geworden ist (Vorerbe), von einem bestimmten Zeitpunkte oder Ereignisse an Erbe sein soll (Nacherbe).[5]

Mit dem Eintritt des Erbfalls erlangt der Nacherbe (Fideicommissar) ein vererbliches Recht auf den Anfall der Nacherbschaft; mit dem Eintritt der Nacherbfolge fällt die Erbschaft kraft Gesetzes an den Nacherben, das bisherige Recht des Vorerben (Fiduciars) hört auf. Die Anordnung

[1] §§ 4. 6 I 12 A.L.R.; § 1788 E. Vgl. auch § 1789 E. mit § 254 I 12 A.L.R.; § 1790 E. mit § 45 I 12 A.L.R., und bezüglich der Einsetzung mehrerer Erben § 1792 E. mit § 261 I 12 A.L.R.; § 1794 E. mit §§ 264. 265 I 12 A.L.R.; § 1795 E. mit § 268 bis 270 I 12 A.L.R.

[2] §§ 281—287 I 12 A.L.R.; §§ 1797—1799. 2036. 2037 E.; Förster-Eccius, Bd. 4 § 272; Fischer, Preuß. Privatrecht, § 119.

[3] §§ 1800—1803 E.; §§ 50—60 I 12 A.L.R.

[4] § 56 I 12 A.L.R.

[5] § 53 I 12 A.L.R.; § 1804 E.

einer Nacherbschaft enthält also eine Erbeinsetzung und ist nicht durch die Einsetzung eines Vorerben bedingt; in Ermangelung der Einsetzung eines solchen sind die gesetzlichen Erben Vorerben.[1] Aber auch der Vorerbe ist nach dem Entwurf, wie nach Landrecht Erbe, also Eigenthümer des Nachlasses, nur ist sein Recht beschränkt durch das Recht des Nacherben.[2]

Während das Landrecht[3] aber einen zweimaligen Successionswechsel zuläßt, kann nach dem Entwurf die Nacherbfolge nur einmal eintreten, auch wird die Einsetzung des Nacherben dann unwirksam, wenn der Vorerbe gestorben, und ein Zeitraum von 30 Jahren seit dem Erbfalle verstrichen ist, bevor der Fall der Nacherbfolge eingetreten ist.[4]

Auf das Rechtsverhältniß zwischen dem Vorerben und dem Nacherben finden, wie im Landrecht, die Vorschriften über den Nießbrauch Anwendung, soweit nicht positiv etwas Anderes bestimmt wird, so zwar, daß der Vorerbe gegenüber dem Nacherben als Nießbraucher anzusehen ist.[5] Soweit also der Nießbraucher nur gemeinschaftlich mit dem Eigenthümer verfügen darf, bedarf der Vorerbe der Einwilligung oder Genehmigung des Nacherben.

Was insbesondere die Verfügungsbefugniß des Vorerben anlangt, so versagt ihm die preußische Praxis alle Dispositionen, welche über die Dauer seines Rechts hinaus wirken, vor Allem also jede Verfügung von Todeswegen, dagegen wird ihm die Verfügung über die Substanz der mit der Substitution beschwerten Sache unter Lebenden gestattet, insbesondere auch die Veräußerung, Verpfändung und Belastung von Grundstücken, unbeschadet des Rechts des Nacherben beim Eintritt der Nacherbfolge die Rückgabe der Sachen von dem Dritten oder die Befreiung derselben von den auf sie gelegten Lasten zu verlangen. Dagegen wird dem Vorerben die Einziehung und Löschung von Hypotheken, weil sie das Recht des Nacherben aufheben, versagt; wird aber die Einziehung und Löschung der Hypothek in Folge Kündigung Seitens des Schuldners erforderlich, so muß der Vorerbe wegen deren anderweitigen Belegung mit dem Nacherben Rücksprache nehmen und mit dessen Einverständniß

---

[1] §§ 259. 478 I 12 A.L.R.; § 1808 E.; vgl. auch § 489 I 12 A.L.R. und § 1807 E.; § 467 I 12 A.L.R. und § 1810 E.; § 538 I 12 A.L.R. und § 1811 E.

[2] R.G. bei Gruchot, Bd. 25 S. 436, Bd. 26 S. 976, Bd. 27 S. 926, Bd. 29 S. 898; Entsch. R.G. Bd. 17 Nr. 54; Fischer. Preuß. Privatrecht, §§ 114. 122 S. 613. 659; Förster-Eccius, Bd. 4 § 275; Turnau, Grundbuchordnung, Theil 2 § 104.

[3] §§ 55. 57 I 12 A.L.R.

[4] §§ 1812. 1813 E.

[5] § 1815 E. und § 466 I 12 A.L.R.

die Wiederanlegung des Kapitals vornehmen. Der Schuldner aber kann seinen Anspruch auf Löschung lediglich gegen den Vorerben geltend machen, welcher seinerseits die Genehmigung des Nacherben zn verschaffen hat.[1]

Der Entwurf berechtigt den Vorerben zu jeder Verfügung, welche zur ordnungsmäßigen Verwaltung der der Nacherbfolge unterliegenden Gegenstände erforderlich ist, unter dieser Voraussetzung also auch zur Verfügung über Grundstücke oder Forderungen. Der Dritte, dem gegenüber die Nothwendigkeit der Verfügung geltend gemacht wird, kann jedoch die Beibringung der Einwilligung des Nacherben verlangen.[2] Soweit die Voraussetzung einer nothwendigen Verwaltungsmaßregel nicht vorliegt, ist jede Verfügung des Vorerben, soweit sie das Recht des Nacherben vereitelt oder beeinträchtigt, im Falle der Nacherbfolge unwirksam, und zwar nicht nur gegenüber dem Nacherben, sondern auch gegenüber jedem Dritten, insoweit ist also das Verfügungsrecht des Vorerben dinglich beschränkt.[3]

Was insbesondere die auf Zinsen ausstehenden Forderungen anlangt, so ist der Vorerbe nach dem Entwurf zur Kündigung derselben ohne Einwilligung des Nacherben befugt, dagegen ist der Nacherbe befugt, von dem Vorerben die Kündigung zu verlangen, wenn die Forderung noch nicht fällig, aber kündbar und ihre Sicherheit gefährdet ist.

Die Einziehung fälliger Forderungen steht nur dem Vorerben zu, er kann aber vom Schuldner nur verlangen, daß dieser die Leistung an ihn selbst nach Beibringung der Einwilligung des Nacherben bewirke oder für ihn und den Nacherben öffentlich hinterlege. Der Nacherbe ist zur Einwilligung verpflichtet, wenn ihm der Vorerbe Sicherheit leistet.

Der Vorerbe kann vom Nacherben die Einwilligung dazu verlangen, daß das eingezogene Kapital mündelmäßig für den Vorerben unter Sicherung der Rechte des Nacherben wieder angelegt werde, und ein

---

[1] §§ 101—107 I 21 A.L.R.; Entsch. R.G. Bd. 17 Nr. 54; Gruchot, Beiträge, Bd. 29 S. 898. 900. Hierbei zwischen Universal- und Singularfideicommissen zu unterscheiden, führt zu unhaltbaren Consequenzen. Vgl. auch Förster-Eccius, Bd. 4 § 275 Note 19 und 28; Jahrbuch für Entsch. des Kammergerichts Bd. 3 Nr. 93, Bd. 6 Nr. 71; Koch, Preuß. Erbrecht, S. 1066; Gruchot, Preuß. Erbrecht, Bd. 2 S. 83—87. Ueber Pfändung des fideicommissarischen Anspruchs s. Gruchot, Bd. 31 S. 952.

[2] § 1823 E. Keine Verfügungsfreiheit bei hinterlegten Inhaberpapieren; §§ 1822 Abs. 2. 1823 Abs. 2 E. Form der Einwilligung des Nacherben § 1831 E. (öffentlich beglaubigt).

[3] § 1828 E. Auch Zwangsvollstreckung oder Arrestvollziehung ist unwirksam; § 1829 E.

gleiches Recht auf Wiederanlegung hat der Nacherbe gegenüber dem Vorerben.[1]

Während ferner nach preußischem Recht bei der Eintragung eines der Nacherbfolge unterliegenden Rechts des Vorerben im Grundbuche das Interesse des Nacherben nicht mehr von Amtswegen gewahrt wird, bestimmt der Entwurf, daß das Recht des Nacherben von Amtswegen einzutragen ist, und daß der Nacherbe vom Vorerben verlangen kann, daß dieser seine Rechte, soweit sie der Nacherbfolge unterliegen, für sich eintragen lasse.[2]

Wird die Erbschaft von dem Nacherben ausgeschlagen, so bleibt der Vorerbe nach dem Entwurf, wie nach preußischem Recht definitiv Erbe.[3]

Wie das preußische Recht, so räumt auch der Entwurf dem Nacherben ein selbständiges Inventarrecht ein,[4] auch ist eine Veräußerung der Nacherbschaft für zulässig zu erachten.[5]

Die dem Entwurf ebenfalls bekannte Nacherbschaft auf den Ueberrest (fideicommissum eius quod supererit) berechtigt den Vorerben zur unbeschränkten thatsächlichen und rechtlichen Verfügung über die zur Erbschaft gehörenden Gegenstände, aber nicht zu Schenkungen und Verfügungen von Todeswegen.[6]

Uebrigens gilt im Zweifel der Nacherbe auch als Ersatzerbe eingesetzt.[7]

Die Pupillar- und Quasipupillarsubstitution[8] ist dem Entwurf fremd.

---

[1] §§ 1818—1820 E. Dies gilt auch für Eigenthümerhypotheken und Grundschulden; § 1821 E. Ueber die Pflicht des Vorerben zur Hinterlegung von Inhaberpapieren s. § 1822 E.

[2] § 1826 E. Förster-Eccius, Bd. 3 § 169 Note 29; Turnau, Grundbuchordnung, Theil 2 § 104; Jahrbuch für Entsch. d. Kammergerichts, Bd. 5 Nr. 74, Bd. 7 Nr. 50, Bd. 1 Nr. 51; § 54 G.B.O.; A. M.: Dernburg, Preuß. Privatrecht, Bd. 3 § 158 Note 7.

[3] § 1832 E. Dernburg, Preuß. Privatrecht, Bd. 3 § 159 u. Note 4; Förster-Eccius, Bd. 4 § 275 u. Note 51; Koch, Preuß. Erbrecht, S. 1062; A. M.: Gruchot, Preuß. Erbrecht, Bd. 2 S. 100.

[4] §§ 1835—1837 E. Gruchot, Preuß. Erbrecht, Bd. 2 S. 96; Koch, Preuß. Erbrecht, S. 1071; Dernburg, Preuß. Privatrecht, Bd. 3 § 159; Förster-Eccius, Bd. 4 § 275.

[5] Arg. § 349 E. und R.G. bei Gruchot, Bd. 29 S. 914, Bd. 31 S. 955. — Das gegen den Vorerben ergangene Urtheil wirkt auch für und gegen den Nacherben; § 1830 E.

[6] §§ 1839—1841 E.; §§ 468. 469 I 12 A.L.R.

[7] § 58 I 12 A.L.R.; § 1802 E.

[8] §§ 521—554 II 2 A.L.R.

§ 38.

Vermächtniß.

Entwurf: Buch 5 Abschnitt 2 Tit. 4; Mot. V S. 133—211.

Das Landrecht nennt „einzelne bestimmte, in einem Testamente oder Codicille Jemandem hinterlassene Sachen oder Summen" Legate oder Vermächtnisse.[1] Wenn nun auch hierin eine Begriffsbestimmung des Vermächtnisses nicht gefunden werden kann, vielmehr nur eine Beschreibung des Objectes der Zuwendung, so läßt sich doch hieraus in Verbindung mit den §§ 1. 2 und 5 I 12 A.L.R. eine Definition unschwer dahin entnehmen, daß das Landrecht unter einem Vermächtniß eine Verfügung von Todeswegen versteht, durch welche einem Anderen, dem Vermächtnißnehmer, einzelne bestimmte Sachen oder Summen aus dem Nachlaß zugewendet werden.[2]

Der Entwurf bestimmt den Vermächtnißbegriff nur negativ, indem er unter einem Vermächtniß eine letztwillige Verfügung versteht, durch welche in anderer Art, als im Wege der Erbeinsetzung eine Zuwendung an einen Anderen erfolgt.[3]

Mit einem Vermächtniß kann sowohl ein Erbe wie ein Vermächtnißnehmer beschwert werden.[4]

Während nun nach Landrecht das Eigenthum an dem vermachten Gegenstande mit dem Tode des Erblassers kraft Gesetzes unmittelbar auf den Vermächtnißnehmer übergeht, hat der Entwurf das Vindicationslegat nicht aufgenommen, vielmehr den Vermächtnißnehmer nur auf einen obligatorischen Anspruch auf Leistung des Vermächtnißgegenstandes gegen den Beschwerten beschränkt, also Vermächtnißanordnungen nur mit obligatorischer, nicht dinglicher Wirkung ausgestattet, und zwar deshalb, weil „das Vindicationslegat mit dem das Immobiliarrecht beherrschenden Grund-

---

[1] § 6 I 12 A.L.R.

[2] Der Ausdruck Sache ist hier in dem weiten Sinne von §§ 1. 2 I 2 A.L.R zu verstehen, und der Ausdruck „einzelne Sache" ist vom Landrecht nur im Gegensatz zum „Inbegriff des Nachlasses" (§ 4 I 12) gebraucht. Jedenfalls sieht auch das Landrecht im Vermächtniß einen Act der Liberalität gegen den Bedachten, also einen Vortheil für denselben. Vgl. auch §§ 381. 421 I 12 A.L.R. Project des Corp. Jur. Frideric. Pars II, lib. VIII tit. 2 § 1, und Svarez, Amtliche Vorträge bei der Schlußrevision, S. 80.

[3] § 1756 Abs. 1 E.; vgl. auch Windscheid, Pandekten, Bd. 3 § 623; Hartmann, Begriff und Natur der Vermächtnisse, 1872 S. 1 ff. 26. 35 ff.; Unger, Oesterr. Privatrecht, Bd. 6 § 54; Westphal, Vermächtnisse, S. 5; Schiffner, Vermächtnißbegriff nach österr. Recht, 1873, S. 39 ff.

[4] § 1756 Abs. 2 E.; Dernburg, Preuß. Privatrecht, Bd. 3 § 136.

buchsysteme sich kaum oder doch nur schwer in Einklang bringen lasse", und weil der Erbe erforderlichenfalls in der Lage sein müsse, auch über den vermachten Gegenstand, welcher gleichfalls für die Erbschaftsschulden hafte, zu verfügen.[1]

Wie im preußischen Recht, so kann auch nach dem Entwurf ein Erbe mit einem Vermächtniß bedacht werden (Vorausvermächtniß), und er kann dieses annehmen, auch wenn er die Erbschaft ausschlägt.[2]

Der Gegenstand des Vermächtnisses muß von dem Erblasser bestimmt bezeichnet oder wenigstens nach dessen Anordnungen zu ermitteln sein.[3] Keine besonderen Vorschriften enthält der Entwurf über das legatum debiti, ususfructus, liberationis, annuum legatum, sowie über vermachte Alimente und Ausstattungen.[4]

Auf das Wahlvermächtniß[5] finden die Vorschriften über alternative Schuldverhältnisse mit der Abweichung Anwendung, daß, wenn die Wahl unter den mehreren Leistungen einem Dritten eingeräumt ist, das Vermächtniß nicht als ein durch die Wahl des Dritten bedingtes anzusehen ist. Wie im preußischen Recht steht das Wahlrecht regelmäßig dem Beschwerten zu; kann oder will aber der Dritte nicht wählen, so geht das Wahlrecht nicht wie im Landrecht auf den Vermächtnißnehmer, sondern auf den Beschwerten über.

Der Vermächtnißanspruch entsteht für den Vermächtnißnehmer kraft Gesetzes mit dem Erbfalle (Anfall des Vermächtnisses). Während aber nach Landrecht auch das bedingte oder betagte Recht auf das Vermächtniß mit dem Tode des Erblassers von dem Vermächtnißnehmer erworben und auf seine Erben transmittirt wird,[6] erfolgt nach dem Entwurf der Anfall eines solchen suspensiv bedingten oder befristeten Vermächtnisses erst mit der Erfüllung der Bedingung oder dem Eintritt des Termins.[7]

---

[1] Mot. V S. 134; § 1865 E.; § 288 I 12 A.L.R.; Dernburg, Preuß. Privatrecht, Bd. 3 § 144.

[2] §§ 262. 271. 273 I 12 A.L.R.; § 1845 E.

[3] § 1847 E. Vgl. im Uebrigen bezüglich des Gegenstandes, Umfanges und Wegfalles des Vermächtnisses §§ 1848—1861 E. und §§ 315—327. 373—387. 405—420. 456 I 12 A.L.R.

[4] Vgl. §§ 421—457 I 12 A.L.R.

[5] § 1862 E.; §§ 388—400 I 12 A.L.R. Ueber das Gattungsvermächtniß s. § 1863 E.; §§ 401—404 I 12 A.L.R.

[6] §§ 288. 485. 486 I 12 A.L.R.; Dernburg, Preuß. Privatrecht, Bd. 3 §§ 124. 143; Förster-Eccius, Bd. 4 § 276.

[7] §§ 1867. 133. 134. 238 E. Für eine zur Zeit des Erbanfalls noch nicht concipirte Person entsteht der Vermächtnißanspruch erst mit der Geburt; § 1867 Abs. 2 Nr. 2 E.

Im übrigen ist die Wirksamkeit des Vermächtnisses nicht abhängig von dem Erwerbe der Erbschaft durch den Beschwerten.[1]

Alle Vermächtnisse, welche nicht mit dem Tode des Erblassers anfallen (§ 1867 E.), hat der Entwurf zeitlich dahin beschränkt, daß sie unwirksam werden, wenn seit dem Erbfalle 30 Jahre verstrichen sind und der Beschwerte gestorben ist.[2]

Wie im Landrecht, so findet auch nach dem Entwurf das Recht der Anwachsung bei Vermächtnissen statt.[3]

Die Annahme wie die Ausschlagung des Vermächtnisses erfolgt durch eine, erst nach dem Erbfall wirksam abzugebende Erklärung gegenüber dem Beschwerten; die Erklärung ist unwiderruflich und an keine Frist gebunden.

Die Unwirksamkeit des Vermächtnisses kommt dem Beschwerten zu statten, soweit nicht Ersatzberufung oder Anwachsung eintritt. Hierin stimmt der Entwurf mit dem Landrecht überein.[4]

Auch beim Vermächtniß gestattet der Entwurf in Uebereinstimmung mit dem Landrecht die Anordnung der gemeinen und der fideicommissarischen Substitution. Im letzteren Falle ist nach dem Entwurf der erste Vermächtnißnehmer als beschwert anzusehen.[5, 6]

§ 39.

Testamentsvollstrecker.

Entwurf: Buch 5 Abschnitt 2 Tit. 6; Mot. V S. 217—246.

Gegenüber den spärlichen Bestimmungen des Landrechts hat der Entwurf die Rechte und Pflichten des Testamentsvollstreckers in eingehender Weise geregelt.[7]

---

[1] § 1876 E.; §§ 277—280 I 12 A.L.R.

[2] § 1869 E.

[3] §§ 1870—1872 E.; §§ 366—371 I 12 A.L.R.

[4] § 366 I 12 A.L.R.; §§ 1873—1875 E.; Dernburg, Preuß. Privatrecht, Bd. 3 § 143. — Ueber Kürzung der Vermächtnisse vgl. §§ 1881. 1882 E.; §§ 293. 334. 351 I 12, § 434 II 2 A.L.R.; Entsch. R.G. Bd. 5 Nr. 52.

[5] §§ 1883—1885 E.; §§ 458—465. 466. 467. 489 I 12 A.L.R.

[6] Ueber Auflage(modus) bei letztwilligen Verfügungen s. §§ 508—515 I 12 A.L.R.; §§ 1757. 1886—1888 E. Die Vollziehung der Auflage können fordern: der Testamentsvollstrecker, der Erbe, Miterbe, derjenige, welchem der Wegfall des Beschwerten zu statten kommen würde und die zuständige Behörde, wenn die Vollziehung im öffentlichen Interesse liegt.

[7] §§ 557—562 I 12 A.L.R. Wie nicht anders zu erwarten, vermeidet es der Entwurf, die juristische Construction der Testamentsvollstreckung gesetzlich zu lösen; aus den Normen des Entwurfs ist aber zu entnehmen, daß der Testamentsvollstrecker als Vertreter des Erben gedacht ist, der durch den Willen des Erblassers im Interesse der

Die Ernennung eines Testamentsvollstreckers kann nur durch letztwillige Verfügung[1] erfolgen, die Bestimmung der Person desselben kann einem Dritten überlassen werden. Annahme oder Ablehnung des Amtes erfolgen durch unbedingte und unwiderrufliche Erklärung gegenüber dem Nachlaßgericht. Der Testamentsvollstrecker hat die letztwillige Verfügung des Erblassers zur Ausführung zu bringen, insbesondere die Nachlaßsachen in seine Inhabung zu nehmen, den Nachlaß festzustellen und zu verwalten, Nachlaßforderungen einzuziehen und alle zum Nachlaß gehörenden Rechte, eventuell im Wege der Klage, geltend zu machen, Vermächtnisse oder Auflagen und andere Nachlaßverbindlichkeiten zu erfüllen.[2] Er allein ist zur Erhebung eines Rechtsstreits über ein Nachlaßactivum als gesetzlicher Vertreter des Erben berechtigt, während Passivforderungen gegen den Erben einzuklagen sind.

Zur Zwangsvollstreckung gegen Nachlaßgegenstände, welche sich in der Inhabung des Testamentsvollstreckers befinden, bedarf es außer dem vollstreckbaren Schuldtitel gegen den Erben eines Vollstreckungstitels gegen den Testamentsvollstrecker auf Gestattung der Zwangsvollstreckung.[3]

Der Erbe hat das Recht, gegen die Vollziehung eines Vermächtnisses oder einer Auflage oder gegen die Erfüllung einer Nachlaßverbindlichkeit durch den Testamentsvollstrecker Widerspruch zu erheben, dann hat dieser, abweichend vom preußischen Recht, die Vollziehung bez. Erfüllung auszusetzen, bis der Widerspruch durch Klage Seitens des Berechtigten beseitigt ist. Der Testamentsvollstrecker darf gegen den Erben auf Gestattung der Vollziehung eines Vermächtnisses nicht klagen.[4]

Die Auseinandersetzung von Miterben hat der Testamentsvollstrecker nur dann zu bewirken, wenn der Erblasser dies angeordnet hat. Er hat ferner dem Erben ein Nachlaßverzeichniß mitzutheilen, selbst wenn der Erblasser ein Anderes angeordnet hat, und auf Verlangen der Erben jährlich Rechnung zu legen.

Mehrere Testamentsvollstrecker können nur gemeinschaftlich handeln.

Durchführung seines letzten Willens in der Verfügungsmacht beschränkt ist; vgl. §§ 1897. 1899. 1901. 1903 E. Ueber die verschiedenen Auffassungen in der preuß. Theorie s. Koch, Preuß. Erbrecht, S. 338 ff.; Dernburg, Preuß. Privatrecht, Bd. 3 § 164; Gruchot, Erbrecht, Bd. 2 S. 210 ff.; Förster-Eccius, Bd. 4 § 255; Fischer, Preuß. Privatrecht, § 124; vgl. auch Entsch. R.G. Bd. 16 Nr. 43; Gruchot, Beiträge, Bd. 32 S. 968 ff.

[1] So auch nach Landrecht: § 557 I 12 A.L.R.; Dernburg, Preuß. Privatrecht, Bd. 3 § 165 Note 1.

[2] §§ 1889—1892. 1897. 1899 E.

[3] §§ 1903. 1904 E.; vgl. Entsch. R.G. Bd. 9 Nr. 56; Gruchot, Bd. 24 S. 455, Bd. 28 S. 260.

[4] § 561 I 12 A.L.R.; §§ 1897 Abs. 2. 1899 Abs. 2 E.; vgl. aber § 1888 E.

Solange das Amt des Testamentsvollstreckers dauert, kann der Erbe über Nachlaßsachen nicht wirksam dinglich verfügen.[1]

Das Amt erlischt durch Tod, Eintritt der Geschäftsunfähigkeit bez. beschränkter Geschäftsfähigkeit des Testamentsvollstreckers, durch Kündigung und durch Enthebung desselben vom Amt Seitens des Nachlaßgerichts auf Antrag eines Betheiligten, z. B. wegen grober Pflichtverletzung.[2]

§ 40.

Errichtung letztwilliger Verfügungen.

Entwurf: Buch 5 Abschnitt 2 Titel 7; Mot. V S. 246—309.

I. Testamentsfähigkeit. Die Fähigkeit, letztwillig zu verfügen, beginnt nach dem Entwurf, abweichend vom Landrecht,[3] erst mit dem zurückgelegten sechszehnten Lebensjahr; den Geschäftsunfähigen, also auch den wegen Geisteskrankheit Entmündigten, fehlt die Testirfähigkeit gänzlich,[4] nicht aber den Verschwendern,[5] diese sind vielmehr unbeschränkt testirfähig.

Unfähig zur Errichtung einer letztwilligen Verfügung sind ferner diejenigen, welche ihren Willen weder schriftlich noch mündlich zu erklären im Stande sind.[6]

Die Errichtung einer letztwilligen Verfügung kann nur durch persönliche Erklärung des Erblassers erfolgen.[7]

Gemeinschaftliche, insbesondere wechselseitige Testamente sind nach dem Entwurf unzulässig.[8]

II. Form der Testamentserrichtung.

A. Ordentliche Testamentsform.

Abweichend vom preußischen Recht, welches als regelmäßige Testamentsform nur die gerichtliche kennt, ist nach dem Entwurf die ordentliche Testamentsform die gerichtliche oder notarielle.[9]

---

[1] §§ 1898. 1906. 1908. 1901 E.

[2] §§ 1894—1896 E.

[3] §§ 16—18 I 12 A.L.R. (14. Jahre, bis zu 18 Jahren aber nur mündlich zu gerichtlichem Protokoll).

[4] Also auch, abweichend vom Landrecht, in lichten Zwischenräumen; § 64 E.; §§ 20—22 I 12 A.L.R.

[5] §§ 70. 1912 E. Anders §§ 27—34 I 12 A.L.R.

[6] Arg. §§ 1921. 1922 E.; § 26 I 12 A.L.R.; Entsch. R.G. Bd. 18 Nr. 65 (Taubstumme).

[7] § 1911 E.; § 66 I 12 A.L.R.

[8] § 1913 E. Dagegen §§ 614—616 I 12; § 482 II 1 A.L.R.

[9] Nach dem Einführungsgesetz (Art. 91 Abs. 2 u. 3) bleibt den Landesgesetzen jedoch vorbehalten, die Richter oder die Notare von der Testamentserrichtung auszuschließen.

Der Richter muß bei der Errichtung einen Gerichtsschreiber oder zwei Zeugen, der Notar einen zweiten Notar oder zwei Zeugen zuziehen; die zugezogenen Personen müssen während der ganzen Verhandlung anwesend sein.[1]

Gewisse Personen sind wegen ihres Verhältnisses zum Erblasser, bez. zum Richter oder Notar von der Mitwirkung bei der Testamentserrichtung ausgeschlossen.[2]

Die Errichtung des Testaments erfolgt:

a) entweder durch mündliche Erklärung der Verfügung vor den mitwirkenden Personen, oder

b) durch offene oder verschlossene Uebergabe der die Verfügung enthaltenden Schrift an den Richter oder Notar, mit der mündlichen Erklärung, daß die Schrift die letztwillige Verfügung enthalte. Die Schrift braucht nicht eigenhändig vom Erblasser geschrieben und braucht, abweichend vom Landrecht, auch nicht unterschrieben zu sein.[3]

Ueber den Hergang ist ein Protokoll in deutscher Sprache aufzunehmen, welches vorgelesen und von dem Erblasser genehmigt und eigenhändig unterschrieben und zum Schluß von allen mitwirkenden Personen unterschrieben werden muß. Erklärt der Erblasser, nicht schreiben zu können, so wird seine Unterschrift durch die Feststellung dieser Erklärung im Protokoll ersetzt.[4]

Stumme oder am Sprechen Verhinderte können nach dem Entwurf nur durch Uebergabe der letztwilligen Verfügung, Lesensunkundige nur durch mündliche Erklärung testiren; keine besonderen Vorschriften enthält der Entwurf über die Testamentserrichtung tauber oder blinder Personen.[5]

Ist der Erblasser der deutschen Sprache nicht mächtig, so muß, falls nicht sämmtliche mitwirkende Personen der fremden Sprache mächtig sind, ein vereideter Dolmetscher zugezogen werden, welcher das Protokoll in einer von ihm anzufertigenden, dem Protokoll als Anlage beizufügenden Uebersetzung vorzulesen hat. Abweichend vom preußischen Recht darf also der Gerichtsschreiber nicht als Dolmetscher fungiren.[6]

---

[1] § 1915 E.; vgl. §§ 82—88 I 12 A.L.R.; § 9 Ges. v. 3. März 1879, betr. die Dienstverhältnisse der Gerichtsschreiber; § 2 Abs. 3 A.G. z. G.V.G.

[2] §§ 1916. 1917 E.; Dernburg, Preuß. Privatrecht, Bd. 3 §§ 108. 109; §§ 117 bis 122. 131—138 I 12 A.L.R.

[3] § 1918 E.; §§ 104—108 I 12 A.L.R.

[4] §§ 1919. 1920 E.; §§ 104. 105. 115—122 I 12 A.L.R.

[5] §§ 1921. 1922 E.; §§ 113. 114. 123. 26 I 12 A.L.R.

[6] § 1923 E. Ges. v. 28. August 1876 (G.S. S. 389), die Führung eines Nebenprotokolls in der fremden Sprache findet jetzt nicht statt.

B. Außerordentliche Testamentsform. Als solche läßt der Entwurf zu:

1. Errichtung vor dem Vorsteher der Gemeinde des Errichtungsortes unter Zuziehung von zwei Zeugen, unter der Voraussetzung, daß zu besorgen ist, der Erblasser werde früher sterben, als die Errichtung in ordentlicher Form möglich ist. Diese Form entspricht dem landrechtlichen Testament vor Dorfgerichten und Magistraten.

Wenn seit der Errichtung drei Monate verstrichen sind und der Erblasser noch am Leben ist, so verliert dasselbe seine Wirksamkeit und gilt als nicht errichtet.[1]

2. Bei einer in Folge Krankheit oder außerordentlicher Umstände (Krieg, Ueberschwemmung) eingetretenen Verkehrssperre kann die Testamentserrichtung erfolgen:

a) vor dem Gemeindevorsteher und zwei Zeugen,

b) durch eine eigenhändig ge- und unterschriebene, mit Angabe des Ortes und Tages der Errichtung versehene Erklärung des Testators,

c) durch mündliche Erklärung vor drei Zeugen, welche über die Errichtung ein Protokoll aufzunehmen haben.

Auch hier beschränkt der Entwurf die zeitliche Wirksamkeit des Nothtestaments auf drei Monate.[2]

3. Das Seetestament, in der Form wie sub 2 b und c, wenn der Erblasser an Bord eines deutschen, nicht zur Kaiserlichen Marine gehörenden Schiffes außerhalb eines inländischen Hafens sich befindet.[3]

4. Das Testament der Gesandten und Berufskonsuln des Reiches; die Errichtung des Testaments im Auslande erfolgt durch eine eigenhändig ge- und unterschriebene, mit Orts- und Tagesdatum versehene Erklärung, welche mit einem eigenhändig ge- und unterschriebenen und datirten Annahmegesuche dem Reichskanzler zu übersenden ist; mit der Absendung gilt die letztwillige Verfügung als errichtet.[4]

Das landrechtliche privilegirte testamentum parentum inter liberos[5] und das testamentum principi oblatum[6] hat der Entwurf nicht auf-

---

[1] §§ 1925. 1926 E.; §§ 93—99 I 12 A.L.R.; Cab.-Ord. v. 21. Januar 1833 (G.S. S. 13); Cab.-Ord. v. 6. November 1834 (G.S. S. 181); Dorfgerichts-Instr. v. 11. Mai 1854 (J. M. Bl. S. 206) §§ 26—57; Decl. v. 10. Juli 1846 (G.S. S. 263).

[2] §§ 1927. 1928 E.; vgl. §§ 198—202 I 12 A.L.R.; Cab.-Ord. v. 12. Juli 1831 (G.S. S. 156).

[3] §§ 1929. 1930 E.; §§ 205—207 I 12 A.L.R.

[4] § 1931 E. Ges. v. 3. April 1823 (G.S. S. 40).

[5] § 170 I 12, §§ 378—390 II 2 A.L.R.; Dernburg, Preuß. Privatrecht, Bd. 3 § 116.

[6] § 175 I 12 A.L.R.

genommen, auch enthält er keine erleichternden Formen für Oralfidei-commisse, Nachzettel oder Legate von geringem Betrage.[1]

III. Verschließung und Verwahrung.

In Uebereinstimmung mit dem preußischen Recht bestimmt der Entwurf, daß das Testament von dem Richter, Notar oder Gemeindevorsteher mit dem Dienstsiegel in Gegenwart der mitwirkenden Personen zu verschließen und mit einer Aufschrift zu versehen ist; abweichend vom preußischen Recht ist auch das über die Uebergabe eines Testaments aufgenommene Protokoll mitzuverschließen, auch wird die Aufschrift nur vom Richter unterschrieben. Diese Vorschriften sind nur instructionell und beeinflussen nicht die Gültigkeit des Testaments.

Das verschlossene und überschriebene Testament soll unverzüglich in amtliche Verwahrung gebracht werden.[2]

IV. Der Widerruf des Testaments erfolgt:[3]

1. durch Willenserklärung des Erblassers; diese kann nur in Testamentsform erfolgen,

2. durch vorsätzliche Vernichtung der Urschrift der Testamentsurkunde Seitens des Erblassers,

3. durch Herausgabe der Urschrift aus der amtlichen Verwahrung und persönliche Empfangnahme durch den Erblasser;

4. durch Errichtung eines neuen Testaments oder Erbeinsetzungsvertrages wird das frühere insoweit aufgehoben, als die spätere Verfügung mit der früheren im Widerspruch steht.

V. Die Verkündung des Testaments erfolgt durch das Nachlaßgericht bez. das Gericht, in dessen Verwahrung sich das Testament befindet. Besondere Vorschriften darüber, auf wessen Antrag die Verkündung zu erfolgen hat, enthält der Entwurf nicht, auch findet die Bestellung eines Vertreters für die unbekannten Interessenten, wie im preußischen Recht, nicht statt.[4]

---

[1] §§ 161—168. 172—174 I 12 A.L.R. (fideicommissum heredi praesenti iniunctum). Auch das testamentum mysticum ist dem Entwurf fremd (§§ 47. 48 I 12 A.L.R.). Vgl. übrigens Note 1 zu § 1929 E. amtliche Ausgabe S. 459 und Art. 26 des Entwurfs zum Einführungsgesetze.

[2] § 1932 E.; §§ 105. 106. 110. 112 I 12 A.L.R.; §§ 3—6 II 4 A.G.O.; § 89 Hinterl.-O.; §§ 20—23 A.V. v. 9. Juli 1879 (J.M.Bl. S. 173). Das Verbot gerichtlicher Siegelung und Inventur ist nach dem Entwurf unzulässig; § 7 II 4 A.G.O.

[3] §§ 1933—1936. 1953 E.; §§ 563—598 I 12 A.L.R.; § 9 II 4 A.G.O. und Anh. § 429.

[4] §§ 208—241 I 12 A.L.R.; Cab.-O. v. 22. Mai 1842 (G.S. S. 201); §§ 1938. 1939 E.

§ 41.

Erbeinsetzungsvertrag und Erbverzicht.

Entwurf: Buch 5 Abschnitt 3 und 5; Mot. V S. 310—352. 470—484.

I. Der Entwurf hat das auf dem Boden deutschen Gewohnheitsrechts erwachsene, durch Doctrin und Praxis fortgebildete und auch in das preußische Landrecht übergegangene Institut der Erbverträge aufgenommen.[1]

Der Erbvertrag will entweder ein Erbrecht begründen oder ausschließen, er ist eine Verfügung von Todeswegen, aber im Gegensatz zu der einseitigen und widerruflichen letztwilligen Verfügung (Testament) eine unwiderrufliche, zweiseitige Willenserklärung.

Der Entwurf unterscheidet Erbeinsetzungsverträge und Erbverzichte.

II. Der Erbeinsetzungsvertrag enthält eine Erbeinsetzung, und zwar kann sowohl der Mitcontrahent wie ein Dritter durch den Vertrag als Erbe eingesetzt werden, auch kann in demselben Vertrage jeder Contrahent einen Erben einsetzen. Das Landrecht unterstellt als Regelfall, daß ein Contrahent dem andern oder beide einander wechselseitig Rechte auf ihren künftigen Nachlaß einräumen.[2] Als Form der Errichtung verlangt das Landrecht Testamentsform, jedoch mit Ausschluß der privilegirten Testamentsform;[3] nach dem Entwurf kann die Errichtung nur vor Gericht oder Notar und nur durch mündliche Erklärung der Vertragschließenden erfolgen.[4]

Der Erbeinsetzungsvertrag kann vom Erblasser wegen Drohung, Betrugs, Irrthums oder Nichterfüllung der Voraussetzung angefochten werden.[5]

Wie im Landrecht, so wird auch nach dem Entwurf der Erblasser durch den Erbeinsetzungsvertrag in der Verfügung über sein Vermögen unter Lebenden nicht beschränkt, dagegen ist jede Verfügung von Todes-

---

[1] Beseler, Erbverträge, Bd. 2 S. 200 ff.; Albrecht, in den krit. Jahrbüchern, Bd. 11 S. 321 ff.; Koch, Preuß. Erbrecht, S. 749 ff.; Gruchot, Erbrecht, Bd. 2 S. 316 ff.; Stobbe, Deutsches Privatrecht, Bd. 5 §§ 310. 311 S. 277 ff.

[2] § 1940 E.; § 617 I 12 A.L.R.; vgl. aber § 646 I 12 A.L.R. u. §§ 412—416 E.

[3] §§ 621—623 I 12 A.L.R. Bei Eheleuten vor der Ehe gerichtliche oder notarielle, nach der Eheschließung gerichtliche Form, und wenn die Ehefrau von ihren Rechten etwas aufgeben soll, auch Zuziehung eines Beistandes; §§ 439—441 II 1 A.L.R.; §§ 198—201 II 1 A.L.R.; § 10 Nr. 5 II 1, § 15 II 4 A.G.O.; Entsch. R.G. Bd. 17 Nr. 49; Gruchot, Beiträge, Bd. 32 S. 973 ff.

[4] § 1943 E. Im Uebrigen finden die für die Erbeinsetzung durch Testament geltenden Vorschriften entsprechende Anwendung, soweit nicht positive Abweichungen statuirt sind; § 1946 E., so z. B. Durchführung des Willensdogmas wie bei Rechtsgeschäften unter Lebenden; § 1947 E.

[5] §§ 1948. 1949 E.; Dernburg, Preuß. Privatrecht, Bd. 3 § 178.

wegen nach Schließung des Erbeinsetzungsvertrages unwirksam, soweit sie das Recht des Vertragserben beeinträchtigt.[1]

Die Streitfrage, ob der zum Vertragserben eingesetzte gesetzliche Erbe des Erblassers durch Schließung des Erbvertrages auf sein gesetzliches Erbrecht verzichte, erledigt der Entwurf durch die Auslegungsregel, daß solches im Zweifel nicht anzunehmen ist.[2] Stirbt der Vertragserbe vor dem Erblasser, so geht sein Recht aus der Erbeinsetzung nicht auf seine Erben über.[3] Neben der Erbeinsetzung kann der Erblasser in dem Erbeinsetzungsvertrage auch jede andere Verfügung von Todeswegen treffen, welche durch letztwillige Verfügung angeordnet werden kann, gebunden ist der Erblasser aber nur in Bezug auf Erbeinsetzungen und Vermächtnisse.[4]

Die Aufhebung eines Erbeinsetzungsvertrages erfolgt:

a) durch einen zwischen den Contrahenten des Erbeinsetzungsvertrages zu schließenden Vertrag, welcher derselben Form unterworfen ist, wie die Errichtung eines Erbvertrages,

b) durch Rücktritt auf Grund eines Vorbehalts; nach Landrecht unterliegt die Rücktrittserklärung (Widerruf) den für die Errichtung eines Testaments geltenden Formvorschriften, nach dem Entwurf genügt Erklärung in gerichtlicher oder notarieller Form.[5]

III. Neben dem Erbeinsetzungsvertrage hat der Entwurf, wie das Landrecht, auch den Vermächtnißvertrag, also die selbständige vertragsmäßige Zuwendung eines Vermächtnisses anerkannt.[6] Auf die Errichtung und Aufhebung eines solchen Vertrags finden nach dem Entwurf die Vorschriften über den Erbeinsetzungsvertrag entsprechende Anwendung.

IV. Die Schenkung auf den Todesfall (mortis causa donatio) hat der Entwurf als besonderes Rechtsinstitut nicht aufgenommen, er bestimmt nur, daß auf eine Schenkung unter der Bedingung, daß der Schenker vor dem Beschenkten sterbe oder diesen nicht überlebe, die Vorschriften über den Erbeinsetzungs- bez. Vermächtnißvertrag oder über Schenkungen unter Lebenden Anwendung finden, je nachdem durch Vertrag nur ein Schenkungsversprechen ertheilt oder die Schenkung durch Veräußerung voll-

---

[1] §§ 624. 627. 628 I 12 A.L.R.; §§ 1951. 1953 Abs. 2 E.; wegen Schenkungen des Erblassers s. § 625 I 12 A.L.R. und § 1952 E.

[2] § 1950 E.; §§ 629. 642 I 12; Entsch. Ob.-Trib. Bd. 15 S. 180; Dernburg, Preuß. Privatrecht, Bd. 3 § 177 und Note 16; Förster-Eccius, Bd. 4 § 247 Note 34. 35; Koch, Erbrecht, S. 799; § 448 II 1 A.L.R.

[3] §§ 631. 632 I 12 A.L.R.; § 1954 E.

[4] §§ 1955. 1956 E.; vgl. § 646 I 12 A.L.R.

[5] §§ 1957—1961 E.; §§ 634—640. 647 I 12 A.L.R.; Entsch. R.G. Bd. 10 Nr. 70.

[6] §§ 620. 629 I 12 A.L.R.; Koch, Preuß. Erbrecht, § 76 S. 818 ff.; Dernburg, Preuß. Privatrecht, Bd. 3 § 179; § 1962 E.

zogen ist.[1] Das Landrecht behandelt die Schenkung von Todeswegen als Rechtsgeschäft unter Lebenden.[2]

V. Der Erbverzicht im Sinne des Entwurfs ist ein lediglich die gesetzliche Erbfolge ausschließender Vertrag, welcher nur zwischen dem Erblasser und einem Verwandten oder dem Ehegatten des Erblassers geschlossen werden kann. Zweck des Erbverzichts ist also nach dem Entwurf die Aenderung der gesetzlichen Erbfolge durch Ausschließung eines Verwandten oder des Ehegatten des Erblassers von dem gesetzlichen Erbfolgerecht. Der Erbverzicht beseitigt gleichzeitig das Pflichttheilsrecht des Verzichtenden.[3]

Der Entwurf weicht also vom Landrecht insofern ab, als dieses nicht nur Erbverzichtsverträge zwischen dem Erblasser und seinem künftigen Erben, sondern auch Verträge unter den gesetzlichen Miterben über die künftige Erbschaft und Erbentsagungsverträge zu Gunsten eines Fremden unter Beitritt des Erblassers kennt.[4]

Die Errichtung des Erbverzichtsvertrags unterliegt nach dem Entwurf derselben Form wie der Erbeinsetzungsvertrag.[5] Auch auf die vertragsmäßige Zuwendung von Todeswegen kann durch Vertrag verzichtet werden.[6]

Der Erbverzicht kann gegen oder ohne Abfindung erfolgen.

§ 42.

Gesetzliche Erbfolge.

Entwurf: Buch 5 Abschn. 4 Tit. 1; Mot. V S. 353—381.

I. Während die Verwandtenerbfolge des preußischen Landrechts auf dem römischen Intestaterbrecht der Novelle 118, allerdings mit Abänderungen, beruht, hat der Entwurf die Parentelordnung der gesetzlichen Erbfolge zu Grunde gelegt. Die nähere Parentel geht der entfernteren

---

[1] § 1963 E.

[2] §§ 1134—1139 I 11; § 335 I 12 A.L.R.; Koch, Preuß. Erbrecht, S. 1138 ff.; Fischer, Preuß. Privatrecht, § 86 S. 493; Förster-Eccius, Bd. 2 § 122; Dernburg, Preuß. Privatrecht, Bd. 3 § 154.

[3] § 2019 E.

[4] §§ 649—652 I 12; §§ 481 — 488 II 2 A.L.R. Den Erbverzicht im Sinne des Entwurfs erwähnt das Landrecht nur beim Verzicht der Descendenten auf die Erbschaft der Ascendenten (§§ 483. 484 II 2); Fischer; Preuß. Privatrecht, S. 624; Dernburg, Preuß. Privatrecht, Bd. 3 §§ 180. 181; Form des Vertrages: Allgemeine Vertragsform, Striethorst, Archiv, Bd. 40 S. 297. Ausnahme: § 654 I 12 und § 484 II 2 A.L.R.

[5] § 2020 E.

[6] § 2024 E.; Förster-Eccius, Bd. 4 § 265 Note 9; Dernburg, Preuß. Privatrecht, Bd. 3 § 181; § 652 I 12 A.L.R.

vor, innerhalb der Parentel entscheidet Gradesnähe; eine Parentel bilden Alle, welche einen gemeinschaftlichen Stammvater haben, diesen selbst eingeschlossen; das Parentelsystem (Linealgradualsystem) ist aber nicht rein durchgeführt (vgl. § 1968 E.).

II. Bekanntlich ist die preußische Erbfolgeordnung folgende:

1. Klasse: Descendenten (nach Stämmen).

2. Klasse: Eltern (Schooßfall).

3. Klasse: Vollbürtige Geschwister (nach Köpfen) und deren Descendenten (nach Stämmen).

4. Klasse: Ascendenten weiteren Grades, halbbürtige Geschwister und deren Descendenten.

5. Klasse: Die übrigen Seitenverwandten nach Gradesnähe; über den sechsten Grad werden sie von dem überlebenden Ehegatten ausgeschlossen.

Das Landrecht kennt kein Repräsentationsrecht.[1]

III. Demgegenüber sind nach dem Entwurf[2] zur gesetzlichen Erbfolge berufen:

a) Erste Linie: die Abkömmlinge des Erblassers, der nähere schließt den entfernteren aus, Kinder theilen nach Köpfen, im übrigen tritt Erbfolge nach Stämmen ein.

b) Zweite Linie: die Eltern und deren Abkömmlinge (also des Erblassers Geschwister, Geschwisterkinder, Geschwisterenkel). Leben beide Elterntheile, so erben sie allein und zu gleichen Theilen, schließen also die Geschwister aus; an die Stelle eines vorverstorbenen Elterntheils treten seine Abkömmlinge; sind solche Abkömmlinge nicht vorhanden, so erbt der andere Elterntheil allein.

c) Dritte Linie: die Großeltern und deren Abkömmlinge.

Ist nur noch ein Großelterntheil am Leben, so erbt dieser allein, mehrere Großelterntheile erben allein und zu gleichen Theilen; unter den Abkömmlingen der vorverstorbenen Großeltern entscheidet Gradesnähe, mehrere gleich nahe Verwandte erben zu gleichen Theilen (Abweichung vom Parentelsystem).

d) Vierte Linie: die Urgroßeltern und deren Abkömmlinge; demnächst in den weiteren Linien die weiteren Ascendenten und deren Abkömmlinge, so zwar, daß die nähere Linie stets die entferntere ausschließt.

In der ersten und zweiten Linie erhält derjenige Erbe, welcher verschiedenen Stämmen angehört, den in jedem dieser Stämme auf ihn fal-

[1] §§ 271—365. 489—499 II 2; §§ 31—53 II 3 A.L.R.

[2] §§ 1965—1970 E. Unter Abkömmlingen sind sowohl die gemeinschaftlichen, wie die einseitigen zu verstehen.

lenden Antheil; jeder Antheil gilt als besonderer Erbtheil, es kann also der eine angenommen, der andere ausgeschlagen werden.

IV. Wie das Landrecht, so gewährt auch der Entwurf dem überlebenden Ehegatten ein concurrirendes Erbrecht, und zwar erhält er nach dem Entwurf neben Verwandten der ersten Linie stets ein Viertel, neben Verwandten der zweiten Linie oder neben Großelterntheilen die Hälfte der Erbschaft, und in Ermangelung solcher Erben die ganze Erbschaft.

Ist der Ehegatte zugleich als Verwandter zur Erbfolge berufen, so erbt er außerdem noch als solcher. Er ist also besser gestellt, wie nach preußischem Recht, welches dem Ehegatten neben Descendenten ein Viertel des Nachlasses und bei mehr als drei Kindern bez. Stämmen nur Kindestheil, neben Ascendenten, Geschwistern und Geschwisterkindern ersten Grades ein Drittel, neben entfernteren Verwandten die Hälfte des Nachlasses gewährt.[1]

In Uebereinstimmung mit dem preußischen Recht erhält außerdem der Ehegatte, wenn er mit Anderen als Descendenten erbt, ein Voraus (Haushaltsinventar, Hochzeitsgeschenke).[2]

Der gesetzliche Erbe, welcher die Erbschaft ausschlägt oder von der Erbfolge ausgeschlossen oder für unwürdig erklärt ist, gilt in Ansehung der gesetzlichen Erbfolge als vor dem Erbfall gestorben.[3]

V. In Ermangelung anderer Erben wird der Fiskus Erbe; abweichend vom preußischen Recht kann jedoch der Fiskus die Erbschaft nicht ausschlagen, dafür bleibt ihm aber stets das Inventarrecht gesichert.[4], [5]

§ 43.

Pflichttheilsrecht.

Entwurf: Buch 5 Abschnitt 4 Tit. 2; Mot. V S. 382—469.

I. Der auch vom Entwurf angenommene Grundsatz der Testirfreiheit (§ 1753) findet seine Schranke insbesondere im Pflichttheilsrecht. Im

---

[1] § 1971 E.; §§ 621—627 II 1 A.L.R.

[2] §§ 628—630 II 1 A.L.R.; § 1971 Abs. 3 E. — Keine Vorschriften enthält der Entwurf über Erbschatz, Ehevermächtniß, Gegenvermächtniß, Leibgedinge, Witthum, Gerade, Niftel und Heergeräth; §§ 276—309. 452—480. 502—539 II 1 A.L.R.

[3] § 1972 E.; § 352 II 2 A.L.R.

[4] § 1974 E.; §§ 16. 25 II 16 A.L.R.; Entsch. RG. Bd. 8 Nr. 62; Dernburg, Preuß. Privatrecht, Bd. 3 § 194.

[5] Keine besonderen Vorschriften hat der Entwurf über das Erbrecht unehelicher, legitimirter, adoptirter und Kinder aus nichtigen oder anfechtbaren Ehen, da die im Familienrecht gegebenen Normen ausreichen; §§ 1562. 1564. 1566. 1567. 1568. 1579. 1582. 1583. 1596. 1601. 1620. 1625. 1628 E. Das uneheliche Kind hat kein Erbrecht gegenüber seinem Erzeuger. Ueber preuß. Recht: Fischer, Preuß. Privatrecht, S. 628 ff.

Anschluß an die in der preußischen Doctrin und Praxis jetzt vorherrschende Ansicht,[1] welche dem Pflichttheilsrecht den Charakter eines Forderungsrechts auf ein Werthquantum beilegt, hat auch der Entwurf das Pflichttheilsrecht als einen blos obligatorischen Anspruch gegen den Erben auf eine Geldleistung construirt.[2]

Der Pflichttheilsanspruch besteht nach dem Entwurf in allen Fällen in dem Anspruch auf Zahlung des Geldwerthes der Hälfte der Intestatportion,[3] er entsteht kraft Gesetzes mit dem Erbfalle, ist vererblich und veräußerlich.[4]

Pflichttheilsberechtigte sind nach dem Entwurf:

1. Abkömmlinge,
2. Eltern (nicht, wie im Landrecht, Ascendenten schlechthin),[5]
3. der Ehegatte.

Nach Landrecht[6] kann der Pflichttheil mit Bedingungen oder anderen Einschränkungen nicht belastet werden; ist dies dennoch geschehen, so kann der Pflichttheilsberechtigte auf Aufhebung der Einschränkung klagen. Demgegenüber bestimmt abweichend der Entwurf, daß, wenn der Pflichttheilsberechtigte zwar als Erbe eingesetzt, die Einsetzung aber beschränkt, beschwert oder belastet ist, sei es durch Einsetzung eines Vorerben oder Nacherben, oder durch Ernennung eines Testamentsvollstreckers, oder durch eine Theilungsanordnung, oder dadurch, daß er als Ersatzerbe eingesetzt oder mit einem Vermächtniß oder einer Auflage beschwert ist, er die Erbschaft ausschlagen und den Anspruch auf den vollen Pflichttheil geltend machen kann, wie wenn er von der Erbfolge ausgeschlossen wäre. Schlägt der Pflichttheilsberechtigte nicht aus, so steht ihm ein Pflichttheilsanspruch nur insoweit zu, als sein Erbtheil die Hälfte der Intestatportion nicht erreicht, dann kommt aber der nicht ausgeschlagene Erbtheil als nicht beschränkt, beschwert oder belastet in Rechnung[7].

---

[1] Schultzenstein, Beiträge zur Lehre vom Pflichttheilsrecht, §§ 19—33; Dernburg, Preuß. Privatrecht, Bd. 3 § 196; Förster-Eccius, Bd. 4 § 248; Fischer, Preuß. Privatrecht, § 121; Entsch. R.G. Bd. 6 Nr. 69; Jahrbuch f. Entsch. d. Kammergerichts Bd. 4 Nr. 58.

[2] §§ 1975. 1976 E.

[3] Abweichend § 392 II 2 A.L.R. ($^1/_3$ bez. $^1/_2$ bez. $^2/_3$ der Intestatportion bei Kindern; $^1/_2$ bei Ascendenten und Ehegatten; § 502 II 2 und § 631 II 1 A.L.R.).

[4] §§ 1976. 1992 E.

[5] § 502 II 2 A.L.R.

[6] §§ 398. 432. 433 II 2 A.L.R.; Dernburg, Preuß. Privatrecht, Bd. 3 § 207.

[7] §§ 1981. 1982 E. Ueber die Berechnung des Pflichttheils s. §§ 1984—1992 E.; Dernburg, Preuß. Privatrecht, Bd. 3 §§ 199—201. — Ueber die Beitragspflicht der Legatare zu den Pflichttheilslasten s. § 1993 E. und §§ 434. 435 II 2 A.L.R; nach dem Entwurf kann der Erblasser, abweichend vom Landrecht, den Pflichttheilsberechtigten nicht

Der Pflichttheilsanspruch verjährt, abweichend vom Landrecht, in drei Jahren seit erlangter Kenntniß der das Pflichttheilsrecht beeinträchtigenden Verfügung, bez. in 30 Jahren seit dem Erbfall.[1]

II. Durch letztwillige Verfügung des Erblassers kann dem Pflichttheilsberechtigten aus bestimmten gesetzlichen Gründen der Pflichttheil entzogen werden; die vom Entwurf aufgeführten Gründe entsprechen im Wesentlichen den landrechtlichen Enterbungsgründen.[2]

Auch die dem Landrecht bekannte Enterbung aus guter Absicht hat der Entwurf aufgenommen und unter dem Gesichtspunkt einer Beschränkung des Pflichttheils behandelt; er hat aber das Anwendungsgebiet auf die Voraussetzung beschränkt, daß Abkömmlinge durch verschwenderische Lebensweise die Besorgniß rechtfertigen, daß sie sich oder ihre Familie dem Nothstande preisgeben, oder daß sie mit Schulden überlastet sind. In diesem Falle kann der Erblasser, sofern er den Abkömmling zum Erben mindestens auf die Hälfte der Intestatportion einsetzt, in Bezug auf den hinterlassenen Erbtheil für die Zeit nach dem Tode des Abkömmlings die gesetzlichen Erben desselben als Nacherben einsetzen und von dem Abkömmling Sicherheitsleistung für die Nacherben verlangen. Ascendenten gegenüber ist, abweichend vom Landrecht, die Enterbung aus guter Absicht ausgeschlossen.[3]

Die Entziehung des Pflichttheils muß unter Angabe des sie rechtfertigenden Grundes erfolgen, die Beweislast liegt demjenigen ob, welcher die Entziehung geltend macht; durch diese Bestimmung des Entwurfs werden bestehende Streitfragen entschieden.[4]

III. Wie das Landrecht, so gewährt auch der Entwurf dem Pflichttheilsberechtigten Schutz gegen Schenkungen Seitens des Erblassers. Während aber das preußische Recht[5] dem Pflichttheilsberechtigten das Recht einräumt, die innerhalb dreier Jahre vor dem Tode des Erblassers gemachten Schenkungen zu widerrufen, wenn der reine Betrag des Nachlasses nicht die Hälfte des Betrages der Schenkung ausmacht, gestaltet der Entwurf das Recht des Pflichttheilsberechtigten zu einem außer-

---

allein an den Legatar verweisen. Entsch. R.G. Bd. 15 Nr. 72; R.G. bei Gruchot, Bd. 32 S. 123 ff.

[1] § 1999 E.; § 440 II 2 A.L.R.; Entsch. R.G. Bd. 10 Nr. 60.

[2] §§ 399—418. 506—514 II 2; 632 II 1 A.L.R., und §§ 2000. 2001. 2003. 2005 E. Der Entwurf führt statt des landrechtlichen Ausdrucks: Enterbung die Bezeichnung: Entziehung des Pflichttheils ein.

[3] § 2002 E.; §§ 419—430. 515 II 2 A.L.R.

[4] §§ 422. 441 II 2 A.L.R.; §§ 2007. 2008 E.; Dernburg, Preuß. Privatrecht, Bd. 3 § 204 Note 5 und § 207.

[5] §§ 1113—1116 I 11 A.L.R.; R.G. bei Gruchot, Bd. 24 S. 979.

ordentlichen Pflichttheilsanspruch, vermöge dessen er verlangen kann, daß der Erblasser den Pflichttheil so zu hinterlassen hat, wie wenn die von ihm gemachte Schenkung nicht erfolgt wäre; es erfolgt also die Berechnung des Pflichttheils unter Hinzurechnung des Werthes der Schenkung zum Nachlaß. Der außerordentliche Pflichttheilsanspruch richtet sich gegen denjenigen, welcher dem Pflichttheilsberechtigten für den Pflichttheilsanspruch als solchen haftet, gegen den Beschenkten nur insoweit, als der Erbe nicht haftet, insbesondere in Folge des Inventarrechts. Dem Beschenkten gegenüber geht der Anspruch aber nur auf Herausgabe des Geschenkes.[1]

§ 44.

Erwerb der Erbschaft. Ausschlagung. Erbunwürdigkeit.

Entwurf: Buch 5 Abschnitt 6 Tit. 1—3; Mot. V S. 485—540.

I. Der Anfall der Erbschaft, d. h. der Uebergang derselben auf den Erben erfolgt nach dem Entwurf, wie im preußischen Recht, kraft Gesetzes mit dem Tode des Erblassers, also mit dem Erbfalle.[2] Der Erbe hat aber das Recht, die Erbschaft auszuschlagen, und dies Recht geht auf die Erben des Erben über. Das Recht der Ausschlagung erlischt durch Annahme der Erbschaft, und diese erfolgt entweder durch ausdrückliche oder stillschweigende (pro herede gestio) Erklärung oder durch Versäumung der Ausschlagungsfrist; letztere beträgt, wie im Landrecht, sechs Wochen, für den Fall aber, daß der Erbe bei Beginn der Frist im Auslande sich aufhält oder daß der Erblasser seinen letzten Wohnsitz im Auslande gehabt hat, abweichend vom Landrecht sechs Monate, beginnend mit der Kenntniß vom Erbfalle.[3]

Der Entwurf verlangt für die Ausschlagung der Erbschaft eine Erklärung gegenüber dem Nachlaßgericht in öffentlich beglaubigter Form.[4]

---

[1] §§ 2009—2018 E. — Nach dem Entwurf unterliegt der Pflichttheilsanspruch der Pfändung und Arrestvollziehung nur dann, wenn er vom Pflichttheilsberechtigten bereits geltend gemacht ist, er gehört nur unter den gleichen Voraussetzungen zur Konkursmasse im Konkurse des Pflichttheilsberechtigten; damit wird eine landrechtliche Controverse entschieden. Dernburg, Preuß. Privatrecht, Bd. 3 § 207 Note 6; Förster-Eccius, Bd. 4 § 248 Note 142.

[2] § 2025 E.; §§ 367—370 I 9 A.L.R. Der Entwurf kennt also auch keine ruhende Erbschaft. Bezüglich des nasciturus s. §§ 2026 E.; 371 ff. I 9 A.L.R.

[3] §§ 2028—2031. 2034 E.; §§ 383—388. 397. 420. 421 I 9 A.L.R.; § 242 I 12 A.L.R.

[4] § 2032 E. Das Landrecht begnügt sich mit jeder schriftlichen Erklärung, aus welcher der Entsagungswille des Erklärenden hervorgeht; §§ 398—400 I 9 A.L.R.

Die Annahme oder Ausschlagung, welche unbedingt und unbefristet erklärt werden muß und unwiderruflich ist, kann weder nach Landrecht, noch nach dem Entwurf auf einen Theil der Erbschaft beschränkt werden.[1]

Während aber nach preußischem Recht dem eingesetzten Erben nicht freisteht, der Erbschaft aus dem Testament zu entsagen und als gesetzlicher Erbe anzunehmen, gestattet der Entwurf nicht nur dem durch Testament oder Vertrag berufenen Erben die Erbschaft auszuschlagen und als gesetzlicher Erbe anzunehmen, sondern auch dem durch Vertrag und Testament Berufenen aus dem einen Berufungsgrund auszuschlagen und aus dem anderen anzunehmen.[2]

Die Ausschlagung bewirkt, daß der Anfall an den Ausschlagenden als nicht erfolgt anzusehen ist und die Erbschaft demjenigen anfällt, welcher berufen gewesen wäre, wenn der Ausschlagende den Erblasser nicht überlebt hätte. Hierin stimmen Entwurf und Landrecht überein.[3]

Steht der Erbe unter elterlicher Gewalt oder unter Vormundschaft, so ist zur Ausschlagung der Erbschaft die Genehmigung des Vormundschaftsgerichts erforderlich; damit entscheidet der Entwurf eine für das preußische Recht bestehende Streitfrage.[4] Die Ehefrau bedarf zur Ausschlagung nach dem Entwurf nicht der Einwilligung des Ehemanns, wohl aber nach preußischem Recht.[5]

II. Der Anfall der Erbschaft kann nach dem Entwurf wegen Erbunwürdigkeit des Erben durch Erhebung der Klage auf Erbunwürdigkeitserklärung angefochten werden, und zwar mit der Wirkung, daß der Anfall als nicht erfolgt gilt. Hierin weicht der Entwurf vom Landrecht ab, nach welchem der Erbunwürdige zwar der ihm zugedachten Vortheile verlustig geht, aber doch Erbe bleibt. Anfechtungsberechtigt ist derjenige, welcher Erbe sein würde, wenn der Erbunwürdige den Erblasser nicht überlebt hätte.[6]

---

[1] §§ 2035. 2036. 2039 E.; §§ 394—396. 411. 412 I 9 A.L.R.

[2] § 401. 405 I 9, § 279 I 12 A.L.R.; § 2038 E. — Ueber Anfechtung der Annahme und Ausschlagung s. §§ 2040. 2041 E.; Dernburg, Preuß. Privatrecht, Bd. 3 § 219 i. f.

[3] §§ 406. 407 I 9 A.L.R.; § 2042 E.

[4] § 2043 E. Ausnahme: § 2044 E. Vgl. §§ 389. 390 I 9 A.L.R.; § 42 Nr. 14 Vorm.=O.; Dernburg, Vormundschaftsrecht, § 72, und Preuß. Privatrecht, Bd. 3 §§ 55. 219; Förster=Eccius, Bd. 4 § 223 Note 27 und § 269 S. 534; R.G. bei Gruchot, Bd. 26 S. 1042.

[5] § 1308 E.; arg. § 389 I 9 A.L.R.; Dernburg, Preuß. Privatrecht, Bd. 3 § 30.

[6] §§ 2045—2050 E.; §§ 599. 600. 605—610 I 12; §§ 828. 829 II 1 A.L.R.; Koch, Erbrecht, S. 58—62. 1175 ff.; Dernburg, Preuß. Privatrecht, Bd. 3 § 101.

Einen Unterschied zwischen testamentarischer und gesetzlicher Erbfolge macht der Entwurf in Ansehung der Erbunwürdigkeit nicht.[1]

III. Die Wirkung des Erbschaftserwerbs besteht nach dem Entwurf, in Uebereinstimmung mit dem Landrecht, in dem Eintritt des Erben in alle Rechte und Verbindlichkeiten des Erblassers.[2] Dagegen weichen die Vorschriften des Entwurfs über die Rechtsstellung der Miterben von denen des Landrechts völlig ab.

Nach preußischem Recht werden mehrere zugleich zu einer Erbschaft berufene Personen Miteigenthümer derselben, ihre gemeinschaftlichen Rechte sind nach den allgemeinen Grundsätzen vom Miteigenthum zu beurtheilen; zu den die Erbschaft betreffenden Schulden und Lasten sind die Erben gegen die Erbschaftsgläubiger gemeinschaftlich verpflichtet, und auch die zur Erbschaft gehörenden Activforderungen können die Erben, solange sie im Miteigenthum stehen, nur gemeinschaftlich einziehen.[3] Nach der in der preußischen Praxis jetzt feststehenden Ansicht, hat der einzelne Miterbe vor der Erbtheilung an den einzelnen Erbschaftssachen ein seiner Erbquote entsprechendes Sondereigenthum nicht, und er kann demgemäß auch nicht über einen seiner Quote entsprechenden Antheil an einer einzelnen Nachlaßsache vor der Theilung selbständig verfügen; erst durch die Erbtheilung erlangt er ein freies Verfügungsrecht. Dagegen ist dem Miterben die Disposition über seinen Antheil an der Erbschaft als Ganzem unbenommen.[4]

Daneben hat aber die Praxis den einzelnen Erben in weitem Umfange Individualrechte eingeräumt, die zu Maßregeln berechtigen, welche die Erhaltung, Feststellung oder Sicherstellung des Nachlasses bezwecken, ohne die Rechte der Gesammtheit der Erben zu berühren.[5]

Der Entwurf hat sich dem römischen Recht angeschlossen, er bestimmt, daß beim Vorhandensein mehrerer Erben die einzelnen Rechte und Verbindlichkeiten kraft des Gesetzes auf die Erben nach Verhältniß der

---

[1] Im preuß. Recht bestritten; Entsch. R.G. Bd. 9 Nr. 77; Fischer, Preuß. Privatrecht, S. 596.

[2] § 2051 E.; § 367 I 9 A.L.R.

[3] § 382 I 9, §§ 117. 127. 151 I 17 A.L.R.

[4] Entsch. Ob.-Trib. Bd. 35 S. 352; Entsch. R.O.H.G. Bd. 23 Nr. 43; R.G. bei Gruchot, Bd. 24 S. 454. 1011, Bd. 26 S. 438, Bd. 31 S. 957; R.G. im J. M. Bl. 1883 S. 294; Entsch. Bd. 9 Nr. 73; Förster-Eccius, Bd. 4 § 271; Dernburg, Preuß. Privatrecht, Bd. 3 § 238; Fischer, Preuß. Privatrecht, § 123.

[5] R.G. bei Gruchot, Bd. 24 S. 454. 457, Bd. 26 S. 104, Bd. 27 S. 449, Bd. 30 S. 956, Bd. 31 S. 957; vgl. auch Turnau, Grundbuchordnung, Theil 2 § 15. — Gegen die herrschende Praxis neuerdings Muskat in Bödiker's Magazin, Bd. 8 S. 77 ff.

Erbtheile übergehen; es gilt also, abweichend vom preußischen Recht, wie im Obligationenrecht, so auch im Erbrecht der Grundsatz: nomina sunt ipso iure divisa. Dem Miterben steht also die freie und selbständige Verfügung über seinen Antheil an den einzelnen Nachlaßsachen zu.[1]

Besitz und Inhabung an den Erbschaftssachen gehen nicht kraft Gesetzes auf den Erben über, sie müssen besonders ergriffen werden, dagegen sind die in der Person des Erblassers entstandenen possessorischen Rechtsmittel activ und passiv vererblich.[2]

§ 45.

Fürsorge des Nachlaßgerichts. Erbschein.

Entwurf: Buch 5 Abschnitt 6 Tit. 4 und 5; Mot. V S. 541—575.

I. Das Nachlaßgericht hat für die Sicherung des Nachlasses zu sorgen, wenn ein Erbe unbekannt oder für den Nachlaß zu sorgen außer Stande ist; zu diesem Zwecke kann dasselbe die Anlegung von Siegeln, die öffentliche Hinterlegung der Gelder, Kostbarkeiten und Werthpapiere, sowie die Anfertigung eines Nachlaßverzeichnisses anordnen.[3] Das nach preußischem Recht zulässige Verbot der Siegelung und Inventur Seitens des Erblassers ist dem Entwurf unbekannt, also unstatthaft.[4]

Ist der Erbe unbekannt, so kann, wenn eine Fürsorge erforderlich ist, demjenigen, welcher der Erbe sein wird, ein Nachlaßpfleger bestellt werden. Nach dem Entwurf ist der Nachlaßpfleger Vertreter des Erben, nach preußischem Recht Vertreter des Nachlasses.[5] Neu ist die Bestimmung des Entwurfs, daß ein Nachlaßpfleger auch dann zu bestellen ist, wenn ein Nachlaßgläubiger vor der Annahme der Erbschaft durch den berufenen Erben die Befriedigung aus dem Nachlasse verlangt und der Erbe für die Befriedigung nicht sorgt.

Ist der unbekannte Erbe binnen einer angemessenen Frist nicht ermittelt, so hat nach dem Entwurf das Nachlaßgericht eine öffentliche Aufforderung zur Anmeldung der Erbrechte unter Bestimmung einer

---

[1] § 2051 E.; vgl. §§ 320. 339. 340. 762. 946. 1344 E.

[2] §§ 2052—2054 E. Ueber preuß. Recht: Förster-Eccius, Bd. 3 § 162, Bd. 4 § 268. — Ueber die Rechtsstellung des provisorischen Erben bis zur Annahme der Erbschaft s. §§ 2056. 2057 E. und §§ 386—388 I 9 A.L.R. Ueber Zwangsvollstreckung und Arrestvollziehung gegen den Nachlaß s. § 2057 E.; §§ 693—696 C.P.O.

[3] § 2058 E.; §§ 387. 460—463 I 9, §§ 251—253 I 12 A.L.R.; II 5 A.G.O. §§ 15. 35 Vorm.-O.

[4] § 7 II 4, § 7 II 5 A.G.O.; §§ 372—375 II 18 A.L.R.

[5] 2059 E.; §§ 471—477 I 9, insbesondere § 487 I 9 A.L.R.; Jahrbuch f. Entsch. d. Kammergerichts, Bd. 2 Nr. 29; § 89 Vorm.-O.; Dernburg, Preuß. Privatrecht, Bd. 3 § 216.

Anmeldungsfrist von Amtswegen zu erlassen. Die Einleitung einer Nachlaßpflegschaft ist, abweichend vom Landrecht, nicht Voraussetzung für dies Verfahren. Erfolgt keine Anmeldung, so hat das Nachlaßgericht von Amtswegen festzustellen, daß ein anderer Erbe als der Fiskus nicht vorhanden sei.[1]

II. Im Anschluß an das preußische Gesetz von 12. März 1869 betr. die Ausstellung gerichtlicher Erbbescheinigungen (G.S.S. 473) kann nach dem Entwurf der gesetzliche Erbe bei dem Nachlaßgericht die Ertheilung eines Erbscheins beantragen. In diesem Erbschein bezeugt das Gericht, daß und in welchem Umfange der Antragsteller auf Grund der gesetzlichen Erbfolge Erbe ist. Damit tritt der Entwurf der preußischen Praxis entgegen, welche in der Erbbescheinigung nicht nur die Legitimation des Antragstellers, sondern auch die der übrigen bekannten Erben bescheinigt.[2]

Dem wirklichen Erben räumt der Entwurf gegen den Inhaber eines unrichtigen Erbscheins den Anspruch auf Herausgabe desselben an das Nachlaßgericht ein; es streitet jedoch eine gesetzliche Vermuthung für die Richtigkeit des Inhalts des Erbscheins,[3] insbesondere ist der gutgläubige Dritte, welcher sich mit dem im Erbschein als Erben Bezeichneten rechtsgeschäftlich eingelassen hat, gegenüber dem wahren Erben dadurch geschützt, daß zu seinen Gunsten der Inhalt des Erbscheins als richtig gilt, so zwar, daß ihm gegenüber, abweichend vom preußischen Recht, auch bei unentgeltlichem Erwerb kein Anspruch aus der Bereicherung stattfindet.[4]

§ 46.

Erbschaftsanspruch.

Entwurf: Buch 5 Abschnitt 6 Tit. 6; Mot. V S. 575—602.

Das preußische Recht enthält keine besonderen Bestimmungen über eine erbschaftliche Universalklage, die Erbschaftsklage des preußischen Rechts

---

[1] § 2067 E.; §§ 477—481. 494—498 I 9, §§ 16. 25 II 16 A.L.R.; § 145 ff. I 51 A.G.O.; § 4 ff. Ges. v. 12. März 1869 (G.S. S. 473); § 24 A.G. z. C.P.O.; Entsch. R.G. v. 1. Febr. 1883, J. M. Bl. S. 175.

[2] §§ 2068—2073 E.; §§ 1—5 Ges. v. 12. März 1869. Wie im preuß. Recht, so sind auch nach dem Entwurf Nachlaßgläubiger zum Antrage auf Ertheilung eines Erbscheins nicht legitimirt. Jahrbuch f. Entsch. des Kammergerichts Bd. 3 Nr. 16, Bd. 6 Nr. 8.

[3] §§ 2074. 2076. 196 E.

[4] § 2077 E.; § 6 Ges. v. 12. März 1869. Ueber ergänzende Erbscheine s. § 2078 E.; § 9 Ges. v. 12. März 1869; Jahrbuch f. Entsch. d. Kammergerichts, Bd. 4 Nr. 25, Bd. 6 Nr. 10. 12, Bd. 7 Nr. 15. 16. Vgl. auch § 8 cit. Ges. und § 2079 E.

ist deshalb nach Analogie der Vindication zu behandeln, jedoch mit der Besonderheit, daß mit ihr stets auch die Anerkennung des Erbrechts verfolgt wird.[1]

Der Entwurf kennt neben den dem Erben zustehenden Singularklagen einen Erbschaftsanspruch als Universalklage. Der Erbschaftsanspruch (hereditatis petitio) des Entwurfs ist die Klage des Erben gegen den Erbschaftsbesitzer auf Herausgabe der Erbschaft; Erbschaftsbesitzer, also Beklagter, ist aber nur derjenige, welcher pro herede besitzt, d. h. als vermeintlicher Erbe auf Grund eines von ihm in Anspruch genommenen Erbrechts einen Erbschaftsgegenstand vorenthält.[2]

Soweit der Erbschaftsbesitzer zur Herausgabe außer Stande ist, hat er den Werth des Vorenthaltenen zu vergüten.

Er ist aber zur Herausgabe der Erbschaftsgegenstände (nebst Nutzungen) nur gegen Erstattung aller Verwendungen verpflichtet.[3]

Der mit der Singularklage vom Erben belangte Erbschaftsbesitzer kann verlangen, daß seine Verpflichtungen nach Maßgabe der für die Universalklage geltenden Vorschriften beurtheilt werden; dem preußischen Recht ist die exceptio ne praeiudicium fiat hereditati fremd.[4]

Nach preußischem Recht wirkt das auf die Erbschaftsklage ergangene Urtheil auch für und gegen die Vermächtnißnehmer und Nachlaßgläubiger, nach dem Entwurf wirkt das Urtheil nur unter den Parteien und deren Rechtsnachfolgern.[5]

§ 47.

Inventarrecht.

Entwurf: Buch 5 Abschnitt 6 Tit. 7; Mot. V S. 602—687.

I. Der Entwurf versteht unter dem Inventarrecht die Befugniß des Erben, die Erfüllung der Nachlaßverbindlichkeiten wegen Unzulänglichkeit des Nachlasses zur Berichtigung aller Nachlaßverbindlichkeiten über die Kräfte des Nachlasses hinaus zu verweigern.[6]

---

[1] Förster, Klage und Einrede, § 99 S. 331—337.

[2] § 2080 E. Die erbschaftliche Universalklage geht also nach dem Entwurf nicht gegen denjenigen, welcher nur pro possessore besitzt. Vgl. Dernburg, Pandekten, Bd. 3 § 172; Bähr, Krit. Viertelj. Bd. 30 S. 557 ff.

[3] §§ 2083. 2084. 2087 E. Der Erbschaftsbesitzer ist also besser gestellt als der mit der Vindication belangte Besitzer; §§ 936—938 E. Uebrigens gilt nach dem Entwurf bei der Erbschaftsklage der Grundsatz pretium succedit in locum rei, res in locum pretii, § 2081 E. Ueber die Haftung des schlechtgläubigen Erbschaftsbesitzers s. § 2085 E.

[4] § 2088 E.; Dernburg, Pandekten, Bd. 3 § 174, Preuß. Privatrecht, Bd. 3 § 231; Windscheid, Pandekten, Bd. 3 § 616.

[5] § 298 I 12 A.L.R.; § 192 E.; Förster-Eccius, Bd. 1 § 56.

[6] § 2092 E; Bähr, a. a. O. S. 561 ff.

Wie aber nach Landrecht jedem Erben kraft Gesetzes die Rechtswohlthat des Inventars zusteht und jeder Erbe grundsätzlich als Vorbehaltserbe gilt, bis er diese Rechtswohlthat verloren hat, so gilt auch nach dem Entwurf jeder Erbe gesetzlich so lange als Inventarerbe, als das Inventarrecht nicht erloschen ist.

Während aber nach preußischem Recht der Erbe seine Vorbehaltseigenschaft sich nur erhält, wenn er binnen sechs Monaten nach dem Ablaufe der gesetzmäßigen Erklärungsfrist ein Inventarium über den Nachlaß aufnimmt und gerichtlich niederlegt, verliert nach dem Entwurf der Erbe selbst dann das Inventarrecht grundsätzlich nicht, wenn er ein Inventar überhaupt nicht errichtet! Das Inventarrecht geht also nach dem Entwurf durch Versäumung einer gesetzlichen Frist nicht verloren, vielmehr braucht der Erbe nur dann ein Inventar zu errichten, wenn ihm auf Antrag eines Nachlaßgläubigers hierzu vom Nachlaßgericht eine Frist bestimmt wird.[1]

Das Inventarrecht erlischt nach dem Entwurf nur, und zwar gegenüber allen Nachlaßgläubigern:

a) durch Verzicht (in beglaubigter Form gegenüber dem Nachlaßgericht),

b) durch Versäumung der auf Antrag bestimmten richterlichen Frist (1—3 Monate),

c) durch absichtliche, dolose Nichtaufnahme eines Nachlaßgegenstandes in das Inventar.[2]

Auch in Ansehung der Wirkung der Inventarserbenqualität weicht die Auffassung des Entwurfs von der des Landrechts ab. Nach letzterem haftet der Vorbehaltserbe nur so weit, als das Vermögen des Nachlasses hinreicht; die Nachlaßgläubiger haben also nur ein Recht aus dem Nachlasse (cum viribus hereditatis) befriedigt zu werden;[3] nach dem Entwurf kann der Inventarerbe die Nachlaßgläubiger nicht auf die Kräfte des Nachlasses verweisen, vielmehr haftet er persönlich bis auf die Höhe des Nachlasses (pro viribus).[4]

---

[1] §§ 413—442 I 9 A.L.R.

[2] §§ 2094. 2095. 2106 E. Nach dem Entwurf muß das Inventar von der zuständigen Behörde oder einem zuständigen Beamten aufgenommen werden; §§ 2102 bis 2104 E. Vgl. auch §§ 416. 417. 436—439 I 9 A.L.R.; Gruchot, Bd. 24 S. 972.

[3] § 422 I 9 A.L.R.; Entsch. Ob.-Trib. Bd. 66 S. 70; Entsch. R.G. Bd. 5 Nr. 52, Bd. 8 Nr. 67. 68. Anders freilich die Motive zur C.P.O. zu § 645 des Entwurfs; vgl. Hahn, Materialien zur C.P.O. S. 444; vgl. auch Dernburg, Preuß. Privatrecht, Bd. 3 § 223; Förster-Eccius, Bd. 4 § 270 Note 95.

[4] § 2133 E. — Nach dem Entwurf hat Jeder, welcher ein rechtliches Interesse glaubhaft macht, ein Recht auf Einsicht des errichteten Inventars; § 2107 E. Vgl.

Der Verlust des Inventarrechts bewirkt nach beiden Rechtssystemen die unbeschränkte persönliche Haftung des Erben für die Nachlaßverbindlichkeiten.

Nach dem Entwurf eröffnen sich nun dem Erben zwei Wege, das ihm zustehende Inventarrecht und die damit gegebene beschränkte Haftung gegenüber den Nachlaßgläubigern geltend zu machen: einmal die Eröffnung des Konkurses über den Nachlaß und sodann die Abzugseinrede.

Daneben gewährt ihm der Entwurf noch das Recht, die Aussetzung von Zwangsvollstreckungen bis zur Inventarserrichtung zu begehren und das Aufgebot der Nachlaßgläubiger zu beantragen.[1]

II. Nachlaßkonkurs.

Der Entwurf enthält keine Vorschriften über die Voraussetzungen der Eröffnung des Konkursverfahrens über den Nachlaß, es sind somit die Bestimmungen der Reichskonkursordnung maßgebend, welche Ueberschuldung des Nachlasses verlangen.[2] Die Wirkung der Konkurseröffnung ist aber nach dem Entwurf die, daß die Nachlaßgläubiger ihre Forderungen nur im Konkurse geltend machen können und daß ein von ihnen nach Eintritt des Erbfalls gegen den Nachlaß erwirktes Pfändungspfandrecht erlischt; die gegen das Erbenvermögen erfolgten Vollstreckungsmaßregeln sind aufzuheben.[3] Durch die in Folge der Konkurseröffnung gegebene Trennung des Erbenvermögens und des Nachlasses erlischt die durch den Erbfall eingetretene Confusion und Consolidation. Der Erbe ist demzufolge berechtigt, die ihm gegen den Erblasser zustehenden Ansprüche im Konkurse geltend zu machen. In Ansehung der von ihm berichtigten Nachlaßverbindlicheiten tritt der Erbe an die Stelle des befriedigten Gläubigers.[4]

Da der Nachlaßkonkurs nach dem Entwurf die vollständige Liquidation des Nachlasses bezweckt, so können in demselben alle Nachlaßverbindlichkeiten geltend gemacht werden.[5]

Der nach Vertheilung der Konkursmasse verbleibende Ueberschuß ist

---

auch § 9 Ges. v. 28. März 1879 und Jahrbuch f. Entsch. d. Kammergerichts Bd. 7 Nr. 17.

[1] §§ 2110—2119. 2133—2145. 2143. 2120—2132 E.

[2] §§ 202—206 R.K.O.

[3] § 2110 E.; § 696 Abs. 2 C.P.O. Also kein Recht auf abgesonderte Befriedigung! Ueber die Rechtsstellung des Erben zur Konkursmasse s. 2112 E.; über Masseschulden — außer § 52 R.K.O. — s. 2113 E.

[4] §§ 2114. 2115 E.; §§ 486—491 I 16 A.L.R.; vgl. Dernburg, Preuß. Privatrecht, Bd. 3 §§ 224. 226. Ueber Compensation im Nachlaßkonkurs s. § 2116 E.

[5] Dazu gehören auch Ansprüche aus Vermächtnissen, Auflagen, Pflichttheilsrecht; § 2092 Abs. 2 E. Ueber die Rangordnung der Forderungen s. § 2117 E. Vgl. §§ 54 bis 56 R.K.O.

von dem Erben zur Befriedigung der noch unbefriedigten Gläubiger zu verwenden, ohne daß er verpflichtet wäre, diese Befriedigung nach einer gewissen Rangordnung oder Reihenfolge zu bewirken.

Bei mehreren Erben findet bezüglich des Erbtheils eines jeden Erben ein besonderer Konkurs statt.[1]

III. Das Aufgebot der Nachlaßgläubiger, welches dem Erben lediglich ein Mittel gewährt, sich eine Uebersicht über den Stand des Nachlasses zu verschaffen, hat der Entwurf aus dem preußischen Gesetz, betreffend die Zwangsvollstreckung gegen Beneficialerben und das Aufgebot der Nachlaßgläubiger im Geltungsbereiche des Allgemeinen Landrechts vom 28. März 1879 (G.S. S. 293) übernommen. Da sich die Vorschriften des Entwurfs mit geringfügigen Abweichungen eng an das genannte Gesetz anschließen, so genügt es hier auf dieses Gesetz hinzuweisen.

Uebrigens soll das Aufgebot nicht erlassen werden, wenn der Konkurs über den Nachlaß beantragt ist, andererseits wird durch die Konkurseröffnung das Aufgebotsverfahren beendigt. Die präcludirten Nachlaßgläubiger dürfen weder die Eröffnung des Nachlaßkonkurses beantragen, noch im Nachlaßkonkurse ihre Forderungen geltend machen; sie sind also lediglich auf einen etwaigen Ueberschuß angewiesen.[2]

IV. Abzugseinrede.

Der Inventarerbe, welcher seine beschränkte Haftung geltend machen will, hat die Pflicht, die verhältnißmäßige Befriedigung aller Nachlaßgläubiger herbeizuführen.[3] Dieser Pflicht zur konkursmäßigen Befriedigung der Nachlaßgläubiger kann der Inventarerbe aber auch dadurch genügen, daß er dem einzelnen andringenden Gläubiger auf seine Forderung denjenigen Betrag in Abzug bringt, mit welchem dieser Gläubiger ausgefallen sein würde, wenn der Nachlaßkonkurs eröffnet und durchgeführt worden wäre. Das Mittel hierzu gewährt ihm der Entwurf in der Abzugseinrede.

Voraussetzung für die Geltendmachung der Abzugseinrede ist nach dem Entwurf, daß der Nachlaß zur vollständigen Befriedigung der Nachlaßgläubiger unzureichend und der Konkurs über den Nachlaß nicht eröffnet ist; dagegen gehört es nicht zur Voraussetzung, daß der Erbe

---

[1] §§ 2118. 2119 E.

[2] §§ 2120—2132 E.; Dernburg, Preuß. Privatrecht, Bd. 3 § 225; Förster-Eccius, Bd. 4 § 270; §§ 695. 696 C.P.O.; Boas bei Gruchot, Bd. 30 S. 265 ff.; A. Förster, Civilproceßordnung, zu § 696.

[3] Vgl. auch §§ 452 — 455 I 9 A.L.R.; Gruchot, Erbrecht, Bd. 1 S. 187 ff.; Dernburg, Preuß. Privatrecht, Bd. 3 § 224 u. Note 8; Förster-Eccius, Bd. 4 § 270 Note 43.

ein Inventar errichtet hat, weil nach dem Entwurf die Inventarerrichtung nicht Voraussetzung des Inventarrechts ist.[1]

Abweichend vom preußischen Recht braucht aber der Inventarerbe den Nachweis der Unzulänglichkeit des Nachlasses nicht durch das Resultat der Versilberung des Nachlasses zu führen, vielmehr ist der Werth desselben durch Schätzung festzustellen.[2]

Der Erbe kann die Abzugseinrede entweder in dem zwischen ihm und dem Nachlaßgläubiger über die Nachlaßverbindlichkeit anhängigen Proceß erheben und hier begründen, oder er kann verlangen, daß ihm in diesem Proceß das Inventarrecht oder die Abzugseinrede im Urtheil vorbehalten werde, und dann erfolgt die Erledigung der Einrede im Wege besonderer Klage gegen den Gläubiger.[3]

Nach Erhebung der Klage, in welcher die Abzugseinrede geltend gemacht wird, kann der Gläubiger von dem Erben die Ableistung des Offenbarungseides verlangen, und das Proceßgericht hat dann die Eidesleistung durch Beschluß anzuordnen. Wird die Leistung des Eides verweigert, so ist die Abzugseinrede als unbegründet zu verwerfen.[4]

Uebrigens schließt weder die Geltendmachung noch das rechtskräftige Urtheil über die Abzugseinrede das Recht des Erben oder des Nachlaßgläubigers aus, die Eröffnung des Nachlaßkonkurses zu beantragen.[5]

V. Wird über das Vermögen des Erben der Konkurs eröffnet, so können nach preußischem Recht[6] die Nachlaßgläubiger abgesonderte Befriedigung aus den bei der Konkurseröffnung vorhandenen Nachlaßgegenständen verlangen. Der Entwurf räumt den Nachlaßgläubigern, hiervon abweichend, an Stelle des Absonderungsrechts die Befugniß ein, die Eröffnung des Konkurses über den Nachlaß zu beantragen, und zwar selbst dann, wenn der Nachlaß nicht überschuldet ist und wenn das Inventarrecht bereits erloschen ist. Dieses Recht steht den Nachlaßgläubigern aber nur innerhalb zweier Jahre seit Annahme der Erbschaft zu.[7]

[1] § 2133 E.

[2] Entsch. R.G. Bd. 8 Nr. 68, und Gruchot, Bd. 28 S. 278; dagegen Förster-Eccius, Bd. 4 § 270 S. 555—557; § 2136 E. Ueber Schätzungsgrundsätze s. §§ 2134. 2137. 2138; über Compensation s. § 2139 E.

[3] §§ 2140. 2141 E.; §§ 686. 688. 689. 695 C.P.O.

[4] § 2142 E. Vgl. §§ 440. 441 I 9 A.L.R.; §§ 28. 29 Nr. 3 I 22 A.G.O.; § 16 Nr. 3 E.G. z. C.P.O.; Entsch. R.G. Bd. 16 Nr. 50. Ueber Eidesleistung im Konkurs s. § 115 R.K.O.

[5] §§ 2144. 2145 E. — Ueber das Inventarrecht der Ehefrau s. §§ 2148. 2149 E.

[6] § 43 R.K.O.; §§ 500 — 506 I 16 A.L.R. Art. IX E.G. zur preuß. K.O. vom 8. Mai 1855; § 11 A.G. z. R.K.O.; Dernburg, Preuß. Privatrecht, Bd. 3 § 233.

[7] § 2150 E.

§ 48.

Auseinandersetzung der Miterben. Ausgleichung.

Entwurf: Buch 5 Abschnitt 6 Tit. 8; Mot. V S. 687—711.

I. Es ist bereits hervorgehoben (§ 44 sub III), daß das Rechtsverhältniß unter den Miterben im Entwurf eine vom preußischen Recht principiell abweichende Gestaltung erfahren hat. Durch den Erbfall entsteht unter den Miterben eine Gemeinschaft nach Bruchtheilen; die einzelnen Rechte und Verbindlichkeiten des Erblassers gehen kraft Gesetzes auf die Miterben nach Bruchtheilen über, und zwar bestimmt sich das Theilungsverhältniß durch die Erbtheile. Demgemäß sind die Rechte an den Nachlaßsachen ideell, die Nachlaßforderungen und Nachlaßschulden ohne Weiteres unter den Miterben nach Verhältniß ihrer Erbtheile getheilt; bei Nachlaßverbindlichkeiten mit untheilbarer Leistung entsteht ein Gesammtschuldverhältniß. Im Uebrigen finden nach dem Entwurf auf das Rechtsverhältniß der Miterben die Vorschriften über die Gemeinschaft Anwendung, soweit nicht positive Abweichungen sich ergeben.[1]

Auf Antrag eines Miterben hat das Nachlaßgericht durch Verhandlung mit den Erben die Auseinandersetzung zu vermitteln, sofern nicht ein zur Bewirkung derselben berechtigter Testamentsvollstrecker vorhanden ist. Eine constitutive richterliche Theilung findet also nicht statt. Bei der Auseinandersetzung sind in erster Reihe die vom Erblasser getroffenen Anordnungen, insbesondere rücksichtlich der Art der Theilung maßgebend. Gegenstand der Theilung ist nicht die Erbschaft als Ganzes, sondern die einzelnen Nachlaßgegenstände, soweit diese nicht schon kraft Gesetzes getheilt sind.[2]

II. Die Ausgleichungspflicht gestaltet der Entwurf in Uebereinstimmung mit dem Landrecht als die Pflicht der von dem Erblasser unter Lebenden mit einer Zuwendung bedachten Abkömmlinge, jedem der anderen mit ihnen zur Erbfolge berufenen Abkömmlinge eine Ausgleichung zu gewähren. Abweichend vom Landrecht findet aber die Ausgleichung wegen des Vorempfangenen nur bei der gesetzlichen, nicht auch bei der testamentarischen Erbfolge statt.[3] Der Erblasser kann

---

[1] §§ 2051. 2151. 762 ff. 320. 339. 340. 946 E.

[2] § 2157 E.; Vgl. auch § 2152 E. mit §§ 123. 126 I 17 A.L.R.; § 2153 E. mit §§ 118—122 I 17; § 2154 E. mit § 380 I 9; § 2155 mit §§ 124. 125 I 17 A.L.R. Im Uebrigen bezüglich der Auseinandersetzung nach preuß. Recht s. §§ 117—168 I 17 A.L.R. und dazu Förster-Eccius, Bd. 4 § 273. Wegen Anfechtung der Erbtheilung s. §§ 111 bis 114 I 17 A.L.R. und R.G. bei Gruchot, Bd. 26 S. 991.

[3] § 2157 E.; §§ 303—347. 359—365. 378. 384—390 II 2 A.L.R.; Entsch. R.G. Bd. 12 Nr. 72.

bei der Zuwendung die Ausgleichungspflicht ausschließen, aber auch anordnen, daß andere Zuwendungen als diejenigen, welche gesetzlich zur Ausgleichung[1] zu bringen sind, ausgeglichen werden sollen.[2]

Die Ausgleichung erfolgt nach dem Entwurf in der Weise, daß der Verpflichtete jedem Berechtigten so viel zu entrichten hat, als dieser erhalten würde, wenn ein dem Werthe des Vorempfangenen entsprechender Geldbetrag unter die Berechtigten und den Verpflichteten nach Verhältniß ihrer gesetzlichen Erbtheile zu vertheilen wäre. Die Ausgleichungspflicht gilt als eine dem Verpflichteten obliegende Nachlaßverbindlichkeit, dieser haftet also auf Grund des Inventarrechts nicht über den Werth seines Erbtheils hinaus.[3]

Nach Landrecht wird die Ausgleichung dadurch herbeigeführt, daß jedem der ausgleichungsberechtigten Kinder so viel aus der Erbschaft zum Voraus verabfolgt werden muß, bis es den ausgleichungspflichtigen Kindern gleichgestellt ist, niemals aber dürfen ausgestattete Kinder von dem Vorausempfangenen an ihre Geschwister etwas herausgeben,[4] wie denn überhaupt das Ausgleichungsrecht nur so weit reicht, als reiner Nachlaß vorhanden ist.[5]

---

[1] Ueber die Gegenstände der Ausgleichung s. § 2158 E.; §§ 304. 305. 327—330 II 2 A.L.R.; R.G. bei Gruchot, Bd. 32 S. 118.

[2] § 2159 E.; §§ 386—388 II 2 A.L.R. Vgl. auch §§ 2160. 2161 E. und §§ 359 bis 363 II 2 A.L.R.; Dernburg, Preuß. Privatrecht, Bd. 3 § 241.

[3] §§ 2163. 2164 E.

[4] Ausnahme: §§ 313—322 II 2 A.L.R.

[5] §§ 303. 306. 309. 312 II 2 A.L.R.; Förster-Eccius, Bd. 4 § 274.

Sachregister.

(Die großen Zahlen bezeichnen die Seiten, die kleinen die Ziffern der Noten.)

Nachträge und Berichtigungen.

Zu S. 1 Note 2 vgl. Art. 2 E.E.G. z. B.G.B.
Zu S. 63 Note 4 vgl. Art. 55 E.E.G. z. B.G.B.
Zu S. 80 Note 1 vgl. Art. 69 E.E.G. z. B.G.B.
Zu S. 85 Note 4 vgl. Artt. 41 und 70 Nr. 2 E.E.G. z. B.G.B.
S. 90 Note 2 lies statt cosi delle servitù: cosi dette servitù.
Zu S. 90 Note 4 vgl. Artt. 41. 70 E.E.G. zu B.G.B.
Zu S. 92 Note 1 vgl. Art. 74 E.E.G. z. B.G.B.
Zu S. 104 Note 2 und 4 vgl. Art. 11 E.E.G. z. B.G.B. S. 7—10 der amtlichen Ausgabe.
Zu S. 146 Note 4 vgl. Art. 79 E.E.G. z. B.G.B.

Druck von Metzger & Wittig in Leipzig.

Kolibri 360 GmbH
Ferdinand-Jühlke-Straße 7
99095 Erfurt, Deutschland
produktsicherheit@kolibri360.de